中国华电
CHD

水电与新能源发电企业
精益管理实践

SHUIDIAN YU XIN NENGYUAN FADIAN QIYE
JINGYI GUANLI SHIJIAN

中国华电集团公司　编

中国电力出版社
CHINA ELECTRIC POWER PRESS

图书在版编目（CIP）数据

水电与新能源发电企业精益管理实践/中国华电集团公司编. —北京：中国电力出版社，2017.11
ISBN 978-7-5198-1246-1

Ⅰ. ①水… Ⅱ. ①中… Ⅲ. ①水电企业–工业企业管理–中国②新能源–发电厂–工业企业管理–中国 Ⅳ. ①F426.61

中国版本图书馆 CIP 数据核字（2017）第 250831 号

出版发行：中国电力出版社
地　　址：北京市东城区北京站西街 19 号（邮政编码 100005）
网　　址：http://www.cepp.sgcc.com.cn
责任编辑：刘汝青　娄雪芳　曹　慧　马雪倩
责任校对：郝军燕　太兴华
装帧设计：赵姗姗　张俊霞
责任印制：蔺义舟

印　　刷：三河市百盛印装有限公司
版　　次：2017 年 11 月第一版
印　　次：2017 年 11 月北京第一次印刷
开　　本：787 毫米×1092 毫米　16 开本
印　　张：41.25
字　　数：934 千字
印　　数：0001—3000 册
定　　价：118.00 元

《水电与新能源发电企业精益管理实践》编委会

常焰锋　董红星　赖永仙　蔡凌龙　谭　兵

审 查 人 员（按姓氏笔画排序）

马雪岩　王里明　邓素琴　冯顺田　邢　伟　朱　斌

刘密富　刘新喜　孙　健　李　晓　沈　伟　沈　忠

林　茂　林　峰　郑　淼　徐建平　唐俊涵　唐雪景

谢跃峰　潘　剑

前　言

　　水电与新能源发电作为国家重点发展的电力产业，在改革开放的数十年间，为国家经济的快速发展做出了重要贡献。随着一系列大型水电基地相继建成、新能源发电装机容量不断攀升，水电与新能源发电产业经历了一轮强劲的发展。近年来，国家电力体制改革的相关文件中明确指出，在编制年度发电计划时，优先预留水电、风电、光伏发电等清洁能源机组发电空间，鼓励清洁能源发电参与市场，促进清洁能源多发满发。要求增加电网调度灵活性，统筹考虑配套电源和清洁能源，优先安排清洁能源送出并明确送电比例，提高输电的稳定性和安全性等。这些足以说明以水电与新能源发电为代表的清洁能源消纳已受到国家的高度重视，水电与新能源发电产业的战略地位得到了进一步明确。

　　然而，国家工业化进程进入后期，各项经济指标增速明显放缓，电力资源供大于求，部分区域甚至出现有水、有风却发不出电的尴尬情形。在电力产能过剩、市场竞争日趋激烈的形势下，水电与新能源发电企业已由计划主导性逐渐转向市场主导性，这就要求企业要向内着眼，苦练内功，挖掘潜力，以更高的目标和更严格的要求做好精益管理工作。

　　新形势下，中国华电集团公司积极响应党中央、国务院对于央企做优做大做强的战略要求，在全集团范围内全面推行精益管理工作，在火电企业精益管理推广应用的基础上，结合水电与新能源发电特性，运用精益管理思想和工具，内控成本、外拓市场，努力打造成本领先优势，达到提质增效、持续增强水电与新能源发电企业相对竞争力的目标，确保发展质量再上新水平、经济效益再上新台阶。

　　本书由中国华电集团公司生产技术部组织编写，旨在普及精益管理知识，推广精益管理工具，介绍精益管理的实施步骤及方法，为水电与新能源发电企业全面推行精益管理提供全方位指导。

编写组

2017 年 9 月

目　录

安 全 管 理 篇

运 行 篇

检 修 篇

物 资 篇

财　务　篇

市 场 营 销 篇

总　　论

第一节　精益管理概述

一、精益管理定义

精益管理即为以最小的资源投入创造最大的价值。对水电与新能源发电企业来说，精益管理是将精益思想应用到企业管理各层面，以最小的人力投入、资金投入、生产设施投入、时间投入等，围绕企业经营全流程进行持续改善，消除各环节中存在的不必要浪费，在有限的资源中创造更大的价值、获取更高的收益，力求尽善尽美、精益求精，最终实现企业的可持续发展。

二、精益管理理论要点

精益管理目标是最大限度消除浪费，最大程度创造价值。"少投入、多产出"既是水电与新能源发电企业工作的出发点，也是落脚点。对"关键点实现精益管理"既是思路和方法，也是原则和要求。

1. 少投入、多产出

少投入、多产出，就是低成本、高效率、高质量地开展安全生产，最大限度满足客户需求，实现价值最大化。因此精益管理要以市场为导向、以客户为出发点。

2. 关键点实现精益管理

所谓关键点实现精益管理，其实就是对二八定律的有效运用。从精益管理的角度看，二八定律更侧重强调企业80%的浪费可能就来自20%的工作，同时80%的效益可能也是由关键的20%工作所产生的。因此，应找准关键的20%，聚焦于最需要、最关键的少数几个部分或方面，实施具有针对性的对策、措施，通过不断改善，能够为企业创造更大的效益。

三、精益管理关键要素

水电与新能源发电企业在精益管理推行过程中，应关注精益管理的五大关键要素，即最终客户、客户价值、流程效率、内部浪费及运营成本。

1. 最终客户

对于水电与新能源发电企业，电能作为最终产品，电力用户自然成为企业追求的最终客户。在最终客户的管理方面，水电与新能源发电企业要以市场为导向，以满足客户需求为目的，在确保产品价值的前提下，不断降低成本消耗，持续进行改善提高，确保企业产品市场及客户群的稳定、提高。

2. 客户价值

水电与新能源发电企业追求的客户价值，既包括对生产过程中下游工序涉及的用户而言的价值，更强调针对市场化过程中的各类企业及用户而言的价值。在客户价值的管理方面，水电与新能源发电企业要关注各工序各环节的产品价值，同时注重客户对产品的某些特别需求，适应市场需要，进行价值延伸，追求合作共赢。在追求产品价值最大化的同时，也要确保客户的稳定性、忠诚度，这样才能在市场中不断赢得竞争。

3. 流程效率

流程效率是指在效果评测的基础上，追求效果的过程中节约资源和剔除浪费的程度，这对外部顾客来说非常重要。所有的企业都应该持续努力地提高流程的效率，以尽可能降低运营的成本，创造更多的价值。在流程效率的管理方面，水电与新能源发电企业追求的不是单纯的效率提高，而是积极探索、不断实践，运用先进的管理理念及生产工具，在提高流程效率的同时，确保生产过程及最终产品的价值化。在提升效率的过程中，寻找并消除内部存在的各种浪费，是精益管理持之以恒的工作内容。

4. 内部浪费

水电与新能源发电企业主要存在等待的浪费、不良品的浪费、动作上的浪费、搬运的浪费、库存的浪费、管理的浪费等。在内部浪费的管理方面，水电与新能源发电企业应紧密结合企业存在的各类浪费，充分找出浪费的具体存在形式及浪费产生的根源，有针对性地提出对策、措施，从根本上消除浪费。

5. 运营成本

水电与新能源发电企业的运营成本是指电能产出过程涉及的各项投入。面对电力体制改革提速、竞争异常激烈的市场环境，如何有效降低运营成本，快速赢得市场，提高竞争能力，已成为企业经营者不得不深思的难题，也是发电企业推行精益管理的主要原因之一。

第二节　水电与新能源发电企业精益管理概要

一、水电与新能源发电企业管理特点

相对于制造企业的开放灵活、完全竞争、多样化生产，水电与新能源发电企业具有相对封闭、生产及管理流程固化、产品较为单一等特点。发源于制造企业的精益管理理念及方法论，在适用于发电企业过程中，需考虑其自身特点，选择合适的实践方式、工具、做法，通过试点先行、经验共享、循序渐进的形式实施精益管理。

二、水电与新能源发电企业推行精益管理的意义

当前，电力需求逐步放缓，国家能源改革的全面启动，对水电与新能源发电企业的科学发展和内部管理提出了新的要求。在总结以往管理经验的基础上，全面推行精益管理，

对于水电与新能源发电企业适应经济新常态和市场竞争变化、提升相对竞争力、实现可持续发展具有重要意义，具体体现如下：

（1）精益管理是发电企业适应市场竞争变化、提升相对竞争力的主要途径；

（2）精益管理是发电企业提质增效的重要手段；

（3）精益管理是发电企业可持续发展的管理基础。

三、集团公司精益管理理念

1. 核心理念

中国华电集团公司（简称"集团公司"）提出的十六字核心理念"消除浪费、创造价值、持续改善、精益求精"既是对其精益管理内涵的高度概括，更是发电企业精益管理内容的深度体现。

2. 主要内容

全面推行精益管理，是集团公司深化改革、创新管理、提质增效的一项重要举措，对于水电与新能源发电企业，按照实施方案确定的"1264"工作内容，即：突出效益这一"中心"，抓住降本和增收"两个重点"，围绕安全管理、运行管理、检修管理、物资管理、财务管理、市场营销管理"六个方面"，运用诊断、分析、改善和标准化"四类工具"，精心组织，狠抓落实，确保工作取得实效。

第三节　精益管理推进实施

一、精益管理的推进思路

1. 实施思路

根据水电与新能源发电企业生产经营特点，在精益管理工作推进过程中，要突出一个核心、抓住两个重点。

（1）突出一个核心：突出企业效益这个核心，以价值最大化为目标，按照市场需求组织生产，努力打造成本领先优势，持续提升企业效益水平。

（2）抓住两个重点：

1）"降本"。在保证质量的基础上，通过对性价比的全面比对，抓住物资、资金等"大成本"，分析、研究、拆解生产经营要素，使用精益工具和方法进行识别诊断，找差距、补短板，重在内涵式提升，向管理要效益。

2）"增收"。围绕可控成本核心要素，根据企业一些关键性指标，集中力量开展攻关活动。积极创新营销策略，优化电量结构，寻找新的利润增长点，重在外延式发展，向市场要效益。

2. 实施重点

对浪费的改进应注意循环渐进，需考虑企业和市场的环境因素。在浪费消除、持续改善的过程中，必须关注每个专业、部门及作业人员，甚至包括外包单位。

3. 实施方向

在精益管理的实施过程中，各水电与新能源发电企业要按照集团公司精益管理核心理念的要求，转换管理机制、深化内部改革，重点从以下方面实施：与企业的战略有效融合、改善新客户接入流程、工作标准化、现场管理为主、运用目视管理、注重人才培养。

二、精益管理的总体方案

集团公司在推行精益管理的过程中，总体方案推行分为专项试点、全面推行、巩固提升、文化引领四个阶段，如图 1-1 所示。

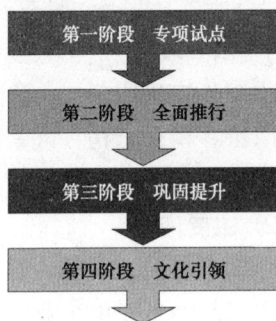

1. 专项试点阶段

（1）阶段目标：围绕安全管理、运行管理、检修管理、物资管理、财务管理和市场营销管理六个方面，坚持成本管控、效益否决，从严控制成本，外拓市场增收，全力提高效益。

图 1-1　精益管理推行阶段总体方案

（2）工作内容：搭机构、建机制，找方法、建课题，出成果，可推广。

（3）阶段总结：各水电与新能源发电企业对专项试点阶段进行总结，发布精益管理成果。

2. 全面推行阶段

（1）阶段目标：系统全面推行、复制精益管理成果，使精益管理理念深入人心，精益管理活动收到实效，资源利用效率和管理效率明显提高。

（2）工作内容：培训先行，归纳巩固，拓展创新，创建平台，现场改善。

（3）阶段总结：各水电与新能源发电企业对全面推行阶段进行总结，发布精益管理成果。

3. 巩固提升阶段

（1）阶段目标：突出"常态化管理"，各水电与新能源发电企业做好精益管理成果的保持、巩固，不断丰富和创新精益管理内容，实现精益管理的深化和提升。

（2）工作内容：着力长效、持续提升，注重积累，成果共享，全员培养、人才支持，突出特色、彰显文化。

（3）全面总结：各水电与新能源发电企业对巩固提升阶段进行总结，发布精益管理成果。

4. 文化引领阶段

（1）阶段目标：完善机制，构建水电与新能源发电企业精益文化，引导员工准确把握精益管理理念和方法，让精益思想、精益方法、精益流程在企业落地生根。

（2）工作内容：文化引导，突出特色，整合体系，有机结合，精益求精。

三、精益管理的实施原则

1. 推行原则

推行原则具体包括人才培养的原则、现场现物的原则、标准固化的原则、即时改善的原则、可视管理的原则。

2．推行要点

推行要点具体包括领导支持、全员参与、结合实际、突出重点、持续改进、追求卓越。

3．注意事项

为确保精益管理的高效实施，在推进过程中，要注意以下事项：

一要自主实践，避免生搬硬套。

二要传承创新，避免墨守成规。

三要抓住重点，避免舍本逐末。

四要抓住关键，避免主次不分。

五要立足自我，避免事事依赖。

六要信息共享，避免沟通不畅。

七要长期坚持，避免急于求成。

八要落到实处，避免浅尝辄止。

四、精益管理的实施步骤

精益管理"六步走"是精益推行方法和工作顺序，即按照前期准备、现状诊断、原因分析、改善实施、成果固化和持续改善进行，具体步骤及其包含内容见表1-1。

表1-1　　　　　　　　　　精益管理实施步骤

实施步骤	包含内容
第一步：前期准备	（1）成立项目管理机构； （2）制订项目实施方案； （3）制订项目实施的保障制度； （4）精益管理知识与工具培训； （5）项目前期宣传； （6）选定试点单位和专题； （7）确定改善对象及实施范围
第二步：现状诊断	（1）制订诊断计划； （2）成立诊断队伍； （3）实施针对性诊断； （4）制作诊断报告； （5）确定改善切入点
第三步：原因分析	（1）分析根本原因； （2）对策的可行性分析； （3）制订实施计划
第四步：改善实施	（1）实施改善对策； （2）改善过程监控； （3）制作改善结果报告； （4）改善结果评价； （5）项目阶段性总结
第五步：成果固化	（1）项目经验汇编； （2）过程标准化； （3）过程文件分享； （4）成果持续跟踪； （5）项目实施的阶段性关闭
第六步：持续改善	始终坚持按照策划、实施、检查、改进（PDCA）的循环进行

五、精益课题的开展方式

精益管理的推行基础是全员参与，推行动力是持续改善。水电与新能源发电企业精益管理的工作开展方式主要是大课题、一般改善和小创新。

大课题是从公司经营战略的高度为出发点，选定对企业可持续发展有重大影响的关键课题，小组成员跨部门构成，一般需要在公司层面进行资源配置、工作协调、过程监控并实施改善。

一般改善是以部门绩效目标为指引，在部门职责范围内选定促进绩效改善、成本降低、指标优化的课题，也可以是员工立足本职岗位在各自的工作区域内开展的小改善、小革新、小设计、小发明和小创造。

小创新活动是员工熟悉的小规模、持续地、一点一滴的改进方式，是企业改进的基础和源泉。

第四节　精益管理推行工具

精益管理项目实施过程主要包括诊断、分析、改善、标准化四个阶段，各阶段均包含一系列常用的精益管理工具。

一、诊断阶段

精益管理诊断阶段常用工具包含但不局限于现状调查表、诊断评分表、价值流程图、对标管理、5W2H、成本分析法、全流程分析法。

二、分析阶段

精益管理分析阶段常用工具包含但不局限于头脑风暴法、鱼骨图、失效模式及影响分析法、关键路径分析法、关键绩效指标分解法、竞争优势分析法、价值流程图、5W2H分析法、成本分析法、全流程分析法。

三、改善阶段

精益管理改善阶段常用工具包含但不局限于全员安全预控、目视化管理、流程优化、清单式点检法、大课题管理、全员生产维护、六西格玛分析、单点课程、全流程分析。

四、标准化阶段

精益管理标准化阶段常用工具包含但不局限于危险源识别及预控表、标准操作手册、最佳实践案例、全流程分析、单点课程等。

常用精益管理工具简介见表1-2。

表 1–2　　　　　　　　　　　　　常用精益管理工具简介

适用范围＼实用工具	诊断阶段	分析阶段	改善阶段	标准化阶段	工具特点	使用目的
1. 头脑风暴法		●			简单易用，适合于多人研讨使用	在短时间内得出分析结论
2. 鱼骨图		●			按特定分类原则进行原因分析，适用于简单问题的原因查找	系统性导出问题发生的原因
3. 现况调查表	●				简便易用的诊断工具，适用于对现况的初次调查，了解实际情况	短时间内快速了解目标对象的真实情况
4. 矩阵评分表	●				直观呈现若干组事件的关联性，适用于针对性筛选改善对象	找出关键改善对象
5. 价值流程图	●	●			直观展现管理流程中的价值走向，适用于价值诊断分析	找出增值与非增值流程
6. 对标管理	●				与高水平企业对比，直观展现指标项目的差距	找出差距，确定改善对象
7. 5W2H 分析法	●	●			以 7 个角度诊断分析问题的原因，寻找解决对策	找出导致问题发生的根本原因，获得改善思路
8. 失效模式及影响分析		●			全面严谨，分析结果的可靠性较高，适用于设备的精益管理改善	查找设备或系统隐患，确定重点改善对象
9. 关键路径分析		●			侧重量化分析最优方案，适用于工程项目前期策划	寻找最短时间、最少投入的工程实施方案
10. 成本分析	●	●			侧重量化分析，适用于财务领域的精益改善	寻找成本浪费点，确定重点改善对象
11. 全流程分析	●	●	●	●	以宏观视角实施分析，适用于各领域的流程优化改善	找出流程各环节的浪费点和价值点，确定重点改善对象
12. 关键绩效指标分解		●			侧重指标之间的逻辑关联，适用于改善目标的选择	找出影响主要目标的最重要关联指标，确定改善对象
13. 竞争优势分析		●			以四个维度实施分析，适用于企业发展战略分析	通过分析掌握企业发展方向
14. 全员安全预控			●		理论与实践结合，适用于安全精益改善实践活动	查找安全管理隐患点，弥补完善安全管控手段
15. 目视化管理			●		以视觉传达信息，适用于现场精益改善实践活动	查找现场管理缺陷漏洞，弥补完善现场管控手段
16. 流程优化			●		侧重过程分析，适用于各领域流程的浪费查找和改善	查找并解决流程浪费点和改善点
17. 清单式点检法			●		使用方便，标准化操作	检查判断改善项目的效果
18. 大课题管理			●		阶段式推进改善项目，工具丰富，适用于各领域的改善活动开展	以项目管理形式推进改善活动，确保项目质量和进度
19. 全员生产维护			●		侧重设备精益管理	消除设备管理过程浪费及不增值过程
20. 六西格玛分析			●		侧重系统性改善，工具丰富，适用于改善课题的推进	为改善课题的推进提供强大工具支持

适用范围 实用工具	诊断 阶段	分析 阶段	改善 阶段	标准化 阶段	工具特点	使用目的
21. 危险源识别及预控表				●	系统、全面，涵盖范围广，适用于安全精益管理实践活动	管控并维持安全隐患改善的成果
22. 标准操作手册				●	简易清晰，便于操作，适用于改善成果维持	使操作人员清晰明确实施作业，减少工作过程浪费
23. 单点课程			●	●	可视化、简洁、易操作，适用于改善成果的传播	使员工快速掌握操作方法，减少工作过程浪费
24. 最佳实践案例				●	侧重于推广具备标杆价值和可复制性的优秀案例	以最佳改善方法为标杆，确保改善成果的一致性和成功率

（1）头脑风暴法：又称智力激励法、畅谈法、集思法。参与者围在一起，随意将脑中与研讨主题有关的见解提出来，然后再将大家的见解重新分类整理，从而产生很多的新观点和问题解决方法。

（2）鱼骨图：又名特性要因图、特性因素图、因果图，是由日本管理大师石川馨先生所创，故又名石川图。问题的特性总是受到一些因素的影响，通过头脑风暴找出这些因素，并将它们与特性值一起，按相互关联性整理而成的层次分明、条理清楚，并标出重要因素的图形就叫鱼骨图。它是一种发现问题"根本原因"、透过现象看本质的方法。

（3）现况调查表：现况调查表是一种可以快速了解企业全部或局部管理领域存在问题的方法。通常是由实施调查的组织或机构根据要调查对象的性质，提前制订针对性的调查计划、表单，到企业实施现场诊断。现况调查表通常与矩阵评分表共同使用。

（4）矩阵评分表：矩阵评分表是一种对某项问题进行调查诊断时的常用工具，通常由要诊断的项目、诊断方法、各项目评分标准构成。由诊断者通过调查研究给予各个诊断项目不同的评分，根据各项目的最终评分进行分析判断。

（5）价值流程图：价值流程图是产品从原料通过生产制成成品再到顾客手中的全部活动过程，它把流程中的活动细分成了增值活动和非增值活动，从价值和浪费的角度来记录流程。价值流程图分为现况图和目标图，包含物流及信息流。

（6）对标管理：又称标杆管理，它是指企业持续不断地将自己的产品、服务及管理实践活动与最强的竞争对手或那些被公认为是行业领袖的企业的产品、服务及管理实践活动进行对比分析的过程。对标管理实质上是指一种为促进企业真正绩效的改进和提高而寻找、分析并研究优秀的产品、服务、设计、机器设备、流程及管理实践的系统方法和过程。

（7）5W2H分析法：又称七何分析法，是第二次世界大战中美国陆军兵器修理部首创，是用5个以W开头的英语单词和2个以H开头的英语单词进行设问，发现解决问题的线索，寻找发明思路，进行设计构思的方法，要素如下：

1）What：是什么？目的是什么？做什么工作？

2）How：怎么做？如何提高效率？如何实施？方法怎样？

3）Why：为什么？为什么要这么做？理由何在？原因是什么？造成这样的结果为

什么？

　　4）When：何时？什么时间完成？什么时机最适宜？

　　5）Where：何处？在哪里做？从哪里入手？

　　6）Who：谁？由谁来承担？谁来完成？谁负责？

　　7）How much：多少？做到什么程度？数量如何？质量水平如何？费用产出如何？

　　该方法简单、方便，易于理解和使用，广泛用于企业管理和技术活动，对于决策和执行性的活动措施也非常有帮助，也有助于弥补考虑问题的疏漏。

　　（8）失效模式及影响分析：失效模式及影响分析是分析系统中产品所有可能产生的失效模式及其对系统造成的所有可能影响，并按每一个故障模式的严重程度、发生频度以及检测难易程度予以分类的一种归纳分析方法。应用时，根据不同的阶段分为DFMEA（设计阶段）和PFMEA（工厂管理阶段）。

　　（9）关键路径分析：又称关键线路法，它是一种计划管理方法，通过分析项目过程中哪个活动序列进度安排的总时差最少来预测项目工期的网络分析。它用网络图表示各项工作之间的相互关系，找出控制工期的关键路线，在一定工期、成本、资源条件下获得最佳的计划安排，以达到缩短工期、提高工效、降低成本的目的。

　　（10）成本分析：成本分析是利用成本核算及其他有关资料，分析成本水平与构成的变动情况，研究影响成本升降的各种因素及其变动原因，寻找降低成本途径的分析方法。成本分析是成本管理的重要组成部分，其作用是正确评价企业成本计划的执行结果，揭示成本升降变动的原因，为编制成本计划和制订经营决策提供重要依据。

　　（11）全流程分析：全流程分析法是通过对组织内部全流程图进行梳理，包括流程的输入、开展的主要活动、活动的输出、出现的问题以及改善措施等，来完成对流程设计与再设计、优化和管理。它是通过全流程图的假设分析和精益知识跟踪管理来达到业务流程精益化。业务分析时需要通过专业的团队协作，共同完成业务流程的设计与再设计，发现问题，导出解决方案。结合精益管理的四个步骤：诊断、分析、改善、标准化，用Eye chart分析过程可以同时进行改善的前三个步骤，即：诊断、分析、导出改善方案。然后，完成改善案例实施和对有效的改善案例进行标准化以完善各个流程。

　　（12）关键绩效指标分解：企业关键绩效指标是通过对组织内部流程的输入端、输出端的关键参数进行设置、取样、计算、分析，衡量流程绩效的一种目标式量化管理指标，是把企业的战略目标分解为可操作的工作目标的工具，是企业绩效管理的基础。KPI可以使部门主管明确部门的主要责任，并以此为基础，明确部门人员的业绩衡量指标。建立明确切实可行的KPI体系，是做好绩效管理的关键。关键绩效指标是用于衡量工作人员工作绩效表现的量化指标，是绩效计划的重要组成部分。

　　（13）竞争优势分析：竞争优势分析，即基于内外部竞争环境和竞争条件下的态势分析，就是将与研究对象密切相关的各种主要内部优势、劣势和外部的机会和威胁等，通过调查列举出来，并依照矩阵形式排列，然后用系统分析的思想，把各种因素相互匹配起来加以分析，从中得出一系列相应的结论，而结论通常带有一定的决策性。运用这种方法，可以对研究对象所处的情景进行全面、系统、准确地评价，从而根据研究结果制订相应的发展战略、计划以及对策等。

（14）全员安全预控：即危险预知训练，是针对生产特点和作业全过程，以危险因素为对象，以作业班组为基本组织形式而开展的一项安全教育和训练活动，它是一种群众性的"自我管理"活动，目的是控制作业过程中的危险，预测和预防可能发生的事故。

（15）目视化管理：利用人的感官视觉，将相关管理的事项转化为浅显易懂的颜色、文字、图片、图像、照片、录像等方式，从而达到提醒、控制、警示、预防的作用和目的，也称"一眼即知的管理"。

1）目视化管理的三个要点：① 是否谁都能判断好坏（或异常与否）？② 是否能迅速、准确地判断？③ 判断结果是否不因人而异？

2）目视化管理的三个水准：① 初级水准：有表示，能明白现在的状态；② 中级水准：谁都能判断良否；③ 高级水准：管理方法（异常处理等）都列明。

（16）流程优化：通过不断发展、完善、优化业务流程，从而保持企业竞争优势的策略。包括对现有工作流程的梳理、完善和改进的过程，从本质上反思业务流程，彻底重新设计业务流程，以便在当今衡量绩效的关键（如质量、成本、速度、服务）上取得突破性的改变。

（17）清单式点检法：在项目管理过程中广泛应用的工具之一，通常由针对某一项目的管理标准、管理程度、量化指标或操作方法构成。该方法具有易操作、逻辑性和系统性强的特点，检查标准通常建立在优秀企业已实践过的标准操作方法之上，普遍适用于同行业内企业。

（18）大课题管理：在生产或工作岗位上从事各种劳动的员工，围绕企业的经营战略、方针目标和现场存在的问题，以改进质量、降低消耗、提高人的素质和经济效益为目的自主地组织起来，运用质量管理的科学方法开展活动。

（19）全员生产维护：以提高设备综合效率为目标，以全系统的预防维修为过程，全体人员参与为基础的设备保养和维修管理体系。

1）全员生产维护的特点是三个"全"，即全效率、全系统和全员参加。

2）全员生产维护强调五大要素：致力于设备综合效率最大化的目标；在设备一生建立彻底的预防维修体制；由各个部门共同推进；涉及全员，从最高管理者到现场工人；通过自主的小组活动来推进。

3）全员生产维护八大支柱：自主保养体制的形成，保养部门的计划保养体制的形成，个别改善，设备初期管理体制的形成，品质保养体制的形成，技能教育训练，管理间接部门的效率化体制的形成，安全、环境等管理体制的形成。

（20）六西格玛分析：六西格玛是一种管理策略，它是由摩托罗拉提出的。这种策略主要强调制订极高的目标、收集数据以及分析结果，通过这些来减少产品和服务缺陷。六西格玛背后的原理就是如果检测到项目中有多少缺陷，就可以找出如何系统地减少缺陷，使项目尽量完美。一个企业要想达到六西格玛标准，那么它的出错率不能超过百万分之三点四。

六西格玛包括两个过程：六西格玛 DMAIC 和六西格玛 DMADV，它们是整个过程中两个主要的步骤。

（21）危险源识别及预控表：危险源识别及预控是对可能导致伤害或疾病、财产损失、工作环境破坏或这些情况组合的根源或状态进行识别，并采取相应的预防控制措施。危险源识别及预控表是进行企业风险识别与控制的操作指导标准。

（22）标准操作手册：标准操作手册即标准作业程序，就是将某一事件的标准操作步骤和要求以统一的格式描述出来，用来指导和规范日常的工作。

（23）单点课程：又称点滴教育，是一种在现场进行培训的教育方式。进行单点课程训练时，员工集中在现场不脱产进行训练。单点课程的培训时间一般为10分钟左右。所以，它还有一个名称——10分钟教育。单点课程鼓励员工编写教材并作为辅导员进行培训，所以有一些企业把全员参与单点课程活动称为"我来讲一课"。

（24）最佳实践案例：最佳实践是一个管理学概念，是指那些已经在别处产生显著效果并且能够适用于此处的优秀工作方法、作业流程、管理机制或活动等，它们可以使生产或管理的结果达到最优，并减少出错的可能性。该工具通常与对标管理、大课题管理、标准操作手册、单点课程等工具共同使用。

安全管理篇

水电与新能源发电企业精益管理实践

引　言

　　精益生产方式自产生以来受到了现代工业生产管理者的认可，并在全球制造业中获得了较大的成功。中国华电集团公司（简称"集团公司"）为了内控成本、外拓市场，努力打造成本领先优势，不断提升效益水平，持续增强企业相对竞争力，提出了以最小的资源投入创造最大价值的精益思想。对发电企业来说，精益管理是将精益思想应用到企业管理各层面，以最小的人力投入、资金投入、设备投入、时间投入等，围绕企业经营流程进行持续改善，消除各环节中存在的不必要浪费。

　　精益管理不同于绩效管理、目标管理以及精细管理等其他的管理理论和方式，它以创造更多的企业效益为核心思想，抓住"降本"和"增收"两个重点，通过一系列的方法和工具来诊断管理中存在的八大浪费现象，分析浪费产生的时间、区域、过程的原因，利用改善工具消除浪费创造价值，并将改进措施标准化来实现管理效率的提高。

　　安全精益管理是以消除现场不安全状态为中心，以控制人的不安全行为为重点，以优化安全管控流程为手段，以提升企业效益为目的，运用精益管理工具、与时俱进的安全文化、不断发展的科技装备、贴合实际的管控方式，减少浪费，提升效益，最终实现企业安全目标指标。

　　本篇主要介绍水电与新能源发电企业安全精益管理的意义与价值，阐述安全精益管理实践思路与方法，结合区域公司及基层企业安全管理重点管控环节，精选水电与新能源发电企业精益实践案例，以供读者学习、参考。

第一章

水电与新能源发电企业安全精益管理概述

第一节 水电与新能源发电企业 安全精益管理要求与内容

企业安全管理是对安全系统实施人员、设备、环境、管理本质安全化和随机安全控制技术的综合管理，并按照其管理职能进行计划、组织、指挥、协调和控制。

水电企业因高效、灵活的运行方式，常用于承担电力系统的调峰、调频、负荷备用和事故备用等任务，同时兼有防洪、灌溉、航运、供水等功能，安全管理受季节性变化、电网调度影响较大，具有作业安全风险高、现场管理难度大、环境安全变数多、人员管理流动性大等特点。

由于新能源发电企业的特殊性，安全生产管理也面临着较多的挑战。新能源发电企业尤其是风电和光伏发电企业分布点多面广、场区占地面积大、设备位置分散，安全生产容易受复杂地形、恶劣环境的影响，给基层企业在各项安全基础工作管控上和区域公司的总体监督管理上增加了难度。

一、水电与新能源发电企业安全精益管理要求

安全生产，人人有责。安全生产管理相关人员必须掌握管理原则及其实施的方式、有效点、时段、力度等，贯彻执行"安全第一、预防为主、综合治理"的方针，树立"以人为本、关爱生命"的理念，坚持"保人身、保设备、保发电"和"不安全不工作"的原则。全面贯彻落实《安全生产法》，建立"党政同责、一岗双责、失职追责"的责任体系，以先进的安全管理思想、先进的安全文化和先进的生产工艺流程，确保企业生产经营各环节的安全。加强安全生产监督体系和安全生产保障体系建设，充分发挥员工在安全生产中的主体作用，着力提升全员安全意识，以抓措施落实和抓现场安全管理为切入点，坚持"零伤害、零非停、零泄漏、零失误、零误动"的"五零"工作目标，切实做到"四不伤害"，实现人员无违章、设备无故障、管理无漏洞、环境无隐患的本质安全目标。

安全管理要求完善安全管理体系，夯实安全工作基础，建立安全管理长效机制，保证电力生产人身安全，保障设备安全可靠运行，保护国家资产和投资者的权益免遭损失，实现安全生产可控、在控，必须遵循以下基本要求：

（一）坚持"安全第一、预防为主、综合治理"方针

安全第一，要求企业在生产过程中把安全放在首位，切实保护劳动者的生命安全和身体健康。这是从保护生产力的角度和高度，表明在生产范围内，安全与生产的关系，肯定安全在生产活动中的位置和重要性。坚持安全第一，是贯彻落实以人为本的科学发展观、构建社会主义和谐社会的必然要求。

预防为主，要求从业人员端正对生产中不安全因素的认识，端正消除不安全因素的态度，选准消除不安全因素的时机。在生产经营活动过程中，在安排与布置生产工作的时候，通过安全检查等预知预控活动，针对可能出现的危险因素，采取措施、明确责任，在规定的时间范围内予以消除。

综合治理，要求从业人员自觉遵循安全生产规律，正视安全生产工作的长期性、艰巨性和复杂性，抓住影响安全生产稳定的主要矛盾和关键环节，综合运用各种管理手段，从人、机、环、管等方面形成合力，抓住主要矛盾，排除安全生产隐患。综合治理是落实国家、行业、企业各项安全生产方针政策、法律法规、标准和制度的最佳手段。

（二）坚持落实"管行业必须管安全、管业务必须管安全、管生产必须管安全"要求

国务院在《关于加强企业生产中安全工作的几项规定》中明确指出："各级领导人员在管理生产的同时，必须负责管理安全工作""企业中各有关职能机构，都应该在各自业务范围内，对实现安全生产的要求负责"。安全贯穿在生产的全过程，并对生产发挥促进与保证作用。因此，安全与其他活动并非矛盾体，从安全、生产、经营等管理的目标和目的来看，安全管理在促进其他管理目标实现上起到了篱笆的作用，从这个意义上来说，安全管理和生产经营管理是一致且统一的。

三个"必须管"不仅是对各级领导人员明确安全管理责任，同时，也向一切与生产有关的机构、人员明确了业务范围内的安全管理责任。基层企业应实行以行政正职为安全生产第一责任人的各级安全生产责任制，建立完善的、系统的、层次清晰的安全生产保证体系和安全生产监督体系，充分发挥两个体系的作用，将三个"必须管"落到实处。

（三）坚持"三同时""五同时"原则

"三同时"原则：生产经营单位一切新建、改建、扩建的基本建设项目（工程）、技术改造项目（工程）、引进的建设项目的安全设施和职业安全卫生设施，必须与主体工程同时设计、同时施工、同时投入生产和使用，并将设施和职业安全卫生设施投资纳入建设项目概算。

"五同时"原则：是指企业的生产组织领导者必须在计划、布置、检查、总结、考核生产工作的同时进行计划、布置、检查、总结、考核安全工作。它要求把安全工作落实到每一个生产组织管理环节中去，实现安全与生产的统一。

（四）坚持全员参与原则

安全管理不仅仅是少数人和安全管理组织机构的工作，而是一切与生产有关的人共同的工作，任何一个人在安全生产过程出现人身伤害事故，都会影响安全目标指标的实现。企业必须落实安全生产主体责任，职工参与、工会监督，依靠广大员工共同做好安全生产工作，形成"人人为安全、人人保安全"的浓厚氛围。

（五）坚持"四不放过"原则

原因不清楚不放过。要求在调查处理事故时遵循"实事求是、尊重科学"的原则，查清事故发生的经过，科学分析事故原因，找出发生事故的内外关系，找出导致事故发生的直接原因、间接原因，不能以偏概全、避重就轻。

应受教育者未受到教育不放过。要求在分析清楚事故原因、相关责任人员受到处理的前提下，还必须通过安全学习、培训考试等方式使事故责任者和广大职工群众了解事故发生的原因及所造成的危害，汲取事故教训，总结经验方法，强化安全意识，提升安全技能，杜绝类似事件的再次发生。

未采取防范措施不放过。要求必须制订防止相同或类似事件发生的切实可行的预防措施，包括技术措施、组织措施、职业卫生措施等，要明确措施的责任单位或人员、明确措施执行的标准、期限、资金等要素。

责任者未受到处罚不放过。要求必须按照各级人员岗位责任制，分析清楚主要责任人员、次要责任人员、哪些人负领导责任、哪些人负管理责任。对照事故调查处理的法律法规和安全生产奖惩制度，规范相关责任人员的处理。

（六）坚持目标指标相结合

安全管理是对生产中的人、机、环、管要素状态的管理，有效地控制人的不安全行为、设备设施的不安全状态和环境隐患，消除或避免事故，达到保护劳动者安全与健康的目的。

没有明确目标和指标的安全管理是一种盲目行为。盲目的安全管理不仅浪费资源，还无法从根本上消除危险因素。在一定意义上，盲目的安全管理，只能促使危险源或危险因素向更为严重的方向发展或转化。

（七）坚持"四个凡事"

进行安全管理的目的是预防事故、杜绝事故的发生，防止或消除事故伤害，保护劳动者的职业健康安全。在安全管理的主要内容中，虽然都是为了达到安全管理的目的，但是对生产过程中影响安全的危险源或危险因素的控制，与安全管理目标指标关系更为直接。因此，对生产中人、机、环、管的安全管理必须坚持"四个凡事"。凡事有章可循是安全生产人人懂规矩、守规矩的基本保障；凡事有人负责是保障安全生产主体责任落实的具体体现，也是安全生产责任到人的体现，要从防止出现"多米诺骨牌"效应上考虑发挥榜样的力量；凡事有人监督是提高安全质量的基本保障之一；凡事有据可查是保证安全生产客观公正和有效执行的良性机制。

（八）坚持"四全"系统动态管理原则

生产活动中坚持全员、全过程、全方位、全定位的动态安全管理。"四全"动态安全管理的内涵实质就是能量风险管理，把安全风险放在生产全过程的首位来考虑。安全管理涉及生产活动的方方面面，涉及全部生产过程，涉及全部的生产时间和空间，涉及所有生产要素的动态变化及其能量转移。"全员"要求企业每个员工都要对安全负责，同时也首要关注"人"的因素；"全过程"要求每项工作从开始到结束的各个环节都要站在安全角度上规范工作流程及工序，属于时间管理；"全方位"要求参与生产经营活动的各方都要抓安全，关注机具、环境、管理的要求，重点关注空间管理；"全定位"要求在任何时间和空间的交叉点上的所有能量（人、机、环）都是可控的，关注点在防止能量的异常转移和意外释放上，重心在管理方式的随机转变上。

（九）坚持闭环管理原则

任何一种有效的管理手段必须坚持闭环管理机制，防止管理环节断裂和管理内容漏洞。按照 PDCA 动态循环模式开展，不断检查、纠正和完善、建立并保持持续改进的安全管理长效机制。

策划阶段（P）：利用各种检查方法，统计分析已经发现的不安全因素，并根据事故预防的原则，分析可能产生的危害，进行归纳总结。对隐患要按危害程度进行分级，从管理、执行、外部环境等方面入手，按照"消除隐患，努力减少一般事故，避免重大事故，杜绝特大事故"的原则，深入剖析原因。

实施阶段（D）：各级责任单位和个人都应根据策划项目和内容，结合自己的实际进行细化、量化，运用各种技术手段，落实责任、措施、资金、时限、预案在规定的条件和时限内实施。

检查阶段（C）：对工作进展情况进行自查，互查。上级对下级进行定期检查和不定期检查。在进行动态管理的同时进行阶段性的总结分析，便于及时发现找准薄弱点和工作漏洞，解决问题。

改进阶段（A）：总结取得的成绩，关闭已经解决的问题。对计划解决而未解决的问题，列入下一个 PDCA 管理循环并考虑采取综合治理措施。

二、水电与新能源发电企业安全精益管理内容

《中华人民共和国安全生产法》《中国华电集团公司安全生产工作规定》《中国华电集团公司电力安全工作规程》等法律法规要求，企业应坚持"安全第一、预防为主、综合治理"的方针，坚持"不安全不工作"，树立"以人为本、关爱生命"的理念，建立健全安全管理体系。

（一）安全生产责任制

企业应按照"党政同责、一岗双责、失职追责""谁主管谁负责、谁审批谁负责"和"管生产必须管安全"的原则，建立"两大体系""三大标准"，健全安全生产责任制。安全生产实行目标管理，由行政正职与部门安全第一责任人、部门安全第一责任人与班长、班长与班组成员逐级签订《安全生产责任书》，层层落实安全生产责任制，做到逐级负责。实行安全生产责任追究制度，包括对车间、班组负责人及有关责任人员的责任追究。

（二）安全例行工作

企业应按照有关要求每月组织召开月度安全分析会、安全网例会及每年至少召开一次安委会会议，落实国家、上级有关安全生产的政策措施和要求，分析安全生产现状，研究部署安全生产工作；企业应加强班组安全基础管理工作，落实好班前会、班后会和安全日活动，不断夯实基层安全管理工作；企业应按上级要求开展例行安全检查和安全督查，编制安全简报，向各级安全管理机构报送安全信息。

（三）隐患排查治理

企业应建立健全安全生产事故隐患排查、建档、监控和治理工作机制，逐级建立并落实隐患排查治理和监控责任制，主要负责人对本企业事故隐患排查治理工作全面负责，结合安全检查，组织安全生产管理人员和其他相关人员排查本单位安全生产隐患。对排查出的事故隐患，应及时登记，并按照职责分工实施监控治理，防止发生突发事件。企业应建立完善的隐患排查治理长效机制，做到隐患排查常态化、具体化、规范化，做好重大隐患排查治理项目挂牌督办工作。

（四）安全生产风险分级管控

安全生产风险分级管控是指按照安全生产风险不同级别、所需管控资源、管控能力、管控措施复杂及难易程度等因素而确定不同管控层级的安全生产风险管控方式。各水电与新能源发电企业应积极贯彻落实国家法律法规、标准规范和上级关于开展风险管控的工作要求，定期组织开展本企业安全风险辨识、评估，确定风险等级，制订风险控制措施并予以实施。

（五）安全性评价

安全性评价是运用系统工程的方法，对生产全过程进行安全性度量和预测，通过对系统存在的危险性进行定量和定性分析，确认系统发生危险的可能性及其严重程度，进而提出必要的有针对性的整改措施。水电与新能源发电企业应每年开展一次自查评，接受上级单位专家组的复评。安全性评价整改应闭环管理，要逐项落实方案、责任人、完成时间，整改完成情况应逐级现场验收确认。

（六）"两措"管理

反事故措施计划应根据上级颁发的反事故技术措施、需要消除的重大缺陷、提高设备可靠性的技术改进措施以及本企业事故防范对策进行编制。安全技术劳动保护措施计划应根据国家、行业颁发的有关标准，从改善劳动条件、防止伤亡事故、预防职业病等方面进行编制。安全性评价结果应作为制订反事故措施计划和安全技术劳动保护措施计划的重要依据。防汛、抗震、防台风等应急预案所需项目，也应作为制订和修订反事故措施计划的依据。

（七）两票管理

企业应依据《电力安全工作规程》及《中国华电集团公司工作票和操作票管理使用规定（试行）》，结合安全生产实际，制定两票管理规定，加强两票执行和监督考核工作。工作票是在电力生产现场、设备、系统上进行检修作业的书面依据和安全许可证，是检修、运行人员双方共同持有、共同强制遵守的书面安全约定。操作票是在生产设备及系统上进行操作的书面依据和安全许可证。企业应注重工作票和操作票使用和管理标准化、规范化和程序化工作，杜绝无票作业现象。

（八）反违章管理

企业应按照《中国华电集团公司反违章管理指导意见》要求，认真开展反违章工作。企业应建立厂、车间、班组三级"违章档案"，如实记录各级人员的违章及考核情况，并作为绩效评价的重要依据。厂、车间两级设立"违章曝光栏"，以达到警示教育的目的。反违章工作要克服"以罚代管"和"只管不罚"的做法，对各类违章都要通过"教育、曝光、处罚、整改"四个步骤进行处理，按照"四不放过"的原则进行分析，找出原因，分清责任，提出并落实防范措施。在对发生的不安全情况进行分析和原因查找时，必须对存在的违章现象进行分析。

（九）安全教育培训

企业应开展以"全员培训"为原则的安全教育培训工作，每年制订年度安全教育培训计划并进行分解实施，建立培训档案；企业按各级管理制度要求开展"三级安全教育""在岗生产人员培训""外包工程施工人员培训"等安全教育培训。新入厂生产人员（含实习、代培人员）经厂部、车间和班组三级安全教育；在岗生产人员每月进行有针对性的现场考问、反事故演习、技术问答、事故预想等现场培训活动；外包工程队伍施工人员按集团公司外包工程管理规定流程进行入场安全教育培训考试、安全技术交底、风险告知。

（十）职业危害因素安全管理

企业应执行国家关于职业病防治的有关法律法规、卫生标准，使工作场所符合职业卫生要求。对不符合要求的，做好作业场所职业危害申报工作，采取控制措施，建立健全职业病危害事故应急救援预案。企业对可能发生急性职业损伤的有毒、有害工作场所，设置报警装置，配置现场急救用品、冲洗设备、应急撤离通道和必要的泄险区。对职业病防护设备、应急救援设施和个人使用的职业病防护用品，进行经常性的维护、检修、更换，定期检测其性能和效果，确保其处于正常状态，不得擅自拆除或者停止使用。企业应在存有危险因素的作业场所和设备设施上，设置明显的安全警示标志，告知危险的种类、后果及应急措施等。

（十一）外包工程安全管理

企业应按《中国华电集团公司发（承）包和临时用工安全管理规定（试行）》《发包工程安全管理流程控制指南（试行）》《承包工程安全管理流程控制指南（试行）》等要求，从招标、合同签订、开工准备、进入施工现场准备、施工、验收、竣工等环节做好外包工程全过程安全管理，确保外包工程安全管理处于可控状态。

（十二）消防安全管理

企业贯彻"预防为主，防消结合"的方针，建立各级人员消防责任制，强化消防监督管理，不断改善消防条件，防止火灾的发生，最大限度地减少火灾损失。企业按规范对防火重点部位、消防器材配备及定制开展各项管理工作，做到专人负责，有灭火方案，定期开展防火检查，发现火险隐患立案限期整改。企业定期开展消防宣传教育和培训，围绕提高检查消除火灾隐患、组织扑救初起火灾、组织人员疏散逃生、消防宣传教育培训等"四个能力"，有重点地开展各级人员消防安全知识的宣传教育和培训。

（十三）交通安全管理

企业应全面落实各级交通安全责任制，建立归口管理、分级负责的交通安全责任制和目标管理机制。专（兼）职驾驶员实行考核上岗，并做到分级管理、逐级负责。对非专职司机驾驶公车，实行"准驾证"制度。机动车辆的技术状况必须符合国家规定，安全装置完善可靠，并建立健全档案及有关台账。企业应针对恶劣天气条件行车安全，以及通勤车交通安全等重点工作，落实专项制度措施。

（十四）应急管理

企业按国家《安全生产法》《突发事件应对法》以及上级应急管理办法等规章要求建立自上而下的安全生产突发事件应急管理体系，组织协调应急管理工作。建立健全应急预案体系，该体系应包括综合应急预案、专项应急预案和现场处置方案。企业应定期对预案进行评审、更新、培训和演练。依据预案管理规定，每两年对本企业所有预案演练一遍。生产现场重要岗位每半年对现场处置方案全面演练一遍。演习应注重实效，有针对性，综合采用桌面推演、功能演练（单项演练）、全面演练等多种方式，结束后应及时进行总结，完善预案。

（十五）不安全事件调查处理和责任追究管理

企业应建立不安全事件调查处理和责任追究管理标准，严格按照"四不放过"原则进行不安全事件调查处理。明确各个环节的职责，从不安全事件发生到汇报、调查、原因分析、防范措施制订以及责任认定等方面进行具体量化要求，并监督执行。

（十六）安全文化

企业应以实现本质安全为目标，从安全责任、安全意识、安全制度、行为规范、作业环境等方面入手构建安全文化体系，突出以人为本和安全发展的根本要求，做到内化于心、外化于行、固化于制、显化于物。采取多种形式的安全文化活动，塑造全体员工的安全态度和安全行为，形成全员认同、共同遵守、符合单位实际的安全价值观，实现法律和管理要求之上的安全自我约束。

三、水电与新能源发电企业的安全管理特点

（一）水电企业防汛安全责任重大

当发生洪水时，水电企业必须迅速地采集和传输雨水情、工情、灾情信息，并对其发展趋势做出预测和预报，经过分析计算后制订出防洪调度方案，指挥抢险救灾。水电企业应遵照国家《防洪法》、各级《防洪条例》等防洪管理制度，建立健全防汛责任制，落实防汛安全责任，坚持"安全第一，常备不懈，以防为主，全力抢险"的方针和"预防为主，防重于抢"的原则，立足防早汛、防大汛、抗大灾，确保人民生命财产安全。

（二）水电与新能源发电企业的交通安全压力大

水电与新能源发电企业大部分位于交通闭塞、人烟稀少、交通条件差的偏远山区，且员工住宅生活区与生产工作厂区相距较远，需要专线车辆接送职工上下班，这对水电与新能源发电企业交通安全管理提出了更高的要求，必须做好安全行车，确保万无一失。

（三）风电企业的高处作业管理是难点

风电企业的高处作业主要以风电机组及架空线路作业为主，高处作业频繁，可靠性要求高，每一个环节都需做好防高处坠落安全措施。一方面，风电企业作业现场工作班人员少，容易出现监护不到位现象，在攀爬塔筒过程不能多人同时进行，所以较难做到全过程监护。另一方面，作业环境恶劣和作业数量多的现状使风电企业的高处作业安全管控面临新挑战。

风电企业发电设备分布分散，作业面广，在检修维护作业安全措施执行流程的规范性、项目的完整性、监管的全面性方面存在较大难点。

（四）班组安全管理水平参差不齐

近年来，水电与新能源发电企业大量新建厂（场）站投产，生产人员储备不足，部分

班组人员素质参差不齐，安全基础不牢，管理水平不高。新能源发电作为我国新兴产业，在面临快速发展机遇的同时，班组安全管理也面临着一定的挑战。

第二节　水电与新能源发电企业安全精益管理的意义

新形势下，集团公司积极探索发电企业可持续发展新思路，在全公司系统推行精益管理工作，以实现企业提质增效、节支增收，增强企业竞争力。

安全精益管理是水电与新能源发电企业精益管理体系必不可少的组成部分，推行安全精益管理，可以提高企业竞争力、提升员工安全素养、实现企业效益最大化，为企业实现精益管理目标提供重要保障。

从水电与新能源发电企业来说，安全精益管理的"精"主要是找准安全管理全过程的薄弱环节，对人、机、环、管等方面可能产生突变的点和面实施精细、准确管控，减少管理损耗、提高管理效率、节约安全成本。"益"主要是通过"精"的控制来预防和减少损失，以实现价值最大化。

一、安全精益管理可以提升企业安全管理质量

安全精益管理的思想，可以促进企业安全管理效率的提升。精益管理即为以最小的资源投入创造最大的价值，安全精益管理遵循这一思想，企业在安全管理中，引导员工自觉参与精益管理实践，识别安全管理中的浪费并持续地减少浪费，有助于提升安全管理效率，提高安全管理质量。

企业开展安全精益管理的行为，可以实现员工安全意识的提升。让员工自愿遵守安全行为准则，让基层部门和班组的管理人员主动开展安全活动，是解决当前安全管理工作诸多困惑的"对症良药"。在全员参与的精益管理过程中，可以充分调动员工主动参与、自愿参加的积极性，提高员工自主管理的能力，提升员工安全知识和技能，实现员工从"要我安全"到"我要安全"的转变。另外，从实际检查情况来看，安全出现问题的大部分原因并非员工不想安全，是员工不清楚怎样才是安全的，这也是习惯性违章的根源。

安全精益管理的理念，有助于打造企业本质安全作业环境。运用安全精益理念，通过对生产现场作业区域内的环境、装置（设备、设施等）和其他空间要素，结合工程技术措施进行消除浪费和持续改善，以提高其自身应具备的安全稳定可靠性，确保其不对外输出并能够有效抵御外部输入事故风险，从而在人员失误或装置故障时，仍能保障不发生人身伤害事故。

因此，统筹运用各种精益工具，以价值最大化为目标，优化安全管理要素；以实现安全目标为目的，管控安全生产各要素；以消除浪费环节为目标，优化配置安全管理资源；全面推行安全精益管理，进一步系统化企业安全管理体系的设计，有助于企业全面提质增效。

二、安全精益管理可以增加企业效益

错误的安全管理价值观把安全与生产、质量、成本、健康等要素割裂开来，甚至过多的着眼于后者，而忽视了"安全第一"的原则。对安全工作的漠视而导致巨大经济损失的例子比比皆是。事实上，安全效益贯穿于任何一项生产经营活动的全过程中，它与经济效益息息相关。一方面，安全既是生产活动的边界和门槛，也是生产活动的基础和保障，只有在夯实安全基础的前提下，企业才能有效地组织生产，一心一意地抓经济效益。另一方面，只有将保护员工的人身健康落到实处，才能更好地保护生产力，使每个员工都在安全的环境中创造出经济价值。

推行安全精益管理，可以有效消除安全隐患，进一步体现"安全是最大的效益"这一理念。发电企业安全综合效益一般包含以下三个方面，如图 1-1 所示。

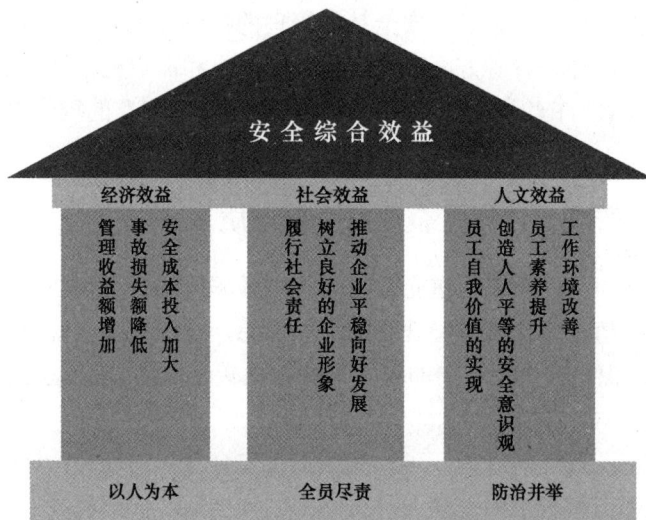

图 1-1 安全管理效益的三个方面

企业经济效益指生产总值同生产成本之间的比例关系，其良性增长有利于增强企业的自我发展能力。

企业的社会效益主要指企业在提供就业、增加经济财政收入、提高生活水平、改善环境等社会福利方面做出的贡献。

企业人文效益指员工在生活、工作中体现的价值观及其规范，主要包含企业文化、企业规章、企业行为等，是提升企业综合竞争力的关键。

第二章

水电与新能源发电企业安全精益管理实践路径

第一节　安全管理要素精益分析

安全精益管理是精益管理理念在企业安全管理中的实践运用。在安全管理活动中，通过"精益思维"渗入，运用精益管理工具，对水电与新能源发电企业安全工作各要素管理现状进行梳理、分析，诊断存在的问题，制订、实施改善措施，实现对企业安全工作管理流程的进一步优化，提升工作实效，达到安全管理标准化要求，为企业提质增效工作的深入开展奠定坚实基础。

一、安全精益管理工具选用

精益管理没有固定的模式能适用于各种类型的发电企业，水电与新能源发电企业必须根据自身的行业特点、规模大小以及人员的素质等选择有效的精益管理推行方法及工具。在安全精益管理的诊断、分析、改善、标准化等不同阶段，可以选用不同的精益管理工具。

二、安全管理要素分析

水电与新能源发电企业安全工作内容非常广泛，涉及企业安全生产过程的各个方面，为便于后面实施精益诊断分析，将其分为管理要素、人员要素、设备设施要素、作业环境要素等，如图 2-1 所示。

水电与新能源发电企业对各安全管理要素开展精益分析存在的主要问题：

（1）安全生产目标方面，部分企业安全目标未落实到每个岗位。

（2）安全责任制方面，部分企业安全责任落实不到位，造成相关安全工作实效没有达到预期目标。

（3）"两票三制"方面，"三种人"把关不严，作业前的风险分析、防范措施落实不到位，对作业过程中的风险辨识不足，与现场实际情况不符，甚至存在漏项执行的情况；监盘、巡查不到位，设备倒换不及时、试验记录不完整等。

（4）反违章责任落实方面，部分企业开展不到位，没有形成全员反违章工作氛围，习惯性违章屡禁不止。

（5）隐患排查治理方面，部分企业开展不够深入，排查治理责任还未有效落实，现场设备、设施及管理方面还存在隐患。

图 2-1　水电与新能源发电企业安全管理要素

（6）安全检查方面，部分企业安全检查工作缺乏实效性，表现在检查责任落实不到位，问题整改不及时、标准不高。

（7）安全性评价方面，部分企业自查评缺少实效性，对存在问题的原因分析不透彻，问题整改不及时、标准不高。

（8）安全例行工作方面，实效有待加强，如部分班组安全活动缺乏实效性。

（9）防汛管理方面，防汛物资管理不到位，如防汛物资过期、变质、未及时补充等。

（10）应急管理方面，部分企业应急准备还不能满足生产应急工作需求，表现在对应急预案的管理、培训、演练不到位。

（11）不安全事件管理方面，存在部分企业吸取不安全事件教训不深刻、相关防范措施执行不到位；部分企业对内部发生的不安全事件追责落实不严。

（12）外包工程管理方面，存在低价中标问题；工期与安全质量矛盾的问题；违规转包、分包问题；施工设备、设施及工器具不满足现场施工需求；管理人员及施工作业人员的安全技术素养不满足生产实际需求。

（13）安全文化方面，部分企业安全文化还没有真正融入安全管理活动中，对企业安全生产没有起到应有的推动作用。

（14）作业环境方面，职业病危害防治相关制度不完善，职业健康体检档案不健全。

（15）特种设备管理方面，日常维护、安全管理还不到位。

（16）构、建筑物方面，维护不到位，现场卫生清理不及时。

（17）交通工具方面，对车辆的管理不到位，如对车辆的日常检查流于形式，车辆台账不完善。

（18）消防设施方面，对消防设施管理不到位，如部分消防灭火器压力过低未及时更换。

（19）安全教育培训方面，实效性有待提升，个别员工安全意识及技能有待加强。

（20）安全防护方面，企业部分员工未按要求正确使用劳动防护用品。

各企业在实施精益管理过程中，应结合自身实际情况，对安全管理各要素进行全面分析，找出短板，分析原因，采取切实、可行的改善对策，做好安全管理工作的精益提升。

第二节　安全精益管理实践思路

推行安全精益管理，就是要找准安全管理中的各种"浪费"，最大限度地消除不必要的环节和程序。安全精益管理的总体实施思路是以问题为导向，找准"浪费"环节，以实施有效的改善为手段，达到安全管理标准化，从而实现企业各项安全目标，保持安全生产持续稳定。

安全精益管理的基本实施流程是按照精益管理"六步走"方法，即按照前期准备、现状诊断、原因分析、改善实施、成果固化和持续改善进行，通过识别、改善企业安全管理中的低效环节，达到安全工作实效提升的目的。

在实施过程中，企业应根据自身安全工作实际，首先从当前企业安全工作中带有普遍性的问题改善入手，由点到面，最终实现企业整体安全管理工作的提升。在安全管理精益改善实施各环节中，应着重关注以下问题。

一、课题选择

（一）选择课题的原则

在具体实施改善活动时，首先要做好改善课题的选择。水电与新能源发电企业精益管理的工作开展方式主要是大课题、一般改善和小创新。大课题是从企业经营战略的高度为出发点，选定的对企业可持续发展有重大影响的关键课题；一般改善是在部门职责范围内选定开展的促进部门绩效改善、成本降低、指标优化的课题；小创新活动是员工熟悉的小规模、持续地、一点一滴的改进方式，是企业改进的基础和源泉。

选择课题时，应优先选择具有如下特性的问题进行改善，以尽快提升企业安全工作管控实效，其他问题可以后续逐步实施改善。

（1）问题危害性严重，已影响到企业当前安全生产工作的正常开展。

（2）问题性质严重，改善需求时间紧迫，延迟解决会造成安全管理工作被动，甚至发生人身、设备损伤事件。

（3）问题涉及面广，带有普遍性，且负面影响大，已制约企业安全管理工作的有效开展，恶化了安全生产环境。

（二）确定改善课题

针对存在的问题，对安全管理要素的改善项目进行评定、筛选，最后确定企业当前需要尽快实施改善的课题。

二、改善实施思路

职责分工：根据管理职责分工，由职能管理部门牵头组织各生产部门实施分管课题的改善工作。

改善方法：按照课题诊断、分析、制订实施对策、成果固化（标准化）等改善流程，循环进行，持续改善、提升。

改善方向：根据安全精益诊断结果，制订课题改善方向。

改善过程监控：在改善实施的过程中，对改善对策实施进度、投入成本、实施效果等情况进行定期跟踪、监控，如发生重大偏差或需高层支援的情况，根据既定汇报制度，向精益管理主管部门汇报予以解决，确保方案实施的闭环管理。

改善效果评价：项目实施一段时间后要做阶段性评价，将改善过程及结果归纳起来，通过不定期召开业绩或成果展示会，围绕关键改善指标完成情况进行，全面回顾、认真分析上一阶段出现的改善"坏"点，找出根本原因，进而推动持续改善。改善结果的阶段性评价通常要对各个项目的指标完成情况、企业经营贡献情况、创新性、可复制性等方面进行综合衡量评价。同时，为了保证改善项目能够得到长期持续的改善，要对相关人员和团体给予适当的表彰和奖励。在改善实施中，要进行阶段性总结和评估，通过对比实施计划的执行情况，确认改善对策的完成情况、完成效果等，为下一步推行精益管理提供思路和参考。

三、成果固化

针对精益实施过程中采取的有效措施，要修订相关制度或标准，对成果加以固化，实现标准化管理，并做好相应宣贯、推广工作。

四、持续改善

精益改善活动是一个不断完善、持续改进的循环过程，随着改善实践过程的深入，根据取得的阶段性成果和新的安全工作目标、要求，需要随时进行对策调整，做到持续改善、提升，使企业获得更大的安全效益。

第三章

区域公司安全精益管理实践

第一节　梯级水电站防汛安全精益实践

某区域公司开发运营"两江一河"3个流域9座水电站，装机规模3230.5MW。9座水电站在实行集中管控、精益调度前，基本以单一电站优化调度、防汛安全作为目标，并没有充分发挥梯级电站的联合调节性能、实现洪水资源的最大化利用。为不断提升流域梯级调度水平，提高梯级水能利用率，实现梯级电站防汛安全、经济运行等目标，该公司提出"精心调度、科学决策、大坝安全、经济运行"的管理宗旨。公司内部成立专业部门——集控中心，负责梯级水电站的防汛调度工作，从人员、设备、管理等多方面介入，运用精益管理办法，实施防汛调度安全管控，保障梯级电站安全度汛、精益调度。

【案例3-1】　梯级水电站防汛安全精益实践

（一）案例背景简介

1. 实施背景

（1）水电站防汛安全要求。根据《中华人民共和国防洪法》《中国华电集团公司防汛管理办法》等法律法规要求，水电企业必须坚决贯彻执行"安全第一，常备不懈，以防为主，全力抢险"方针和"立足于防、防重于抢"的原则，从"防早汛、抗大洪、抢大险"的需要出发，做到"思想、组织、措施、物资"四个落实，"人员、措施、工作"三个到位，确保安全度汛。

（2）防汛调度精益管理需求。某区域公司开发运营"两江一河"3个流域9座水电站，其中4座新投产电站专业人员少、基础能力弱，在防汛调度安全工作水平上还有待提升。梯级水电站上下游间水力联系紧密，洪水峰量等特征值受上游出库影响较大，在一定程度上增大了防汛工作难度。为实现电站安全度汛，同时提高洪水资源化利用水平，需要统筹协调，精益改善，做好梯级防汛调度工作，确保防汛安全。

2. 实施思路

（1）开展精益分析，改善防汛调度工作。运用精益管理手段，使用精益管理工具，对防汛调度安全管理现状进行诊断、分析，查找存在的不足，结合电站安全生产实际，采取科学、有效的对策，对存在问题进行改善、解决，以期取得度汛安全和洪水资源化利用双重效益。

（2）统筹梯级防汛，明确联合调度方式。进一步细化梯级联合方案，突破传统粗放调度方式，采取多样化的梯级调度手段，充分利用梯级电站调节性能和降雨来水差异，发挥龙头电站调节作用，提高流域整体防汛和兴利水平。

（3）建立健全制度办法，促进梯级补偿调度。在公司梯级电站实行梯级补偿调度，明确上游电站为下游电站拦蓄错峰等洪水资源化利用手段所产生的增发电量补偿办法，指导梯级电站优化调度工作，提高梯级电站错峰调度的积极性。

（二）现状诊断

针对该区域公司在防汛调度安全管理水平上有待提升的问题，采用思维导图方式进行诊断，如图 3-1 所示。

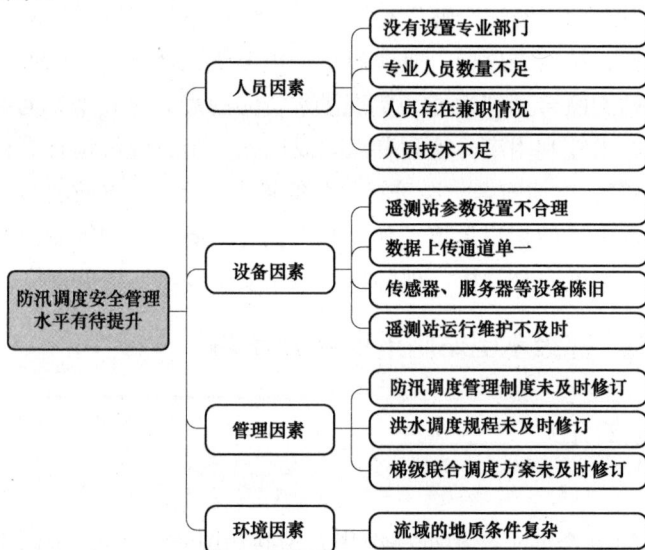

图 3-1　防汛调度安全管理问题分析

1. 人员因素诊断

采用访谈的方法进行诊断。对区域公司 3 个流域 9 座水电站的水工水务人员进行访谈，发现 4 座新投电站从基建模式直接过渡到生产模式，因基建尾工、竣工结算等工作需要，基建人员未全部转为电站生产人员，加之电站规模不同等原因，存在防汛调度人员配置和人员技术水平不足等问题，访谈情况见表 3-1。

表 3-1　　　　　　　　　　　　　访 谈 情 况 表

电站	是否设置专业部门	专业人员数量	技 术 水 平	存在问题
G	是	3	具有多年实践工作经验，均已持证上岗	—
D	是	3	具有多年实践工作经验，均已持证上岗	—
M	是	3	具有多年实践工作经验，均已持证上岗	—
S	否	0	兼职人员、未持证上岗	人员和技术不足

续表

电站	是否设置专业部门	专业人员数量	技术水平	存在问题
P	否	1	具有多年实践工作经验，均已持证上岗	人员不足
Y	否	1	具有多年实践工作经验，均已持证上岗	人员不足
Q	否	0	兼职人员、未持证上岗	人员和技术不足
N	否	0	兼职人员、未持证上岗	人员和技术不足
T	否	0	兼职人员、未持证上岗	人员和技术不足

经过以上诊断，得出该公司在人员因素方面存在防汛调度人员配置和人员技术水平不足的问题，具体表现为没有专业部门、专业人员少、人员兼职及技术不足等。

2. 设备因素诊断

通过现场调查，对水情水调系统运行状况进行诊断，总结发现在设备因素方面存在以下问题，见表3-2。

表3-2　　水情水调系统运行状况分析表

序号	问题简况	原因分析
1	2015年5月14日，D电站坝址以上降大到暴雨，在水情分中心客户端却无法显示流域测站暴雨情况	（1）遥测站电压低；（2）遥测站参数设置不合理，不能实现一发多收；（3）遥测站运行维护不及时
2	2015年7月9日，Y电站坝上水位数据上传错误、延迟、缺传	（1）数据上传通道受损；（2）通信平台发生锁死；（3）水位传感器故障
3	2015年9月18日，Q电站水情分中心服务器故障，不能正常查看水雨情监测数据	（1）服务器设备陈旧；（2）服务器运行维护不及时

经过以上诊断，得出在设备方面存在遥测站参数设置不合理、数据上传通道单一、传感器、服务器等设备陈旧及遥测站运行维护不及时等问题。

3. 管理因素诊断

自从9座电站全部投产发电，3个梯级全部成型，充分具备梯级联调条件，相关防汛调度制度迫切需要修订完善，同时需要明确防汛调度方案，充分发挥龙头电站调节作用，实现洪水资源最大化利用。对照水电厂（站）防汛检查大纲，总结历年公司春检及防汛检查工作中发现的不足或问题，诊断发现公司所属电站不同程度存在防汛调度管理制度不健全，没有明确细化联合调度方案等问题。

4. 环境因素诊断

9座水电站分布在3个不同流域，因为流域的地质条件复杂，洪水组成和特征不同，给防汛调度工作造成困难。为此，需要针对不同流域的地质条件、降雨洪水特征，修订完善相应的管控措施，细化梯级联合调度方案，提高洪水预报准确率，实施洪水精益调度，确保电站防汛安全。

（三）问题分析及改善对策

对诊断发现的问题或不足进行原因分析，制订以下改善对策，见表3-3。

31

表 3–3　　　　　　　　　　　　原因分析及改善对策表

序号	问 题	原 因 分 析	对 策
1	防汛调度人员配置和技术水平不足	（1）没有专业部门； （2）专业人员少； （3）人员存在兼职； （4）技术能力不足	（1）创新机制和管控模式，设置专业部门履行梯级水电站防汛调度职责； （2）加强对电站防汛调度人员的专业技术培训； （3）加强对电站防汛调度工作的技术指导
2	水情水调系统运行不稳定	（1）遥测站参数设置不合理； （2）数据上传通道单一； （3）传感器、服务器等设备陈旧； （4）遥测站运行维护不及时	（1）优化布设遥测站，选择容量较优的蓄电池，合理设置遥测站参数； （2）通过升级改造，增加遥测站至中心站（增加卫星通道）、以及分中心站到中心站的数据上传通道（增加卫星与光纤通道）； （3）按管理制度加强设备运行维护，及时更换相关设备
3	防汛调度管理制度不健全，没有明确细化联合调度方案	（1）防汛调度管理制度未及时修订； （2）洪水调度规程未及时修订； （3）梯级联合调度方案未及时修订	（1）根据电站投产计划，督促指导电站修订完善相关防汛调度管理制度； （2）在公司层面修订完善洪水调度规程，并在公司系统发布执行； （3）在公司层面修订发布梯级联合调度方案
4	流域的地质条件复杂	流域的地质条件复杂，洪水组成和特征不同	针对不同流域的地质条件、降雨洪水特征，修订完善相应的防汛调度安全管控措施，明确细化梯级联合调度方案，提高洪水预报准确率，实施洪水精益调度，确保电站防汛安全

（四）改善实施

1. 改善实施

（1）针对"防汛调度人员配置和技术水平不足"实施的改善。

过程说明：通过组织召开水工水文工作专题协调会，对公司下属电站的水工水文管理模式、职责划分及人员配置等问题进行讨论，创新管理模式，明确由公司下属集控中心承担电站的防汛调度工作，提供技术支持和人员培训，如图 3–2 所示。

图 3–2　公司组织召开专题会

改善后：集控中心具有经验丰富的专业技术人员和一流的专业技术水平，其中从事水情水调工作的专业人员 10 人，水工专业管理人员 3 人，均持证上岗并有多年实践工作经验，见表 3-4。

表 3-4　　　　　　　某区域公司专业部门防汛调度人员和技术水平情况

专业部门	人员数量	行政班	调度班	技术水平	防汛调度对象
调度部	10	5	5	具有多年实践工作经验，均已持证上岗	公司下属梯级电站
水工部	3	3	—	具有多年实践工作经验，均已持证上岗	公司下属梯级电站

通过集控中心专业人员 24 小时值班，对梯级电站进行集中监控、统一调度，并开展专、兼职人员技术培训，如图 3-3 所示。

（2）针对"水情水调系统运行不稳定"实施的改善。

过程说明：组织召开水工水文工作专题协调会，明确水情分中心运行维护管理职责，由电站做好水情分中心水情测报系统的日常巡视和检查，由公司集控中心提

图 3-3　公司组织专兼职人员培训

供技术支持。集控中心完成水情分中心升级改造（如图 3-4 所示），优化布设遥测站，使用容量较优的蓄电池，合理设置遥测站参数，增加通用分组无线技术（GPRS）、全球移动通信系统（GSM）、卫星及光纤通道作为遥测站及数据上传通道，保障数据传输；同时集控中心指导下属电站加强水情测报系统设备运维，有效改善设备运行不稳定问题，提高了水情数据合格率（见表 3-5）；公司不定期组织开展水情水调系统通信中断应急演练（如图 3-5 所示），提高了电站防汛应急处置能力。

图 3-4　公司开展水情系统升级改造

图 3-5　水情水调系统通信中断应急演练

改善后：

改善前后水情数据合格率对比情况如图 3-6 所示。

表 3–5 改善前后水情数据合格率统计表

电站	改善前合格率（%）（统计 2015 年）	改善后合格率（%）（统计 2016 年）	较改善前（%）
G 电站	95.9	97.3	+1.4
D 电站	96.2	97.3	+1.1
M 电站	96.4	97.0	+0.6
S 电站	96.4	96.7	+0.3
P 电站	96.4	97.3	+0.8
Y 电站	96.7	97.8	+1.1
Q 电站	95.6	96.2	+0.6
N 电站	95.3	95.9	+0.6
T 电站	94.5	95.6	+1.1
平均	96.0	96.8	+0.8

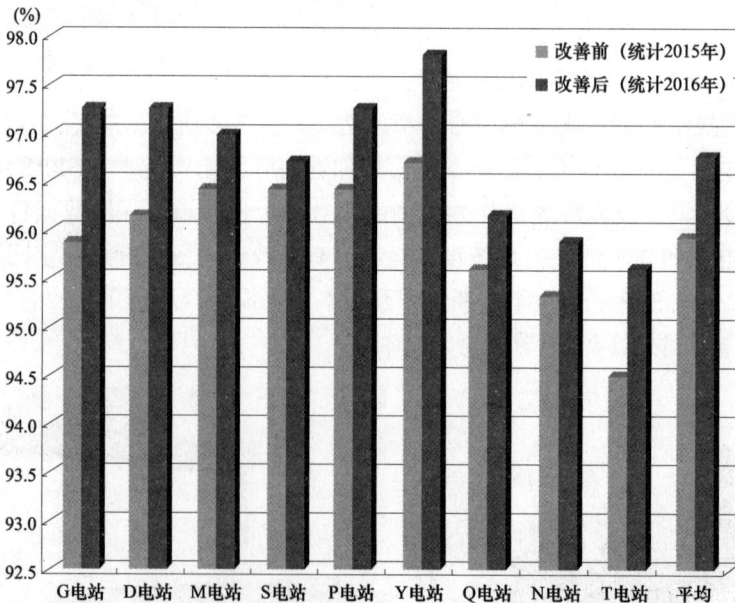

图 3–6 某公司电站"水情水调系统运行不正常"改善前后水情数据合格率对比情况

（3）针对"防汛调度管理制度不健全，没有细化联合调度方案"实施的改善。

过程说明：根据在建电站的投产计划，督促指导新投产电站修订完善相关防汛调度管理制度（如图 3–7 所示）；组织专业技术人员收集整理梯级水电站相关资料，修订完善梯级水电站的洪水调度规程（如图 3–8 和图 3–9 所示），并在公司系统发布执行；结合新投产电站进一步修订完善梯级水电站的联合调度方案。

图 3-7　公司组织督促电站修编制度

图 3-8　公司组织讨论洪水调度规程

图 3-9　公司组织讨论联合调度方案

改善后：

电站及时修订完善相关防汛调度管理制度。

公司及时修订发布洪水调度管理规程、梯级联合调度方案，如图 3-10 所示。

图 3-10　发布联合调度方案

（4）针对"流域的地质条件复杂"实施的改善。

过程说明：针对不同流域的地质条件、降雨洪水特征，修订完善相应的防汛调度安全管控措施，明确细化梯级联合调度方式，提高洪水预报准确率，实施洪水精益调度，确保电站防汛安全。

2. 改善成果

（1）通过修订完善公司层级、电站层级的防汛调度安全管理制度，梳理管理流程（见图3-11），明确措施策略（见图3-12），统一规范9座电站的制度、流程，进一步加强了电站的防汛安全基础工作。

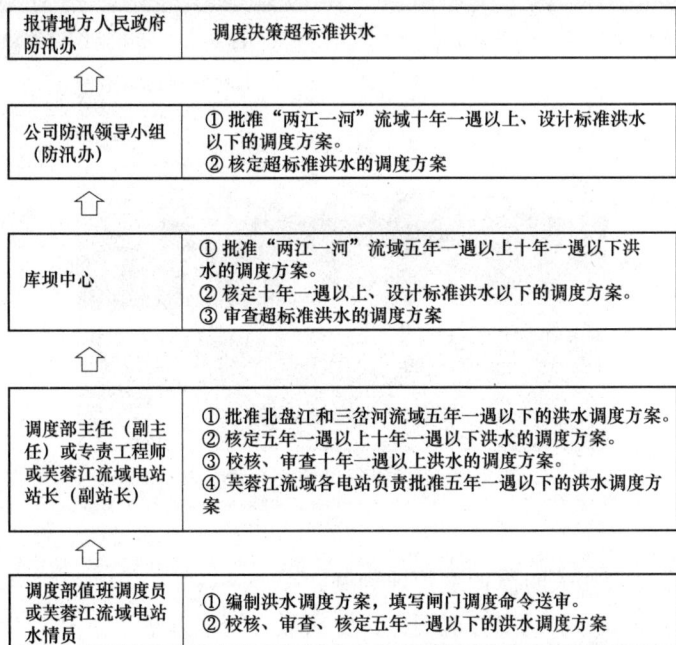

报请地方人民政府防汛办	调度决策超标准洪水
公司防汛领导小组（防汛办）	①批准"两江一河"流域十年一遇以上、设计标准洪水以下的调度方案。②核定超标准洪水的调度方案
库坝中心	①批准"两江一河"流域五年一遇以上十年一遇以下洪水的调度方案。②核定十年一遇以上、设计标准洪水以下的调度方案。③审查超标准洪水的调度方案
调度部主任（副主任）或专责工程师或芙蓉江流域电站站长（副站长）	①批准北盘江和三岔河流域五年一遇以下的洪水调度方案。②核定五年一遇以上十年一遇以下洪水的调度方案。③校核、审查十年一遇以上洪水的调度方案。④芙蓉江流域各电站负责批准五年一遇以下的洪水调度方案
调度部值班调度员或芙蓉江流域电站水情员	①编制洪水调度方案，填写闸门调度命令送审。②校核、审查、核定五年一遇以下的洪水调度方案

图3-11　梯级防汛调度流程

（2）修订后的洪水调度规程和联合调度方案保障了3个流域9座电站的安全度汛，进一步提高了梯级电站的水资源利用效率。

该公司针对Q电站二十五年一遇洪水（电站投运以来最大洪水）、G电站五年一遇洪水（电站投运以来最大洪水）、P电站十年一遇等场次洪水，通过统筹协调、精益调度，提高了水量利用率（如图3-13所示），实现电站长周期安全稳定运行，增发电量累计达11.02亿kW·h。

防汛调度安全示例1：9月16日，受台风"海鸥"影响，某区域公司流域普降暴雨到大暴雨，局地降特大暴雨，G电站以上流域48h累计降雨达144.7mm，D电站区间累计100.5mm，为建库以来最大强降雨。9月18日G电站洪峰流量4184m³/s，量级达五年一遇，为建库以来实测最大值，最大下泄流量为1654m³/s，削峰率达60.5%；依据梯级电站联合调度方案和洪水调度规程，合理优化，利用G电站为下游D电站拦蓄洪水1.6亿m³，减少了G电站与D电站的弃水，保障两电站安全度汛，增发电量1.07亿kW·h。

流域	预警级别	预警条件		决策部门	调度决策者及应采取的措施
		类别	表现形式		
北盘江	IV级预警	天气预报	气象预报流域将出现大到暴雨,雷达回波和卫星云图清晰可见	调度部	值班调度员措施: ① 实时监视雨水情; ② 作出洪水作业预报成果; ③ 编制、校核调洪方案和闸门调度命令; ④ 向电厂(站)发布有关汛情信息; ⑤ 发布闸门调度信息给相关电站和下游电站。 调度部主任(副主任)及专责: ① 查看雨水情; ② 负责审定IV级预警情况下的洪水调洪成果和签发闸门调度命令; ③ 向库坝中心主任(副主任)汇报相关信息。 库坝中心: ① 了解雨水情; ② 负责审定III级预警情况下的洪水调洪成果,签发该预警情况下的闸门调度命令; ③ 向公司分管领导汇报相关信息。 公司防汛领导小组(防汛办): ① 了解雨水情; ② 负责II级预警情况下的调度决策。 I级预警报请地方人民政府防汛办调度决策
		降雨量级	① 流域大面积降雨,预计将持续; ② 日均降雨量为30~60mm; ③ 3日累计降雨量为60~100mm		
		预报最大入库流量	① 善泥坡1000~2250m³/s; ② 光照1500~3000m³/s; ③ 马马崖1000~5080m³/s; ④ 董箐1000~5910m³/s		
	III级预警	降雨量级	① 出现小区暴雨; ② 流域日均降雨量在60mm以上; ③ 3日累计降雨量在150mm以上	集控中心	
		预报最大入库流量	① 善泥坡2250~2820m³/s; ② 光照3000~5470m³/s; ③ 马马崖5080~6000m³/s; ④ 董箐5910~6950m³/s		
	II级预警	预报最大入库流量	① 善泥坡2820~4640m³/s; ② 光照5470~10400m³/s; ③ 马马崖6000~8770m³/s; ④ 董箐6950~12100m³/s	公司防汛办	
	I级预警	预报最大入库流量	① 善泥坡大于4640m³/s; ② 光照大于10400m³/s; ③ 马马崖大于8770m³/s; ④ 董箐大于12100m³/s	地方人民政府防汛办	

图3-12 防汛分级预警与决策措施

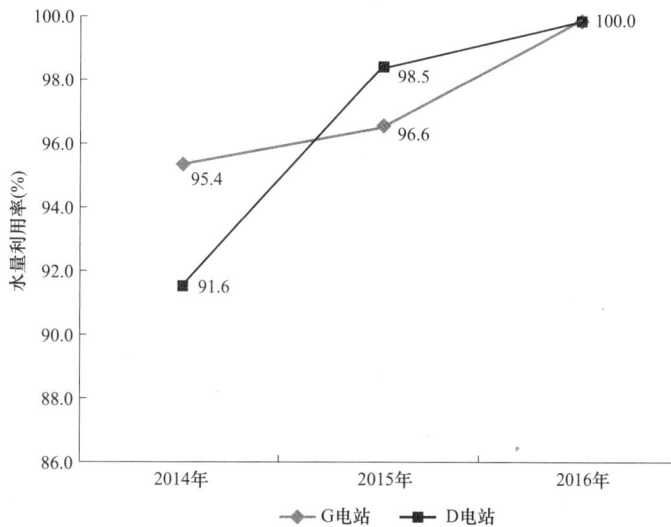

图3-13 某公司部分电站历年水量利用率

防汛调度安全示例 2:7 月 8～10 日,T 电站以上流域累计平均降雨量达到 137.8mm,8～10 日流域平均降雨量分别为 37.2mm、98.8mm、1.8mm。Q 电站以上流域累计平均降雨量达到 191.2mm,8～10 日流域平均降雨量分别为 47.6mm、142.0mm、1.6mm。连续强降雨在 Q 电站产生较大洪水,10 日 7 时洪水洪峰流量达 2564m³/s,达二十五年一遇洪水,为电站投运以来最大洪水。经电站充分准备、合理调度,控制最大下泄流量在 2135m³/s,削峰率 16.7%,保障 Q 电站厂房在遭遇该量级洪水情况下未发生安全事故。

(五)标准化

在改善实施过程中,针对存在的问题或不足,对相关基础管理工作进行了完善、改进,形成了相关的管理文件,经过实际运用,改善工作效果显著。主要有:

(1)《洪水调度管理规程》。

(2)《水库联合调度建议方案》。

(3)《水库调度及经济运行管理办法》。

(4)《水库汛期常遇洪水下的水位控制原则》。

(5)《流域水库洪水调度分级预警与决策措施》。

(6)《公司系统水库优化调度错峰电量补偿办法》。

(7)《电厂(站)非正常情况下洪水调度工作流程》。

【案例思考】

区域公司在实施和试行过程中,通过对 9 座电站投产以来遭遇的洪水进行分析总结,还需进一步完善以下问题:

(1)3 个流域 9 座电站均未遭受较大量级的洪水考验,已经发生的洪水最大量级为 25 年一遇,所以基于设计洪水制订的洪水调度方案和洪水调度方式方法,还需要不断补充资料,进行校核完善。

(2)区域公司还需要根据试行制度或办法,收集整理电站在实际洪水调度过程中出现的问题或不足,对相关章节或内容进行修订。

<本案例由贵州黔源电力股份有限公司提供>

第二节　区域公司创新作业现场
全过程安全管控模式

对于水电与新能源发电企业来说,作业现场特别是外包工程作业现场的安全隐患依然存在,因安全管控不到位而造成的人身、设备事故时有发生。针对此现象,某区域公司通过多方调研,探索创新作业现场全过程安全管控模式,开发运用一套可靠、有效的管理系统，实现对作业现场全过程在线监控，将"事后处理"改变为"事前控制"。该系统目前已在某基层企业试运行，在试点取得实效的基础上将在区域公司全面实施，以期实现区域公司对各基层单位作业现场全过程安全管控。

【案例3-2】 区域公司创新作业现场全过程安全管控模式

（一）案例背景简介

1. 实施背景

（1）该区域公司所属水电与新能源发电企业大多地处偏远山区，部分基层企业所辖厂站数量多、分布广，安全管理人员配置相对精简，安全监管工作点多面广，难以对作业现场进行全过程实时监督。

（2）外包工程项目多，施工人员安全意识淡薄、安全技能不足等因素导致作业过程存在较多安全隐患。在作业过程中，虽然严格执行旁站监理等各类安全管理制度，但因现场施工作业过程的诸多不确定因素，难以真正实现作业现场全过程安全可控、在控。

（3）在作业过程中，工程管理、监督部门对离开施工工地、中途退场等人员变动信息的管理依靠承包方人员报送，不易实现对施工人员的实时跟踪管控。

（4）对于外包工程，还容易出现开工前的资质审查、进场教育、机具检查等过程管理资料缺漏问题。

2. 实施思路

针对以上背景，作业现场全过程安全管控的精益实践着重从以下几个方面思考：

（1）如何实现同时监控多个作业现场，如区域公司对多个基层企业重点工作面的监控、基层企业对本企业多个工作面的监控等，各级管理人员随时对现场进行查看，及时发现和纠正现场违章，指导现场作业，提高安全监督、检查的覆盖面。

（2）如何提高现场作业人员的执规意识和安全意识。

（3）如何更加有效对作业现场人员、机具进行全程监督，提高工作负责人（监护人）的现场履职能力。

（4）如何确保开工前各个环节的审核都已按相关制度要求完成。

（二）现状诊断

1. 现况调查

研究资料表明，人的不安全行为和物的不安全状态是造成事故的主要原因。人的不安全行为主要有缺乏有效监督、缺乏应有的安全基础知识、安全意识不强、安全习惯不良等；而物的不安全状态主要由机器、工具的不安全状态、设备设施布局不合理、不合格的防护或防护缺失构成，如图3-14所示。

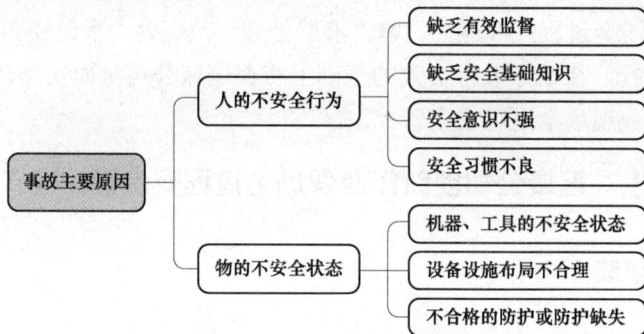

图 3-14　事故主要原因分析

2. 案例分析

采用案例分析的方法诊断近期发生的事故案例,见表 3-6。

表 3-6　　　　　　　　　　近期发生的事故案例分析表

序号	事　故　简　述	原　因　分　析
1	某年 4 月 19 日,某公司施工人员在没有得到施工负责人指令的情况下,未经验电,一人独自登上电杆,发生触电	现场安全管理不到位,作业过程没有监护
2	某年 6 月 6 日,某公司作业人员在无人监护的情况下,独自攀爬室内固定爬梯上屋顶,准备确定吊篮吊点,攀爬过程中失稳坠落	未得到有效安全交底,作业过程没有监护
3	某年 6 月 12 日上午,某厂脱硝改造工作中,作业人员王某和周某站在空气预热器上部钢结构上进行起重挂钩作业,2 人在挂钩时因失去平衡同时跌落。周某安全带挂在安全绳上,坠落后被悬挂在半空;王某未将安全带挂在安全绳上,从标高 24m 坠落至 5m 的吹灰管道上	工作负责人不在现场,失去监护;高处作业未将安全带挂在安全绳上
4	某年 6 月 20 日,某公司在搭设脚手架工程施工中,一名施工人员解开安全带欲移动至下一工作地点时,不慎从 42m 处坠落至 8m 临时检修平台	现场施工人员高处作业安全防护意识薄弱;监护人员现场监护不到位,安全监护形同虚设;未有效开展技术交底、危险点分析预控、专项安全措施等工作

从上述案例可以看出,作业现场的全过程缺乏有效的监督,没有及时发现和制止作业过程中的违章行为,就容易导致事故发生。因此,加强作业过程的监护、监督,确保作业人员正确、完整运用各类安全技术,可以有效防止不安全事件的发生,如图 3-15 所示。

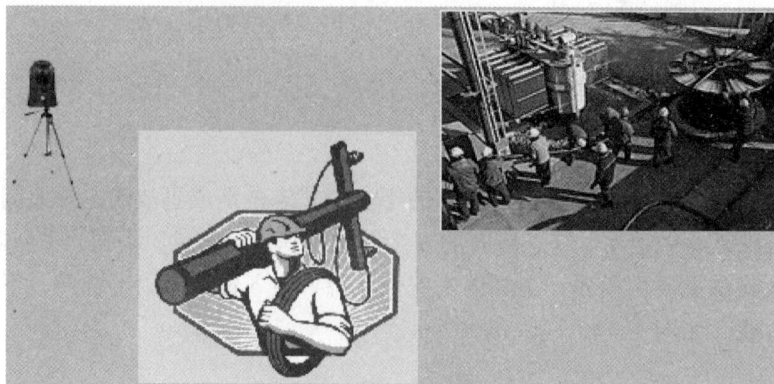

图 3-15　作业过程监督能有效防范事故

3. 采用访谈的方法进行诊断

经过与生产管理人员、安全监督人员、项目负责人（现场监护人员）、施工人员等不同岗位人员交谈，诊断出水电与新能源发电企业作业现场存在以下问题，如图3-16所示。

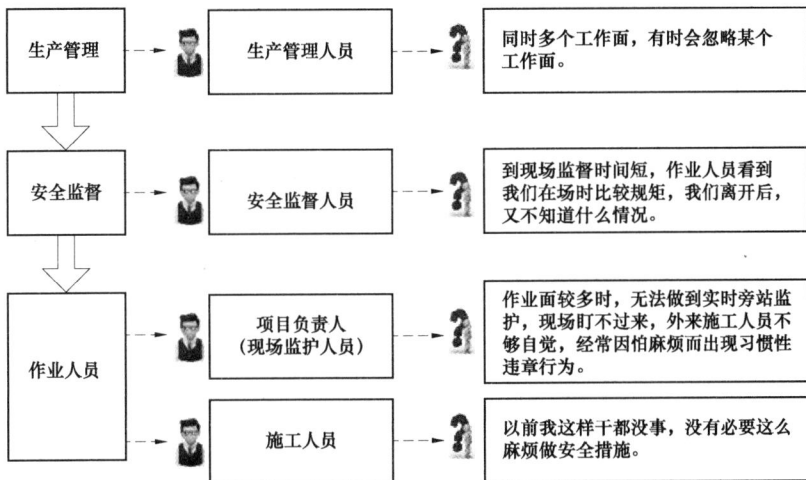

图 3-16　访谈结果

4. 外包工程过程资料存在问题诊断

通过思维导图方式诊断外包工程过程资料存在问题，如图3-17所示。

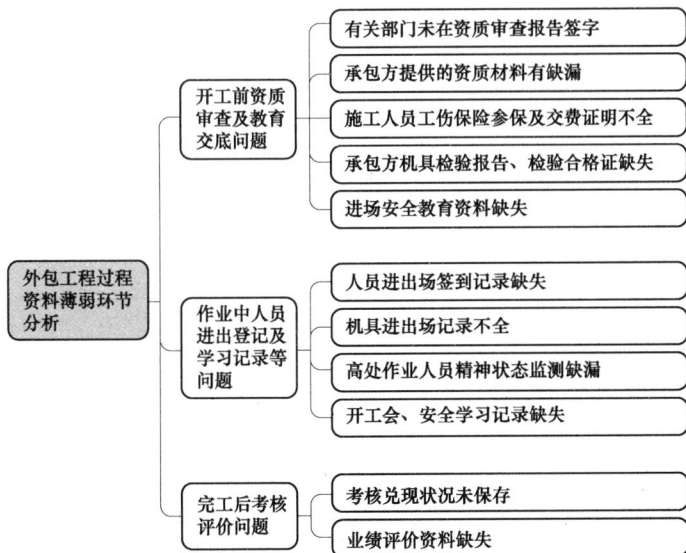

图 3-17　外包工程过程资料问题分析

通过诊断，梳理出水电与新能源发电企业作业现场特别是外包工程存在以下需要解决的问题：

（1）作业现场特别是外包工程的作业现场未完全做到全过程在线监督。

（2）作业现场存在工作面广、不易同时监督问题。

（3）外包工程过程资料管理存在薄弱环节。

（三）原因分析及改善对策

1. 原因分析

针对上述作业现场存在的问题，利用思维导图，分析原因，分析出亟须解决的改善点，如图 3-18 所示。

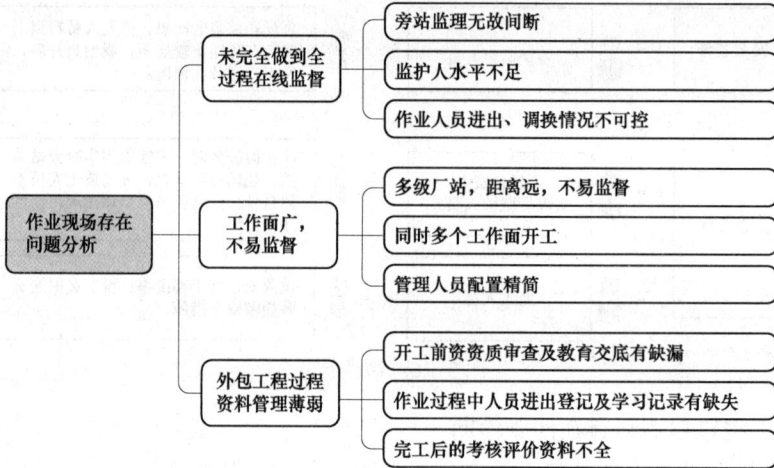

图 3-18　作业现场存在问题分析

2. 改善对策

针对图 3-18 分析的原因，运用精益思维制订思路及改善对策，见表 3-7。

表 3-7　　　　　　　　　　改 善 对 策 表

序号	改 善 点	改 善 对 策
1	旁站监理无故间断	运用技术平台，通过后台监督方式，严格落实"工作间断制度"
2	监护人水平不足	通过资源共享方式，让所有管理人员参与实时监护
3	作业人员进出、调换情况不可控	通过人员指纹、人脸识别等方式签到，实现人员进出的过程管控
4	多级厂站，距离远，不易监督	运用远程监控技术，实现视频实时传输
5	同时多个工作面开工，难同时监督	运用软件平台，同时监视多个工作面，用软件实现随时查看多个工作面
6	管理人员配置精简	
7	对作业人员的变更情况不可控	通过人员指纹、人脸识别等方式签到，实现人员进出的过程管控
8	开工前资质审查及教育交底有缺漏	运用 App 软件，在开工前对资质审查、教育交底、开工申请等材料拍照上传图片，推送后台审核通过后才允许下一环节
9	作业过程中部分记录资料（如变更后的人员学习记录）有缺失	运用 App 软件，对作业过程中人员防护、机具检查、学习记录等情况拍照上传图片，推送后台审核
10	完工后的考核评价资料不全	运用 App 软件，将项目完工后的考核评价资料拍照上传，推送后台审核通过后，才允许项目完工

（四）实施改善

1. 过程说明

（1）作业现场安全管控平台实施思路。

通过分析作业现场所存在的这些问题，亟须建立一套科学的管控系统来改善。经过前期开发，该系统具备"用 App 实现项目开工完工全过程闭环管理、关键节点拍照上传及审核管理、施工过程实时视频图像语音回传、违章查纠考核全闭环管理"的综合管理功能，特别针对外包作业工程方面，实现【施工前期资质审查】→【开工前期准备】→【施工人员进场前安全教育】→【项目开工】→【作业过程】→【作业结束】等各个关键环节的全过程安全监督，做到项目从立项到完工，都是在本系统的监督下完成，避免监管缺失，确保实现施工项目零事故，图 3-19 为该管控平台的主流程。

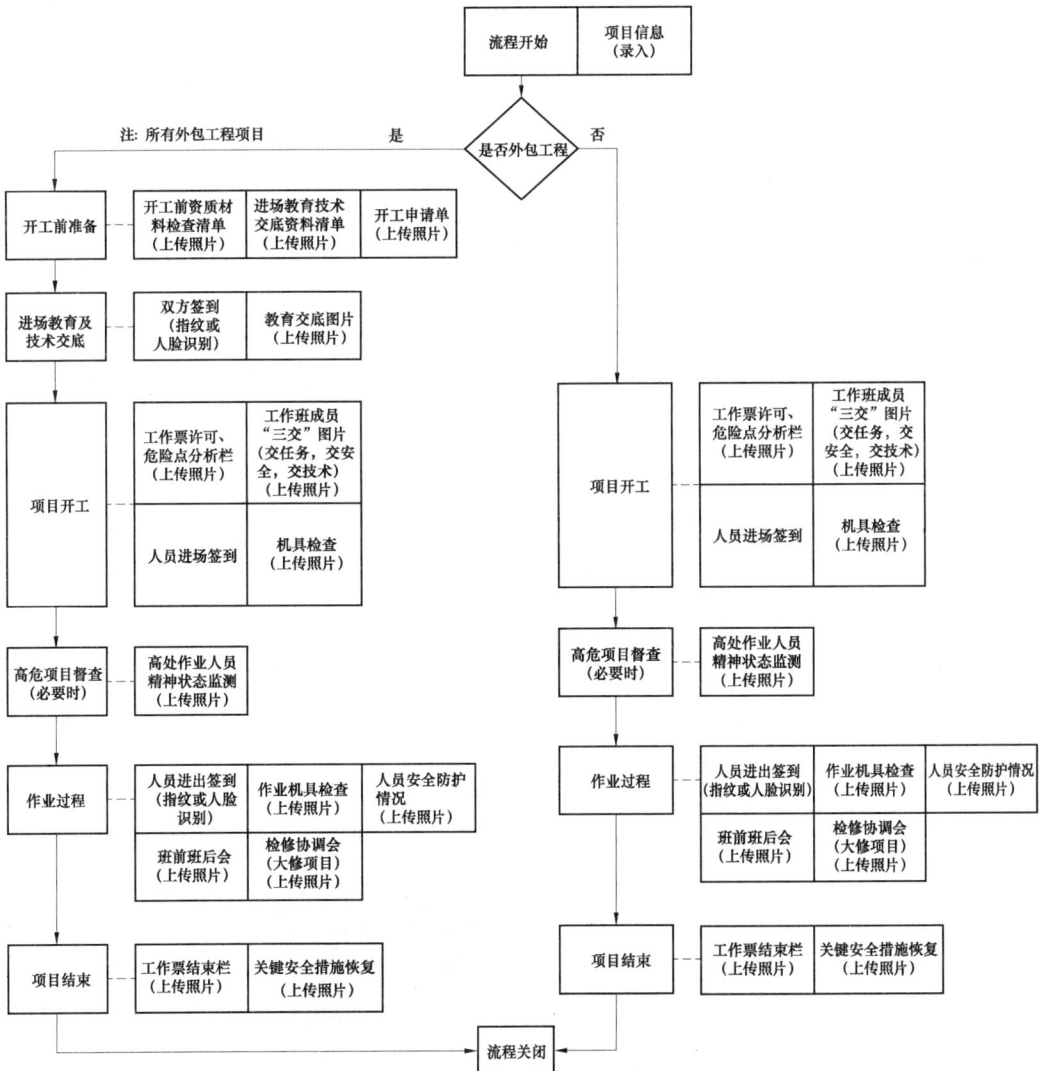

图 3-19　作业现场安全管控平台的主流程

（2）搭建作业现场管控平台。

根据管控流程图，搭建作业现场全过程安全管控平台，该系统主要由三大部分组成：App 前端软件、Web 任务管理后台、现场实时监控系统。

1）App 前端软件。App 前端软件实现以下功能（如图 3-20 所示）：① 作业现场施工人员签到功能，可以详细记录人员教育情况、作业过程的人员进出情况；② 关键节点拍照和审核功能；项目负责人在各个关键节点拍照上传图片至 Web 任务管理平台，后台相关负责人审核通过后才可进入下一环节；③ 各级管理人员、安全监督人员可以随时查看作业现场视频；④ 实现违章查纠抓拍。

2）Web 任务管理后台。Web 任务管理后台实现对所有计划中、执行中、结束后的施工项目全过程管理，其中包括：① 人员信息管理，包含人员安全教育考试管理、人员进出施工现场签到管理等，如图 3-21 所示；② 项目任务管理，包含施工任务从开工到完工全过程管理、施工现场图片数据采集审核等，如图 3-22 所示；③ 违章信息统计管理，包含施工现场远程实时监控突击查纠、违章统计曝光等，如图 3-23 所示。

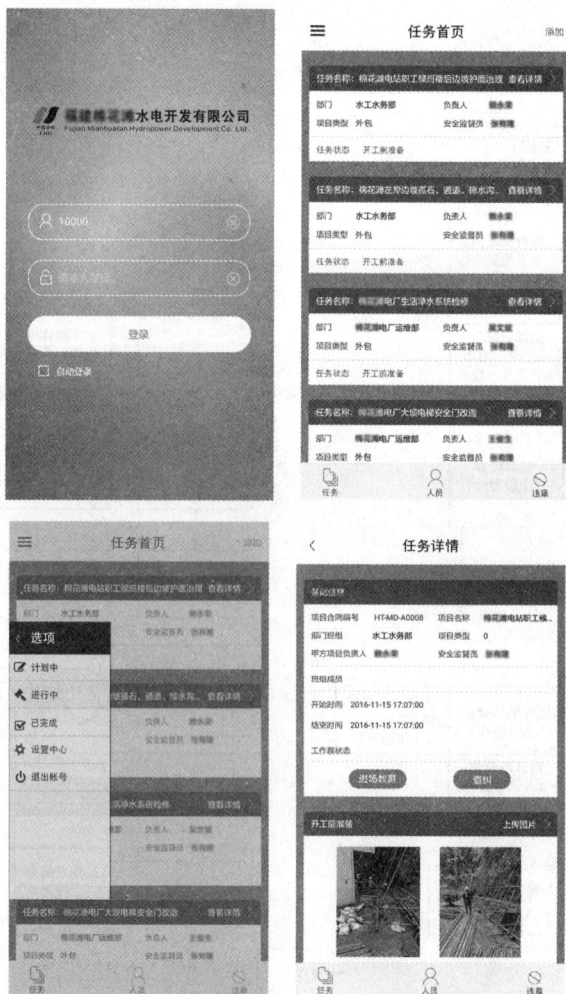

图 3-20　App 前端软件界面

图 3-21　人员信息管理界面

图 3-22　任务管理界面

图 3-23　违章信息统计信息

3）现场实时监控系统。通过布设在现场的高清视频探头和安监人员的单兵设备，将现场视频图像、语音实时回传至 Web 任务管理后台和监控中心，实现现场视频数据实时监控、事后调用，进行施工现场安全指导和违章查纠，如图 3-24 所示。

图 3-24　Web 管理后台实时监控及录像调用界面图

（3）管控平台组网。本系统主要由前端设备、传输网络、服务器、工作终端四大部分构成，如图 3-25 所示。前端设备实现接收工作任务、按规定流程节点完成现场图像信息采集并及时上传到 Web 管理平台、各级管理人员通过前端设备实现现场监控、各流程节点审核等功能，任何一台联网办公电脑都可以登录安全监控平台进行相关操作。

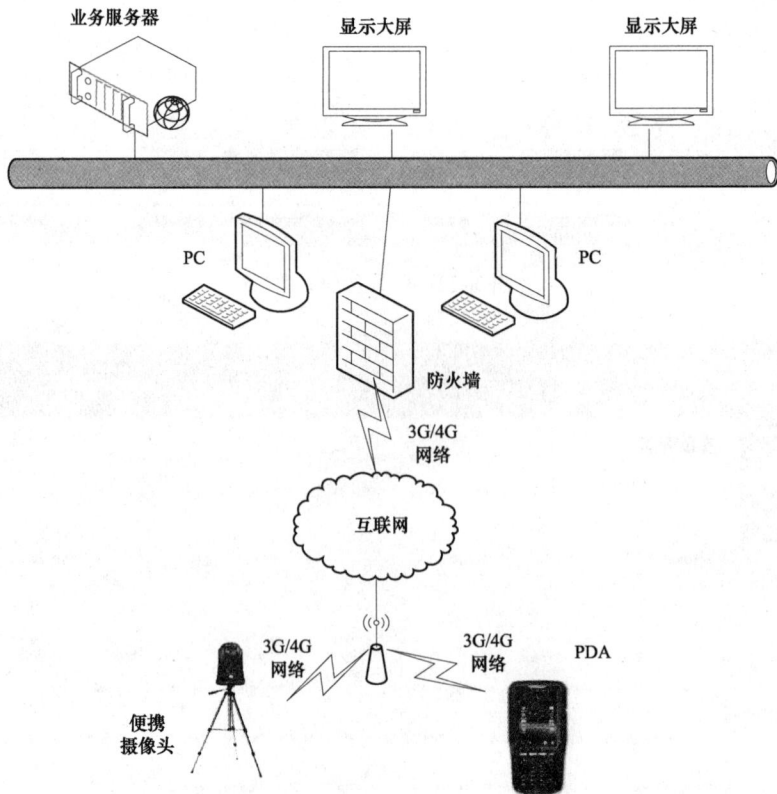

图 3-25　管控平台总体组网

46

2. 实践成果

（1）通过前期开发和现场实施，实现的效果。

1）通过指纹识别和人脸识别技术作为进出签到手段，防止出现施工现场人员与工作票内人员不一致现象，准确掌握现场作业人员数量。

2）通过在线实时视频监控，提高现场监护质量，提升安全管控效率。

3）运用 App 软件，作业现场的安全管理由节点控制转变为全过程控制、安全抽查转变为全过程实时稽查，安全监管实现可控、在控。

4）过程管控系统对各类资料审查、安全教育技术交底的真实性、人员的动态管理、作业全过程的违章监督起到有效作用，特别对危险性作业现场的强化管理起到重要作用。

（2）预期效果。通过创新作业现场安全管控模式，一方面，基层企业可以减少交通费用支出和降低交通安全风险；另一方面，区域公司可以根据需要随时监控基层企业的重要作业现场，实时监督作业现场的作业进度、现场执规、管理闭环等情况，提升作业现场的安全管控水平，降低作业现场发生安全事故的风险，提高区域公司安全管理水平。

（五）标准化

某基层企业在实施该管控模式过程中，制订、完善了以下规章制度：

（1）QMHT 2218—2016《发（承）包工程、外用工安全管理规定》。

（2）QMHT 2038—2016《项目管理办法》。

【案例思考】

通过作业现场全过程管控平台的试行，总结出以下需进一步完善问题：

（1）区域公司需要制定指导意见，规定基层企业使用该监控平台的作业项目类型。

（2）该平台在人员信息录入环节可以与区域公司现行使用的安全培训工具箱内人员信息数据对接，避免人员信息重复录入。

（3）区域公司可以设立监控中心，用于集中监视区域重要危险作业的现场情况。

<本案例由中国华电集团福建公司提供>

第三节　区域公司提升班组建设管理水平

班组是企业的细胞，是企业组织生产经营活动的基石，是企业最基础的生产管理组织，是控制各类事故的最前沿阵地。从区域公司系统近几年生产中发生的事故分析来看，班组成员安全意识淡薄，班组建设管理落实不到位均是导致事故的重要原因。因此，通过加强班组建设管理工作，提升班组管理水平，作为精益管理改善的一个课题，希望通过课题实施，达到夯实企业安全管理基础，实现杜绝事故发生的目的。

【案例3-3】 区域公司提升班组建设管理水平，夯实安全管理基础

（一）案例背景简介

1. 实施背景

某区域公司共有 9 个厂站共 31 个班组，标杆和优秀班组较少，班组建设管理水平参差不齐。通过对区域公司近年来发生的不安全事件进行统计分析，班组建设工作越差的企业，发生不安全事件的概率就越高。区域公司 2014 年以来发生的 4 起二类障碍中，就有 3 起发生在不达标班组所在企业。从历次检查中发现，班组建设工作水平优秀的企业，其日常安全管理工作更加规范，现场违章明显减少。

在集团公司提出精益管理理念，二级区域公司做实、基层企业强基的管理思路后，把区域公司如何调动资源，激活班组建设工作，带动基层企业班组建设工作水平整体提升，夯实企业安全管理基础作为一个精益管理的课题。

2. 实施思路

区域公司牵头，按照"3311"工作思路，即提升 3 个意识：服务意识、督导意识、参与意识；确保 3 个到位：检查到位、跟进到位、总结到位；夯实 1 个基础：夯实区域公司安全管理基础；保证 1 个目标：实现区域公司系统全年安全生产无事故。

强化对标，在基层企业促进本单位班组对标，在区域公司系统内部对标，向华电先进对标。

以先促后，让先进企业的标杆、优秀班组对口帮扶后进企业管理较为薄弱的班组。

拓展班组管理提升渠道，积极组织班组管理人员参加各类交流培训，提升管理素质。

（二）现状诊断

1. 诊断内容

（1）现状的数据——管理指标的实际水平。2015 年区域公司系统 31 个班组中，在"五型"班组检查中，有 8 个班组未达标。在达标班组中，最高得分 476 分，最低得分 390 分，差距明显，提升空间较大。

案例分析：

1）某电站机组在运行过程因调速器电液伺服阀内滤网堵塞造成紧急停机，电磁阀油路油压不正常，紧急停机电磁阀动作，机组导叶全关，1 号机有功功率变为-8.15MW，无功功率为 5Mvar，无保护启动及动作，无语音报警，出口断路器未跳闸。暴露问题：班组对设备管理不到位，日常维护不及时，设备的日常运行状况未做到心中有数；设备存在问题未及时发现，隐患排查治理不彻底，设备缺陷管理存在漏项。

2）某电站开关站 0 时 05 分线路遭雷击，造成 C 相避雷器损毁，上午 8 点巡回检查时才发现。暴露问题：班组监盘不认真，设备巡回检查不到位，巡回检查制度执行不严。

两起不安全事件案例，都暴露了班组管理缺失的问题，说明强化班组建设管理工作，提升班组管理水平是保障安全生产的一条重要途径。

（2）存在的问题点。课题组通过到基层企业班组调研，组织班组建设管理人员座谈，对存在问题统计汇总如下：

1）区域公司现行的班组建设工作管理标准还不够完善；

2）未建立先进帮扶后进机制；

3）需区域公司积极组织成果总结、评比、推广工作；

4）需区域公司推动开展班组建设对标管理工作。

2. 改善目标

包括：

（1）定量目标——班组达标率100%，后进企业进步较大，创新创效成果显著。

（2）定性目标——把班组建设与精益管理、安全文明生产活动紧密结合，与完成生产经营目标任务、推动企业发展迈上新台阶紧密结合，不断提高班组的整体素质，实现安全生产全年无事故目标。

（三）原因分析及对策制定

1. 原因分析

针对目前需要解决的问题，组织各级班组建设工作管理人员采用思维导图进行了原因分析，明确了解决问题的方向，如图3-26所示。

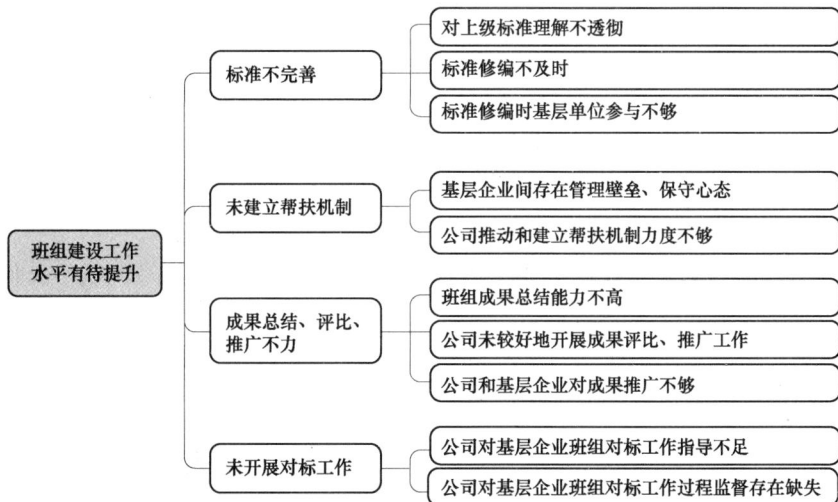

图 3-26　原因分析

2. 制定对策

根据分析的原因，制定了具体实施改善对策，见表3-8。

表 3-8　　　　　　　　　　　　实 施 改 善 对 策 表

序号	问题	原　因　分　析	对　　策
1	标准不完善	（1）部分班组对上级标准理解不透彻； （2）区域公司标准修编不及时； （3）标准修编时基层单位参与不够	（1）加强上级标准的宣贯和学习及时修编标准； （2）要求基层单位共同修编标准

序号	问题	原 因 分 析	对 策
2	未建立帮扶机制	（1）基层企业间存在管理壁垒、保守心态； （2）区域公司推动和建立帮扶机制力度不够	（1）督导基层企业开展班组建设工作交流； （2）由区域公司协调开展基层班组建设帮扶活动
3	成果总结、评比、推广不力	（1）班组成果总结能力不高； （2）区域公司未较好地开展成果评比、推广工作； （3）区域公司和基层企业对成果推广不够	（1）组织优秀班组成果展示学习培训； （2）区域公司每年组织一次基层优秀班组成果评比、推广； （3）积极开展成果推广
4	未开展对标工作	（1）区域公司对基层企业班组对标工作指导不足； （2）区域公司对基层企业班组对标工作过程监督存在缺失	（1）指导基层企业开展班组对标； （2）将基层企业班组对标工作作为区域公司例行检查重点

（四）实施改善

1. 改善内容

（1）针对"部分班组对上级标准理解不透彻"问题实施的改善。

过程说明：督导基层企业将上级公司班组建设工作相关管理文件、标准、规定纳入企业培训计划，进行认真宣贯学习，对学习情况进行检查，保证基层班组掌握相关标准。

（2）针对"区域公司标准修编不及时"问题实施的改善。

过程说明：组织对区域公司现行的班组建设管理工作标准，进行修订。

（3）针对"标准修编时基层单位参与不够"问题实施的改善。

过程说明：组织对区域公司现行的班组建设管理工作标准修订时，要求基层单位选派主管班组建设人员参与修订，充分吸取基层班组意见。

（4）针对"基层企业间存在管理壁垒、保守心态"和"区域公司推动和建立帮扶机制力度不够"问题实施的改善。

过程说明：引导基层企业加强交流学习（见图 3-27），建立帮扶机制，指定区域公司系统班组管理先进的企业对班组管理较为薄弱的企业进行对口帮扶。

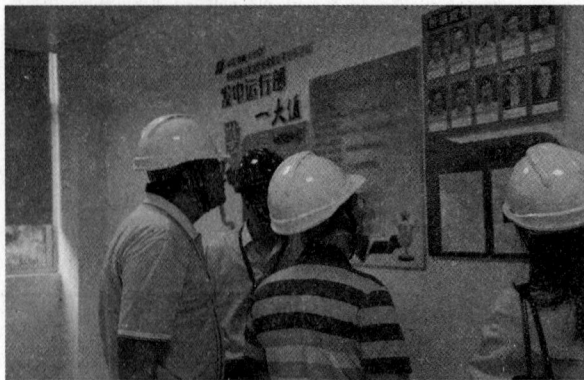

图 3-27　学习交流

（5）针对"班组成果总结能力不高"问题实施的改善。

过程说明：区域公司内部开展班组管理成果总结培训。提升班组成果总结提炼水平。

（6）针对"区域公司未较好地开展成果评比、推广工作"问题实施的改善。

过程说明：定期组织区域公司系统班组建设成果选拔、评比（见图 3-28），并积极组织参加集团及地方班组建设成果展示评比活动，增加基层班组交流学习、提升管理的机会。

图 3-28　班组建设成果评比

（7）针对"区域公司和基层企业对成果推广不够"问题实施的改善。

过程说明：定期将区域公司内部评选的优秀管理成果进行汇总，下发至各基层企业，督导开展成果推广工作。

（8）针对"区域公司对基层企业班组对标工作指导不足"问题实施的改善。

过程说明：通过完善班组建设制度，明确对标标准，指导基层企业按照本单位排名靠后班组向排名靠前班组对标，本单位排名靠前班组向区域公司标杆班组对标，区域公司标杆班组向集团优秀标杆班组对标，如图 3-29 所示。通过逐级对标，逐级提升，达到整体水平提升的目的。

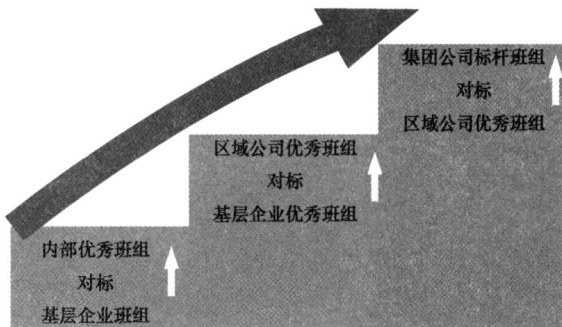

图 3-29　班组对标提升

（9）针对"区域公司对基层企业班组建设对标工作过程监督存在缺失"问题实施的改善。

过程说明：利用各类检查机会，对基层企业班组建设对标工作进行检查（见图 3-30），及时协助解决对标过程中出现的问题，对区域公司标杆班组向集团优秀班组对标，提供资料收集、交流学习等支持。

2. 改善成效

（1）达到制定的定量目标。

班组达标率提升为 100%，后进企业进步较大，创新创效成果显著。通过课题实施，在 2016 年度班组建设工作考评中，区域公司系统 31 个班组全部达标，实现班组达标率 100%，班组管理不断规范，班组文化个性突出，班组活力显著提升。

图3-30　班组建设考评检查

其中，G发电厂自动化班建立基于松梅文化的班组"OS5"管控模式，D发电厂维护二班开展无违章、无违纪、无事故的"三无"活动，Q电站运维一值开展"五必清、六必访、七必谈"活动，营造了全员参与、共同管理的良好氛围。G发电厂机械班、D发电厂运行二值、Y发电厂维护二班荣获集团区域公司标杆班组称号，D发电厂自动化班、G发电厂运行一值、P发电区域公司修试二班荣获集团区域公司优秀班组称号。D发电厂运行一值申报成果荣获集团区域公司优秀班组建设成果一等奖，G发电厂电气班、Y发电厂维护二班申报成果荣获集团区域公司优秀班组建设成果三等奖。基层班组创新创效成效显著，荣获多项奖励。班组管理的提升，给安全生产提供了更加有力的保障。

（2）达到制定的定性目标。

把班组建设与精益管理、安全文明生产活动紧密结合，与完成生产经营目标任务、推动企业发展迈上新台阶紧密结合，不断提高班组的整体素质，推动班组建设上水平，实现安全生产全年无事故目标。

通过精益课题近一年的实施，区域公司系统将"五型"班组建设融入企业创星、ERP建设、7S管理等工作，强化过程管控与考核评价，着力促进"五型"班组建设工作常态化、制度化、标准化。组织区域公司系统10名优秀班组长参加中央企业班组长远程培训，选派优秀班组长参加集团区域公司和省电力工会举办的交流活动，多渠道提升班组长能力素质。同时，结合安全生产检查、工作调研等，加大督促指导力度，及时提出改进要求，班组建设工作水平得到提升，达到了夯实安全管理基础，实现安全生产无事故目标。班组得分情况如图3-31所示。

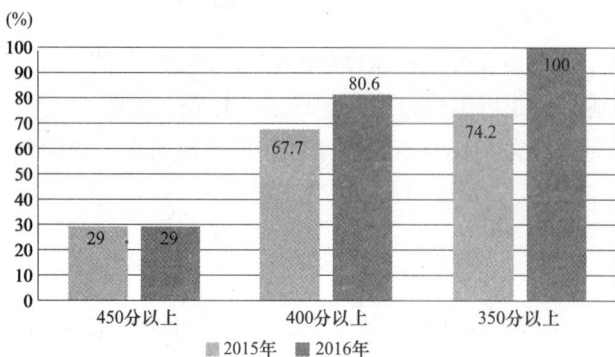

图3-31　班组得分情况

（五）标准化

（1）完善制订了区域公司班组建设工作考评办法。

（2）完善制订了区域公司班组建设工作考评细则。

【案例思考】

经过组织课题实施成员讨论，一致认为该项精益管理课题实施以来，取得了初步成效，达到了预期目标，但存在以下不足之处：

（1）班组考评办法和细则还需要进一步完善，要能结合目前集团和区域公司新的管理要求，如加入精益管理元素，考虑本质安全班组建设等。

（2）帮扶机制还需要继续完善，形成制度、责任书等固化模式，明确奖惩。

（3）班组成果的推广应用工作还有待加强。

<本案例由贵州黔源电力股份有限公司提供>

第四章

基层企业安全精益管理实践

第一节　水电企业外包工程安全精益改善

外包工程管理是水电企业安全管理中的重点环节，随着电力行业的改革与发展，逐渐成为企业生产运营的常态化组成部分。当前，发电企业技改任务繁重、外包工程项目多，外包队伍又不同程度地存在组织松散、人员安全意识薄弱、施工作业不规范等问题，因此，外包工程成为近年来安全管理的难点。

水电企业使用精益管理理念及方法，诊断外包工程安全管理现状，分别创建并应用了外包工程"四全"管理及"3+3"管理模式。

【案例4-1】　某水电企业外包工程"四全"管理模式的建立与应用

（一）案例背景简介

1. 实施背景

目前，外包施工单位进入发电企业承包工程主要是通过审核施工资质、签署施工合同、签订安全协议、进行安全培训教育等方式落实安全责任，但实际施工期间，由于施工方专业技能人员有限、安全风险管控能力较弱等原因，致使外包施工中最可能危及人身、设备安全运行的作业行为、内部安全管理、现场工作规范等方面仍存在不足。

2. 实施思路

通过对外包工程安全管理的现状进行调查，以水电企业外包工程管理的各个环节为主线，利用精益管理诊断工具分析、汇总各环节中存在的问题，找准要因，改进企业外包工程管理模式，制订改善计划并组织实施，从根本上解决外包工程施工存在的各种问题，提升企业外包工程安全管理水平，推进本质安全型企业建设。

（二）现状诊断

1. 电力行业 2016 年外包工程人身伤亡事故原因统计

统计 2016 年电力行业外包工程人身伤亡事故原因，如图 4-1 所示。按事故原因统计：劳动组织不合理和违反操作规程是导致事故多发的主要原因，分别占到 62% 和 27%。

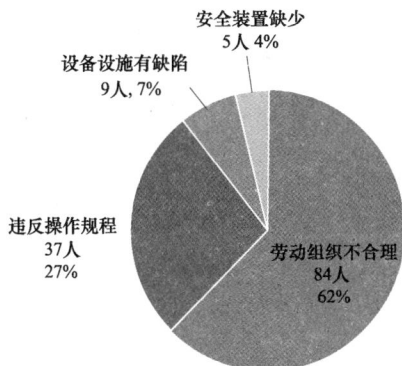

图 4-1 外包工程人身伤亡事故原因

2. 某集团公司外包工程事故案例分析

对事故进行分析统计，查找某集团公司外包工程的薄弱环节和突出问题，见表 4-1。

表 4-1　　　　　　某集团公司 2016 年度外包工程项目事故案例分析

序号	事故	原因分析	人员影响情况
1	某火电厂湿式静电除尘器改造工地"12·17"事故	外包人员违章作业，现场管理存在漏洞，隐患排查不及时，引发火灾	1人发生人身事故
2	某热电外包人员高处坠落	外包人员无票、无监护人、随意进入施工现场违章作业；安全员未及时有效制止	1人发生人身事故
3	某发电有限公司"7·7"外包施工人员高处坠落事故	外包人员违规作业，未使用安全带；外包单位现场监管不力，安全措施缺项漏项；业主对外包单位安全监管不到位	1人发生人身事故
4	某热电有限公司"11·21"人身事故	外包人员违规作业，企业安全管理、教育培训不到位	1人发生人身事故
5	某发电有限公司"10·2"检修人员高处坠落事故处理	外包施工交叉作业安全措施不到位，作业人员无证上岗，脚手架搭建不规范，未履行验收程序	1人发生人身事故
6	某火电机组脱硫吸收塔增容改造施工，外包人员高处坠落	违反高处作业规定，安全带使用不规范	4人发生人身事故
7	某火电厂"11·16"外包工人人身事故	外包人员习惯性违章，人员监护不到位，装载车车门未关，驾驶员坠落	1人发生人身事故
8	某发电公司"8·23"外包工程施工人员高处坠落事故	外包施工人员高处作业不系安全带，身体失去平衡坠落	1人发生人身事故

以上统计的 8 起外包施工人人身事故中，主要是由当事人违规作业、习惯违章及相关人员监护、监管未落实等原因所致，暴露出外包工程安全管理不到位等问题。

3. 外包工程施工违章行为事例

对某企业 2016 年外包施工现场安全检查情况进行调查发现，现场违章问题凸显，如图 4-2～图 4-5 所示。

以上问题，集中体现为作业人员安全意识淡薄、外包单位自查自纠及企业安全监护工作未落到实处。

4. 现场调查与访谈

结合企业工作实际，开展头脑风暴，用思维导图梳理外包工程管理工作节点，制订现状调查问卷，并汇总相关要因，如图 4-6～图 4-8 所示。

图 4-2　设备质量管理违章

图 4-3　动火作业违章

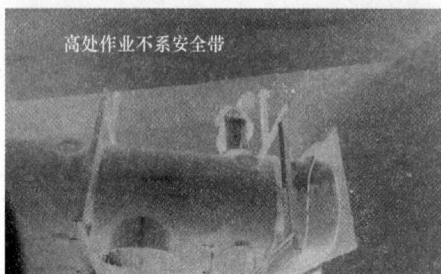

图 4-4　高处作业违章

图 4-5　安全工器具管理违章

外包工程安全管理

1. 管理制度
2. 工程立项
3. 招标与资质审查
4. 承包商选定
5. 合同管理
6. 施工四措审查
7. 安全培训考试
8. 安全技术交底与准入
9. 办理开工许可手续
10. 开工前现场复核
11. 安全文明现场管理与质量控制
12. 单项（分项）验收
13. 完工验收
14. 质保期管理
15. 项目部管理
16. 回顾、续用、存档
17. 评价指标

图 4-6　外包工程安全管理分析

图 4-7 对外包施工人员进行访谈

图 4-8 外包施工人员填写调查问卷

相关要因整理如下，见表 4-2。

表 4-2　　　　　某水电企业外包工程安全管理调查结果及要因判断

序号	调查项目	存 在 问 题	确认方法	要因判断
1	管理制度	基层企业未结合集团公司外包工程管理的工作流程制订或更新相应的工作流程	调查分析	要 因
2	工程立项	企业发包、承包工程立项管理条例不完善	调查分析	非要因
3	招标与资质审查	—	—	—
4	承包商选定	承包商人员技能、持证上岗等安全要求存在缺项	调查分析	非要因
5	合同管理	—	—	—
6	施工四措	未明确职业健康、环境保护工作责任人	现场确认	非要因
7	安全培训与考试	考试纪律未严格落实	调查分析	非要因
8	安全技术交底与准入	技术交底针对性不强，无重点危险区域安全交底；特殊施工项目，无紧急情况下急救措施交底	调查分析	要 因
9	办理开工许可手续	承包方对手续办理流程不清；相关部门信息沟通不畅，工作闭环不到位	现场确认	要 因
10	开工前现场复核	开工前工作任务、要求不明确，未开展危险点预控分析	现场确认	非要因
11	现场安全文明管理与质量控制	承包方自查自纠、反违章工作未落实；发包方安全监管落实不到位	调查分析现场确认	要 因
12	单项验收	—	—	—
13	完工验收与评定	未及时结束管理系统流程	现场确认	非要因
14	质保期管理	未明确项目信息反馈责任人	调查分析	非要因
15	项目部管理	—	—	—
16	回顾、续用、存档	过程资料缺页、少页，归档不及时	现场确认	非要因
17	评价指标	—	—	—

（三）问题分析及改善对策

1. 建立"四全"管理模式

经行业、集团、企业外包工程管理情况的现状诊断与分析，某企业以解决问题为导向，优化外包工程安全管理方式，带动安全管理的整体提升。

企业外包工程"四全"管理要求以人为中心，时间为基础，遵循能量法则，注重各司其职、各就其位，强调施工期间全人员、全方位、全时段、全定位的安全状态，从空间能量上对施工人员、事物进行全面管控，切实做到从实践到理论，理论应用于实践的循环改进。

全人员：即按项目性质确定管控人员（作业人员、管理人员、监督人员）的范围。全方位：即按项目性质从实施的管理要求、作业环境、现场措施方面严加管控。全时段：即按项目性质从立项、招标、实施、验收到归档，企业对过程中存在的一级风险强加管控。全定位：根据作业要求，人、物（工器具、材料）、事（管理环节）在对应的时间段在空间上的准确定位。实际工作中，企业把"四全"管理应用于检修、土木工程、环境治理、特种设备维保等外包项目中，做到分类合理、管控分级。

2. 问题分析与改善对策

从"四全"管理的人员、方位、时段、定位出发，企业制订改善措施，结合外包工程管理工作流程指导具体工作，见表4-3。

表4-3　　　　　　　　　某水电企业外包工程安全精益管理实施对策

序号	调查项目	存在问题	原因分析	具体实施改善对策
1	管理制度	基层企业未结合集团公司外包工程管理的工作流程制订或更新相应的工作流程	对集团公司外包工程管理制度学习不透彻	组织学习贯彻集团公司制度，制订适合企业实际的制度及流程
2	安全技术交底与准入	技术交底针对性不强，无重点危险区域安全交底；特殊施工项目，无紧急情况下急救措施交底	外包工程项目分类不明确，技术交底针对性不强	（1）由安全监督部进行交底，项目所在部门负责专项交底；（2）根据项目不同类型，建立安全教育培训及安全技术交底资料库，并定期组织更新
3	办理开工许可手续	承包方对手续办理流程不清；相关部门信息沟通不畅，工作闭环不到位	安全监督部门、项目所在部门及施工单位职责不明确	明确各部门职责，优化外包工程管理流程
4	现场安全文明管理与质量控制	承包方自查自纠、反违章工作未落实；发包方安全监管落实不到位	发包方、承包方安全监管落实不到位	（1）明确现场安全监督工作要求；（2）加强对现场作业人员的资质审核，临时作业人员需及时更改备案信息

（四）实施改善

1. 实施过程

（1）针对基层企业未及时修订外包工程管理工作流程问题，结合集团公司要求，落实相关工作，明确相关部门工作职责，修订外包工程管理工作流程（如图4-9所示）。

（2）针对外包工程技术交底内容缺乏针对性问题，完善安全技术交底内容。

按安全技术交底内容要求，将外包工程大致分为机组检修、土木工程、环境治理、特种设备维保及动火作业、焊接等高危作业的安全技术交底，形成企业安全技术交底资料库。

（3）创建安全文明开工检查表。

（4）规范安全监督日常工作表单，见图4-10。

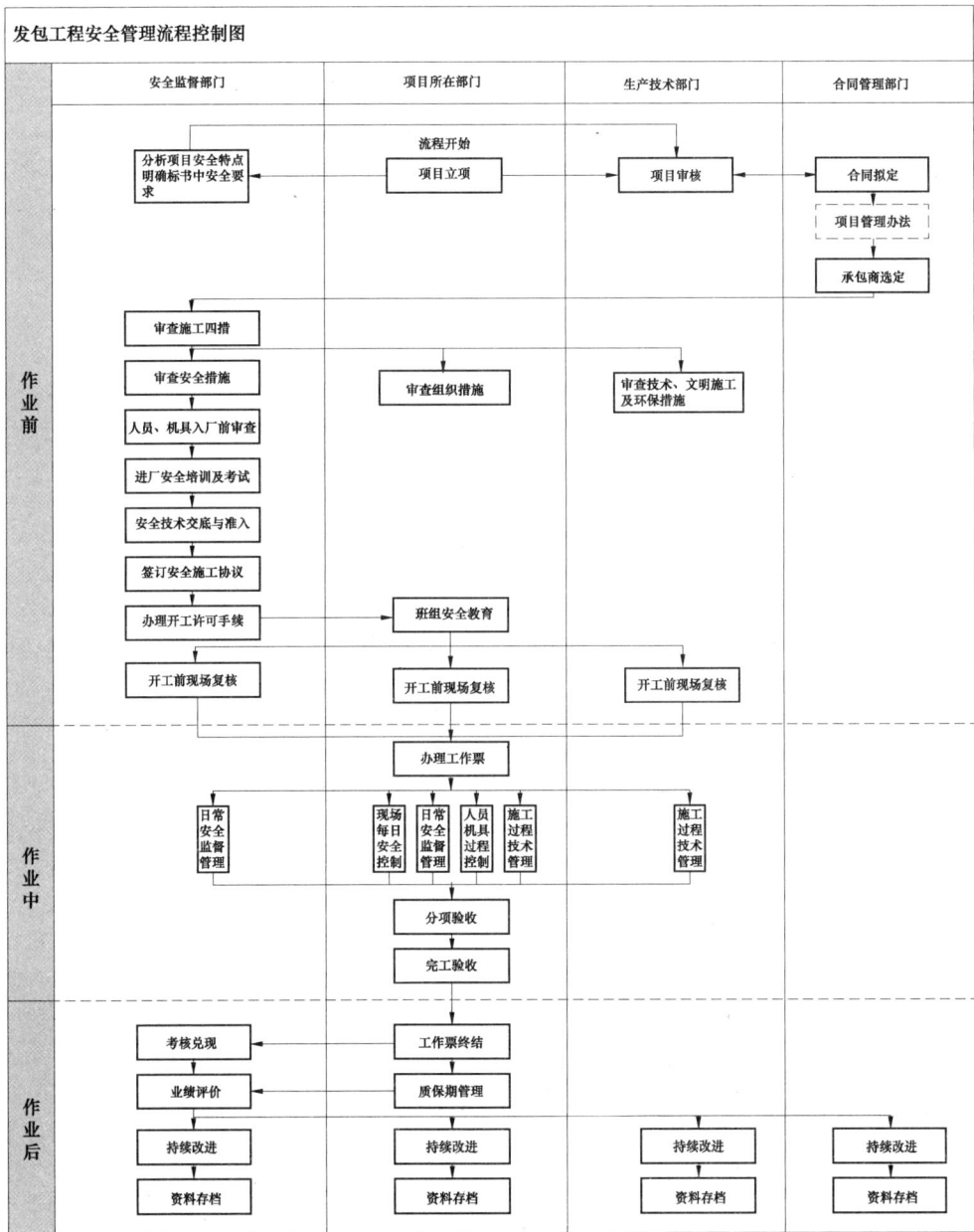

图4-9 外包工程管理工作流程

外委施工违章档案

姓名		单位/部门		班组		
序号	时间	违章情况简述	整改措施	措施执行情况	违章处罚	监督人

外委施工 日常监督 检查表

项目名称		施工单位		
检查人		检查时间		
序号	检查项目	检查情况	责任人	备注
二、现场检查				
1	工作人员（包括安全员在岗、工作负责人在岗、人员精神状况、持证上岗情况）	□合格　□不合格 不合格处：		
2	机具检查（包括安全防护用品、工器具等，尤其是裸露的传动部位要有防护）	□合格　□不合格 不合格处：		
3	工作票	□有工作票　□无工作票 工作票执行不合格处：		
4	安全措施执行（危险区域多层作业隔离防护设施、专人监护、消防设施、备用电源）	□合格　□不合格 不合格处：		
5	安全文明施工（包括7S定置规范、临时电源接线、现场照明、现场警示标志、违章等情况）	□合格　□不合格 不合格处：		
6	环境防护情况（施工区域防护、	□合格　□不合格 不合格处：		

图 4-10　安全监督日常工作表单

2. 外包工程"四全"管理模式的应用

"四全"重在结合外包工程管理流程，凸显人、机、环、管四方面的安全责任分布，强化落实并改进各方安全管理措施，明确外包工程管控对象，形成外包工程全人员、全方位、全时段、全定位的安全管控模式，达到有效防范和遏制事故发生的目的。

（1）以"四全"管理模式强化检修现场基础管理，实现风险全面管控。

全人员：一是严格复审进厂人员的资质资格（施工人员花名册：包括年龄、工种、健康状况即体检证明、工伤保险情况；工程负责人、工程技术人员、专职安全员资格证书，特种作业人员电工、起重、电焊、登高等持证上岗）。二是细化技术交底内容。检修项目开工前，对参与检修的全体人员开展有针对性的现场安全技术交底（如图4-11和图4-12所示），交代现场安全注意事项、重点危险区域的危险预防措施和急救措施，并开展外包单位人员进行"四类人"安全教育培训考试，考试合格下发相关资格文件。三是推行岗位操作标准化。结合作业指导书，实行全员岗位操作标准化，规范岗位操作要求，将设备操作责任落实到运维部，规定值班人员负责检修中全部设备的停服役操作，避免人员现场作业违章。

图 4-11　外包检修工程安全技术交底　　　　图 4-12　外包检修工程安全培训考试

全方位：一是施工队入厂（场）前审查四措一案及其安全管理制度。二是强化安全设施标准化（如图4-13和图4-14所示），检修现场整洁、规范，将厂房检修区、运行区、检修通道、运行通道隔离开来，各种安全警示标识齐全醒目，要求检修区墙壁、通道用塑料薄膜隔离，地面防护做到"三不落地"，防止油污污染环境及人员滑倒。三是参与全员安全预控（KYT）活动，明确工作任务的危险性并制订防范措施。四是项目所在部门组织召开或参加现场开工会，告知具体工作任务、工作地点、危险因素及注意事项，确认人员精神状态良好、安全防护到位。每日组织收工会，总结当日安全工作情况，布置第二日工作任务及要求。五是根据外包合同及安全施工协议落实现场反违章绩效考核。六是创建检修信息化看板（如图4-15所示），根据检修进度随时更新相关内容，提高检修工作透明度。七是参加项目安全例会（如图4-16所示），促进横向与纵向之间的沟通协调，落实双方安全监督职责，强化人员自纠自查意识，确保检修整体组织规范、有序。八是推行质量点检，由生产技术部牵头，严格按照检修文件包内容进行每日检查，确保检修工艺、工序达标。

图4-13　检修现场防护

图4-14　现场安全设施标准化

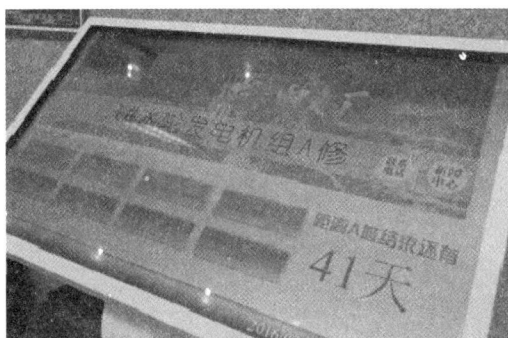

图4-15　现场信息化看板

图4-16　检修安全例会

全时段：一是招投标过程中审查投标施工单位资质（营业执照、资质证书、法人代表资格证书、安全资质证书、施工简历、近三年安全施工记录；承装（修、试）电力设施许可证）。二是督促相关单位及部门办理开工许可手续。三是监督执行工作票制度，协同检查、核实现场安全措施。四是督促严格执行工作票终结制度。五是重点项目节点编制实施方案。设备重件、大件吊装专项起吊等工作必须制订详细的实施方案，保证机组、人员的安全和检修质量。六是细化重点过程管控，现场监理人员全程跟进检修工序，对重点项目检修采取跟踪旁站式监督，重要检修节点采取停工待检，切实完善各项目的闭环管理工作（如图4-17和图4-18所示）。七是参与项目验收，严格落实三级、四级验收制度。要求施工单位、班组、部门、电厂各级人员对检修质量层层验收，实行检修质量的逐级把控、逐级负责。八是按外包工程管理评价标准组织相关部门对施工管理进行综合评价，提出持续改进的意见。九是对安全管理资料整理存档，以备后查。

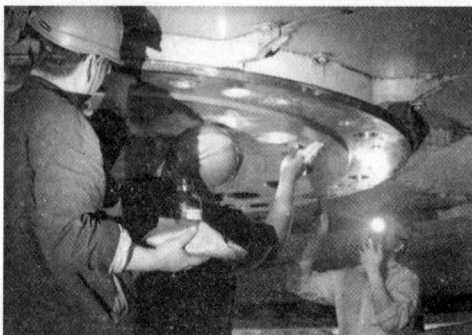

图4-17 重要检修节点验收

图4-18 危险作业现场监护

全定位：一是扎实开展7S管理工作，检修作业面设置区域标识牌、现场作业信息牌、现场安全工器具使用规范、作业状态标识牌及出入口标识。现场按照功能区将拆卸设备按拆卸顺序依次编号，实施定置管理（如图4-19和图4-20所示）。检修解体拆下零部件根据进度分为待修区、检修区和成品区，严格规范零部件摆放，并在现场设置专用货架和斜口箱，分门别类存放个人物品及工器具，把7S管理的要求和个人工作内容相结合做实做细，保持现场整洁有序。二是做到"工完料尽场地清"，材料使用和回收当天清理，工具使用完成后及时归位，物品存放有序，并要求重点检修管控区域实行人员、机具进出登记，保证进、出无遗漏确保人员、设备。三是要求安全监督部牵头，依据检修现场的检查考评制度，以定人、定时、定路线、定内容的"四定"原则开展每日安全点检（见图4-21），确保人员工作状态良好，施工防护到位，人员持证上岗、作业点监护等情况满足安全生产要求。四是采用信息化手段，在厂区实行监控全覆盖，控制室值班员可随时监测现场检修情况。

图4-19 安全围栏定置管理

图4-20 导叶定置管理

（2）强化"全方位"，提升土木工程、环境治理施工的安全管控。

针对土木工程、环境治理等外包项目，企业在实施"四全"之际，强化"全方位"管理，从实施的管理要求、作业环境、现场措施方面对项目严加管控。

一是施工方入厂前，承包方按编审批要求严格审查四措一案。二是项目开工前细查安全、技术措施落实情况，要求相关人员于安全措施检查确认表、物资检查确认表、物资携带确认单上署名、签字。三是特殊项目巡查时，项目

图 4-21　四定巡查

所在部门编制项目检查方案，审批通过后，方可进行巡查（如图 4-22 所示）。四是施工期间，现场设置外包信息告知牌。五是工程项目结束，有专人组织验收并召开项目验收会（如图 4-23 所示）。

图 4-22　施工项目巡查

图 4-23　项目验收会

（3）落实"全时段"，提升特种设备维保的安全管控。

在全员管理的基础上，强化"全时段"安全管控，按项目性质从立项、招标、实施、验收到归档，企业对过程中存在的一级风险强加管控。一是与具资质的单位签订合同，明确双方的维保、监督职责。二是企业使用信息化手段，共计安装 125 处高清摄像点位（如图 4-24 所示），确保重点作业现场施工目视化、透明化，做到工作班成员与值班员监护"双保险"。三是维保工作前，电厂对作业人员进行安全教育，落实安全注意事项、安全防护措施及应急措施。四是特种设备安全管理人员持证上岗，明确安全管理责任，监督并配合电梯日常维保工作，签字确认维保情况。

3. 实践成果

（1）违章次数减少。现场违章数据统计如图 4-25 所示。

（2）外委工程评价提升。外委工程安全评价状况如图 4-26 所示。

××工业电视摄像机安装点位

序号	点位名称	球机	枪机	半球	类型	备注
1	进厂大门	1			360°旋转带光学变焦功能（红外，晚上可见）	
2	厂房装卸场	1			360°旋转带光学变焦功能（红外，晚上可见）	
3	发电机层屋顶	1			360°旋转带光学变焦功能（红外，晚上可见）	
4	发电机层安装间		1		固定 带光学变焦功能	
5	发电机层上游付厂房透平油处理室	1			360°旋转带光学变焦功能（红外，晚上可见）	红外防爆
6	发电机层上游付厂房机修间		1		固定 带光学变焦功能	
7	发电机层下游付厂房空压机室1	1			360°旋转带光学变焦功能（红外，晚上可见）	
8	发电机层下游付厂房空压机室2	1			360°旋转带光学变焦功能（红外，晚上可见）	
9	发电机层透平油库	1			360°旋转带光学变焦功能（红外，晚上可见）	红外防爆
……	……	……	……	……	……	

图4-24　某发电厂工业电视摄像机安装点位

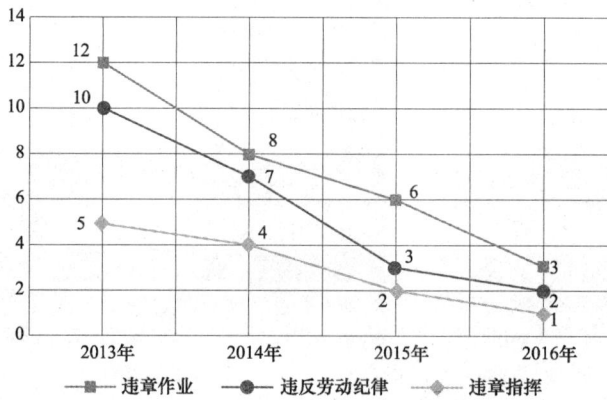

图4-25　现场违章数据统计

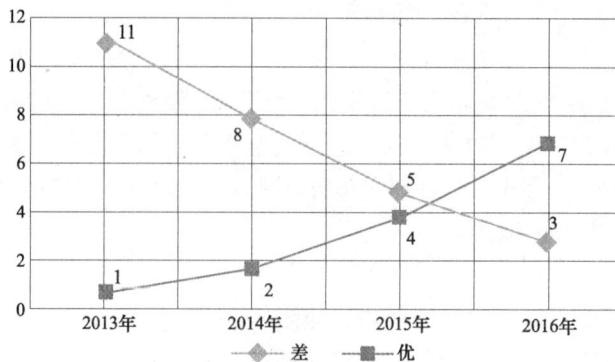

图4-26　外委工程安全评价状况统计

"四全"管理的实施，改善了企业以往在外委工程管理的人员安全培训、技术交底、开工许可办理、现场安全文明与质量管理等方面存在的不足。以人为本的"四全"管理模式与企业安全文化相得益彰。理论应用期间，无形地强化了企业人员的安全意识，使企业文化不断深入人心。

（五）标准化

（1）外包工程管理流程图（2017修订版）。

（2）外包工程信息告知牌。

（3）《外包工程管理制度》（2017修订版）。

（4）《外包工程开工会、收工会管理办法》。

（5）《外包工程技术交底培训汇编》。

（6）《外包施工日常安全监督检查表》。

（7）《水电企业安全文明开工检查手册（试行）》。

【案例思考】

案例实施发现，外包工程标准化范围及力度仍有不足。企业后期需进一步强化外包工程的规范化管理，落实发包方、承包商职责，做好"四全"管理模式的宣贯与培训，让员工切实领会工作流程的必要性与"四全"管理理念的重要性。

<本案例由贵州北盘江电力股份有限公司光照发电厂提供>

【案例4-2】 某水电企业外包工程"3+3"安全管控模式

（一）案例背景简介

1. 实施背景

某水电企业依照集团公司、区域公司文件制度详细规定了对外包工程管理要求，但在实际管理过程中，由于业主安监部门、项目所在部门、承包队伍三方对外包工程管理流程的理解和掌握不尽同步，存在管理流程衔接不尽顺畅、台账资料有缺漏等现象。

2. 实施思路

利用现状调查表对某水电企业外包工程安全管理过程进行调查，诊断出存在问题，运用精益管理工具对存在问题进一步分析，找准改善点，制订实施计划并组织实施。

（二）现状诊断

经过与安全监督人员、项目负责人、承包方负责人等不同岗位人员访谈，诊断出外包工程管理存在的问题，如图4-27所示。

经诊断梳理，外包工程安全管理存在以下需要解决的问题：

（1）各方对管理流程的不够熟悉，不够明确。

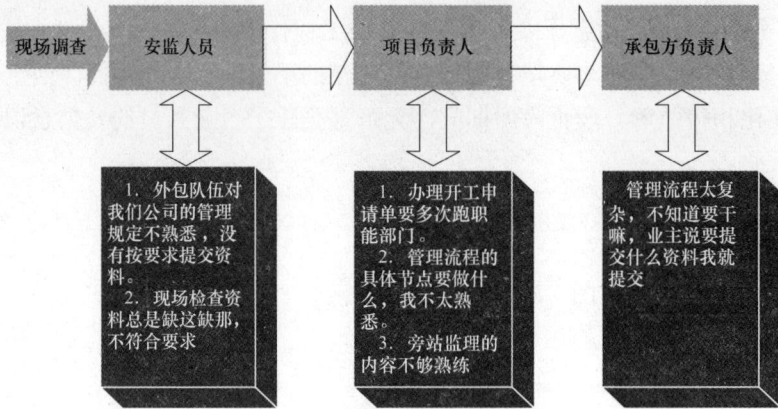

图 4-27 访谈结果

（2）各责任方对管理流程节点的具体工作内容不熟悉。

（3）管理资料不满足相关要求，有格式不统一甚至资料缺漏现象。

（4）作业过程安全监督管理有欠缺，旁站监理不到位，对高危作业安全管控能力较薄弱。

（三）原因分析及改善对策

1. 原因分析

利用思维导图，对以上问题进行原因分析，如图 4-28 所示。

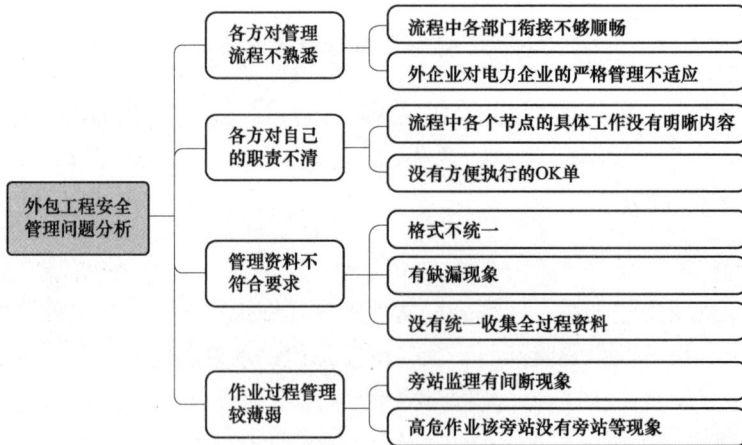

图 4-28 原因分析

2. 改善对策

针对以上原因，制订实施措施，见表 4-4。

表 4-4   改 善 对 策 表

序号	改 善 点	实 施 措 施	责任部门
1	各方对管理流程不熟悉	拆分并优化化安全管理流程；对外包工程管理各方开展培训	安监部
2	各方对自己的职责不清	编制不同的执行情况自查表；加强对执行过程监督检查	安监部

序号	改善点	实　施　措　施	责任部门
3	管理资料不符合要求	建立标准化的资料清单和标准格式	安监部
4	作业过程管理较薄弱	制订"检修现场安全检查表"和"高危作业旁站清单";开发运用作业现场视频监控系统	安监部

（四）实施改善

1. 实施过程

（1）拆分并优化安全管理流程。

1）把主流程中属于业主项目负责部门（班组）管理内容分离出来，形成"业主项目负责部门（班组）"管理流程（如图4-29所示），并对流程中的内容进行优化。根据水电外包工程特点，把安全交底及安全教育合并到同一个流程节点中，把施工过程现场管控落实到"旁站监理"、"短会协调"中，有效提升现场安全管控效果。经过优化业主项目负责部门（班组）应执行"安全交底→机具检查→开工许可→旁站监理→短会协调→资料整编"流程。

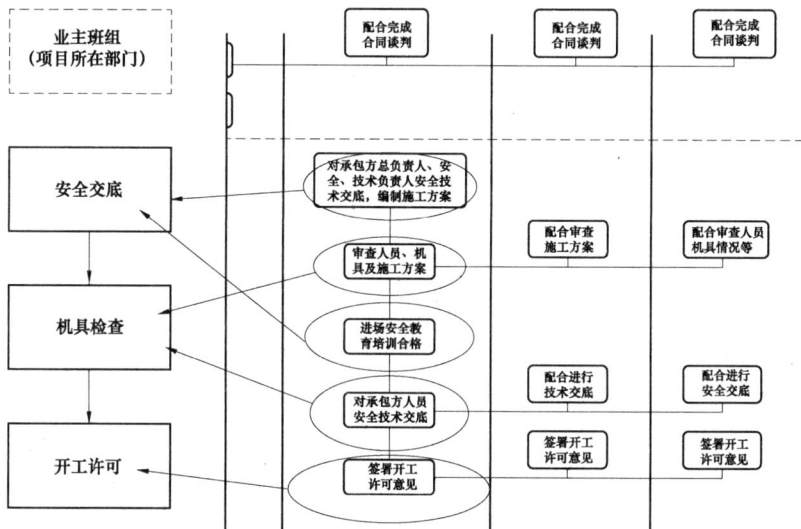

图4-29　业主班组（项目所在部门）管理流程

2）把主流程中属于业主安监部门的管理内容分离出来，形成"业主安监"管理流程（如图4-30所示），并对流程中的内容进行优化。把"资质审查"阶段的工作前伸至招标工作全过程，并且结合公司多厂站的特点强化对"安全教育"流程的督查指导工作。经过优化梳理，业主安监部门执行"资质审查→安全教育→机具排查→每日巡查→违章考核"流程。

3）把主流程中属于承包队伍对应要开展的工作整理出来，形成"承包队伍"管理流程（如图4-31所示）。按照上级制度和现场实际要求，承包队伍执行"风险分析→安措编制→安措检查→开工交代→每日三查"流程。

最后形成有特色的外包工程三个管理流程（如图4-32所示），实现管理流程清晰、各方职责明确的目标，督促落实责任，杜绝管理缺位和真空现象。

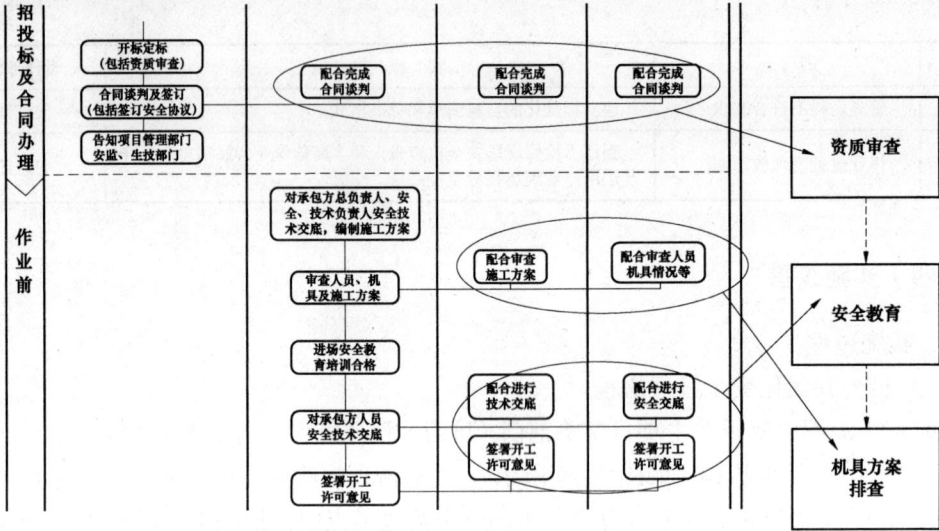

图 4-30 "业主安监"管理流程

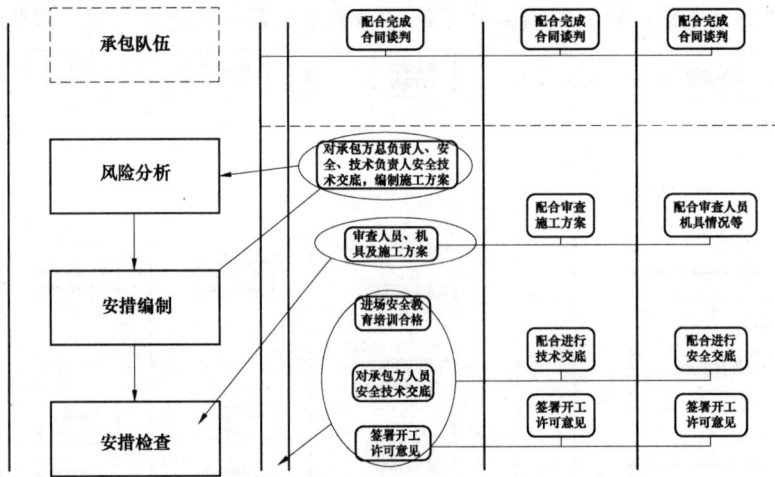

图 4-31 "承包队伍"管理流程

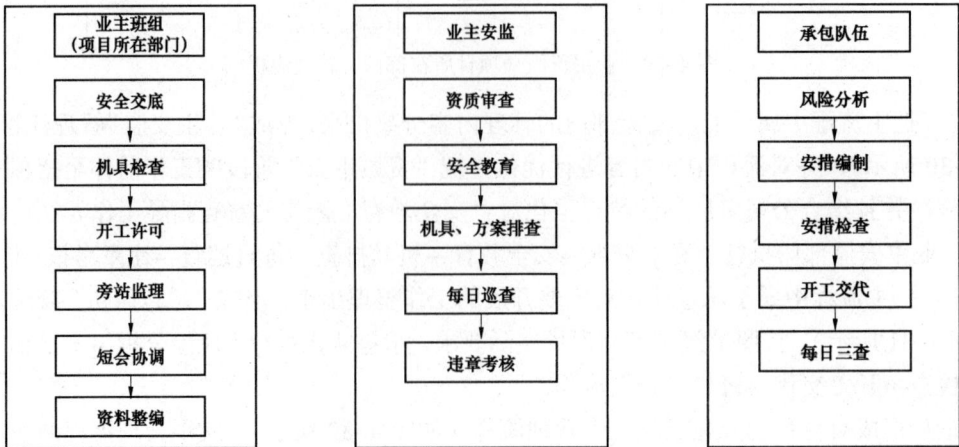

图 4-32 外包工程三个管理流程

（2）根据每个流程梳理形成各自执行情况自查表。

在形成三个管理流程的基础上，认真对照上级外包工程安全管理制度，制订由承包队伍、业主项目负责部门（班组）、业主安监三方各自的"安全管理项目执行情况自查表"，如图4-33所示。

图4-33　三个管理流程的安全管理项目执行情况自查表（截图）

（3）建立标准化的资料清单和标准格式。

为了解决资料不统一和缺失的问题，特编制31种外包工程安全管理资料清单和22种标准表单格式，标准表单格式具体为：

1）承包单位安全工器具、施工机具清册及检验报告（格式）；

2）承包单位安全资质审查报告书（格式）；

3）承包单位施工简历及安全施工记录材料（格式）；

4）承包单位施工人员健康承诺书（格式）；

5）承包单位施工人员体检合格证明材料（格式）；

6）外包工程安全工器具、施工机具检查记录表（格式）；

7）外包工程安全管理项目（承包队伍）执行情况自查表；

8）外包工程安全管理项目（业主安监）执行情况自查表；

9）外包工程安全管理项目（业主班组）执行情况自查表；

10）外包工程安全管理资料清单；

11）外包工程安全技术交底和风险告知记录卡（格式）；

12）外包工程安全生产管理人员安全技术培训证明（格式）；

13）外包工程安全施工技术方案审批表（格式）；

14）外包工程安全施工组织技术方案格式（格式）；

15）外包工程安全质量监护卡（格式）；

16）外包工程队伍违章处罚通知书（格式）；

17）外包工程人员进场安全教育记录卡（格式）；

18）外包工程施工人员进退场、变动登记台账（格式）；

19）外包工程项目开工申请单（格式）；

20）外包工程作业现场安全整改通知书（格式）；

21）外用工安全上岗证（格式）；

22）外用工加班施工许可记录表（格式）。

以上资料涉及安全资质审查、安全教育培训、四措一案审批、开工许可手续、机具安全管理、安全检查、会议记录和违章处罚等管理资料，便于外包工程管理。

（4）制订"检修现场安全检查表"和"高危作业旁站清单"。

为了进一步强化外包施工现场安全检查、落实作业施工过程的旁站监理职责，编制了"检修现场安全检查表"和"高危作业旁站清单"。"检修现场安全文明作业项目检查表"内容涵盖文明生产、定置管理、工器具使用、临时用电、动火作业、起重作业、高处作业、搭拆和使用脚手架作业、限制空间作业等 9 种施工作业现场安全检查项目和引用依据。该检查表既用于现场安全检查使用，又用于高危作业前安全交代内容，还可用于生产人员安全培训，有效促进了现场安全文明生产。"高危作业类型（项目）清单"明确了高处、临边作业、带电、带压、起重、一级动火、限制空间作业项目类型，业主安监部门及项目负责部门（班组）依据清单严格进行高危作业旁站监护，确保现场作业安全可控、在控。

2. 实践成果

外包工程实施"3+3"安全管控模式后，外包工程管理三个单位严格执行"自查表"，工作流程更顺畅、职责更清晰，施工人员对作业危险点更了解，现场安全措施更完善可靠，安全监督管理更加精益，管理资料更齐全完整，工作效率进一步提高。

（五）标准化

通过修订公司《发（承）包工程、外用工安全管理规定》在制度中增加三种流程和三种自查表，外包工程"3+3"管控模式实现标准化。

【案例思考】

外包工程"3+3"管控模式很好地消除了人员及时间的浪费，为外包工程的安全作业过程提供了有力保证，为企业带来安全效益。但是此模式存在一些不足，需在今后的实际应用中不断完善和改进，如在对外包工程"组织相关部门进行项目验收"的环节，虽然执行企业的设备验收管理制度，但没有在三方流程和措施表中列出，后续需进一步完善。

<本案例由华电福建棉花滩水电开发有限公司提供>

第二节　水电企业安全例行工作精益化

按照"木桶理论"来讲，安全管理的水平高度不是取决于管理要素中最优的那一个因素，而是取决于最劣的那一个因素，因此，要提高安全管理整体水平，必须要求安全管理的各个环节都能够达到一种均衡。安全例行工作是基层企业强化安全基础、加强安全管理、实现安全生产的重要环节，只有从中找出短板，弥补不足，做好安全例行工作的精益改善，才能更好地夯实企业的安全管理基础。

【案例4-3】 某水电企业安全例行工作精益化

（一）案例背景简介

1. 实施背景

（1）发电企业安全例行工作涵盖班组安全日活动、安全分析会、安全网例会、安全检查、班前会和班后会等多种日常例行工作。在开展过程中，存在例行工作记录不到位的现象，如进出油品区、进出限制空间人员未进行及时登记，工器具检查未及时登记，两措项目执行后未及时评价等。2015 年度某基层企业在区域公司安全查评时，安全例行工作问题数量占所有问题数量的 12%。因此，如何提高安全例行工作的及时率和准确性，成为安全管理精益化的一个提升方向。

（2）在安全例行工作中，因文字格式不一致、汇总表单不规范等因素导致各类分析报告和会议材料的编写需耗费大量的时间，如何提高安全例行工作效率，成为安全管理精益化的另一个提升方向。

2. 实施思路

精益管理的精髓就是要以最小投入，消除不必要浪费，在有限的资源中创造更大的价值。本案例用精益化工具查找制约安全例行工作高效、规范开展的因素，找出关键原因，然后从制度规范、人员培训、技术提升等方面对其提出改善对策并组织实施，从而消除各类管理障碍，做到安全例行工作高效、准确，实现安全例行工作精益化。

（二）现状诊断

通过现况调查等诊断工具，针对制约安全例行工作高效、准确开展的各项因素进行诊断，找出关键问题，见表 4–5。

表 4–5　　　　　　　　　安全例行工作现况调查

序号	存在问题	问题描述	确认方法	完成时间	是否关键问题
1	存在没有按时开展例行工作的现象	部门、班组的安全例行工作记录表存在超期记录和漏记录现象	现场确认	2 个月	是
2	部分员工没有规范使用表单记录	相同制度要求的表单在不同部门出现不同格式、工作日记中有开展工作记录但现场无记录表单	现场确认	1 个月	是
3	现场资料与考评标准要求相比有缺漏	上级查评时有的班组无法提供完善资料	调查分析	一周	是
4	资料责任人落实不到位	有的班组对没有按期整理资料的情况未进行责任考核	现场调查	一周	是
5	各类材料编制时间过长	班组、部门编制月度安全分析会材料时间至少需 2h	调查分析	一周	是

序号	存在问题	问题描述	确认方法	完成时间	是否关键问题
6	办公网络不稳定	办公网络偶有中断但不影响办公效率	调查分析	一周	否
7	办公软件版本没有统一	个人使用的办公软件有 Word2003、WPS 等多个版本	调查分析	一周	是

通过精益诊断，希望通过改善后能达到以下目标：

（1）减少安全例行工作问题，提高安全例行工作的及时率和准确性，提升安全例行工作质量。

（2）缩短各类材料的编写时间，提升安全例行工作效率。

（三）原因分析及改善对策

1. 原因分析

运用思维导图，对公司安全例行工作存在问题进行原因分析（如图 4-34 所示），查找末端因素。

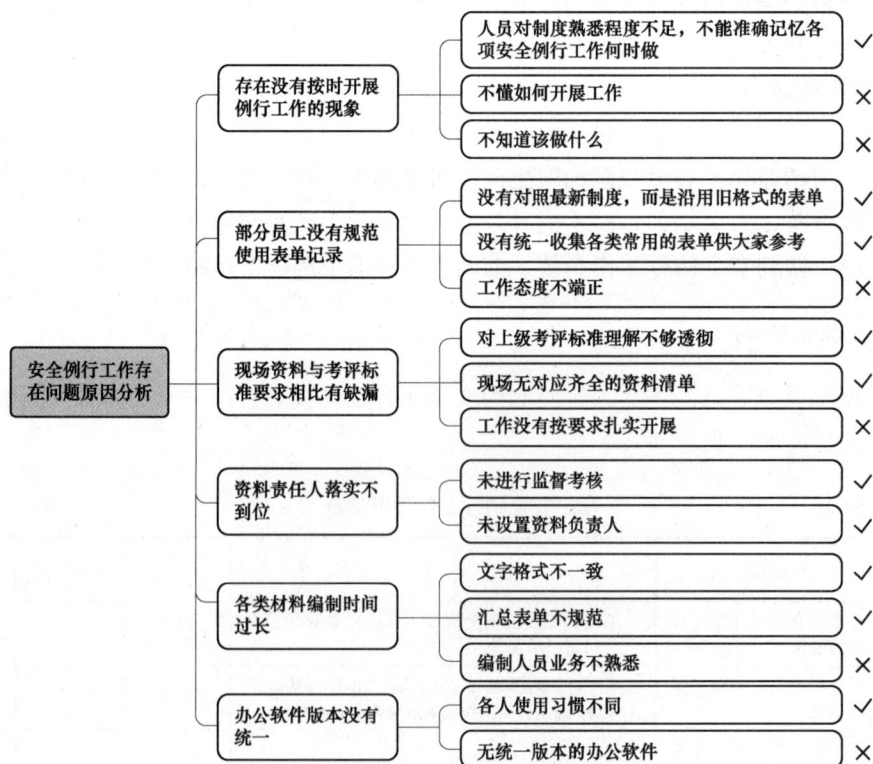

图 4-34　安全例行工作问题分析

2. 改善对策

针对关键问题进行原因分析，制订具体实施改善对策，见表 4-6。

表 4-6　　　　　　　　　　　　　原因分析及改善对策

序号	关键问题	原 因 分 析	具体实施改善对策	责任人
1	存在没有按时开展例行工作的现象	人员对制度熟悉程度不足，不能准确记忆各项安全例行工作何时做	（1）安监部根据上级有关规程制度要求，结合公司实际，编制例行工作提示卡，列出各部门、班组安全例行工作时间、工作项目、引用依据等内容； （2）各部门负责人负责编制部门、班组、员工安全例行工作提示卡	各部门负责人
2	部分员工没有规范使用表单记录	（1）没有对照最新制度，而是沿用旧格式的表单； （2）没有统一收集各类常用的表单供大家参考	（1）根据上级有关规程、制度文件要求，结合实际梳理、修编安全管理制度； （2）参考各类制度，统一收集各类表单格式，并上传网络供大家使用	现场负责人
3	现场资料与上级考评标准相比有缺漏	（1）对上级考评标准理解不够透彻； （2）现场无对应齐全的资料清单	根据上级有关规程、制度、年度考评标准要求，结合提示卡编制公司各部门安全管理资料清单	各部门负责人
4	资料责任人责任落实不到位	未进行监督考核	推行"资料负责和检查监督制度"	安监部负责人
5	各类材料编制时间过长	文字格式不一致、汇总表单不规范	制定各类材料标准格式	安监部负责人
6	办公软件版本没有统一	各人使用习惯不同	统一办公软件版本	信息专工

（四）实施改善

1. 过程说明

（1）针对部分人员没有按时开展例行工作的问题，实施改善过程如下：

1）制定公司级安全例行工作提示卡。根据上级有关规程制度要求，结合公司实际，编制例行工作提示卡（见表 4-7），列出公司各部门、班组安全例行工作时间、工作项目、引用依据等内容。

表 4-7　　　　　　　　　　　　　公司级安全例行工作提示卡

时间	节点	序号	工作项目内容	工 作 标 准	负责部门	引用依据
每日	上班后、接班前	1	召开班前会、班后会	检修班组上班后、运行班组接班前应召开班前会，做好交代工作任务和安全措施的"两交"工作，且做好记录	各班组	福建分公司安全星级安全管理评价标准（闽华电生〔2014〕537 号）
	上班后半小小时内	2	部门员工精神状态登记、签阅	按上级文件要求在上班后半小时内进行员工精神状态登记，部门领导不定期签阅检查	各部门、班组	关于进一步加强福建公司员工状态管理系统使用的通知（闽华电生〔2013〕38 号）
每周	每周交接班时	1	班组每周/每轮值开展一次安全日活动	安全日活动内容应联系实际、有针对性，并有活动记录，记录内容应符合上级要求。要求按公司下达的领导和管理人员参加活动日计划及时通知有关领导和管理人员参加班组安全日活动	各班组	福建分公司安全星级安全管理评价标准（闽华电生〔2014〕537 号）

时间	节点	序号	工作项目内容	工作标准	负责部门	引用依据
每周		2	各专业、班组编制周分析报告	各专业、班组按规范格式编制周分析报告并发送到相关部门人员。周分析内容主要是上周安全生产情况、存在和需协调问题和本周主要工作计划	各部门、班组	本公司
	周一上午8:50	3	参加周例会	各部门负责人（职能部门专工及以上人员）参加公司周例会，汇报上周主要工作、存在和需协调问题和本周工作计划。有关部门及时编制、下达周分析会议纪要	各部门	本公司
每月	4日前	1	编制公司、部门月度安全分析汇报材料	汇总、编制公司月度安全汇报材料，并发到各相关部门人员和公司领导	安监部	福建分公司安全星级安全管理评价标准（闽华电生〔2014〕537号）
	3日前	2	编制部门月度安全分析会汇报材料	汇总、编制部门月度安全分析汇报材料，并发到各相关部门人员和公司领导	各生产部门	福建分公司安全星级安全管理评价标准（闽华电生〔2014〕537号）
	10日前	3	组织召开一次公司月度安全分析会	及时通知参会人员，在会中汇报安全分析材料，并做好会议记录	安监部	福建分公司安全星级安全管理评价标准（闽华电生〔2014〕537号）
	15日前	4	编制公司月度安全分析会议纪要	根据会议记录整理安全分析会议纪要，并行文下发	安监部	福建分公司安全星级安全管理评价标准（闽华电生〔2014〕537号）
	30日前	5	召开一次安全网例会并做好记录	组织三级安全网人员参加会议，并做好会议记录	安监部	福建分公司安全星级安全管理评价标准（闽华电生〔2014〕537号）
	30日前	6	编制一期安全简报	根据公司安全生产情况、存在问题、不安全事件、安监督意见、本月安全工作等编制并挂网公告	安监部	福建分公司安全星级安全管理评价标准（闽华电生〔2014〕537号）
		7	车间（部门）每月召开一次安全分析会	各生产部门编制月度安全分析会材料，对上月会议布置工作要闭环。每月召开一次安全分析会，并做好会议记录，形成会议纪要	各部门	福建分公司安全星级安全管理评价标准（闽华电生〔2014〕537号）
	5日前	8	每月下达班组安全学习重点内容	根据上级下达的有关制度文件，结合公司实际每月下达班组安全学习重点内容（各相关部门可增补）	安监部	华电福建安全例行规范化管理办法（试行）（福建华电生〔2007〕50号）
	30日前	9	管理人员参加班组安全日活动，并抽查、点评	管理人员每月至少参加一次班组安全日活动，并抽查、评价活动记录情况	各部门	福建分公司安全星级安全管理评价标准（闽华电生〔2014〕537号）

2）编制部门、班组、员工安全例行工作提示卡。各部门、班组、员工根据公司安监部编制的工作提示卡，分解、编制本部门、班组、员工例行工作提示卡，以安监部例行工作提示卡为例，提示卡中列出安监部全年例行工作，并根据岗位分工落实到人。

（2）针对部分员工没有准确使用表单记录的问题，实施改善过程如下：

1）全面梳理安全管理制度中的表单格式。根据上级有关规程、制度文件要求，结合公司实际梳理、修订安全管理制度，对表单中的字体、部门等制订统一格式。

2）收集常用表单。从公司各类安全管理制度中收集整理出资料表单，按安全教育、检查整改、审批表单、外包工程管理等目录进行分类。以"检查整改"类表单为例，根据《中国华电集团公司电力安全生产工作规定》《中国华电集团公司电力产业安全检查制度》等相关制度规定编制统一规范的安全检查表单，包括安全检查（自查）情况表、项目和检查计划分解表、整改措施计划及完成情况表，安全性评价自查评整改措施计划及完成情况表、对照检查表、作业现场安全整改通知书等，见表4-8。

表4-8　　　　　　　　　　　检 查 整 改 类 表 单

序号	检查项目	检查要点	检查情况、存在问题和整改情况	责任班组（或责任人）
1				（注：部门的，填写班组名称；班组的，填写责任人姓名）
2				
3				
4				
5				
6				
7				
8				

3）共享使用。将制订的各类标准表单上传至公司办公管理系统，供员工共享使用，如图4-35所示。

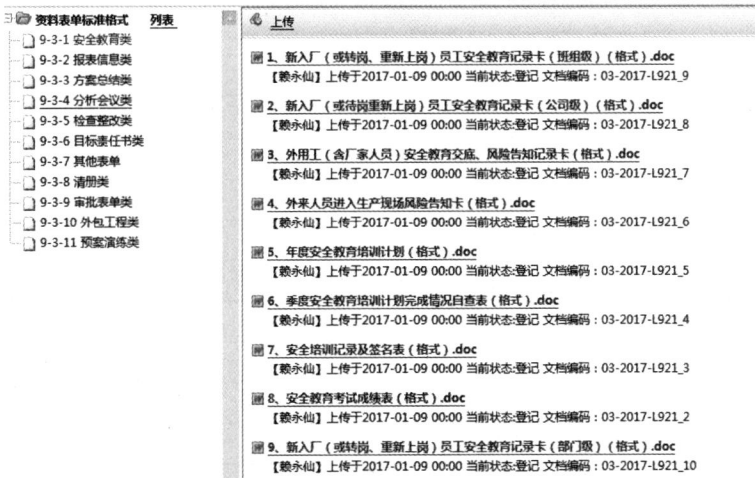

图4-35　共享表单

（3）针对现场资料与上级考评标准相比有缺漏的问题，实施改善过程如下：

1）编制安全管理资料清单。根据上级有关规程、制度和年度考评标准，结合公司安全例行工作提示卡，重新编制公司各部门安全管理资料清单（见表4-9），并要求各部门、班组按此资料清单设立相应文件资料夹（如图4-36所示）。

表4-9 安全管理资料清单

公司安全管理资源清单（安监部）

资料类别	序号	安监部安全管理资料	完成时间	备注	资料负责人
安全目标责任制	1	公司"年度安全生产目标、保证措施、安全工作计划"通知文件	1月15日前		
	2	公司领导与部门领导双方签订的"安全生产目标责任书"	1月20日前		
	3	公司安全生产奖惩记录（或月度绩效考核记录）	每月30日前		
	4	公司调整安全生产委员会等组织机构人员名单通知文件	机构、人员变动后	必要时	
	5	公司、部门（车间）、班组三级安全网人员名单	人员变动后	必要时	
安全例行工作	1	公司月度安全生产分析会汇报材料	每月4日前		
	2	公司月度安全生产分析会议记录	每月10日前		
	3	公司月度安全生产分析会议参会人员签到表	每月15日前		
	4	公司月度安全生产分析会议纪要	每月30日前		
	5	公司月度安全网会议记录	每月30日前		
	6	公司月度安全网会议人员签到表	每月30日前		
	7	公司月度安全网会议纪要	每月30日前		
	8	公司月度安全简报	每月30日前		
	9	班组月度安全学习重点内容	每月5日前		
	10	公司月度隐患排查治理工作总结	每月23日前		
	11	公司月度事故隐患排查治理情况月报表	每月23日前		
	12	公司月度安全生产分析报告	每月3日前		
	13	公司季度应急管理季报表（应急演练）	季后5月前		
	14	公司应急管理半年总结评估报告	7月5日前		
	15	公司应急管理总结评估半年报表（预案编制）	7月5日前		
	16	公司应急管理总结评估半年报表（培训）	7月5日前		

安全管理资料清单（车间部门）

资料类别	序号	车间部门安全管理资料	完成时限
安全目标责任制	1	部门下达的年度"安全生产目标、保证措施、安全工作计划"通知文件	1月20日前
	2	部门负责人与本部管理人员、班组长双方签订的年度"安全生产目标责任书"	1月20日前
	3	部门安全生产奖惩记录（结合月度绩效考核）	不定期
安全例行工作	1	部门周分析报告	周日前
	2	部门月度安全分析汇报材料	每月3日前
	3	部门月度安全分析会会议纪要	每月20日前
	4	部门月度安全分析会参会人员签到表	每月20日前
	5	部门月度隐患排查治理工作总结	每月22日前
	6	部门月度事故隐患排查治理情况月报表	每月22日前
	7	部门布置年度"安全生产月"活动通知文件	6月5日前
	8	部门年度"安全生产月"活动总结	6月30日前
	9	部门年度安全总结	12月15前

续表

资料类别	序号	车间部门安全管理资料	完成时限
安全检查	1	部门布置防汛及二十五项反措检查通知文件	按公司通知要求
	2	部门防汛及二十五项反措检查项目和检查计划分解表	按公司通知要求
	3	部门防汛及二十五项反措检查情况表	按公司通知要求
	4	部门防汛及二十五项反措检查整改措施计划及完成情况表	按公司通知要求

图 4-36　安全管理资料文件夹

2）在生产管理系统中开发"安全台账"模块。"安全台账"模块（见图 4-37）依据"各部门、班组安全管理资料清单"列明各部门、班组的所有安全管理资料，各责任人只要按清单将相应资料上传保存，即可保证各类资料完整、齐全。该模块还实现了定期提醒、逐级审核等功能。"安全台账"模块的建立有利于资料整理、保管、监督、查询和共享，为本公司和上级单位各类查评提供快捷的查询方式，提高了工作效率。

图 4-37　公司各部门年度安全台账

（4）针对资料负责人责任落实不到位问题，实施改善过程如下：

推行"资料负责和检查监督"制度。按管辖范围明确"资料负责人"和"检查监督人"，并在公司生产管理系统的"安全台账"模块中进行设置，如图 4–38 所示。"资料负责人"对上传相关资料的完整性、正确性和及时性负责，"资料检查监督人"对管辖资料进行检查监督。生产职能部门将各部门、班组上传的"安全台账"纳入安全生产管理常态化工作进行抽查，并按公司《安全生产奖惩规定》进行考核。

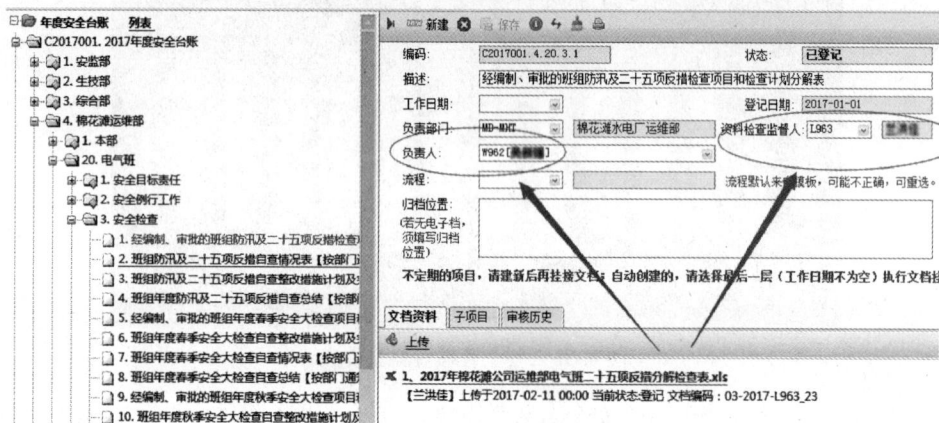

图 4–38 "安全台账"负责人和检查监督人界面

（5）针对各类安全例会材料编制时间过长的问题，实施改善过程如下：

制订各类安全例会材料标准格式，通过简化会议材料项目、合并同类项目、分工统计项目等方法，形成各部门会议材料的标准格式。各部门、班组对照标准格式进行填写，汇总人员只需复制，然后稍做编辑，即可快速完成会议材料编制，节约大量的办公时间。

（6）针对办公软件版本没有统一的问题，实施改善过程如下：

统一安装办公软件 WPS Office 2009，并在 Word 中安装仿宋 GB 2312 字体，通过统一办公软件，使打印的各类表单格式统一。

2. 实践成果

（1）提升了安全例行工作质量。2016 年底区域公司对该公司安全查评发现的 20 项问题中，安全例行工作存在问题为 0 项。

（2）大幅度缩短了各类材料编制时间。以月度安全分析会材料为例，平均每次编制会议材料由 2h 以上缩短为 1h，见图 4–39，其中安监部的会议材料汇总时间从原先的 4h 左右缩短为 1h 以内。

（3）通过精益改善，员工更加清楚例行工作"做什么、怎么做、何时做"，员工只要按标准化格式、清单对照开展工作和编制材料就可高效完成例行工作，实现"按部就班""复杂工作简单化"的提效目标。

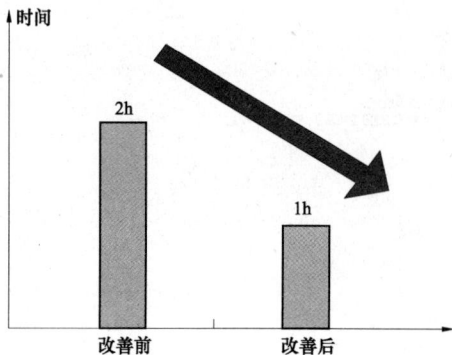

图 4–39 平均每人编制会议材料时间

（五）标准化

在安全例行管理精益化工作开展过程中，制定、完善了以下规章制度：

（1）QMHT 2218—2016《发（承）包工程、外用工安全管理规定》。

（2）QMHT 2222—2016《无违章创建管理办法》。

（3）QMHT 2435—2016《反违章实施细则》。

（4）QMHT 2313—2016《总经理特巡及各级领导、生产管理人员重大事项到达现场管理规定》。

（5）QMHT 2441—2016《安全检查和安全生产投入保障制度》。

（6）QMHT 2212—2016《安全生产工作规定实施细则》。

【案例思考】

在例行工作提示措施实施中，提醒功能存在不足。目前该公司的例行工作提醒功能只在生产管理系统中实现，如果员工没有及时登录办公软件系统，就无法看到系统推送的提醒通知。下一步应改进推送功能，如利用短信平台或 App 软件自动推送等方式，使例行工作能及时准确推送至责任人。

<本案例由华电福建棉花滩水电开发有限公司提供>

第三节　水库河道安全防控精益管理

水电站水库河道安全问题一直是困扰水电站安全生产的一大难题。它不仅关系到电厂的生产安全，也影响到周边群众的人身安全。因此，做好水库河道安全防控工作显得尤为重要。从实际出发，做好水库河道安全防控的精益管理，可以更好地实现水电站水库河道安全的可控、在控。

【案例4-4】　水库河道安全防控精益管理

（一）案例背景简介

1. 实施背景

（1）近年来，全国涉及水电站的水库河道安全事故频发。例如，某省连续发生水电站下游河道因泄放水造成群众淹溺死亡事件，该省安监局紧急发布了《关于加强水库水电站向下游河道泄放水安全管理的通知》，对水电站泄放水安全及水库河道管理提出了新的要求。

（2）某水电站近坝区水库及下游河道居住群众较多。下游 5km 河岸内还有两所小学近千名的学生，上下游群众时常到水库、河道捕鱼、洗衣、游泳等，加之某水电站属南方电网直调，机组启停频繁，因此该水电站近坝区水库及下游河道的安全形势严峻。

2. 实施思路

通过某水电站对现行近坝区水库河道安全防控机制的调查，针对近坝区水库河道安全风险较高的问题，利用精益管理诊断工具进行分析，找准要因，制订相应的实施对策，从根本上解决近坝区水库河道安全风险较高的问题，提高水电站近坝区水库河道安全管理水平，实现水电站水库河道安全的可控、在控，降低近坝区水库河道安全风险。

（二）现状诊断

1. 诊断内容

（1）水库河道禁区不安全现象频发，企业在形象安全、经济安全上面临较大风险。当前安全措施主要有：局部河段修建围墙和围栏、设置安全警示标志和上游安装禁航浮筒，但禁航区船只闯入、垂钓、捕鱼、游泳等情况仍时有发生，相关数据统计情况见表 4–10。

表 4–10 水库河道禁区遣退人数统计

年份	船只非法闯入	钓鱼、捕鱼	洗衣、游泳	备注
2015	客船 17 艘、货船 2 艘	钓鱼 181 人次、捕鱼 55 人次	洗衣 232 人次、游泳 154 人次	游泳者多为暑假期间当地中小学生
2014	客船 12 艘、货船 0 艘	钓鱼 152 人次、捕鱼 63 人次	洗衣 302 人次、游泳 205 人次	2014 年某水库发生泄洪，捕鱼人数有所增加
2013	客船 15 艘、货船 3 艘	钓鱼 133 人次、捕鱼 55 人次	洗衣 296 人次、游泳 211 人次	游泳者多为暑假期间当地中小学生

（2）禁区综合管理难度较大。水库河道禁区大部分处于无限制通行的状态，上游近坝区船只闯入事件频发，下游河道水位频繁变化，群众洗衣、游泳和捕鱼人员数量较多，加上电厂人力投入有限，河道综合管理难度较大。

2. 改善目标

（1）船只非法闯入、钓鱼、捕鱼、洗衣、游泳等不安全事件减少 50% 以上。

（2）厂区附近村寨群众对涉水安全有更加深刻的认识，对企业开展的涉水安全宣传工作更加认可。

（3）企业建设的安全防护设施、警示设施故意破坏率低于 5%，相关维护费用降低 50% 以上。

（4）实现企业与地方政府安全联动及时、高效。

（三）原因分析

1. 鱼骨图分析

针对水库河道禁区安全风险高的问题采用鱼骨图对其原因进行分析，如图 4–40 所示。

2. 确认要因，制订对策

对鱼骨图中关联因素进行要因分析，见表 4–11。

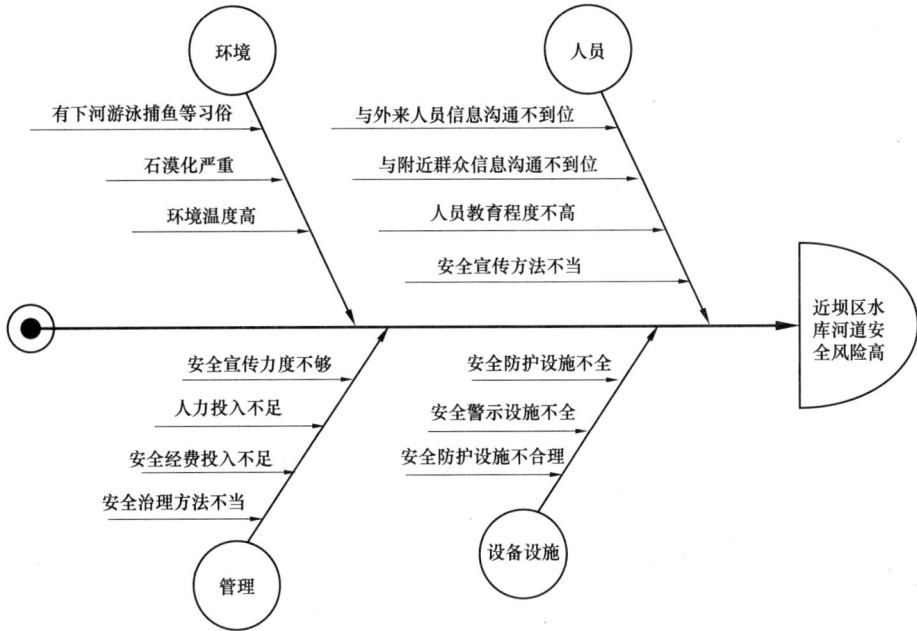

图 4-40 原因分析

表 4-11   要 因 验 证 表

序号	末端原因	事 实 确 认	是否要因
1	安全宣传力度不够	法律法规传达不到家庭和个人	是
2	安全宣传方法不当	仅通过一些由地方政府各部门参加的会议和报告、函件的方式对不安全现象进行反映	是
3	安全警示设施不全	已在近坝区所有入库下河路口设置安全警示标识	否
4	安全防护设施不全	仅为大坝和厂房修建了围墙，坝上游设置禁航浮筒，库岸、河道禁区处于敞开状态	是
5	安全防护设施不合理	安全防护设施较少，现有设施均能发挥其功能	否
6	安全经费投入不足	安全生产专项经费每年均得到有效落实	否
7	人力投入不足	电厂安全监督部、水工部及保安人员均参与水库河道安全管理，人力投入正常	否
8	安全治理方法不当	仅依靠电厂开展治理工作，无执法权，开展的工作经常得不到船主、群众和外来人员的认可	是
9	与地方政府信息沟通不到位	地方政府相关管理部门和企业之间没有形成联动机制	否
10	与附近群众信息沟通不到位	群众到下游行洪河道开展正常生产生活活动，无法及时掌握电厂下放水信息	是
11	与外来人员信息沟通不到位	外来人员到下游行洪河道开展正常生产生活活动，无法及时掌握电厂下放水信息	是
12	环境温度高	本地区环境温度一直较高，无法改变	否
13	石漠化严重	石漠化情况严重，短期内难以改变	否
14	生活习惯习俗使然	一直有下河洗澡洗衣捕鱼等习俗，难以改变	是

通过采用鱼骨图的方法进行分析，可以看出造成近坝区水库河道安全风险高主要原因为：安全防护设施不全、与外来人员信息沟通不到位、与附近群众信息沟通不到位、安全治理方法不当、安全宣传力度不够、群众下河活动的生活习惯不易改变。因此，将上述原因作为重点改善对象。针对分析出的要因讨论制订出具体对策并对其可行性进行分析，见表4-12。

表 4-12 　　　　　　　　　　　　　　　　 对 策 探 讨 表

序号	要因	对　策	优　点	缺　点	评定
1	安全宣传力度不够	增加人力投入，将安全宣传与企业社会活动相结合	便于工作的开展	企业人力有限	可行
		增加资金投入	能够增加宣传工作手段、方法	其效果取决于方式方法的科学性	不可行
2	安全宣传方法不当	开展"走村进校"活动	能够增加宣传工作的覆盖面	需要花费人力	发挥广大员工的积极性、主动性、创造性，资金投入少，因此可行
		制作有效的宣传资料（漫画、视频、记事本、文化衫、宣传帽等）	提高宣传效果	需要花费资金和人力成本	
		采用群众更加容易接受的方式（进校讲课、与群众拉家常）	提高宣传效果	需要花费大量人力	
3	安全防护设施不全	增加安全防护设施投入，完善设施建设	能够快速、有效地增强安全效果	资金投入大，不精益	不可行
		针对安全风险高的部分，研究经济合理的完善方案	有限的投入，发挥较大的效果	不能解决整体的安全防护问题	可行
4	安全治理方法不当	依靠地方来保障水库河道安全，建立有效的地企"联防联控"机制	确保企业安全管理的合法合规，地方力量极大地增强安全管理效果	沟通、交流需花费大量的人力	可行
5	与附近群众信息沟通不到位	与地方建立信息发布机制，由地方负责将泄放水信息传递给群众	能够利用较小的工作量极大地提高信息的覆盖面	首先需要地方的支持，企业要确保信息的传递安全	可行
6	与外来人员信息沟通不到位	设置泄放水预警系统	近坝区设置预警广播系统，向外来人员有效地传递安全信息	覆盖面较为有限	可行
7	生活习惯习俗使然	经与地方政府沟通，政府已纳入民生工程建饮水池实现使用自来水或者修建水窖等	从根本上改变生活习惯	资金投入大，周期长，需要地方政府支持	政府实施

（四）实施改善

1. 过程说明

（1）依托地区联合防汛工作，赢取地方政府的支持。充分利用每年召开的某水电站地区联合防汛会议机会（如图4-41所示），邀请近坝区水库及下游河道涉及的地方乡镇派出所、教育局、学校、村干部等相关人员一同参会。在会上将某水电站水库及下游河道禁区群众面临的安全问题进行告知，通过图片展示等方式宣传某发电厂所采取的措施，要求地方政府、教育部门等相关方协助共同搞好群众安全工作。

图 4-41　地区联防联控协调会

（2）大力开展员工宣传进村、进校活动。与防汛工作会相结合，利用通俗易懂的语言将水库、河道安全注意事项向当地群众宣传；印制《防汛手册》、河道安全宣传作业本（如图 4-42 所示）、《水库与河道安全须知》（如图 4-43 所示），向学生发放讲解；印发水库河道安全宣传 T 恤等。

图 4-42　作业本发放

图 4-43　宣传册发放

（3）按照属地原则落实安全责任。一是通过与地方乡镇政府签订《治安联防联控暨应急管理工作协议》，在国家有关法律法规的规定下，明确联防联控中厂站与各地区政府职责。泄放水前及时发布、传达预警信息，异常和重大事件互相通报，明确安全防控职责。二是细化电厂及地方政府对周边乡镇、村寨村民宣传教育工作。在电厂进行安全宣传的同时，地方政府针对发现的不安全事件人员做好安全思想教育工作，严格控制进入河道从事捕鱼、洗衣、洗澡、放牛等水上活动。

（4）加强防控管理，提高防控能力。一是建立尾水广播系统提前对河道涨水进行预警，通过工业电视、喊话等严格控制意外事件的发生（如图 4-44 所示）。通过工业电视发现违法捕鱼，并对其进行制止。二是采取保安人员加青年员工的方式，强力开展水库河道安全巡检，在汛期改每月巡查为每周巡查和每日重点检查。巡查中对群众在下游河道洗澡行为进行制止（如图 4-45 所示）。三是对水库大坝及下游河道禁区的水工建筑物、构筑物、禁区内近库岸边坡、码头进行开展每周巡查，发现问题及时汇报，使问题得到及时发现和处理。

图4-44 打击库区非法捕鱼

图4-45 遏制尾水河段洗澡

（5）完善值班值守方式，加强企业内部管理。第一是开展汛期防汛应急值守，在大坝等区域安排生产人员进行夜间值守，防止因交通道路中断等原因导致闸门操作延迟或其他汛期不安全事件的发生，提高水库河道应急响应速度。第二是狠抓落实，由相关部门对汛期值守情况不定期查岗、监督，针对重点问题、薄弱环节及时进行了解调查、完善调整，使工作任务、工作责任实现量化，分解到人，落实到岗，坚决做到"谁的问题谁解决""谁出事谁负责"。

图4-46 河道安全设施巡查

（6）建设和完善水库及下游河道硬件设施。与地方乡镇达成共识，由电厂出资以双方的名义在水库及河道禁区设立警示界桩界碑，定期对厂内设立的警示设施进行巡查（如图4-46所示）。2011年以来，某发电厂累计修筑地界警示标志58块，水库、河道安全警示标志78块，其他泄洪安全、行船安全等标牌30余块，建立和完善了水库及下游河道安全警示设施。

（7）改善生活环境。地方政府逐年投入资金帮助村民修建水池水窖等，逐步实现取水用水不出门，进入河道的次数大幅减少。

2. 实践效果

本项目实施以来，某水电站水库及河道安全环境得以不断改善，各项安全防控机制不断得到提升和完善，并趋于规范化、常态化。水库及河道禁区连续两年未发生违法非法开采等活动，下游河道群众捕鱼、洗衣、游泳现象大幅减少，未发生与电厂责任有关的安全事故，未发生群众破坏和盗窃情况，水库、河道安全设施得以保全。2016年各月某发电厂近坝区水库河道不安全现象数据统计，见表4-13。

表4-13　　　　　　2016年各月某发电厂近坝区水库河道遣退人数统计

月份	1	2	3	4	5	6	7	8	9	10	11	12	合计	较2015年
船只非法闯入	1	3	1	0	2	1	0	0	2	1	1	0	12	-37%
钓鱼、捕鱼	2	1	1	5	7	7	10	8	10	8	6	3	68	-71%

月份	1	2	3	4	5	6	7	8	9	10	11	12	合计	较 2015 年
洗衣、游泳	15	11	12	12	20	24	30	35	32	21	15	11	238	−38%
水库、河道安全设施破坏	0	0	0	0	0	0	0	0	0	0	0	0	0	0

该成果实施以来，产生了显著的经济效益、安全效益、社会效益。具体效果如下：

（1）经济效益。该成果实施以来，电厂水库河道禁区安全设施未遭破坏，较 2015 年以前每年减少修复、维护费用近 5 万元（电厂现有各类警示碑 126 块，重建一块费用为 1500 元，修复一块费用为 500 元）；2015 年末拟在库区进水口边坡处修建一处挡墙，预算费用为 100 万元。该成果实施以后库区进水口边坡环境得到明显改善，无须修建挡墙，直接节约资金 100 万元。累计节约资金 105 万元左右，经济效益显著。

（2）安全效益。该成果实施以来，由于构建了较为和谐地区环境，水库及下游河道未发生与电厂有关的安全事故，因此无赔偿问题产生，同时未发生群众破坏和盗窃情况，保证生产安全的同时，直接避免了大量经济损失。

（3）社会效益。由于创新水库河道安全防控机制，提高了群众的安全意识，电厂与地方政府建立了良好的信息沟通和互助机制，赢得了地方政府的肯定和支持，也赢得了群众的信赖，有效避免了水库、河道安全事故带来的巨大不良影响。

（五）标准化

该成果实施以来取得了良好的效果。为进一步巩固、推进该成果，特制定、修编了以下制度：

（1）制定《某发电厂水库巡视检查制度》。在原水库巡视检查制度上着重添加了近坝区安全巡视检查部分。添加的内容主要有：通过远程监控实时监视近坝区水库情况；现场安保人员针对近坝区的不安全行为及时喊话制止；对近坝区安全情况进行详查、抽查，确保近坝区水库没有安全风险。

（2）制定《某发电厂下游河道禁区安全管理制度》。在原有下游河道管理制度上添加了下游河道 200m 外至某营地段的检查监视工作，确保下游河道尤其在汛期不存在安全风险；增加了泄放水和重要气象预报预警机制。

（3）制定《某发电厂地企联动机制实施办法》。明确了企业与地方政府部门和相关方的联动事项、应急方式、预警预报时限、责任人等内容，完善了管理机制、杜绝了管理漏洞，提升了企业的社会声誉。

【案例思考】

案例实施发现，近坝区水库河道安全管理标准化范围及力度仍有不足。企业后期需进一步强化近坝区水库河道安全的规范化管理，落实厂站及地方政府职责，做好对周边群众的安全宣传工作，不断提高周边群众的安全意识，降低近坝区水库河道安全风险。

<本案例由贵州北盘江电力股份有限公司光照发电厂提供>

第四节 交通安全管控改善

交通安全直接关系到员工的生命财产安全和企业的安全稳定发展，是企业安全生产的重要组成部分。区域所属水电与新能源发电企业多处于偏远地区，且道路崎岖、路途遥远，而发电设备分布又较为分散，在恶劣天气下导致交通事故的诱因增多，交通安全形势十分严峻。稳定的交通安全是区域水电与新能源发电企业正常工作的有力保障。本节使用精益管理工具，针对水电与新能源发电企业交通安全管理进行了改善实践。

【案例4-5】 某风电场交通安全管控改善

（一）案例背景简介

1. 实施背景

（1）风电场多分布在偏远地区、群山之上，机组分布分散，点多面广，大部分检修道路修建于山梁地段，道路两旁多为山谷，且道路崎岖，存在较大交通安全隐患。

（2）车辆驾驶员是风电场交通安全管理的基础和源头，驾驶员的交通安全意识薄弱、驾驶习惯不良等问题，往往导致交通事故的发生。

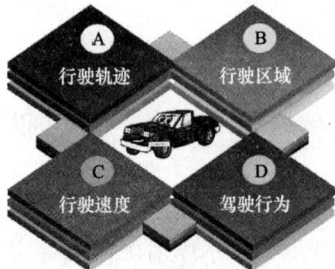

图4-47 车辆监管薄弱环节

（3）从近几年风电场外包人员发生的交通事故暴露问题来看，驾驶员违反交规、违反企业规程制度是造成交通事故不断发生的重要原因，因此，长协外包单位的驾驶员安全管理成为一大难点。

（4）车辆安全管理工作当前最薄弱的环节是管理者对车辆行驶的轨迹、区域、速度及驾驶员的驾驶行为等无法实时全过程管控，如图4-47所示。

2. 实施思路

风电场交通安全精益管理的实施从以下几个方面思考：

（1）完善道路交通安全设施，消除交通安全隐患，打造本质安全道路。

（2）进一步提高风电场车辆驾驶人员交通安全意识，落实驾乘人员安全职责。

（3）加强外包队伍交通安全管理，将外包队伍的驾驶员纳入风电场安全管理体系。

（4）对车辆行驶轨迹、速度、区域、驾驶行为等全过程安全管控。

综上所述，本案例通过解决当前风电场交通安全管理普遍存在的问题，确保交通安全管理水平得到有效提升。风电场交通安全精益管理实施思路如图4-48所示。

（二）现状诊断

1. 调查统计

对某风电场2015年生产车辆驾驶员的不安全行为进行统计，如图4-49所示。

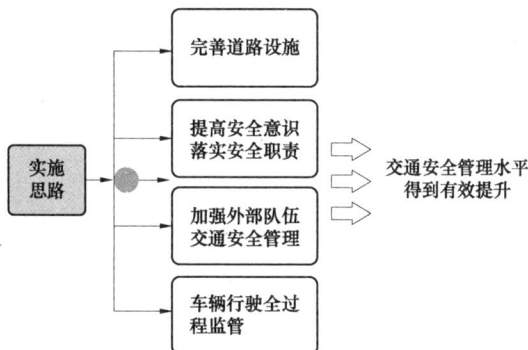

图 4-48　风电场交通安全精益管理实施思路

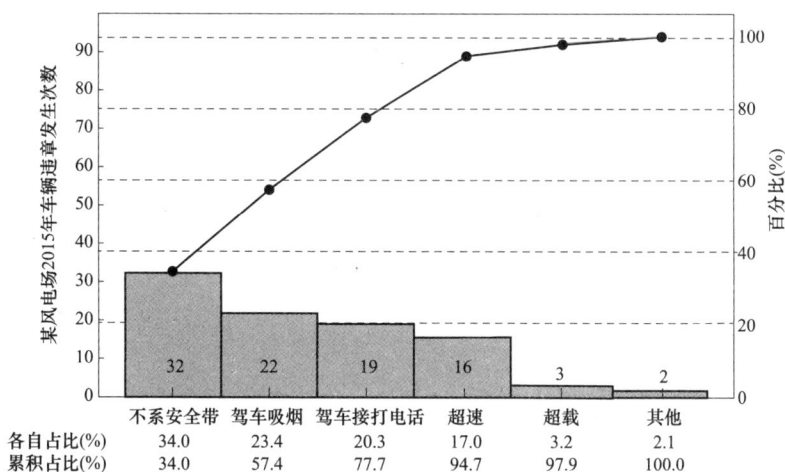

图 4-49　驾驶员不安全行为统计

2. 事故案例分析

通过采用案例分析法对某风电场典型交通事故案例进行分析、诊断。

事故案例 1：2011 年 7 月 3 日晚 20 时 20 分左右，内蒙古某风电场驾驶员张某独自在赛乌素镇买菜回风电场的途中，在距离赛乌素镇 10km 处发生交通事故，车辆侧翻，驾驶员经抢救无效身亡。交通事故现场照片如图 4-50 所示。

事故原因：

（1）张××不系安全带、超速驾驶是造成本起事故的直接原因；

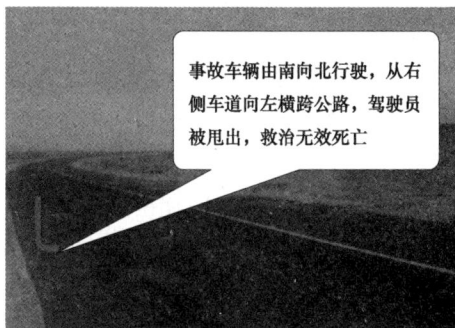

> 事故车辆由南向北行驶，从右侧车道向左横跨公路，驾驶员被甩出，救治无效死亡

图 4-50　交通事故现场照片

（2）同行人员发现违章行为没有果断制止是导致本次事故的间接原因。

事故案例 2：2012 年 1 月 5 日 11 时 10 分左右，某风电场风机维护班员工梁某驾驶车辆前往某公交车站接值班员工，行至某管理处时车辆失控翻滚，驾驶员梁某被甩出车外，头部被翻滚的车辆碾压，经抢救无效死亡。交通事故现场如图4-51所示。

事故原因：事故车辆拐弯时速度过快、驾驶员未系安全带是本次事故的直接和主要原因。

图4-51　交通事故现场

3. 现场调查

（1）部分风电场山梁地段检修道路两旁未装设防护围栏，存在较大安全隐患。风电场道路如图4-52所示。

图4-52　风电场道路

（2）外包单位车辆存在外观破损、保养不及时、超载、非专职驾驶员驾车等问题。

（3）经过对某风电场生产人员进行访谈，存在部分驾驶员交通安全意识淡薄，对危险路段风险认识不足，驾驶中存在超速、接打电话、吸烟等违规行为，驾驶员在恶劣天气下应急处置能力不足。

4. 风电场交通管理分析

运用思维导图对某风电场交通管理存在问题进行分析，如图4-53所示。

通过现况调查、头脑风暴等方式的诊断，梳理出电场交通安全管理存在的关键问题，见表4-14。

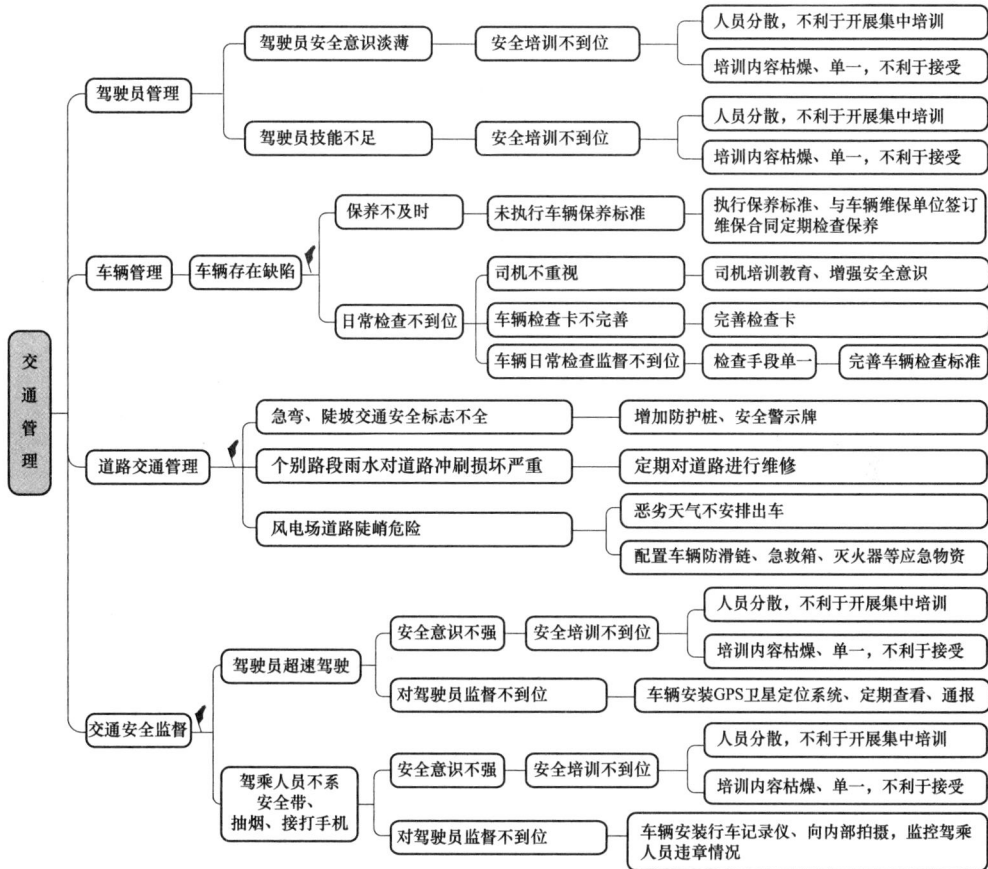

图 4-53　风电场交通管理问题分析

表 4-14　　　　　　　　　　　风电场交通安全管理关键问题汇总

序号	关　键　问　题	致因分类
1	驾驶员交通安全意识淡薄，存在不系安全带、开车吸烟、接打电话、超载等违规现象	人的因素
2	外包队伍车辆存在开快车、随意出车、非专职驾驶员驾车	人的因素
3	恶劣天气下驾车应急处置能力不足	人的因素
4	部分山梁路段两旁未设置安全防护围栏	环境因素
5	外包队伍使用车辆日常检查保养不及时，车辆破损严重	车辆因素

（三）问题分析及改善计划

对风电场交通安全存在的问题进行原因分析、制订改善对策，见表 4-15。

表 4-15　　　　　　　风电场交通安全存在的问题原因分析、改善对策计划

序号	关键问题	原　因　分　析	改　善　对　策	责任部门
1	驾驶员交通安全意识淡薄，存在不系安全带、开车抽烟、接打电话、超载等违规现象	驾驶员"单兵"作战，难以监督，行车过程处于"不可控"状态	（1）利用行车记录仪（对车内进行录像）实时拍摄驾乘人员行为； （2）加大违章查处力度，将驾乘人员不系安全带纳入公司"十条禁令"严加管控，坚决杜绝违规驾车行为	检修部

续表

序号	关键问题	原因分析	改善对策	责任部门
2	外包队伍车辆存在开快车、随意出车、非专职驾驶员驾车	外包队伍驾乘人员交通安全意识淡薄，监督难度大	（1）加装 GPS 定位系统实现远程实时监督，杜绝超速； （2）车辆加装行车记录仪，对车内拍摄录像，杜绝非专职驾驶员驾车； （3）纳入现场安全管理	检修部
3	恶劣天气下部分驾驶员应急处置能力不足	驾驶员经验不足，各种恶劣天气下的车辆驾驶技术掌握不全面	加强恶劣天气驾车技能培训力度，掌握紧急情况下应急技能	检修部
4	部分山梁路段两旁未设置安全防护围栏	设计缺陷	山梁危险路段加装安全防护围栏	检修部
5	外包队伍使用车辆日常检查保养不及时，车况不良	车辆管理部门监管不到位	建立维修档案，对车辆定期检查	检修部

（四）改善实施

1. 改善实施过程

（1）针对"驾驶员交通安全意识淡薄，存在不系安全带、开车抽烟、接打电话等违规现象"，实施如下改善：

1）加强驾驶员专业培训。采用多媒体形式教学，通过各类违规驾驶引起的事故案例进行专题培训，提升驾驶员安全意识。

2）加强驾乘人员全过程安全监督。通过对生产车辆加装行车记录仪，实时对驾乘人员行为监控录像，通过回放倒查，实现车辆管理的实时化、可视化以及可控化，同时将驾驶不安全行为纳入公司"十条禁令"（如图 4-54 所示），形成高压威慑，确保交通安全。

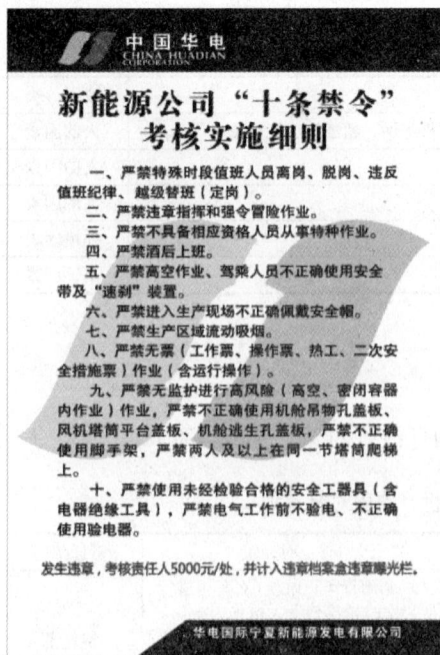

图 4-54 "十条禁令"

（2）针对"外包队伍车辆存在开快车、随意出车、非专职驾驶员驾车"，实施如下改善：

1）利用车辆系统定位技术，对外包队伍的车辆加装 GPS 系统，远程实时监控车辆行驶轨迹、车速、区域等状态（如图 4-55 和图 4-56 所示），加装行车记录仪，对车内拍摄录像，杜绝非专职驾驶员驾车。若车辆出现超速，系统将闪烁红灯报警进行提示，并自动生成报警日志，安监部门对于超速的驾驶者进行教育、考核。

2）通过建立车辆用车申请单，明确车辆行驶轨迹，确保车辆得到有效管控。

（3）针对"恶劣天气下驾车应急处置能力不足"，实施如下改善：

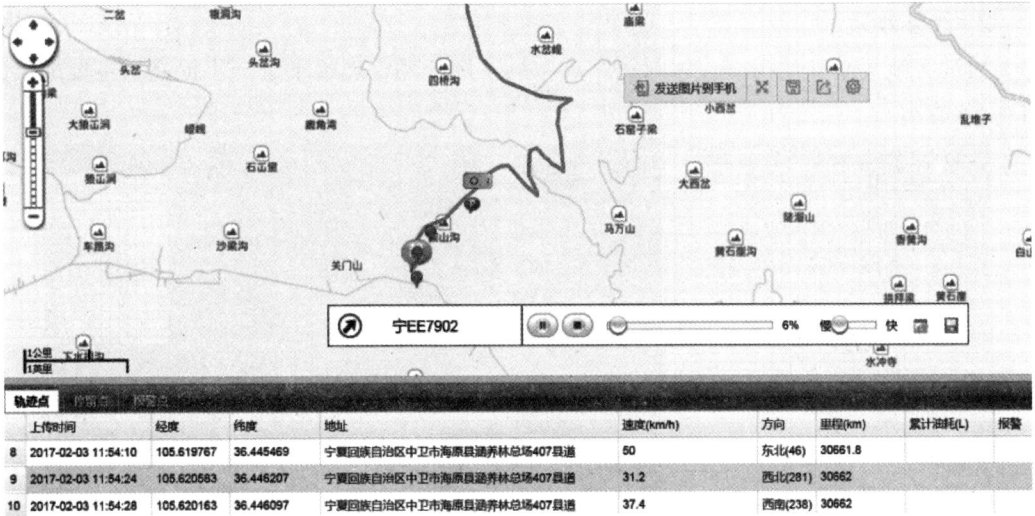

图 4-55 远程监视车辆行驶轨迹、车速

图 4-56 车辆行驶状态统计

过程说明：开展恶劣天气专题驾驶技能培训和警示教育，使驾驶员掌握紧急情况下的理论知识，熟悉车辆的性能和局限性，在极端情况下做出正确的判断，保证恶劣天气下行车安全，同时为车辆配备必要的安全防护用具。

（4）针对"部分山梁路段两旁未设置安全防护围栏"，实施如下改善：

过程说明：通过对风电场检修危险路段加装安全防护围栏（如图 4-57 所示），有效防止恶劣天气下车辆发生侧滑坠入山谷的事件。

（5）针对"外包队伍使用车辆日常检查保养不及时，车况不良"，实施如下改善：

1）对每台车辆建立维修档案，详细记录车辆的故障问题、维修保养时间、维修保养次数等，实时掌握车辆维修保养数据，从而有针对性地加强管理和使用，使车辆技术状况始终处于良好状态。

2）对每台车辆建立定期检查记录，驾驶者每周对车辆检查项目逐条检查确认，确保车辆安全出行。

2. 改善效果

通过实施交通安全精益改善对策，风电场生产车辆管理水平进一步提高，主要成果如图 4-58 所示。

图 4-57　风电场检修道路加装安全防护围栏

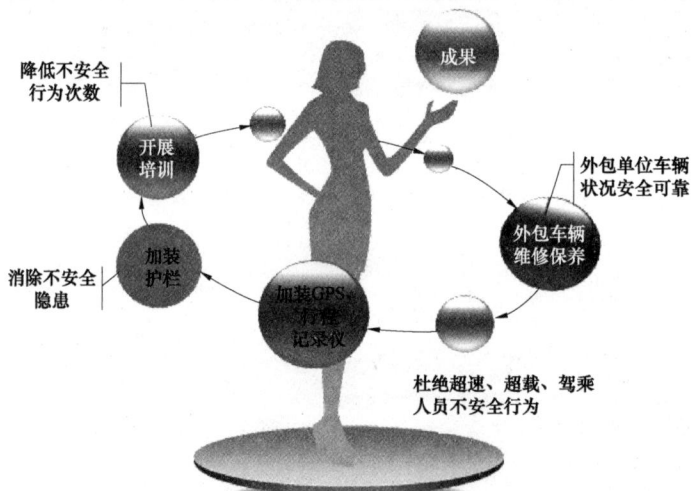

图 4-58　改善成果因素

（1）通过开展安全行为及应急技能培训，驾驶者的安全行为和应急技能得到明显提升，同时加大驾乘者不安全行为的考核力度，降低了不安全行为的发生次数。交通安全不安全行为改善对比如图 4-59 所示。

（2）通过车辆加装 GPS 卫星定位装置、行车记录仪，实现远程安全监督，规范驾乘人员行为，杜绝了超速、超载、驾乘人员不系安全带、非驾驶员驾车等违章行为。

（3）通过对风电场检修危险路段进行查找、统计，分别加装安全防护围栏，消除了危险路段的不安全因素。

（4）通过对外包单位车辆维护保养进行精益改善，提高了外包单位车辆安全可靠性。

（五）标准化

在改善实施过程中，针对存在的问题，对相关基础管理工作进行了完善、改进，形成了公司生产车辆交通安全相关管理制度，主要有：

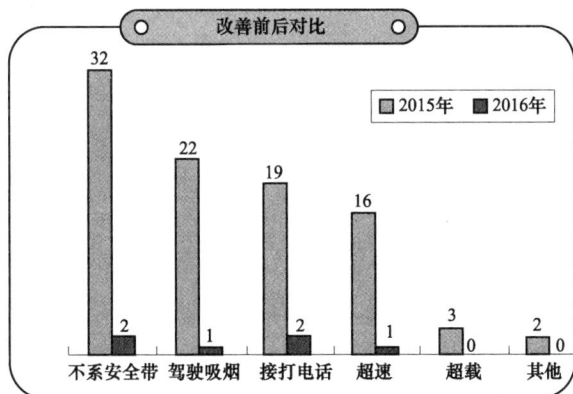

图 4-59　交通安全不安全行为改善对比

（1）《交通安全管理标准》。

（2）《冬季行车安全交通管理规定》。

（3）《"十条禁令"考核实施细则》。

（4）《恶劣天气交通应急处置预案》。

（5）《驾驶员安全操作规程》。

（6）《生产车辆日常检查维护保养制度》。

（7）《安全监察管理标准》。

【案例思考】

通过风电场交通安全精益管理实施，需进一步完善以下问题：

（1）建立远程安全监控中心，将车内视频接入监控中心，实现远程监控全覆盖，安全管理人员可随时了解掌握驾乘人员履行安全职责情况。

（2）将外包单位的驾驶员纳入现场安全管理，定期进行安全培训考试，考试合格颁发准驾证。

<本案例由华电国际宁夏新能源发电有限公司提供>

【案例4-6】　某水电厂特殊环境下的交通安全管理精益化

（一）案例背景简介

1. 实施背景

水电企业交通安全管理工作存在以下难点：水电厂远离城市，地处偏远山区，路途遥远，路况恶劣，交通安全管理存在较大难度；日常工作中紧急用车存在兼职驾驶员驾驶的情况；兼职驾驶员驾驶水平和应急能力良莠不齐。

2. 实施思路

（1）加强对车辆行车路线的把控，对厂内车辆加装 GPS 系统，实时监控车辆行驶轨迹；对电厂管辖范围内损毁路面进行修复，补齐缺失的安全标识和防护设施。

（2）提高驾驶人员驾驶水平和安全意识，减少人为过失造成的事故。

根据实施思路，本案例采取立足于对某水电厂的交通安全问题，用思维导图的方式进行剖析和解构，并采用研究对策、实施对策的方式，修补当前水电厂交通安全管理普遍存在的漏洞。

（二）现状诊断

对某水电厂的交通安全问题实地考察，发现、诊断出以下问题：

（1）该水电厂厂区地处偏远，毗邻落后村镇，路况恶劣（见图 4-60）是影响交通安全的重要因素。

（2）该电厂交通道路多为乡镇道路，常有摩托车、三轮车和农村客运汽车等车辆通行，驾乘人员结构复杂，行车事故高发（见图 4-61）；道路两旁的山体存在坍塌可能（见图 4-62）。

图 4-60　路面损毁情况

图 4-61　交通事故现场

（3）电厂办公区域内部车辆和外部车辆混合停放，管理混乱；地面无标识线，行车道和人行道划分不明，外部单位驶入厂区的司机不知道行车规范，容易引发交通事故，如图 4-63 所示。

图 4-62　道路前边坡坍塌

图 4-63　办公楼前没有行车引导线

（4）电厂驾驶员驾驶水平有待提高，应对突发交通事件的经验不足，交通安全意识不强，如图4-64所示。

图4-64　兼职驾驶员交通事故现场

利用思维导图展开全面分析，得出了详细的不安全因子，如图4-65所示。

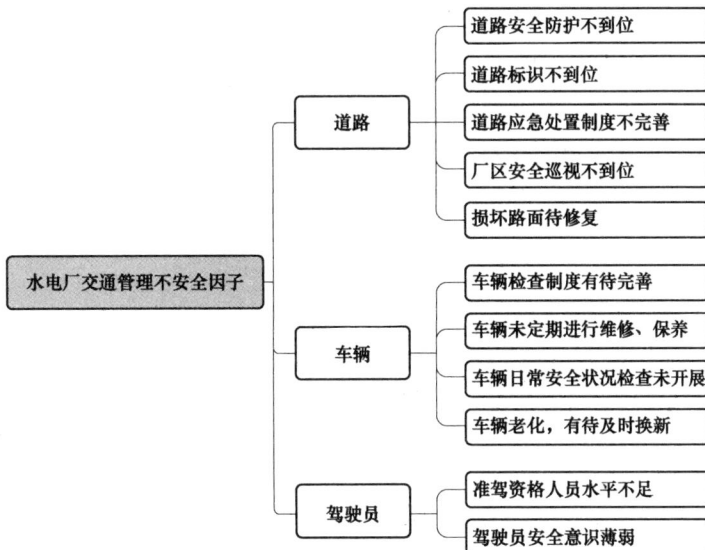

图4-65　交通不安全因子

（三）原因分析

对该水电厂交通安全管理的各个环节进行分析，通过访谈和问卷调查等方式确立了影响交通安全的重点因素，见表4-16。

表4-16　　　　　　　　　　重 点 因 素 表

序号	存 在 问 题	致因分类	分析方式	是否要因
1	准驾资格人员水平不足	驾驶员	问卷调查	是
2	驾驶员安全意识薄弱	驾驶员	问卷调查	是
3	缺乏驾驶员奖惩机制	驾驶员	问卷调查	是
4	车辆检查制度有待完善	车辆	访谈	是

序号	存 在 问 题	致因分类	分析方式	是否要因
5	车辆未形成计划安排进行维修、保养	车辆	访谈	是
6	车辆日常安全状况检查未开展	车辆	访谈	是
7	车辆老化，有待及时换新	车辆	访谈	否
8	道路安全防护不到位	道路	问卷调查	是
9	道路标识不到位	道路	问卷调查	是
10	道路应急处置制度不完善	道路	访谈	否
11	损坏路面待修复	道路	访谈	否

（四）改善实施

1. 改善措施

通过对该电厂当前环境下的交通安全管理情况进行分析，制订了改善措施，见表4-17。

表4-17　　　　　　　　　　　　改 善 措 施 表

序号	项目	责任部门	措　　施
1	驾驶员管理	综合管理部	（1）对持有准驾资格证的人员和厂专门驾驶员进行技术技能和车辆知识培训，做到每月一培； （2）加强驾驶员奖惩考核
2	车辆管理	综合管理部	（1）修订、完善车辆检查制度； （2）建立车辆重要零部件的更换保养台账和单车行车日志
3	营地道路整改	安全监督部 水工部	对营地内部道路进行整改，内部车辆和外部车辆停车区域清晰划分，行车线路和人行道路清楚标明
4	厂区道路整改	综合管理部 安全监督部	营地至厂房道路加设防护栏和防护墩，保证路灯照明度，避免夜间交通安全事故，落石点、急转弯处设立交通安全标识，每日安排电厂保安巡逻三次以上

2. 实施对策

（1）驾驶员培训方面。每月进行驾驶员培训，并做好培训记录。培训内容包括交通安全服务承诺书、省市交管局新闻报道、交通安全事故案例和车辆保养知识等；培训人员包括厂领导、部门主任、电厂驾驶员及准驾资格人员。

（2）准驾人员资格方面。严格执行准驾人员资格考试标准。

（3）驾驶员奖惩方面。修订、完善车辆交通安全管理实施细则，对驾驶员强化奖惩考核。

（4）车辆检查方面。车辆三检项目见表4-18。每逢节假日等用车重要时间节点，对车辆行驶里程和行驶年限进行统计和记录，对车况（包含以上"三检"检查内容）进行检查记录。

表4-18　　　　　　　　　车辆出车行车收车检查项目

序号	出 车 前	行 车 中	收 车 后
1	车辆证件、牌照、随车附品、装置、工具及备件	车辆缓慢行驶一段时间后，检查离合器、转向制动等各部分的工作性能	应将驻车制动器拉紧，并把变速杆挂入一挡或倒挡

续表

序号	出 车 前	行 车 中	收 车 后
2	车身外表和各部机件	行驶中观察车上各种仪表，察听发动机、底盘声音	熄火前，观察电流表、机油表、水温表、气压表的工作是否正常
3	油箱储油量、冷却液量、机油量制动液量电瓶电量	车辆涉水路段应检查车辆行车制动器的效能	检查有无漏水、漏油、漏电等现象
4	发动机风扇皮带有无老化、断裂、起毛现象	行车中发动机动力突然下降，应检查是否冷却液或机油不足引起的发动机过热所致	检查轮胎气压，视需要补充
5	轮胎外表、气压，剔除胎间及胎纹间的杂物、石子，轮胎气压	行驶中转向盘的操纵突然变沉重并偏向一侧，应检查是否其中一边轮胎漏气	检查整理随车工具和随车附品，发现缺失，及时补齐
6	转向机构是否灵活，横、直拉杆等连接部位是否有松旷	天气炎热时应检查车轮轮毂温度，若温度过高，应将车停在阴凉通风处自然降温；察看仪表灯光工作是否正常	对车辆进行清洁，保持车容和发动机外表整洁
7	轮毂轴承、转向节主销是否松动，轮胎、半轴、传动轴、钢板弹簧等处螺母是否紧固	油、水、电有无泄漏现象，刹车有无发热现象、驻车制动是否可靠，转向等各部位连接是否牢固	对车辆进行检查，记录车辆行驶的情况。如有故障，应详细记录车辆故障状况，为车辆维修提供资料
8	驾驶室内各个仪表和操作装置是否完好，灯光、刮水器、室内镜、门锁、安全门开关等是否齐全有效	—	—
9	转向器、离合踏板、制动踏板自由行程情况是否正常	—	—
10	启动发动机后，检查发动机有无异响和异常气味，察看仪表工作情况是否正常	—	—

（5）车辆维保方面。建立车辆维修保养台账，定期维保，并对车辆维修日期、项目、金额及公里数进行记录。对电瓶、轮胎及正时皮带等关键部件的使用更换建立专门台账，便于核对自查。

（6）厂房道路安全方面。隧道口、落石点增设安全标识（见图4-66），道路危险点树立安全警示牌，营地门口急转弯处设置减速带、球面镜和安全标识，河道两旁安装防护墩和防护栏，与地方合作加装摄像头监测行驶车辆车速。

（7）营地交通安全方面。营地道路整改，规范道路标识，增设停车指示（见图4-67），外部车辆和内部车辆分区停放，避免营地交通安全管理混乱。

3. 实施效果

（1）通过多渠道多方向的技术培训，使全厂驾驶员的驾驶技能和安全意识得到了全方位的提升。完善了奖惩制度，为驾驶员的水平提升打下了坚实的基础。截至2016年底，该水电厂共评选出14人次的交通安全先进个人。

图 4-66 道路安全标识

图 4-67 营地分区停车、规范标识

（2）交通安全管理工作有序开展。道路整改完成，全路段覆盖安全标识和交通警示。面对道路使用人群结构复杂、往来车辆多的重点难点问题，采用精益管理的方式，使交通安全系统、交通安全管理工作得到有效开展。2016 年全年该厂上下班交通车和 On-Call 车未发生负主要责任的交通事故。营地内部规范行车指南和画线方式，内外部车辆停放规范。

（3）年度交通安全无事故。自 2016 年 1 月至 2017 年 4 月，该厂全厂车辆安全行车里程数达到 56 万 km。

（五）标准化

结合该水电厂交通安全精益管理工作，精益管理小组制定、修编下发了一系列制度，包括《厂区道路设施标准》《电厂车辆交通安全管理奖惩实施细则》《电厂车辆驾驶员培训方案》等。

👥 【案例思考】

该水电厂通过实施精益管理后，驾驶人员的素质得到提升，交通安全隐患得到消除，但是也有几点不足有待继续改进：

（1）驾驶员培训内容和培训渠道较为单一，需要在今后的培训工作中拓宽培训内容面，拓展培训渠道。

（2）进一步完善奖惩细则，助推本质交通安全体系建设。

<本案例由贵州北盘江电力股份有限公司光照发电厂提供>

第五节　工作票实施效果精益改善

众所周知，工作票在电力生产工作中必不可少，是电力系统允许工作和从事安全操作的书面命令和依据，是保证人身安全的重要措施，是遵守电力系统安全工作规程等规章制度的具体体现，认真执行工作票是保证企业安全生产的必要手段，因此加强工作票的执行管理，提高其执行效果尤为重要。在发电厂生产过程中，必须依据《电力生产安全工作规程》及《工作票实施细则》，严格执行工作票制度，履行工作票手续，确保安全生产。以下案例使用精益管理工具，对新能源发电企业工作票在生产现场执行效果进行改善。

💡 【案例4-7】　某新能源企业工作票执行效果改善

（一）案例背景简介

1. 实施背景

（1）在电力行业中，大部分安全事故都是因为工作票执行不到位而造成的。

（2）工作票的执行是一个极为严格的过程，在实际执行过程中存在安全措施不完善、监护不到位等现象，导致工作票执行不到位。

（3）新能源企业工作环境大都人烟稀少、环境恶劣、道路崎岖，且风电场具有自动化系统相对独立、发电设备分散、管理集约、人员经验不足等特点，在一定程度上影响工作票执行的严谨性和规范性，出现了一些偏差、误区和违章现象。

2. 实施思路

运用精益管理方法，对新能源企业工作票执行流程规范性、项目完整性、监管全面性等现状进行诊断、分析、改善，查找在工作票办理、执行、评价三方面存在的问题，结合新能源企业生产实际，采取科技手段对工作票执行效果进行优化、改善。

通过本课题实施精益改善，提高现场人员的安全意识及业务技能，使工作票执行效果得到改善，达到施工留痕、实时管控的目的，杜绝人身伤害的发生。

（二）现状诊断

1. 采用现场调研方法诊断

为了对工作票执行情况进行有针对性的改善，管理人员对某风电场进行现场实际调查，问题汇总见表4-19。

表 4-19　　　　　　　　　　　　　现 场 调 研 问 题 表

序号	存 在 问 题
1	工作票存在工作地点、双重名称等填写不够明确、规范
2	工作票中对作业危险点分析不全面、安全措施缺乏针对性
3	存在现场人数、人员名称与票面不符
4	现场工作票安全措施执行不规范、项目落实不完整
5	标示牌悬挂地点和遮拦装设地点不明确
6	现场施工存在擅自扩大工作范围，增加作业项目
7	现场擅自变更安全措施

2. 采用座谈的方式诊断

为了更进一步地了解工作票执行过程中存在的问题，与某风电场班组员工进行面对面的交流、讨论（如图4-68所示），意见汇总如下：

图 4-68　现场员工座谈

（1）工作票办理效率低。员工逐个办理工作票的过程较为烦琐，且抵达工作现场路途耗时太久，工作效果不佳。

（2）安全措施执行不到位。部分人员执行安全规章制度的自觉性有所下降，员工图省事、走捷径心理增加，未能逐条按工作票安全措施执行、实施。

（3）对已执行的工作票各级监管人员未及时做出评价。

3. 问题的汇总

针对现场调查、班组座谈，将以上存在的主要问题按照分类进行汇总、提炼，见表4-20。

表 4–20   工作票执行过程问题汇总

序号	管 理 模 块	存在问题	致类因素
1	工作票办理	工作效率低	环境因素
2		工作票票面错误多	人的因素
3	工作票执行	人数、人员与票面不符	人的因素
4		安全措施执行不到位	人的因素
5		擅自扩大工作范围	人的因素
6		擅自变更安全措施	人的因素
7	工作票评价	各级人员未及时对工作票检查评价	人的因素

（三）问题分析

1. 总体原因分析

总体原因分析如图 4–69 所示。

图 4–69　工作票执行效果总体原因分析

2. 主要问题原因与对策

对工作票执行过程中存在的主要问题进行分析，制定改善对策，见表 4-21。

表 4-21   原 因 对 策

序号	主要问题	分 析 原 因	对 策	责任人
1	工作票办理效率低	（1）风电场设备分散； （2）道路崎岖、来回路途耗时长； （3）现场设备陈旧，网络速度慢	采用移动作业平台 App 办理工作票	生技部
2	票面错误	（1）危险点分析不全面，员工安全技能不足，缺少编制安全措施资料； （2）安全措施缺乏针对性，员工对现场设备不熟悉； （3）两票填写不规范，人员的安全态度不端正，现场的典型票不完善	（1）对风机、电气、运行等各专业进行针对性培训； （2）利用"互联网+风电场安全培训教练机"开展理论培训； （3）采用移动作业平台 App 办理工作票； （4）将各种工作按照工作性质和类型不同进行分类，结合实际修订典型工作票	安监部
3	人数、人员与票面不符	负责人履行的安全职责不到位	（1）采用移动作业平台 App 对现场生产情况实时监管； （2）加强安全意识的培训，端正安全态度	安监部
4	安全措施执行不到位、不全面	（1）安全交底开展不扎实； （2）无法实时进行监督； （3）人员执行安全措施态度不端正； （4）现场设备分散，路途较远，措施设备遗漏等； （5）安全措施验收、检查不到位； （6）安全措施流于形式	（1）加强安全业务技能的培训； （2）采用移动作业平台 App 对安全措施的执行、验收逐条执行拍照、留痕； （3）使用企业安全微信群进行安全措施执行情况进行汇报，交流	安监部
5	擅自扩大工作范围	（1）人员安全意识淡薄； （2）未能实时监督； （3）人员对工作范围考虑不周，实际工作范围比票面范围大	（1）加强人员安全意识； （2）采用 App 根据现场实际工作进行安全措施编制； （3）采用视频记录仪对施工全过程进行拍摄，并抽查	安监部 检修部
6	变更安全措施	（1）人员安全意识薄弱； （2）人员安全技能不足； （3）不严格按照安规或作业规程逐条实施	（1）提升员工的安全意识，加强员工安全技能培训； （2）采用视频记录仪对施工全过程进行拍摄，并抽查	安监部 检修部

3. 改善对策

根据上述原因对策，重点梳理以下五条改善对策：

（1）加强企业安全管理，增强员工安全意识。

（2）大力提升员工业务技能，加强员工执行力。

（3）修订工作票典型库，增加现场员工安全措施资料。

（4）采用移动作业平台 App，提高工作票执行效果，做到实时监控。

（5）采用安全微信群、视频记录仪、视频等方式，进行实时监督。

（四）改善实施

1. 实施过程

（1）加强企业安全管理，增强员工安全意识。

1）安全管理者经常深入生产一线，参与安全生产管理、监督工作，对现场违章和不安全行为等现象及时纠正。

2）通过开展"安康杯"安全知识竞赛、安全活动、安全征文、安全演讲、KTY 活动等一系列安全生产宣传教育活动（如图 4-70 所示），营造生产现场的安全文化环境。

图 4-70　安全活动

3）加强现场安全文化建设，企业编制了《三实文化》《安全文化手册》《防止人身伤亡事件安全措施》等一系列安全管理素材（如图 4-71 所示），并下发了新能源公司"十条禁令"考核实施细则，提升员工的安全理念和安全意识。

图 4-71　安全文化材料

4）组织学习事故案例，让员工在具体事例当中来吸取经验教训，提高安全行为的自觉性。

（2）大力提升员工业务技能，加强员工执行力。

1）开发"互联网+风电场多媒体安全培训教练机"软件（如图 4-72 所示），采用互联网培训平台对新入场员工、安全员、外委队伍、风电检修维护等员工进行安全培训，不仅能实现培训项目的建立、在线学习、在线考试等功能，也提高学员的学习积极性。通过讨论互动、理论实操一体化、现场观摩演示，增加员工的技能储备，提高培训的趣味性、知识性，达到寓教于乐的目的，同时还能对学员的培训档案进行自动化管理，实现安全培训的精细化、规范化、常态化。

2）推行全员竞争上岗，体现个人价值，激励奋发有为，营造员工队伍争先氛围，充分调动员工的积极性与创造性，鼓励员工积极进取，埋头苦干，进一步提高员工的执行力度。

3）为每座风电场建立一个阅览室（如图4-73所示），不仅为员工营造一个学习的环境，同时也提高了员工的业务知识水平。

图4-72　安全培训教练机

图4-73　阅览室

（3）修订工作票典型库，增加现场员工安全措施资料。

开展典型工作票的讨论式互动活动，组织员工对工作票办理、执行过程中遇到的问题进行全面交流与解析，将员工提出的意见汇总、提炼后，将各种工作按照工作性质类型不同进行分类，结合实际制订典型工作票，根据典型工作票对员工进行工作票办理技能培训，让员工熟练掌握不同类型工作的工作票办理要点，同时加大对值班员的综合知识和业务技能培训，提高值班员办理工作票水平。

（4）采用移动作业平台App，提高工作票执行效果，做到实时监控。

1）根据现场的作业环境，为了更好地提高办票效果，达到实时管控的目的，公司开发了一套风电场移动作业App，借助风电场现有专网，实现风机Wifi全覆盖（如图4-74所示），让员工在工作现场进行工作票的办理，提高工作效果，避免不必要的人员、车辆和时间的

图4-74　办票效果图

浪费，降低作业成本，更降低了办票过程中不安全因素的发生。

2）采用移动作业 App，现场工作人员可以直观地对检修设备危险点进行分析（如图 4–75 所示），并在 App 典型工作票库内查找类似的检修工作，结合以往危险点的分析情况，对危险点进行更有针对性的分析。

图 4–75 现场 App 使用

3）采用移动作业 App，管理人员可远程对检修人员的安全措施落实情况进行监督、验收，并使用 App 逐条对安全措施落实情况进行拍照、留痕，如图 4–76 所示。

4）采用移动作业 App，对现场的施工人数、人员、实施过程都可以在线监控，避免了因检修任务多、交通不便，监督人员无法及时抵达现场，并且工作负责人、签发人、许可人都可在线完成流程的审批工作，并在 App 上签字确认（如图 4–77 所示），从而避免时间的浪费，有效地提高了工作执行力。

图 4–76 安全措施逐条拍照

图 4–77 在线审批流程

（5）采用安全微信群、视频记录仪等方式，进行实时监督。

1）结合当下手机微信功能的方便、实用、普遍，建立了安全信息微信群，每位生产员工将需要解决问题在"安全信息群"上进行反馈、讨论（如图 4–78 所示），也可以将每日生产工作、安全风险分析、安全措施、安全管理经验等情况以文字、语音、图片、视频等

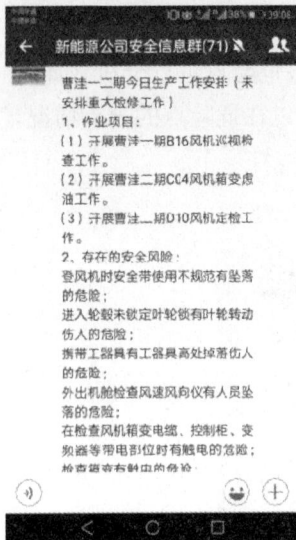

图 4-78 安全微信群

形式进行交流，同时安全管理者将查出的现场违章情况以照片、小视频的形式发到群中，方便各班组进行学习反思。运用"微信工作法"消除了新能源企业距离限制因素，强化了工作任务的实时监督、反馈和整改，全面提升了公司的执行力和工作效果。

2）企业为班组配置一台视频记录仪，生产现场施工人员随身携带视频记录仪进行全过程录制，同时安全管理者定期抽查视频，加强施工全过程的实时管控，使施工者严格按照工作票安全措施逐条落实到位，提高工作的执行力。

3）在每座变电站一次设备、二次设备室及每台风机机舱内加装摄像头，实现视频全覆盖，如图 4-79 所示。

2. 改善成果

通过精益化手段对工作票执行效果的改善，生产现场工作票办理效果、安全措施执行情况等问题得到改进，主要表现以下几个方面：

（1）经过对生产安全管理的大力推动，增加各班组的安全文化建设，组织开展别开生面的安全知识竞赛、趣味盎然的安全文艺表演以及各种各样的安全教育活动，在潜移默化中提升员工的安全观念、意识和行为，从而减少员工不安全行为的发生。

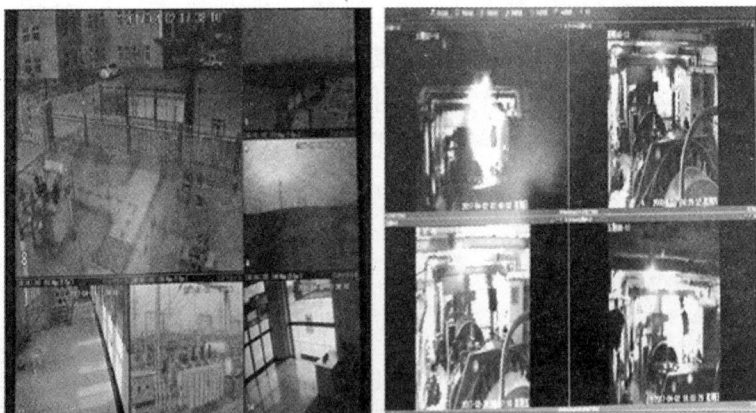

图 4-79 视频监控

（2）通过利用互联网技术开发安全技能培训系统，解决了安全培训单一、枯燥、针对性不强等问题，提升了新能源企业场站分散培训同步度，比传统培训模式合格率提高 13%，生产现场不安全行为同比降低 23 次（如图 4-80 所示），使员工的行为规范及生产技能得到提高。

（3）通过对工作票典型库不断地完善和资料的补充，根据典型工作票对值班人员进行工作票办理技能培训，提高了值班员办理工作票水平，解决了票面

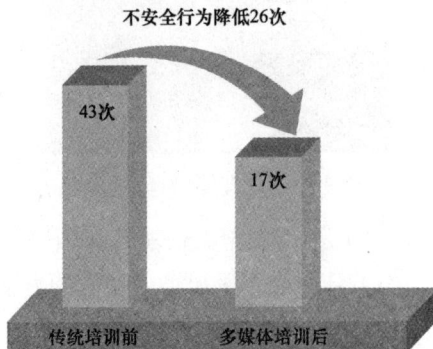

图 4-80 2016 年不安全行为次数对比图

错误频现等问题，不仅提高了办票的效果，而且保证了工作票合格率，如图 4-81 所示。

图 4-81　工作票典型库

（4）通过移动作业 App 的应用，新能源企业办票效果低的问题迎刃而解，不仅实现了检修人员现场办票，避免了人力、物力及时间的浪费，更降低了不安全情况的发生，同时对安全措施落实情况拍照留痕，达到了有据可查、实时监控的管理模式，从而提高了员工的行为举止安全程度，如图 4-82 所示。

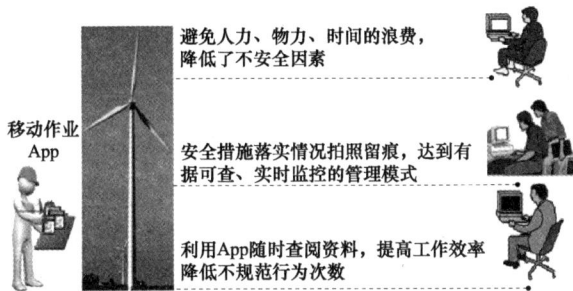

图 4-82　工作票执行效果改善

（5）通过微信群、视频记录仪的普遍应用，达到作业过程有记录，现场有视频，使员工严格按照工作流程逐条完成检修作业，并且员工利用手机微信就生产安全问题随时随地的互动，提高了工作执行力。

（五）标准化

在对工作票执行效果的改善实施过程中，进一步修订完善了以下规章制度：
（1）《十条禁令》；
（2）《安全管理标准》；
（3）《工作票和操作票管理标准》；
（4）《安全监察管理标准》；
（5）《安全生产检查工作管理标准》；
（6）《防止人身伤亡事件安全措施》；
（7）《危险点分析及预控管理标准》；
（8）《安全工作管理标准》；

（9）《危险源辨识、风险评价和风险控制管理标准》；

（10）《安全教育培训管理标准》；

（11）《安全生产工作奖惩管理标准》。

【案例思考】

针对该工作票执行效果精益管理案例实施过程存在不足，需进一步完善以下问题：

（1）建立稳定、可靠的风机 Wifi 系统全覆盖，使员工更方便、更快捷通过移动作业 App 办票。

（2）对移动作业 App 增加录音功能，使员工在执行工作票过程中对工作班成员进行安全危险点交底时，进行录音留存，实现可追溯。

<本案例由华电国际宁夏新能源发电有限公司提供>

第六节　安全培训精益改善

安全教育培训是安全生产的基本要求，是贯彻"安全第一、预防为主、综合治理"方针的具体举措，是搞好安全生产的治本之策。由于传统的安全教育培训形式呆板、单一，缺乏灵活性和生动性，大多培训形式仍局限于课堂理论教学，学员始终处于被动接受的角色，学习兴趣难以被激发，安全培训专业师资力量薄弱，难以保证培训工作的前后连贯性和内容的系统性，安全培训模式创新已迫在眉睫。

【案例4-8】　新能源企业创新安全培训模式

（一）案例背景简介

1. 实施背景

（1）某新能源公司下设 26 个风电场、2 个光伏电站，装机容量共 130 万 kW，分布在三个不同区域，南北相距大于 500km，点多面广、布局分散。

（2）发电企业绝大多数违章行为，主要原因是作业人员安全意识薄弱、安全技能不强，且大部分现场外委人员安全素质参差不齐、流动性大、参加培训积极性不高。

（3）多数新能源企业安全培训方式受时间、空间限制，存在教材及考试题库不全面、不科学，师资力量缺乏，档案记录不规范，培训方案、内容缺乏针对性，授课方式单一，培训效果不佳等问题，且无法实时掌握各场站安全培训情况。

某新能源企业高度重视安全培训模式的探索工作，通过多方面、多层面调研，成立安全培训精益课题组，探索创新安全培训模式。

2. 实施思路

安全培训精益管理的实施从以下三方面进行思考，见图 4-83。

（1）如何采取互联网+多媒体等多样化的培训方式，提高人员学习兴趣和培训的实效性。

（2）如何改进安全培训档案记录方式，实现对员工安全培训情况快速查询，提升档案管理效率。

（3）如何针对不同专业不同岗位开展专业培训，实现安全培训精准化。

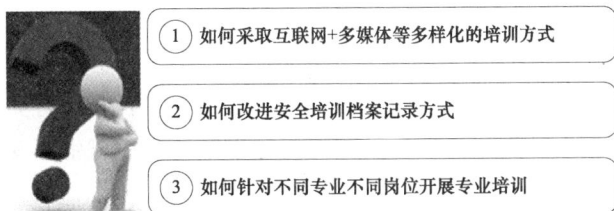

图 4-83　实施思路

（二）现状诊断

1. 现况调查

现场调查表明，95%以上的事故是由人的不安全行为造成的（如图 4-84 所示）。造成不安全行为的根本原因是作业人员安全意识不强，安全习惯不良，缺乏应有的安全基础知识和安全技能。

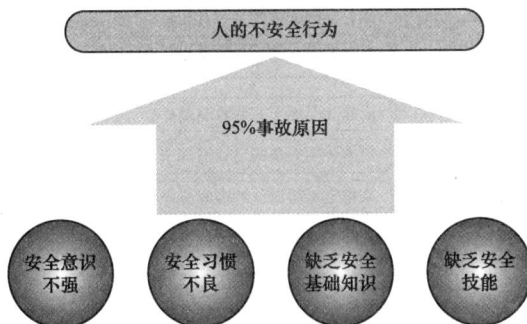

图 4-84　事故原因

2. 案例诊断

通过采用案例分析法对典型事故案例进行诊断分析（见表 4-22），发现普遍存在员工安全意识薄弱、安全技能欠缺、培训不到位等问题。

表 4-22　　　　　　　　　　　事故案例分析统计

序号	事　故　简　述	原　因　分　析
1	某风电场工程工地，施工人员在施工过程中行走在 2～3 层外挂楼梯时，不慎从楼梯无防护一侧坠落至地面死亡，坠落高度约 7m	（1）安全教育、培训不足致使施工人员安全意识淡薄； （2）事前未能意识到危险，未采取防范措施
2	施工作业人员董某在钢结构施工现场 B 区顶面钢结构上进行作业面清理工作。董某在前、王某在后抬配电箱沿着顶面钢结构上行走，行走中配电箱碰到钢结构上放置的吊篮架，配电箱发生侧翻坠落，同时将在前面行走的董某带下，坠落高度 50m，经抢救无效死亡	（1）施工人员安全培训不到位； （2）现场人员缺乏高处作业和安全防护的基本常识，对作业中的安全风险视而不见

续表

序号	事　故　简　述	原　因　分　析
3	某厂安排维修工朱某、王某、刘某维修石灰上料铲车铲斗，在焊接翻斗连杆销孔固定板对焊过程中固定板意外脱落，刘某躲避不及砸在其左脚上造成左脚骨折的安全事故	员工安全意识不强，在作业过程中对存在的安全隐患认识不足

上述案例表明，施工作业人员安全意识淡薄，违章作业，极易导致事故发生，提高作业人员的安全技能和安全意识，可以有效减少现场违章，避免发生不安全事件。

3. 采用访谈方式诊断

经过与不同的培训对象交流，诊断出常规安全培训存在的问题：

（1）授课人照本宣科，枯燥、乏味，听课人听不懂、记不住。

（2）外包工程作业人员文化水平参差不齐，对安全培训不感兴趣。

（3）安全档案数量多、易混淆，不便于整理查询。

4. 原因分析

通过思维导图诊断安全培训存在的问题，如图 4-85 所示。

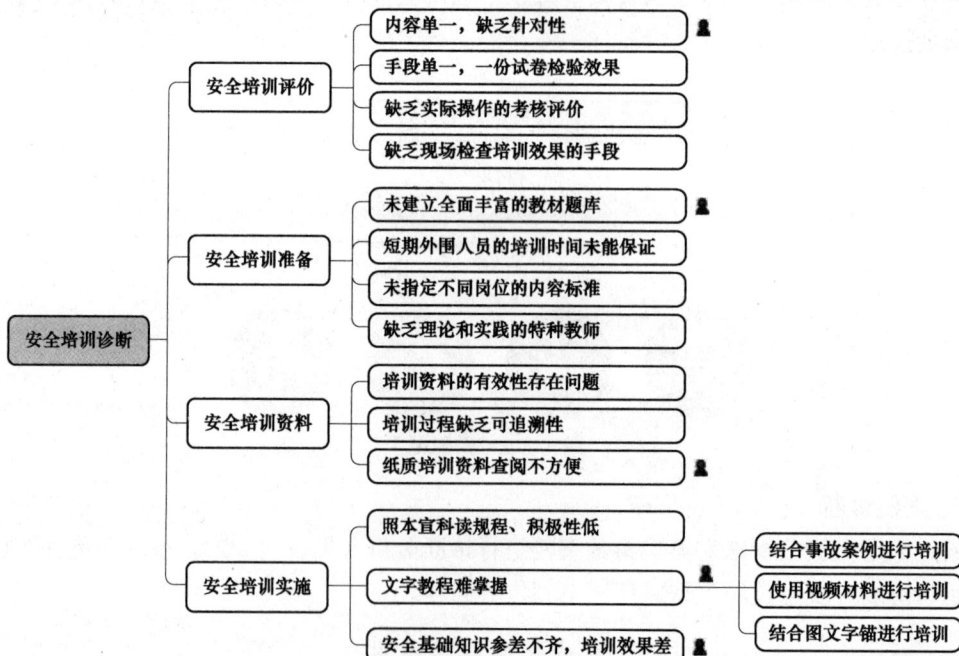

图 4-85　安全培训诊断

通过现况调查、头脑风暴等方式的诊断，梳理出安全培训存在以下需要解决的问题：

（1）安全培训内容单一、针对性不强。

（2）培训教材及考试题库不全面、不科学，培训照本宣科，缺乏吸引力。

（3）培训资料查阅不方便，档案记录不规范。

（4）文字教程难掌握。

（5）安全知识参差不齐，安全培训效果差。

（三）问题分析及改善对策

（1）针对上述安全培训存在的问题，利用思维导图分析原因，如图4-86所示。

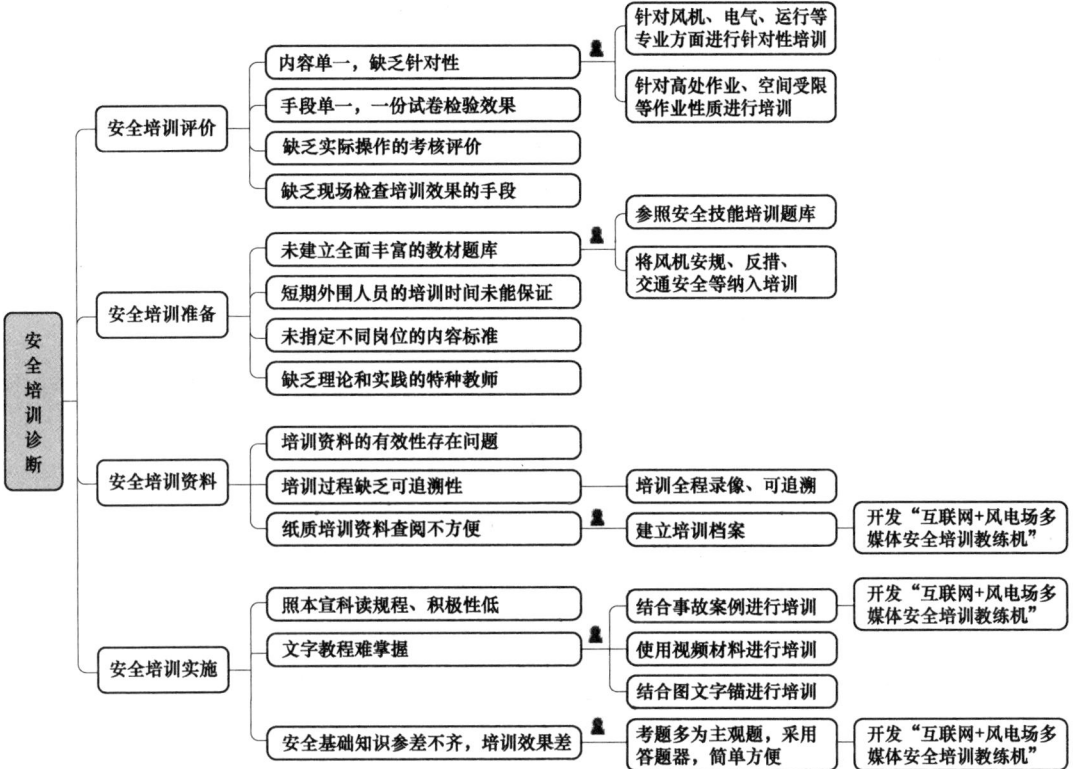

图4-86 安全培训原因分析

（2）针对以上重点问题汇总，运用精益思维制订思路及改善对策方案，见表4-23。

表4-23 改善对策实施计划表

序号	关 键 要 因	改善实施对策	责任部门
1	未建立全面丰富的教材题库	收集风电安全规程、反事故措施、集团公司安全管理规定等材料，按电气、机械、高处、吊装、安全规程、反事故措施、交通、"十条禁令"等十大模块编制安全培训教材及试题库	安监部
2	培训内容针对性不强、培训形式单一	（1）按电气、机械、高处、吊装、安全规程、反事故措施、交通、"十条禁令"十大模块内容，制作多媒体培训课件；	安监部
3	文字教学难掌握	（2）采用多媒体培训、网络培训、手机App等形式培训	安监部
4	纸质培训资料查阅不方便	采用电子信息自动采集建立培训档案	安监部
5	安全培训效果差	互联网+多媒体应用，实现动漫仿真、人机交互在线培训	安监部

（四）改善实施

1. 过程说明

改善实施过程如图4-87所示。

第一步：收集、拍摄、制作安全培训教材。

收集完善安全培训教材，借鉴某公司安全技能认证考试系统题库，收集了电力设备典型消防规程、安全生产法等教材，形成了较为丰富的安全培训教材库，如图4-88所示。

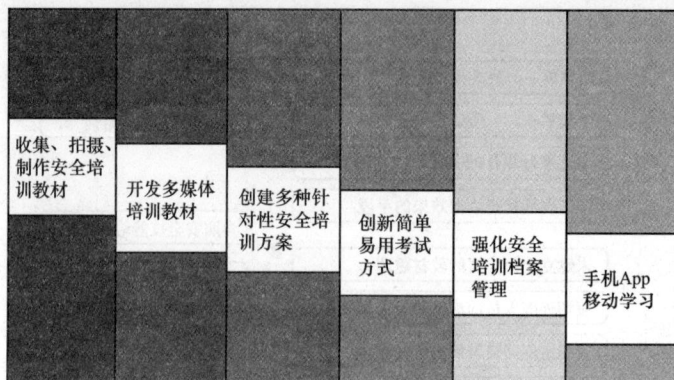

图4-87　改善实施过程

图4-88　安全培训教材库

第二步：开发多媒体培训教材。

自主研发风电安全多媒体培训平台（如图4-89所示），充分调动员工的学习进取心，让员工参与拍摄制作倒闸操作、检修作业等微电影58集、通用安全知识110集、考试题库15 000题，多媒体课件总时长21 000min，涵盖电气、机械、高处、吊装、安全规程、反事故措施、交通、十条禁令等十大专业内容。

图4-89　培训内容多媒体化

第三步：创建多种针对性安全培训方案。

根据入场新员工、作业员、安全员、班组长、外委队伍、风机检修维护人员、电气操作人员、其他安全管理人员等制定了八大类专项培训课程，针对不同岗位，开展专题培训，如图4-90所示。

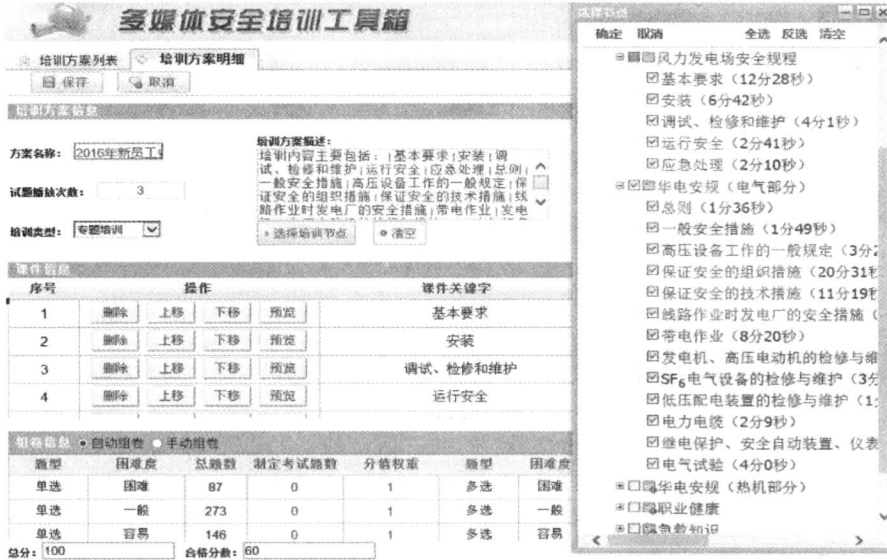

图4-90　培训方案示例

第四步：创新简单、易用的考试方式。

（1）多媒体安全培训工具箱用于所有生产、基建及外委人员安全培训，工具箱以触屏主机为主体，内置多媒体培训、考试系统及相应的安全培训课程，并附带身份识别、无线答题器等工具，可根据需求随时随地进行培训，如图4-91所示。

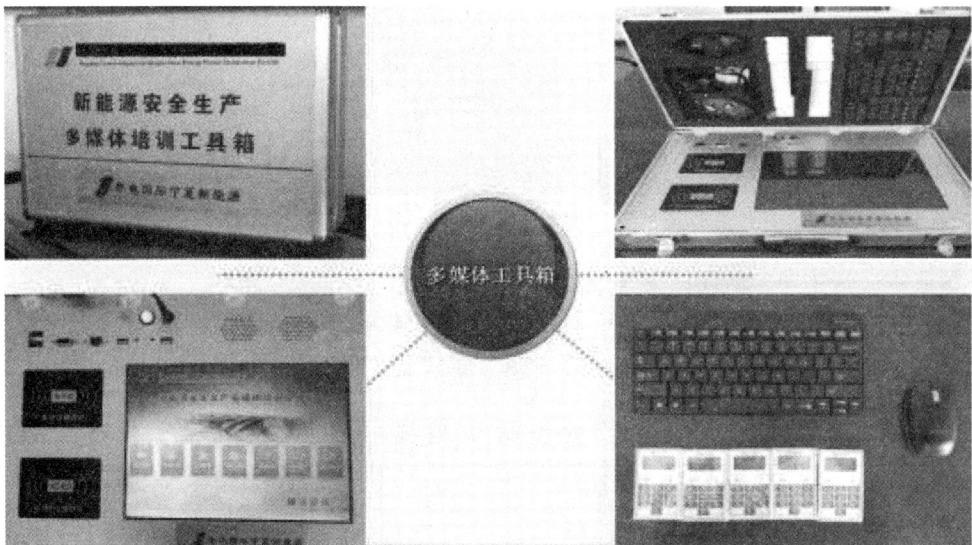

图4-91　多媒体培训机

（2）培训时管理员选择相应的培训方案，学员通过身份证、员工卡或指纹在工具箱上上传身份信息，工具箱会自动为其建立培训档案并生成二维码，信息上传成功后系统将放映多媒体培训课件，如图4-92所示。

图4-92　应急演练案例

（3）培训完毕后，学员通过无线答题器在屏幕上进行考试，然后系统将自动判分并在投影屏幕上显示，培训档案随即更新，并同步到云平台实现共享，如图4-93所示。

图4-93　培训考试

第五步：强化安全培训档案管理。

建立安全培训的大数据，实现一人一档，让安全培训数据一体化，并利用互联网+多媒体安全培训模式解决安全培训不规范等问题，满足本企业安全培训要求，见表4-24。

表4-24　　　　　　　　　　　安　全　培　训　档　案

参与项目数	培训人次	完成人次	合格人次	完成率	合格率	年度人均学时	操作
12	818	755	689	92.42%	91.14%	9.6	导出　预警
10	521	455	423	87.52%	92.76%	11.5	导出　预警

续表

参与项目数	培训人次	完成人次	合格人次	完成率	合格率	年度人均学时	操作
11	1253	562	840	68.79%	97.45%	7.6	导出 预警
9	214	199	182	92.99%	91.56%	8.5	导出 预警
10	211	200	136	94.79%	68.00%	7.6	导出 预警
11	265	155	153	58.87%	98.08%	6.6	导出 预警
13	321	321	311	100.00%	96.88%	11.5	导出 预警
14	59	59	59	100.00%	100.00%	7.6	导出 预警
14	156	149	139	95.51%	93.29%	13.4	导出 预警
8	120	120	120	100.00%	100.00%	15.3	导出 预警

第六步：手机 App 移动学习。

该系统利用人与"机"不离身的特点，将培训功能植入手机，实现"掌上"学习、练习，随时查看职工培训情况，作为多媒体安全培训平台的补充学习方式，手机 App 目前有两个应用。

（1）安规随身练：员工通过答题和错题重做来进行安规学习，每月系统自动对答题量、正确率进行统计排名，如图 4-94 所示。

图 4-94　手机 App 随身练

（2）隐患随手拍：通过手机拍摄现场隐患，上传至云平台，相关人员认领整改，隐患图片经过筛选形成培训课件。现场隐患整改前后对比如图 4-95 所示。

2. 实践效果

（1）一次性培训合格率大幅提高。采用互联网+风电场多媒体安全培训教练机，形成了一套行之有效的安全培训模式。2016 年，公司共组织开展了多个风电场共计 2352 人次的培训，一次性培训合格率平均值高达 94.93%，比传统培训模式提高 13 个百分点，现场违章行为次数明显降低，员工行为规范得到提升，如图 4-96 所示。

图 4-95　现场隐患整改前后对比

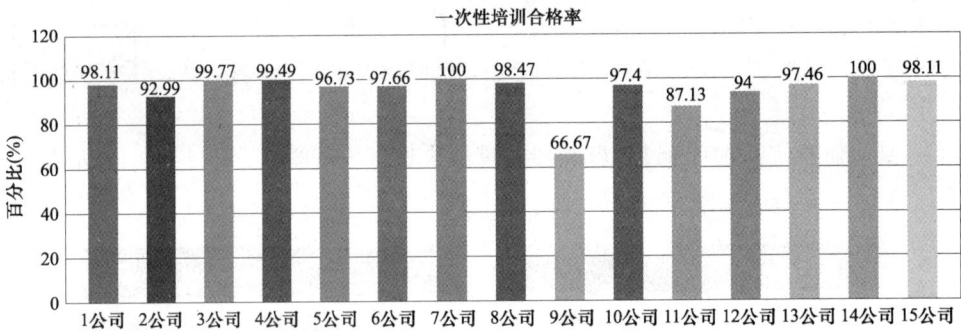

图 4-96　传统培训模式培训效果

（2）多样化的教学，提高安全培训实效性。采用多媒体安全培训工具箱、安全培训云平台、移动客户端构成"三合一"移动式多媒体培训系统（见图 4-97），该系统本着技术上革新、内容上更新、手段上创新的"三新"设计理念进行系统设计，提高安全培训实效性。

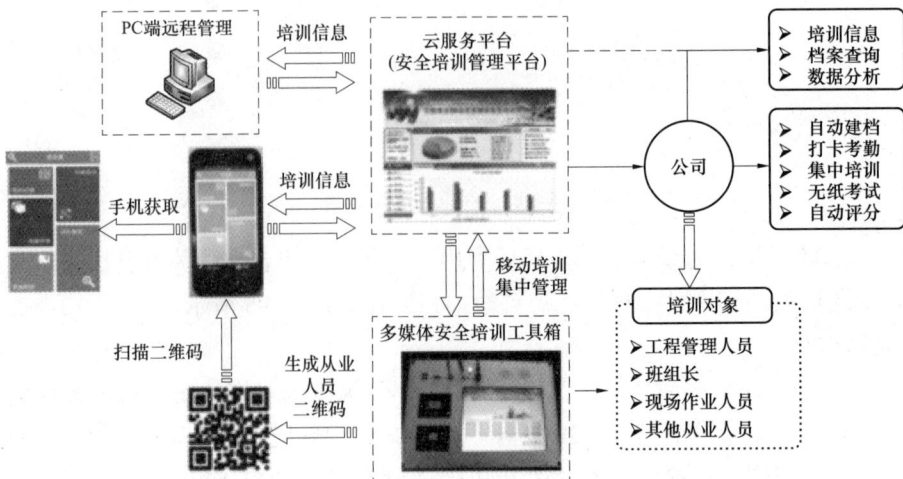

图 4-97　多媒体培训系统

（3）采用多媒体教学，调动员工学习积极性。多媒体的教学采用了文字、图形、图像、动画、视频、音频一体化界面，加大了员工的感官刺激，使教学变得形象化、立体化和生动化，从而提高了员工的学习兴趣。通过优秀的课件教学，把枯燥的安全培训内容与多媒体培训平台有机结合，有利于员工对所学知识的理解和接受，切实调动了员工学习的积极性，灵活发挥其学习潜能，强化培训效果。

（4）培训内容丰富、针对性强。该培训系统包括法律法规、管理、技能、特种作业、事故案例等知识体系，涵盖电气、机械、高处、吊装、安全规程、反事故措施、交通、十条禁令等十大专业内容。企业可根据岗位特性，实现对员工安全培训需求"对症下药"。2016年某新能源公司针对新入场员工、安全员、外委队伍、风电检修维护人员等专业开展专题培训班10期，全面提高员工安全技能和素质。

（5）采用电子信息自动采集，培训档案更加规范。通过刷身份证、录指纹、电子签名采集学员信息，进行考勤。使用无线答题器考试，自动生成成绩，记录备案。完成了"自动化考勤建档→集中培训→无纸化考试→形成培训档案"的培训流程，实现了信息化管理。

（五）标准化

在对新能源企业安全培训模式改善实施过程中，进一步修订完善了以下规章制度：
（1）《安全教育培训标准》；
（2）《安全管理标准》；
（3）《安全监察管理标准》；
（4）《安全生产工作奖惩管理标准》；
（5）《安全生产检查工作管理标准》。

【案例思考】

针对新能源企业安全培训精益管理案例实施过程中存在的一些问题，需进一步完善以下问题：

（1）完善培训效果检验手段。建立实践操作培训基地，配置安全帽、安全带、简易脚手架、一般电气设备等，供员工进行实际操作练习。理论培训合格后，技能培训教师对员工进行实践操作技能培训。员工在仿真工作环境中体验实际感受，及时发现新问题并解决，是针对线上培训查找、解决问题的过程，大大提升了安全培训效果，避免"网上练兵"造成动手能力差的结果。

（2）完善准入证自动打印功能。对该培训系统进行升级优化，增加培训合格人员自动打印准入证，当场颁发。利用身份证刷卡采集信息系统，对培训合格人员自动生成准入证。

（3）完善基建施工培训课件。培训系统增加新建风电场、光伏电站等施工安全培训课件，完善培训内容。

<本案例由华电国际宁夏新能源发电有限公司提供>

【案例4-9】 利用闲置资源打造安全技能实训基地管理实践

（一）案例背景简介

1. 实施背景

（1）企业的安全生产，离不开高素质的安全专业技术人才。随着企业进一步发展，对现场作业人员提出了更高的要求，因此，电厂需要搭建一个专业技能培训基地。

（2）某水电厂的生产一线职工 45 人，其中 30 岁及以下员工 31 人，占生产一线职工的 69%，是生产工作的主力军。然而，年轻员工缺乏实践经验，参与设备操作、修试、技改等实战培训机会少，从而安全技能水平得不到快速的系统性提升。

2. 实施思路

（1）运用精益管理手段。通过使用精益管理工具，对企业生产中实操培训现状进行诊断、分析，寻求有效的安全培训途径。

（2）以搭建实操培训基地为切入点，根据现有闲置资源的实际情况，综合考虑安全、经济、环保、实效等因素，发挥电厂闲置设备设施的作用。

（3）通过提升运行维护人员实操水平，杜绝误操作事件发生。

（二）现状诊断

（1）企业闲置资源调查摸底。该水电厂现有 110kV 和 35kV 电压等级的变电、供电、保护、监控等闲置设备设施，仍具备完整的功能，具有可利用价值。设备清单见表 4-25。

表 4-25 闲置资源调查表

序号	设备名称及型号	数量/单位
1	SF10-16000/110kV 变压器	1 台
2	SF$_6$ 断路器 LW25-126/2500-31.5	1 台
3	110kV 隔离开关 GW4-11 II DW/1250	2 组
4	中性点隔离开关 GW8-35W/400	1 台
5	110kV 氧化锌避雷器 Y10W-100/260W	6 台
6	中性点氧化锌避雷器 Y1.5W-60/144W	1 台
7	110kV 电压互感器 JDCF-110GYW	3 台
8	110kV 电流互感器 LB6-110W2	3 台
9	励磁系统盘柜	3 块
10	线路保护盘柜	1 块
11	变压器保护盘柜	1 块
12	机组保护盘柜	1 块
13	监控系统盘柜	1 台

（2）当前实操培训开展情况，如图 4-98 所示。

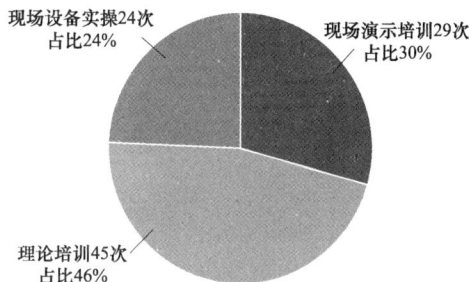

图 4-98　全年人员培训统计

从图 4-98 可知：班组全年安全技术培训 98 次，实操培训 24 次，大多是利用设备检修的机会开展培训，实操培训少，方式单一。

（三）问题分析

1. 问题分析及改善对策

利用头脑风暴法进行原因分析，如图 4-99 所示。

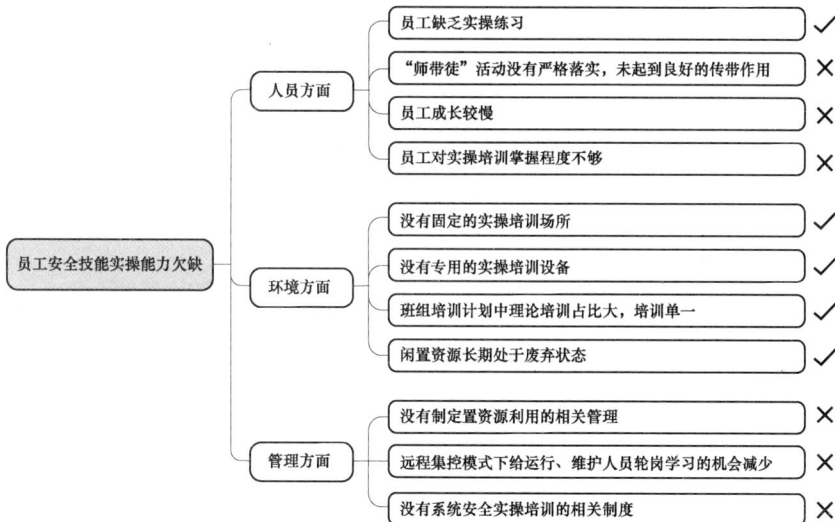

图 4-99　员工安全技能实操能力欠缺原因分析

注：√为要因；×为非要因。

根据要因制订要因分析及对策实施计划表，见表 4-26。

表 4-26　　　　　　　　　　　　　要因分析及对策实施表

序号	要　因	原　因　分　析	对　策
1	员工缺乏实操练习	除机组检修外，没有系统的实训机会	根据生产需求，设置具体的培训内容
2	没有固定的实操培训场所	闲置土地资源没有得到很好的利用	将闲置的土地资源修缮利用起来
3	没有专用的实操培训设备	闲置设备资源没有得到很好的利用	将闲置的设备资源合理利用起来

序号	要　因	原因分析	对　策
4	闲置资源长期处于废弃状态	没有合适的用处	将闲置资源合理的利用起来
5	班组培训计划中理论培训占比大，培训单一	没有安全技能实训平台，只能与理论培训为主	利用企业现有闲置资源，建立实训培训基地

2. 改善目标

（1）提升安全技能培训次数、增加培训内容。

（2）丰富培训方式。

（3）提高员工的实操技能。

（四）改善实施

1. 改善实施过程

（1）成立组织机构，落实闲置资源转化相关工作，见图4-100。

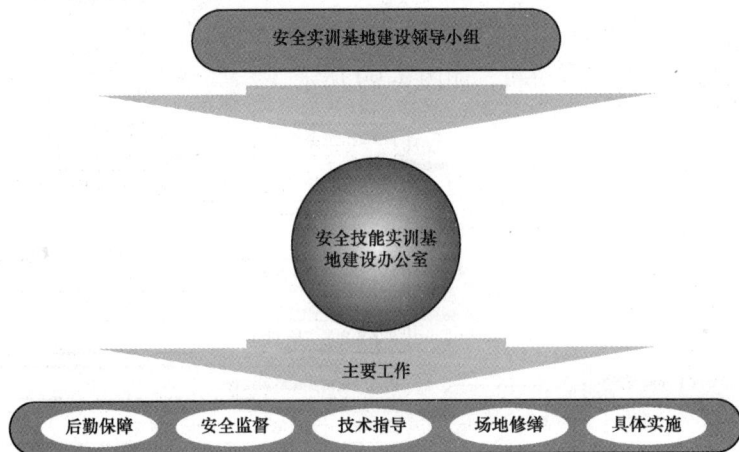

图4-100　该水电厂安全技能实训基地建设组织机构

（2）编写实训基地改造方案，有序推进各项工作，保证基地建设的科学性、实用性。

（3）制订员工培训计划，安全技能培训基地管理办法，师资资格管理办法，建立员工安全培训档案。

（4）培训设施标准化。设施改造前后对比见图4-101。

改造前　　　　　　　　　　　　　　　　改造后

图4-101　设施改造前后对比

（5）培训内容规范化。根据制订的员工培训计划对员工进行电气一二次设备试验、校验、检修及运行操作等专业的安全技能培训，如图4-102和图4-103所示。

图4-102　现场讲解接地线作用并实际装设一组接地线

图4-103　员工实操验电

2. 改善效果

（1）实操培训次数、比例增加。

按季度统计安全培训情况，如图4-104所示。

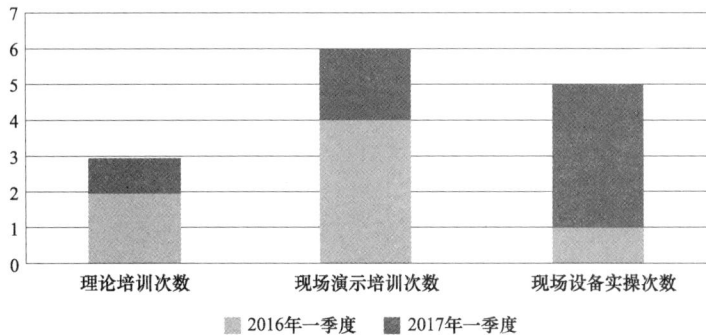

图4-104　统计季度安全培训情况

（2）人员技能水平提升。为公司安全技能大赛提供优质平台，选拔优秀安全技能人才，助推企业发展的孵化器，开展的公司技能大赛如图 4-105 所示。

（3）培养专业技能型人才。企业重大技改工作无漏操作、误操作；员工在省技能大赛中获得第一名、第四名的优秀成绩；班组在 2016 年度获得全国电力行协"质量信得过班组"称号。

图 4-105　公司安全技能实操现场

（五）标准化

（1）《安全实训基地管理制度》；

（2）《安全技能实训基地员工培训方案及考核办法》。

【案例思考】

安全实操技能培训基地的建立，为企业员工提供了很好的实训平台。不足之处在于考核奖惩制度不善，未形成良好的闭环管理。后期企业将建立师生互评制度，落实安全技能实训基地培训闭环管理，进一步提高安全实训质量。

<本案例由贵州北盘江电力股份有限公司光照发电厂提供>

运 行 篇

水电与新能源发电企业精益管理实践

引　言

　　对于水电与新能源发电企业来说，运行管理工作是极为重要的环节，有着重要的地位：一方面它关系到人的管理，又关系到设备的管理；另一方面，它既影响现场设备的运转，又影响外部市场的开拓。运行工作的性质和挖掘企业内部潜力的要求，使水电与新能源发电企业迫切需要一种更有效的管理手段来强化各项运行工作，在全面推行"7S"管理完成第二阶段任务目标的基础上，转入管理提升阶段；针对生产存量资产的运行，导入精益管理理念；运用各种精益管理工具，倡导"消除浪费、创造价值、持续改善、精益求精"的精益理念，实现创造价值、降低成本的目标，不断增强水电与新能源发电企业的相对竞争力。

　　运行管理工作是水电与新能源发电企业的基础管理工作，通过引入精益管理理念，完善各项管理制度，规范人员行为，优化设备运行方式，使水电与新能源发电企业的运行管理工作更加科学、合理、规范，从而实现水电与新能源发电企业运行工作的全方位提升，切实保障安全、经济运行，实现企业效益最大化。

　　本篇主要介绍了水电与新能源企业运行管理的工作性质和主要任务，并结合运行管理工作的特点提出运行管理工作的要求，引出运行管理的价值定位，实现发电企业运行管理标准化、科学化、现代化目标。

第一章

水电与新能源发电企业运行精益管理概述

第一节　水电与新能源发电企业
运行管理现状及发展趋势

一、水电与新能源发电企业运行管理现状

随着水利工程技术的突飞猛进，我国的水电建设也得到空前发展，大中型水电站不断建成投产，水电发展规模持续扩大。在运行管理模式上，新的水电企业开发一般以流域整体规划开发来进行，投运后基本上采用集控运行管理模式。早期投运的水电企业则基本上沿用以前的运行管理模式，该模式下值班人员多，机构臃肿，管理成本较高，不适应现代管理的要求。此外，与水电行业迅猛发展的势头相比，当前的运行管理中还存在人员流动快、技术力量下降、管理模式落后、制度建设不够完善等情况，影响运行管理工作的高效开展。

我国新能源开发在 20 世纪八九十年代呈现缓慢发展的态势，受限于当时的技术手段，基本是小型的风、光电站。在这种形势下，形成了"运维合一、一岗多责、一专多能"的新能源发电运行管理模式，这在当时的条件下，对新能源场站的安全高效运营起到了积极作用。进入 21 世纪后，随着技术的进步，新能源场站的经济性越来越高，特别是近 10 年，新能源的发展呈现了"井喷"式的增长，新能源场站的装机容量也越来越高，单位机组的发电能力越来越大，许多新能源发电企业也由过去的小容量风、光场站发展成为大型，甚至特大型风、光电场。

新能源行业作为一个新兴行业，大多数风、光场站在成立之初，制度建设参考了火电厂进行设置。不可否认的是，发电行业在许多方面存在共性，但伴随着新能源的大发展，更需要根据新能源自身的特点，建立适合自身的制度体系，用以保证安全，减少人力、物力的浪费。

二、水电与新能源发电企业运行管理发展趋势

水、风、光资源富集的区域总是有限的，为了尽可能多地利用这些可再生资源，当前水电与新能源场站会根据当地资源情况倾向于分布得更加分散。传统小型风、光电站实行的"小而全"的运行管理模式及水电站分散式管理必然造成较多的人力、物力浪费，

场站之间距离遥远也会给区域公司带来生产管控能力降低的困扰，突出表现在信息的传递效率上，水电与新能源场站分布广、人数少的现状要求在信息传递上更准确、更有效率。随着设备自动化可靠性水平不断提高、监控系统日臻成熟、通信技术日益发达，在分散场站的基础上，通过信息技术开展运行的集中监控、集中调度，减少现场值守人员的数量，增强生产管控能力，是当下和将来水电与新能源发电企业运行发展的必由之路。

第二节　水电与新能源发电企业
运行管理内容及精益分析

一、水电与新能源发电企业运行管理内容

水电与新能源发电企业运行管理，是指在电力生产过程中，为了按调度的要求和计划向电网提供质量合格的电能，并对全厂生产系统进行有效的控制、监督，积极预防故障发生所进行的基础管理工作，是企业管理工作的重要组成部分，承担着发电生产全周期、全过程的管理职能。

水电与新能源发电企业需要根据自身实际，建立科学、合理、规范的管理体系。制度建设是开展运行管理的基础，好的运行管理制度将保证运行指标管理、运行模式管理、运行作业管理、经济运行管理、运行培训管理的有效开展，为安全运行和经济运行奠定基础。

二、水电与新能源发电企业运行精益分析

开展精益管理工作是企业不断降低成本、提高效益的过程，通过分析人、财、物等成本因素，采取降低成本的措施，不断消除浪费、提高效益。

通过全面梳理运行工作，分析运行工作中各成本投入及效益产出环节，将成本投入分为管理成本和生产成本两类，将效益产出分为发电和非营业务收入两类，全面反映运行工作涉及的成本收益因素，以利于系统开展降本增效的精益管理工作。具体分析见图1-1。

（一）管理成本因素分析

运行工作成本因素分为管理成本和生产成本两类。为了完成安全生产的工作任务，需要进行人员组织、人员配置、人员培训、工作职责分工、工作制度及工作流程制订等工作，完成这些工作也带来了相应的成本投入，因此分析管理工作的成本因素是一项重要的精益管理工作。

水电与新能源运行精益管理分析

- 精 — 成本投入
  - 管理成本
    - 运行管理模式
    - 人员成本
      - 人员管理
      - 人员培训
    - 流程成本
      - "两票三制"管理
      - 缺陷管理
      - 值班管理
      - 台账报表
      - 其他
  - 生产成本
    - 厂用电
    - 新能源生产成本
      - 风、光资源利用
        - 汽轮机启停
        - 功率对比
        - 逆变器支路参数
        - 散热器投退
    - 水电生产成本
      - 水耗
      - 库容管理
      - 消耗性材料
- 益 — 效益产出
  - 发电
  - 非营业务收入
    - 电力交易置换收入
    - 新能源自建线路补贴
    - 水电船闸收入

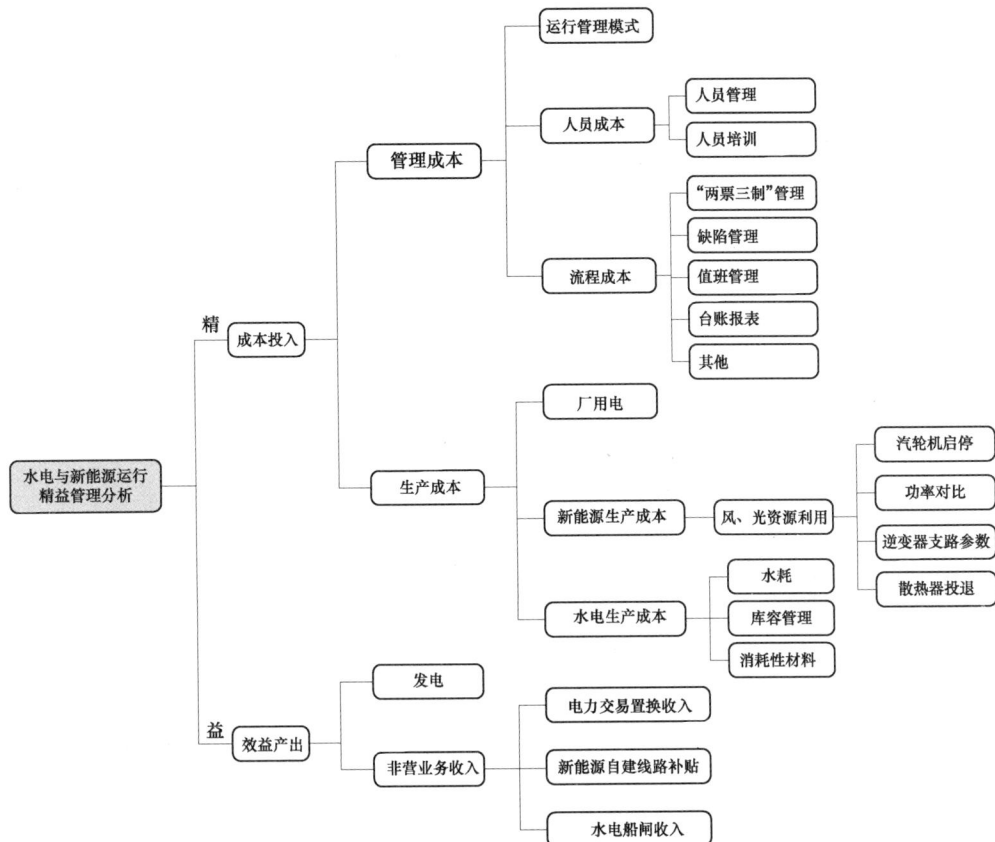

图 1–1　水电与新能源发电企业运行精益管理收支分析

（二）运行管理模式

目前水电与新能源行业存在各种不同的管理模式，如运检一体、运检分开（单场）、区域远程集控（可二级调度和不可二级调度）等。在不断提高发电装机规模的情况下，水电与新能源发电企业实行了远程集控的运行管理模式。以信息化平台建设为载体，提高水电与新能源管理运维水平，降低系统及设备故障率，进一步优化配置现有资源，降低生产成本，实现了区域人力、物力资源共享。作为一种新的运行管理模式，在人员分工、岗位职责、工作流程方面有许多创新，也有很多需要改善的地方，需要与精益管理工作相结合，以价值思维的理念做出改善和提高。

（1）降低人员成本。提高员工素质、合理进行岗位分工、制订工作制度等是提高人员工作效率、提高工作质量、降低人员成本的主要工作抓手，是做好精益管理的基础。

（2）优化工作流程。运行工作的职责是做好设备监控、操作、特殊情况处理及巡视检查和发现设备缺陷。为了安全高效地完成这些工作，形成了一些工作流程和制度。具体工作流程有"两票三制"工作，规定了保护安全的工作票及操作票制度、保护设备稳定运行的设备轮换制和巡回检查（简称巡检）制，以及保证值班工作不出漏洞的交接班制。缺陷管理制度保证了运行设备的缺陷能够得到及时处理。值班管理工作包括运行监控、工作记录、运行分析、经济运行等工作。台账报表工作关系到各项生产管理工作所需数据的准确性和及时性，其工作量也较大。其他工作包括工器具管理、保护投退管理、汇报管理等工作。

仔细分析这些工作流程，根据水电与新能源工作的特点，找出管理工作的浪费，采取措施，提高工作效率。

（三）生产成本因素分析

1. 降低厂用电率

水电与新能源发电企业厂用电主要用于设备保温、工作场所照明、温度调节、设备散热等，控制措施相对简单。采取的措施主要是适时投退保温及空调、散热设备；注意耗电量较高的设备，如逆变器、静止无功发生器（SVG）的运行方式和风机待机损耗等问题。

2. 新能源发电企业提高风、光资源利用率

提高风、光资源利用率是有效降低生产成本的措施，也是经济运行工作的主要内容。可采取的措施有：在限电情况下轮机启停，保证冬季时风机能够及时并网发电；对比风机功率曲线，及时发现风机缺陷；对比光伏逆变器的汇流箱分支电流，及时发现光伏板缺陷；巡视检查光伏板的污秽情况，保证光伏板的发电效率；及时进行风机的保温及散热装置的投退工作，保证风机及时并网发电及发电效率。

3. 水电企业提高水资源利用率，降低水耗，进行库容管理，降低消耗性材料的使用

发电耗水率影响水电企业营运成本。在来水量一定的情况下，企业为提高经济效益，应尽量降低发电耗水率（即每发 $1kW \cdot h$ 电所需消耗的水量），达到降低单位发电量成本的目的。

水电库容管理是水电企业特有的管理内容，主要是针对库容水量、水位的管理，涉及水电出力趋势、水压、泄洪等管理内容。

水电消耗性材料主要是水电企业在日常运行、维护和修理过程中耗用的材料、备品备件、低值易耗品等。

（四）效益因素分析

1. 售电收入

售电收入是新能源行业的主要收入，即便在同样的售电量情况下，影响售电收入的内容很多，如是否具备二级调度权限，不同项目的电价不同，不同项目的电力输电线路补贴不同，电力交易电量和让价额度不同等。针对这种情况，运行部门需要根据营销部门提供的不同优先级优化运行模式，实现收入最大化。

2. 非营业务收入

非营业务收入主要指新能源发电企业自建电力线路收入、碳减排机制收入、水电与新能源交易电量置换收入、水电船闸运行收入等。这部分收入受国家政策和水路运输市场行情影响较大。

水电与新能源发电企业可以根据思维导图分项分析自身的成本与收益构成，并开展精益内容的分析，以找到开展运行精益管理的方向。

第三节　水电与新能源发电企业
运行精益管理指导思想与方法

在中国华电集团公司（简称"集团公司"）全面推行精益管理工作的背景下，水电与新能源发电企业运行精益管理应始终坚持"以最小的资源投入创造最大的价值"为目标，始终坚持"消除浪费、创造价值、持续改善、精益求精"的指导思想，始终坚持"诊断、分析、改善、标准化"的精益管理实践方法，从水电与新能源发展的大局着眼，从工作的细节着手，多方配合、多措并举，不断进行优化改善。

具体到运行管理工作，应坚持从"精"和"益"两方面开展精益管理的思考与实践，最终形成以"精益思想"为核心的管理体系。所谓"精"，即控制成本，指少投入、少消耗资源、少花费时间；所谓"益"，即提升效益，指多产出价值，不断追求更好，对于水电与新能源发电企业来说，就是多发电量，尽可能多地利用可再生能源，从设备管理、运行监控、调度运行等方面增发电量，从整体上提高企业效益。

具体到管理实践，应按以下五个步骤进行：

（1）明确方向。以问题为导向，运用精益管理的思路，寻找运行精益管理的切入点，识别运行管理工作的资源输入及价值输出，查找全过程的浪费点。列出运行管理投入的所有要素，寻找各要素管理过程中的浪费点及扩大价值产出的方法。

（2）选择课题。根据运行管理的特点，结合梳理出的运行精益管理要素，精准选择精益课题。着重从人力成本、管理成本的角度来确定降低成本的实践课题，从增发电量、提高机组运行效率等方面来确定增加经济效益的实践课题。

（3）实施改善。明确方向，选定课题后，应有序推进精益改善工作。确定改善工作小组，制订改善实施方案，按计划开展精益课题改善。通过精益管理思想及方法，将各领域工作有效结合。

（4）固化成果。精益管理的目的是降低成本、增加产出，因此精益课题完成后，应组织召开课题总结会，总结课题成果，并将其有效应用在运行管理工作中，以达到课题效益的最大化。同时，根据课题成果，对管理制度、规程预案、技术规范等内容进行修订，并做好宣贯，形成统一的工作标准。

（5）持续改善。精益管理追求的是一种持续改进的动态过程，是发现问题、分析原因、实施改善的不断循环过程，要运用PDCA方法做到每一个人、每一个环节、每一个流程连续不断的改进。精益管理是一种工作态度，追求的是精益求精的理想目标和"没有最好，只有更好"的改善境界。精益管理实践无法一蹴而就，获得最大效果，只能通过优化—实践—再优化—再实践的不断重复将运行管理价值输出最大化。

第四节　水电与新能源发电企业
运行精益管理实践内容

　　水电与新能源发电企业运行精益管理实践，就是在结合水电与新能源特点的运行管理体系中全面践行精益管理思想，从运行模式管理、运行制度管理、运行培训管理、运行作业管理、运行指标管理和经济运行管理方面，运用精益管理工具对其进行分析，制订改善措施，结合技术手段、经济手段、管理手段、组织手段予以实施，对运行管理全过程进行持续优化，内部减少浪费、节约各种成本，外部加强协调、努力拓展电量市场、提高电价水平，落实集团公司提出的"进一步强化企业管理，促进提质增效，不断提升企业效益水平"的指示，通过构建运行精益管理实践体系，达到安全运行、经济运行的管理目标，实现公司利益最大化，持续增强水电与新能源发电企业的相对竞争力，见图1-2。

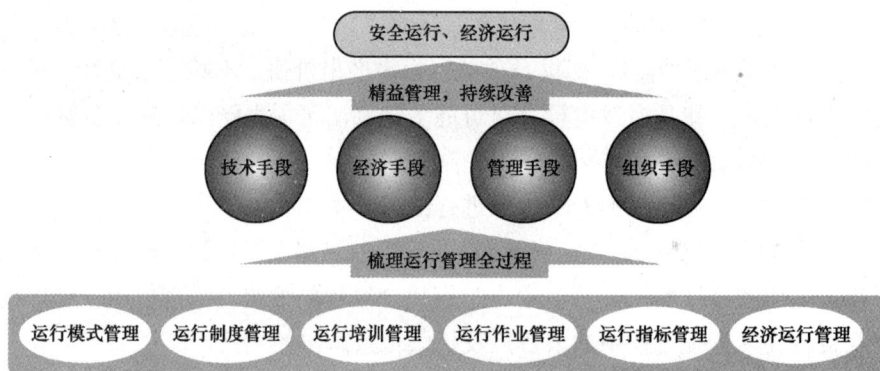

图1-2　水电与新能源发电企业运行精益管理实践的主要方面

　　在水电与新能源发电企业中，运行模式管理是指根据所属项目的规模、地域或流域分布情况、调度管理模式情况，采用就地运行、区域或流域远程集中运行方式开展运行管理工作的模式。运行模式管理是一种综合管理体系，不同的运行管理模式决定了企业内部的部门设置、工作流程、职责划分、财务管理模式、与调度对接模式、人员成本和基建投资构成，会同时影响"精"和"益"的构成；运行制度管理是指结合水电与新能源发电企业生产实际，对运行管理制度进行梳理，以简化管理环节、优化管理流程，利用新的技术手段对常规运行管理制度进行提升，把管理制度与信息化、网络化紧密结合，达到减少时间浪费、提升管理质量的目的；运行培训管理是指通过建立良好的运行人才培养机制，加大运行人才队伍的培养力度，采取行之有效的培训方式、方法，达到培训效率高、培训效果好的目的，提高运行人员的业务水平、工作能力、工作效率和工作积极性，充分发挥运行人员的人力价值；运行作业管理不仅包括对运行管辖的所有设备开展监视、操作、调整、调度全流程管理工作，保证设备安全、可靠、经济运行，确保设备的发电能力，还包括"两票三制"、值班监盘、应急处置等工作执行过程的管控，确保运行人员操作安全，检查、调整到位，从规范人的作业行为方面实现安全运行和经济运行；运行指标管理是指对运行全过程涉及的指标进行统计、分析、优化，抓住关键运行指标，全面提高指标的完成水平，从设备和人员两方面评价、引导管理优化；经济运行管理是指对水电与新能源发电企业设备运行情况进行分析，寻找最优运行方式，提高水能、风能及太阳能等的利用效率，获得最大的经济效益。

第五节　水电与新能源发电企业运行精益管理体系

开展水电与新能源发电企业运行精益管理工作，首先要根据区域公司和基层企业层级建立运行精益管理体系，结合区域公司和基层企业的工作内容和职责，确定区域公司有两项精益管理工作内容：分别是区域运行指标全过程监督和区域优化运行管理；基层企业有五项精益管理工作内容：分别是运行模式管理、运行制度管理、运行培训管理、运行作业管理和经济运行管理。以下分别对每项工作内容的作用和意义进行简述。

一、区域公司精益管理工作内容

1. 区域运行指标全过程监督

区域公司对基层企业运行工作的主要管控内容是对基层企业运行指标的监督，监督的内容包括发电量、成本、远动率、标准能量利用率的对标和趋势分析；通过运行数据统计，对运行、维护、检修活动进行评估。

通过这样的对标和评估，帮助基层企业及时发现自身运行管理问题，督促运行管理水平提升，杜绝运行管理滑坡。

2. 区域优化运行管理

区域优化运行管理是指区域公司对整个区域的运行策略进行全区域统筹，以整个区域效益最大化为目的对区域内所有水电与新能源项目进行运行策略或运行模式的精益化调整。

二、基层企业精益管理工作内容

1. 运行模式管理

水电与新能源领域由于其技术特性和地域特性，在运行管理模式上与传统火电厂运行管理体系有所区别。水电行业有就地运行模式、区域集控模式、流域集控模式；新能源行业有就地运检一体模式、就地运检分开模式、区域集控运行模式。以上运行管理模式的选取，要根据企业自身项目数量、地理分布、人员素质和投产容量等情况综合考虑。

基层企业运行管理过程中面对的都是具体执行工作，运行管理模式的改革和优化，可以有效缩减运行管理成本。例如，采用区域远程集控模式取代之前的就地运行管理模式，可以明显减少运行人员的人工成本。

2. 运行制度管理

运行制度是运行管理的基础，运行管理的规范化离不开制度的支撑。运行制度规范了运行行为，运行行为的优化也必然会体现到运行制度中去，只有这样才会形成长效的运行改善机制。

运行制度除了国家、行业、上级公司颁发的各项标准、规范、措施外，从公司内部来说主要包括工作标准、技术标准、管理标准三个方面。工作标准是运行人员开展岗位管理的依据，提出了运行各岗位的要求、职责、工作内容和工作目标。技术标准主要包括运行规程、系统图、调度规程、电工手册等运行技术规定，一些国家、行业标准也往往包含在技术标准的管理体系中。管理标准主要是对各种运行行为的规范，是一个公司具体生产实际的体现。

3. 运行培训管理

人才资源已成为水电与新能源发电企业的重中之重，对人员的培训是水电与新能源发电企业面临的重要问题。

水电与新能源发电企业是技术密集型企业，人员队伍方面有着较高的要求，不仅要求员工要具备较强的专业技能和综合素质，同时也十分注重企业内部员工的技能培训。运行技术培训是水电与新能源发电企业日常管理的一项重要工作，是提升员工专业技能、实现机组安全稳定运行的基本保障。但是，当前我国水电与新能源发电企业运行岗位技术培训方面存在一定的滞后性，为了应对严峻的市场竞争形势，迫切需要探索全新的管理模式，促进岗位技术培训向着规范化、科学化的方向发展，模块化管理模式则满足了这一要求。将现代化的管理理论引入到运行技术培训工作中，水电与新能源发电企业运行模块化培训，提升了人员的业务水平，实现了管理者与被管理者之间有效的沟通与协调，为水电与新能源发电企业的稳定、持续运行奠定了坚实的基础。

4. 运行作业管理

运行作业管理的对象是设备，实施人是运行管理人员。运行作业管理及时通过规范运行管理人员的行为，对运行管辖的所有设备开展监视、操作、调整、调度全流程管理工作，目的是保证设备安全、可靠、经济运行，确保设备的发电能力，最终提高运行设备管理水平，保障操作人员的安全，降低运行设备管理成本，增加企业效益。

5. 经济运行管理

水电与新能源发电企业的经济运行，是指在保证电力系统可靠供电的条件下，通过调整运行方式，使企业实现经济效益最大化的行为。与此相适应的运行方式称为经济运行方式，也称最优运行方式。在竞争激烈的新电力市场环境下，水电与新能源发电企业通过优化调度、调整运行方式等手段实现资源优化配置，降低企业成本，提高企业效益，对于水电与新能源发电企业而言，有着积极的意义。

第二章

区域公司运行精益管理实践

为响应集团公司"打赢提质增效攻坚战，努力打造成本领先优势，推进可持续发展，全面增强企业核心竞争力"的要求，践行"运用精益管理工具，做优存量、做强主业"的管控精神，需要重新定位区域运行管控模式，充分调动全员积极性，主动作为、创新实干。

区域公司对水电与新能源发电企业的管控需客观分析当前存在的主要问题、面临的严峻形势和艰巨任务，需要按照区域公司做实、做优的标准，提高执企能力，巩固集团公司水电与新能源产业领先优势，加强区域管控，深入研究价值定位，明确管理思路，抓好区域公司水电与新能源发电企业运行精益管理工作。

区域公司水电与新能源发电企业运行精益管理的实施要结合水电与新能源发电企业自身发展特点，借助必要的管控平台予以加强，才能适应区域公司做实、做优的总体要求。

第一节　区域运行指标全过程监督

一、运行指标对标

运行指标对标管理是一个先进的管理流程。通过对标管理，可以增强区域公司战略制订的准确性，可以指导基层企业发现自己的短板，寻找差距，并分析尝试自身的改进方法，不断提升水电与新能源发电企业的运行管理水平。

水电与新能源发电企业传统的对标方式依赖于生产日报表、月报表的方式，统计时间相对较长，统计流程相对较多，从而导致对标工作相对滞后，无法实现区域公司掌握数据的及时性、准确性。

区域公司运行管理需要以实现生产过程实时监督为基础，改变区域公司坐等基层企业汇报的被动局面。

二、案例实践

【案例2-1】 扩展区域集控三区应用，提高管理对标和分析评估效率

（一）案例背景简介

1. 实施背景

2016 年，某区域公司管辖的新能源发电企业累计实现风电装机容量 191.8 万 kW，光伏发电装机容量 34 万 kW，累计投产 225.8 万 kW。集团公司在该区域推行了区域新能源整合重组改革试点，成立了区域新能源分公司，采用远程集控模式统一管理区域所辖的 21 个场站。应用集控系统实现"无人值班、少人值守"管理模式革新之后，集控系统在三区实现了标准化自动报表功能，区域公司和基层企业可通过系统查询各个风光场站的基本运行情况和运行日报、月报。但三区的应用效率低，只能实现日报、月报查询功能，没有综合统计分析对标功能，如增加该功能，可对运行数据开展综合数据统计及分析，对运行工作进行监管和指导，给运行决策、检修技改质量评估、春秋查等工作的开展提供数据支撑。

2. 实施思路

在区域集控系统数据收集及三区应用的基础上，开发区域公司和基层企业均可使用的运行数据对标和分析模块，辅助区域公司的生产运行督导，同时方便基层企业生产相关部门了解自身运行状况。在应用数据分析模块时，可设计和验证几种主要分析模型，固化对标和数据分析模型功能，最终实现区域公司对整个指标宏观把控及对重要事件决策能力的提升。

（二）现状诊断

1. 诊断内容

该区域部署集控后，开发了基于集控数据的三区应用功能，实现了运行基本情况的查询功能和标准化报表、日志的自动生成功能，大幅缩减了日常运行类例行报表的工作量。

伴随集控模式的应用，区域公司对新能源基层企业的生产和运行管控水平不断提升，随之对运行数据对标和数据分析的需求量逐步增大。该工作目前仍采用传统手工统计方式完成，由于区域涉及的场站多、设备多、特殊事件多，这部分统计和分析的工作量日益增大，以下围绕该类型工作展开诊断。

由于对标和数据分析类统计与监控三区标准化报表存在关联性，课题组针对目前新能源集控平台三区使用功能开展调查，首先进行问题访谈，访谈情况见表 2-1。

表 2-1 三区使用功能诊断访谈情况

访谈单位		存在的问题
区域公司		集控三区没有对标功能，要了解相关情况还需通知三级公司单独统计
		没有运行设备分析功能，基本运行数据除了通过日志和定制报表了解简单情况，对某个场站某个事件无法形成前后运行情况的对比分析。要了解有关情况，仍然需通知三级单位进行专项对比统计
基层单位	集控中心	针对区域公司提出的专题对标要求，需要一事一安排，基层特殊专题统计事项较多，统计工作量大，单次统计用时基本在 25min 左右
		针对现场发生的运行事件或者运维检修活动及影响结果没有相关评估

续表

访谈单位		存在的问题
基层单位	生产技术部	对公司出口的对标工作进行审查，但审查过程流于形式，相关基础数据的出口在集控中心，对标汇总表由集控中心出口，审查无法对相关数据的准确性进行校核
		需要逐个审查集控中心汇总的针对某个时间发生的专项统计，审查人员不固定，审查工作在时间分布上存在不确定性
	场站	只掌握本场站的运行基本数据，对场站内设备的内部对标需要单独安排统计，是否安排该工作完全出于场站管理人员的责任心和工作经验。该工作作为场站内部管理工作开展时，也没有工作量和工作耗时的概念，单纯为内部管理手段，缺乏公司有关部门的参与和指导
		场站管理人员如需了解自己场站在区域的对标情况，只能依靠月度、季度和年度经济活动分析会材料了解，无法做到实时了解分析

根据表 2-1 可知，目前集控三区的应用问题主要集中在运行数据的对标和分析功能缺失上，这就造成了人工对标统计和运行数据分析工作量大、统计用时多。

2. 改善目标

（1）在集控系统三区设计对标模块，系统依据运行数据库自动进行对标统计。

（2）根据日常主要数据分析要求，固化分析模型，减少基层单位统计分析工作量。

（3）有效缩短统计时间，将统计时间由 25min 缩短到 1min；减少指标统计流程，实现每个相关专业人员都能进行指标直接查询、对标。

（三）原因分析

1. 要素分析

采用头脑风暴方式，找到构成对标工作的所有要素。下面以对风电有关数据进行对标为例进行典型分析。

（1）对标要素分析思维导图，见图 2-1。

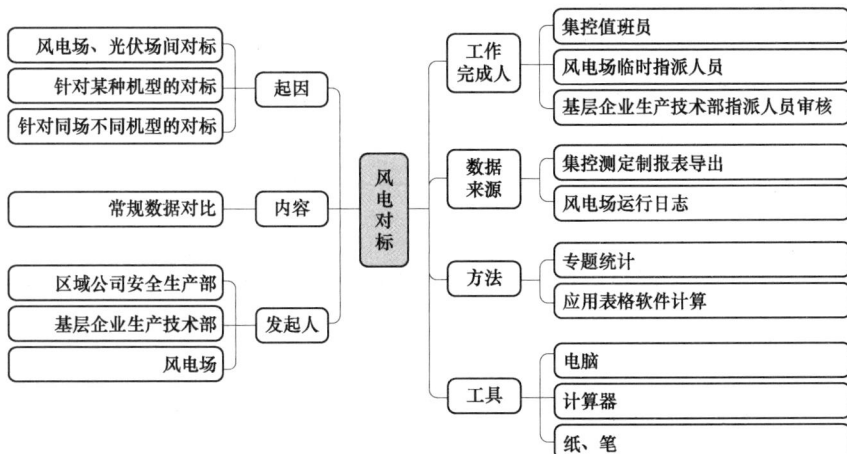

图 2-1　对标要素分析思维导图

（2）对数据统计分析的要素分析，见图 2-2。

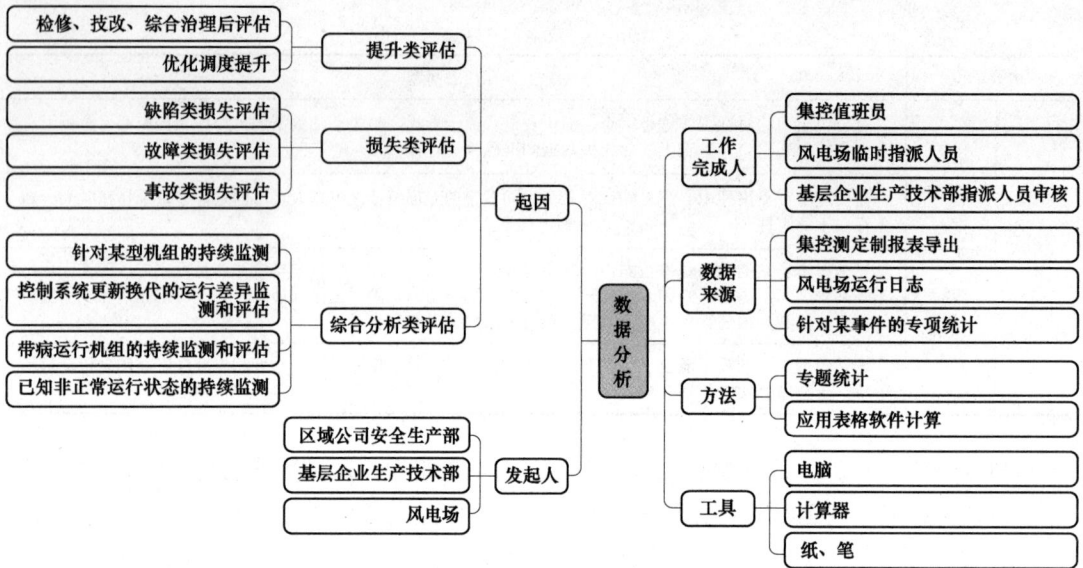

图 2-2　对数据统计分析的要素分析

2. 要素特点分析和影响评估

对影响对标和数据分析的要素进行特点分析。

（1）针对对标工作要素进行特点分析，制订对标工作要素特点分析表，见表 2-2。

表 2-2　　　　　　　　　　　　对标工作要素特点分析表

要素	特　　点	要素变动对工作时长 的影响评估
起因	模式相对固定，但对标的目标不同、时间段跨度不同，计算工作量大小不同	★★★★★
内容	对标目标参数的选取具有行业特点，都属于指标类参数	★★☆☆☆
发起人	发起人相对固定，均为运行管理人员	★☆☆☆☆
工作完成人	工作完成人和审核人不固定，一般按照职责分工由基层企业临时指定	★★☆☆☆
数据来源	大部分运行数据来源于集控运行报表和各场站运行日志	★★☆☆☆
方法	专题统计，多应用表格软件进行表格计算汇总后，再按项目对比排名	★★☆☆☆
工具	工具选用要求简单，办公电脑和常规办公用品即可实现	★★☆☆☆

注　4 颗★以上为主要影响因素，后同。

由表 2-2 可知，对标的目标内容和时间段跨度是影响对标工作时长的主要因素。

（2）针对统计分析工作要素进行特点分析，制订数据分析工作要素特点分析表，见表 2-3。

表 2-3　　　　　　　　　　　　数据分析工作要素特点分析表

要素	特　　点	要素变动对工作时长 的影响评估
起因	模式各不相同且繁杂，但分析对比的核心模式相同，即对某个事件发生 前后相同时段的运行指标进行汇总对比，需要提供定性类的文字说明	★★★★☆
发起人	发起人相对固定，均为运行管理人员	★☆☆☆☆

要素	特　　点	要素变动对工作时长的影响评估
工作完成人	工作完成人和审核人不固定，一般按照职责分工由基层企业临时指定。由于对工作完成人的专业技术水平要求较高，分析完成的时长受临时指派的影响	★★★★☆
数据来源	大部分运行数据来源于集控运行报表和各场站运行日志，针对特殊事件的统计需要现场人员对某时间进行专项手工统计	★★★☆☆
方法	专题统计，多应用表格软件进行表格计算汇总后，需要对统计对比结果进行技术评估	★★☆☆☆
工具	工具选用要求简单，办公电脑和常规办公用品即可实现	★☆☆☆☆

由表 2-3 可知，分析模式的不同和工作完成人的专业技术水平是影响对标工作时长的主要因素。

3. 制订措施

针对主要因素提出对应的措施，见表 2-4。

表 2-4　　　　　　　　　改 善 对 策 表

序号	要　　因	改 善 对 策
1	对标的目标内容和时间段跨度变化，影响工作时长	在三区设计对标模块，涵盖所有常用的运行指标参数，可自由选择时间跨度，可实现自动排名
2	分析模式的不同	建设三区数据分析的功能模块，提高数据提取和利用效率，已经取得的数据不重复统计
3	工作完成人的专业技术水平	在数据分析模块中，定制几种分析模型，直接生成分析结果

由表 2-4 可知，在集控三区开发对标和数据分析模块应用，可以有效减少对标和数据分析的工作量。

课题组采用 5W2H 法，制订行动计划，见表 2-5。

表 2-5　　　　　　　　　行 动 计 划 表

类型	5W2H	说　　明
主题	做什么？	设计集控系统三区的对标模块和综合统计模块
目的	为什么做？	减少日常对标和数据分析的工作量
位置	在何处做？	在新能源公司的集控侧系统平台上搭建，利用集控已有的数据库完成此项工作，无须增加硬件设备，无须重复收集数据
顺序	何时做？	现在开展此项工作，年内完成实践
人员	谁来做？	区域公司安生部分管副主任牵头并指定 1 人专职负责具体工作，三级公司生产技术部、安监部和集控中心各出 1 人作为工作协调人，集控平台设计单位成立 3 人设计小组专题完成开发设计和部署工作，三级公司从一线检修班组长中抽调 3 人组成专业技术支持小组，提供技术支持。区域公司安生部 1 人、三级公司生产技术部 1 人、安监部 1 人、集控中心 1 人、风光场站 2 人成立实践验证小组，负责提出检验和改进意见

类型	5W2H	说　　明
方法	怎么做？	（1）由区域公司专职负责人牵头归类确定开发功能的类型。 （2）由软件开发组和专业技术支持组成员商定软件设计思路和分析模型。 （3）软件开发组完成开发和部署。 （4）由实践验证小组完成使用报告。 （5）软件开发组与技术支持小组商定改进方案并实施。 （6）由实践验证小组验证改进成果，如需滚动改进则继续。 （7）由区域公司生产技术部组织专项验收并配套颁布管理流程，明确责权利和使用办法和奖惩机制
成本	花费多少？	由区域公司集控系统设计单位免费完成该工作

（四）实施改善

1. 过程说明

（1）区域公司安生部牵头组织本区域新能源分公司有关部门，归纳可以软件化对标和数据分析起因。按照起因涉及的数据类型和计算方式归纳成几种计算模型：

1）对标类统计对象和对标内容分析。对标类统计对象和对标内容分析见表 2-6。

表 2-6　　　　　　　　　　对标类统计对象和对标内容分析

项目	对象	对标内容	特　　点
横向对标	风电机组、光伏逆变器、单个场站	发电量、上网电量、利用小时数、远动率、标准能量利用率、可利用率、站用电量/率、电量计划完成率	不同目标相同周期内
纵向对标	风电机组、光伏逆变器、单个场站	发电量、上网电量、利用小时数、远动率、标准能量利用率、可利用率、站用电量/率、电量计划完成率	同一目标不同周期内

由表 2-6 可知，对标类统计其实就是将原有的报表进行时间阶段和空间位置的对比罗列。该功能的开发仅需在原有报表自动生成的基础上进行重新提取计算排列即可实现，属于软件开发中比较简单的内容，较好实现。

2）数据分析类特点分析。数据分析类功能应用由鱼骨图可知，起因主要有三大类。由于该部分内容涉及的起因项目多、目标和内容范围大，需要区别目前可以通过软件模块解决的问题内容，达到缩减工作量的目标即可。根据此要求进行分类，分类见图 2-3。

由图 2-3 可知，目前可以解决的问题，主要需要软件实现的功能是：某单一设备、某同型设备、某场站某个时间点（段）前后相同时间段内的可利用率、远动率、标准能量利用率、电量差、利用小时数差、故障次数、不同等级故障发生次数、特定故障发生次数、特定参数越限发生次数（限值可定制）。根据以上要求，以某时间轴两侧对称时间段计算不同参数予以罗列并求差，即可实现上述功能。

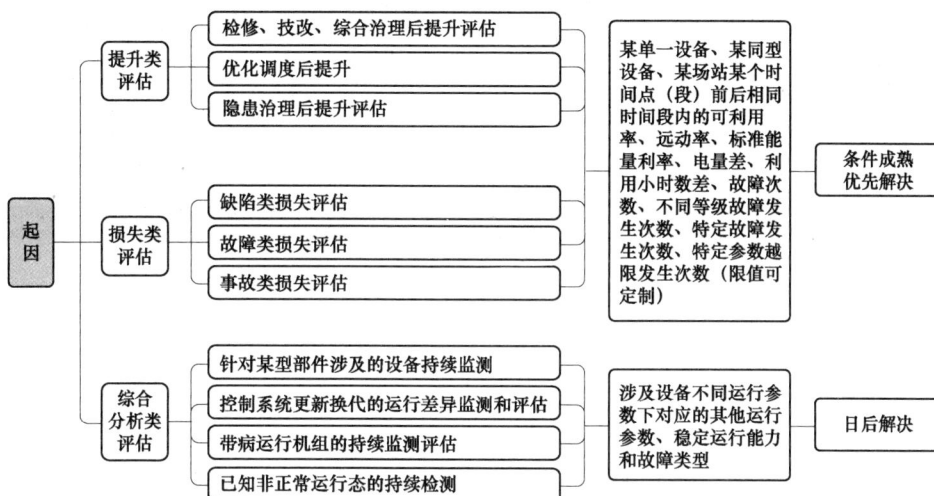

图 2-3 数据分析类特点分析

（2）软件开发环节。软件开发环节需要为模型提供明确的参数边界条件。该环节中，关于对标部分的开发技术难度小，在原有报表功能的基础上增加计算公式原型即可。针对数据分析模型，由于涉及管理上关心的参数相对有限，时间轴设置和时间段设置以固定的几种模式为宜，经区域公司安生部和技术支持小组讨论，建议采用 1 个月对称段、3 个月对称段和 1 年对称段作为评估时间轴，直接设立三种对称对比模型。

（3）初步实践并持续改进阶段。在增加上述功能模块后，针对区域公司经常使用的数据对标模块，增加对参数柱状图和平均线作为直观参考，增加冠亚军榜单直接查询功能，方便区域公司查询，增加对标和数据分析参数导出功能，提供多种导出文件格式，方便数据的二次加工再运行。

2. 实践效果

（1）改善前后集控三区界面。改善前后集控三区界面分别见图 2-4、图 2-5。

图 2-4 改善前集控三区界面

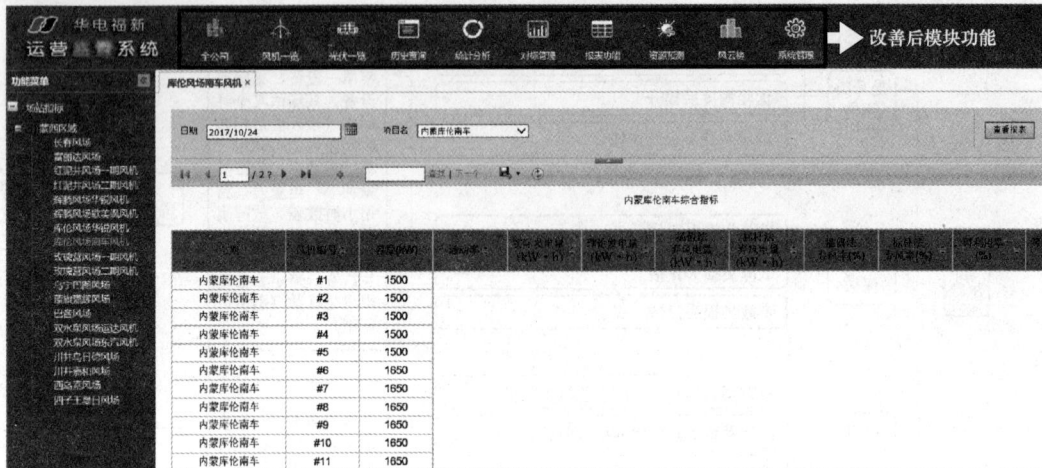

图 2-5　改善后集控三区界面

相对于改善前，改善后该系统增加了对标模块和统计分析模块。

（2）对标功能设计。对标统计功能：输入起始日期，勾选场站或风机后，系统自动计算时间段内的对标报表，通过柱状图、排名表等形式反应对应日期场站、机组的对标，涵盖主要生产指标，见图 2-6～图 2-8。

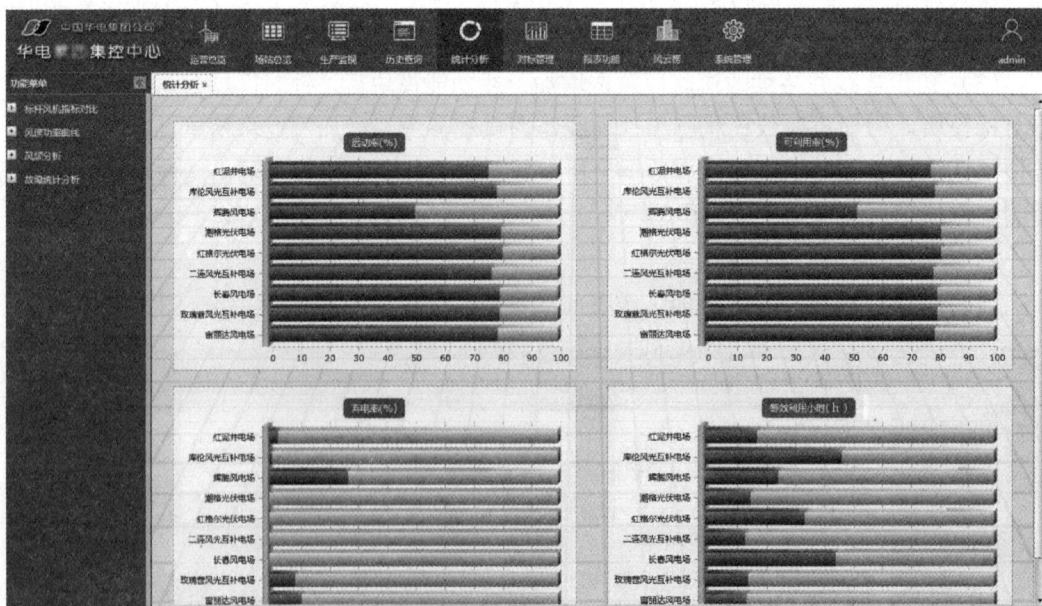

图 2-6　对标界面 1

（3）数据分析模型的设计。数据分析功能模块：在设定机组停役、复役时间并勾选对比目标（风机、风电场）和对比内容（远动率、标准能量利用率等）之后，选择单月对称、季度对称和全年对称，系统即可生成对比分析表和柱状图。时间轴设定原理见图 2-9。

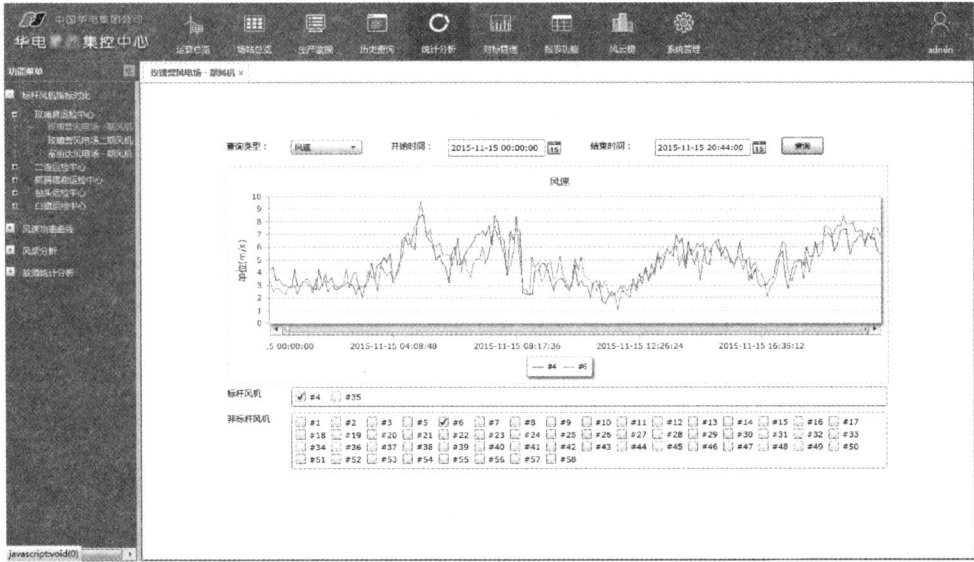

图 2-7 对标界面 2

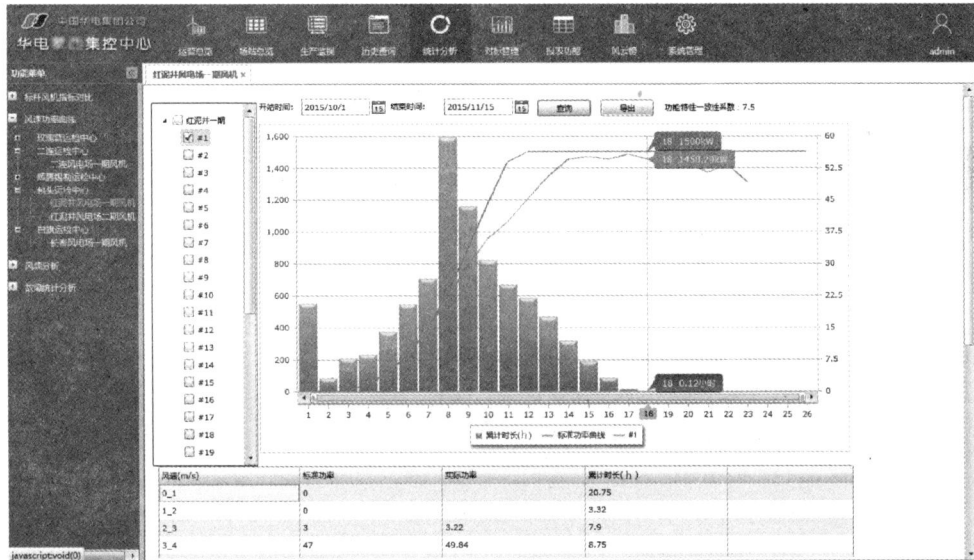

图 2-8 对标界面 3

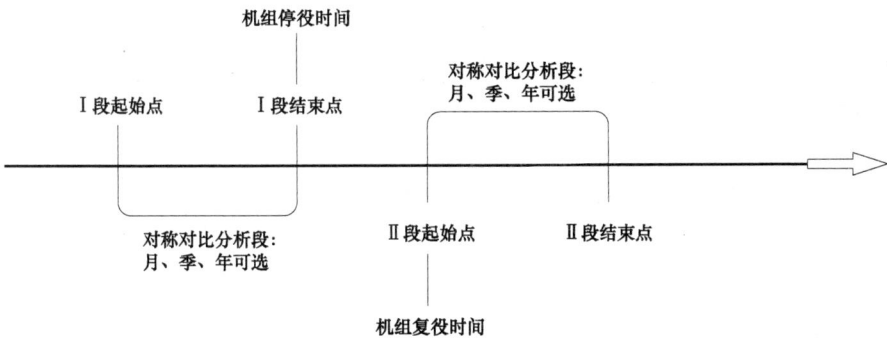

图 2-9 时间轴设定原理

根据图 2-9 中时间轴的设定原则在系统中进行相关设置之后，即可查询对称评比模型结果，直接应用于数据分析评估。例如，可以分析针对某风电场同一种机型进行风电机组 PLC 控制程序升级的前后远动率和标准能量利用率变化，以评估该事件的效果，实例见图 2-10。

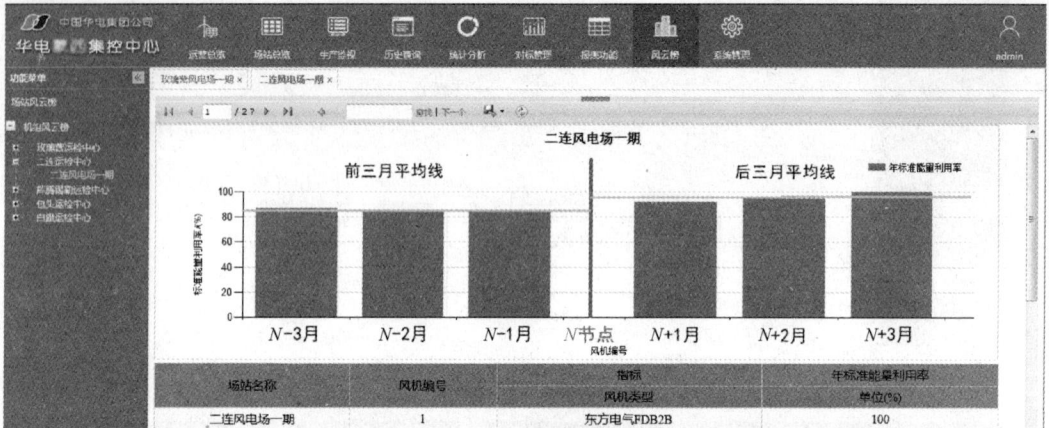

图 2-10 对标图

从图 2-10 可以直观地看到该事件发生前后标准能量利用率月均和季度平均值的提升，方便区域公司对该活动的成果进行评估。

（4）在上述功能基础上的功能模块的扩展。针对区域公司直观化改进，增加了针对场站之间和场站内部的榜单统计功能，方便对先进标杆进行直接查询，实例见图 2-11。

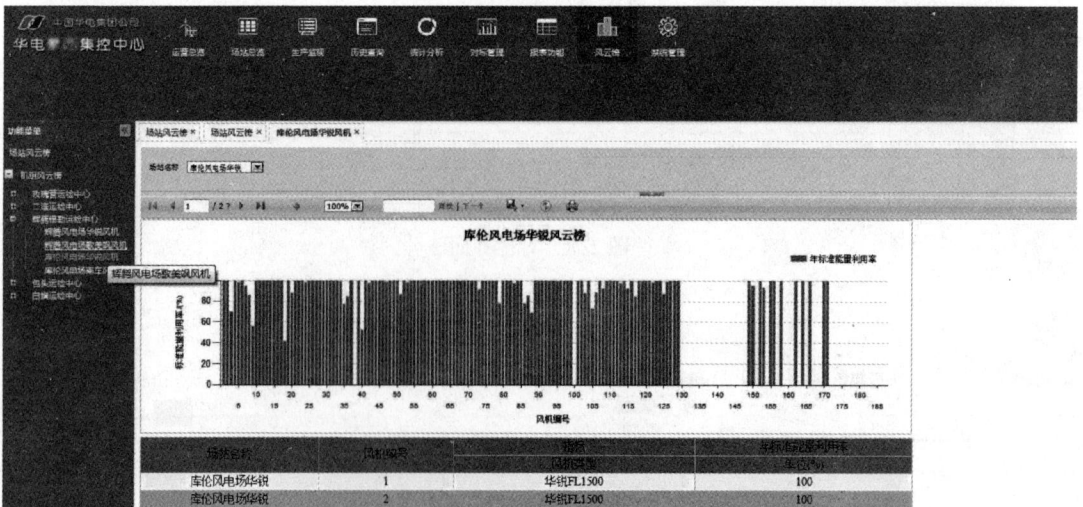

图 2-11 对标查询图

同时，系统还支持多种类型文件的导出功能，为有关数据的二次加工提供方便。具体支持的导出格式有具有报表数据的 XML、CSV、PDF、Web、Excel、TIFF 和 Word 格式，见图 2-12。

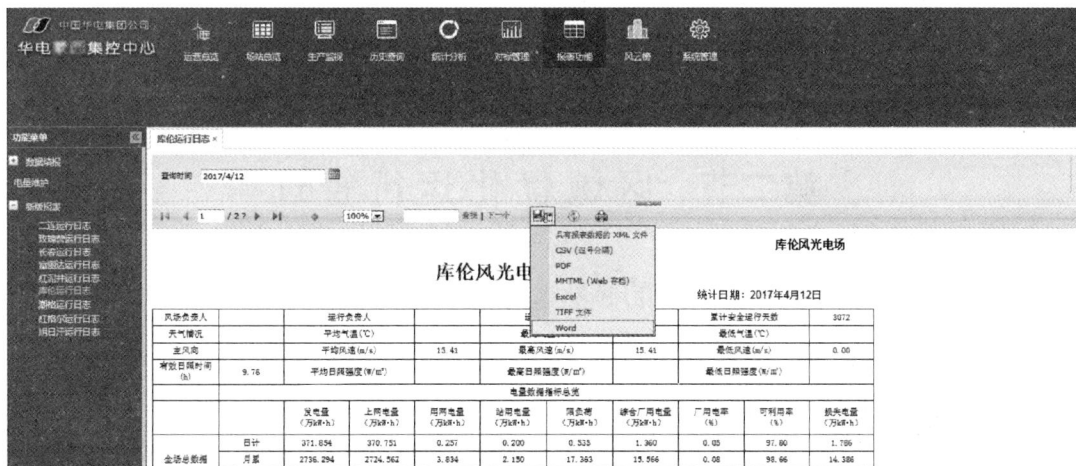

图 2-12　数据导出图

3. 改善评价

此次改善效果明显，大部分对标和特殊数据分析实现了系统自动生成，较改善前明显节省了统计、计算时间和人员工作量（见图 2-13），单次统计的用时减少 96%。

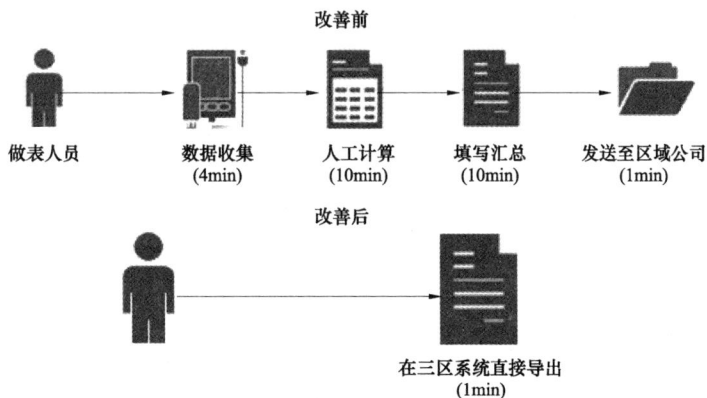

图 2-13　改善对比

（五）标准化

经过改善，区域公司在对标管理和运行数据分析方面取得了新的突破，解决了人少、数据多、效率低等困难，并且相关模型的设计具备向集团公司其他区域推广的价值。

【案例思考】

本案例的实施，通过对安全三区系统的应用拓展，能够方便、快捷地对数据进行统计分析，解决了特殊统计和分析工作带来的工作量大、负责人不明确等问题，同时也提升了区域公司对基层新能源发电企业，甚至场站运行状况的数据管控能力，有助于区域公司对基层企业具体工作效果的评估和考核，实现了提质增效的目的。本案例适用于已部署新能源集控中心的区域。

<本案例由华电内蒙古能源有限公司提供>

第二节　区域优化运行管理

一、优化运行——精益管理的必然选择

水电与新能源发电企业通过构建发电优化效益评价体系，以集中调度、集中监控、集中协调为手段，对发电资源调配、运行方式、发电效益进行整体监管，实现发电方式最优化、发电成本集约化、发电效益最大化。优化运行管理主要是对发电方案的科学合理性、发电方式的安全可靠性、经济运行的持续性进行全面监管，实现整体利益的可控、在控。

水电企业要努力探索不同时期经济运行水位规律，建立多种水位控制模型，指导水电运行监视和控制协调。新能源发电企业要全力做好运行监视和运行分析，合理安排运行方式，提高发电效益。

二、集中管控——精益管理的有效途径

随着计算机监控及信息网络技术的日益成熟，区域（流域）电站集中监控既是电力控制技术发展的必然方向，也是适应公司提升电力生产运营管理水平，实现优化运行的客观要求。

推进区域（流域）电站集中监控建设，逐步开展以区域（流域）为中心，将所属水电站与新能源场站全部纳入集中控制运行，最终实现远程集中控制、调控一体化的目标，是区域（流域）精益管理的有效途径。区域（流域）电站集中监控实现了人力资源的优化整合，提高了控制与管理效率；实现了联合经济调度，提高了发电运营综合效益；促进了企业发电效益最大化，提高了公司的核心竞争力。

三、案例实践

【案例2-2】　实现集中调度，减少电量损失

（一）案例背景简介

1. 实施背景

某区域新能源发电装机规模达 128 万 kW，其中风电 125 万 kW、787 台发电机组，光伏 3 万 kW，分为 11 个场站分别接收调度指令，已经实现了设备的集中监控。因该企业风、光机组分布于某省中部和南部地区 3 个地级市的不同区域，地形地貌复杂，场站区域跨越平原、山岭地带，具体风资源情况各不相同，而区域面积较小、人口较少、电网容量较小，

受区域新能源大发展的影响，经常出现电网负荷普限的情况。

新能源发电企业的效益基础是电量。为尽量减少限负荷的情况，努力争取最大发电量，该区域按照集团公司精益管理的总体部署，成立专门的运行精益管理工作小组，按计划对限负荷相关情况进行详细诊断和分析。

2. 实施思路

运用精益管理的思想，对运行管理中的区域调度运行板块进行诊断、分析，找出影响发电量的因素，根据新能源生产实际情况进行归纳总结，通过规范管理制度、创新管理模式，减少限负荷情况，努力争取最大发电量。

（二）现状诊断

1. 诊断内容

调度运行管理是运行管理的一个重要方面，其主要目的是通过合理调配设备运行方式，在保证安全的基础上追求最大的经济效益。对于风电企业来说，经济效益的直接表现就是发电量，尽可能多地利用风能资源是调度运行优化的方向。在实际工作中，调度运行管理还存在电量计划无法合理分配、维护损失电量偏高等影响电量完成的情况。

事例1：2015年4月15日，某新能源公司A风电场大风，电网指令限制负荷至20%容量，发电出力受限2万kW。经询问，电网调度回复全区普遍大风、光照情况较好，各新能源场站负荷均限至容量的20%。此时，该公司位于区域北部的各场站风况较好、出力均受限，总受限负荷出力5.4万kW，实时负荷指令为场站装机容量的20%；而位于区域南部的B、C、D风电场风速较小，虽然电网负荷指令限制至容量的20%，但实际风电场负荷出力仅为装机容量的12%，实时负荷指令为实发负荷，距离电网负荷指令上限尚有4.8万kW的空间。以各场站为分析对象，各场站调度计划完成率（场站实发负荷÷调度指令负荷）均为100%，但以公司为分析对象，计算当日公司调度计划完成率仅为92%。当日因电网限负荷损失电量达81万kW·h，而相应的南部区域距离电网负荷指令尚有72万kW·h的电量空间未得到利用，仅此一项，公司潜在的效益损失即达40万元左右。

统计2015年全年，在电网负荷普限的情况下，类似A风电场出力受限、B风电场电量计划尚有空间的情况发生多次，全年调度计划完成率为93.17%（见表2-7），影响企业经济效益的提升。

表2-7　　　　　　　　　　　电 量 统 计 表

时　间	各场站上网电量 （万kW·h）	各场站调度指令电量 （万kW·h）	调度计划完成率 （%）
2015年1月	11 444.43	12 360	92.59
2015年2月	10 542.35	11 236	93.83
2015年3月	9934.41	10 253	96.89
2015年4月	14 485.72	15 326	94.52
2015年5月	14 953.47	16 328	91.58

时 间	各场站上网电量 （万 kW·h）	各场站调度指令电量 （万 kW·h）	调度计划完成率 （%）
2015 年 6 月	16 171.43	17 102	94.56
2015 年 7 月	12 875.60	13 233	97.30
2015 年 8 月	10 137.20	11 256	90.06
2015 年 9 月	17 329.40	18 263	94.89
2015 年 10 月	8690.60	9635	90.20
2015 年 11 月	9627.00	11 026	87.31
2015 年 12 月	12 619.40	13 698	92.13
合计	148 811	159 716	93.17

事例 2：某企业在进行 3 月运行指标分析时发现，与同区域同等容量风电场对比，在月度平均风速几乎相同的情况下，企业所属 A 风电场与周边甲风电场等效利用小时数相差 12h，但 A 风电场远动率反而较甲风电场高 0.29 个百分点，见表 2-8。

表 2-8　　　　　　　　　　　　　　　　指 标 对 比 表

排名	场站名称	装机容量 （MW）	等效小时数 （h）	平均风速 （m/s）	远动率 （%）	弃风率 （%）
1	甲风电场	100	161	6.52	98.89	4.13
2	乙风电场	149	153	6.58	98.82	4.21
3	丙风电场	99	151	6.51	98.76	4.59
4	A 风电场	102	149	6.53	99.18	7.03
5	丁风电场	99	123	6.39	99.01	5.26
6	戊风电场	99	121	6.18	98.79	5.38
平均		648	144	6.29	99.02	5.10

将风电场各项损失电量折算成等效小时数，进一步分类对标，见表 2-9 和图 2-14。

表 2-9　　　　　　　　　A 风电场与甲风电场损失电量对标情况　　　　　　　　万 kW·h

场站名称	损失电量	损失电量结构			
		故障电量	维护电量	配合电网检修	电网限电
甲风电场	6.94	0.32	0.31	0	6.31
乙风电场	6.72	0.39	0.43	0	5.91
丙风电场	7.26	0.54	0.19	0	6.54
A 风电场	11.27	0.35	4.54	0	6.37
丁风电场	6.83	0.62	0.25	0	5.96
戊风电场	6.88	0.51	0.63	0	5.74
平均	7.65	0.46	1.06	0	6.14

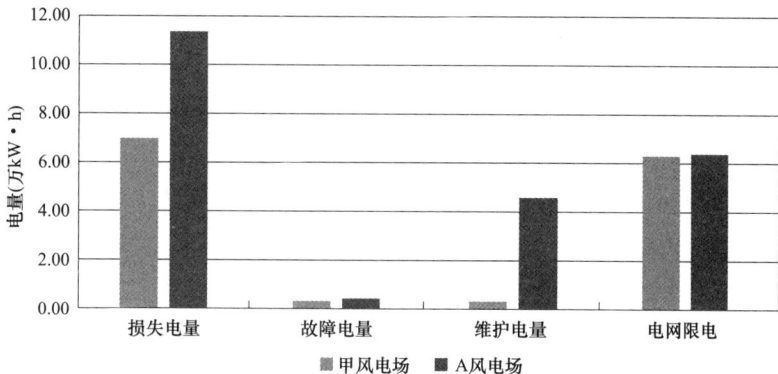

图 2-14　损失电量对比

从表 2-9 可以看出，对于甲风电场，A 风电场维护电量较多是导致等效小时数低的主要原因。

维护损失电量是检修人员开展维护工作时影响的电量，是可控的电量损失。

对各场站检修人员开展调查：

（1）设定调查题目为：若当前风电场风速高于 6.5m/s，需要对风机进行维护停机，那么选择立即进行还是等到小风天进行？

（2）随机选择不同风电场的 50 名检修人员进行调查，结果见图 2-15。

由图 2-15 看出，检修人员在开展维护工作时，对维护损失电量影响未予以重视，而运行人员对相关维护工作的许可管控不严，没有根据风况来安排维护工作。

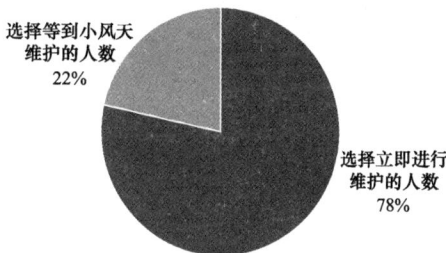

图 2-15　维护倾向性调查图

上述因素导致维护过程中电量损失较大。

据统计，2015 年全公司维护损失电量损失达 1873 万 kW·h，折合等效小时数为 17.26h。

2. 诊断结果

对以上事例存在的问题进行诊断，见表 2-10。

表 2-10　　　　　　　　　　　　问 题 诊 断 表

序号	事　　例	存在的问题	影响程度
1	调度计划完成率为 93.17%	调度计划未根据风资源合理分配	★★★★★
2	维护损失电量高	维护工作未根据风资源合理安排	★★★★☆

3. 改善目标

以精益管理思想为指导，对新能源负荷调度运行管理工作进行梳理。针对诊断的问题，提出改善目标：

（1）实现风资源合理分配，将年度调度计划完成率提升至 99%。

（2）合理安排检修作业，将年度维护损失电量折合等效小时数降低 50%。

（3）规范调度运行工作，提升运行设备管理水平。

（三）原因分析

由上述两个事例可以看出，在风况一定的前提下，调度计划未根据风资源合理分配、维护损失电量高是影响电量完成的两个主要方面。

1. 调度计划未根据风资源合理分配

组织工作小组成员应用头脑风暴法，对"调度计划未根据风资源合理分配"的问题进行原因分析，见图2-16。

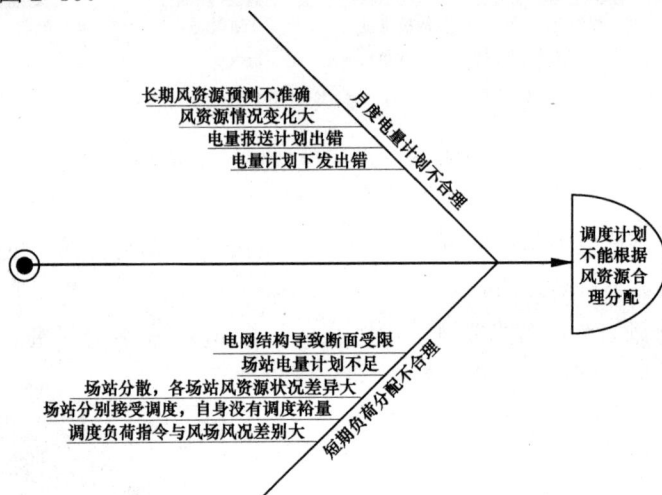

图 2-16 调度计划未根据风资源合理分配的原因分析

2. 维护工作未根据风资源合理安排

风机维护特指对风机的常规停机维护工作。开展该类型工作时，一般对风速和时间没有特别要求。

组织工作小组成员应用头脑风暴法，对"维护工作未根据风资源合理安排"的问题进行原因分析，见图2-17。

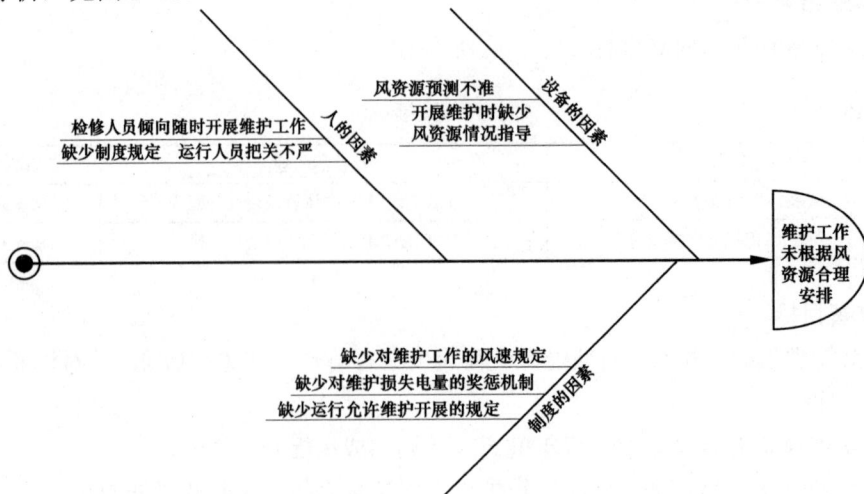

图 2-17 维护工作未根据风资源合理安排的原因分析

　　组织工作小组成员对查找出的原因进行讨论、分析，根据重要程度和改善可行性，对影响"负荷调度运行"工作的具体原因进行评分，并根据得分情况筛选出主要影响因素，见表2-11。

表2-11　　　　　　　　　　　　　　要　因　分　析　表

| 序号 | "负荷调度运行管理"存在的问题 | 原因评分 | | | | | 合计 | 是否为主要影响因素 |
	具体原因	高某	高某某	王某	陈某	赵某		
1	长期风资源预报不准确	1	2	1	1	1	6	
2	风资源情况变化大	1	1	1	1	1	5	
3	电量报送计划出错	1	1	2	1	1	6	
4	电量计划下发出错	1	1	1	1	1	5	
5	电网结构导致断面受限	2	1	2	2	1	8	
6	场站电量计划不足	2	3	2	4	1	12	
7	场站分散，各场站风资源状况差异大	1	2	1	1	2	7	
8	场站分布接受调度，自身没有调度裕量	4	5	4	5	5	23	√
9	调度负荷指令与风电场风况差别大	2	2	3	2	4	13	
10	风资源预测不准	5	5	4	5	5	24	√
11	开展维护时缺少风资源情况指导	5	4	5	4	4	22	√
12	检修人员倾向于随时开展维护工作	3	2	4	2	1	12	
13	运行人员缺少制度规定，把关不严	4	5	5	5	4	23	√
14	缺少对维护工作的风速规定	5	4	4	5	5	23	√
15	缺少对维护损失电量的奖惩规定	3	2	4	2	2	13	
16	缺少运行允许维护开展的规定	5	5	4	5	5	24	√

注　小组成员依靠个人工作经验，从原因的重要程度和改善可行性方面独立打分，由低到高以1～5分表示，总分20分以上为主要影响因素。

3. 针对主要原因制订改善措施

对查找出的主要影响因素进行归纳总结，见表2-12。

表2-12　　　　　　　　　　　　　　要　因　归　纳　表

序号	主要影响因素	原因分类
1	场站分别接受调度，自身没有调度裕量	组织手段需改善
2	风资源预测不准	技术手段落后
3	开展维护时缺少风资源情况指导	相关调度运行制度不完善
4	运行人员缺少制度规定，把关不严	
5	缺少对维护工作的风速规定	
6	缺少运行允许维护开展的规定	

按照原因分类，制订对应的改善措施，见表 2-13。

表 2-13 改善措施表

序号	原因分类	具体措施
1	改善调度技术手段	搭建 AGC/AVC 集控平台
		改进风资源预测方法
2	改进调度组织	取得电网公司认可的集中调度资质
		成立调度运行部，集中运行调度权限
3	完善调度运行制度	完善维护工作开展时的风速规定
		完善运行对维护工作许可的管理权限
		完善调度运行制度
		根据风资源情况，发布维护作业指导

（四）实施改善

1. 制订改善措施实施计划

改善措施实施计划见表 2-14。

表 2-14 改善措施实施计划

序号	改善措施	责任人	改善时间
1	搭建 AGC/AVC 集控平台	刘××	20××年 3 月
2	改进风资源预测方法	王××	20××年 4 月
3	取得电网公司认可的集中调度资质	高××	20××年 5 月
4	成立调度运行部，集中运行调度权限	高××	20××年 6 月
5	完善维护工作开展时的风速规定	陈××	20××年 7 月
6	完善运行对维护工作许可的管理权限	赵××	20××年 8 月
7	完善调度运行制度	高××	20××年 9 月
8	根据风资源情况，发布维护作业指导	王××	20××年 10 月

2. 过程说明

（1）搭建 AGC/AVC 集中控制平台。采用电力调度专网，实现与现场设备的连接，搭建设备 AGC/AVC 集控平台，实现 AGC/AVC 远程集中控制功能，为开展集中调度业务做好技术保证。远程监控系统界面见图 2-18。

（2）获得集中调度资格。根据电力调度部门的要求完善公司集中调度系统，与电力调度部门签订集中调度运行协议，将公司所有风电场纳入集中调管范围，以具备集中开展调度业务与自主进行负荷二次调度的资格。

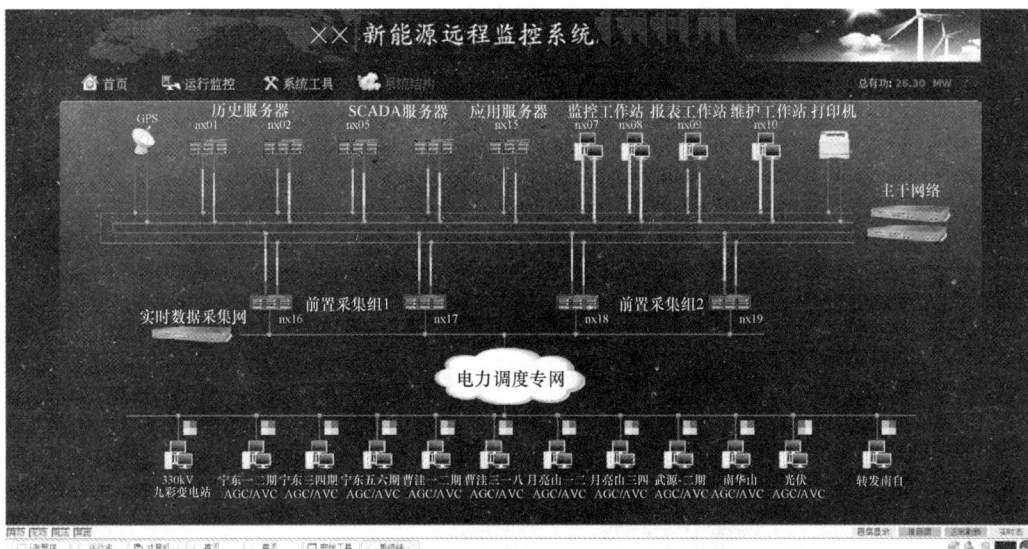

图 2-18　远程监控系统界面

（3）成立调度管理部门。增加调度运行部，组织机构见图 2-19，并与电力调度部门签订调度协议，负责对现场设备进行调度及开展对电网调度业务的联系。

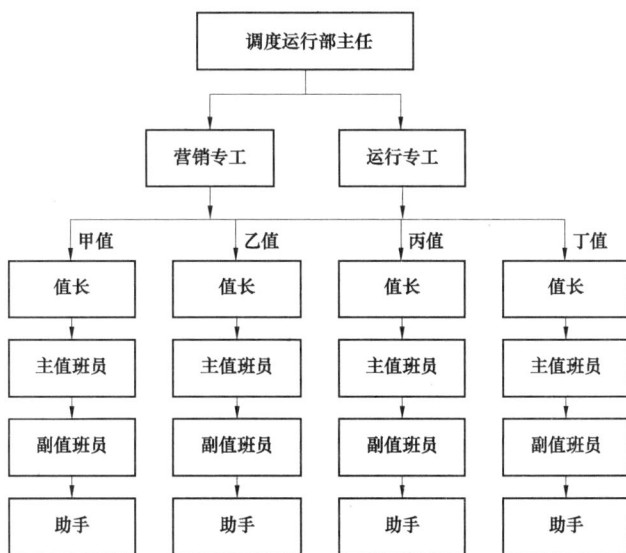

图 2-19　调度运行部组织机构图

（4）开发更准确的风资源预测系统。将专业气象预测网站数据（见图 2-20）作为预报依据，开发适合新能源的预测软件，软件界面见图 2-21。通过实际值与预测值的比对，不断修正预测模型，提升预测结果的准确性。

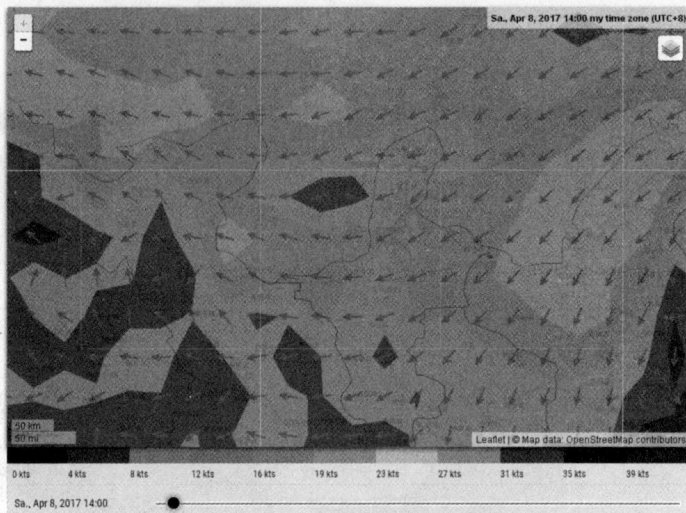

图 2-20　气象预测网站数据图

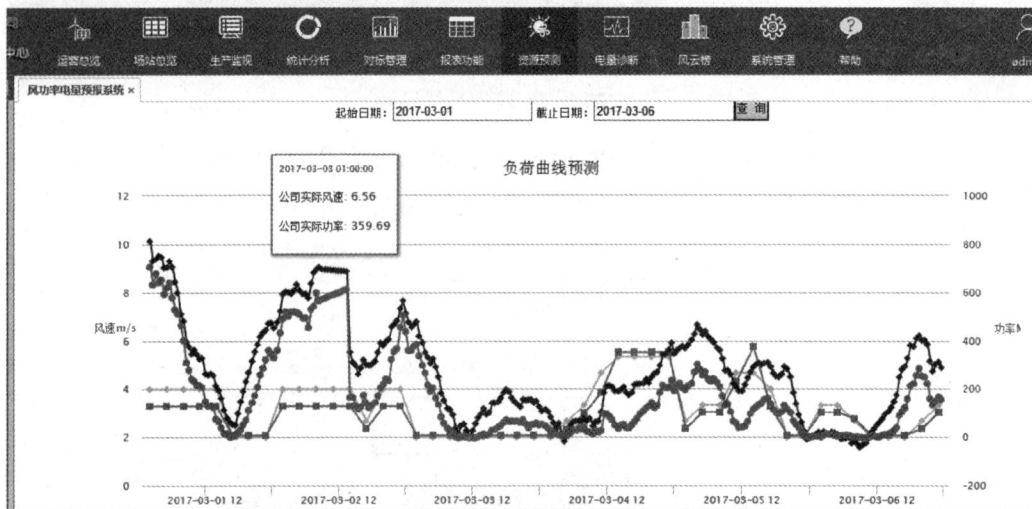

图 2-21　自主开发的风机功率预测软件界面截图

通过预测结果，编制次日检修作业指导参考建议（见表 2-15），引导具体维护工作的开展安排，降低维护损失电量。

表 2-15　　　　某新能源公司各场站检修、维护（巡检）作业指导参考建议

序号	场站名称	开始时间	结束时间	区间时段小时（h）	区间平均风速（m/s）	建议工作内容
1	宁东一、二期	2017/4/8 08:00	2017/4/8 18:00	10	4～6	不建议开展检修或维护工作
2	宁东三、四期	2017/4/8 08:00	2017/4/8 18:00	10	4～6	不建议开展检修或维护工作
3	宁东五～八期	2017/4/8 08:00	2017/4/8 18:00	10	4～6	不建议开展检修或维护工作

序号	场站名称	开始时间	结束时间	区间时段小时（h）	区间平均风速（m/s）	建议工作内容
4	月亮一、二期	2017/4/7 08:00	2017/4/7 14:00	6	2~4	建议开展检修或维护工作
		2017/4/7 14:00	2017/4/7 18:00	4	4~6	不建议开展检修或维护工作
5	武原一、二期	2017/4/7 08:00	2017/4/7 16:00	8	2~4	建议开展检修或维护工作
		2017/4/7 16:00	2017/4/7 18:00	2	4~6	不建议开展检修或维护工作
6	曹注一、二期	2017/4/7 08:00	2017/4/7 16:00	8	2~4	建议开展检修或维护工作
		2017/4/7 16:00	2017/4/7 18:00	2	4~6	不建议开展检修或维护工作

3. 实践效果

（1）提升了调度计划完成率。改善后的调度计划完成率见表 2-16，改善效果对比见图 2-22。

表 2-16　　　　　　　　　　改善后的调度计划完成率表

时　　间	各场站实发电量（万 kW・h）	各场站调度指令电量（万 kW・h）	调度计划完成率（%）
2016 年 1 月	10 695.48	10 760	99.40
2016 年 2 月	13 286.30	13 493	98.47
2016 年 3 月	15 615.55	15 971	97.78
2016 年 4 月	16 902.60	17 140	98.61
2016 年 5 月	20 438.19	20 510	99.65
2016 年 6 月	13 862.52	13 941	99.44
2016 年 7 月	18 187.20	18 325	99.25
2016 年 8 月	17 084.47	17 232	99.15
2016 年 9 月	9808.50	9838	99.70
2016 年 10 月	16 847.50	17 047	98.83
2016 年 11 月	16 279.50	16 514	98.58
2016 年 12 月	18 653.26	18 736	99.56
合计	187 661	189 507	99.03

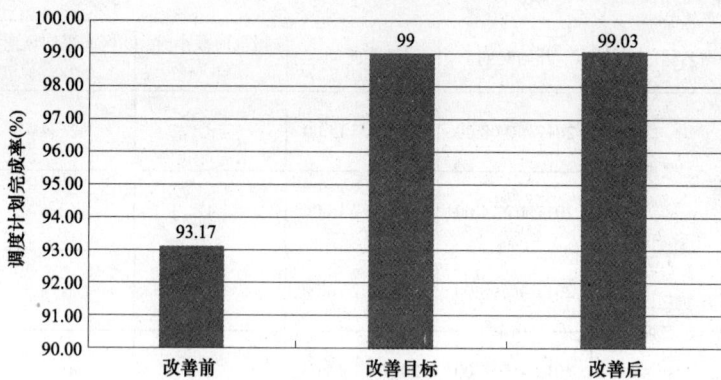

图 2-22　改善前后调度计划完成率对比

由表 2-16、图 2-22 可知，调度计划完成率达到 99.03%，较改善前提高 5.86 个百分点，达到改善目标。

（2）降低了维护损失电量。改善前后维护损失电量等效利用小时数对比见图 2-23。

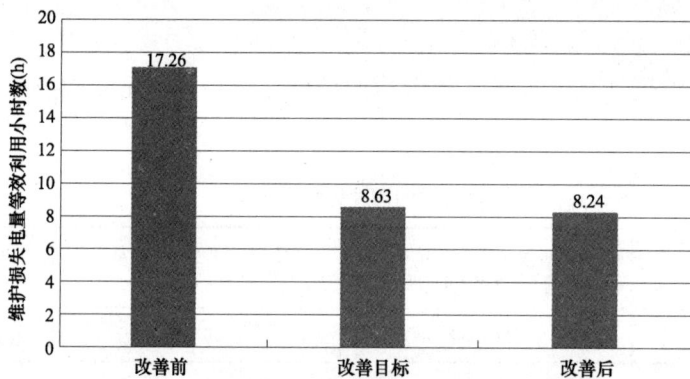

图 2-23　改善前后维护损失电量等效利用小时数对比

改善后，统计年度维护损失电量为 1024.32 万 kW·h，折合等效利用小时数 9.37h，较改善前降低 52.26%，达到改善目标。

（五）标准化

（1）优化组织机构，成立市场营销与调度运行部，并明确职责。

（2）发布《调度运行管理标准》《调度运行规程》和公司充分利用风资源的管理规定，提升经济运行水平。

【案例思考】

无人值守、少人维护、集中调度、区域检修是未来新能源发电企业的发展方向。通过优化组织机构、完善管理制度、提升技术手段，完全可以克服新能源发电企业场站分散、管理不易、资源分散的困难。实现集中调度后，在与电网公司联系方面，有利于新能源发电企业与电网公司沟通、协调，更好地拓展负荷调度空间，争取最大发电量；在对内运行方式管控方面，有利于新能源发电企业管控现场设备运行方式，减少维护损失电量，增加企业发电量。实现集中调度，是对新能源资源的有效整合，突出表现了减少浪费、增加效益的精益管理理念。

<本案例由华电国际宁夏新能源发电有限公司提供>

【案例2-3】构建"远程集控、调控一体、少人维护"管控模式，提高水电核心竞争力

（一）案例背景简介

某流域公司于1992年经国务院批准成立，是我国第一家流域水电开发公司，也是一家以发电为主的综合能源企业。公司总部位于贵州省贵阳市，主营业务为水电、火电、煤炭开发和经营管理。截至2013年底，公司拥有9座梯级水电站、5家火电企业，投产装机容量1316.5万kW（水电866.5万kW、火电450万kW），为贵州省装机规模最大的发电企业，该流域梯级水电站剖面图见图2-24。

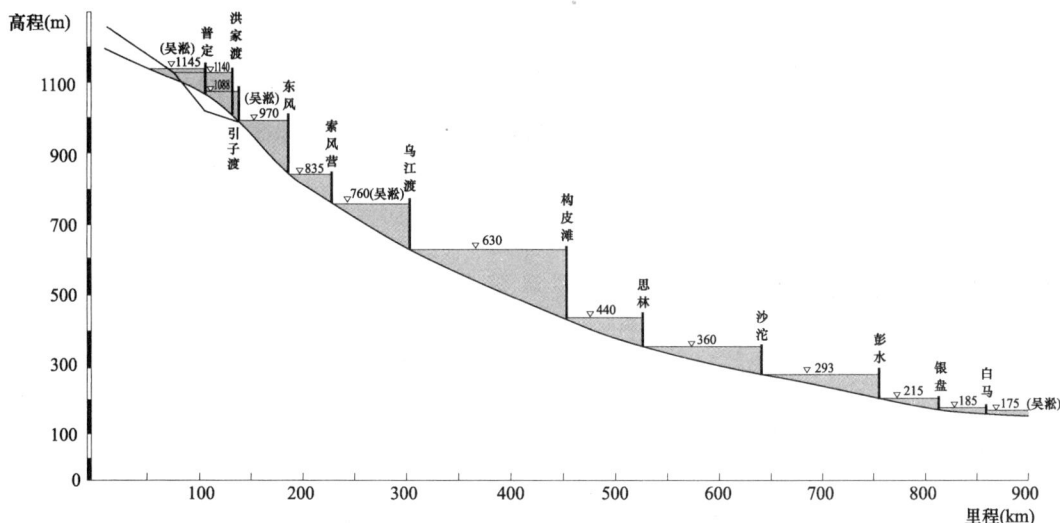

图2-24　某流域梯级水电站剖面图

2005年2月，时任中共中央总书记胡锦涛在视察该流域公司索风营水电站时，提出了"在开发完流域梯级水电后，继续做好流域事业下篇文章"的殷切期望。为更好地利用流域水资源，2005年5月该流域公司成立了水电站远程集控中心（以下简称集控中心），实现了该流域洪水集中调度。2007年，集控中心纳入电网调度体系，正式开展流域梯级水电站群水库与电力运行联合优化调度。2012年，集控中心实现水库运行调度与电力运行调度合一的"全能调度"，进一步提高了水电站群实时优化调度水平。2013年，该流域公司实施水火互济管理，在日趋激烈的电力市场环境中保证了水能资源，特别是洪水资源的最大化利用。

1. 实施背景

随着 2013 年沙沱水电站的投产发电,该流域公司水电站建设全部完成,公司水电板块主要工作转向生产运营管理。在我国经济下行压力大、电力产能过剩、电力市场竞争日趋激烈的形势下,公司水电现有生产运行调控分开,运行、维护分设现状的管控模式与现代水电企业管理要求的不适应开始显现,同时管理环节过多、管理效率低下,增加了管理浪费,降低了公司的市场竞争力。为此,该流域公司需以精益管理思想为指导,向内着眼,通过构建与现代水电企业相适应的"远程集控、调控一体、少人维护"管控模式,做优做实安全与经济运行基础,全面提升市场竞争力。

2. 实施思路

在全面分析总结集控中心、梯级各水电站在人、机、法核心资源和运行检修、区域协同等方面存在的与企业管理发展需求不适应的问题的基础上,该流域公司结合实际情况,以安全和优化为目标,确立了"以提升核心竞争力、提高职工幸福指数为出发点,以建立远程集控、调控一体、少人维护体系为核心,以高效、安全为刚性要求,以大力推进信息化与电力工业化融合为基础,不断提升水电站群管控水平和效益最大化"的总体工作思路。

(二)现状诊断

1. 现场调查

水电站"远程集控、调控一体、少人维护"是一项技术性强、安全性高、涉及面广的系统工程,必须以科学严谨、实事求是的态度慎重行事。为确保课题顺利推进,课题组首先对集控中心、电站存在或可能存在的影响"远程集控、调控一体、少人维护"管控模式建设的问题展开调查,调查情况见表 2–17。

表 2–17　　　　　　　　　　　现 状 调 查 表

调查对象	存在的问题
集控中心	组织机构不完善,现有运行值班人员 10 人,全部为调度人员,不满足调控一体管理人员配置要求
	监控信息采集过多、过杂,刷屏现象严重,重要信息获取慢,无效工作多,影响值班安全和值班工作效率
	监控平台界面繁杂,操作、监视时需来回切换画面,无效点击操作过多,增加了误操作风险
	远程开停机失败、通信通道中断时无语音报警,查找时间过长
	运行监视画面参数缺少机组振动区、导叶开度、发电流量等重要参数,影响集控中心实时优化调度工作
	工业电视稳定性不够,画面繁杂,需梳理完善
	缺乏远程操作标准化作业书,操作集中时,容易出现操作超时和误调误控现象
	远程防误操作技术和管理措施不完善,缺乏操作辅助监护提示管理措施,设备控制权管理不完善,增加了远控范围外设备误操作风险

调查对象	存在的问题
集控中心	故障保护信息系统缺失，远控电站主设备事故跳闸，特别是送出线路事故跳闸时，保护动作详细情况需运行人员到现场检查确认后汇报，汇报时间过长，不满足电网事故快速处理要求
	缺乏远控电站全厂失压、水淹厂房、火灾、机组过速拒动典型事故重大安全保底技术管理措施和应急预案
	水库动态水位控制理论践行深度和规范化程度不够，主要是日调节水库水位精益管理未形成标准规范，在优化调度中无明确调控标准
	缺乏远程集控平台技术标准、梯级调度控制管理规程，缺乏远程操作监护、远程监视、运行分析制度及生产和调度联系记录管理制度
远控电站	电力运行、水库运行，维护人员分设，正常运行时，实时性运行操作任务少，运行人力资源闲置突出；专业界限划分明显，工作联系时因缺乏彼此专业知识，存在沟通不畅、工作效率低下的现象
	现有运行、维护人员技术和技能素质不满足远程集控管理要求
	机组自动化控制元件的可靠性达不到要求，远控开停机中接力器锁定投退、技术供水投退、主变压器（简称"主变"）中性点刀闸自动分合、发电机制动闸投退缺陷占比较高，是电站远控率不高的主要因素
	机组控制条件要求过多且不合理，开停机主变压器中性点不能自动投退，开机需手动投入有无功调节功能，负荷调整幅度有限制，AGC投入门槛条件过多，造成远程控制操作效率低下，自动化元件动作可靠性不高
	机组有功、无功调节相互闭锁，容易造成远程停机操作失败
	机组并网时自带无功值过大，造成母线电压波动过大，增加了无功调整工作量，降低了开机工作效率
	AVC功能不能投入，无功负荷调整频繁，增加了远程工作量
	机组带固定负荷期间，一次调频动作复规后不能自动调整负荷脱离振动区运行，需人工干预，增加了远控监视难度和工作量
	火灾事故防范措施不完善，自动联动控制灭火系统未实现自动投入
	水淹厂房防范措施不完善，未实现双重化配置第3水位信号器
	厂用电源自恢复系统不完善，全厂失压后不能实现远程一键开机流程
	On-call信息繁杂，报警系统未实现分级管理

总结表2-17中诊断情况，目前该流域公司实施梯级水电站群"远程集控、调控一体、少人维护"管理模式存在的问题主要有：生产运行人员配置不合理，远控系统报警模块、控制模块、应急模块、培训模块缺乏统一的技术标准和管理标准，必须认真梳理并采取措施加以改善。

2. 改善目标

（1）实现水电站"远程集控、少人维护"运行节约化管理模式。

（2）实现集控中心对梯级电站"调控一体化"管控模式。

（3）建立集控模式下设备技术标准、人员培训标准、接入远控验收标准及相关管理制度，为集团其他区域水电公司提供借鉴。

（三）原因分析

1. 所有影响因素分析

根据远控体系的人员组织、培训模块、告警模块、控制模块、应急模块，应用头脑风暴法，找到影响远程集控体系的所有因素，详见图 2-25。

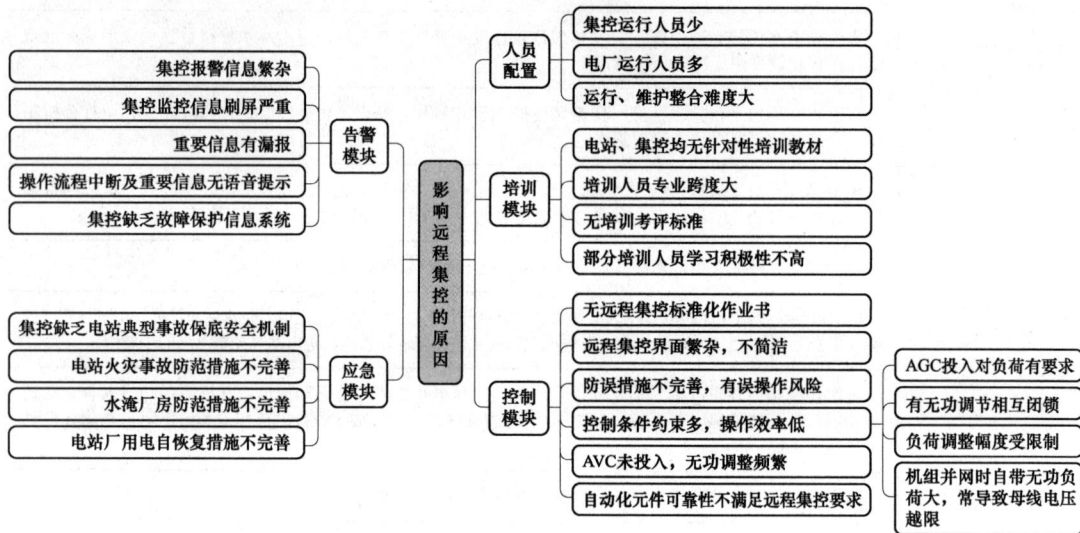

图 2-25　影响远程集控的原因分析

2. 要因确认

对存在问题的原因进行分析确认，见表 2-18。

表 2-18　　　　　　　　　　要　因　确　认　表

问　题	原　因　分　析	重要程度	改善可行性	要因确认
人员配置不合理	集控运行人员少	重要	可行	是
	电厂运行人员多	重要	可行	是
	运行与维护整合难度大	重要	不可行	否
培训模块不完善	电站、集控均无针对性培训教材	重要	可行	是
	培训人员专业跨度大	重要	不可行	否
	无培训考评标准	重要	可行	是
	部分培训人员学习积极性不高	不重要	不可行	否
告警模块不完善	集控报警信息繁杂	重要	可行	是
	集控监控信息刷屏严重	重要	可行	是
	重要信息有漏报	重要	可行	是
	操作流程中断及重要信息无语音提示	重要	可行	是
	集控缺乏故障保护信息系统	重要	可行	是

问 题	原 因 分 析	重要程度	改善可行性	要因确认
控制模块不完善	无远控标准化作业书	重要	可行	是
	远控界面繁杂，不简洁	重要	可行	是
	防误措施不完善，有误操作风险	重要	可行	是
	AVC 未投入，无功调整频繁	重要	不可行	否
	自动化元件可靠性不满足远控要求	重要	可行	是
	开停机程序中退出流程时限不合理	重要	可行	是
应急模块不完善	集控缺乏电站典型事故保底安全机制	重要	可行	是
	电站火灾事故防范措施不完善	重要	可行	是
	水淹厂房防范措施不完善	重要	可行	是
	电站厂用电自恢复措施不完善	重要	可行	是

3. 制订实施计划

针对主要因素提出对应措施，见表 2-19。

表 2-19　　　　　　　　实 施 计 划 表

序号	原 因	改 善 措 施	措施责任人	完成时间
1	培训模块不完善	（1）编制该流域公司《水电站"远程集控、少人维护"培训试题题库》《水电站"远程集控、少人维护"反事故演练题库》，指导和帮助人员培训及学习。 （2）编制《流域公司"远程集控、少人维护"评价细则》，明确验收标准和评价考核指标	张×× 王×× 赵××	2013 年 12 月
2	告警模块不完善	（1）控制电站冗余配置 On-call 工作站，按照发布对象的相关性分级管理，确保自动、及时、准确地发出 On-call 信号，召唤运维人员及时达到现场处理设备异常。 （2）集控中心对电厂上送集控的报警信号进行全面清理、过滤、分类，以"信号必查必处"作为报警信号确定原则，如开停机流程退出、线路事故等，有效解决信息繁杂、刷屏现象。 （3）集控中心新增一套"声光报警系统"，对重要事故信号采用独立的系统进行报警，保证不漏报 （4）集控中心增设故障保护信息系统，提高设备事故时远程汇报和故障处理速度	左×× 张×× 赵××	2015 年 1 月
3	控制模块不完善	（1）控制电站严格按该流域公司《水电站"远程集控、少人维护"主要设备技术条件》对设备进行评价，根据自身实际情况，完善各个系统功能。 （2）集控中心、控制电站将远控运行分析列入常态化管理，实行远控缺陷闭环管理，通过技术改进和控制程序完善，提高自动化元件动作的可靠性，确保远程集控工作的正常开展。	周×× 张×× 王××	2015 年 1 月

序号	原 因	改 善 措 施	措施责任人	完成时间
3	控制模块不完善	（3）控制电站在满足电网相关要求的前提下，全面清理、修改、完善有功和无功调节相互闭锁，负荷调整幅度限制，机组并网冲无功，负荷调整速度过慢、机组并网有无功调节不能自动投入，AGC 投入对负荷门槛要求的限制等对远程集控工作有影响的不合理限制和要求。 （4）集控中心根据远控职责，按实用化原则对远控操作界面进行全面清理、完善，使远控平台简洁、实用和操作高效。 （5）集控中心完善远程防误操作技术、管理措施，确保远程操作安全。 （6）集控中心编制远控操作标准化作业书，指导日常操作和远控培训	周×× 张×× 王××	2015 年 1 月
4	应急模块不完善	（1）控制电站完善防止火灾事故措施：在机组、主变压器、油库、控制保护室、计算机与通信室等重要区域装设固定式自动联动控制灭火系统，并实现自动投入。 （2）控制电站完善防止水淹厂房措施：在水轮机层以下和集水井层之间安装不同工作原理且双重化配置的第 3 位信号器，与集水井水位过高报警输出两者相与，作为水淹厂房报警。 （3）控制电站完善厂用电源自恢复系统：全面完善远程一键开机带厂用电措施。 （4）集控中心建立电站重大安全保底机制，编制全厂失压、机组过速拒动、水淹厂房和厂房火灾等典型事故应急预案，为电厂重大安全筑牢最后的防线	梁×× 杨×× 周××	2015 年 1 月
5	人员配置不合理	（1）控制电站实施运维合一，现场取消24小时运行值守，通过岗位整合和人员素质提升实现"远程集控，少人维护"模式。 （2）公司在集控中心增设运行部，从电站选拔12人到运行部，全面负责水电远程集中控制工作，集控中心实施调控一体化管理模式	梁×× 杨×× 贺××	2015 年 3 月

（四）实施改善

1. 过程说明

（1）洪家渡、索风营水电站试点成功。该流域公司采取"统筹规划、因地制宜、确保安全、稳妥推进"的方针，按照"先试点、后推广"的原则，确定集控中心"调控一体化"与梯级电站"远程集控、少人维护"同步实施。洪家渡水电站设备状态良好，运行稳定可靠，选定为首家试点单位；索风营水电站建设期间即按远程集控理念进行设备选型和基础建设，选定为第二家试点单位。

2013 年 12 月 20 日 0 时，洪家渡水电站运行班组正式撤离电站中央控制室，水电站运行专业人员并入设备检修维护班组，正式按"远程集控、少人维护"电站管理模式运作，标志着该流域公司"远程集控、少人维护"的生产管控体系正式建成。2014 年 6 月，索风营水电站试点成功。

（2）完成"远程集控、调控一体、少人维护"管控标准建设。该流域公司通过认真总结试点单位的经验，在认真分析"远程集控、少人维护"的特点及管理、技术需求的基础上，结合公司实际，经过多次讨论研究、征求多方意见后，建立了"远程集控、少人维护"五统一的管控标准，即统一管理流程、统一技术规范、统一验收标准、统一培训标准、统一技术平台，确保管控体系有效落地。

1）统一管理流程。由实施推进办公室根据"远程集控、少人维护"的总体要求进行顶层设计，制订整体流程，编制流域公司《实施水电站"远程集控、少人维护"方案》和《水电站"远程集控、少人维护"管理办法》，明确公司水电产业部、集控中心和水电站三方的权限、职责、范围，保证安全的组织、技术措施及应急管理对接通道，实施"远程集控、少人维护"的流程和步骤等，确保集控中心、水电站从编制方案、实施准备、评价验收、试运行到正式实施过程顺畅，井然有序。

2）统一技术规范。由实施推进办公室根据国家及电力行业颁布的有关法规标准和有关安全的技术措施要求，编制流域公司《"远程集控、少人维护"主要设备技术条件》，并统一下发。

3）统一验收标准。在深入分析"远程集调、现地控制"和"远程集控、少人维护"两种管控模式的基础上，对"远程集控、少人维护"实施前在组织体系、管理制度、应急预案、培训测评、设备条件等方面应具备的条件进行了细化，编制流域公司《"远程集控、少人维护"评价表》，明确了实施前验收标准和评价考核指标，有力地保证水电站从"远程集调、现地控制"到"远程集控、少人维护"情况下安全生产的平稳过渡。

4）统一培训标准。实施推进办公室组织该流域公司各水电站相关专业人员，认真编制了流域公司《水电站"远程集控、少人维护"培训试题题库》《水电站"远程集控、少人维护"反事故演练题库》，作为"远程集控、少人维护"工作中的基础性教材，明确培训要求、范围及标准等，指导和帮助人员培训及学习。

5）统一技术平台。各水电站分散的计算机监控、水情测报、电能量、工业电视等信息，严格按照统一平台、统一通信、统一标准、统一范围的要求，全部整合到流域水电站群联合优化调控系统这一平台上，实现水电站各系统与集控中心的无缝对接。

（3）全面实施"远程集控、调控一体、少人维护管控标准"管理。洪家渡、索风营水电站试点成功后，梯级各电站根据流域新管控模式五统一管控标准，全面推进"远程集控、调控一体、少人维护"建设；经考评组验收合格后，于2015年4月梯级9座电站全部实现"远程集控、少人维护、调控一体"管控模式。

2. 实施效果

（1）目标实现。2015年4月，按计划在汛前公司9座水电站全部实现"远程集控、少人维护"管理，集控中心实现对9座水电站的"调控一体化"管控模式。

（2）人力资源绩效提高。按照电站"远程集控、少人维护"体系的要求，通过一专多能复合型人才队伍建设，实现了人力资源的优化配置，解决了各专业人员力量不足、结构性缺员等问题，提高了人力资源绩效。

（3）经济效益突出。该流域公司"远程集控、调控一体、少人维护"的生产管控体系建立后，缩短了发电调控生产链条，提高了设备安全稳定运行水平，为优化调度和实时优化协调创造了条件，促进了水电整体增发增效益。据统计，2014 年，公司水电节水增发电量 19.07 亿 kW·h，直接经济效益 5.53 亿元，较实施前 2013 年增长 110%；2015 年，节水增发电量 23.01 亿 kW·h，直接经济效益 6.67 亿元，较 2013 年增长 155%。

（4）社会效益。该流域公司"远程集控、调控一体、少人维护"生产管控体系的建立，水库、电力监控的集中化管理，为优化调度、优化协调、市场营销创造了有利条件，公司节水增发电的同时，也为环境保护做出了极大的贡献。以 2015 年公司水电节水增发电量 23.01 亿 kW·h 为例，可减少火电 75.91 万 t 标准煤发电，可减少二氧化碳排放 227.72 万 t。

（5）实现远控无人监盘值班新模式。该流域集控中心在行业内首次采取了以报警信号驱动处置的无人监盘值班新模式。正常情况下，远控值班员不监盘，当事故信息、流程信息及重要信息动作，报警系统推送声光信号时，集控人员根据信号查看监控系统，采取相应处理措施。

（五）标准化

建立了"远程集控、调控一体、少人维护"模式下的五统一标准，即统一管理流程、统一技术规范、统一验收标准、统一培训标准、统一技术平台，确保管控体系有效落地和持续改进。

编制了流域公司《水电站"远程集控、少人维护"管理办法》《"远程集控、少人维护"主要设备技术条件》《"远程集控、少人维护"评价细则》《乌江梯级水电站调度控制管理规程》《电站远程操作标准化作业书》《水电站"远程集控、少人维护"培训试题题库》《水电站"远程集控、少人维护"反事故演练题库》《远程控制运行值班员培训教材》，有利于规范远控平台体系建设、维护和生产运行管理。

【案例思考】

"远程集控、调控一体、少人维护"体系建立后，该流域公司水电企业洪水调度、电力调度、电力控制与监视、水库调度、水库运行监视、水电电量运销与协调，水库跨流域协调、水火互济协调全部实现在集控中心集中管理。这种水电生产运行集中化管理的新模式提高了管理效率，提升了市场竞争力，促进了增收创效。它所产生的技术创新成果，对推动现代企业管理创新，提高安全生产管理水平，提升专业人员业务技术水平，有效实现生产运行管理模式变革有着重要而深远的影响，必将为国内其他流域公司提高管控效率和安全经济高效运行积累经验并提供借鉴。下一步该流域公司将继续以精益管理为指导，向内着眼，在电站设备管理上向技术要效益，广泛应用新理念、新技术、新工艺改造设备，夯实安全基础，在集控中心要抢占电力市场信息高地，加大信息化与优化调度的融合度，通过不断提高优化调度水平，实现发电效益最大化。

<本案例由贵州乌江水电开发有限责任公司提供>

第三章
基层企业运行精益管理实践

第一节 运行模式精益管理

一、背景及现状

水电与新能源发电企业运行模式是对基层企业的组织机构设置和岗位设置，实现对管辖的所有设备开展监视、操作、调整、调度全流程管理工作的模式。该模式因基层企业管理的项目数量、地理位置、人员和技术力量构成等千差万别，目的是保证设备安全、可靠、经济运行，确保设备的发电能力；同时，选取正确的运行管理模式，可以在保障设备安全、可靠、经济运行的前提下，优化人员数量，减少运行管理人员成本和管理流程耗时，是运行管理中的重要环节，也是企业发展的重要基础。

水电与新能源发电企业运行模式通常分为就地监控运行模式和远程集控模式两大类。其中，就地监控运行模式中，又结合运行、维护、检修管理组织机构的不同，包括运检一体管理模式和运检分开管理模式；远程集控模式包括区域集控、流域集控和电网二级调度集控模式等。科学地选用适合基层企业实际情况的运行管理模式，既可以保证整个系统安全、稳定、经济运行，又可以节省生产管理综合管理成本，达到企业运行效益最大化的目的。

二、管理改善及思路

水电与新能源发电企业应以精益管理思想为指导，针对水电与新能源发电企业的现状，转变传统观念，对症下药，找出一套适合水电与新能源发电企业的运行管理模式，在保证安全、稳定的前提下，采用技术手段、组织手段、管理手段，优化水电与新能源发电企业在运行管理工作中的人员工作量消耗和流程实践消耗，提高工作效率，降低管理成本。

三、案例实践

【案例3-1】 开展集中监控，降低运行成本

（一）案例背景简介

1. 实施背景

随着风力发电技术的成熟，单位容量风电机组造价越来越低。经济性的提升带来了风电的大发展，风电并网容量 10 年增长 100 倍（见图 3-1）。截至 2015 年底，我国风电累计装机容量达 14 536 万 kW，风电已成为国内十余省区的第二大电源，我国成为全球风电规模最大、发展最快的国家。伴随着风电的大发展，风电固有的场站分散、设备不集中等特点给风电监控带来了新的问题：一方面是设备数量飞快增长，需要监控的内容不断增加；另一方面，运行人员的数量和素质不能完全适应风电大发展的需要，人员少、业务技能和经验不足常常影响对运行设备的可靠监控，从而给风电安全生产管理带来诸多不利因素。

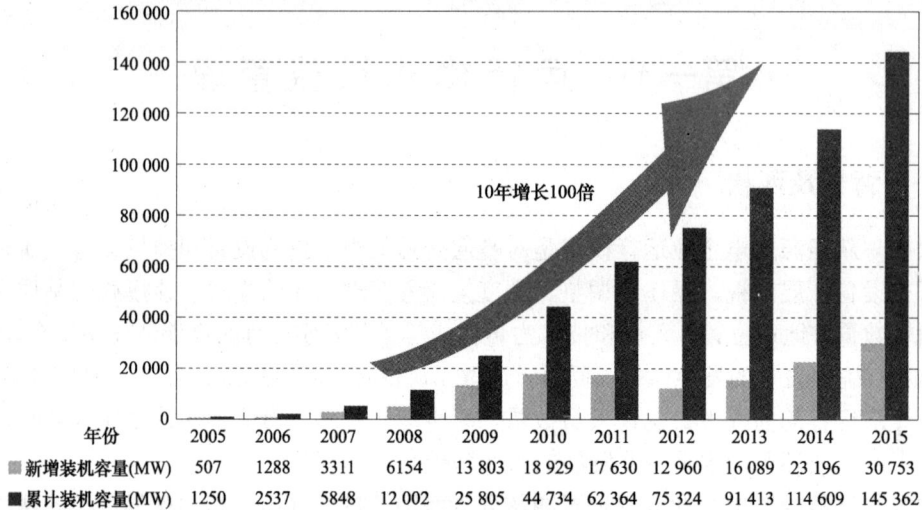

图 3-1 我国风电装机容量增速

年份	2005	2006	2007	2008	2009	2010	2011	2012	2013	2014	2015
新增装机容量(MW)	507	1288	3311	6154	13 803	18 929	17 630	12 960	16 089	23 196	30 753
累计装机容量(MW)	1250	2537	5848	12 002	25 805	44 734	62 364	75 324	91 413	114 609	145 362

某新能源公司目前投产风电装机容量 60 万 kW，分别通过 6 座升压站并网发电；在建风电项目装机容量 70 万 kW；新建 7 座升压站。该公司目前采用分散式风电场管控方式，实行"小而全""运维合一"的运行管理模式，即为每个风电场配置一个运行班组，因此需要配置数量较多的运行人员，需要较完善的生活辅助设施。考虑公司未来发展，该模式会造成较多的人力、物力浪费，不方便对运行设备进行实时监控，无法保证设备安全可靠运行。为了减少浪费、提高效率，探索更经济、更高效的运行管理模式是该公司发展的必经之路。

2. 实施思路

针对风电企业的运行管理特点，以精益管理思想为指导，利用精益管理工具，寻找当前运行管理模式存在的浪费点，以新技术手段为基础制订解决对策，减少浪费，提高运行管理效率。

（二）现状诊断

1. 诊断内容

课题组采用现状调查的方式，对现场存在的人力、运行成本的浪费等情况展开调查，结果见表 3-1。

表 3–1　　　　　　　　　　　　　　　现 状 调 查 表

调查项目		调 查 现 状	预期合理目标	诊断结论	浪费程度
人力成本的浪费	人员岗位配置	现场每 10 万 kW 风电场配置运行人员 8 人，60 万 kW 风电场配置运行人员 48 人	对标先进风电场，同容量风电场共配置运行人员 4 班共 16 人	人员配置多，存在浪费	★★★★★
	人的监控效率	现场每值 2 人，监控 10 万 kW 风电场，平均每人监控 5 万 kW 风电场	对标先进风电场，每值 2 人可以完成 30 万 kW 风电场的监控，平均每人监控 15 万 kW 风电	运行人员监控效率低	★★★★☆
	管理人员的配置	每个风电场分别配置 2 名运行管理人员，共需要 12 名管理人员	对标先进风电场，60 万 kW 风电场配置运行管理人员 4 名	管理人员数量多	★★☆☆☆
	管理规范情况	风电场分散管理，缺少统一的运行工作标准和管理标准，管理不规范	统一运行工作标准和管理标准	管理不规范	★★★★☆
	人员培养	风电场运行人员分布分散，难以开展集中培训，培训限于"师徒制"形式，培训效果受制于"师傅"个体素质；风电场现场环境较差，人才易流失	便于开展运行人员集中培训，改善工作、生活环境，提升人员素质	人才培养慢，容易流失	★★★★☆
运行成本的浪费	配套生活设施投资	60 万 kW 风电装机容量，运行人员 48 人、管理人员 12 人，需要配套生活设施投资大约为 420 万元（住宿 10 万元/间×30 间+生活辅助设施 20 万元/个×6 个），折合人民币约为 70 万元/10 万 kW	对标先进风电场，同等容量需运行人员 16 人、管理人员 4 人，配套生活设施投资大约为 140 万元（宿舍 10 万元/间×10 间+生活辅助设施 20 万元/个×2 个），折合人民币约为 23 万元/10 万 kW	配套生活设施投资大	★★☆☆☆
	人员工资支出	风电场运行人员成本在 480 万元/年（人均成本 8 万元/人×60 人）	以先进风电场人数考虑，同等容量风电场运行人员成本为 160 万元/年	人员生活成本高	★★★★★
	人员交通成本	风电场每年运行人员交通成本 51 万元（每人年交通成本 8500 元/人×60 人）	以先进风电场人数考虑，同等容量风电场运行人员交通成本为 17 万元/年	人员交通成本高	★★★★☆

由表 3–1 可见，与先进风电场对比，该公司当前实行的分散式运行管理模式存在的主要问题是人员配置多、监控效率低、管理不规范、人才培养慢且容易流失、用工成本高等，从而造成人力成本和运行成本的浪费。

利用关联图对上述问题进行归纳，找出主要问题，详见图 3–2。

可见，分散式运行管理模式的风电场存在的主要问题就是运行人员数量偏多，该问题造成了人力成本和运行成本的浪费。

以当前风电场运行管理模式，公司装机规模达到 130 万 kW 时，所需运行人员将达 130 人，所需的人员工资、交通费用、辅助设施运营等成本也将大幅度增加，影响企业

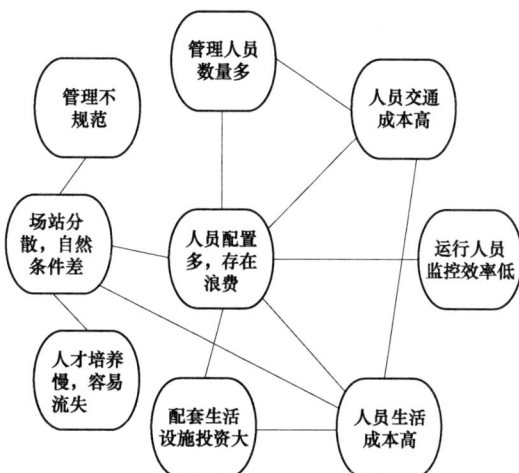

图 3–2　人员配置关联图

经济效益，因此必须探索新的风电场运行管理模式，减少所需的运行人员数量，降低成本。

2. 改善目标

（1）减少运行人员数量，130 万 kW 装机容量下，运行人员的数量少于 20 人。

（2）优化运行管理模式，提升运行管理水平。

（三）原因分析

组织工作小组成员，应用头脑风暴法对"运行人员数量多"的原因进行分析，见图 3–3。

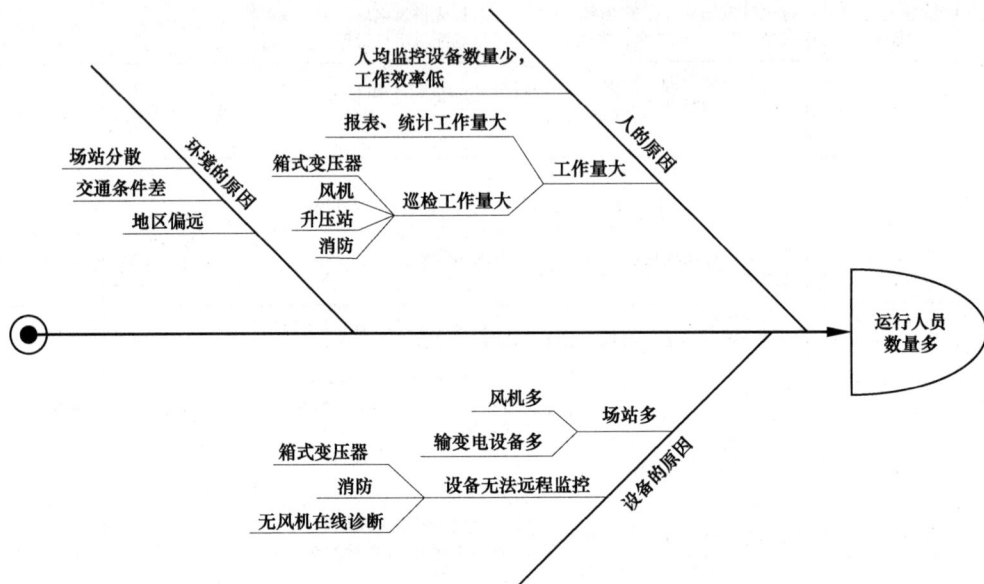

图 3–3　运行人员数量多的原因分析

工作小组对诊断出来的原因进行归纳，并从可行性、影响程度两个方面进行打分，确定造成运行人员数量多的主要原因，见表 3–2。

表 3–2　　　　　　　　　　　　可 行 性 分 析 表

序号	原因分析	可行性打分	影响程度打分	总分评价
1	场站分散	0	5	0
2	交通不变	0	3	0
3	处于偏远地区	0	5	0
4	人均监控设备少	4	5	20
5	报表、统计工作量大	5	3	15
6	无箱式变压器远程监控	4	5	20
7	无风机在线诊断	4	5	20
8	无消防设备远程监控	4	4	16
备注		0—不可行； 5—可行	0—无效果； 3—效果一般； 5—效果明显	判断标准：达到效果评价总得分的 60% 及以上，则实施改善

根据评价结果，确定要因并制订相应对策，见表3-3。

表3-3 相 应 对 策 表

序号	要 因	对 策
1	人均监控设备少	开展集中监控，完善设备远程监控功能
2	无箱式变压器远程监控	
3	无风机在线诊断	
4	无消防设备远程监控	
5	报表、统计工作量大	开发报表统计功能

（四）改善实施

1. 制订实施计划

实施计划表见表3-4。

表3-4 实 施 计 划 表

序号	对 策	责任人	计划完成时间
1	开展集中监控，完善设备远程监控功能	邢××	××年3月
2	开发报表统计功能	卞××	××年6月
3	系统上线试运行	高××	××年7月
4	系统正式运行	高××	××年12月

2. 过程说明

该公司以集团公司新能源集控平台为基础，整合风机振动监测、消防设施监视、风机箱式变压器监控、运营决策等功能，形成统一的集中监控平台，可以对现场的运行设备进行实时监视和控制，实现数据采集、设备控制、参数测量、参数调节以及各类信号报警等功能。

平台功能架构见图3-4。

3. 实施效果

（1）风机监控模块。风机监控模块包括三部分功能：① 对单台风机的监控（见图 3-5），能实现对风机的运行参数监视、远程操作、故障告警查看及风机故障复位等功能；② 风电场集电线路的监视（见图3-6），能集中了解风电场各条集电线路下风机的情况，包括风机的状态、风机功率、风机风速；③ 风机在

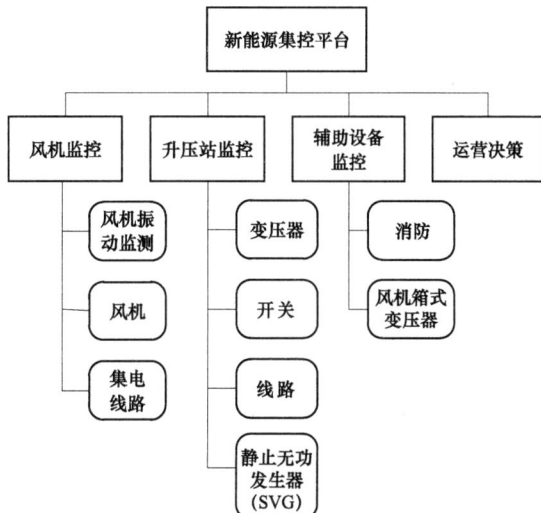

图3-4 平台功能架构图

线振动监测（见图3-7），在每台风机上均安装了在线振动监测系统，对风机重点部位（如齿轮箱）的振动情况进行实时监测，并对监测到的振动数据进行自动诊断，提前发现振动异常的风机，并采取措施进行处理，避免故障扩大、设备损坏。

图 3-5　风机监控画面

图 3-6　风电场集电线路监视画面

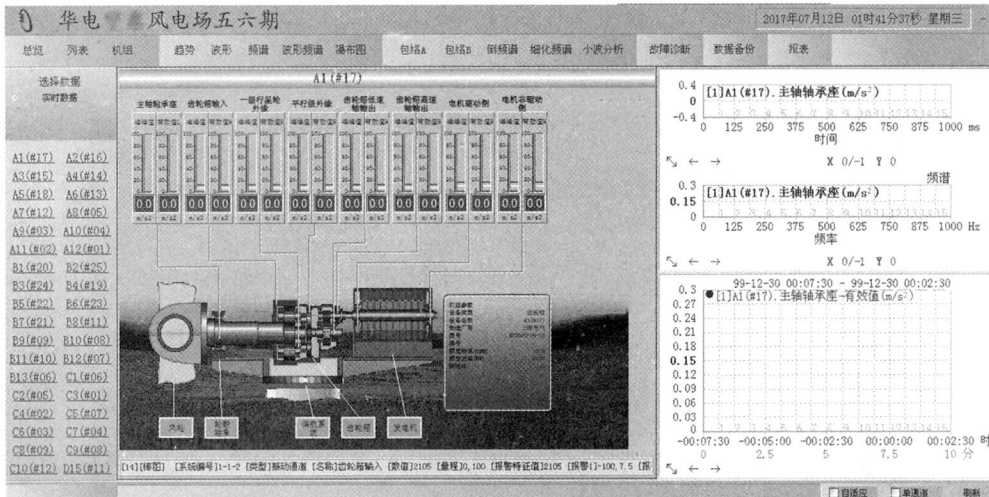

图 3-7　风机在线振动监测系统界面

（2）升压站监控模块。升压站监控模块主要实现了对变压器、开关、线路、静止无功发生器（SVG）等设备的监视和控制，监视内容主要包括设备状态和电压、电流等运行参数，见图 3-8。

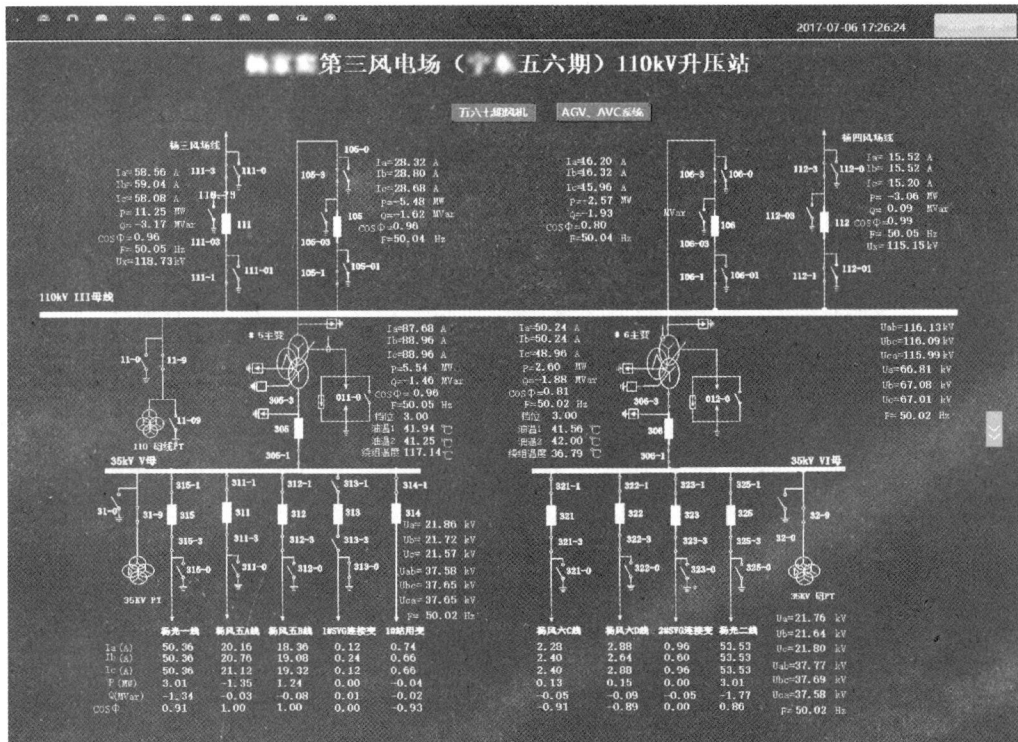

图 3-8　升压站监控画面

（3）辅助设备监控模块。辅助设备监控模块包括风机箱式变压器智能监控和风机消防监控系统，如图 3-9 和图 3-10 所示。其主要作用是对风机箱式变压器运行状体和风机消防系统运行情况进行实时监视，以解决场站分散、难以及时巡视风机箱式变压器和风机消防系统的问题。

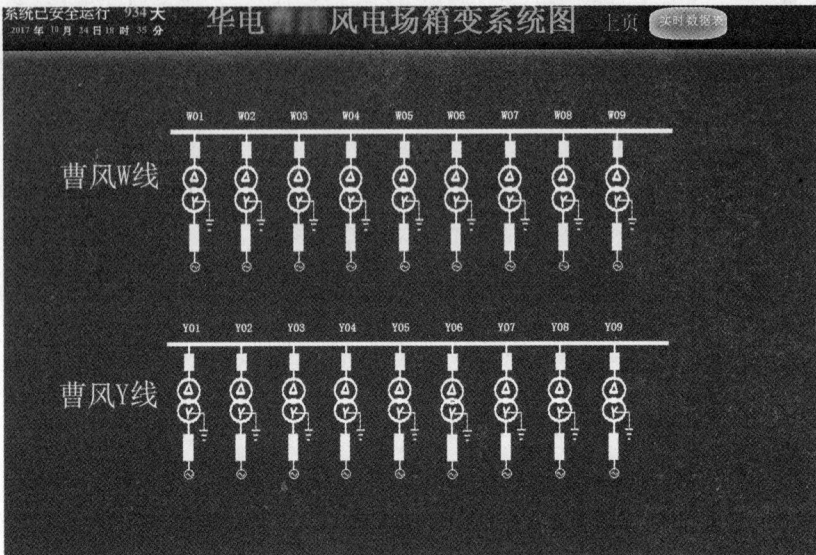

图 3-9 风机箱式变压器监控系统界面

图 3-10 风机消防监控系统界面

（4）运营决策模块。运营决策模块以远程监控为基础数据来源，对采集的数据进行统计、分析。整个模块包括公司总览、场站总览、生产监视等 8 个主要板块，可以显示公司实时生产运营状况，显示主要生产指标的统计结果，为公司决策提供准确、可靠的数据支持，典型界面如图 3-11～图 3-14 所示。

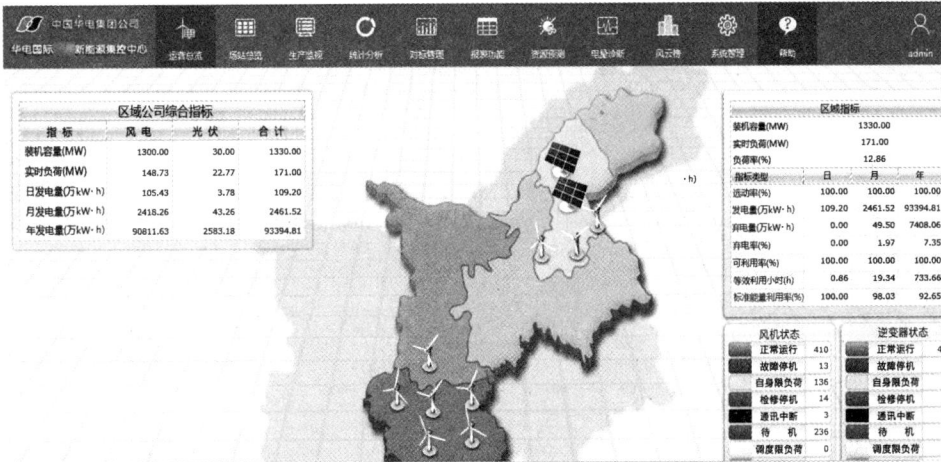

图 3-11　运营总览界面

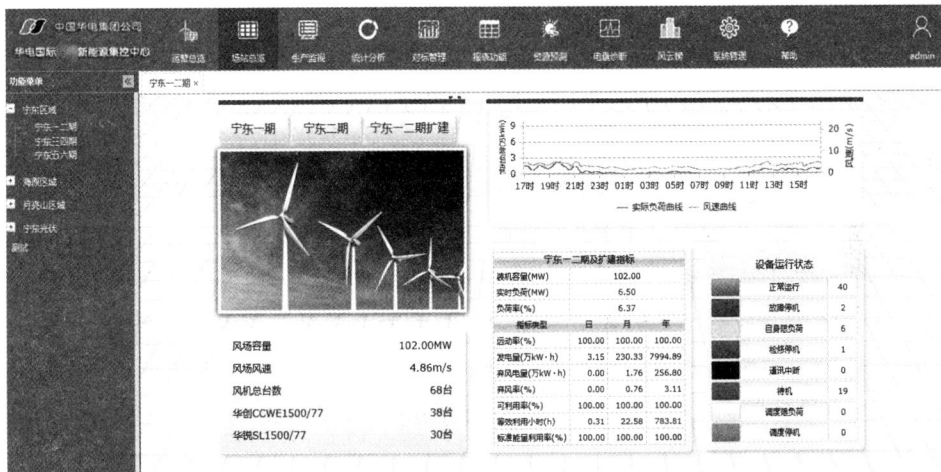

图 3-12　风机实时运行参数显示

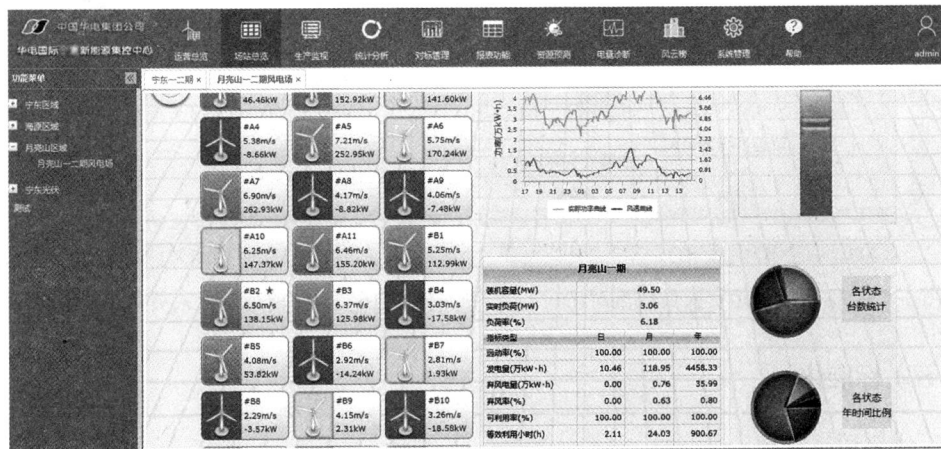

图 3-13　统计结果显示

图 3-14　报表功能

除此之外，运营决策模块还提供了对标、资源预测等功能，减少了运行人员的统计工作量。

4. 改善效果评价

（1）实现集中监控后，运行人员数量极大减少。公司装机容量达到 130 万 kW·h，集控运行人员仅 12 人、管理人员 3 人，较改善前同等容量分散运行管理模式下估算所需的人员数量减少 115 人，见图 3-15。

（2）实现集中监控后，运行人员监控效率得到极大提升。改善前，每名运行人员监控 5 万 kW 风电场；改善后，每班运行人员 3 人、正常监盘人员 2 人即可实现对公司所属 130 万 kW 发电设备的监控，每名运行人员监控 65 万 kW 风电场，监控效率提升 13 倍，见图 3-16。

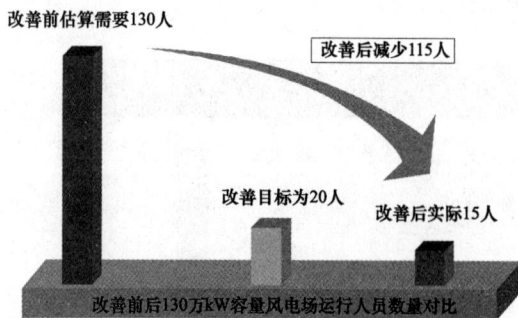

图 3-15　改善前后运行人员数量对比

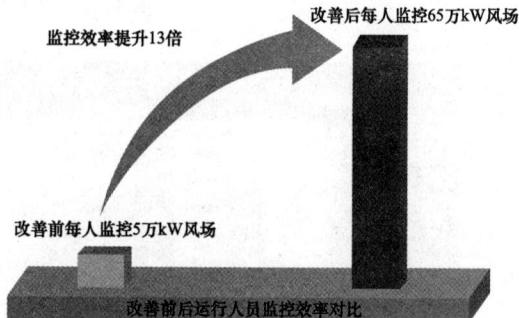

图 3-16　改善前后运行人员监控效率对比

（五）标准化

1. 优化运行组织

针对集中监控的实施，调整运行组织架构，成立集中监控中心，撤销现场监控室。

2. 完善集控管理制度

适应集中监控的需要，完善《集控运行规程》，编制《运行管理标准》等管理制度。

3. 编制《新能源集控平台操作方法》宣贯材料

编制《新能源集控平台操作方法》宣贯材料，规范集中监控工作的开展。

【案例思考】

利用新能源集控平台实现风机远程集中监控后，改变了以往的分散运行管理模式，减少了运行人员数量，提高了运行监控效率，降低了运行成本支出，满足了不同区域的风电场统一监控、统一调度运行的要求。在此基础上又开发了运营决策系统，提升了生产数据的统计、分析水平，加强了运行管控力度。

在本案例中，随着风电装机规模的大发展，分散控制的运行管理模式无法适应发展需要时，应摒弃以往的改善监控系统部分模块、部分功能的方式，将"修修补补"的小改善转变为"集中监控"方式的大进步，实现监控功能的跃升。在实际生产中，当传统管理方式无法满足实际需要时，应以精益管理思想为指导，勇于探索新的管理模式，从而从根本上解决问题。

<本案例由华电国际宁夏新能源发电有限公司提供>

第二节 运行制度精益管理

一、背景及现状

运行制度是运行管理的基础，运行管理的规范化离不开制度的支撑。运行制度规范了运行行为，运行行为的优化也必然会体现到运行制度中去，只有这样才会形成长效的运行改善机制。

运行制度除了国家、行业、上级公司颁发的各项标准、规范、措施外，从公司内部来说主要包括工作标准、技术标准、管理标准三个方面。工作标准主要是运行人员开展岗位管理的依据，提出了运行各岗位的要求、职责、工作内容和工作目标。技术标准主要包括运行规程、系统图、调度规程、电工手册等运行技术规定，一些国家、行业标准也往往包含在技术标准的管理体系中。管理标准主要是对各种运行行为的规范，是一个公司具体生产实际的体现。

水电与新能源发电企业在运行管理标准方面存在相同的内容，主要有工作票、操作票管理规定，交接班管理规定，巡回检查管理规定，设备定期试验与轮换管理规定，小指标竞赛管理规定，重大操作及事故处理到位规定，防误操作装置管理规定，运行分析管理规定和运行例会管理规定等。因为运行管理具体内容的差异，水电企业运行管理标准往往还有水情报告管理制度等，新能源发电企业有风、光资源管理制度等各具自身特色的管理制度规定。这些管理制度为保证水电与新能源发电企业长期安全、稳定、经济运行提供了制度保障，使运行人员的行为有据可依。

相对于火电企业，水电与新能源发电企业存在设备型号多、数量多、操作方法各异等现实问题，加之运行人员数量少、年龄跨度大，这些客观情况导致各个水电与新能源发电企业间运行管理制度存在较大差异，存在部分运行制度与实际生产不相符的情况，表现在管理流程烦琐、管理内容不细、管理要求不具体等方面，给实际运行管理工作，以及运行与其他部门联系工作造成障碍。

二、管理改善及思路

以精益管理思想为指导，运用精益管理工具，结合水电与新能源发电企业生产实际，对运行管理制度进行梳理。对其中存在的环节过多、流程冗余等情况进行查找，简化管理环节，优化管理流程，利用新的技术手段对常规运行管理制度进行提升，将管理制度与信息化、网络化紧密结合，达到减少时间浪费、提升管理质量的目的。

三、案例实践

【案例3-2】 提高生产设备停役管理效率

（一）案例背景简介

1. 实施背景

设备停复役管理是发电企业时常会遇到的情况，关系到发电设备的安全运行和经济运行。就发电设备的全寿命过程而言，设备停复役管理将涉及四个方面：一是服役，一般指设备新投产后，归入正常设备序列管理；二是停役，主要指设备在运行过程中进行检修或维护而临时停运的情况；三是复役，主要指停役设备措施恢复后，重新投入运行或备用；四是退役，主要指设备使用寿命结束，退出正常运行。在设备运行过程中，最常遇到的就是停役和复役管理。

具体到风电企业，因为风能具有一定程度上的随机性，而发电设备和运行人员又相对分散，为了尽可能地发挥生产设备的经济性能，确保人员安全和设备可靠运行，需要着重做好生产设备的停复役管理，执行好生产设备停役审批制度，坚决杜绝随意停止发电设备的情况发生，使发电设备保持在良好的运行或备用状态，尽可能地提高风能利用效率。

但是，在具体实施生产设备停役管理的过程中，还存在管理效率不高的情况，主要表现在加强现场设备管控与设备停役审批环节较多的矛盾上。某新能源发电企业在统计生产设备停役审批流程时发现，审批流程涉及 4 个部门，平均每次需要 60min 才能完成审批签字，存在耗时多、管理效率低的问题。

2. 实施思路

以精益管理思想为指导，对生产设备停役管理现状进行诊断，查找存在的问题，并针对主要问题进行原因分析，制订相应的改善措施，通过管理过程优化、应用新技术手段等方法，达到简化流程、减少时间浪费的目的。

（二）现状诊断

1. 诊断内容

某新能源发电企业生产设备停役管理流程见图 3-17。

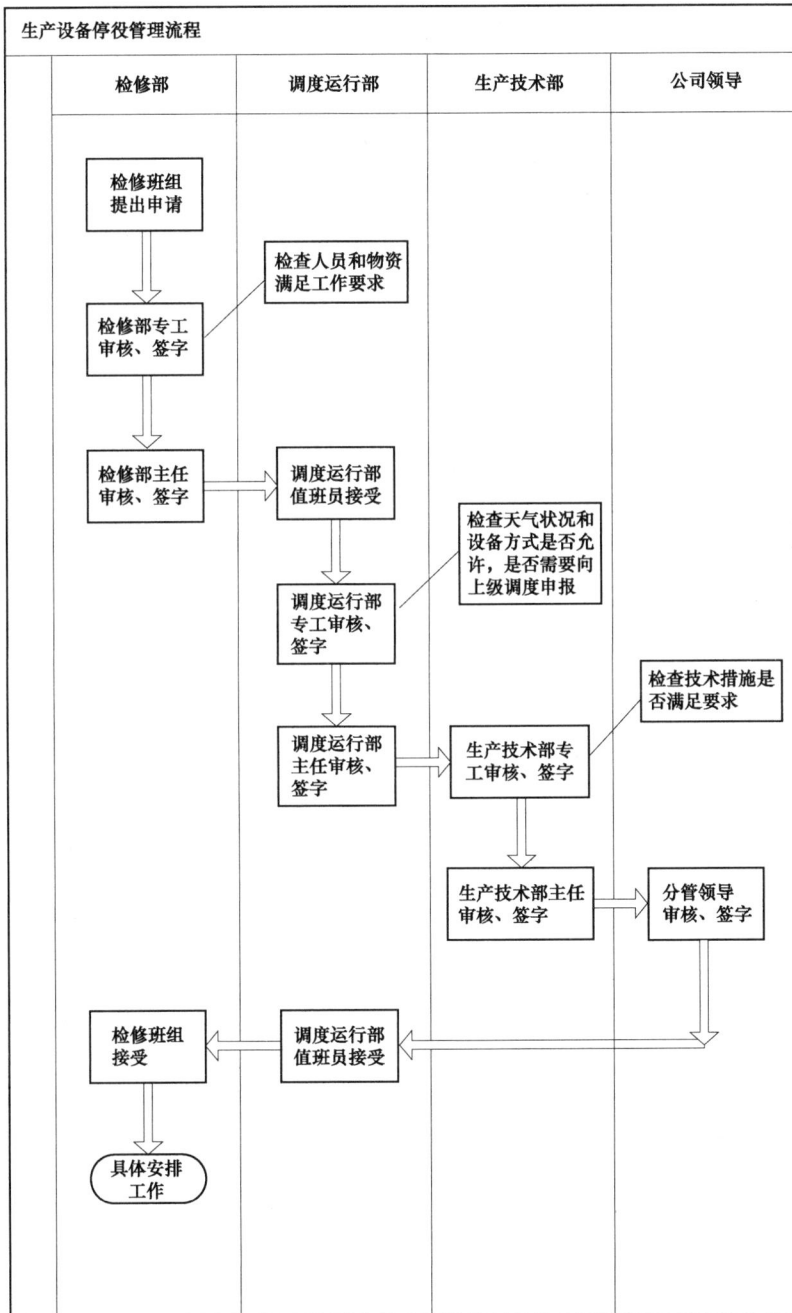

图 3-17　某新能源发电企业生产设备停役管理流程

图 3-17 所示流程中，一份停役申请从提出到审批完成再进入实施环节，需要经过检修

班→检修部→调度运行部→生产技术部→公司领导→调度运行部下令 6 个环节。

随机选择 100 项已完成的设备停役审批工作进行耗时统计，获得散点，见图 3-18。

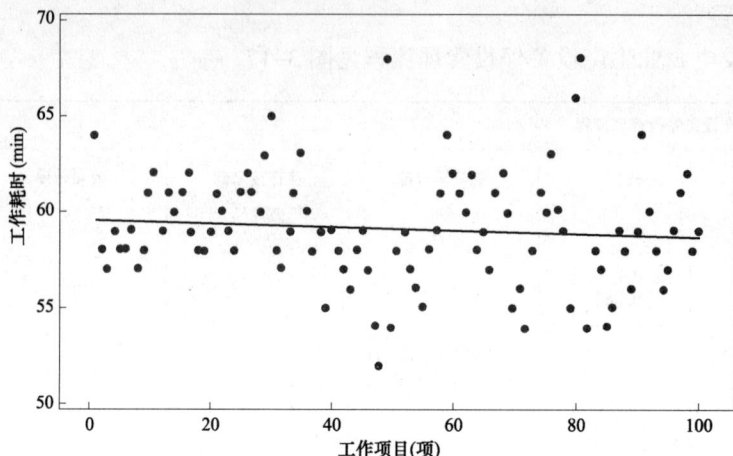

图 3-18　工作项目与工作耗时的关系

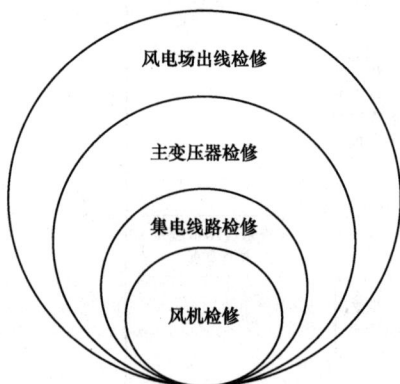

图 3-19　停电范围关系图

由图 3-18 可见，审批工作耗时一般在 60min 左右，且与工作内容关系不大。

然而，实际进行的工作必然是有差别的。以风机检修、集电线路检修、主变压器检修、风电场出线检修为例，从停电范围来看，如图 3-19 所示。

对于工作内容不同、停电范围不同的工作，出现耗时基本相同的情况，本身就与工作实际情况相背离，说明在影响生产设备停役管理耗时方面存在优化的空间。

选择一项工作，对停役申请各环节分别进行耗时统计，见表 3-5。

表 3-5　　　　　　　　　　　停役申请各环节耗时统计　　　　　　　　　　min

序号	办 理 过 程	实际办理时间	传递等待时间	合计
1	检修班组提出	1	0	1
2	检修班组长→检修部专工	2	2	4
3	检修部专工→检修部主任	2	2	4
4	检修部主任→检修班组长	1	2	3
5	检修班组长→调度运行部值班员	2	5	7
6	调度运行部值班员→调度运行部专工	2	2	4
7	调度运行部专工→调度运行部主任	2	3	5
8	调度运行部主任→调度运行部值班员	1	2	3
9	调度运行部值班员→生产技术部专工	2	3	5

序号	办 理 过 程	实际办理时间	传递等待时间	合计
10	生产技术部专工→生产技术部主任	2	5	7
11	生产技术部主任→调度运行部值班员	1	2	3
12	调度运行部值班员→公司领导	2	8	10
13	公司领导→调度运行部值班员	1	2	3
14	调度运行部值班员→检修班组长	2	0	2
	合计	23	38	61

由表 3-5 看出，该项工作流程耗时达 61min，其中实际办理耗时 23min，流程等待耗时 38min。

由此，生产设备停役管理存在的主要问题有：

（1）生产设备停役管理实际办理耗时多。

（2）生产设备停役管理传递等待耗时多。

上述两个问题导致了生产设备停役管理耗时多的问题。

2. 改善目标

（1）降低停役管理耗时，预期较改善前至少缩短 50%的时间。

（2）优化停役管理过程中的信息传递方式，实现电子化和网络化。

（3）提高工作效率，简化工作流程。

（三）原因分析

成立课题小组，组织小组成员应用头脑风暴法，对导致生产设备停役管理耗时多的问题进行分析，见图 3-20。

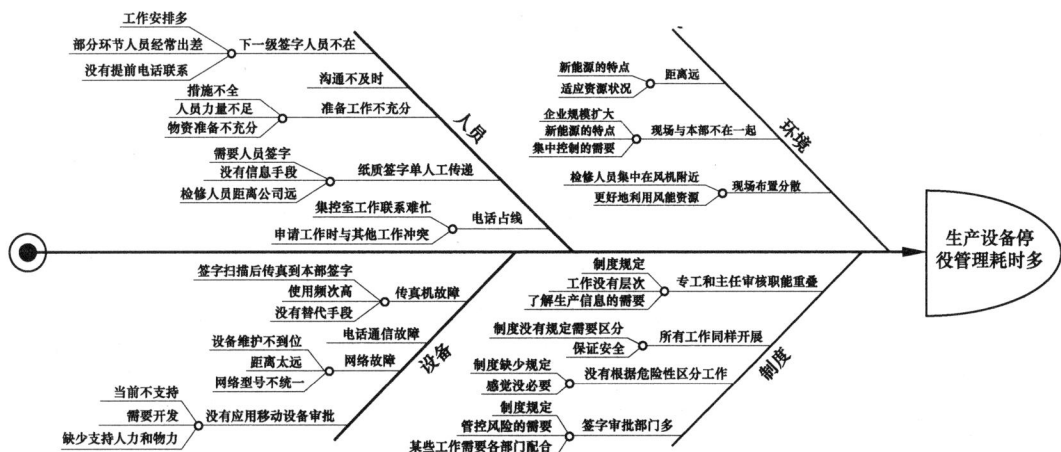

图 3-20　生产设备停役管理耗时多的原因分析

组织小组成员进行讨论，根据重要程度和改善可行性对影响"设备停役管理耗时多"的具体原因进行评分，根据得分情况筛选出主要影响因素，见表 3-6。

表 3-6　　　　　　　　　　设备停役管理耗时多的原因评分表

序号	"设备停役管理耗时多"的原因分析		原因评分表					合计	是否为主要影响因素
	原因分类	具体原因	职员1	职员2	职员3	职员4	职员5		
1	环境	距离远	1	1	1	1	1	5	
2		现场与本部不在一起	1	1	2	1	1	6	
3		现场设备布置分散	1	1	1	1	1	5	
4	人员	下一级签字人员不在	5	5	4	5	4	23	√
5		沟通不及时	2	3	2	1	2	10	
6		准备工作不充分	3	3	2	2	2	12	
7		纸质签字单人工传递	5	5	5	4	4	23	√
8		电话占线	2	3	2	2	2	11	
9	制度	专工与主任审核职能重叠	5	4	5	4	4	22	√
10		所有工作同样开展	4	5	4	5	5	23	√
11		没有根据危险性区分工作	4	4	4	5	4	21	√
12		签字审批部门多	5	4	5	5	4	23	√
13	设备	传真机故障	2	1	1	1	1	6	
14		电话通信故障	1	1	2	1	2	7	
15		网络故障	2	2	3	1	1	9	
16		没有应用移动设备审批	4	4	5	4	5	22	√

注　小组成员依靠个人工作经验，从原因的重要程度和改善可行性方面独立打分，由低到高以1～5分表示，总分20分以上为主要影响因素。

将找出的主要影响因素归纳为两个方面，见表3-7。

表 3-7　　　　　　　　"设备停役管理耗时多"的原因归纳表

序号	具体原因查找	原因归纳
1	下一级签字人员不在	信息传递手段不适合
2	纸质签字单人工传递	
3	没有应用移动设备审批	
4	专工与主任审核职能重叠	生产设备停役管理制度不合理
5	所有工作同样开展	
6	没有根据危险性区分工作	
7	签字审批部门多	

（四）实施改善

通过对当前"设备停役管理耗时多"的原因进行分析，去除受制于客观条件难以解决的影响因素，归纳的原因主要有两个：一是信息传递手段不适合，二是生产设备停役管理制度不合理。

确定"减少设备停役管理耗时"措施方向，见图3-21。

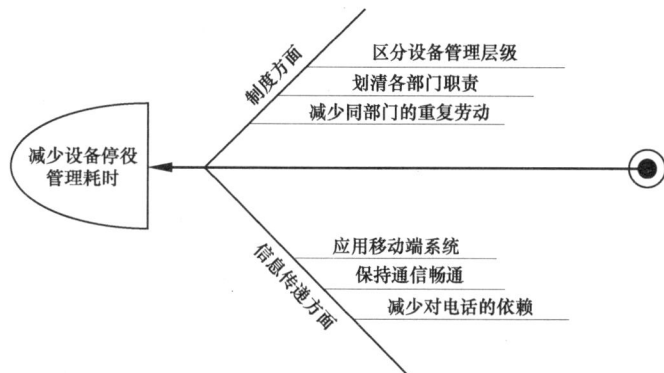

图3-21 "减少设备停役管理耗时"措施方向

组织工作小组成员对解决措施和实施步骤进行讨论，见图3-22。

图3-22 讨论解决措施和实时步骤

编制解决措施实施计划表，见表3-8。

表3-8 解决措施实施计划表

序号	需解决的问题	具 体 措 施	负责人	完成时间
1	优化停役管理制度	根据实际工作情况，划分设备管理层级	职员2	3月1~15日
2		组织讨论，厘清设备停役过程中各部门的管理职责		3月16~30日
3		组织讨论，合理划分部门内部停役审批职责		4月1~10日
4	应用信息手段优化停役管理	利用检修移动作业平台系统，提出移动端实现设备停役管理方案，落实费用与人员	职员1	3月1~31日
5		与软件人员配合，根据优化后的设备停役管理流程完善相关程序	职员3	4月11~30日
6	完善系统	设备停役审批系统上线试运行	职员2	5月1~31日
7	正式投运	完善设备停役审批系统，正式投运	职员2	6月1日

1. 过程说明

（1）简化管理流程。通过对以往设备停役的 100 项工作的统计，发现存在下列规律：风机停运检查、维护等工作，危险性相对较小，但总数最多，且一般 4h 内就可完成，这类工作占总工作量的 70%；停电范围广、危险性相对较大的工作，一般是风电场主变压器及以上的集电线路停电工作，这类工作占总工作量的 5%；剩余的占 25% 的工作是风电场主变压器以下的集电线路停电工作，危险性在前面两者之间，见图 3–23。

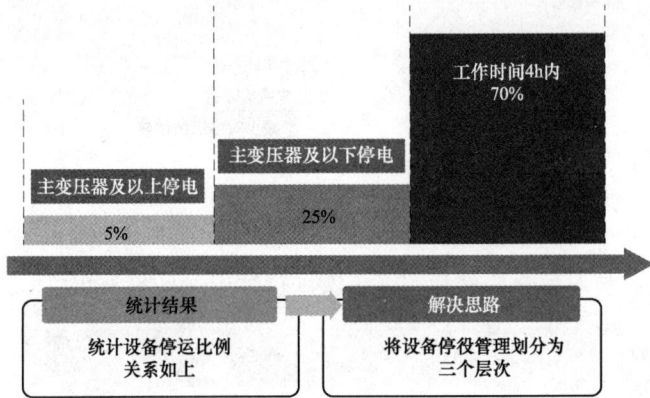

图 3–23　设备停役时间与工作量对照

根据以上统计结果，将设备停役管理划分为三个层次：一是工作时间在 4h 以内的风机检查、维护工作。这种工作不需要填写生产设备停役申请单，只需要通过调度电话口头取得值长同意即可进行下一步工作。二是主变压器以下的线路停电工作，由检修班组提出，检修部、调度运行部、生产技术部专工审核即可完成审批流程。三是主变压器及以上的线路停电工作，由检修班组提出，检修部、调度运行部、生产技术部主任进行审核把关，公司领导批准执行，见图 3–24。

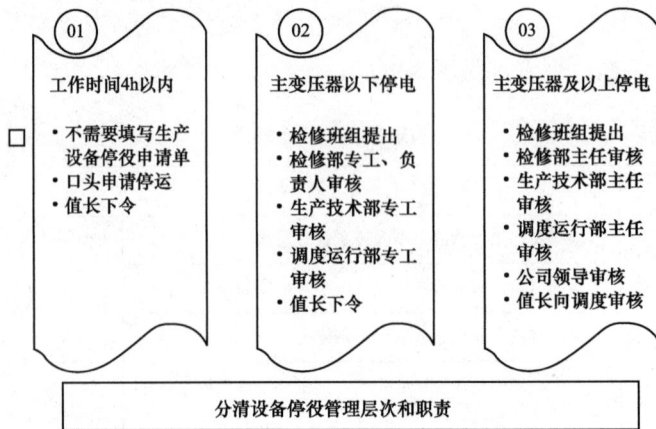

图 3–24　设备停役管理层次和职责划分

根据上述管理优化情况，对《生产设备停复役管理标准》中的相关内容进行修订。

在标准中形成两种设备停役申请单格式：一种是主变压器以下的，另一种是主变压器及以上的，对不同工作的审批流程进行规定，见图 3-25。

图 3-25 设备停役申请单格式

（2）实现审批电子化。该公司已有"风电场移动作业平台"，该平台的突出优点是能适应新能源工作特点，在现场就可以进行相关工作办理。

借助该平台，将设备停役管理与移动端进行结合，新增在线"设备停役审批系统"。检修班组提出申请后，平台能根据不同层次自动将申请信息发送至相关管理人员，并实时记录各层级人员接受、批准的时间，见图 3-26。

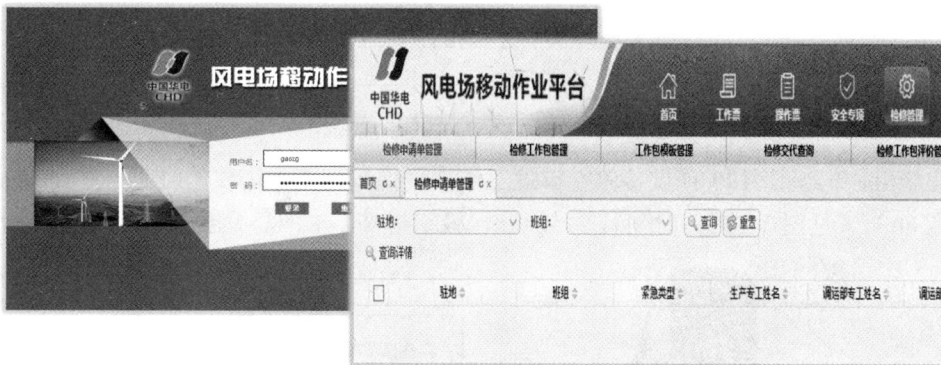

图 3-26 设备停役申请办理界面

2. 实践效果

（1）流程简化后，设备停役管理所需时间减少。层级分清后，不同的工作走不同的流程，95% 的工作不需要部门主任和公司领导审批，简化了审批环节。

对于工作时间在 4h 以内的风机检查等工作，其工作流程耗时统计见表 3-9。

对于主变压器以下等级设备停役等工作，其工作流程耗时统计见表 3-10。

表 3-9 　　　　　　　　　工作时间在 4h 以内的停役办理耗时统计 　　　　　　　　　min

序号	办 理 过 程	实际办理时间	传递等待时间	合计
1	检修班组长→调度运行部值长	1	0	1
2	调度运行部值长→检修班组长	2	0	2
	合计	3	0	3

表 3-10 　　　　　　　　　主变压器以下等级设备停役办理耗时统计 　　　　　　　　　min

序号	办 理 过 程	实际办理时间	传递等待时间	合计
1	检修班组长→检修部专工	1	2	3
2	检修部专工→生产技术部专工	2	2	4
3	生产技术部专工→调度运行部专工	2	2	4
4	调度运行部专工→调度运行部值长	2	2	4
5	调度运行部值长→检修班组长	2	1	3
	合计	9	9	18

对于主变压器及以上等级设备停役工作，其工作流程耗时统计见表 3-11。

表 3-11 　　　　　　　　　主变压器及以上等级设备停役办理耗时统计 　　　　　　　　　min

序号	办 理 过 程	实际办理时间	传递等待时间	合计
1	检修班组提出	1	0	1
2	检修班组长→检修部主任	2	2	4
3	检修部主任→生产技术部主任	2	2	4
4	生产技术部主任→调度运行部主任	2	2	4
5	调度运行部主任→公司领导	2	2	4
6	公司领导→调度运行部值长	2	2	4
7	调度运行部值长→检修班组长	2	1	3
	合计	13	11	24

实施后，仍统计 100 项设备停役审批工作，平均每件工作需要的时间由过去的 60min 下降为 8min（见图 3-27），时间减少 52min，效率提高了 87%，达到了预期改善目标。

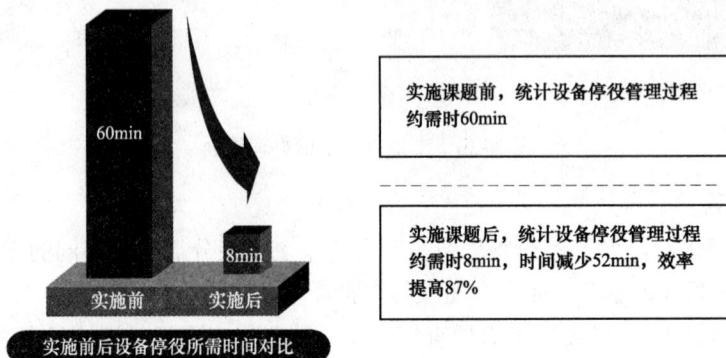

实施课题前，统计设备停役管理过程约需时60min

实施课题后，统计设备停役管理过程约需时8min，时间减少52min，效率提高87%

图 3-27 　改善前后设备停役所需时间对比

（2）审批过程实现了电子化。有申请单时，设备停役审批系统能自动在移动端提醒相关审批人员审核、电子签名，不再受人员出差、不在办公地点等无法签字情况的限制，同时审批单存储在电脑系统中，便于长期保存和查询。

（3）通过优化管理制度和技术手段，大幅节约了生产设备停役审批时间，提高了工作效率。

（五）标准化

标准化的具体项目及流程见表 3-12。

表 3-12 标准化项目及流程

项 目 名 称	说 明
标准化文件	对管理制度进行优化，形成新的《生产设备停复役管理标准》
固化管理流程到信息系统	将优化后的管理流程固化到"风电场移动作业平台"的设备停役审批系统，方便检修人员根据实际情况随时提出申请，同时便于以往申请的存储、查询
编制实施情况说明推广	对编制实施情况说明进行推广

【案例思考】

本案例针对的是运行业务办理流程进行的精益管理，主要采取的精益改善措施是优化管理制度，以及结合信息化手段来提高工作效率。未来还可以通过完善值长负责制来进一步减少审批环节，减少耗时，提升效率。

在新能源发电企业运行管理实践中，存在许多运行与运行、运行与检修、运行与财务、运行与物资等其他部门发生工作联系的情况。在这些联系过程中，需要投入一定的人力和物力来完成相应流程。在这些管理过程中，有必要以精益管理的思想重新审视管理流程是否必要、时间是否可以节约、环节是否可以缩减或者成本是否可以降低等问题，对这些疑问的解决过程也是不断提升运行制度管理精益化的过程。

新能源发电企业普遍存在场站分布不集中、分散区域广的问题，这是由新能源工作的特点决定的，很难改变。因此，在信息的传递中，要尽可能地选择电子化、网络化办理的解决思路，将常规工作与信息手段结合起来，对新能源发电企业人力和物力的节约会起到立竿见影的效果，而这个结合的过程也是精益管理思想不断深入、实践的过程。

<本案例由华电国际宁夏新能源发电有限公司提供>

【案例3-3】 构建水电站操作标准化，提升运行操作效率

（一）案例背景简介

1. 实施背景

某厂设备种类、型号多，检修、技改任务重，电气主系统结构复杂，操作流程及要求

均有不同，在"远程集控"工作模式实施以后，需要采取行之有效的标准化管控手段，以提升现场操作管理水平，使运行操作人员在保证安全的前提下，能优质、高效地完成各类操作任务。

2. 实施思路

针对水电站操作管理特点，利用精益管理工具充分挖掘操作管理中存在的问题，并制订合理的对策和措施，消除各类操作任务在执行过程中存在的浪费，提升操作效率。

（二）现状诊断

1. 诊断内容

组织精益管理小组成员，对该厂一条线路倒闸操作关键流程需要的时间进行统计，见图 3-28。

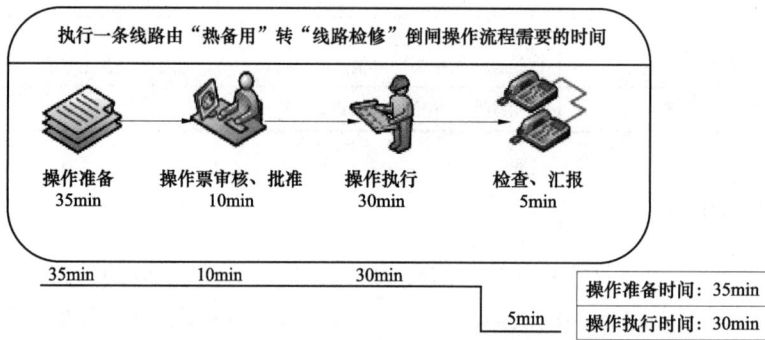

图 3-28　倒闸操作流程需要时间统计情况

可以看出，一个倒闸操作任务的执行，在操作准备环节使用的时间超过了操作实际执行环节所用的时间，在操作任务多的情况下，操作准备环节上浪费的时间就会显得更加突出。

2. 改善目标

缩短操作准备时间，提升操作效率。

（三）原因分析

课题小组应用头脑风暴法，对水电站倒闸操作工作中存在的问题进行了原因分析，见图 3-29。

组织人员对操作准备时间长的末端原因进行评分，结果见表 3-13。

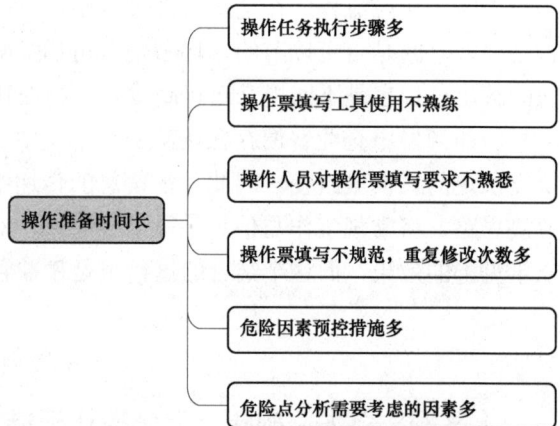

图 3-29　操作准备时间长的原因分析

根据上述评分表进行总结，问题存在的主要原因有：① 操作票填写不规范，需要重复修改，浪费时间多；② 操作人员对操作票填写要求不熟悉，填写时间长；③ 危险因素预控措施多，填写时间长；④ 由于设备结构及环境较为复杂，需要考虑的影响因素较多，操

184

作危险点分析时间长。因此，课题小组将上述 4 个原因作为重点改善对象。

表 3-13   操作准备时间长的末端原因分析表

| 序号 | 操作准备时间长的原因分析 | | 原因评分表 | | | | | 合计 | 是否为主要影响因素 |
	问题现状	具 体 原 因	杨某	张某	刘某	穆某	姚某		
1	操作准备时间长	操作任务所需的执行步骤多	2	2	1	2	1	8	
2		操作票填写不规范，需要重复修改	5	5	5	5	4	24	√
3		操作人员对操作票填写要求不熟悉	5	4	5	4	5	23	√
4		危险因素预控措施多	5	4	4	4	5	22	√
5		危险点分析需要考虑的因素多	4	5	5	5	5	24	√
6		操作票填写工具使用不熟练	1	1	1	2	2	7	

注　原因评分分值最高为 5 分，合计总分超过 20 分为主要影响因素。

（四）实施改善

1. 制订改善措施实施计划表

根据操作准备时间长的主要原因制订改善措施实施表，见表 3-14。

表 3-14   措 施 实 施 表

序号	需要改善的问题	具 体 措 施	负责人	完成时间
1	操作票填写不规范，需要重复修改	对操作任务进行梳理和分类，根据操作任务编制典型标准操作票，整理后建立形成典型标准操作票库	杨某、张某	某年某月某日
2	操作人员对操作票填写要求不熟悉			
3	危险因素预控措施多	根据具体操作任务进行危险点分析，并提出预控措施，整理后建立形成危险因素预控措施库	刘某、李某	某年某月某日
4	危险点分析需要考虑的因素多			

2. 过程说明

（1）典型标准操作票库的建立。操作任务的梳理和分类：

经过组织技术专家、专工、值长等人员进行分析和总结，将水电站运行操作分为电气类状态转换型、装置功能型操作和机械类状态转换型、装置功能型操作两大类。其中，电气类状态转换型和装置功能型操作主要有发电机状态转换、主变压器状态转换、母线状态转换、线路状态转换等，机械类状态转换型和装置功能型操作主要有压油泵、空气压缩机、技术供水系统、消防供水系统状态转换等。具体分类见图 3-30。

典型操作任务清单的审定：在对水电站运行操作进行清晰、细化分类的基础上，课题小组按照调度运行规程，安全操作规程，工作票、操作票使用管理规定等管理制度的要求，充分结合现场实际情况以及 ERP 系统运行操作模块构建的需要，总结梳理操作任务清单，根据操作任务清单完善、编写操作票。编写完成后，首先根据操作任务类型逐字逐句地进行审查和核对，确保操作票中每一条操作的准确性和必要性；其次，再通过模拟操作图板进行操作演练，保证整个操作流程的完整性和逻辑顺序的正确性，最终形成了规范、统一、实用的典型标准操作票。

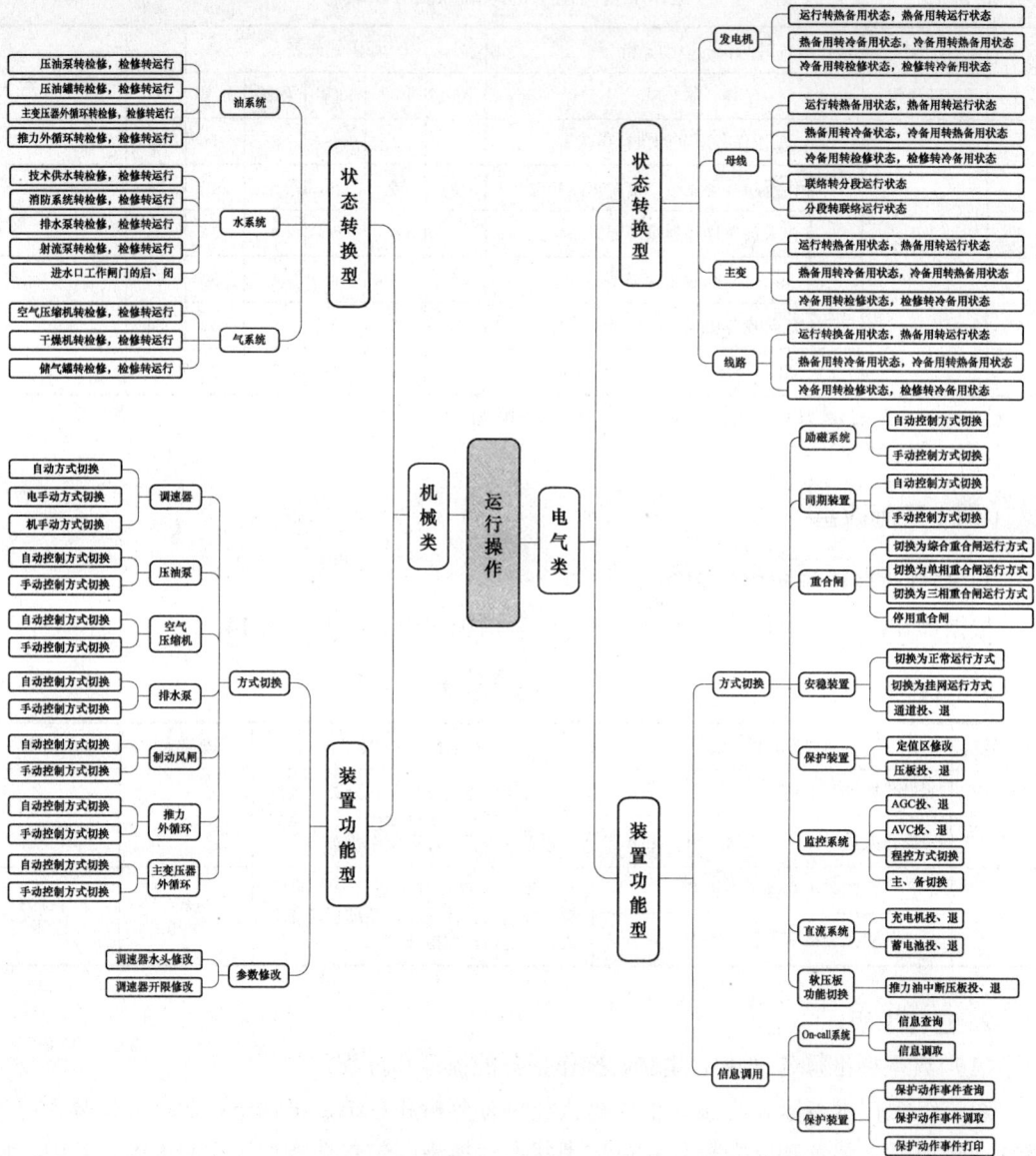

图 3-30　水电站运行操作分类（截图）

专项小组通过 6 个月的努力，重新审定形成的典型标准操作票共 500 余份，涵盖了全厂所有主、辅设备的各种状态转换，满足了水电站生产工作的需要。例如，以该厂 1 号发电机为例，针对退出检修的情况，编写的操作票有发电机由"热备用"转"检修"（电气部分）、发电机由"热备用"转"检修"（机械部分）等，见图 3-31。

将典型操作票整理成库，并规范管理和滚动修改：对经过严格审核的典型操作票进行整理归类后，全部通过 ERP 运行模块管理员录入 ERP 系统整理成状态转换典型操作票库（见图 3-32）。有状态转换类操作任务时，操作人员均可以按照对应的倒闸操作任务快速选取操作票，短时间内就能完成操作准备，并按操作票中的操作步骤逐项完成操作，简便快捷，有效地减少了人工填写操作票所浪费的时间，也提升了操作票签、审流程的效率。

发电机序号	退出	恢复
1	1号发电机由“热备用”转“检修”(电气部分).doc	1号发电机由“检修”转“热备用”(电气部分).doc
	1号发电机由“热备用”转“检修”(机械部分).doc	1号发电机由“检修”转“热备用”(机械部分).doc
2	2号发电机由“热备用”转“检修”(电气部分).doc	2号发电机由“检修”转“热备用”(电气部分).doc
	2号发电机由“热备用”转“检修”(机械部分).doc	2号发电机由“检修”转“热备用”(机械部分).doc
3	3号发电机由“热备用”转“检修”(电气部分).doc	3号发电机由“检修”转“热备用”(电气部分).doc
	3号发电机由“热备用”转“检修”(机械部分).doc	3号发电机由“检修”转“热备用”(机械部分).doc
4	4号发电机由“热备用”转“检修”(电气部分).doc	4号发电机由“检修”转“热备用”(电气部分).doc
	4号发电机由“热备用”转“检修”(机械部分).doc	4号发电机由“检修”转“热备用”(机械部分).doc
5	5号发电机由“热备用”转“检修”(电气部分).doc	5号发电机由“检修”转“热备用”(电气部分).doc
	5号发电机由“热备用”转“检修”(机械部分).doc	5号发电机由“检修”转“热备用”(机械部分).doc

图 3–31　发电机状态转换操作票（截图）

操作标号（1）935找到条目

限制

PIPI	操作票类	操作票号	说明	创建日期	短文本	用户状态
1010	DQS	101061000012	1号主变压器由“运行”转“冷备用”状态	00.00.0000		专业审核
1010	DQS	101061000013	1号主变压器由“冷备用”转“检修”状态	00.00.0000		专业审核
1010	DQS	101061000014	1号主变压器由“热备用”转“检修”状态	00.00.0000		专业审核
1010	DQS	101061000015	1号主变压器由“冷备用”转“热备用”状态	00.00.0000		专业审核
1010	DQS	101061000016	1号主变压器由“检修”转“冷备用”状态	00.00.0000		专业审核
1010	DQS	101061000017	1号主变压器由“检修”转“热备用”状态	00.00.0000		专业审核
1010	DQS	101061000018	2号主变压器由“运行”转“冷备用”状态	00.00.0000		专业审核
1010	DQS	101061000019	2号主变压器由“冷备用”转“检修”状态	00.00.0000		专业审核
1010	DQS	101061000020	2号主变压器由“热备用”转“检修”状态	00.00.0000		专业审核
1010	DQS	101061000021	2号主变压器由“冷备用”转“热备用”状态	00.00.0000		专业审核
1010	DQS	101061000022	2号主变压器由“检修”转“冷备用”状态	00.00.0000		专业审核
1010	DQS	101061000023	2号主变压器由“检修”转“热备用”状态	00.00.0000		专业审核

图 3–32　ERP 系统典型标准操作票库

（2）危险点及预控措施库的建立。正确实施倒闸操作是电力系统安全运行、厂站安全生产的重要保障。通过对倒闸操作前的准备工作、操作中的行为以及倒闸操作中可能存在的危险点进行分析判断，并采取相应的措施消除或控制，可以有效地防止运行人员在倒闸操作过程中发生人身、电网、设备等事故。

课题小组根据多年的工作经验，结合以往的事故通报，收集整理以往操作中出现的不安全现象，认真地进行了分析和总结。通过寻找倒闸操作中危险因素的共性和通用性，在满足《安全生产工作规定》《危险源辨识与风险评价作业指导书》等规章制度要求的基础上，归纳和整理出了适合水电站倒闸操作的危险因素和危险点；同时，从实际出发，以人员因素、设备因素、操作方法因素、工器具因素、作业环境因素为重点，提出和制订了切实可行的控制措施（见图 3–33）。

危险因素及控制措施编写完毕后，将其录入 ERP 危险点预控措施库内，并与典型标准操作票相连接。在按照操作任务选取建立标准操作票的同时，即可点开标准危险点导入按钮，根据当前操作任务勾选所需危险点及控制措施进行预览和学习（见图3-34）。

作业项目描述-100字符	序号	危险因素-200字符	控制措施-500字符
1号发电机由"热备用"转"检修"（电气部分）	1	人员身体、精神状况	安排身体、精神状况良好的人员参与操作
1号发电机由"热备用"转"检修"（电气部分）	2	人员搭配是否合理	根据操作任务合理安排操作人员，安排熟悉系统和设备的人员进行操作
1号发电机由"热备用"转"检修"（电气部分）	3	设备存在缺陷进行操作的影响	认真分析设备缺陷对此次操作所带来的影响，并做好相应安全措施和事故预想
1号发电机由"热备用"转"检修"（电气部分）	4	跳项、越项操作	(1)严格执行《安规》规定，严禁跳项、越项操作。(2)属于双监护的操作，部门领导做好安全监督，发现跳项、越项操作严厉禁止，严肃处理
1号发电机由"热备用"转"检修"（电气部分）	5	保护误投退	(1)掌握继电保护运行操作知识。(2)熟知设备运行方式变更后的继电保护投退要求。(3)继电保护压板投退纳入操作票管理。(4)重要保护投退部门领导做好监督和指导。(5)必须核对保护名称、编号、位置正确
1号发电机由"热备用"转"检修"（电气部分）	6	操作中随意解除防误闭锁装置	确需解除防误闭锁装置才能进行的操作，须按规定分级汇报，同意后方可解除
1号发电机由"热备用"转"检修"（电气部分）	7	其他操作或工作对操作的影响	检查操作设备相邻其他操作或工作对此次操作是否会有影响，若有影响则采取相应措施，必要时暂时停止操作
1号发电机由"热备用"转"检修"（电气部分）	8	使用不合格的绝缘工器具、安全防护用具	操作前应认真检查所使用的绝缘工具、安全防护用具是否合格，不合格的用具决不允许带入工作现场

图3-33　电气倒闸操作危险因素及控制措施（截图）

图3-34　ERP系统勾选危险点分析及预控措施

3. 实践效果

实践证明，在接到操作任务后，操作人员可以直接按照对应的操作任务，在ERP系统中选取操作票和查看相应的危险点控制措施，快速完成操作准备。

从图3-35可以看出，操作准备时间长的问题得到明显改善。

（五）标准化

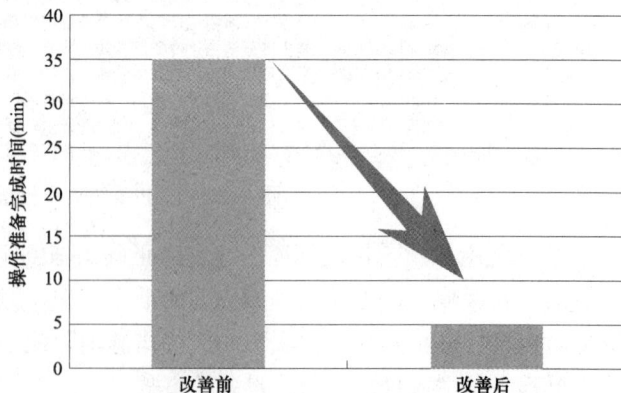

图3-35　改善前后操作准备完成时间对比

课题小组通过整理，将众多的操作原则、注意事项和要求分类列出，突出重点、要点的提示，结合统一化、规范化的标准操作流程和详细的操作步骤，对《运行操作手册》进行补充和完善。

【案例思考】

通过操作标准化的构建，一方面缩短了操作作业的时间，提升了操作效率；另一方面形成了能规范人员操作行为、确保设备操作正确性、防止误操作事故发生的有效手段。《运行操作手册》的补充和完善，也为新入职人员的专业技能培训提供了一个直观、有效的实用依据。今后，如何建立一个更加完善、有效、可靠的运行操作作业管控机制，使得各类操作任务均能安全、快速、高效、优质地完成，是该公司接下来探索的方向。

<本案例由贵州乌江水电开发有限责任公司乌江渡发电厂提供>

第三节　运行培训精益管理

一、背景及现状

目前，人才资源已成为水电与新能源发电企业的重中之重，对人员的培训是水电与新能源发电企业面临的重要问题。

水电与新能源发电企业是技术密集型企业，人员队伍方面有着较高的要求，不仅要求员工要具备较强的专业技能和综合素质，同时也十分注重企业内部员工的技能培训。运行技术培训是水电与新能源发电企业日常管理中的一项重要工作，是提升员工专业技能、实现企业安全稳定运行的基本保障。但是，当前我国水电与新能源发电企业运行岗位技术培训方面存在一定的滞后性。为了应对严峻的市场竞争形势，迫切需要探索全新的管理模式，促进岗位技术培训向着规范化、科学化的方向发展，模块化管理模式则满足了这一要求。将现代化的管理理论引入运行技术培训工作中，水电与新能源发电企业运行模块化培训提升了人员的业务水平，实现了管理者与被管理者之间有效的沟通与协调，为水电与新能源发电企业的稳定、持续运行奠定了坚实的基础。

二、管理改善及思路

水电与新能源发电企业都在快速发展，企业对人才的培训模式也需要积极地发生变化。做好运行人员培训精益管理工作，补充和完善当前企业培训工作中存在的不足，对提高运行人员的业务素质和培养高技能人才有着重要的意义。而人员综合技能水平的提高，无疑将对企业的安全生产提供有力保障。

三、案例实践

【案例3-4】　运行岗位模块化培训体系的构建与实施，提升人员业务水平

（一）案例背景简介

1. 实施背景

某厂作为流域开发的母体电厂，随着近几年大量管理技术人才的输出，企业人力资源结构矛盾更加凸显，人员呈现老龄化趋势，平均年龄不断增大，专业技术结构不尽合理，

部分班组人员呈现两极分化，中间明显出现断层，专业技术人员短缺。该厂开始推行"远程集控、少人维护"管理模式后，对人员技能水平提出了更高的要求。因此，必须调整培训模式，多渠道、全方位地提升员工岗位技能，为企业的快速发展奠定坚实的基础。

2. 实施思路

通过对水电站运行培训工作的不断总结和提炼，以精益管理理念为基础，应用模块化的培训模式，完善以往培训中存在的不足，并使培养出的能力具有很强的实用性。消除新人员入职培训、在岗人员技能提升等环节造成的浪费，解决培训效果不理想、培训周期长等问题。

（二）现状诊断

1. 诊断内容

课题小组应用头脑风暴法，对运行岗位培训中存在的问题进行诊断。经过诊断，发现存在的问题主要有：① 培训教材设置不合理，增加了学习的难度；② 培训模式不完善，影响受培人员业务水平的提升；③ 培训效果得不到有效改善。

2. 改善目标

（1）完成岗位提升培训，整体提高运行在岗人员的业务水平。

（2）通过模块化的培训，缩短新人员入岗就职时间，为水电企业快速发展提供人才保障。

（三）原因分析

课题小组应用头脑风暴法，对岗位培训质量不高的问题进行原因分析，如图 3-36 所示。

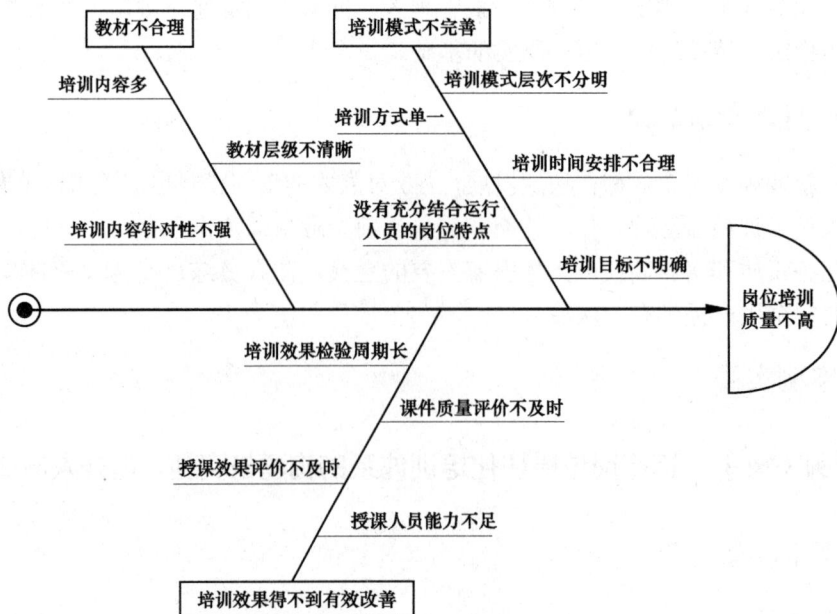

图 3-36　岗位培训质量不高的原因分析

组织人员对岗位培训质量不高的末端原因进行评分，结果见表 3-15。

表 3-15   岗位培训质量不高的末端原因分析表

序号	岗位培训质量不高的原因分析		原因评分表					合计	是否为主要影响因素
	问题现状	具体原因	苏某	方某	吴某	徐某	周某		
1	教材不合理	培训内容多	2	2	3	2	2	11	
2		教材层级不清晰	3	2	3	3	2	13	
3		培训内容针对性不强	5	5	5	5	5	25	√
4	培训模式不完善	培训模式层次不分明	2	1	1	2	1	7	
5		培训方式单一	5	4	5	4	4	22	√
6		培训时间安排不合理	3	2	2	3	2	12	
7		没有充分结合运行人员的岗位特点	5	4	4	5	5	23	√
8		培训目标不明确	4	5	5	5	5	24	√
9	培训效果得不到有效改善	培训效果检验周期长	5	5	5	5	5	25	√
10		课件质量评价不及时	4	4	5	4	4	21	√
11		授课效果评价不及时	5	4	5	4	4	22	√
12		授课人员能力不足	2	3	3	2	3	13	

注　原因评分分值最高为 5 分，合计总分超过 20 分为主要影响因素。

根据岗位培训质量不高的末端原因评分表进行总结，分析其主要原因如下：

（1）培训内容针对性不强，理论知识多，缺乏生产现场实际作业技能方面的经验和知识。

（2）培训目标不明确，而且没有充分结合运行人员的岗位特点；培训完成后，培训能力的实用性不强。

（3）授课完成后，没有及时对课件质量和授课效果进行评价，授课人员的授课能力得不到有效改善和提高。

（4）培训学习效果检验周期长，培训中出现的问题得不到及时解决。

（四）实施改善

1. 过程说明

（1）构建模块化教材。在教材模块化方面，将运行专业应掌握的内容分成理论模块、操作技能模块、专业技能模块、相关技能模块四大模块，见图 3-37。各个模块按运行所包含的新进厂实习人员、副值班员、值班员、值长（主值班员）等四种岗位配置教材，将培训教材运用到常规、目标、外委等不同培训模式中，按拟定培训计划在规定的时间内进行学习。

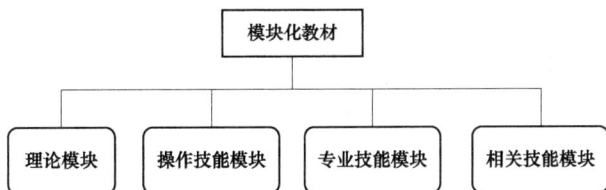

图 3-37　模块化教材结构

1）理论模块：掌握基本操作技能的基础，是学习专业及相关技能的前提，是应知考试的重要内容。其内容具体包括《南方电网调度管理规程》《乌江流域集控调度管理规程》《运行规程》《水轮发电机组值班（上、下册）》《电力安全工作规程》《厂系统图》等规程制度、图纸以及相关电力行业书籍内容。该模块按运行四种岗位而作不同层次的理论掌握要求。学员通过学习可以达到对专业理论知识的学习与更新，吸纳新知识、新技术和新方法，以及对未知领域的拓展。这一模块的培训以自学提升为主，部门、班组结合年度常规培训计划为主线贯穿。

2）操作技能模块：包括运行专业相应岗位应掌握的基本操作技能，如对副值班员岗位进行 15.75kV 及以下电压等级设备的停送电倒闸操作等方面的培训；值班员进行如水轮发电机、变压器大小修退出和启动恢复、线路倒闸操作等方面的培训；值长（主值班员）岗位针对大型复杂倒闸操作进行培训。岗位侧重于倒闸操作、系统方式的全局调度方面进行。教学主要以现场讲授、指导并结合厂仿真系统方式进行。

3）专业技能模块：这一模块在等级培训中占有重要的地位，培训主要侧重于对水电站设备出现异常、障碍和事故情况下的处置能力而施行。对于副值班员，要求能对操作巡视和上位机监盘过程中的一些异常信号和现象作出正确判断和简单处理；对值班员，要求能对障碍作出正确分析和处理；主值班员、值长则在事故情况下的快速处理，防止事故扩大方面进行培训。该模块教学以案例分析为主，结合班组事故预想和反事故演习，并充分利用仿真系统事故处理典型案例的演练，不断提高运行人员的事故处置能力。

4）相关技能模块：该模块内容一方面以培训值班员、主值班员、值长等岗位对设备的异常运行、缺陷等方面的分析能力，以及设备启动方案、特殊方式应急预案等专项工作编写能力为重点；另一方面，嵌入各管理类制度、检修申请报送、班组管理等管理类内容。该模块的培训建立在以上三种模块的基础之上，是提升岗位人员管理能力，逐步向部门专职工程师或后备干部储备的一个重要模块。

（2）实施模块化的培训模式。拥有一套丰富的培训教材后，需要建立一套优良的、科学的培训模式来作为支撑，进而发挥其突出的作用。发电部总结了多年的培训经验后，对培训工作进行了积极探索和创新，提出了以常规培训为基础、以目标培训为导向的模块化培训模式。

1）常规培训：在常规培训中，打破以往消极应付、走过场走形式的普遍现象，以"实"出发，以求"效"为中心指导思想认真开展班组常规培训工作。班组常规培训主要包括技术问答、考问讲解、事故预想、反事故演习、技术讲课五个方面。常规培训工作主要由班组培训员专人负责，部门培训专职监管。每月培训内容按年培训计划在班组倒班学习期间进行。

在技术问答、考问讲解方式上采用培训专职分别按值长组和值班员组出题，各自认真完成答题后作出评价和讨论。

在事故预想和反事故演习方面，充分利用部门会议室电脑、投影仪等设施，由班组培训员给出事故背景和现象，事故演习指挥人进行逐步处理，完毕后由全值人员对演习进行补充和讨论，并将最终处理方案和步骤存档，见图3-38。

图 3-38　运行人员组织反事故演习

技术讲课则要求讲课人按照培训计划要求，认真查询搜集相关资料，提前做好 PPT 培训课件，做到理论与实际相结合。讲课完成后，及时对授课效果和课件质量进行评价，对不足的地方及时进行改进，并对课件进行收集和整理。

2）目标培训：根据培训对象实际情况，以需要达到的培训目标为导向，结合模块化培训教材，制订对应的培训计划并展开培训。例如：发电部的培训对象主要有新分大学实习生、正副值班员、主值班员、值长以及受外单位委托的实习人员等。为保证运行工作的正常稳定开展，要求年轻人员能快速成长起来，发电部根据所有人员业务层次，分别制订了以值长、主值班员、值班员为目标的培训计划。根据拟定的培训计划，利用层次分明的岗位模块培训教材定期举办值班员、主值班员、值长岗位技能竞聘考试，为运行人员的个人价值提升提供了广大的空间和平台。

（3）定期检验培训成果。为保证培训计划的有效实施和达到最好效果，使整个培训体系能不断循环提升，利用水电运行专业实物数字仿真系统穿插到常规培训和目标培训中，定期对人员所学知识进行检验和考评（见图 3-39），每月及每季度由班组和部门分别组织进行，部门培训专职人员在月底统计和公布所有培训成绩，并对培训中存在的问题提出改进意见；最后将考评成绩作为岗位晋升的重要依据，营造了良好的学习氛围，不断促进班组人员持续学习。

2. 实践效果

（1）顺利完成了两名值班员的培养。两名值班员同时通过年终考评，同时在岗人员的专业技能水平也得到了整体提高。

（2）新进厂实习人员均已顺利答辩转正，入职后也能快速地适应水电运行岗

图 3-39　水电运行仿真系统及人员考评

位基础工作的要求。

（五）标准化

（1）授课质量评价表。
（2）授课课件月评价、年评选。
（3）利用水电运行仿真系统进行实操考评。

【案例思考】

采用模块课程与工作实际相结合的模块化培训体系，在运行岗位培训中，对于提高运行人员的业务素质和培养高技能人才有着重要的意义。接下来，该电厂将继续探索如何利用信息化网络资源搭建一个更加方便、生动、有效的学习培训平台，进一步提升培训质量和效果。

<本案例由贵州乌江水电开发有限责任公司乌江渡发电厂提供>

第四节　运行作业精益管理实践

一、背景及现状

运行作业管理是运行管理的重要组成部分，主要指对运行人员各种作业行为的管理。通过规范运行人员的作业行为，达到安全运行和经济运行的目的。

运行作业管理的主要内容是对"两票三制"的管理，即对操作票、工作票、运行交接班、运行巡回检查、设备定期试验与轮换的管理，以及记录运行作业执行情况的运行记录管理。

操作票是指在电力系统中进行操作的书面依据，是防止运行误操作的主要措施；工作票是准许在电力设备上工作的书面凭证，也是执行保证安全技术措施的书面依据；运行交接班制度是运行岗位互相交接班，明确各自责任的管理制度；运行巡回检查是为了电力设备的安全经济运行，运行值班人员必须按规定时间、内容及路线对设备进行巡回检查的制度，其目的是随时掌握设备运行情况，及时采取必要措施将事故消灭在萌芽状态；设备定期试验与轮换制度的主要目的是保证电力生产设备安全、稳定、经济运行，及时发现运行中和备用中的设备存在的隐患，它对预防事故或设备损坏具有积极意义。"两票三制"等运行工作的执行会产生一系列的运行记录，主要包括运行情况记录、运行参数记录、缺陷情况记录等内容。运行记录对于总结运行经验，厘清运行责任，提高运行水平至关重要，

水电与新能源发电企业运行作业管理与常规火电企业运行作业管理的共同点是管理内容基本一致，主要内容同样都是对"两票三制"等工作的管理，同时要求也一致，都是保证安全运行和经济运行。但水电与新能源发电企业运行作业同样有区别于常规火电企业运行作业的明显特点，水电企业运行作业主要表现在开停机操作频繁上，新能源发电企业运

行作业则主要表现在发电设备数量多、型号多、分布区域广，运行人员对于设备分布来讲相对较少，场站分布远离人口聚集区，信息化建设工作起步晚、难度大。

以上特点导致水电与新能源发电企业运行作业工作存在若干薄弱环节，主要表现在操作票执行不规范，存在跳项执行、错误执行；工作票办理速度缓慢；交接班不规范，交接内容不清楚，交接流程不统一；运行巡回检查到位情况难以监督，设备隐患不能及时发现；设备定期试验与轮换制度执行不到位，存在执行超期、执行步骤错误等情况；运行记录多为纸质，各场站格式不统一，难以保存、查询。这些薄弱环节严重影响水电与新能源发电企业运行作业工作的开展，对安全运行和经济运行造成了不利影响。

二、实践思路

按照精益管理的指导思想，从水电与新能源发电企业运行的特点出发，重视采用信息化手段提升运行作业管理中的各个环节，解决水电与新能源发电企业运行存在的场站分散、人员配置少、人员技能和经验不足等实际问题，夯实"两票三制"管理基础，通过做好"两票三制"的执行、监督工作，确保运行零误操作，保证安全运行和经济运行。

三、案例实践

【案例3-5】 优化简报信息，提高水电远程集控异常信息发现及时率

（一）案例背景简介

1. 实施背景

根据《中国华电集团公司水电站"无人值班（少人值守）、远程集控"管理办法（试行）》及集团公司有关管理要求，某公司于2015年成立集控中心并于2016年投运，负责对该区域内集团公司所属水电企业进行远程集控。在集控管理模式下，运行值班人员由原来单一的监控一个电站的机组设备转为对多个电站的机组设备进行监控，集控监控的系统信息繁杂，各个电站的信息归类、定义描述等都不相同，简报信息不合理，值班过程中容易发生不能及时发现异常信息的情况，不利于运行值班安全，需要采取措施进行改善。

2. 实施思路

通过对简报信息进行梳理简化、正确分类、准确定义，保留事故、故障信息和主设备重要节点状态信息，去除辅助设备等的正常状变信息，增加辅助设备超时告警信息，优化语音异常信息等，使集控监控系统简报信息简洁、有效、清晰，防止重要信息遗漏、信息误判，提高异常信息发现及时率，确保值班监盘的可靠性。

（二）现状诊断

1. 诊断内容

课题组采用现场调查的方法统计了该集控中心2016年第三季度集控监控系统报出的异常信息条数，以及未及时发现的异常信息次数，见表3-16。

表 3-16 　　　　　　　　某集控中心 2016 年第三季度所报异常信息表

项　目	月　份			
	7	8	9	总计
异常信息（条）	65	57	71	193
及时发现次数（次）	63	56	69	188
未及时发现次数（次）	2	1	2	5
发现及时率（%）	96.92	98.24	97.18	97.41

调查结果表明，集控监控系统异常信息发现及时率为 97.41%，达不到异常信息发现及时率 100% 的要求，对集控运行值班安全有较大影响。

2. 改善目标

集控监控系统异常信息发现及时率达到 100%。

（三）原因分析

课题组应用头脑风暴法，对集控监控系统异常信息发现及时率达不到要求的原因进行了分析，见图 3-40。

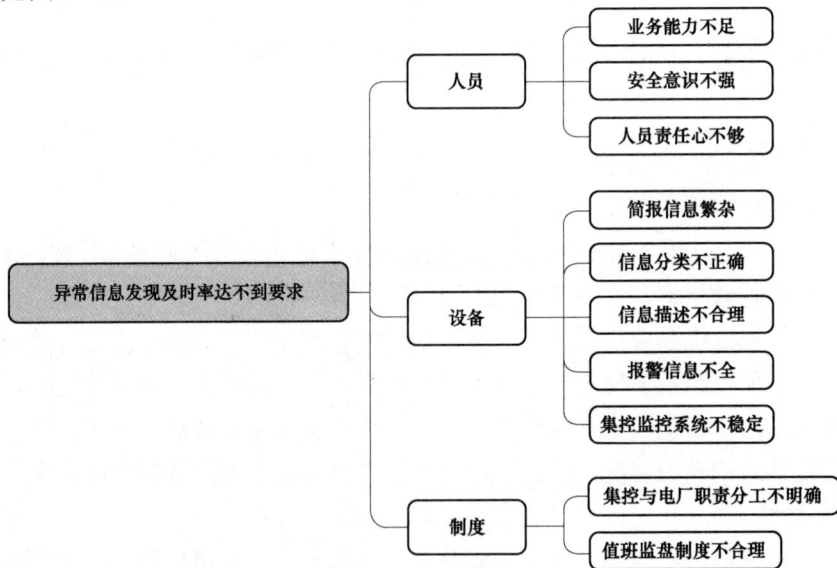

图 3-40　思维导图

对图 3-40 中所列原因进行要因确认，见表 3-17。

表 3-17 　　　　　　　　　　要 因 确 认 表

末端原因	现 状 调 查	重要程度	是否为要因
人员业务能力不足	所有人员均通过竞聘上岗，具备运行值班业务能力	★★☆☆☆	否
安全意识不强	定期开展安全日活动等，均有较高的安全意识	★★☆☆☆	否
人员责任心不够	工作积极性高、责任心强	★☆☆☆☆	否

末端原因	现状调查	重要程度	是否为要因
简报信息繁杂	各厂信息都进入简报窗口，简报信息量大	★★★★★	是
信息分类不正确	存在部分信息应归为故障类型，但实际上被归为状变类型等现象，分类不正确	★★★★☆	是
信息描述不合理	部分信息描述不完整，如未加厂站名称、部分电厂信息描述不统一	★★★★☆	是
报警信息不全	辅助设备启停间隔时间超时、运行时间超时等，未设置报警信息，不利于及时发现设备的异常情况	★★★★☆	是
集控监控系统不稳定	集控监控系统自投运以来，未发生运行异常情况	★☆☆☆☆	否
集控与电厂职责分工不明确	职责清楚、分工明确	★☆☆☆☆	否
值班监盘制度不合理	值班监盘制度经多次修订、逐级审核，符合管理要求	★☆☆☆☆	否

注 重要程度4颗★以上为要因。

针对要因，制订改善对策并进行评价，见表3-18。

表3-18　　　　　　　　　　　实施改善的对策及评价表

序号	要因	实施对策	序号	要因	实施对策
1	简报信息繁杂	信息梳理简化	3	信息描述不合理	准确描述信息定义
2	信息分类不正确	信息正确分类	4	异常信息不全	完善异常信息

（四）实施改善

1. 过程说明

（1）信息梳理简化。课题组导出各电站所有测点信息，制成表格，按照信息的重要程度逐条分析，确定是否需要进入简报窗口，是否需要语音报警，是否要列入光字信号，需要进入的打"√"确认。打"√"确认后的信息才进入简报信息窗口或进行语音报警（见表3-19），未进入简报窗口的信息可以在"一览表"进行查阅。

表3-19　　　　　　　　　　　信 息 梳 理 表

点号	描述	一览表	简报信息	语音报警
1	1号机组（机组LCU）601开关合	√	√	√
2	1号机组（机组LCU）601开关分	√	√	√
3	1号机组6011刀闸合	√		
4	1号机组6012刀闸合	√		
5	1号机组灭磁开关	√		
6	1号机组SOE备用6			

（2）信息正确分类。按照测点信息的性质，对各类信息重新分类，确保其所属信息类型正确无误，避免误报或漏报信息（见表3-20）。

表 3-20 故 障 信 息 表

点号	描　　述	信息类型
31	棉花滩电厂 1 号机组调速器机柜通信：油泵压力开关压力过低停机	事故一览表
32	棉花滩电厂 1 号机组调速器机柜通信：油泵调速器油混水报警	故障一览表
33	棉花滩电厂 1 号机组调速器机柜通信：油泵双过滤器报警 1	故障一览表
34	棉花滩电厂 1 号机组调速器机柜通信：油泵双过滤器报警 2	故障一览表

（3）准确描述信息定义。在对信息进行梳理的同时，根据实际，完整定义各信息名称，并对各电站相同类型的信息进行名称统一（统一描述，冠之以厂站名+标准信息描述，见表3-21）。

表 3-21 信 息 归 类 表

信息名称	修改后信息名称	信息名称	修改后信息名称
一号机组发电机断路器合	白沙电厂 1 号机组 601 开关合	一号机组励磁灭磁开关合	白沙电厂 1 号机组灭磁开关 MK 合
一号机组发电机断路器分	白沙电厂 1 号机组 601 开关分	一号机组励磁灭磁开关分	白沙电厂 1 号机组灭磁开关 MK 分

（4）完善异常信息。设置辅助设备运行超时等异常信息，统计各电站辅助设备的运行时间、启动间隔时间等，按照实际运行时间设置超时异常信息，当辅助设备运行时间超过或少于正常运行时间较多，以及设备启动间隔时间超过或少于正常间隔时间较多时，进行语音报警，见图3-41。

棉花滩大坝廊道1号排水泵运行超短动作	棉花滩大坝廊道2号排水泵运行超短动作
棉花滩厂房渗漏1号排水泵运行超时动作	棉花滩厂房渗漏2号排水泵运行超时动作
棉花滩厂房渗漏1、2号排水泵停运超时动作	棉花滩厂房渗漏1、2号排水泵停运超短动作
棉花滩厂房渗漏1号排水泵运行超短动作	棉花滩厂房渗漏2号排水泵运行超短动作
棉花滩厂房廊道1号排水泵运行超时动作	棉花滩厂房廊道2号排水泵运行超时动作
棉花滩厂房廊道1、2号排水泵停运超时动作	棉花滩厂房廊道1、2号排水泵停运超短动作
棉花滩厂房廊道1号排水泵运行超短动作	棉花滩厂房廊道2号排水泵运行超短动作

图 3-41　语音报警提示（截图）

2. 实践效果

（1）异常信息发现及时率得到提升。实施改善措施后，课题组对该集控中心 2017 年第一季度集控监控系统报出的异常信息次数和及时发现的异常信息次数进行统计，结果见表3-22。

表 3-22　　　　　　　　　　异 常 信 息 统 计 表

项　目	月　份			
	1	2	3	总计
异常信息（条）	56	62	47	165
及时发现次数（次）	56	62	47	165
未及时发现次数（次）	0	0	0	0
发现及时率（%）	100	100	100	100

经统计，简报信息优化后，该集控中心集控监控系统异常信息发现及时率达到 100%，精益活动达到了预期的目标。

（2）简报窗口简洁、有效。对简报信息进行梳理优化后，设备控制流程信息、正常状态变化等信息不再进入简报窗口，减少了简报窗口中的信息量，需要进入简报窗口的信息由 16 000 余条减少为 1500 条，语音异常信息降至 1000 条。梳理优化前，该电厂机组开机过程中报出的信息达 70 余条（见图 3-42）；优化后减少为 4 条（见图 3-43），使重要信息漏过率下降至零。

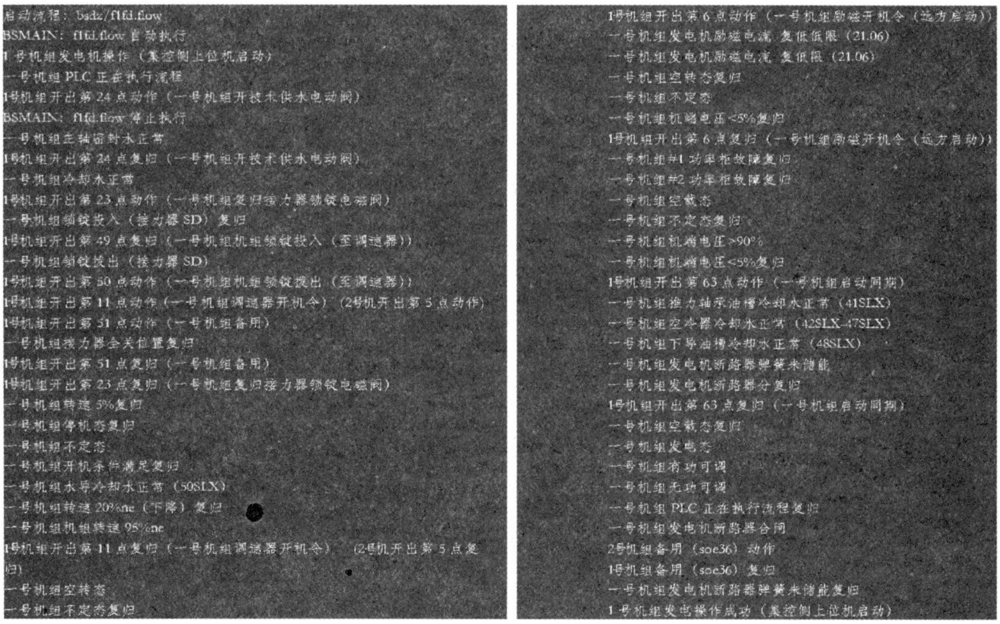

图 3-42　梳理优化前的白沙开机信息图

图 3-43　梳理优化后的白沙开机信息图

（3）提高了集控运行的可靠性。通过正确分类及完整定义各测点信息，信息正确分类及测点信息定义完整率均达 100%，使集控运行值班人员能正确作出判断，及时进行相关处理，提高了集控运行的可靠性。

（4）提高了辅助设备运行的可靠性。设置辅助设备运行超时报警等信息后，能够及时发现辅助设备的异常情况，采取措施进行处理，确保辅助设备运行可靠性，为主设备正常运行提供了有力保障。

（五）标准化

修订完善《集控监控系统运行规程》，对监控信息的分类、规范、是否需要进入简报窗口等内容作了明确规定。

【案例思考】

随着水电站远程集控技术的日臻成熟与完善，流域水电站、区域水电站群远程集中监控已成为必然的发展趋势，水电站"无人值班（少人值守）、远程集控"将会是未来水电站常见的管理模式。在集控模式下，运行值班人员也随之精简，由原来对单一厂站进行监控转为对多个电站的机组设备进行监控，值班强度加大。在这种情况下，需要考虑如何从技术层面对集控监控系统进行优化，以减少值班人员的劳动强度。通过简报信息的优化，可以让运行值班人员从繁杂的信息监视中解脱出来，提高监控工作质量和运行值班安全。此外，还可以应用精益管理方法从监控系统界面优化、语音报警分类等方面采取措施进行改进，进一步完善集控监控系统。

<本案例由福建棉花滩水电开发有限公司提供>

【案例3-6】 实现集控系统故障报警分级，提高故障处理效率

（一）案例背景简介

1. 实施背景

2016 年，某区域公司管辖的新能源发电企业累计实现风电装机容量 191.8 万 kW，光伏发电装机容量 34 万 kW，累计投产 225.8 万 kW。集团公司在该区域推行了区域新能源整合重组改革试点，成立了区域新能源分公司，并在集团内率先试点风电远程集控系统统一管理区域所辖的 21 个场站。新能源集控系统的应用，实现了"无人值班、少人值守"的管理模式革新。

在应用新能源集控平台的过程中，由于集控监视的设备多，老旧设备占比大，系统接到的故障告警信息量巨大，经常发生短时间内大量故障不断报警的情况，值班员无法第一时间了解重要信息，影响监视效率，不利于对现场运行设备的安全管控。

2. 实施思路

通过在新能源集控平台的报警功能中增加报警管理功能，使故障告警信息实现分级管控。将故障告警信息分为四类：① 升压站、风机和光伏组阵等设备安全运行必须关注立即处理或者触动安全链的告警信息；② 导致一般跳闸或停机的告警信息；③ 影响风机出力

的告警信息；④ 一般告警信号。集控值班人员重点关注前两类故障，以缩短故障的判断和处理反应时间，从而大大提高集控运行的故障处理效率。

（二）现状诊断

1. 诊断内容

新能源集控平台最基本的功能就是监视和控制，某区域集控中心运行的首要任务是监视区域内 21 座升压站站内设备的运行状态，监视和控制区域内 1287 台风电机组和 1009 个光伏组阵。落实到具体运行工作的第一步就是：尽可能快地将集控侧监视到的设备发生告警或变位的信息通知所在场站。此项工作的耗时直接影响现场对故障的处置和处理速度，如发生全场非计划停运或重大设备运行事故，还影响所属电网对基层新能源公司的考核。

实际中设置了告警信息集控处置时间这样一个全新的概念。该时间以集控系统提示报警时间为起点，以集控运行人员查看报警信息并做出系统操作、信息通报或忽略报警为终点。此概念代表了集控运行人员监控基本操作的耗时。以从系统发出报警—查看信息—处置这个过程的用时来衡量集控运行班组对于现场设备的监控效率，这是合理有效的。

对集控侧日常的告警信息处置时间进行了 100 次抽样，得出告警信息的平均处置时间为 224s，分布见图 3-44。

图 3-44 中，曲线代表处置时间的平均趋势，曲线的往复代表整个趋势波动大，不是线性或有规律的。

由图 3-44 可以得出两个结论：① 告警处置时间长达 224s，单次处置时间长；② 告警处置时间没有规律性，没有针对性告警严重程度的分类处置方式。

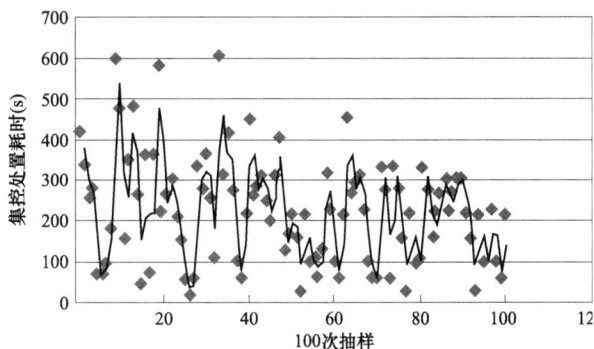

图 3-44 分体分布图

2. 改善目标

（1）将集控系统告警处置时间缩短到 120s 以内。

（2）整理告警类型，分类处置和管理告警信息。

（3）重要告警信息平均处置时间缩短到 60s 以内。

（三）原因分析

应用访谈表，对值班人员进行访谈，查找原因，见表 3-23。

表 3-23   访 谈 表

集控告警信息处置耗时长的原因	
访谈对象	存在的问题
值班员	集控告警信息多、发电负荷大幅增长时，短时间高强度的报警造成告警信息的大幅度堆砌，逐一查看和甄别需要时间
	甄别告警信息有难度，从所有告警信息中区分主要告警信息和衍生告警信息耗时长

访谈对象	存在的问题
值班员	告警信息量大，甄别耗时太长，影响重要告警信息的处理时间
	系统不能对工作量进行工位制划分，所有人在同时间同一个系统内弹出相同的故障信息，无法进行分工，不能提高效率

针对以上存在的问题，逐项进行原因分析。

1. 故障告警信息量大，告警堆砌

如图 3-45 所示，在最初的设计中，集控侧要把现场侧传输过来的故障信息全部显示在集控平台的界面中，由于集控平台接入的场站多，风电机组和光伏逆变器数量较多，集控平台总的故障信息量较大，单台机组的故障信息中同时包含了故障信息及告警信息，故障报警信息量极大，同一时间多次报警造成的信息量堆砌，需要人工逐一查看，降低了工作效率；此外，过于频繁的告警也使得运行值班人员产生了告警疲劳，没有真正起到告警的作用。

图 3-45　故障告警图

2. 告警信息甄别工作依靠人工，效率低

将处置告警信息的各个阶段用时进行 100 个抽样的分段平均统计，结果见表 3-24。

表 3-24　　　　　　　　　　　抽 样 统 计 表　　　　　　　　　　　　　　s

序号	项 目 内 容	所需时间（s）	备　注
1	值班人员甄别故障信息与告警信息	120	信息量较大，需逐个甄别
2	值班人员对主故障与衍生故障进行筛选，确认主故障	60	统一故障引发的主要信息和衍生信息需要人工甄别
3	根据主故障严重程度，值班人员选择忽略、远程启机或通知现场检修人员	44	
	合计	224	

由表 3-24 可知，集控值班人员无法在短时间内从大量的故障告警信息中甄别告警的主要因素和严重程度，从而大大降低了值班人员的工作效率。

3. 重要告警信息处置速度慢

从发生故障到通知现场检修人员，需经历约 4min 的时间，其中故障甄别和主要因素的确定时间占到全部时间的 80%。面对重大运行告警信息的处置没有分类，不利于集控对现场设备的管理。

4. 集控运行值班处置告警信息时无法实现分工协作

原有集控系统是一个集中监控平台，所有运行值班人员登录同一平台，进行相同内容的工作，系统没有在集控运行岗位内部进行分工设计，日常告警处置的分工依靠运行人员在集控室的口头沟通，效率低，且容易出现遗漏。

（四）改善实施

1. 过程说明

（1）制订改善措施，见表 3-25。

表 3-25　　　　　　　　　　　改 善 措 施 表

序号	要　　因	改 善 对 策
1	告警信息量大	无法改善
2	告警信息甄别工作依靠人工	区分告警严重程度级别划分，系统自动针对不同的告警严重程度进行区分提示
3	重要告警信息处置速度慢	重大告警信息的提示程度为最强级别，与一般告警区分，方便直观管理
4	集控运行值班处置告警信息时无法实现分工协作	按照工位制的方式分解工作量，以场站为单位固化到不同的工位上，每个工位管理的场站可自选，实现分工优化，同时能够实现依据实际情况进行调整

由表 3-25 可知，告警信息量大客观存在，不具备改善能力，但可以从其他三个方面加以改善。

针对上述三个改善对策，进行关联整理，见图 3-46。

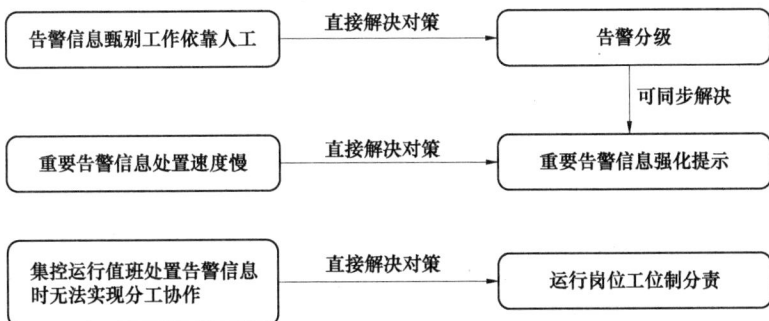

图 3-46　关联图

由图 3-46 可知，解决故障分级并区分设置不同分级的报警强度提示，可同时解决告警信息人工甄别和重要告警处置速度慢的问题，可用一个对策合并处理。

主要改善对策为在集控平台设置告警分级和运行岗位工位制分责方式。

（2）改善计划表。在新能源集控平台功能菜单的报警菜单中，增加报警管理模块，实现对故障告警信息的分级管控。

基层企业成立集控系统告警信息分类管理专家组，将场站、风机、光伏逆变器故障分为以下 4 类：① 一类告警，指危及场站、风机、逆变器安全，发生后必须关注立即处理的告警信息；② 二类告警，指场站设备发生一般告警、风电机组一般停机或逆变器一般停机的告警信息；③ 三类告警，指影响风机、逆变器出力，可能损坏风机或逆变器部件的告警信息；④ 四类告警，指没有引发设备停机或停运的一般的告警信号，通过复位操作或现场的消缺即可消除的告警信息。

由基层企业组成的故障分级专家组会同各场站技术人员对每个场站下所辖所有设备的告警信息进行分类甄别，同时形成故障类别管理办法，在区域检修中心制订相应类别故障的检修办法并实施。同时依据各场站告警综合统计，将 21 个场站的告警进行排序，分配到 4 个集控工位中，每个工位监控的场站的月均平均报警数基本相同，分散工作量的同时监控工作的定量定质考核也比较清晰可行。根据该原则，要求集控平台设计单位针对不同用户开发监控权限勾选功能，实现监控分工的实施。

集控中心就专家组汇总的分级结果和集控平台设计方进行了沟通，制订了集控系统故障分级功能升级方案，并提交了异动申请表（见图 3-47），经区域公司批准后实施。

设备异动申请表

编号：（JK—14—03）　　　　（第一、二位专业号，第三、四位年份，后二位流水号）

申请单位	新能源分公司███集控中心	专业	新能源集控
申请人	█ █ █	申请时间	2014 年 1 月 28 日
异动内容	集控平台实现故障告警分级管理		
异动原因	由于集控平台接入的风电机组较多，集控平台总的故障信息量非常大，集控值班人员无法从大量的故障告警信息中快速判断出设备的故障情况，不能快速地找出设备的主要故障，需要对集控平台故障告警信息进行分级管理		
异动内容	异动前情况（可附图）		
	集控平台未对故障告警信息进行分级管控。在功能菜单的报警菜单下，自由报警列表和事件消息两个菜单		
	异动后情况（可附图）		
	在集控平台功能菜单的报警菜单下，增加一个报警管理菜单，实现对故障告警的分级管理功能		
可能出现的问题及注意事项	无		
会审	同意		
	集控中心意见：		日期
	同意		
	生产技术部意见：		日期
审核	同意		
	分管领导意见：		日期
批准	同意		
	███公司生产技术部意见：		日期

图 3-47　设备异动申请表（截图）

编制监控工位制分工表，经基层单位生产技术部批准实施。

2. 实施效果

（1）故障分类。通过对新能源集控平台增加故障告警信息分级管理功能，对设备的故障告警信息进行分级过滤处理。对于危及风机安全的一类故障，设置为闪烁和语音同时报警，使值班人员能第一时间响应。对于导致一般停机的二类故障，设置为闪烁报警，可以进行简单的复位操作。对于影响风机出力可能损坏风机部件的三类故障，可以设置为不提示，在告警列表中可查询。对于一般的告警信号的四类故障，可以设置为不提示，由风电机组自动复位，减轻值班人员的信息处理工作量。

（2）告警设置。故障告警类别划分后，通过集控侧数据采集与监视控制（SCADA）系统中的报警设置，可对4类故障告警进行不同形式的展示或屏蔽，使集控侧对现场故障告警的监控更加细致与全面，见图3-48。

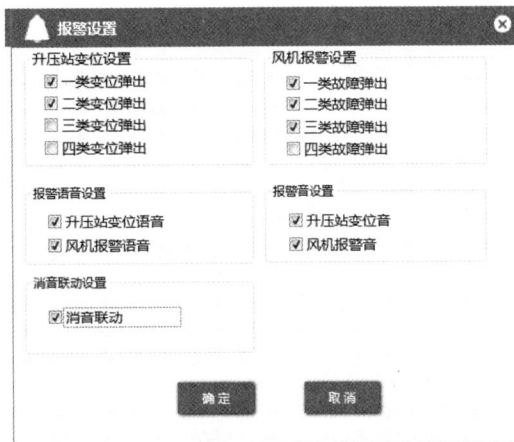

故障实时报警界面见图3-49。

图3-48　故障分类图

图3-49　故障实时报警界面

集控值班人员第一时间监测到发电设备的重要故障，通知区域侧检修中心人员安排检修。区域检修中心人员收到集控中心检修指令后，通过故障检修管理办法可以有针对性地对发电设备故障进行修复，提前准备备品备件，减少了修复时间，提高了发电设备的可利用率，使发电设备的经济效益得到了有效的提升。

（3）故障分析。事后对发电设备的故障追忆和故障分析提供了详细的数据（可查询历史故障信息，典型界面见图 3–50、图 3–51），通过不同类别的故障告警，可以判断出发电设备的具体运行情况，为未来的故障预警风机检修计划提供了可靠的依据。

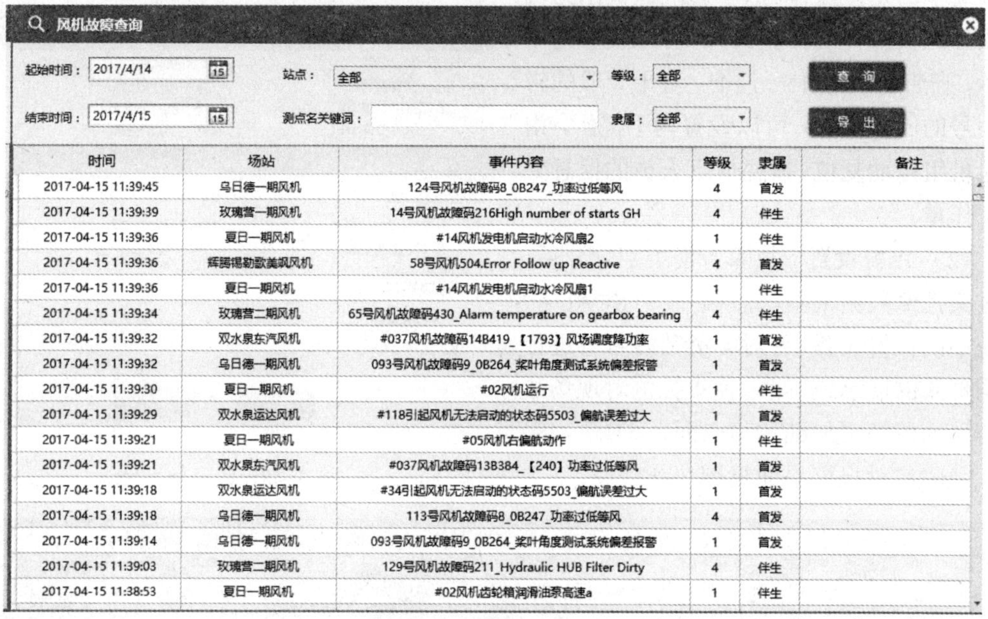

时间	场站	事件内容	等级	隶属	备注
2017-04-15 11:39:45	乌日德一期风机	124号风机故障码8_0B247_功率过低等风	4	首发	
2017-04-15 11:39:39	玫瑰营一期风机	14号风机故障码216High number of starts GH	4	伴生	
2017-04-15 11:39:36	夏日一期风机	#14风机发电机启动水冷风扇2	1	伴生	
2017-04-15 11:39:36	辉腾锡勒歌美飒风机	58号风机504.Error Follow up Reactive	4	首发	
2017-04-15 11:39:36	夏日一期风机	#14风机发电机启动水冷风扇1	1	伴生	
2017-04-15 11:39:34	玫瑰营二期风机	65号风机故障码430_Alarm temperature on gearbox bearing	4	伴生	
2017-04-15 11:39:32	双水泉东汽风机	#037风机故障码14B419_【1793】风场调度降功率	1	首发	
2017-04-15 11:39:32	乌日德一期风机	093号风机故障码9_0B264_桨叶角度测试系统偏差报警	1	首发	
2017-04-15 11:39:30	夏日一期风机	#02风机运行	1	伴生	
2017-04-15 11:39:29	双水泉运达风机	#118引起风机无法启动的状态码5503_偏航误差过大	1	首发	
2017-04-15 11:39:21	夏日一期风机	#05风机右偏航动作	1	伴生	
2017-04-15 11:39:21	双水泉东汽风机	#037风机故障码13B384_【240】功率过低等风	1	首发	
2017-04-15 11:39:18	双水泉运达风机	#34引起风机无法启动的状态码5503_偏航误差过大	1	首发	
2017-04-15 11:39:18	乌日德一期风机	113号风机故障码8_0B247_功率过低等风	4	首发	
2017-04-15 11:39:14	乌日德一期风机	093号风机故障码9_0B264_桨叶角度测试系统偏差报警	1	首发	
2017-04-15 11:39:03	玫瑰营二期风机	129号风机故障码211_Hydraulic HUB Filter Dirty	4	伴生	
2017-04-15 11:38:53	夏日一期风机	#02风机齿轮箱润滑油泵高速a	1	伴生	

图 3–50 历史查询界面

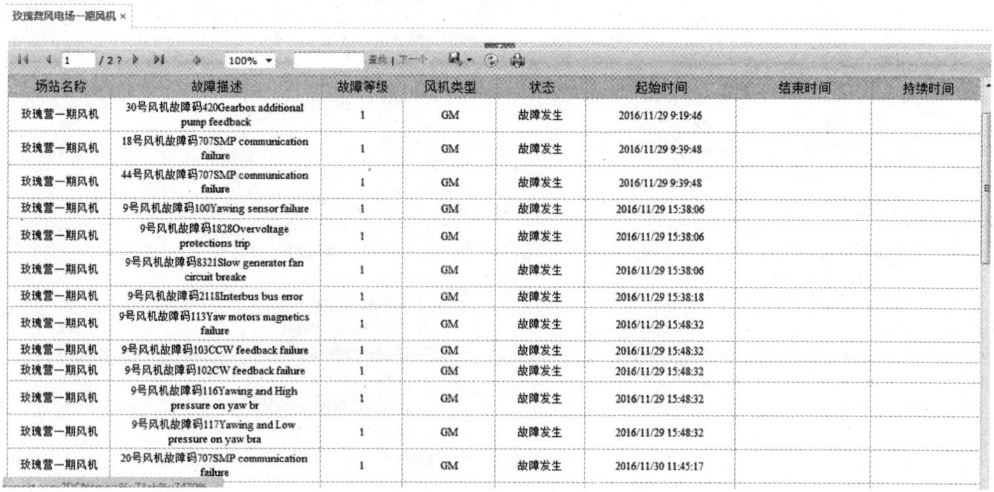

场站名称	故障描述	故障等级	风机类型	状态	起始时间	结束时间	持续时间
玫瑰营一期风机	30号风机故障码420Gearbox additional pump feedback	1	GM	故障发生	2016/11/29 9:19:46		
玫瑰营一期风机	18号风机故障码707SMP communication failure	1	GM	故障发生	2016/11/29 9:39:48		
玫瑰营一期风机	44号风机故障码707SMP communication failure	1	GM	故障发生	2016/11/29 9:39:48		
玫瑰营一期风机	9号风机故障码100Yawing sensor failure	1	GM	故障发生	2016/11/29 15:38:06		
玫瑰营一期风机	9号风机故障码1828Overvoltage protections trip	1	GM	故障发生	2016/11/29 15:38:06		
玫瑰营一期风机	9号风机故障码8321Slow generator fan circuit breake	1	GM	故障发生	2016/11/29 15:38:06		
玫瑰营一期风机	9号风机故障码2118Interbus bus error	1	GM	故障发生	2016/11/29 15:38:18		
玫瑰营一期风机	9号风机故障码113Yaw motors magnetics failure	1	GM	故障发生	2016/11/29 15:48:32		
玫瑰营一期风机	9号风机故障码103CCW feedback failure	1	GM	故障发生	2016/11/29 15:48:32		
玫瑰营一期风机	9号风机故障码102CW feedback failure	1	GM	故障发生	2016/11/29 15:48:32		
玫瑰营一期风机	9号风机故障码116Yawing and High pressure on yaw br	1	GM	故障发生	2016/11/29 15:48:32		
玫瑰营一期风机	9号风机故障码117Yawing and Low pressure on yaw bra	1	GM	故障发生	2016/11/29 15:48:32		
玫瑰营一期风机	20号风机故障码707SMP communication failure	1	GM	故障发生	2016/11/30 11:45:17		

图 3–51 故障报表界面

（4）工位制分工分责在软件平台上的实施，见图 3–52。

3. 改善效果评价

以某风电场华仪风电机故障告警信息分级管理为例。将风电机 284 个故障告警信息点进行了四级划分，其中一级故障告警信息 27 个，二级故障告警信息 60 个，三级故障告警信息 77 个，四级故障告警信息 120 个。通过遇忙时直接忽略四级告警信息，提高了忽略不重要信息的效率，改善后的平均告警处置时间缩短为 125s。通过故障告警信息分级管理，大大减少了集控平台的告警信息弹窗和告警声音的次数，同时可以有效提高重要信息的发现和处置效率，一级告警信息处置时间缩短为 85s；提高了效率的同时，缓解了集控值班人员的故障分析判断压力，提高了故障处理的效率。告警平均处置时间抽样统计见表 3–26。

对重要告警信息处置时间进行抽样统计，见表 3–27。

从表 3–27 可以看出，告警信息从发生到处置现场，从原来的约 4min 优化为约 2min，故障的反应时间大大缩短。重要告警信息的处置时间从约 4min 优化为约 1.5min，提高了整个集控中心的工作效率。

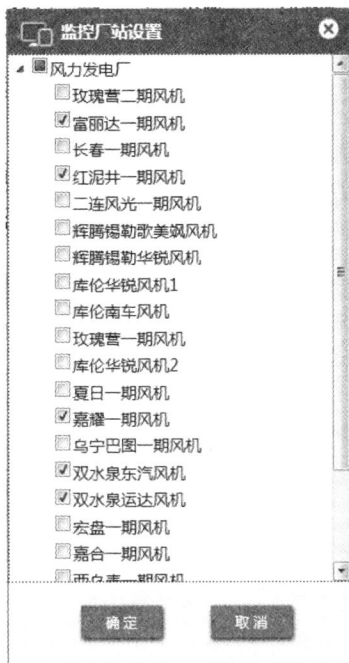

图 3–52 工位制分工分责在软件平台上的实施示例

表 3–26　　　　　　抽 样 统 计 表　　　　　　s

序号	项 目 内 容	分级前所需时间	分级后所需时间
1	值班人员甄别故障信息与告警信息	120	40
2	值班人员对主故障与衍生故障进行筛选，确认主故障	60	40
3	根据主故障严重程度，值班人员选择远程启机或通知现场检修人员	44	45
	合计	224	125

表 3–27　　　　重要告警信息处置时间抽样统计表　　　　s

序号	项 目 内 容	分级前所需时间	分级后所需时间
1	值班人员发现告警信息	120	10
2	值班人员对主故障与衍生故障进行筛选，确认主故障	60	30
3	值班人员通知现场检修人员	44	45
	合计	225	85

（五）标准化

总结故障分级的技术手段和管理流程、模式和要求后，公司编制了《集控故障告警分级管理标准》，为故障分级的定义、分类实施和管理提供了标准化指导。

【案例思考】

内蒙古华电新能源分公司蒙西新能源远程集控中心故障告警信息分级管理，优化了区域大规模远程集控中心故障告警信息量大的问题，实现了远程集控故障告警信息的分级管控，缓解了集控值班人员故障分析、故障确认的工作压力，有利于节约人工成本，提高远程集控的故障处理效率，减少重大故障信息漏检情况的发生，为公司的状态检修和定期维护提供依据，提高远程集控的管理水平，为区域公司的提质增效做出了贡献，具有较好的实用和推广价值，达到了国内领先水平。

<本案例由内蒙古华电新能源分公司提供>

【案例3-7】 利用移动作业平台提升运行巡检质量

（一）案例背景简介

1. 实施背景

某新能源发电企业装机规模发展迅猛，已投产新能源机组装机容量达 128 万 kW，其中风电 125 万 kW、787 台发电机组，光伏发电 3 万 kW，分别通过 12 个升压站输送上网。该企业风、光发电机组分布于某省中部和南部地区 3 个地级市的不同区域，场站和公司本部直线距离超过 300km。风、光发电机组点多面广，分布分散。

该企业运行作业工作场所分为公司本部和现场场站两个主要区域。集控中心位于公司本部，主要任务是利用运行集中监控和调度平台开展风、光发电机组参数监视和运行方式调整工作；现场场站配有值班人员，主要负责现场设备的巡视、设备定期切换、倒闸操作等工作。无论本部还是现场场站，运行作业的工作基础仍是"两票三制"。

提升"两票三制"的执行质量是电力企业不懈的追求。但对于新能源发电企业而言，其固有的场站分散、设备不集中的特点，使得有效开展运行巡回检查、确保巡检质量显得尤为迫切。

该企业在开展检修精益管理方面，已经通过实施检修移动作业平台取得了较好的效果。检修移动作业平台是以信息化手段，将检修全过程管理相关内容和要求结合移动端设备实现，从而达到管控到位、管理有效的目的。运行作业管理同样可以借鉴这种形式，将运行巡回检查管理与移动作业平台紧密结合起来，从而实现安全运行和经济运行的目标。

2. 实施思路

该企业成立专门的运行巡检精益管理工作小组，以精益管理思想为指导，对运行巡回检查板块进行诊断、分析，找出影响运行巡回检查质量的各项因素，制订相应对策。通过提升运行巡回检查质量，达到及时发现设备缺陷、将事故消除在萌芽状态的目的，体现"安全是最大的节约"的管理理念，为设备长周期的安全运行与经济运行提供保证。

（二）现状诊断

1. 诊断内容

组织运行巡检精益管理工作小组成员，应用头脑风暴法，对新能源发电运行巡回检查管理中存在的问题进行分解（见图3-53）。

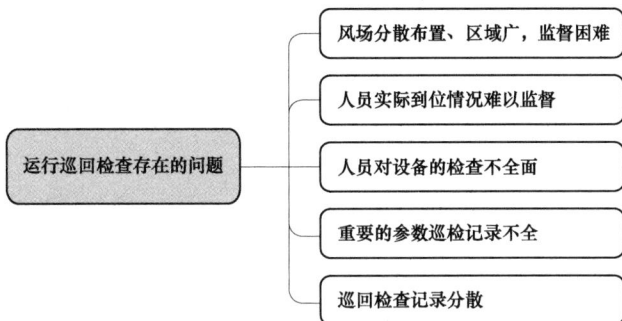

图3-53　运行巡回检查问题分解图

运行巡回检查的主要目的是及时发现现场存在的问题，及早发现设备存在的缺陷，避免缺陷扩大。

运行巡回检查存在的主要问题有五个方面：一是风电场分散布置，分布范围广，设备的检查、监督确实存在实际困难；二是现场运行人员巡视到位情况难以监督，容易发生巡检不到位的情况，导致设备缺陷未能及时发现；三是运行人员虽然到位了，但因为技能和经验的问题，对设备检查不全面，同样导致设备缺陷未能及时发现；四是现场设备重要的参数记录不全面，许多重要参数，如有载调压装置油位，仅仅是当时看过了未超过限值，结果对设备的缺陷发展未能及时意识到，导致缺陷扩大，影响安全运行；五是运行巡回检查记录格式不统一，资料存放散乱，不便于监督。

风电场分布分散受客观条件的限制，因此对其他四个方面的问题进行原因分析：

（1）人员巡视到位情况难以监督。以升压站巡回检查记录表为例，改善前的巡回检查记录见图3-54。

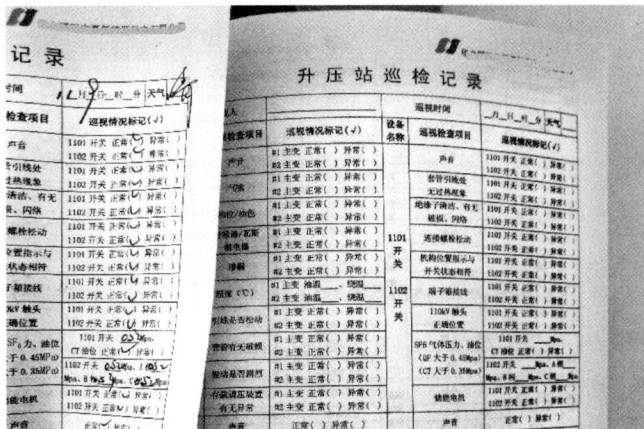

图3-54　巡回检查记录示例1（截图）

图 3-54 所示为某年 11 月 11 日对现场进行巡回检查的记录，升压站巡检记录最新只填报到 9 日，并且难以从巡检记录上判断 11 月 9 日是否真正到位。

（2）设备检查不全面。图 3-55 所示为是某年 9 月 21 日的现场检查记录，升压站 5 号主变压器油温记录为 50℃和 48.8℃，而就地主变压器油温表显示见图 3-56。

升压站日巡视记录表一

巡视人			巡视时间 9月24日18时 天气 晴		
设备名称	巡视检查项目	巡视情况标记(√)	设备名称	巡视检查项目	巡视情况标记(√)
5号主变压器	声音	正常(√) 异常( )	6号主变压器	声音	正常(√) 异常( )
	气味	正常(√) 异常( )		气味	正常(√) 异常( )
	油位	正常(√) 异常( )		油位	正常(√) 异常( )
	呼吸器/瓦斯继电器	正常(√) 异常( )		呼吸器/瓦斯继电器	正常(√) 异常( )
	渗漏	正常(√) 异常( )		渗漏	正常(√) 异常( )
	油温(℃)	50℃/48.8℃		油温(℃)	42.19℃/3.11℃
	引线是否松动	正常(√) 异常( )		引线是否松动	正常(√) 异常( )
	套管有无破损	正常(√) 异常( )		套管有无破损	正常(√) 异常( )
	振动是否剧烈	正常(√) 异常( )		振动是否剧烈	正常(√) 异常( )
7号主变压器	声音	正常(√) 异常( )	8号主变压器	声音	正常(√) 异常( )
	气味	正常(√) 异常( )		气味	正常(√) 异常( )
	油位	正常(√) 异常( )		油位	正常(√) 异常( )
	呼吸器/瓦斯继电器	正常(√) 异常( )		呼吸器/瓦斯继电器	正常(√) 异常( )
	渗漏	正常(√) 异常( )		渗漏	正常(√) 异常( )
	油温(℃)	48.2℃/47.1℃		油温(℃)	42.32℃/41.27℃
	引线是否松动	正常(√) 异常( )		引线是否松动	正常(√) 异常( )
	套管有无破损	正常(√) 异常( )		套管有无破损	正常(√) 异常( )
	振动是否剧烈	正常(√) 异常( )		振动是否剧烈	正常(√) 异常( )

异常情况记录：

注：巡视时必须戴安全帽，雷雨天气须穿绝缘鞋，不得靠近避雷器或避雷针，并按规定线路巡视。

图 3-55　巡回检查记录示例 2　　　　　图 3-56　就地主变压器油温显示

很难从类似的指针式温度计上读取到精确到小数点后两位的数据，有可能是巡视人员未认真到就地核对温度显示，而只是简单地从监控电脑上进行参数读取。这种做法是不符合就地巡检要求的，起不到核对远方和就地参数指示、及时发现设备缺陷的作用。

（3）重要参数记录不全面。某公司风电场某日报"1 号主变压器非电量测控装置 PSR662U_1 号主变压器调压油位异常"，见图 3-57。

检查有载调压装置油枕油位指示低于告警线，但该风电场夜间气温突降 15℃至零下 6℃，对判断有载调压装置油枕油位的真实情况造成了极大困扰。查找该风电场前几日巡检记录，也缺少对有载调压装置油枕油位的记录内容。

升压站就地巡检记录见图 3-58。

巡检记录缺少有载调压装置油位记录内容，无法依此判断是漏油导致的有载调压装置油枕油位低，还是环境温度突降导致的油位降低。为防止变压器损坏，按照"漏油导致的有载调压装置油枕油位低"进行处理，紧急申请对主变压器进行停运消缺，对有载调压装置油枕注油。消缺期间恰遇该区域大风，影响发电量达 90 万 kW·h。

图 3-57　异常报警图

升压站巡视记录

巡视人			巡视时间		天气
设备名称	巡视检查项目	巡视情况标记(√)	设备名称	巡视检查项目	巡视情况标记(√)
1号主变压器 2号主变压器	声音	1号主变压器 正常( ) 异常( ) 2号主变压器 正常( ) 异常( )	101开关 102开关	声音	101开关 正常( ) 异常( ) 102开关 正常( ) 异常( )
	气味	1号主变压器 正常( ) 异常( ) 2号主变压器 正常( ) 异常( )		套管引线处无过热现象	101开关 正常( ) 异常( ) 102开关 正常( ) 异常( )
	油位/油色	1号主变压器 正常( ) 异常( ) 2号主变压器 正常( ) 异常( )		绝缘子清洁,有无破损、闪络	101开关 正常( ) 异常( ) 102开关 正常( ) 异常( )
	呼吸器/气体继电器	1号主变压器 正常( ) 异常( ) 2号主变压器 正常( ) 异常( )		连接螺栓松动	101开关 正常( ) 异常( ) 102开关 正常( ) 异常( )
	渗漏	1号主变压器 正常( ) 异常( ) 2号主变压器 正常( ) 异常( )		机构位置指示与开关状态相符	101开关 正常( ) 异常( ) 102开关 正常( ) 异常( )
	温度(℃)	1号主变压器 油温____ 、绕温____ 2号主变压器 油温____ 、绕温____		端子箱接线	101开关 正常( ) 异常( ) 102开关 正常( ) 异常( )
	引线是否松动	1号主变压器 正常( ) 异常( ) 2号主变压器 正常( ) 异常( )		110kV触头正确位置	101开关 正常( ) 异常( ) 102开关 正常( ) 异常( )
	套管有无破损	1号主变压器 正常( ) 异常( ) 2号主变压器 正常( ) 异常( )		SF$_6$气体压力、油位(QF 大于 0.45MPa)(CT 大于 0.35MPa)	101开关 ____MPa,A相____MPa、B相____MPa、C相____MPa 102开关 ____MPa CT油位 正常( ) 异常( )
	振动是否剧烈	1号主变压器 正常( ) 异常( ) 2号主变压器 正常( ) 异常( )			
	有载调压装置有无异常	1号主变压器 正常( ) 异常( ) 2号主变压器 正常( ) 异常( )		储能电机	101开关 正常( ) 异常( ) 102开关 正常( ) 异常( )
	声音	正常( ) 异常( )		声音	正常( ) 异常( )
	套管引线处无过热现象	正常( ) 异常( )		套管引线处无过热现象	正常( ) 异常( )
	绝缘子清洁、有无破损、闪络	正常( ) 异常( )		绝缘子清洁,有无破损、闪络	正常( ) 异常( )

图 3-58　升压站就地巡检记录（截图）

（4）巡回检查记录分散（见图 3-59）。巡回检查的相关内容，如升压站巡视记录、电气设备测温记录、锅炉房巡视记录、涉网设备检查等，分别记录在不同的巡检记录表上，查询不易、容易散失，不利于监督。

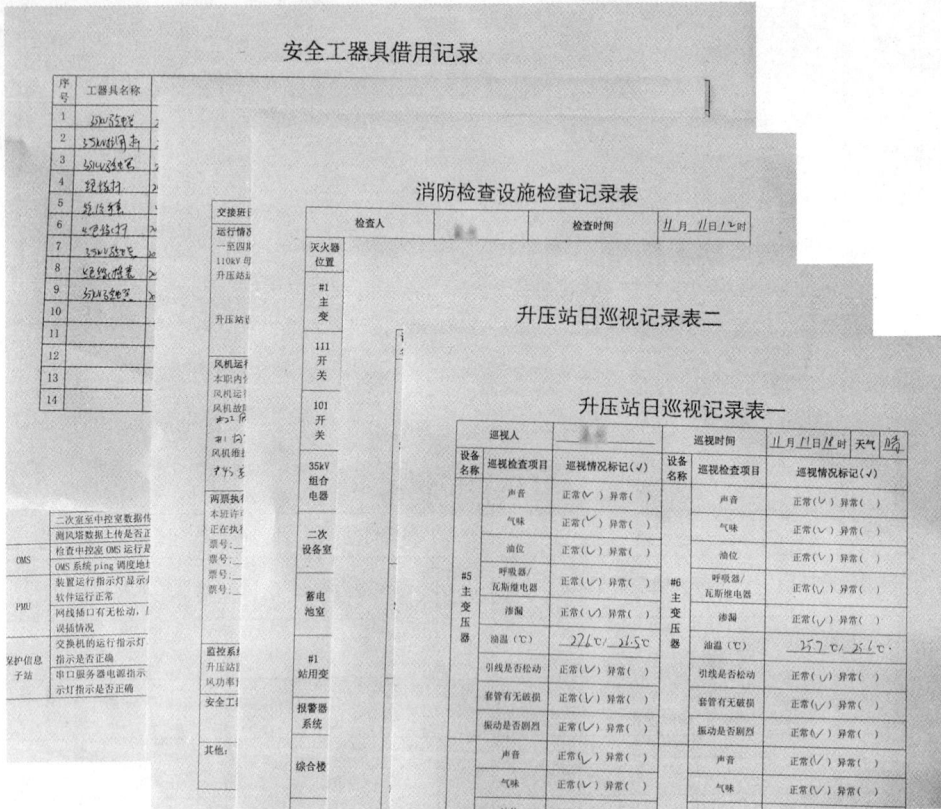

图 3-59　巡回检查记录分散

2. 改善目标

以精益管理思想为指导，对运行巡回检查工作进行梳理。针对诊断的问题，提出改善目标：

（1）细化巡回检查记录，确保重要设备、重要参数检查到位。

（2）改善巡检到位监督方式，确保监督到位。

（3）提升巡回检查质量，实现安全运行和经济运行。

（三）原因分析

组织运行巡检精益管理工作小组成员应用头脑风暴法，对新能源发电运行巡回检查工作存在的问题进行了原因分析，见图 3-60。

对导致运行巡回检查不规范的所有原因进行评分，结果见表 3-28。

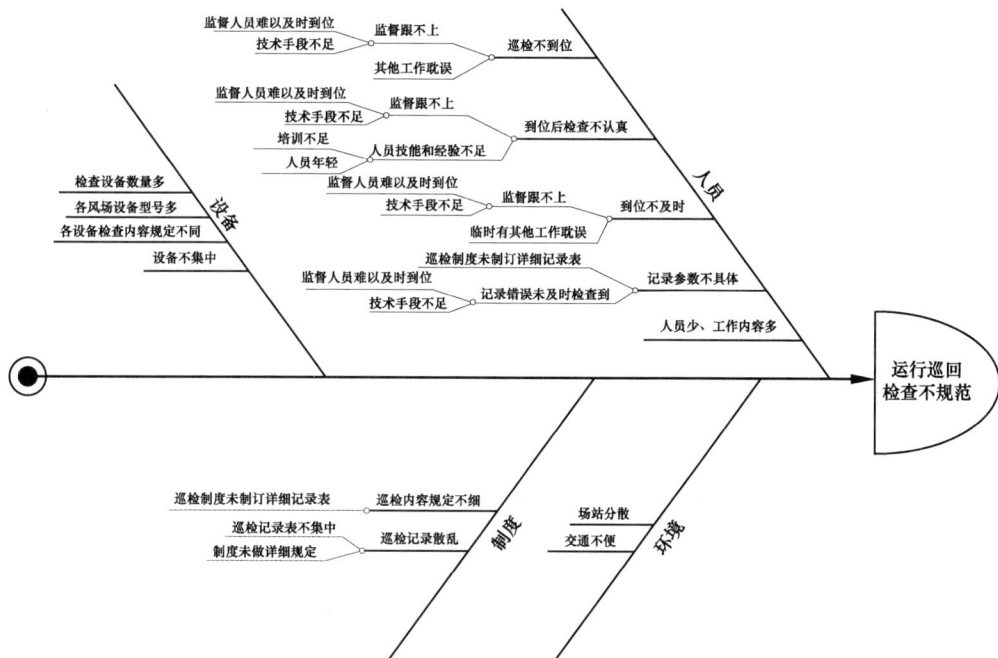

图 3-60　运行巡回检查不规范的原因分析

表 3-28　　　　　　　　　　　　要 因 评 分 表

序号	"运行巡回检查不规范"的原因分析		原因评分表					合计	是否为主要影响因素
	原因分类	具体原因	职员 1	职员 2	职员 3	职员 4	职员 5		
1	人员	管理人员难以及时到位,监督缺失影响巡检不到位	5	5	4	5	4	23	√
2		技术手段缺乏,监督缺失影响巡检不到位	4	5	4	5	5	23	√
3		运行人员其他工作耽误,影响巡检不到位	2	1	2	2	3	10	
4		管理人员难以到位监督,影响巡检人员检查不到位	4	5	4	3	5	21	√
5		技术手段不足,难以监督,影响巡检人员检查不到位	4	5	4	5	5	23	√
6		人员培训不足,技能和经验缺乏,影响巡检不到位	5	2	2	1	2	12	
7		人员较年轻,技能和经验缺乏,影响巡检人员检查不到位	1	1	2	1	1	6	
8		管理人员难以及时到位,监督缺失影响巡检不及时	4	5	5	5	4	23	√
9		技术手段缺乏,监督缺失影响巡检不及时	5	4	4	4	5	22	√
10		运行人员其他工作耽误,影响巡检不及时	1	1	2	1	1	6	

序号	"运行巡回检查不规范"的原因分析		原因评分表					合计	是否为主要影响因素
	原因分类	具体原因	职员1	职员2	职员3	职员4	职员5		
11	人员	巡检制度未制订详细记录表，导致巡检参数记录不具体	3	4	4	5	4	20	√
12		管理人员难以及时检查到位，巡检记录错误未及时检查出	4	4	5	3	4	20	√
13		技术手段缺乏，巡检记录错误未及时检查出	5	5	3	4	5	22	√
14		运行人员少，工作内容多	1	2	1	1	1	6	
15	设备	检查设备数量多	1	1	1	2	1	6	
16		各风电场设备型号多	1	1	1	1	1	5	
17		各设备检查内容规定不同	1	1	2	1	1	6	
18		场站设备不集中，巡检困难	1	1	1	1	2	6	
19	环境	场站分散	2	1	1	1	1	6	
20		交通不便	1	1	2	1	2	7	
21	制度	巡检制度未制订详细记录表，导致巡检内容规定不详细	3	2	3	2	1	11	
22		巡检记录表不集中，导致巡检记录散乱，容易丢失	3	5	4	5	4	21	√
23		巡检记录未做具体规定，导致巡检记录散乱	2	1	2	3	2	10	

注 小组成员依靠个人工作经验，从原因的重要程度和改善可行性方面独立打分，由低到高以1～5分表示，总分20分以上为主要影响因素。

将影响运行巡回检查不规范的主要原因进行归纳，见表3-29。

表3-29　　　　　　　　运行巡回检查不规范的主要原因归纳表

序号	查出的主要影响因素	原因归纳
1	管理人员难以及时到位，监督缺失影响巡检不到位	管理人员监督未及时到位
2	管理人员难以到位监督，影响巡检人员检查不到位	
3	管理人员难以及时到位，监督缺失影响巡检不及时	
4	管理人员难以及时检查到位，巡检记录错误未及时检查出	
5	技术手段不足，难以监督，影响巡检人员检查不到位	缺少监督技术手段
6	技术手段缺乏，监督缺失影响巡检不及时	
7	技术手段缺乏，监督缺失影响巡检不到位	
8	技术手段缺乏，巡检记录错误未及时检查出	
9	巡检制度未制订详细记录表，导致巡检参数记录不具体	巡检记录表需优化
10	巡检记录表不集中，导致巡检记录散乱，容易丢失	

综上所述，对导致运行巡检不规范的主要因素归纳为三个：一是运行管理人员监督未及时到位；二是缺少相应的监督技术手段；三是巡检记录表需进行优化。

对以上三个方面的原因再进行深入分析，新能源发电运行工作的特点就是场站分散、设备分散、人员相对较少，这些情况不会发生根本改变。因此，管理人员监督未及时到位是个普遍存在的现象，这是由新能源发电运行工作的特点所决定的，很难通过增加管理人员数量予以解决，运行巡检精益管理工作小组成员一致同意不将"管理人员监督未及时到位"作为影响运行巡检规范性的主要原因进行解决。

因此，影响新能源发电运行巡检不规范的主要原因为缺少相应的监督技术手段，以及巡检记录本需进行优化，见图 3-61。

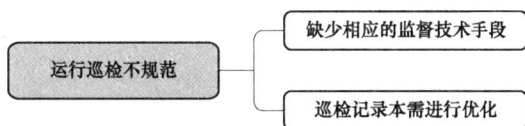

图 3-61　运行巡检不规范的主要原因分析

（四）实施改善

1. 过程说明

针对运行巡检不规范的两个主要原因，提出提升运行巡检质量的解决措施，见图 3-62。

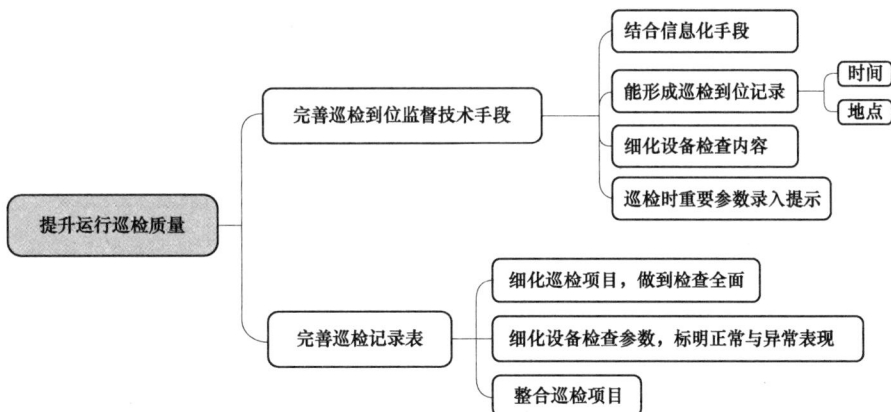

图 3-62　提升运行巡检质量要素图

编制解决措施实施计划表，见表 3-30。

表 3-30　　　　　　　　　解决措施实施计划表

序号	解决问题	具　体　措　施	负责人	完成时间
1	完善巡检记录表	细化各场站巡检项目，做到检查全面	职员 2	4 月 1 日～5 月 25 日
2		细化设备检查参数，标明设备运行正常与异常的具体表现，便于及时发现设备异常情况		

序号	解决问题	具 体 措 施	负责人	完成时间
3	完善巡检记录表	整合巡检项目为一份巡检表，避免巡检记录散乱，避免丢失	职员2	4月1日～5月25日
4		利用检修移动作业平台系统，提出运行巡检系统方案，落实费用与人员	职员1	4月1日～5月20日
5	完善巡检到位监督技术手段	将完善后的巡检记录表输入系统	职员3	5月25日～6月15日
6		协助软件开发人员，实现巡检到位监督功能，记录到位时间和地点，自动上传系统	职员4	6月15～30日
7		协助软件开发人员，实现巡检重要设备时参数自动提示录入功能	职员5	6月15～30日
8	完善系统	运行巡检系统上线试运行	职员2	7月1～30日
9	正式投运	完善运行巡检系统，正式投运	职员2	8月1日～9月1日

组织小组成员讨论，确定运行巡检管理模块应具有的功能框架，见图3-63。

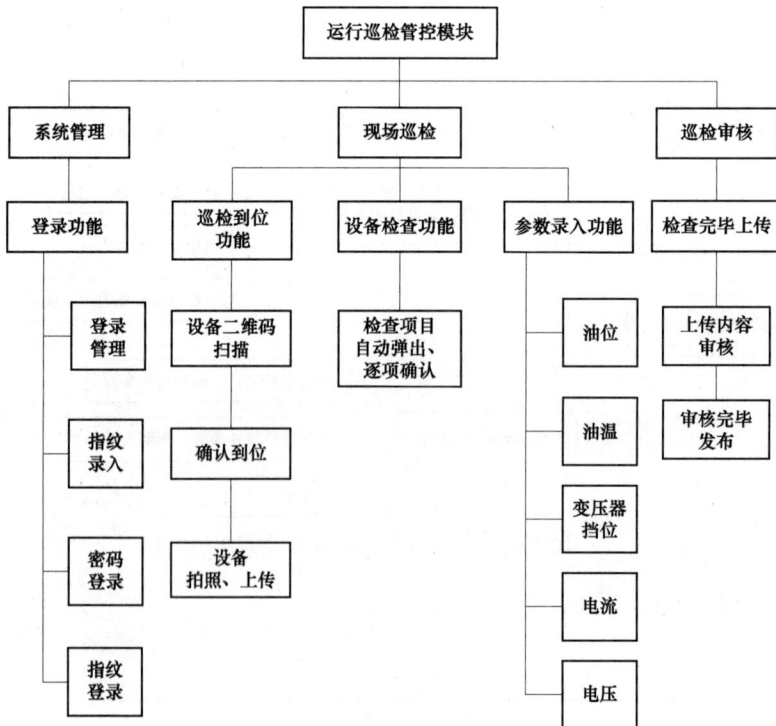

图3-63　运行巡回检查流程图

依托风电场移动作业平台，开发运行巡检管理模块，见图 3-64。

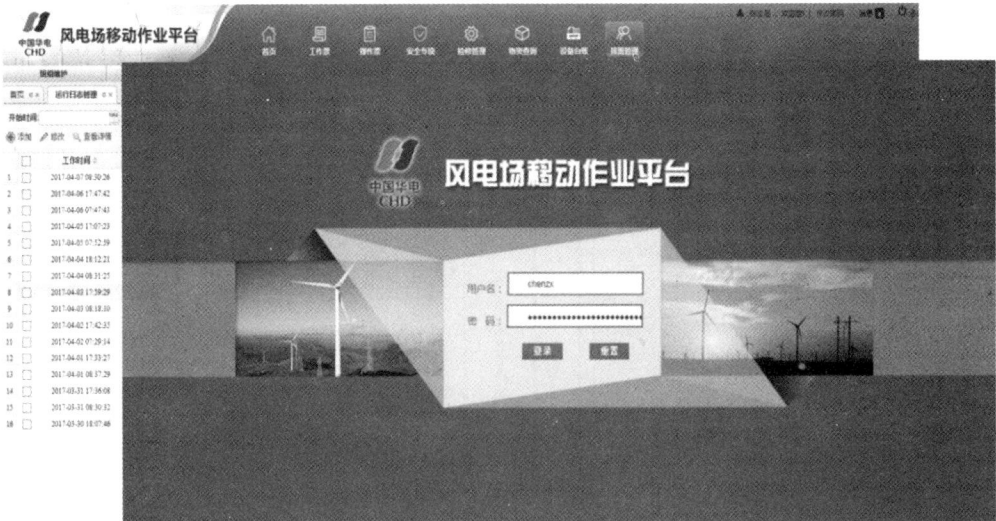

图 3-64　运行巡检管理模块

现场试运行巡检（见图 3-65），查找问题，进行完善。

图 3-65　现场试运行巡检

2. 实践效果

（1）对场站巡检项目进行细化，增加数据指标，便于运行人员巡视设备，及时发现问题。修订前后的检查表见图 3-66、图 3-67。

升压站		
巡视人		
设备名称	巡视检查项目	巡视情况标记(√)
1号主变压器 2号主变压器	声音	1号主变压器 正常（ ） 异常（ ） 2号主变压器 正常（ ） 异常（ ）
	气味	1号主变压器 正常（ ） 异常（ ） 2号主变压器 正常（ ） 异常（ ）
	油位/油色	1号主变压器 正常（ ） 异常（ ） 2号主变压器 正常（ ） 异常（ ）
	呼吸器/气体继电器	1号主变压器 正常（ ） 异常（ ） 2号主变压器 正常（ ） 异常（ ）
	渗漏	1号主变压器 正常（ ） 异常（ ） 2号主变压器 正常（ ） 异常（ ）
	温度（℃）	1号主变压器 油温____、绕温___ 2号主变压器 油温____、绕温___
	引线是否松动	1号主变压器 正常（ ） 异常（ ） 2号主变压器 正常（ ） 异常（ ）
	套管有无破损	1号主变压器 正常（ ） 异常（ ） 2号主变压器 正常（ ） 异常（ ）
	振动是否剧烈	1号主变压器 正常（ ） 异常（ ） 2号主变压器 正常（ ） 异常（ ）
	有载调压装置有无异常	1号主变压器 正常（ ） 异常（ ） 2号主变压器 正常（ ） 异常（ ）

图 3–66　修订前的 1、2 号主变压器检查表（截图）

升压站日巡视			
巡视人		天气：	
设备名称	巡视检查项目	检查是否正常 是(√)否（×） 否应在备注写明情况	设备
1号主变压器	外观：声音为均匀的嗡嗡声，无嗡嗡声等异常声音，冷却系统运行正常	是（ ） 否（ ） 备注：	2号主变压器
	振动：各部分无异常振动声音	是（ ） 否（ ） 备注：	
	气味：各部分无焦糊味等刺激性气味	是（ ） 否（ ） 备注：	
	油位：符合铭牌规定环境温度下油位范围，一般在1～7之间	主变油位： 有载调压油位：	
	有载调压挡位		
	油温：油面温升<50K，绕组温升<60K，绕组温度一般较油面温度略高2～5℃	油面： / ℃ 绕组： ℃	
	呼吸器硅胶：正常蓝色，变粉应更换	是（ ） 否（ ） 备注：	
	渗漏：无渗漏点，地面无油迹	是（ ） 否（ ） 备注：	
	套管：绝缘子无裂纹，表面无污迹、放电现象	是（ ） 否（ ） 备注：	
	接地线：连接牢靠，接地可靠	是（ ） 否（ ） 备注：	
	靠近本体事故放油阀在开，远离本体事故放油阀在关	是（ ） 否（ ） 备注：	
	中性点接地开关在分，无放电现象	是（ ） 否（ ） 备注：	
	变压器中性点接地电阻柜无放电现象	是（ ） 否（ ） 备注：	
	引线：晃动幅度正常，无杂物缠绕	是（ ） 否（ ） 备注：	

图 3–67　修订后的 1 号主变压器检查表（截图）

（2）为设备建立唯一的二维码，并贴于明显位置。巡检人员到位后，通过移动设备用指纹登录后，扫描设备二维码，能自动记录巡视该设备的时间，并弹出该设备的检查内容，由运行人员逐项进行确认或填写检查参数。移动端检查记录表界面见图 3–68。

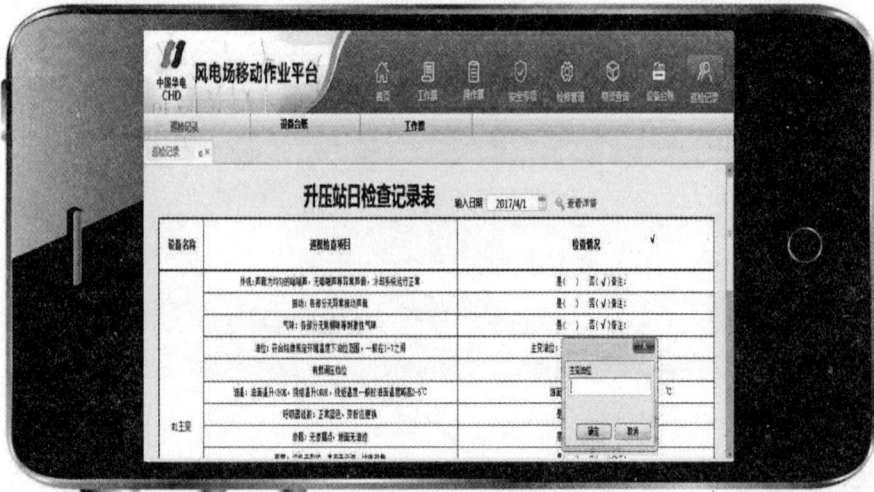

图 3–68　移动端检查记录表界面

（3）整合场站巡检项目，将各场站巡视记录上传至移动作业平台（见图 3–69），方便信息查询和巡检效果检查。

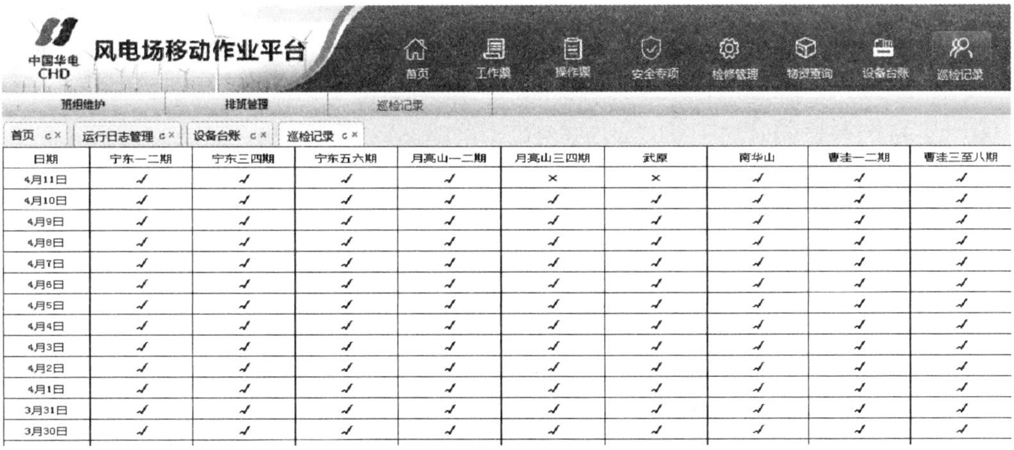

日期	宁东一二期	宁东三四期	宁东五六期	月亮山一二期	月亮山三四期	武原	南华山	曹洼一二期	曹洼三至八期
4月11日	✓	✓	✓	✓	×	×	✓	✓	✓
4月10日	✓	✓	✓	✓	✓	✓	✓	✓	✓
4月9日	✓	✓	✓	✓	✓	✓	✓	✓	✓
4月8日	✓	✓	✓	✓	✓	✓	✓	✓	✓
4月7日	✓	✓	✓	✓	✓	✓	✓	✓	✓
4月6日	✓	✓	✓	✓	✓	✓	✓	✓	✓
4月5日	✓	✓	✓	✓	✓	✓	✓	✓	✓
4月4日	✓	✓	✓	✓	✓	✓	✓	✓	✓
4月3日	✓	✓	✓	✓	✓	✓	✓	✓	✓
4月2日	✓	✓	✓	✓	✓	✓	✓	✓	✓
4月1日	✓	✓	✓	✓	✓	✓	✓	✓	✓
3月31日	✓	✓	✓	✓	✓	✓	✓	✓	✓
3月30日	✓	✓	✓	✓	✓	✓	✓	✓	✓

图 3–69　巡视记录上传至移动作业平台效果图

将运行巡检工作整合到移动作业平台后，运行巡检质量的监督有了有效的抓手。该系统能如实记录巡检人员到位和检查情况，确保重要设备、重要参数检查到位，便于管理人员在线检查巡检完成情况，也便于事后设备检查信息查询、事件追溯。实施该系统后，各场站运行巡检质量得到明显提高，巡检工作监管到位，杜绝了个别巡检人员工作懒散、不认真巡检的情况，未再发生因设备巡检不到位导致的故障，为设备安全运行和经济运行打下了良好基础。

（五）标准化

（1）根据各场站生产实际修订巡检检查内容。

（2）形成运行巡检管控模块使用说明。

【案例思考】

本案例的实施，解决了新能源发电企业运行作业管理中对于如何保证就地巡检质量的困扰。将巡检内容与信息化相结合，特别是信息化工作向移动端延伸，将就地巡检工作的情况实时传送到运行监督人员，使运行管理人员不再局限于现场抽查工作这种监督方式，有效拓展了运行管理的深度和广度。只有运行巡检工作切实按照要求开展，才能避免因巡视不到位而导致的设备损坏风险，使检修工作更有计划性和针对性，提高发电设备的可靠性和经济性，保证安全运行和经济运行。

同时，移动端巡检系统的应用，还能有效缓解因为运行人员业务技能不熟练而给现场巡视工作造成的困难，有利于在工作中培养运行人员，快速提高他们的业务素质。

基于移动端的信息化工作，与常规运行管理工作结合，能大大促进运行管理工作的开展，有效克服新能源发电运行工作固有的场站分散、设备分散、人员少等困难，将运行管理工作由原来的抽查“点”扩展到管住“面”，达到全覆盖、全过程管控的目的。这种工作思路还可以扩展应用到到缺陷管理、定期工作管理等方面，也必将带来良好的效果。

<本案例由华电国际宁夏新能源发电有限公司提供>

【案例3-8】 "优、视"结合，提升巡检效率及质量

（一）案例背景简介

1. 实施背景

某厂在扩机后一个厂房变为两个厂房，由于新、老厂在水轮发电机布置、电气主接线设计上的差异以及安装的物理位置不同，在新、老两个厂房和 165m 高的水力发电建筑枢纽上按不同的高程、不同的区域安装布置了众多型号、功能不同的水电站主辅机、输变电、自动控制设备以及闸门启闭机控制系统。"远程集控"模式实施以后，生产现场已经无人值守，在设备种类、型号多，运行标准、巡视检查要求均不同的情况下，需要采取有效的措施，使巡检人员能够快速掌握现场设备的运行状况，及时发现设备隐患与故障，提高巡检效率及质量，保障安全生产。

2. 实施思路

以精益管理思想为指导，对全厂设备巡检线路进行优化，并将设备的巡检项目、要点、运行要求、状态、危险点提示等内容进行归纳整理，以目视看板、颜色区分等简单、易懂的方式呈现在现场，使得巡检现场有参照、有对比，设备的运行状况与潜在的问题均能直观显现出来，消除巡检工作分析判断、来回对比等环节中造成的时间浪费，提高巡检工作效率及质量。

（二）现状诊断

1. 诊断内容

课题小组应用头脑风暴法，对水电站巡检工作中存在的问题进行诊断，见图 3-70。

通过分析可以看出，巡检工作存在的问题有四个方面：一是巡检时间长。新、老厂共 72 个巡视区域，每天需对两厂设备巡检 3 次，按照目前巡检人员单个区域巡检时间需 5min 计算，老厂单次完成巡检耗时为 3.2h 左右，新厂单次完成巡检耗时为 2.8h 左右。二是巡检工作有漏项现象。在巡检工作完成后，通过询问发现，巡检人员对现场设备部分检查项目并未进行。三是巡检人员对设备运行状态判断不准确，造成设备潜在隐患不能及时发现。四是未掌握设备运行参数。以上四个方面的问题，直接影响了巡检作业的效率和质量。

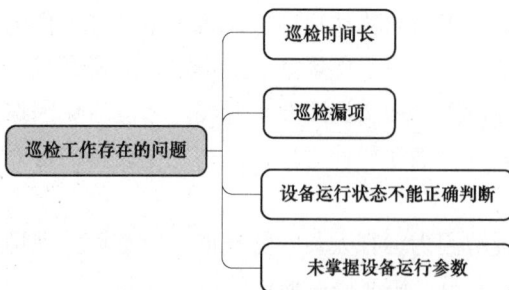

图 3-70 巡检工作中存在问题的原因分析

2. 改善目标

（1）缩短巡检作业时间，提升巡检效率。

（2）解决巡检工作中的漏项，以及巡检人员对设备运行状态判断不准确、未能掌握设备运行参数的问题，提升巡检质量。

（三）原因分析

课题小组应用头脑风暴法，对巡检效率及质量不高的末端原因进行了分析，见图3-71。

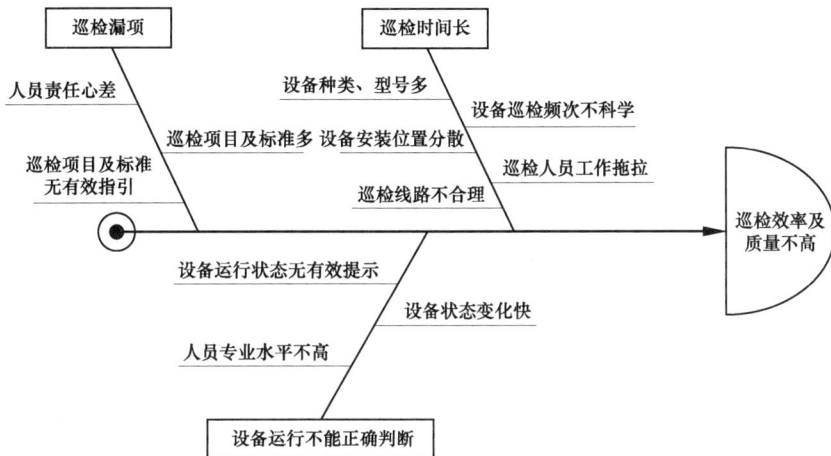

图 3-71　巡检效率及质量不高的末端原因分析

组织人员对巡检效率及质量不高的末端原因进行评分，结果见表3-31。

表 3-31　　　　　　　　巡检效率及质量不高的末端原因分析表

序号	巡检效率及质量不高的原因分析		原因评分表					合计	是否为主要影响因素
	问题现状	具体原因	杨某	张某	刘某	穆某	姚某		
1	巡检时间长	设备种类、型号多	2	2	1	2	1	8	
2		设备安装位置分散	1	1	1	1	1	5	
3		巡检线路制订不合理	5	4	4	5	5	23	√
4		设备巡检频次不科学	4	4	4	4	5	21	√
5		巡检人员工作拖拉	2	1	1	2	2	8	
6	巡检漏项	人员责任心差	2	1	1	2	1	7	
7		巡检项目及标准多	2	3	3	2	2	12	
8		巡检项目及标准无有效指引	4	5	5	5	5	24	√
9	设备运行状态不能正确判断	设备状态变化快	1	1	1	1	2	6	
10		人员专业水平不高	1	1	1	1	1	5	
11		设备运行状态无有效提示	5	4	5	4	4	22	√

注　原因评分分值最高为5分，合计总分超过20分为主要影响因素。

根据巡检效率及质量不高的末端原因评分表进行总结，问题存在的主要原因如下：

（1）巡检路线制订不合理，巡检工作进行时常出现线路重复的情况，巡检耗时将进一步加长。

（2）水电站部分巡检区域设备少、故障率低且较为偏远，对该区域巡检设备频次没有进行科学区分，各个巡检区域采用同样的巡检次数要求，增加了巡检人员工作量和巡检作业时间。

（3）由于一号厂和二号厂设备的种类、型号大多不同，运行标准、巡视检查要求均有不同，不便于巡检人员记忆，在巡检现场无有效指引的情况下，容易造成巡检工作漏项。

（4）因自身特性和在系统中的角色和作用的不同，同一设备在系统中会随着时间的变化可能存在多种运行状态与控制方式（如调速系统状态可分为停机状态、空载状态、负载状态；控制方式可分为开度调节模式，功率调节模式、频率调节模式等），同时生产现场各设备运行压力范围，设备启、停定值，越限报警定值繁杂，在现场无有效提示的情况下，对巡检人员准确判断设备运行状态是否正常形成了阻碍。

（四）实施改善

1. 制订改善措施实施计划表

依据主要原因制订解决措施实施表，见表3-32。

表3-32 措 施 实 施 表

序号	解决问题	具 体 措 施	负责人	完成时间
1	巡检线路制订得不合理	对巡检路线进行优化，并进行定置管理	杨×	某年某月某日
2	设备巡检频次不科学	对设备少、故障率低的巡检区域进行科学区分和优化	陈×	某年某月某日
3	现场设备巡检项目和标准无有效指引	对设备巡检项目和标准进行梳理和归纳，并以目视化图板的方式展现在现场	李×	某年某月某日
4	设备运行状态无有效提示	将设备的正常运行状态和工况的图片进行现场定置	刘×	某年某月某日

2. 过程说明

（1）规划最优巡检路线，并对设备巡检频次进行区分优化：

1）厂级巡检路线优化。对两厂巡检线路按照路线最短、不重复、全面涵盖的原则，结合设备实际位置进行优化和固定，制订出了一号厂、二号厂巡检路线图，见图3-72、图3-73。

2）区域巡检路线优化：水电站不同的巡视区域包含的巡视点也会不同。对于点多复杂的巡视区域，优化巡视区域巡检路线时，既要考虑对设备巡检的全面性，又要考虑路线的快捷与巡检质量性，需要课题组花一番心思。以该厂发电机层为例，如一号厂发电机层有发电机、机旁盘、压油泵、调速器和压油罐，专项小组根据现场设备的位置规划出了一条最优的线路：调速器—压油罐—压油泵—发电机—机旁盘。在保证巡视质量的前提下，让巡视人员不走弯路，在现场设备的地面上贴了序号的目视化标示，给巡视人员做引导。一号厂发电机层区域巡检路线如图3-74所示。

| 110kV保护室 | → | 1号机组机旁盘 | → | 1号机组调速器 | → | 6kV I 段室 | → | 2号机组机旁盘 | → | 2号机组调速器 | → | 6kV II 段室 |

| 3号主变压器室 | ← | 0号主变压器室 | ← | 厕所污水泵室 | ← | 6kV III 段室 | ← | 3号机组调速器 | ← | 3号机组机旁盘 |

| 2号主变压器室 | → | 1号主变压器室 | → | 400V室 | → | 644电缆层 | → | 110kV开关站 | → | 110kV开关站保护室 |

| 3号机组风洞 | ← | 2号机组风洞 | ← | 1号机组风洞 | | 直流室 | ← | 中控三楼计算机监控电源室 |

| 调速器主令控制器层 | → | 深井泵室 | → | 空气压缩机室 | → | 1号机组水机室 | → | 2号机组水机室 | → | 3号机组水机室 |

| 0、3号主变压器外循环室 | ← | 技术供水室 | ← | 3号机组推力外循环室 | ← | 1、2号主变压器外循环室 | ← | 1、2号机组推力外循环室 |

| 射流泵室 | → | 617廊道 | → | 一号厂220kV开关站 | → | 坝顶一、二号厂起闭机 |

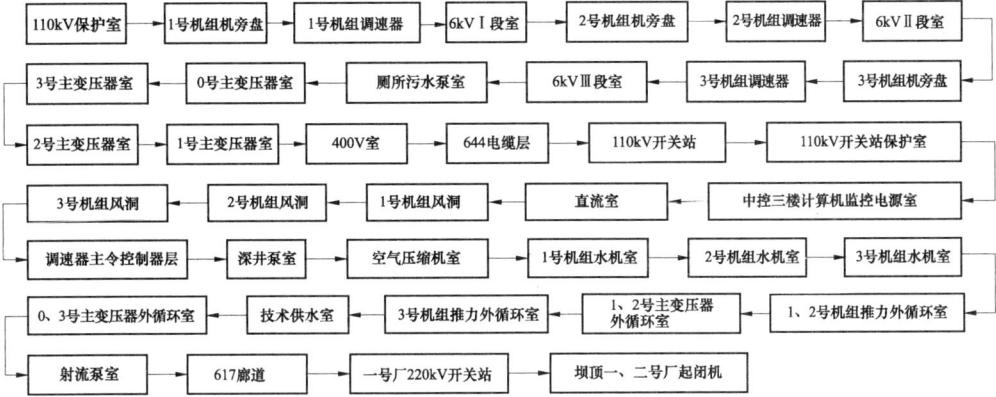

图 3-72　一号厂巡检路线图

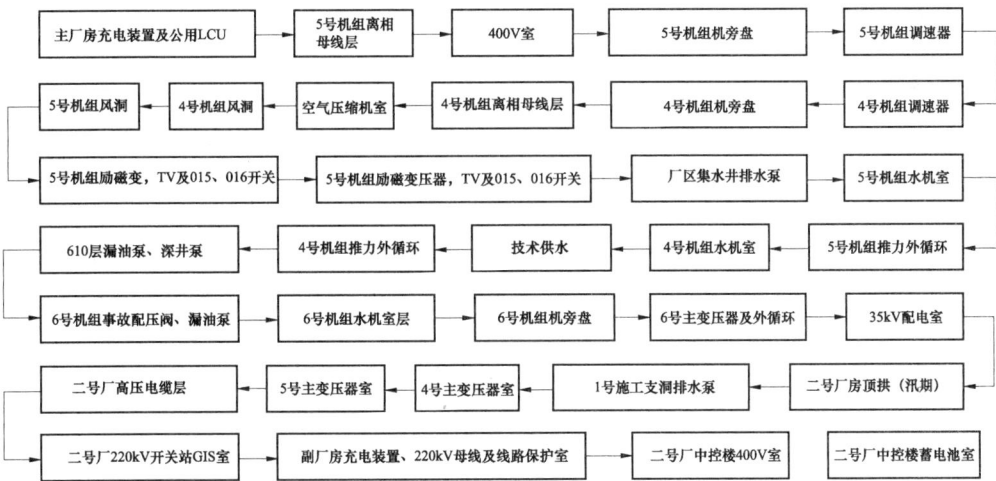

| 主厂房充电装置及公用LCU | → | 5号机组离相母线层 | → | 400V室 | → | 5号机组机旁盘 | → | 5号机组调速器 |

| 5号机组风洞 | ← | 4号机组风洞 | ← | 空气压缩机室 | ← | 4号机组离相母线层 | ← | 4号机组机旁盘 | ← | 4号机组调速器 |

| 5号机组励磁变，TV及015、016开关 | → | 5号机组励磁变压器，TV及015、016开关 | → | 厂区集水井排水泵 | → | 5号机组水机室 |

| 610层漏油泵、深井泵 | ← | 4号机组推力外循环 | ← | 技术供水 | ← | 4号机组水机室 | ← | 5号机组推力外循环 |

| 6号机组事故配压阀、漏油泵 | → | 6号机组水机室层 | → | 6号机组机旁盘 | → | 6号主变压器及外循环 | → | 35kV配电室 |

| 二号厂高压电缆层 | ← | 5号主变压器室 | ← | 4号主变压器室 | ← | 1号施工支洞排水泵 | ← | 二号厂房顶拱（汛期） |

| 二号厂220kV开关站GIS室 | → | 副厂房充电装置、220kV母线及线路保护室 | → | 二号厂中控楼400V室 | | 二号厂中控楼蓄电池室 |

图 3-73　二号厂巡检路线图

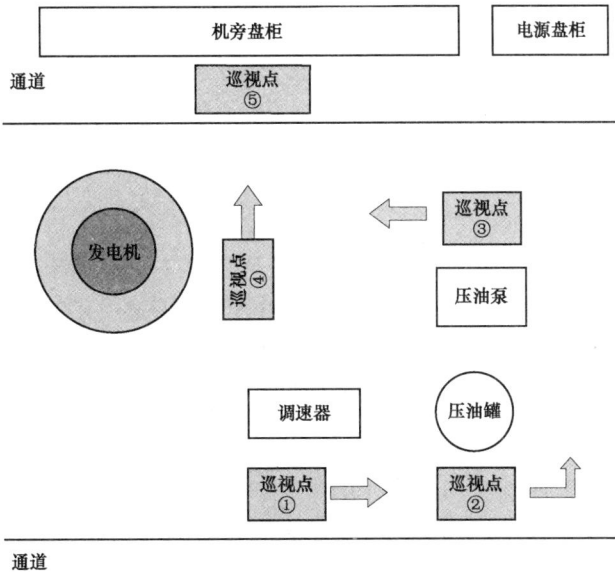

图 3-74　一号厂发电机层区域巡检路线示意

3）设备巡检频次的区分优化：课题组对巡检工作和设备运行情况进行了充分的分析和总结，同时结合生产现场巡检工作方式，在优化的厂级和区域巡检路线的基础上，对设备少、故障率低且较为偏远的巡检区域进行了区分和优化。以一号厂为例，制订了早班、下午班及中班巡检路线图（见图3-75、图3-76）。通过比较可以看出，下午班、中班的巡检区域减少了13处。

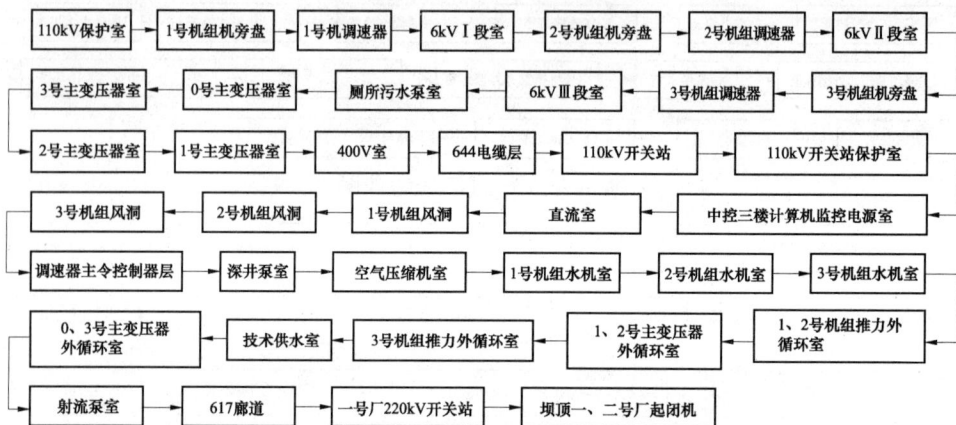

图3-75　一号厂早班巡检路线图

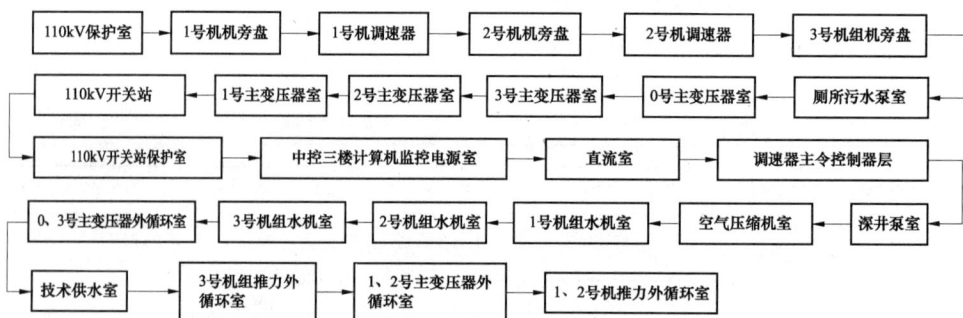

图3-76　一号厂下午班、中班巡检路线图

（2）设备压力范围、液位运行定值颜色管理化。将现场油、水、气系统各设备的压力范围、液位进行颜色管理。水电站中几种颜色表示的意义分别为：黄色表示告警，绿色表示正常、红色表示禁止。这样，将全厂所有巡视点设备压力表计、设备液位的状态划分为三个区域，即正常运行区（绿色）、运行告警区（黄色）、禁止运行区（红色）。无论现场工作人员还是巡检人员，均不用去背记大量设备运行参数，只要一看表计、液位在什么区域，就能清楚地知道设备的运行状况是否正常（见图3-77、图3-78）。

（3）设备正常运行状态、方式对比。为了能正确区分设备在各方式、状态下的运行情况是否正常，将不同运行工况的设备图片现场化，现场人员通过对比现场设备状况图片，能清楚设备当前工况，并对设备的健康作出正确判断。主要是在重点设备、盘柜内设置巡视目视化盒，将目视化展板不能体现的设备状态具体化，用设备本体的照片来体现，包含设备运行和备用时的状态对比、指示灯、显示屏、保护压板、把手位置、压力表读数、重要参数标注等内容。用视觉感官替代文字，有效地将目视展板、设备巡视点和现场设备由抽象联系变成三维实物对接。下面以调速器为例进行说明，调速器面板和设备状态对照见图 3-79。

图 3-77　供水压力表

图 3-78　调速系统集油箱油位

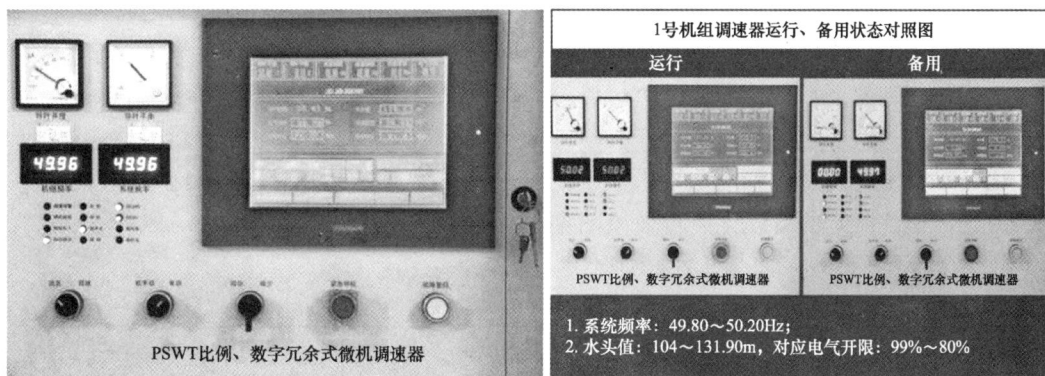

图 3-79　调速器面板和设备状态对照

　　状态对照图中分别明确了调速器正常运行和备用时导叶开度指示针、机组频率、电网频率、故障报警等指示灯，"远方、现地"控制把手，"机手动、电手动"控制把手，"增加、减少"控制把手，紧急停机指示灯和液晶显示屏数据显示等应有的正常状态，运行和非运行专业的人员都可以将图片和设备本体进行对比，从而判断设备是否存在异常。其他如机旁 LCU 柜运行状态对比、机旁交直流电源馈电盘、保护压板运行状态对比等均按照目视化管理要求逐一安装到盘柜，实现巡视目视管理。保护压板运行状态对比见图 3-80。

　　（4）巡视标准看板现场化。

　　1）目视化展板的外观设计：目视化展板的色彩是一种视觉信号，不同色彩会给人以不同的情感效应，要求科学、合理、巧妙地运用色彩，并实现统一的标准化管理。强光照射的设备多涂成蓝色，因为其反射系数适度，不会过分刺激眼睛。目视化展板的优点在于：它十分重视综合运用管理学、生理学、心理学和社会学等多学科的研究成果，能够比较科学地改善同现场人员视觉感知有关的各种环境因素，使之既符合现代技术要求，又适应人们的生理和心理特点，这样就会产生良好的生理和心理效应，调动员工的积极性。综上所述，蓝底白字为目视化展板的基本色。

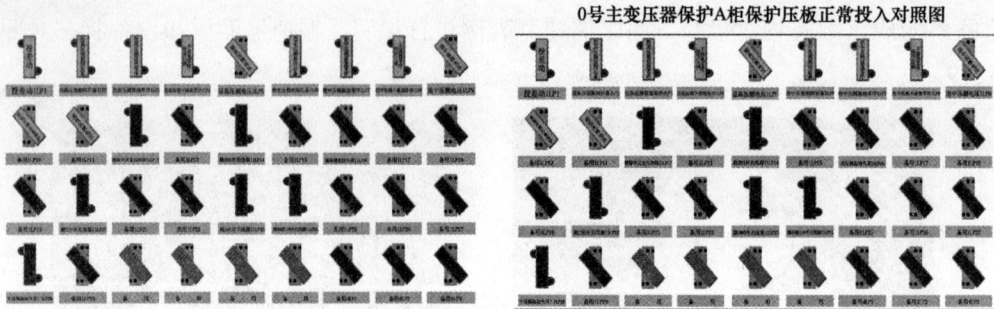

图 3-80　0 号主变压器保护 A 柜保护压板运行状态对比

2）目视化展板的版面内容规划：将目视化看板分为五个部分，即巡视路线、巡视项目、巡视地点、巡视标准要求、巡视点安全注意事项。将区域中的设备按系统划分，以系统内设备间隔为单元，单元内设备为点，将单元内设备各点按最佳巡视线路连接起来，构成区域巡检路线，既能全面巡视设备，又能避免现场巡视漏点。对每个对应巡视点设备的巡视内容（如关键运行指标，核心运行参数，正常与异常状态、方式等）进行提炼、总结、归纳，形成简明扼要的巡视标准；分析提炼巡视该点时应注意哪些安全事项，设备运行中正常与异常的边界值，设备切换的操作提示；确保展板布局合理、简洁、一目了然，以最简洁的语言来直观体现巡视标准与要求，让现场巡视人员一看便知，一看就懂。经过反复的修改审定，最终确定的目视化展板效果图见图 3-81。

1号发电机层巡视标准

巡视路线	项目	设备地点	巡视标准	注意事项
③→④ ↑ ② ↓ ⑤ ↑ ①	①调速器		1.控制面板无故障信号，DC24、DC5V指示灯亮； 2.停机连锁指示、油开关、锁定位置指示灯与运行方式相符； 3.调速器方式把手在"远方"，控制把手在"自动"位置； 4.系统频率、机组频率采集正常； 5.调速器运行在开度调节模式，比例运行，导叶给定与开度对应； 6.滤网压力正常，与压油罐压力偏差≤0.2MPa； 7.引导阀动作自如，导叶反馈无频繁抖动	1.系统振荡时严禁调速器切手运行； 2.未经当班值长许可，禁止改变调速器运行方式或参数
	②压油罐		1.压油罐油位：55～75cm，阀门、进人孔无渗、漏油； 2.压油罐油压：3.80～4.00MPa； 3.压力表、油位计、压力传感器手阀开启； 4.补气各阀门及阀门接口无漏气，标示完好	运行中禁止操作调速器总供油阀Y225阀
	③压油泵		1.压油泵主、备完好，启停正常，运行无异音； 2.压油罐排油阀Y224阀应关闭严密； 3.集油箱油位、油色正常，无渗油、漏油； 4.压油系统阀门、管道无漏油	开启油槽盖应防止异物落入油槽
	④发电机		1.机组运行无异常声响，大轴补气阀动作正常、无漏水； 2.励磁碳刷运行时无跳动、卡涩、火花； 3.刷辫无断股、断裂；刷辫与碳刷、刷架连接牢固，无触碰机壳	与转动部分保持安全距离
	⑤机旁盘		1.各盘柜内电源空气开关按运行方式投入； 2.各盘柜内指示灯、液晶显示屏显示正常； 3.各盘柜内应整洁，无灰尘、杂物，照明正常； 4.励磁系统、发电机—变压器组保护、机组LCU运行正常无告警； 5.各盘柜内无绝缘焦臭味	1.机组转子绝缘电阻应大于0.50MΩ； 2.风闸制动总气压：0.60～0.80MPa； 3.轴电流<1.80A

图 3-81　1 号发电机层目视化看板效果图

3）目视化标准看板安装点的选择：因现场巡视点不同，每个巡视点室内的光线、设备位置以及墙体的高度都不相同，要保证目视化展板直观、清晰、位置适宜地展现在巡视人员面前，安装位置选择同样重要。巡视目视化看板要安装在光线明亮、位置合适、高度恰当且最显眼的地方。综合考虑多方因素，最终选择平均身高的人员站在展板前可以平视展板，方便观看，达到最佳视觉效果的点作为安装点，目视化看板的安装高度统一为离地1.6m。本次设备巡视目视化工作共制作目视化展板 59 块、设备运行状态对比目视化盒 206个，基本覆盖了全厂主要运行设备巡视点，大大提高了设备巡视的质量与巡视效率，为夯实安全生产奠定了坚实的基础。

3. 实践效果

（1）巡检人员按照优化后的巡检路线进行巡检，一号厂巡检时间由 3.2h 降低至2h 左右，二号厂巡检时间由 2.8h 降低至 1.4h 左右，缩短了巡检作业时间，提升了巡检效率。

（2）通过将各规程、手册上的文字转化为现场直观的颜色表示或图片形式，巡视人员经"一看"（看展提示与标准）、"二找"（找设备）、"三比较"（将设备状态与展板提示标准对比）的巡检方式，能精准掌握设备健康水平，及时发现设备缺陷以及影响设备运行的潜在隐患，切实提高了巡检质量。

（五）标准化

（1）对巡回检查管理制度重新进行了修编。

（2）将区域巡检路线图进行现场定置（见图 3-82）。

图 3-82　一号厂发电机层区域巡检路线实际效果图

（3）现场完成了巡视目视化展板的安装，统计情况见表 3-33。

表 3-33 巡视目视化展板安装统计情况

一 号 厂		二 号 厂	
安装地点	数量	安装地点	数量
污水泵室	1	400V 室	1
1 号机组发电机层	1	4 号机组发电机层	1
2 号机组发电机层	1	5 号机组发电机层	1
3 号机组发电机层	1	二号厂风机、顶拱	1
6kV Ⅰ段室	1	4 号机组风洞	1
6kV Ⅱ段室	1	5 号机组风洞	1
6kV Ⅲ段室	1	二号厂空气压缩机室	1
110kV 保护室	1	4 号机组水车室	1
0 号主变压器室	1	5 号机组水车室	1
1 号主变压器室	1	4 号机组推力外循环	1
2 号主变压器室	1	5 号机组推力外循环	1
3 号主变压器室	1	二号厂技术供水	1
400V 室	1	厂区集水井	1
直流室	1	610 层	1
中控三楼电源室	1	6 号机组发电机层	1
110kV GIS 室	1	6 号机组水车室层	1
左空调室	1	6 号机组蝶阀层	1
右空调室	1	4 号主变压器室	1
1、2 号机推力外循环室	1	5 号主变压器室	1
1、2 号主变压器外循环室	1	二号厂中控楼 400V 电源室	1
3 号推力外循环室	1	二号厂 220kV 开关站保护室	1
技术供水室	1	二号厂 220kV 开关站 GIS 室	1
0、3 号主变压器外循环室	1		
射流泵室	1		
617 廊道	1		
1 号机组风洞	1		
2 号机组风洞	1		
3 号机组风洞	1		
1 号机组水车室	1		
2 号机组水车室	1		
3 号机组水车室	1		
深井泵室	1		
空气压缩机室	1		

一 号 厂		二 号 厂	
安装地点	数量	安装地点	数量
220kV 开关站	1		
一号厂启闭机室	1		
47B 室	1		
48B 室	1		
合计	37		22

👥 【案例思考】

本案例通过对巡检线路的优化，以及利用目视化图板、颜色区分等方式对现场设备状态、运行工况、巡检要求、标准、危险点及注意事项等内容进行简单、易懂的呈现，使巡检人员能够高效优质地完成巡检工作。接下来，该公司将继续探索，在对设备运行状态、工况数据以及故障规律进行深入分析的基础上，利用信息化手段进一步提升巡检管理工作水平。

<本案例由贵州乌江水电开发有限责任公司乌江渡发电厂提供>

第五节　运行指标精益管理实践

一、背景及现状

在我国，电力生产是一种按用电量需求建立起来的发电、输电、配电统一运行的系统，各个环节联系紧密，缺一不可。发电环节作为整个流程的初始环节，其工作的顺利进行离不开指标管理的支持。要想从根本上完善发电环节方面的工作，就应当做好发电企业的指标管理工作，建立起各方面的指标数据台账。从大量运行指标数据中，通过统计、分析、对标等环节对设备性能、发电能力进行静态、动态分析，能及时发现机组自身缺陷、运行及营销的薄弱环节，及时反馈给相关人员，使其做出的决策更具有效性，调整的运行方式更具经济性，制订的检修计划更具针对性，营销策略更具实用性。

指标管理是指对运行生产全过程涉及的指标进行统计、分析、优化，抓住关键的水能利用提高率、耗水率、标准能量利用率、远动率、弃风（光）率、厂用电率等重要指标，利用精益思维开展精益管理，全面提高指标的完成水平，提高企业经营效益。

在电力市场改革以后，面对日益严峻的电力市场竞争，节支增收成为发电企业面对挑战的必然发展之路。水电企业应考虑如何采取措施提高水能利用提高率、降低发电耗水率、减少厂用电量来做好指标管控。新能源发电企业开展集中监控的管理模式成为运行管理的必然发展趋势，一方面集中监控、节约成本与指标数据统计工作量大、人力不足的矛盾日益突显，成为许多新能源发电企业开展指标监督工作的障碍与瓶颈；另一方面，指标统计分析与优化对增发电量、市场营销等工作开展的重要性日益突出。如何利用精益思维对上述问题进行改善，是本节主要讲述的内容。

二、管理改善及思路

面对指标管理工作中存在的问题，导入精益管理思想，以问题为导向，明确课题改进方向，通过诊断、分析、改善、标准化四个步骤，利用精益管理工具进行改进，降低成本、提高效率、解决问题，并通过组织召开课题总结会，总结课题成果，并有效应用在运行管理工作中，以达到课题效益的最大化。

三、案例实践

【案例3-9】 开发生产数据统计平台，提高数据统计效率

（一）案例背景简介

1. 实施背景

2015年，某新能源发电企业新投产风电装机容量70万kW，累计投产130万kW，规模翻了一倍多，生产数据统计量相应激增。数据统计是指标管理的基础，通常应满足两个要求：一是准确性，要求数据统计100%正确；二是及时性，一般的数据统计工作应在10min内得到结果。

由于集中监控运行模式的推广应用，企业并未核增集控运行人员，使生产数据统计量的增加与统计人员缺少的矛盾日益突出，从而导致生产数据统计质量下降、准确性降低、耗时较多，给公司生产经营工作带来了不利影响。

2. 实施思路

针对当前数据统计工作的现状，开展诊断、分析，找出影响生产数据统计准确性和及时性的问题，制订并实施改善对策，消除浪费，提高效率。

（二）现状诊断

1. 诊断内容

该企业针对目前的生产指标统计工作成立专项工作小组，以精益管理为指导思想，从统计用时、统计准确率两个方面展开现状调查，制订调查课题，见表3-34。

表3-34 诊 断 调 查 表

调查课题	调查人员	调查周期	工作要求
平均统计任务用时	张某	近100次统计任务	用时10min以内
统计任务准确率	由某	近100次统计任务	准确率100%

平均统计任务用时调查结果见图 3-83。

小组通过对以往 100 次生产数据统计工作用时进行统计，结果表明一项生产数据统计工作一般需用时 60min，较统计要求用时高出 50min。

小组通过对以往 100 次生产数据统计工作的准确率进行统计，其中有 6 次统计出错，准确率为 94%，较统计要求低 6%。

通过现状调查发现，与工作要求相比，生产数据统计用时长、准确率低是当前生产数据统计工作存在的两个主要问题。

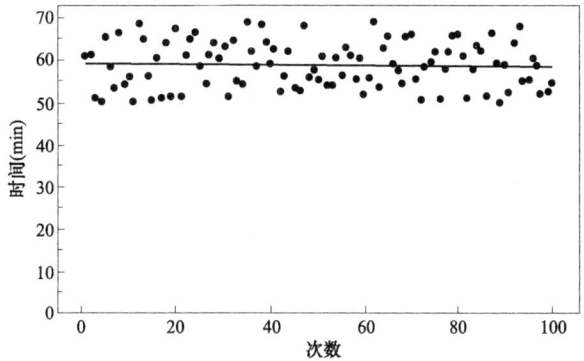

图 3-83　指标统计用时统计散点图

2. 改善目标

（1）生产数据统计工作平均用时低于 10min。

（2）生产数据统计准确率达到 100%。

（三）原因分析

工作小组应用头脑风暴法，对生产数据统计工作存在的两个主要问题进行了原因分析，见图 3-84。

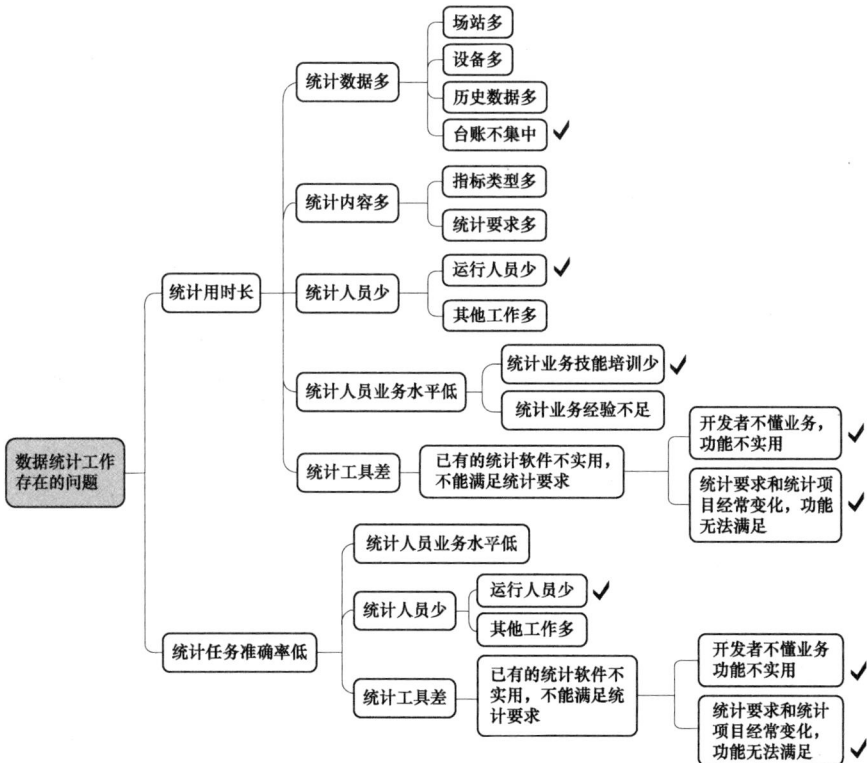

图 3-84　数据统计工作存在问题的原因分析

小组通过对具体原因的重要程度进行判断打分，再根据打分结果确定要因，结果见表 3-35。

表 3-35   数据统计工作存在问题的要因确认表

末 端 原 因	原因评分表						是否为主要影响因素
	职员 1	职员 2	职员 3	职员 4	职员 5	总分	
场站多	2	1	2	2	1	8	否
设备多	2	1	2	2	1	8	否
台账不集中	4	5	4	5	4	22	是
统计指标类型多	2	2	2	3	1	10	否
统计要求多	2	1	2	1	2	8	否
运行人员少	4	3	5	4	5	21	是
其他工作多	2	1	2	1	1	7	否
统计业务技能培训少	3	4	5	4	4	20	是
开发者不懂业务，功能不实用	4	5	4	4	5	22	是
统计要求和项目经常变化，功能无法满足	4	5	4	5	5	23	是

注 小组成员依靠个人工作经验，从原因的重要程度和改善可行性方面独立打分，由低到高以 1~5 分表示，总分 20 分以上为主要影响因素。

通过对统计用时长及准确率低的原因进行分析并确认要因后，得出影响统计工作效率的主要原因，并制订相应的改善对策，见表 3-36。

表 3-36   改 善 对 策 表

主要末端原因	改 善 对 策
运行人员少	增加运行人员
台账不集中	将台账数据集中记录
统计业务技能培训少	加强统计业务技能培训
开发者不懂业务，功能不实用	使用者自主开发统计平台
统计要求和项目经常变化，功能无法满足	自主维护，根据统计要求完善统计功能

课题组从对策的可行性、预计实施效果、预计实施周期三个方面进行评价，选择出最有效的对策，见表 3-37。

表 3-37   改 善 对 策 评 价 表

序号	改善对策	可行性	预计实施效果	预计实施周期	总分	对策确认
1	增加运行人员	0	3	5	0	否
2	加强统计业务技能培训	5	2	1	10	否
3	将台账数据集中记录	5	3	5	75	是
4	使用者自主开发统计平台	5	5	3	75	是

续表

序号	改善对策	可行性	预计实施效果	预计实施周期	总分	对策确认
5	自主维护，根据统计要求完善统计功能	5	5	3	75	是
备注		0—不可行； 5—可行	0—无效果； 3—效果一般； 5—效果明显	0—无限期； 3—用时较多； 5—用时较短	判断标准为达到效果评价总得分的60%及以上，则实施改善	

增加运行人员虽然具有一定的改善效果，且实施周期短，但受限于集团公司定员限制，与精益管理的思路相背离，不作为本课题的改善对象。

加强业务技能的培训是一个漫长的过程，且人员岗位变动以及人工计算难免出错的问题客观存在，所以将人员培训列为日常工作内容，不作为本课题的改善对象。

（四）实施改善

1. 过程说明

（1）讨论软件架构。软件架构见图3-85。

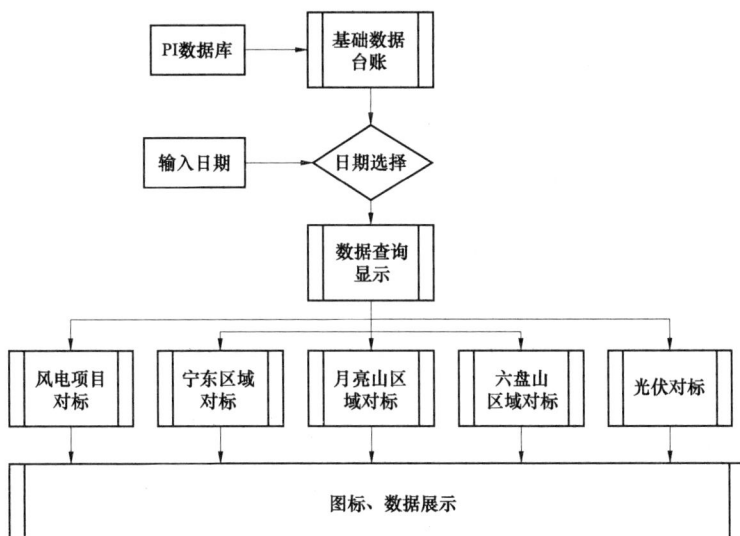

图3-85 软件架构图

（2）完善基础数据统计台账。按照不同数据类型，将数据完善整理到一个数据表中，见图3-86。

按照设定公式自动读取PI数据库数据，将数据定期按照类型存储到基础台账中。

（3）开发具备统计查询功能的平台，实现对基础数据的统计、查询功能。可按照输入的时间条件，通过筛选、统计、计算等步骤，得出对应时间条件下的所有统计数据。

（4）完善统计功能，实现区域间、机组间的同比、环比对标数据的统计，并以图表等方式进行展示。

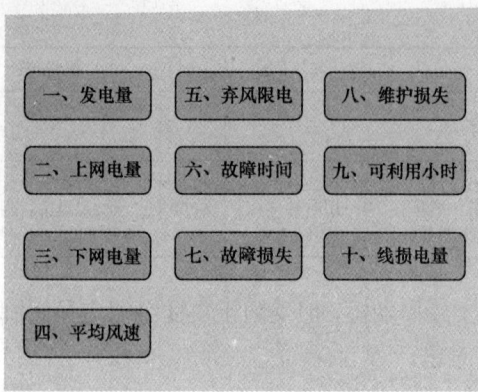

返回	2016年1月	2016年2月	2016年3月	2016年4月	2016年5月	2016年6月	2016年7月	2016年8月
宁东一期	437.5	408.3	522.1	524.2	504.132	498.8	467.3	490.9
宁东二期	418.4	414.1	507.1	601.9	717.476	641.4	555.5	576
宁东扩建	129.3	87.4	92.25	99.8	125.076	113.9	113.1	126.1
宁东三期	453.2	386.4	467.6	568.5	537.558	525.5	536.6	467.5
宁东四期	384.8	371.4	502	558.8	590.062	511.5	518.6	420.8
宁东五期	268.6	305.3	465.1	510.6	550.746	512.1	599	543.5
宁东六期	304.98	318.5	430.1	519.6	572.502	532	598.6	510.6
宁东七期	279	335.9	444.2	535.8	574.606	558.9	661.6	568.6
宁东八期								
月亮山一期	636.7	784.6	968.3	926.6	1139.528	504.7	860	944.6
月亮山二期	618.5	750.7	977.2	931	1134.306	539.1	650.1	950.1
月亮山三期	478.6	649.6	656.2	677	869.76	543.7	771.4	754.5
月亮山四期	489.3	634.3	563.4	648.3	775.68	492.3	707.3	716.8
武湖一期	305.9	549.2	467.2	592.1	635.424	560.3	625.5	403.6
武湖二期	241.8	464.1	367	504.6	485.12	522.1	538.1	397.2
南华山一期	493.5	544.1	596.6	701.9	791.194	604.2	627.9	613.7
南华山二期	383.6	561.4	558.5	595.4	728.54	571.6	571.6	602.9
南华山三期	533.7	751.8	642.4	727.3	891.319	644.4	691.1	667.98
南华山四期	386.1	518.7	613.8	599.2	819.826	539.1	656.12	
曹洼一期	417.5	513.1	638.1	664.2	830.718	563.8	811.6	688.37
曹洼二期	420.5	614.9	638.7	751.2	875.028	557.3	831.9	698.8
曹洼三期	447.4	502	778.6	783.4	1087.695	616	1031.2	974.58
曹洼四期	426.8	581.8	737.7	770.9	1022.56	576	979.1	882.4
曹洼五期	362	443.2	741.3	800.6	1052.765	544.1	948.1	1020.02
曹洼六期	420.3	504.4	704.7	692.3	952.518	547.1	839.8	719.71
曹洼七期	494.3	604.9	755.5	822.2	1069.066	563.1	936.6	859.79
曹洼八期	460.7	537.8	776.9	805.4	1014.985	529.8	875.8	829.3
光伏一	131.4	133.1	142.5	157.2	156.493	142.24	159	125.33
光伏二	269.2	272.4	290.1	320	314.685	284.7	300.2	264.8

图 3-86　基础数据统计台账

2. 实践效果

（1）经过以上对策的实施和完善，最终形成了一个具备自动化数据统计分析功能的软件平台。该平台具备以下功能：

1）自动查询功能。输入日期后，自动查询详细的生产数据，包括发电量、上网电量、下网电量、弃风率、设备可利用率等重要生产指标，见图 3-87。

请输入查询日期　2016　6　｜　返回首页　｜　返回发电量分析

场站名称	场站代码	期末装机	装机容量	风机台数	发电量	上网	下网	等效利用	平均风速	限电损失	弃风率	故障损失	维护损失	故障时间	设备利用率	综合厂用电率	发电量	装机容量
宁东一期	1	4.5	4.5	30	498.800	492.600	1.300	110.84	4.88	15	2.92%	4.29	1.20	308.73	98.57%	1.50%	2995.032	4.50
宁东二期	2	4.5	4.5	30	641.400	639.200	1.500	142.53	5.31	14	2.14%	10.48	0.84	444.85	97.94%	0.58%	3300.376	4.50
宁东扩建	3	1.2	1.2	8	113.900	112.900	0.300	94.92	4.59	2	1.73%	5.16	0.06	295.05	94.88%	1.14%	647.726	1.20
宁东三期	4	4.95	4.95	33	525.500	519.800	1.800	106.16	4.84	8	1.50%	23.9	0.44	998.27	95.80%	1.43%	2928.758	4.95
宁东四期	5	4.95	4.95	33	511.500	507.000	2.300	103.33	4.70	8	1.54%	13.3	0.21	100.91	99.58%	1.33%	2918.362	4.95
宁东五期	6	4.95	4.95	33	512.100	493.100	1.538	103.45	5.08	11.3	2.16%	6.93	0.28	232.01	98.71%	4.01%	2612.446	4.95
宁东六期	7	4.95	4.95	25	532.000	514.000	1.500	107.47	5.11	11.4	2.10%	1.47	0.12	96.68	99.46%	3.67%	2677.682	4.95
宁东七期	8	5	5	25	558.900	550.800	3.300	111.78	5.26	11.3	1.98%	2.94	0.20	115.22	99.36%	2.04%	2728.406	5.00
宁东八期	9	4.95	0	0	0.000	0.000	0.000	0.00		0	0.00%		0.00	0.00	0.00%	0.00%	0.00	0.00
月亮山一期	10	4.95	4.95	33	504.700	499.800	1.100	101.96	4.91	2	0.39%	6.29	0.31	210.47	99.11%	1.19%	4960.428	4.95
月亮山二期	11	4.95	4.95	33	539.100	534.200	1.400	108.91	5.05	2	0.37%	4.33	0.43	86.65	99.64%	1.17%	4950.806	4.95
月亮山三期	12	4.95	4.95	33	543.700	527.200	3.100	109.84	5.01	32.6	5.66%	6.17	1.19	250.77	98.94%	3.60%	3874.86	4.95
月亮山四期	13	4.95	4.95	33	492.300	476.800	2.400	99.45	4.78	15.6	6.17%	5.2	1.14	217.42	99.08%	3.64%	3603.78	4.95
武湖一期	14	4.95	4.95	33	560.300	542.100	2.600	113.19	5.26	15.6	2.71%	7.67	0.16	235.60	99.01%	3.71%	3110.124	4.95
武湖二期	15	4.95	4.95	33	522.100	504.900	3.200	105.47	5.04	14	2.61%	2.28	0.21	149.68	99.7%	3.91%	2634.72	4.95
新华山一期	16	4.95	4.95	33	604.200	589.200	1.900	122.06	5.07	13.5	2.19%	4.2	0.20	152.77	99.36%	2.20%	3731.494	4.95
新华山二期	17	4.95	4.95	33	512.220	499.400	1.500	103.48	4.70	11.5	3.49%	4.2	0.20	276.80	98.84%	2.80%	3339.76	4.95
新华山三期	18	4.95	4.95	33	644.400	625.400	2.500	130.18	5.19	11.5	1.75%	8.07	0.61	309.96	98.70%	3.34%	4190.919	4.95
新华山四期	19	4.95	4.95	33	494.600	480.100	1.800	99.92	4.70	17.5	3.42%	3.59	0.27	151.67	99.36%	3.20%	3459.326	4.95
曹洼一期	20	4.95	4.95	33	563.800	551.800	3.100	113.90	5.03	32.5	5.45%	9.84	0.93	298.88	98.74%	2.68%	3673.118	4.95
曹洼二期	21	4.95	4.95	33	557.300	543.200	5.400	112.59	5.04	33.5	5.67%	11.41	0.66	582.38	97.55%	3.50%	3857.628	4.95
曹洼三期	22	5	5	25	616.000	599.800	2.700	123.20	5.57	24.5	3.83%	1.14	0.25	46.58	99.74%	3.03%	4305.095	5.00
曹洼四期	23	5	5	25	576.000	561.000	4.100	115.20	5.36	31.5	5.19%	2.56	0.06	79.35	99.56%	3.32%	4115.76	5.00
曹洼五期	24	4.95	4.95	33	544.700	530.400	2.800	110.04	4.92	36	6.20%	3.69	0.38	207.62	99.13%	3.14%	3935.065	4.95
曹洼六期	25	4.95	4.95	33	547.100	532.800	2.800	110.53	4.98	27.5	4.45%	4.03	0.32	160.32	99.33%	3.13%	3821.918	4.95
曹洼七期	26	4.95	4.95	33	616.100	600.000	3.300	124.46	5.20	27.5	4.27%	8.22	0.22	255.92	98.88%	3.15%	4352.065	4.95
曹洼八期	27	4.95	4.95	33	529.800	509.800	6.200	107.03	4.95	31	5.53%	17.72	0.25	720.24	96.97%	4.95%	4125.595	4.95
光伏一期	28	1	1	10	142.240	140.400	1.700	142.24	4.95	0	0.00%	0	0.00	31.38	99.56%	2.49%	862.933	1.00
光伏二期	29	2	2	20	284.700	271.200	0.900	142.35	4.95	0	0.00%	1.67	0.00	0.00	100.00%	5.06%	1751.085	2.00
宁东合计		39.95	35.00	209	3894.100	3829.400	13.538	97.47	4.97	81.000	2.04%	58.300	3.342	2591.8	98.28%	2.01%	20808.8	35.00

图 3-87　自动查询平台

2）对标统计功能。能对主要生产指标进行对标统计。输入日期后点"计算"，自动生成某月与某年的对标报表，并以折线图、柱状图、排名表、奖杯台等形式，反映相应日期场站的对标情况，见图 3-88、图 3-89。

3）区域对标功能。能对同区域场站进行同比、环比对标，以及过去 12 个月的数据比较和过去 5 年的数据比较等，见图 3-90、图 3-91。

4）数据导入功能。在数据导入模块，点击"开始导入"，系统能自动以设定公式从 PI 数据库中读取最新生产数据，对应导入统计台账中，避免人工统计出现的错误，提高工作效率，见图 3-92。

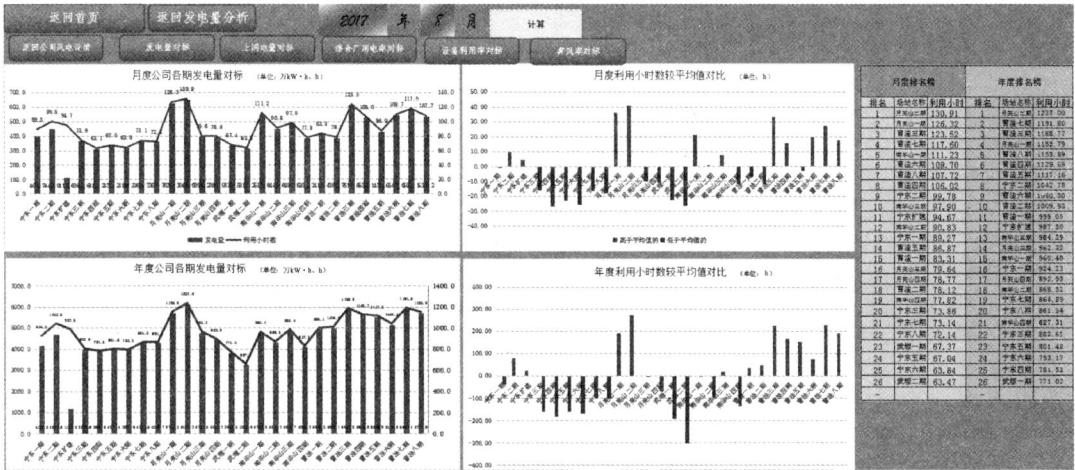

图 3-88 对标界面 1

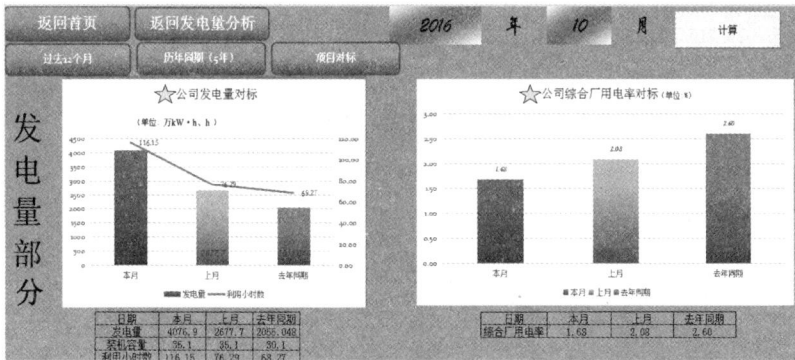

图 3-89 对标界面 2

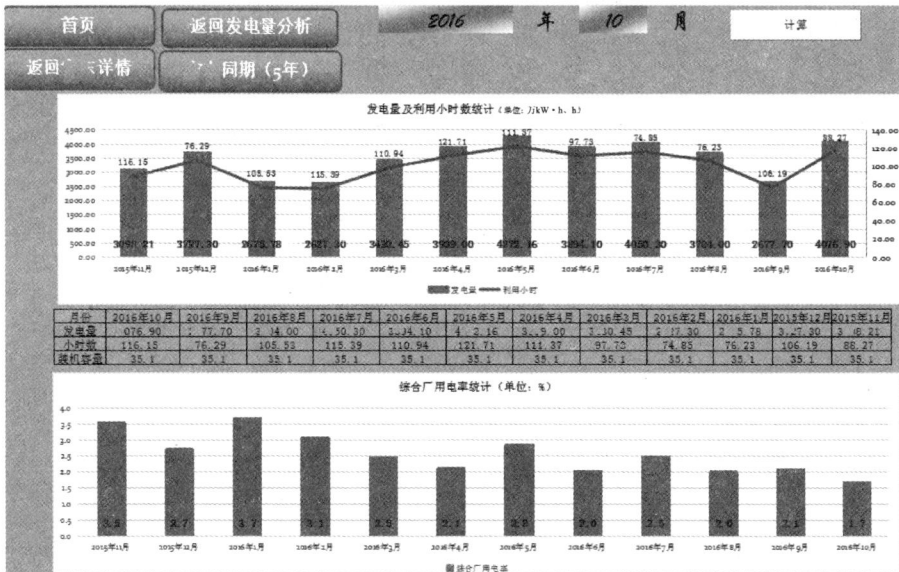

图 3-90 区域对标分析图 1

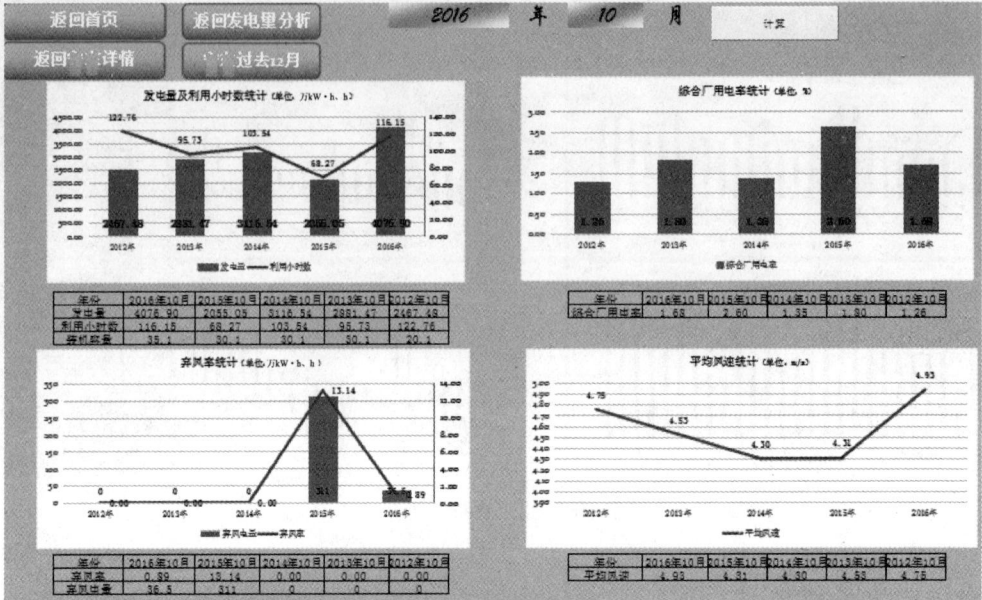

图 3-91　区域对标分析图 2

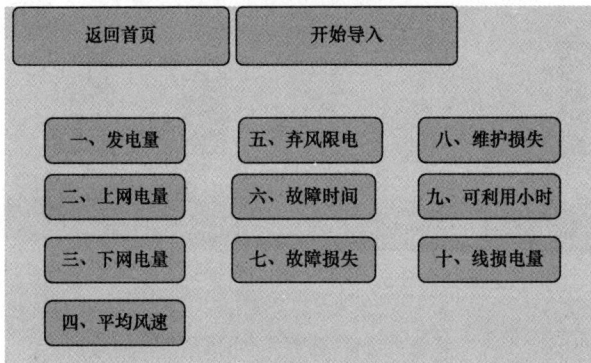

图 3-92　数据导入界面

（2）改善评价。对改善后的单次任务耗时进行统计，结果见图 3-93。

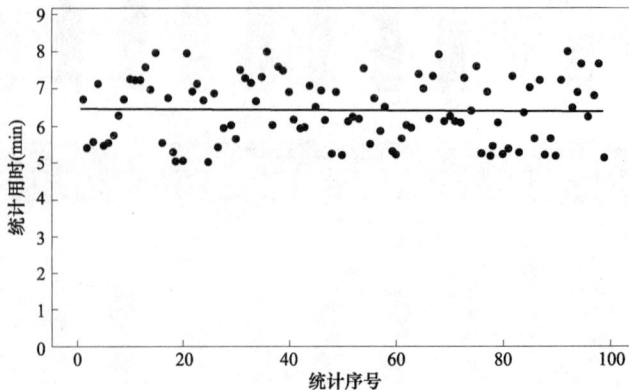

图 3-93　改善后的单次任务耗时统计

1）节省时间：改善后，工作小组随机对 100 次统计任务的耗时进行了统计。结果表明，单次任务用时一般为 6.5min，较改善前节约 53.5min，低于工作要求用时 3.5min，见图 3-94。

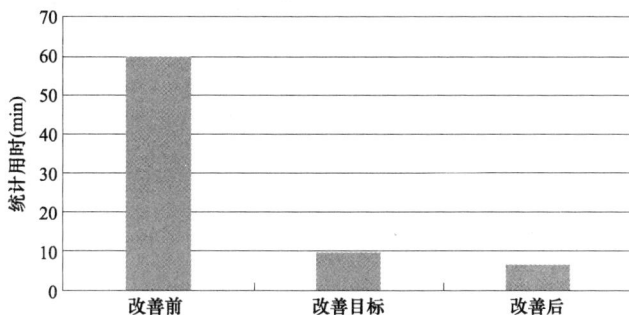

图 3-94　改善前后统计任务用时对比

2）统计准确率提高：改善后，工作小组随机对 100 次统计任务的准确率进行了统计，结果未发现统计错误，正确率为 100%，满足统计要求，见图 3-95。

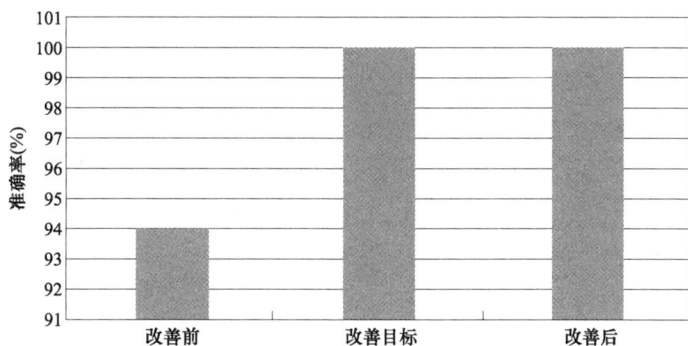

图 3-95　改善前后统计任务准确率对比

（五）标准化

工作小组对本课题的改善，大大提高了生产数据统计效率，形成了《减少时间浪费，提高工作效率——数据统计平台的自动化设计》宣贯课件，并在区域公司、新能源公司进行了推广应用。

【案例思考】

本课题通过对生产数据统计工作进行诊断、分析，以精益管理思想为指导，自主开发了数据统计平台，节约了人力、物力，并初步建立了生产大数据管理基础，能以自动化手段快速、高效、准确地对生产大数据进行提炼，以图表、曲线等表现手段反映生产大数据的提炼结果（见图 3-96），为生产管理提供了可靠的数据支持，提高了各项生产决策的效率与准确率。

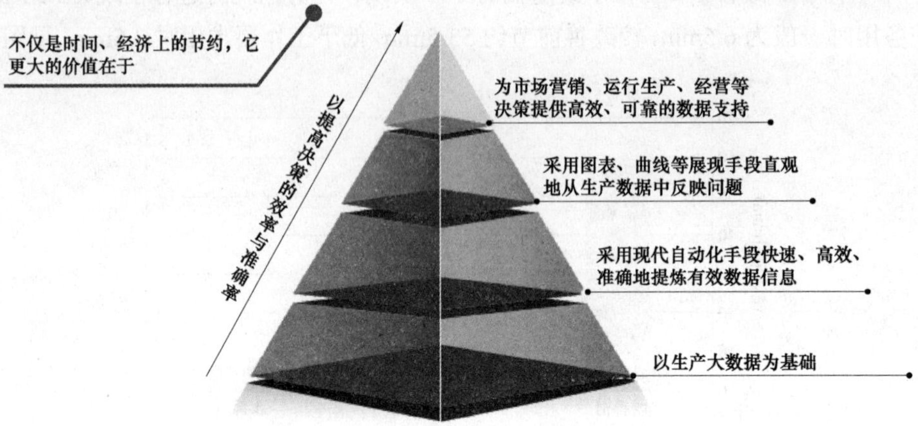

图 3-96 提炼结果示意图

有很多企业在面对数据统计工作上的困难时，往往想到的最直接的办法就是找软件公司开发一款具备统计功能的软件，但在实际应用中却容易出现"水土不服"的问题，再进行不断的修改，导致最终做出来的软件与最初设想的功能相差较远。造成这种情况的主要原因是直接开发软件的人员不熟悉具体生产工作，而熟悉具体生产工作的人员又不能从软件开发的角度去阐述需求，造成沟通障碍，既浪费了资源，又没有达到预想的目标。本课题提出了另一种解决思路，就是应用最基础的办公软件，从小的改善做起，聚沙成塔，最后形成一个巨大的提升，应用者始终参与其中，自己开发出来的功能便是最适用的功能。

<本案例由华电国际宁夏新能源发电有限公司提供>

【案例3-10】 提高集团公司水电决策系统生产数据报送效率

（一）案例背景简介

1. 实施背景

2015 年 1 月，某公司梯级 9 座电站全面实现"远程集控、少人维护"后，各电站取消了现场夜班值守，并逐步实现无人值班。电站管控模式变革后，原电站每日报送集团公司的水库运行系统和水电运营决策系统报表工作全部转至该公司集控中心负责，水库运行系统报表及水电运营决策系统报表由集控运行部和调度部值班人员分别填报，报表信息为集团公司生产管理决策提供了重要依据。报表主要信息见图 3-97、图 3-98。

（1）填报要求：集团公司要求水电运营系统报表在早上 7 点前填报，要求水库运行系统早上 9 点前填报，并且保证数据准确无误。

（2）实际状况：报表填写数据来源于水情系统、电能量系统、计算机监控系统、调度业务管理系统，甚至个别数据还需人工进行单位换算；报表填写前需对各系统相关报表数据进行校核，每日集控中心运行和调度值班员需在规定时限内逐个电站进行填报。

图 3-97　运行报表填写内容

图 3-98　水电运营决策填写内容

　　填报数据来源广、填报电站多、填报数据量大、系统重复登录、填报时限要求严等问题较为突出，造成值班员报送耗时过长，严重影响了报送效率。

2. 实施思路

针对上述情况，该集控中心以精益管理理念为指导，成立"提高公司水电决策系统生产数据报送效率"课题组，对水库运行系统和水电运营系统数据进行梳理、整合，利用数据中心平台和信息化技术实现自动统一报送，以提高报表报送效率和报表准确率。

（二）现状诊断

1. 诊断内容

组织课题小组成员对值班人员的填表过程、填写内容及所消耗的时间进行了现场跟踪调查，并制订了调查表，见表 3–38。

表 3–38 报表填报用时统计表

序号	项目（集团大坝、营销系统）	数据来源（集控中心）	填报方式	用时（min）
1	电厂机组日报表	调度业务管理系统、监控系统 远程控制日报、电能量管理系统	手动	60
2	运行日报表	远程控制日报	手动	30
3	水情日报表	远程控制日报	手动	20
4	大坝日报表	水库调度日报	手动	40
合计				150

注 机组日报、运行日报、水情日报每日 7 点前报送，大坝日报每日 9 点前报，填写错误和超出时段需向集团申请解锁修改或填报。

根据调查统计，每次报送数据均需要占用远控 1 名值班人员约 90min，占用调度 1 名值班人员约 60min，远高于要求用时 20min。

课题组对 15 日内向集团申请解锁修改的情况进行了调查，发现有 1 次出现填写错误，报表填报正确率为 94%，低于集团 100% 的正确率要求。

通过现状调查发现，填报用时较长、正确率低是目前报表填写工作中较为突出的问题。

2. 改善目标

（1）报送用时低于 20min。

（2）报送正确率达到 100%。

（三）原因分析

1. 报表填报效率低及填写错误的原因分析（见图 3–99）

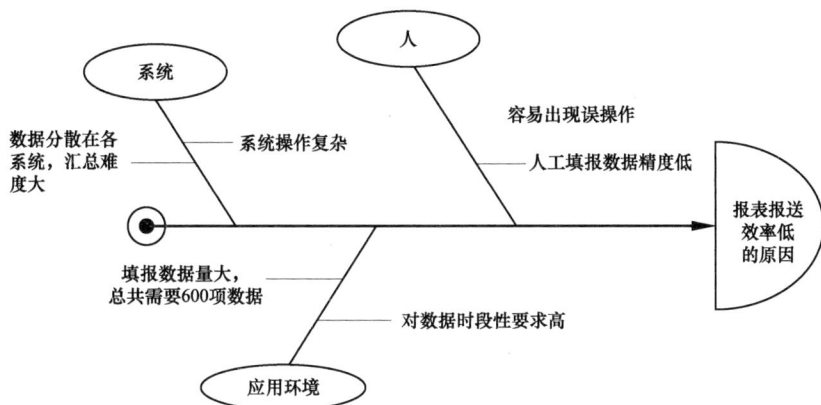

图3-99　报表填报效率低及填写错误的原因分析

2. 主要影响因素确认（见表3-39）

表3-39　　　　　　　　　可 执 行 要 因 统 计 表

问题	原因分析	重要程度	改善可行性	要因确认
填报效率低	系统操作复杂，需多次操作	重要	可行	是
	数据源分散，查找难度大	重要	可行	是
填报效率低	填报数据量大	重要	不可行	否
	数据时效性要求高	重要	不可行	否
填报正确率低	人工填报出现误操作	重要	可行	是
	人工填报数据精度低	不重要	不可行	否

3. 改善措施实施计划（见表3-40）

表3-40　　　　　　　　　改善措施实施计划表

序号	原　因	改　善　措　施	措施责任人	完成时间
1	填报数据量大、数据源分散。	（1）梳理需要报送的数据。梳理监控系统、水调系统、电能量系统、调度业务管理系统中的数据，并将相关数据传送给数据中心。 （2）由数据中心对数据进行加工整理，以MQ的方式传送给报送程序。 （3）报送程序通过接收MQ报文，将生产数据展现给用户，并发送给集团水库运行系统和运营决策系统	张×× 宋×× 李××	2016年8月
2	系统操作复杂，需多次登录	在综合业务管理系统中建立统一的报送界面，所有用户只需登录一次就可完成对数据的查看、修改、报送工作	杜××	2016年10月
3	人工填报出现误操作	对集控中心用户进行操作培训，并下发操作说明书	张××	2016年10月

（四）实施改善

1．过程说明

（1）系统总体架构设计，见图 3-100。

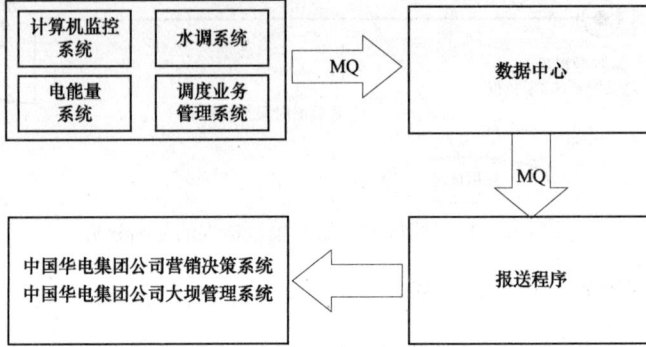

图 3-100　系统总体架构图

（2）梳理数据：

1）水库运行系统共需填写 9 张表共 108 项数据，主要为水调系统日数据，见图 3-101。

集团大坝系统填报数据详情								
	描述	属性	单位	小数点位数	水情数据情况	数据中心数据情况	计算公式（南自计算）	备注
昨日数据：								
DRTJZXN	当日梯级总蓄能	乌江公司9个电厂昨日总蓄能	亿kW·h		有	有	无	
RKLL300	平均入库流量	单厂日数据，共9个电厂	m³/s		有	有	无	
CKLL300	平均出库流量	单厂日数据，共9个电厂	m³/s		有	有	无	
LYPJJYL	流域平均降雨量	单厂日数据，共9个电厂	mm		有	有	无	
WTF430	入库水量	单厂日数据，共9个电厂	亿m³		无	无	日平均入库流量×0.000864	
WJF450	出库水量	单厂日数据，共9个电厂	亿m³		无	无	日平均出库流量×0.000864	
RXHL	日泄洪量	单厂日数据，共9个电厂	亿m³		无	无	日平均泄洪流量×0.000864	日平均泄洪流量数据中心已有
WTF460	发电用水量	单厂日数据，共9个电厂	亿m³		无	无	日平均发电流量×0.000864	日平均发电流量数据中心已有
FDHSL	发电耗水率	单厂日数据，共9个电厂	m³/(kW·h)		有	有	无	
RKSLDNRPJ	入库水量多年日平均	单厂日数据，共9个电厂	亿m³		无，需计算	无，需从水调取	无	
LYJYDNRPJ	流域降雨多年日平均	单厂日数据，共9个电厂	mm		无，需计算	无，需从水调取	无	
JZJ110	发电量	单厂日数据，共9个电厂	万kW·h		有	有	无	
	总发电量	乌江公司9个电厂昨日总电量	亿kW·h		无	无	无	
今日数据：								
BDSW	今日8点水位	单厂8时数据，共9个电厂	m		有	有	无	
RXSL	今日8点蓄水量	单厂8时数据，共9个电厂	亿m³		无，需计算	无，需从水调取	无	
JR8XNZ	今日8点蓄能值	单厂8时数据，共9个电厂	亿kW·h		无，需计算	无，需从水调取	无	

图 3-101　水库运行系统数据详情（截图）

2）集团水电运营决策系统数据共 3 类 27 张表，总计 537 项数据，见图 3-102。

（3）实施步骤：

1）数据整理：数据中心通过 MQ 方式从生产系统获取各类数据。通过之前的数据梳理，对水库运行系统和水电运营系统需要的数据进行整理，再通过数据库存储过程进行加工，存放到对应的数据库表中。

数据名称	单位	来源	点号									备注
			洪家渡	东风	索风营	乌江渡	构皮滩	思林	沙沱	大花水	格里桥	
日电网调度发电量	万kW·h	数据中心 kjdw.t_web_dwfdjh_sub	10	11	12	13	14	16	17	15	21	
全厂上网电量	万kW·h	电能量系统（数据中心）KJDW.ETL_DNN_DAY）	2101SW	2102SW	2103SW	2104SW	2105SW	2106SW	2107SW	2301SW	2302SW	
发电厂用电量	万kW·h	电能量系统（数据中心）KJDW.ETL_DNN_DAY）	2101CY	2102CY	2103CY	2104CY	2105CY	2106CY	2107CY	2301CY	2302CY	
综合厂用电量	万kW·h	电能量系统（数据中心）KJDW.ETL_DNN_DAY）	2101CY	2102CY	2103CY	2104CY	2105CY	2106CY	2107CY	2301CY	2302CY	
入库水量	万m³	水情（数据中心）KJDW.ETL_DAYDB）	21012000	21022000	21032000	21042000	21052000	21062000	21072000	23010000	23022000	
出库水量	万m³	水情（数据中心）KJDW.ETL_DAYDB）	21012020	21022020	21032020	21042020	21052020	21062020	21072020	23012020	23012020	
发电耗水量	万m³	水情（数据中心）KJDW.ETL_DAYDB）	21012040	21022040	21032040	21042040	21052040	21062040	21072040	23012040	23022040	
弃水量	万m³	水情（数据中心）KJDW.ETL_DAYDB）	21012100	21022100	21032100	21042100	21052100	21062100	21072100	23012100	23022100	
期末库容	亿m³	暂无										由水情计算后送达数据中心
期末上游水位	m	水情（数据中心）KJDW.ETL_DAYDB）	21010001	21020001	21030001	21040001	21050001	21060001	21070001	23010001	23020001	
期末下游水位	m	水情（数据中心）KJDW.ETL_DAYDB）	21010011	21020011	21030011	21040011	21050011	21060011	21070011	23010011	23020011	
发电耗水率	%	水情（数据中心）KJDW.ETL_DAYDB）	21012460	21022460	21032460	21042460	21052460	21062460	21072460	23012460	23022460	

1. 灰色部分请调度部确认。
2. 加粗部分请运行部确认，未标记部分无须确认。

图3-102 运营决策数据详情（截图）

2）设计 MQ 传输通道：根据集控中心数据传输规范，确定通过 MQ 方式送达报送程序。当报送程序侧有数据请求时，数据中心用 MQ 的方式将已经整理和筛选好的数据发送给接口程序。

3）部署报送程序：根据原系统和填报部门的需求，设计填报表单格式。建立一个账户，查看、修改并报送所有数据。

4）现场讲解、培训学习。

2. 实践效果

（1）效率提高明显：改进后报表填报实现了数据的自动采集，人工只需核对保存报送，自动填报累计用时 15min，较人工填报累计用时 150min，共减少 135min，效率提升 90%，见图 3-103。

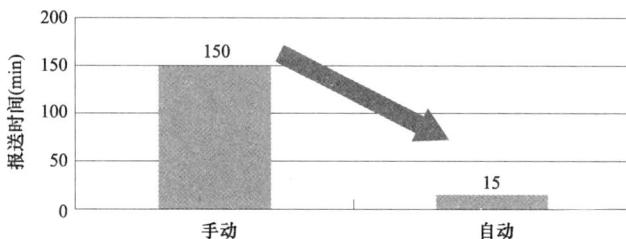

图3-103 报送时间对比

（2）报表正确率达到 100%：报表正确率满足集团公司要求，较手动填报 94%的正确率提高 6 个百分点，见图 3-104。

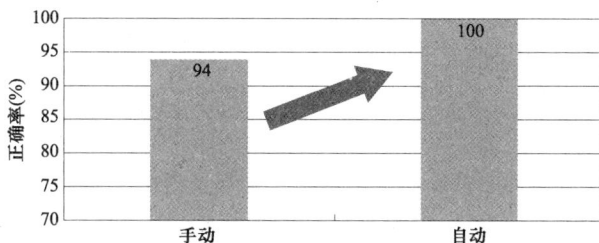

图3-104 报表正确率对比

243

（五）标准化

编写《集控中心数据报送系统使用说明书》，并对运行和调度值班人员进行现场讲解和使用培训，确保成果持续发挥作用。

【案例思考】

本次课题改善是利用现代网络通信技术和数据中心强大的存储和计算功能，将分散的计算机监控系统、水调自动化系统、调度业务管理系统数据及电能量采集系统生产数据与集团公司报表系统有效连接起来，实现了由手动填报向自动报送转变，从技术手段上根本解决了报表填报效率低和正确率低的问题。

下一步集控中心将总结经验，进一步拓展数据中心高级应用功能，将信息化与日常生产运行工作进行深度融合，按精益管理理念，开发更多灵活、快捷的高级应用模块，为优化调度、运行管理提供高效、可靠的数据与信息支持。

<本案例由贵州乌江水电开发有限责任公司提供>

第六节　经济运行精益管理实践

一、背景及现状

水电与新能源发电企业的经济运行是指，在保证电力系统可靠供电的条件下，通过调整运行方式，使企业达到经济效益最大化目标的行为。与此相适应的运行方式称为经济运行方式，也称，最优运行方式。在竞争激烈的新电力市场环境下，通过优化调度、调整运行方式等手段实现资源优化配置，降低企业成本，提高企业效益，对于水电与新能源发电企业而言，有着积极的意义。

运行工作是实现水电与新能源发电企业经济运行工作的重要一环，是实现生产设备经济运行的具体执行者。从运行管理的角度出发，经济运行工作主要包括基础管理和过程管理两个方面。基础管理是指运行各项工作中最基础的记录、数据、标准和制度，是运行管理工作的基础，也是实行运行优化管理的保证。过程管理是执行经济运行方案，实现水电与新能源发电企业经济运行的具体内容和步骤。

但是，在具体落实经济运行方面，水电与新能源发电企业的工作重点各不相同。

水电企业经济运行工作的重点内容是：① 了解机组动力特性和动力指标，根据某一时刻系统负荷和电能质量要求，合理安排启动机组的顺序、启动机组的数量以及机组间负荷的合理分配；② 在实时控制中，电厂运行值班人员在机组开停机及负荷控制过程中，应积极主动与调度联系协调，在系统允许的前提下及时申请开停机，在开停机过程中迅速增减负荷，以避开机组振动区及低效率工作区，相对增加水头损失小、效率高的机组运行时间；③ 在提供系统要求的相关辅助服务时，做好各种条件下影响发电水耗的因素分析并制订相应的补救措施，目标是降低机组发电耗水率，节水增发电。

新能源发电企业经济运行工作的重点是：① 贯彻落实可持续发展理念，在确保安全的前提下，合理、高效地利用风、光资源；② 通过加强与电网调度部门的沟通协调，减少弃风、弃光限电；③ 通过提高风、光功率预测准确性，合理安排运行方式，科学有序地开展检修、维护等工作，提高远动率；④ 通过认真开展指标对标工作，查找不足、分析原因，制订整改措施，落实指标优化措施；⑤ 通过及早与电网沟通，合理安排风、光电站进行检修，避免重复停电造成电量损失。

目前，水电与新能源发电企业经济运行在运行管理中还存在思想上不够重视、措施上不够完善、执行上不够到位等问题。在集团公司开展的"提质增效、增收节支"的精益管理活动中，水电与新能源发电企业应特别加强经济运行管理，深挖潜能，使水、风、光资源的利用率达到最大。

二、管理改善及思路

对水电与新能源发电企业而言，做好经济运行精益管理的重点就是提高资源利用效率。水电企业一般通过优化机组运行工况、提高洪水资源利用率、减少绘制机组特性曲线的误差、减少机组漏水、减少空转时长、减少开停机损失等措施来提升经济运行水平。新能源发电企业一般通过做好基础管理，风、光资源管理，发电管理，指标管理，节能降耗管理等方面的工作，来达到节约能源、多发电量的目的，从而获取最大的经济效益。

三、案例实践

【案例3-11】 改善照明和通风空调用电，降低厂用电量

（一）案例背景简介

1. 实施背景

水电站厂用电分为生产用电和非生产用电。生产用电主要为机组自用电、辅助设备用电等，非生产用电包括厂内照明系统用电、通风空调系统用电、办公楼用电以及生活用电等。某水电站统计 2015 年日均非生产厂用电量接近 8000kW·h，用电量较大，有必要分析非生产厂用电量较大的原因，采取改善措施，降低厂用电量。

2. 实施思路

通过对非生产厂用电情况进行调查统计和分析，查找造成非生产厂用电量大的原因，针对具体原因制订对策，采取措施进行改善，减少非生产厂用电量，以降低厂用电量。

（二）现状诊断

1. 现状调查

课题组组织人员运用现场调查的方法，对非生产厂用电情况进行调查。经统计，该电

厂 2015 年度非生产厂用电量为 285 万 kW·h，具体构成情况见图 3-105。

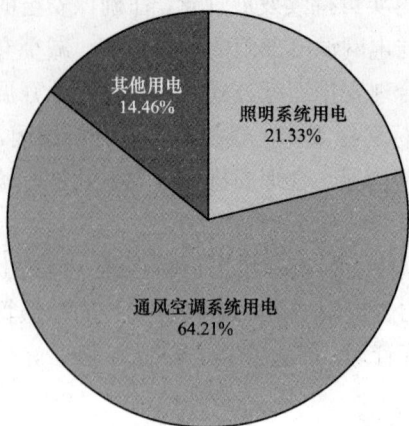

图 3-105　某水电厂非生产厂用电构成情况

由图 3-105 可以看出，照明系统和通风空调系统用电量占非生产厂用电量的 85.54%，是非生产厂用电量高的主要构成部分。

对照明系统及通风空调系统用电情况调查如下。

（1）照明系统用电：

1）该水电站厂房是华东地区最大的地下厂房，厂内照明要求高，照明用户多、分布广，单日照明用电量见图 3-106。

2015 年该电厂全年照明系统用电量数据见表 3-41，日均照明用电量为 1665kW·h。

图 3-106　某水电厂单日厂内照明电量图

表 3-41　　　　　　　　　　某水电站 2015 年照明系统用电量数据　　　　　　　　　　万 kW·h

月份	1	2	3	4	5	6	7	8	9	10	11	12	合计
电量	5.2	4.7	5.2	5.1	5.1	4.9	4.8	5.2	5.1	5.2	5.2	5.1	60.8

2）电厂照明灯具均为建厂时期安装，灯具多为非节能灯、荧光灯管等，灯具数量多、照明能效低、耗能较大。具体照明灯具及其能耗情况详见表 3-42。

表 3-42　　　　　　　　　　某水电站照明灯具数量及能耗情况

序号	区域	灯具类型	单灯功率（W）	灯具数量（套）	序号	区域	灯具类型	单灯功率（W）	灯具数量（套）
1	水轮机层	荧光灯	80	20	3	水轮机层	吸顶灯	60	10
2	水轮机层	壁灯	100	16	4	水轮机层（水车室，油处理）	防潮灯	10	36

续表

序号	区域	灯具类型	单灯功率（W）	灯具数量（套）	序号	区域	灯具类型	单灯功率（W）	灯具数量（套）
5	水轮机层（水车室，油处理）	防爆灯	100	9	10	发电机层	节能灯	60	31
6	水轮机层（水车室，油处理）	节能灯	60	34	11	廊道照明	节能灯	10	40
7	发电机层	荧光灯	120	32	12	廊道照明	荧光灯	36	12
8	发电机层	荧光灯	120	32	13	交通洞照明	荧光灯	40	100
9	发电机层	金卤灯	250	60					

（2）通风空调系统用电：

1）通风空调系统用户多、设备多。全厂通风空调系统包括地下厂房通风空调系统、中控楼空调系统及220kV GIS室通风系统三大部分，主要设备包括厂房1～4号空调机房设备、厂房1～2号新风机室设备，透平油库通风机、蓄电池室通风机、主变压器洞消防电梯前室加压送风机、厂房柜式除湿机、220kV GIS室通排风及排烟设备，以及中控楼中央空调、柜式空调。通风空调系统设备见表3—43。

表3—43　　　　　　　　　通风空调系统设备表

序号	名称	功率（kW）	数量（台）	总功率（kW）
1	冷水机组	32.6	22	717.2
2	冷冻水泵	7.5	11	82.5
3	组合式空气处理机	45	8	360
4	双速排烟风机	22	14	308
5	一般去湿机组	2.2	27	59.4
6	防爆风机	7.5	2	15
	总计			1542.1

2）通风空调系统负荷大、耗电功率大。2015年9月10日至10月20日通风空调系统用电量统计见表3—44，日均用电量达5015kW·h。

表3—44　　　　　　　　　电　量　统　计　表　　　　　　　　　万 kW·h

统计时段	非生产厂用电量	通风空调用电量	统计时段	非生产厂用电量	通风空调用电量
9.10～9.16	5.52	3.55	10.8～10.14	5.55	3.51
9.17～9.23	5.61	3.56	10.14～10.20	5.32	3.47
9.24～9.30	5.42	3.48	合计	32.80	21.06
10.1～10.7	5.38	3.49			

经上述诊断，照明系统和通风空调系统用电量是造成非生产厂用电量大的主要因素。

2. 改善目标

（1）照明系统用电。2015 年日均照明用电量为 1665kW·h，改善后同比平均每天减少 400kW·h 的照明电量。

（2）通风空调系统用电。2015 年日均用电量为 5015kW·h，改善后同比平均每天减少 1200kW·h 的通风空调系统用电量。

（三）原因分析

1. 照明系统用电量大的原因分析

课题组对照明系统用电量大的原因进行了分析，见图 3-107。

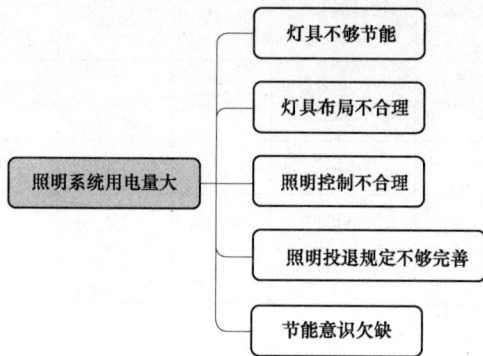

针对上述原因进行要因确认，见表 3-45。

图 3-107 照明系统用电量大的原因分析

表 3-45　　　　　　　　　　照明系统用电量大的要因确认表

末端原因	现　状　调　查	重要程度	是否为要因
灯具不够节能	厂房大部分使用老式节能灯、荧光灯管、白炽灯等非节能灯具，灯具照明效率低，造成照明能耗高	★★★★★	是
灯具布局不合理	厂房内部分区域照明亮度超标、部分区域照明亮度不足，在照度布置不合理区域，平均照度低，为了达到照度要求，必须采用更大功率的照明灯具，从而增加了照明用电	★★★★☆	是
照明控制方式不合理	（1）在水车室、气机室等部位，无人工作时，只需开启部分照明即可满足遥视系统、人员巡视的照明亮度要求。但在这些区域，全部照明均由一个开关进行控制，导致所有照明全天候开启，造成了不必要的照明浪费。 （2）照明控制不够先进，除了主厂房、副厂房及投射灯具用接触器控制开关外，其他不常用照明基本上都采用手动开关，容易造成忘记关灯的现象。地下厂房约有 200 盏的照明灯具用手动开关进行控制，长期忘记关灯，也会引起不必要的照明用电浪费；此外，照明控制不合理也会导致用电量的增加	★★★★☆	是
照明投退规定不够完善	公司的《节能管理办法》中，只是提到了要根据季节、时间等因素合理进行照明投退，但无具体规定，缺乏实际的指导意义，在实际工作中，存在照明投退较为随意的现象	★★★★☆	是
部分员工节能意识欠缺	没有养成随手关灯等良好习惯，节约用电、度电必争的意识不强，但此类员工仅是少数，通过他人提醒等方式均可以进行纠正	★☆☆☆☆	否

注　重要程度 4 颗★以上为要因。

针对要因，制订改善对策，见表 3-46。

表 3-46　　　　　　　　　　改 善 对 策 表

序号	要　　因	改善对策	序号	要　　因	改善对策
1	灯具不够节能	灯具改造	3	照明控制方式不合理	改善照明控制方式
2	灯具布局不合理	优化布局	4	照明投退规定不够完善	完善照明投退规定

2. 通风空调系统用电量大的原因分析

课题组采用思维导图工具对通风空调系统用电量大的原因进行了分析，见图 3-108。

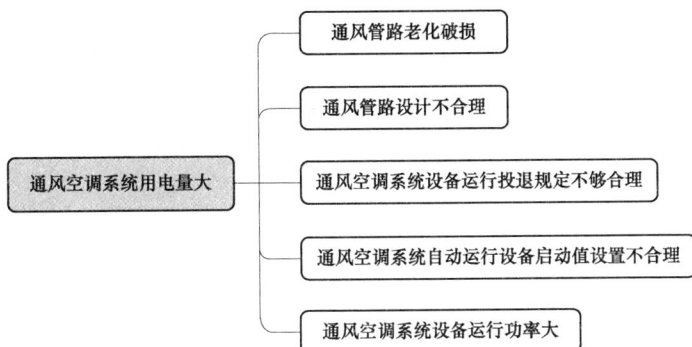

图 3-108 通风空调系统用电量大的原因分析

针对上述原因进行要因确认，见表 3-47。

表 3-47   通风空调系统用电量大的要因确认表

末端原因	现　状　调　查	重要程度	是否为要因
通风管路老化破损、设计不合理	部分通风管路老化破损，引起通风量损失，影响设备冷却效果。通风管路出风口设置不合理，如副厂房通道等处设置的出风口过多、风口过大，导致供给需冷却设备处的风量减少，使空调等设备启动次数增加、运行时间加长，增加了通风空调系统用电量	★★★★★	是
通风空调系统设备运行投退规定不够合理	通风空调系统设备运行投退规定中，未根据季节变化、主设备运行情况等明确应投入哪些设备、投入设备台数、投入时间长短等内容。投退规定不够合理，造成风机设备运行时间过长，使厂用电量增加	★★★★☆	是
通风空调系统自动运行设备启动值设置不合理	通风空调系统自动运行设备，如空调机、除湿机等启动值设置较为随意，可能增加设备的启动次数和运行时间。经现场检查，大部分空调启动值设定为 26～28℃，除湿机启动值设定为 80～85℃，在正常区间范围	★★☆☆☆	否
通风空调系统设备运行功率大	通风空调系统设备总功率达 1542.1kW，如果通风空调系统所有设备都开启运行，电量耗费巨大。但由于通风空调系统设备在设计时均采用冗余配置，因此在实际运行中不存在所有设备都同时开启运行的情况	★☆☆☆☆	否

注　重要程度 4 颗★以上为要因。

针对要因，制订改善对策，见表 3-48。

表 3-48   改 善 对 策 表

序号	要　　因	改善对策
1	通风管路老化破损、设计不合理	通风管路修补、改善
2	通风空调系统设备运行投退规定不够合理	完善投退规定

（四）实施改善

1. 过程说明

（1）照明系统改善：

1）灯具改造。将发电机层、水轮机层、廊道层、水车室四个区域的原有照明灯具（灯具总数 283 盏，总功率 27.29kW）全部更换为低功率、高照度的 LED 灯具，方案见图 3-109。改造后灯具总功率降为 20.55kW，照度比改造前大有提升。

2）合理进行灯具布局。测量全厂重要生产区域照度，根据测量结果，重新优化布局灯具。经优化后，主厂房由原来的 92 套灯具减少为 45 套，水轮机层、水车室等场所的灯具也采用了更加合理的布局，既减少了照明用电量，又使各部位照度更加均匀。

3）改进照明控制方式。对水车室、气机室、廊道等场所的照明，采用多个开关分路控制的方式进行照明控制。无人工作时，开启一路或两路照明，能满足遥视系统、人员日常巡视要求即可。在进行设备检修或定期工作时，开启全部照明即可满足现场工作的照明要求，减少了不必要的照明浪费。

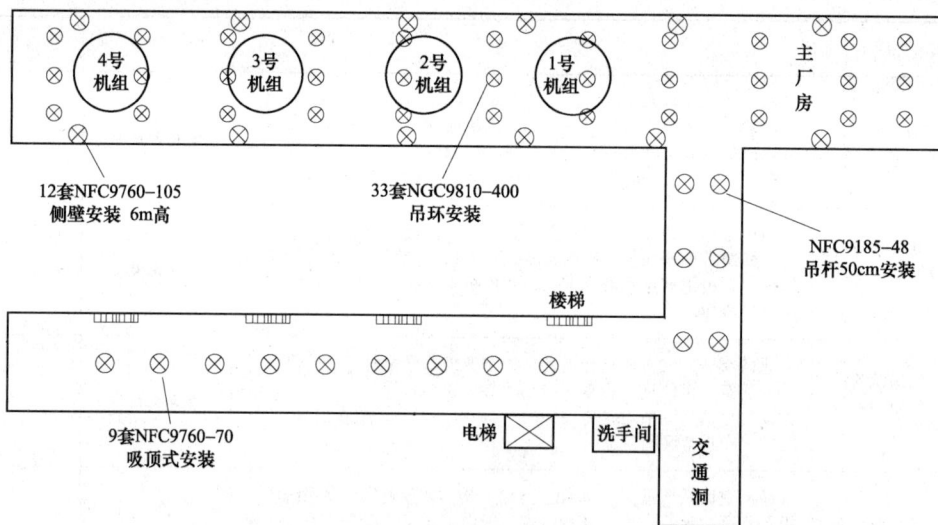

图 3-109 照明改造方案图

4）改进照明控制技术。对不需要长时间照明的场所，采用声控开关来控制照明，全部更换原手动控制开关（共计 200 只），实现了部分场所"人来灯亮，人去灯熄"，杜绝了长明灯的浪费现象，延长灯泡使用寿命的同时，达到了节约照明用电的目的。

5）完善照明投退规定。在《节能管理办法中》，根据季节特点、工作安排等详细规定各个场所的照明投退要求。明确在不同的季节、不同的时间段、不同的工作安排等情况应投入哪些照明，并在各照明开关上进行标示。照明投退工作由专人负责，部门定期检查考核。

（2）通风空调系统改善：

1）通风管路改善。

对全厂通风管路进行排查，总共发现 7 处管路破损，将破损处修补完整。

对全厂通风管路出风口进行检查，发现 6 处出风口设置不合理，可以取消；5 处出风口过大，可以将出风口减小。经对上述出风口进行封堵，有效减少了风量损失。

2）完善通风空调设备投退规定。

对主设备运行情况和全厂温湿度巡检数据进行统计分析，合理制订出全厂通风空调系统的投退规定，科学合理地投运适当数量的设备，既能保证设备运行需要的环境温度，又能较好地做好节能工作。具体如下：

主厂房 1、2 号风机，10kV 母线廊道 1、2 号风机在主厂房、10kV 母线廊道温度 28℃及以上或相对湿度达 80% 及以上时全部投入，其余情况下可只投入一台运行或全停。

1、2 号主变压器室风机和水空调按以下规定投入运行：① 对应单元机组开机后，应随即投入相应主变压器室一台风机运行。当主变压器上层油温超过 65℃ 时，再投入主变压器室另一台风机运行；② 当环境温度较高，变压器负荷较大，且主变压器上层油温超过 65℃ 时，应将主变压器室两台水空调投入运行，运行状态为 "高速" "制冷"。

1、2 号机组励磁变压器室风机、400V 电缆层风机在室内温度 28℃ 及以上或相对湿度达 80% 及以上时应投入，其余情况下停止运行。

1、2 号厂用变压器室风机，400V 厂用电室风机，10kV 电缆层风机，中控电缆层风机，110kV 开关站屋顶三台风机，空气压缩机室风机，主厂房风机室排风机，蜗壳层两台风机，透平油库及油处理室专用风机，只当室温达到 30℃ 及以上，或相对湿度达 80% 及以上或其他情况需要投入时开启各风机运行。

220kV GIS 室的通排风机的运行方式，不再 24h 连续运行，仅在人员进入前 15min 投运，人员离开时关停风机。

检修工具材料间、坝区设备间风机一般情况下不投入运行，只有在因工作需要或其他情况需要投入时再投入运行。

2. 实践效果

（1）照明系统用电改善。实施对策进行改善后，单日照明用电量见图 3–110。

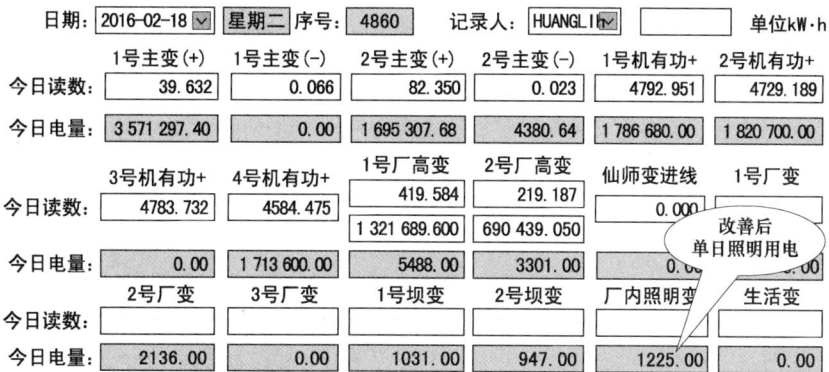

日期：2016-02-18	星期二	序号：4860	记录人：HUANGLI		单位kW·h
	1号主变(+)	1号主变(-)	2号主变(+)	2号主变(-)	1号机有功+	2号机有功+
今日读数：	39.632	0.066	82.350	0.023	4792.951	4729.189
今日电量：	3 571 297.40	0.00	1 695 307.68	4380.64	1 786 680.00	1 820 700.00

	3号机有功+	4号机有功+	1号厂高变	2号厂高变	仙师变进线	1号厂变
今日读数：	4783.732	4584.475	419.584	219.187	0.000	
			1 321 689.600	690 439.050		
今日电量：	0.00	1 713 600.00	5488.00	3301.00	0.00	0.00

	2号厂变	3号厂变	1号坝变	2号坝变	厂内照明变	生活变
今日读数：						
今日电量：	2136.00	0.00	1031.00	947.00	1225.00	0.00

（改善后单日照明用电）

图 3–110　照明系统用电改善后单日用电

2015 年与 2016 年 2~9 月同期电量对比见表 3–49。从表中可以看出，2016 年全年照明用电量比 2015 全年共节省了 15.15 万 kW·h，平均每天节省 415kW·h（见图 3–111），达到了预期目标，每年节约的厂用电费用为 415kW·h×365 天×0.38 元=5.76 万元。

表 3-49 年度照明系统用电量对比 万 kW·h

月份\年份	2015	2016	节约电量
1	5.23	3.97	1.26
2	4.49	3.72	0.77
3	5.2	3.79	1.41
4	5.09	3.76	1.33
5	5.14	3.77	1.37
6	4.71	3.68	1.03
7	4.8	3.66	1.14
8	5.1	3.69	1.41
9	5.19	3.71	1.48
10	5.22	3.95	1.27
11	5.15	3.98	1.17
12	5.18	3.94	1.24
总电量	60.78	45.63	15.15

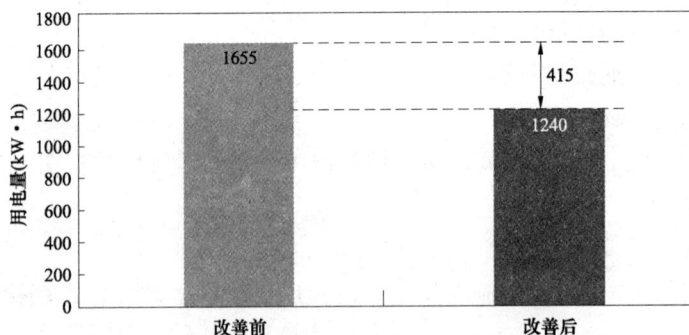

图 3-111 照明系统用电改善效果图

（2）通风空调系统用电改善。对策实施后，统计 2015 年和 2016 年 9 月 10 日至 10 月 20 日的通风空调系统用电量，见表 3-50，经对比，通风空调系统平均每天用电量从 2015 年的 5015kW·h 降低到 2016 年的 3740kW·h，平均每天节约用电量 1275kW·h（见图 3-112），达到了预期的目标。每年节约厂用电费用为 1275×365×0.38=17.68（万元）。

表 3-50 通风空调系统用电量统计分析表

统计时段	2016 年（万 kW·h）	投运小时数（h）	2015 年（万 kW·h）	投运小时数（h）
9.10～9.16	2.63	33.9	3.55	40.5
9.17～9.23	2.72	34.7	3.56	46.2
9.24～9.30	2.69	34.4	3.48	45.8
10.1～10.7	2.60	33.1	3.49	40.9

续表

统计时段	2016年（万 kW·h）	投运小时数（h）	2015年（万 kW·h）	投运小时数（h）
10.8～10.14	2.55	29.2	3.51	62
10.14～10.20	2.52	27.9	3.47	39.3
合计	15.71	193.2	21.06	275.3

（五）标准化

（1）修订完善《公司节能管理规定》。

（2）修订完善《公司通风空调系统运行规程》。

（3）将现场照明检查列入定期检查内容，查看现场是否按规定投退照明，发现问题及时考核整改。

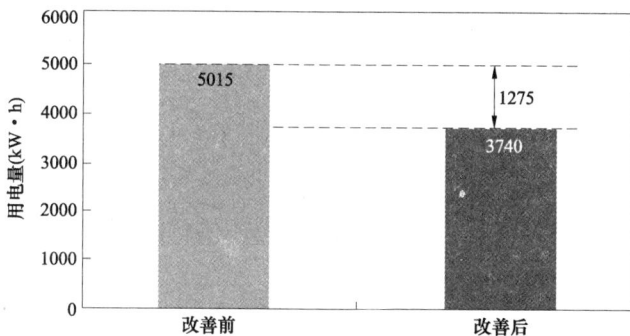

图 3-112　通风空调系统用电改善效果图

【案例思考】

在水电运行管理过程中，厂用电量作为重要的生产指标，是衡量运行管理工作水平的一个重要标准，各发电企业应从电力生产的各个环节，诊断厂用电消耗的情况，从技术、管理、运行方式调整等方面采取措施实施改善，减少厂用电量，降低生产成本。下一步，课题组将继续运用精益管理工具，对机组辅助设备用电量进行分析，采取降低辅助设备用电量的措施，进一步降低厂用电量。

<本案例由福建棉花滩水电开发有限公司提供>

【案例3-12】　提高洪水预报准确率

（一）案例背景简介

1. 实施背景

某水电站水库下游 1km 处即为广东省梅州市地界，水库洪水调度涉及福建、广东两省。

水库下游的韩江三角洲潮汕平原人口稠密，经济发达，水库洪水调度直接关系到下游几万平方公里地区人民的生命财产安全，提高该水库洪水预报准确率意义重大。准确的洪水预报能为保证防洪安全、优化水库调度方案、拦蓄洪尾增发电、提高水能利用提高率、实现汛限水位动态控制等提供重要的基础数据。

2. 实施思路

对当前洪水预报准确率进行统计分析，从人员、设备、预报方法等方面查找影响洪水预报准确率的因素，确定提高预报准确率的目标，采取措施实施改善。

（二）现状诊断

1. 诊断内容

某水电站水库流域年平均降雨量 1670mm，年平均入库流量 238m³/s；主汛期为 5～6月，洪水成因主要为锋面雨；次汛期为 7～8 月中旬，洪水成因主要为台风雨。2010～2015年洪峰流量预报精度统计见表 3-51 和表 3-52。

表 3-51　　　　　某水电站 2010～2015 年洪峰流量及预报精度统计表

洪号	洪峰流量			洪号	洪峰流量		
	实际值 （m³/s）	预报值 （m³/s）	预报精度 （%）		实际值 （m³/s）	预报值 （m³/s）	预报精度 （%）
20100414	1568	1355	86.4	20130605	1793	1724	96.2
20100515	1818	1528	84	20130612	1640	1468	89.5
20100523	2570	2059	80.1	20130714	3240	3600	90
20100615	6730	6390	95	20130831	1794	1590	88.2
20100625	3928	3431	87.3	20130519	2560	2290	89.5
20110516	3126	2839	90.8	20140523	3334	3540	94
20120228	2118	1773	83.7	20150722	3039	2936	90
20120425	2376	2259	94.8	20150811	2357	2162	91.7
20120510	2310	2152	93.2	20150902	1823	1547	84.9
20120804	3630	3342	92.1				

平均洪峰预报准确率：89.7%

表 3-52　　　　　　2010～2015 年洪水总量及精度统计表

洪号	洪峰流量			洪号	洪峰流量		
	实际值 （m³/s）	预报值 （m³/s）	预报精度 （%）		实际值 （m³/s）	预报值 （m³/s）	预报精度 （%）
20100414	21 078	18 058	85.7	20110516	40 793	38 459	94.3
20100515	26 485	20 519	85	20120228	21 696	20 723	95.5
20100523	22 084	18 489	83.7	20120425	25 825	23 541	90.3
20100615	82 218	75 938	92.4	20120510	35 130	31 820	90.6
20100625	54 354	47 986	88.3	20120804	23 133	21 722	93.9

洪号	洪峰流量			洪号	洪峰流量		
	实际值（m³/s）	预报值（m³/s）	预报精度（%）		实际值（m³/s）	预报值（m³/s）	预报精度（%）
20130605	38 850	36 963	95.1	20140523	77 548	66 340	85.6
20130612	23 975	21 098	88	20150722	30 267	26 784	88.5
20130714	22 250	19 752	88.8	20150811	26 387	23 890	90.5
20130831	27 912	30 215	92.4	20150902	17 406	13 932	80
20130519	16 328	14 305	87.6				
平均洪量预报准确率：89.2%							

由 3-51 和表 3-52 得出，历年各场洪水平均洪峰预报准确率为 89.7%，洪量预报准确率为 89.2%，预报准确率较低，需要加以提高，为洪水调度指挥提供可靠的预报参考数据。

2. 改善目标

通过改善，使洪水预报准确率由 89% 提高至 92%，见图 3-113。

（三）原因分析

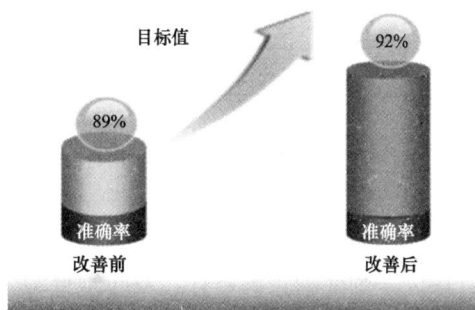

图 3-113 洪水预报准确率改善目标示意图

（1）课题组应用头脑风暴方法对洪水预报准确率低的原因进行了分析，见图 3-114。

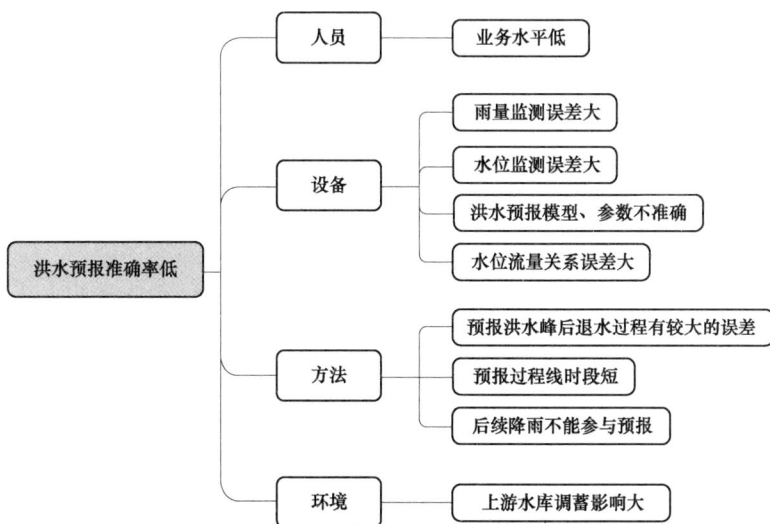

图 3-114 洪水预报准确率低的原因分析

对上述原因进行分析，确认要因，结果见表 3-53。

表 3-53   要 因 确 认 情 况 表

序号	原　因	确认内容	确认情况	负责人	是否为要因
1	水调人员业务水平低	业务技能水平情况	满足工作需要	廖×	否
2	雨量监测误差大	是否监测了实际降雨过程	误差小于5%	谢×	否
3	水位监测误差大	是否监测了实际水位变化过程	水位差小于3cm	赖×	否
4	洪水预报模型、参数不准确	预报模型、参数是否准确、适用	适用	何×	否
5	水位流量关系误差	水位流量关系是否准确	无明显误差	高×	否
6	预报洪水峰后退水过程有较大的误差	预报洪水过程与实测比较误差	存在较大误差	何×	是
7	预报过程线时段短	预报过程线时段数	不满足调度需要	廖×	是
8	后续降雨不能参与预报	是否影响预报过程	影响预报过程	何×	是
9	上游水库调蓄影响	是否影响预报过程	影响小于5%	高×	否

具体调查分析过程如下：

1) 水调人员业务水平低。水调人员负责洪水调度期间的报汛、预报结果修订、调洪演算和提出调度建议等工作。洪水预报结果由水调人员直接发布，所以水调人员的业务水平直接关系到能否正确修订、发布预报结果，影响洪水预报的准确性。

公司从事水调工作的一线人员共8人，均具有大专以上文化水平，拥有上级单位认可的水库调度员上岗证。水调人员技术培训到位，业务水平较高，参加上级单位组织的专业技能考试成绩优异，均在90分以上。在2014年开展的上级公司职工技术大比武活动中，获得团体第三名、个人实操成绩第一名、总成绩第五名的成绩。

上述情况表明，水调人员专业技能水平能满足水调工作的需要，水调人员业务水平低不是导致洪水预报准确率下降的主要原因。

2) 雨量监测误差过大。该厂水情预报系统雨量测点与水文局系统雨量测点能对应的13个测点中，年平均降雨量为1034mm，水文局系统相对应的13个测站年平均降雨量为1061mm，该厂系统平均雨量统计值与水文局系统统计值误差为2.6%，系统雨量监测误差值小于5%，对洪水预报准确率影响不大，不是影响准确率的主要原因。

3) 水位监测误差大。该厂水库上游各水位站均有专人值班，每天8点人工观测水位值，并报告至该厂水调中心。水调中心将人工观测值与自动采集的水位值进行比较，误差大于3cm即修正系统中的数值。每天及时修正遥测水位值，系统水位监测误差低于3cm，不会对洪水预报准确率造成影响。水位监测结果见图3-115。

4) 洪水预报模型、参数不准确。预报系统的参数投产前即根据流域特性、河道情况做了全面的调试、修正。投产后，公司分别于2003、2007、2011年请专家到现场对预报模型、参数进行了全面的调试、修正，确保参数准确。因此，预报模型和参数均结合该厂实际情况做了精心调试和合理设置，不存在因预报模型或参数设置不准确导致明显预报误差的情况。

日期	项目	坝上	坝下	桃溪	河田	上杭	濯田	回龙
1日	时间	8:00		8:00	8:00	8:00	8:00	8:00
	实测	148.63		270.61	269.17	173.54	262.26	214.04
	遥测	148.63		270.61	269.26	173.54	262.29	214.08
	误差	0	0	0	.09	0	.03	.04
	报汛人			钟	修	6号	戴	林
2日	时间	8:00		8:00	8:00	8:00	8:00	8:00
	实测	149.05		270.80	269.63	174.37	262.29	214.08
	遥测	149.05		270.80	269.26	174.39	262.29	214.57
	误差	0	0	0	-.57	.02	0	.49
	报汛人			钟	修	6号	戴	林
3日	时间	8:00		8:00	8:00	8:00	8:00	8:00

图 3-115 水位监测结果

5）水位流量关系误差大。该厂流域水位站的水位流量关系由设计院提供初步资料，投运以后，每年都与市水文局测流资料复核。从复核的结果看，各水位站低水位小流量的水位流量关系发生了一些变化，高水位大流量的水位流量关系变化不大，该厂上游水位站水位流量关系较准确，对洪水预报准确率影响不高。水位流量关系曲线见图 3-116。

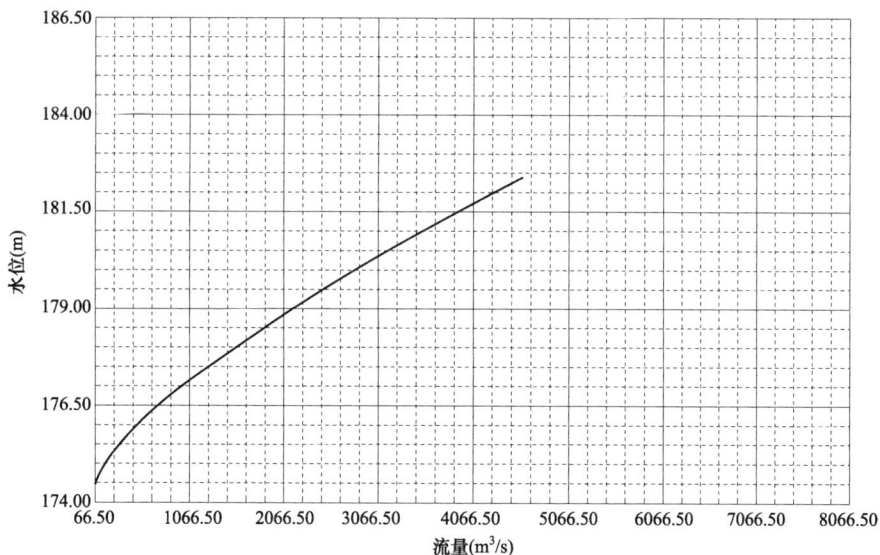

图 3-116 水位流量关系曲线

6）预报洪水峰后退水过程有较大的误差。预报洪水过程洪峰后 24h 内退水速率较接近实际退水速率，第 25～48h 退水速率小于实际退水速率，即预报洪水退水过程比实际洪水退水过程慢，特别是实际洪峰到来前的预报结果使该特点更加明显。峰后退水过程有较大误差是造成预报准确率低的主要原因之一。

7）预报过程线时段短。该厂水库汛限水位以上调度指挥权归省防办指挥，省防办在指挥调度时，需考虑未来几天降雨的影响，因此常需考虑未来 3～5 天的洪水预报结果。当前洪水预报系统预报过程仅 48h，不能满足调度需要，对洪水预报准确率有较大影响。

8）后续降雨未参与预报。该厂目前运行的洪水预报系统预报工作进行前，软件调用测报系统采集的流域降雨量参与洪水预报，即洪水预报系统采用降雨到地面后的雨量值参与预报过程，尚未降落的雨量无法参与预报。因此，若降雨还在继续，因后续降雨未参与预报，则预报结果偏小，将产生预报误差，是影响预报准确率的主要原因之一。

9）上游水库调蓄影响。上游两座水库合计控制流域面积占该水库控制流域面积的 63%，且均有一定的调节库容，两座水库与公司签订了报汛合同，调度员能实时掌握上游水库出库流量，基本可以消除上游水库调蓄的影响。

（2）针对要因，采取对策进行改善。具体改善对策见表 3-54。

表 3-54 改 善 对 策 表

序号	要　　因	改　善　对　策
1	预报洪水峰后退水过程有较大的误差	提高洪水峰后退水过程预报准确率
2	预报过程线时段短	延长预报过程线
3	后续降雨未参与预报	将后续降雨纳入预报过程

（四）实施改善

1. 过程说明

（1）提高洪水峰后退水过程的预报准确率。

1）洪水消退率的定义：为方便描述洪峰后洪水退水过程及进行推算，引入消退率这一概念。

$$消退率=（1-下一时段入库流量/当前时段入库流量）×100\%$$

得出消退率后，可以很方便地计算下一时段的入库流量：

$$下一时段入库流量=（1-消退率）×当前时段入库流量$$

再往后时段的入库流量可根据消退率往后递推，直到得到完整的洪水退水过程。

2）分析洪峰后无后续降雨的洪水退水规律。该厂水库建库以来共发生 58 场洪水，遴选出 38 场洪峰后无后续降雨的洪水过程进行统计分析，无后续降雨的定义为洪峰后 24h 流域降雨小于 10mm。由于不同量级洪水峰后退水规律不同，将 28 场洪水分成洪峰 $3500m^3/s$ 以上及 $3500m^3/s$ 以下两类，分别计算洪峰后 24h、25～48h 的平均消退率，得到不同量级洪水洪峰过后 48h 逐时消退率，见表 3-55。

表 3-55 不同量级洪水洪峰过后 48h 逐时消退率

洪水量级	洪峰后 24h	洪峰后 25～48h
$3500m^3/s$ 以上	4.5%	2%
$3500m^3/s$ 以下	4%	1.5%

3）消退率取值受几种不同因素的影响，表 3–56 列出了几种影响因素。

表 3–56　　　　　　　　　　消退率取值的影响因素表

影响因素	洪水量级		降雨中心		降雨时间分布		前期土壤含水量（径流）	
	大	小	上游	下游	集中	分散	高	低
消退率取值	大	小	小	大	大	小	小	大

4）消退率取值范围。洪峰后 24h 消退率应在 3%～7% 范围内取值，洪峰后 25～48h 消退率在 1%～2.5% 范围内取值。

（2）延长预报过程线：

1）一般而言，两年一遇及以下洪水过程在洪峰后 48h 内都会结束，但两年一遇以上洪水过程可能要长达 5～7 天，或者预报后续有较大降雨，洪水过程也将延长甚至发展为双峰型洪水，此时延长预报过程线就非常重要。

2）预报峰后 48h 内洪水过程，可按洪峰后无后续降雨的洪水退水规律推算。预报峰后 48h 以后洪水过程，可继续按表 3–55 所列消退率往后推算。但应注意的是，当入库流量消退至一定值时（该值主要取决于洪水量级，取值方法见前文），消退率会显著减小，即从该值出现时段起，按逐时消退率 0.5% 往后推算。

3）洪峰 3500m³/s 以下的洪水当入库流量消退至 700m³/s 左右时，洪峰达 6700m³/s 的洪水当入库流量消退至 1100m³/s 左右时，消退率会显著减小，即入库流量消退速度减缓。洪峰 3500～6700m³/s 的洪水消退率开始显著减小的入库流量取值在 700～1100m³/s 之间大致呈线性关系。

（3）后续降雨纳入预报过程：

1）首先预测出无后续降雨情况下的洪水过程。按照前文所述的方法，预测无后续降雨的预报洪水过程。

2）分析后续降雨产流量及逐时分配规律。以 2016 年 4 月 18 日洪水为例，洪峰过后，流域 24h 降雨 25mm，48h 降雨 40mm。从洪峰出现时段起，假设无后续降雨，按前文所述的消退率计算方法预测洪峰后 72h 洪水过程，与实际洪水过程比较，统计累计相差的水量和逐时相差的水量，可得到计算后续降雨产流量的径流系数（见表 3–57），以及产流量的逐时分配规律（见表 3–58 和图 3–117）。

表 3–57　　　　　　　　　　计算后续降雨产流量的径流系数取值

峰后计算时段	后续降雨增加水量（万 m³）	径流系数
72h	12 818	0.41
48h	9019	0.30
24h	3783	0.20

表 3-58　　　　后续降雨产流量在峰后 24、48、72h 逐时分配比例表

时段	72h	48h	24h	时段	72h	48h	时段	72h
1	0.00%	0.00%	0.00%	25	1.50%	2.16%	49	1.70%
2	0.00%	0.00%	0.00%	26	1.80%	2.58%	50	1.50%
3	0.00%	0.00%	0.00%	27	2.00%	2.88%	51	1.50%
4	0.40%	0.62%	1.46%	28	1.90%	2.78%	52	1.40%
5	1.10%	1.65%	3.95%	29	1.90%	2.78%	53	1.20%
6	1.80%	2.68%	6.34%	30	1.60%	2.27%	54	0.90%
7	2.20%	3.30%	7.80%	31	1.40%	2.06%	55	0.90%
8	2.20%	3.30%	7.80%	32	0.90%	1.34%	56	1.00%
9	2.10%	3.09%	7.38%	33	0.90%	1.34%	57	1.20%
10	1.80%	2.68%	6.45%	34	0.90%	1.34%	58	1.20%
11	2.00%	2.88%	6.97%	35	1.50%	2.16%	59	1.20%
12	2.00%	2.88%	6.97%	36	1.70%	2.47%	60	1.50%
13	1.90%	2.88%	6.86%	37	2.10%	2.99%	61	1.60%
14	1.60%	2.37%	5.72%	38	2.10%	3.09%	62	2.00%
15	1.40%	2.06%	4.89%	39	2.10%	2.99%	63	1.80%
16	1.00%	1.44%	3.43%	40	1.80%	2.58%	64	1.90%
17	0.80%	1.13%	2.70%	41	1.60%	2.27%	65	1.70%
18	0.70%	1.13%	2.60%	42	1.50%	2.27%	66	1.50%
19	0.60%	0.93%	2.18%	43	1.70%	2.47%	67	1.30%
20	0.60%	0.93%	2.18%	44	2.00%	2.88%	68	1.10%
21	0.50%	0.72%	1.66%	45	2.10%	3.09%	69	1.00%
22	1.00%	1.44%	3.54%	46	2.10%	2.99%	70	0.70%
23	1.10%	1.55%	3.85%	47	1.90%	2.88%	71	0.50%
24	1.30%	1.96%	4.68%	48	1.90%	2.68%	72	0.40%

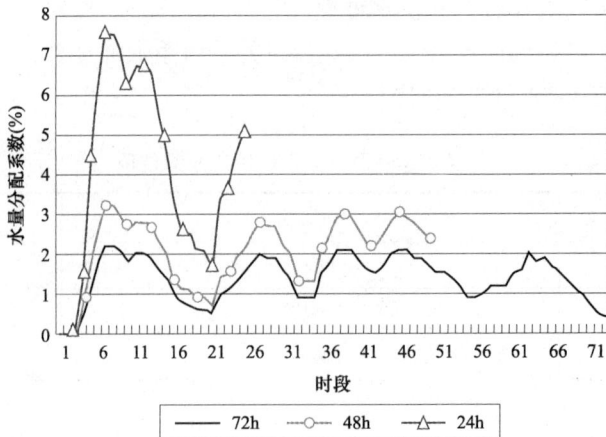

图 3-117　后续降雨分配系数曲线

将后续降雨纳入洪水预报操作，预测增加的水量合理分配至未来 72h 的各时段。

2. 实践效果

改善措施实施后，预报准确率明显提高。2016 年洪水预报准确率统计见表 3–59。

表 3–59 **2016 年洪水预报准确率统计表**

洪号	过程雨量（mm）	洪 峰 流 量			三 日 洪 量		
		实测（m³/s）	预报（m³/s）	预报精度（%）	实测（万 m³）	预报（万 m³）	预报精度（%）
20160510	63.7	1678	1565	93.3	18 823	18 238	96.9
20160613	195	2790	2589	92.8	42 215	40 788	96.6
20161022	84.9	2197	2104	95.8	21 571	23 211	92.4
20161127	168.6	1893	1779	91.3	40 793	38 459	92

措施实施前，水调人员完成一场洪水预报平均耗时约 35min，现平均耗时仅 20.4min，缩短了约 15min，工作效率显著提高。对几场较大的历史洪水预报过程进行模拟操作验证，结果见表 3–60。

表 3–60 **洪 水 预 报 耗 时** min

操作人	20160613 洪水耗时	20161022 洪水耗时	201611027 洪水耗时	平均耗时
廖×	19	21	20	20
高×	21	20	20.5	20.5
曾×	21.5	19.5	20	20.3
谢×	22	21.5	19.5	21
总平均耗时				20.4

2016 年在效果检查期内，洪水平均预报准确率 93%，洪量预报准确率 94%，比活动前 89%的预报准确率提高 5 个百分点，见图 3–118。

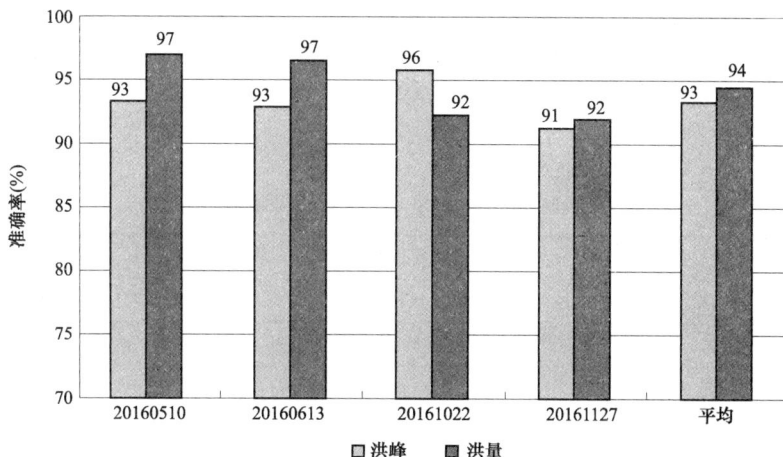

图 3–118 2016 年洪峰量预报准确率

通过改善，取得如下效益：

1）经济效益。洪水预报准确率的提高，为电厂实施汛限水位动态控制、拦蓄洪尾增发电工作提供了关键要素。例如，2016 年"6·13"洪水由于有较高的洪水预报准确率，成功拦蓄洪尾，该厂水库多蓄水量 6389 万 m³，增发电量 1521 万 kW·h，创造经济效益 579 万元。

2）社会效益。洪水预报准确率的提高，能更充分地利用水库的防洪库容调蓄洪水，削减洪峰流量，与下游支流实行错峰调度，降低下游的淹没深度，减轻下游的洪水灾害，保障人民生命财产安全，社会效益巨大。

（五）标准化

（1）完善洪水预报操作方法，将延长洪水过程线和增加后续降雨预报功能纳入水情预报标准化管理。

（2）将精益管理课题活动总结的洪水预报方法及措施编入洪水预报精度保障制度中，为洪水预报精度提供保障。

【案例思考】

水情预报精度对水电企业订定合理的防汛决策和发电策略发挥着重要作用，如何提高水情预报精度是水电企业必须面对的问题。水电企业应对水情预报过程中影响预报精度的因素进行分析，从人员、技术、管理等方面采取措施进行改善，达到提高预报精度的目的，为企业在防汛、发电等方面的决策提供参考。

<本案例由福建棉花滩水电开发有限公司提供>

【案例3-13】 缩短机组开机并网时间

（一）案例背景简介

1. 实施背景

（1）某水电站共有 4 台机组，总装机容量 600MW，在福建电网中主要起调峰、调频作用，开停机操作频繁，2015 年全厂开机次数共达 1694 次（见表 3-61），平均每台机组一年开机 400 余次。

表 3-61　　　　　　　　　　某水电站 2015 年 1～12 月机组开机情况表

机组	开机次数（次）												
	1 月	2 月	3 月	4 月	5 月	6 月	7 月	8 月	9 月	10 月	11 月	12 月	累计
1 号	30	31	49	29	48	48	42	53	38	50	39	48	505
2 号	31	27	36	23	41	40	30	43	33	33	35	49	421
3 号	31	32	36	42	41	42	34	39	19	0	0	0	316
4 号	34	26	26	33	45	46	27	59	35	39	56	26	452

（2）该电厂是福建电网黑启动的主要电源点，在福建电网中的地位十分重要。在系统顶峰、事故后黑启动时，电网对该厂机组启动响应时间要求很高，在电网需要时必须以最快的速度并网，以满足系统安全稳定运行的需求。目前，机组从发出开机令至成功并网的过程，还存在一些因素导致开机并网时间较长。

2. 实施思路

通过对开机并网过程中各个环节消耗的时间进行分析，查找影响机组开机并网时间的主要因素，采取措施进行改善，达到缩短机组开机并网时间的目的，满足电网安全可靠运行的需要，减少空载耗水量，获得安全、经济效益。

（二）现状诊断

1. 诊断内容

（1）值班员接到调度开机指令后，从发出开机令到并网成功，需要经过多个环节（见图3-119），各个环节都需要消耗一定的时间。

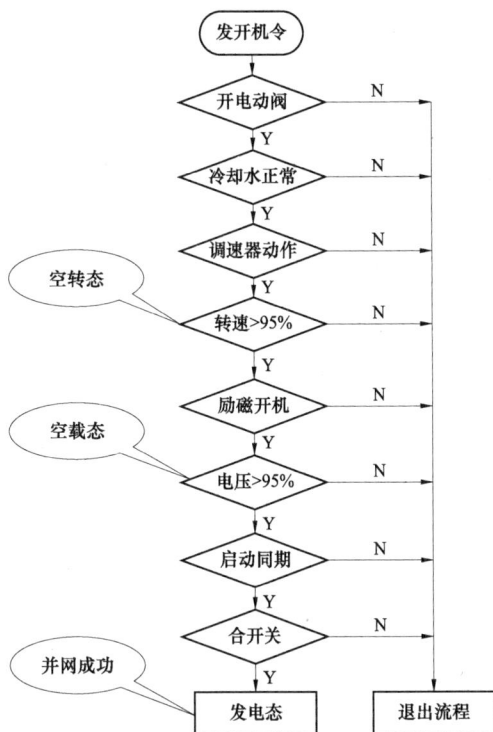

图 3-119　机组并网顺序图

（2）课题组对该厂1号机组2015年8月开机并网时间进行了统计分析，1号机组从发出开机令到并网成功所需平均时间为4分55秒，见表3-62。

表 3-62　　　　　　　　　1号机组8月3～6日开机并网时间情况表

开机日期	开机次数	开机令发出时间	冷却水正常时间	冷却水正常费时	机端电压>95%	并网时间	并网费时	开机并网总费时
8月3日	1	14:22:41	14:25:38	2分57秒	14:26:37	14:27:37	1分00秒	4分56秒
8月4日	2	07:49:22	07:52:20	2分58秒	07:53:18	07:54:17	0分59秒	4分55秒
8月4日	2	14:11:28	14:14:25	2分57秒	14:15:23	14:16:25	1分02秒	4分57秒
8月5日	1	10:28:10	10:31:09	2分59秒	10:32:03	10:33:04	1分01秒	4分54秒
8月6日	1	19:10:20	19:13:19	2分59秒	19:14:17	19:15:16	0分59秒	4分56秒

（3）经调查，同类型机组平均开机并网时间约为3分钟（见表3-63），因此有必要采取措施，针对开机并网的各个环节，缩短机组开机并网的时间。

表 3-63　　　　　　　　　同类型机组开机并网时间对照表

序号	对比内容	X 电站1号机组	本厂1号机组
1	单机容量	15万 kW	15万 kW
2	额定水头	96m	94m

序号	对比内容	X 电站 1 号机组	本厂 1 号机组
3	机组型式	混流式	混流式
4	开机并网时间	3 分钟	4 分 55 秒

2. 改善目标

通过采取改善措施，将开机并网时间由原来的 4 分 55 秒缩短到 3 分钟，达到降耗增效、提高可靠性的目标。

（三）原因分析

课题组通过头脑风暴法对造成机组开机并网时间较长的因素进行了系统分析，整理出各因素见图 3-120。

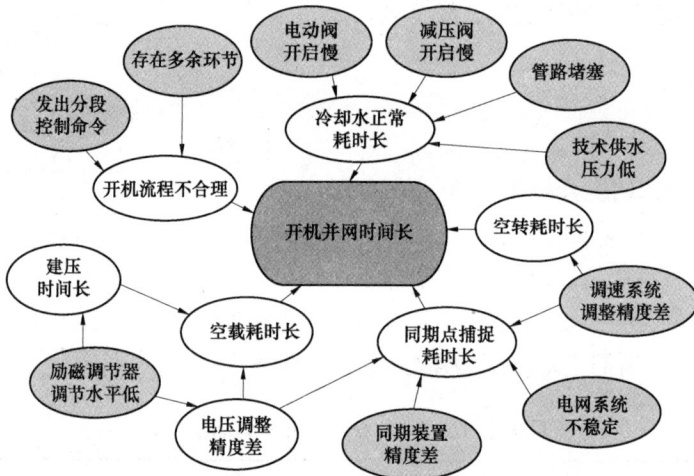

图 3-120　机组开机并网时间较长的原因分析

1. 具体原因分析

（1）开机流程不合理：

1）是否存在发出不当的控制指令，增加流程检测时间的问题。运用中的机组有 4 种状态，分别是停机态、空转态、空载态、发电态。停机至发电有"停机—发电""停机—空载—发电""停机—空转—空载—发电"3 种发令方式，可以根据需要选择不同的控制流程。正常开机均采用第 1 种方式（见图 3-121），即"停机至发电"，第 2、3 种发令方式主要用于机组试验，不存在因发出分段控制命令造成增加开机时间的情况。

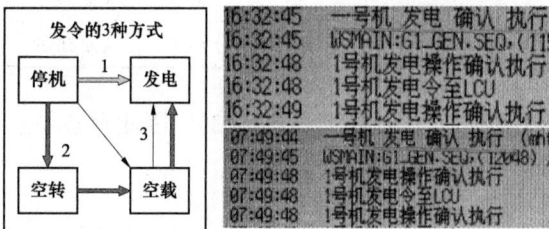

图 3-121　控制指令

2）开机流程是否存在多余环节。该电厂的计算机监控系统由某公司开发，该公司的监控系统软件、设备是我国电力应用中最好的产品之一，机组的开停机流程各环节经过了设计、监理、电厂的专业人员充分论证、逐级审查确定，各自动化元件的动作顺序和控制环节已达最优化，并在全国许多大、中型水电站中得到了成熟应用。

（2）发出开机令后至冷却水检测正常的耗时是否过长。经统计分析，该厂机组从发出开机令至冷却水检测正常，平均费时 177.49s，占用了 60.16%的开机时间，其耗时的主要因素有以下几个方面：

1）总冷却水电动阀开启速度较慢。课题组现地测试了 6 次 1 号机组总冷却水电动阀开启时间，平均开启时间为 28.3s（见图 3-122），对比冷却水电动阀设计参数，设计开启时间为 28.5s，两者时间基本相同。

1号机组冷却水电动阀开启时间统计	
序号	全开时间(s)
1	28.3
2	28.4
3	28.2
4	28.3
5	28.2
6	28.4
平均时间	28.3

图 3-122　冷却水电动阀开启速度统计

2）冷却水自动减压阀开启速度慢。现场测试减压阀动作时间，平均为 118s，占机组冷却水检测耗时的 66.48%。查阅自动减压阀说明书，其反应时间为 5～120s，因此其开启速度明显偏慢，应通过调整其有关参数来调整其反应速度，减少开启时间（见图 3-123）。

减压阀动作时间统计	
序号	全开时间(s)
1	118.3
2	118.2
3	116.8
4	117.5
5	118.8
6	119.1
7	117.3
8	118.4
9	116.8
10	117.9
平均时间	118

主要技术性能

公称压力PN	1.0MPa
壳体试验压力	1.5MPa
密封试验压力	1.1MPa
最大入口压力	1.0MPa
出口压力可调范围	0.09～0.8MPa
反应时间	5～120s ✓
适用介质	水

图 3-123　减压阀动作情况图

3）机组冷却水水质差，堵塞管道，影响冷却水流量检测。1 号机组技术供水采用蜗壳取水方式，经快闸拦污栅、蜗壳拦污栅、滤水器三道过滤；滤水器会根据前后压差整定进行自动清洗或每隔 6h 的定期清洗，压差信号上送监控系统。经查阅运行值班日志及检修维护记录，未发现管路堵塞情况，机组运行中过滤器前后压差很小（见图3-124），冷却水水质良好。

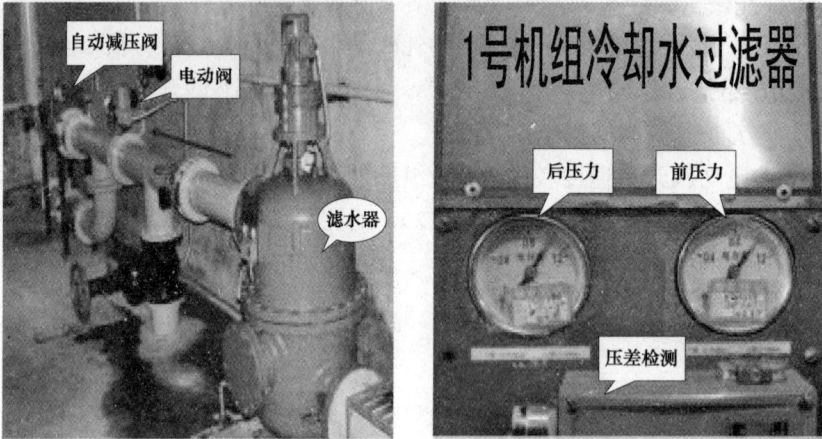

图3-124 冷却水过滤器前后水压对比

4）冷却水总供水压力低，不符合减压阀工作条件，致使冷却水压检测不满足要求。减压阀前冷却水压力会随坝前水位的变化而变化，为0.8~1.0MPa，减压阀后压力为0.5~0.7MPa。对照冷却水自动减压阀说明书，压力值在减压阀的设计范围内，符合减压阀工作条件，满足冷却水压检测要求，见图3-125。

主要技术性能

公称压力PN	1.0MPa
壳体试验压力	1.5MPa
密封试验压力	1.1MPa
最大入口压力	1.0MPa ✓
出口压力可调范围	0.09~0.8MPa ✓
反应时间	5~120s
适用介质	

图3-125 减压阀技术性能及冷却水压力

（3）同期点捕捉耗时是否过长。同期点捕捉耗时过长将影响机组并网时间。可能导致机组同期点捕捉耗时过长的原因主要有以下几个：

1）同期装置老化使开关同期检测慢。机组采用SJ-12C同期装置，该装置为早期产品，产品技术落后，经过长期使用，装置已经老化，运行速度慢，影响同期检测精度，导致同期并网时间延长。经统计，平均并网所需时间为59.36s（见表3-64）。经调查系统同类型机组（街面电厂），其机组同期并网时间平均为35s（见图3-126），说明本厂1号机组同期装置精度较差，并网时间偏长。

表 3-64 　　　　　　　　　　　　　　1 号机组并网时间统计

开机日期	机端电压 95%	并网时间	并网用时（s）
03	14:25:32	14:26:33	61
04	14:14:32	14:15:30	58
05	10:28:10	10:29:02	62
06	19:10:20	19:11:17	57
07	13:28:03	13:29:01	58
08	08:31:52	08:32:54	62
09	10:26:25	10:27:24	59
10	15:34:26	15:35:27	61
11	18:26:36	18:27:36	60
12	08:53:31	08:54:28	57
13	05:50:31	05:51:29	58

注　并网平均用时：59.36s。

2）并网时电网参数在同期装置闭锁范围。查阅福建电网 2015 年 1～8 月的运行分析，数据表明福建电网稳定运行，频率、电压均控制在正常范围下运行，未发生电压、频率波动超过限制范围而影响机组并网的情况。

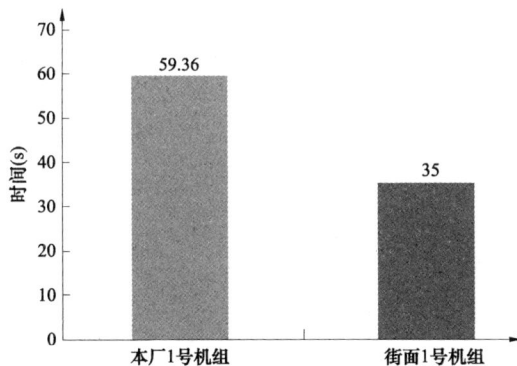

图 3-126　同类型机组并网用时对照

3）调速系统精度不满足要求。本厂调速系统设备为国外进口设备，无论在调整精度上还是可靠性上均比国内产品高。经观察其运行情况，对照福建电网《调度规程》中有关机组调速系统的规定，不存在调速系统精度差的问题。每年还因为 AGC 及一次调频等事项而受到省经贸委的奖励，从另一方面反映了本厂机组调速系统的优良特性。

4）励磁系统调节水平不满足要求。励磁系统采用某公司最新的 NES5100 产品。该产品性能优良，设计理念超前，可靠性高，已经在国内许多大中型电厂得到了广泛应用。经观察 1 号机组励磁调节器的运行情况，建压时间小于 3s，具有响应快、精度高的特性，对照 DL/T 1049—2007《发电机励磁系统技术监督规程》，不存在调节水平低的情况，见

图 3-127 励磁调节系统运行情况

图 3-127。

（4）其他因素影响。经分析，其他如空转耗时长、建压时间长、空载耗时长等因素对机组开机并网的时间影响均不明显。

2. 主要原因总结

经以上原因分析，确定该水电站开机并网时间长的主要原因有以下两个方面：

（1）总冷却水自动减压阀开启速度慢。

（2）同期装置老化、开关同期检测慢。

3. 确定实施对策

针对要因，制订改善对策，见表 3-54。

表 3-65 改 善 对 策 表

序号	要 因	改 善 对 策
1	总冷却水自动减压阀开启速度慢	定期进行解体检查，清洗减压阀
		增加减压板上的孔数
		调整自动减压阀各参数
2	同期装置老化、开关同期检测慢	更换同期装置
		合理设置同期装置参数

（四）实施改善

1. 过程说明

（1）针对冷却水自动减压阀开启速度较慢导致冷却水检测时间慢的问题，采取了以下方法进行改进：

1）对 1 号机组冷却水自动减压阀定期进行解体检查、清洗，确保自动减压阀内元件动作顺畅。

2）将阀内减压板上的孔由 5 个增加到 9 个（见图 3-128），使冷却水流量、流速增加，有效减少全开至正常压力的时间，减少时间达 17.64s。

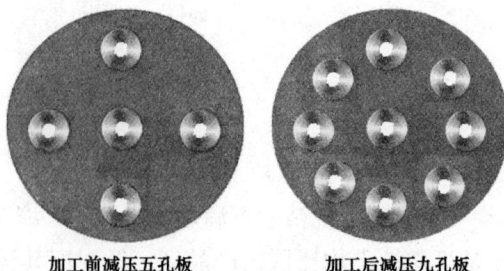

加工前减压五孔板　　加工后减压九孔板

图 3-128 阀内减压板加工前后对比

3）对冷却水自动减压阀各参数进行调整（见图 3-129），在保证安全的前提下，确定了最优参数组合为：CS=5s，OS=5s，RS=5s。调整后，自动减压阀开启速度大大加快，由原来的 118s 缩短为 15s，节省时间 103s。

（2）针对同期装置老化、开关同期检测慢的问题，采取如下改进措施：

1）对同期装置进行重新选型，采用技术更为先进的新设备。经技术调研，同期装置更

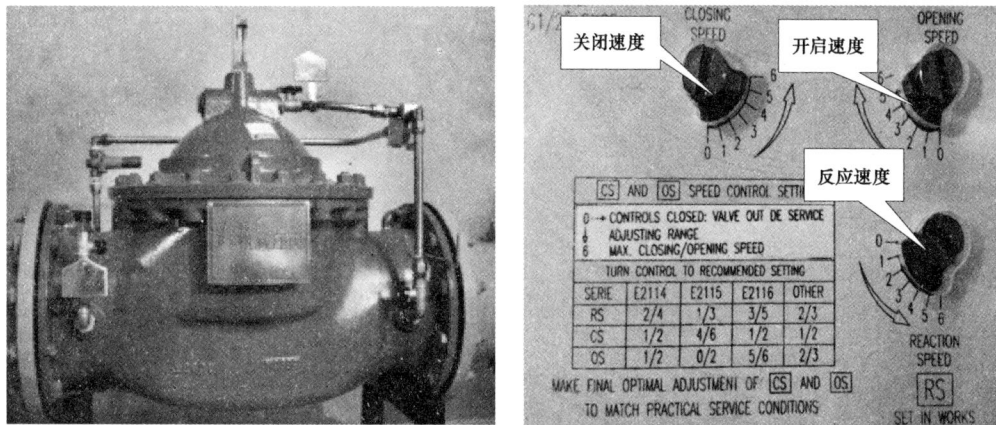

图 3-129　自动减压阀参数调整

换为 CM-320 型双微机自动准同期控制器，该装置具有极高的可靠性和稳定性，确保能够在恶劣的电磁环境下长期稳定运行。装置同期速度快、精度高，调节待并机组以最短时间进入给定同期区域。

2）通过试验调试，合理设置 CM-320 型双微机自动准同期控制器的装置参数。各参数设定为：允许压差值±3%，允许频差±1.5Hz，合闸时间 70ms，同期闭锁继电器 TJJ 闭锁角 25°。

2. 实践效果

（1）通过对冷却水减压阀实施改善措施后，实现快速开启自动减压阀，从开机令发出至机组冷却水水压正常，平均费时为 56.85s，比原先缩短了 120.64s。

（2）更换新型同期装置后，机组自动同期并网时间大幅减少，并网时间由原来的 59.36s 缩短为 28s，节省了 31.36s。

（3）上述改善措施实施后，统计 2016 年 1 月 21～25 日开机情况，见表 3-66。

表 3-66　　　　　　　　　　实施改善后开机并网时间情况

开机日期	开机次数	开机令发出时间	冷却水正常时间	冷却水正常费时	极端电压＞95%	并网时间	并网费时	开机并网总费时
1.21	1	08:39:47	08:40:44	0 分 57 秒	08:41:54	08:42:21	0 分 27 秒	2 分 34 秒
1.22	1	10:14:21	10:15:16	0 分 55 秒	10:16:15	10:16:54	0 分 28 秒	2 分 23 秒
1.23	1	10:08:31	10:09:29	0 分 58 秒	10:10:36	10:11:03	0 分 27 秒	2 分 32 秒
1.24	1	13:36:25	13:37:23	0 分 58 秒	13:38:30	13:38:59	0 分 29 秒	2 分 34 秒
1.25	1	07:50:31	07:51:27	0 分 56 秒	07:52:36	07:53:04	0 分 28 秒	2 分 33 秒

（4）由表 3-66 可见，改善后，机组从发出指令到并网成功所需平均时间为 2 分 23 秒，比原先的 4 分 55 秒缩短了 2 分 32 秒，达到了预期目标，见图 3-130。

（5）安全效益：大大提高了开机并网速度，能够充分满足电网在事故或紧急情况下快速开机的需要，为电网的安全稳定运行打下了坚实基础，取得了良好的安全效益和社会效益。

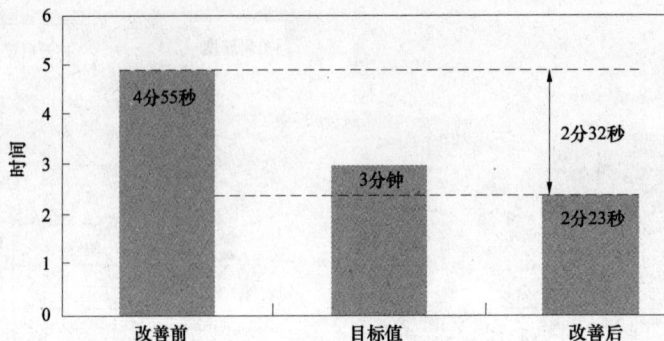

图 3-130 改善效果图

（6）经济效益：通过缩短并网前空转时间，减少了机组空转耗水量，增加了发电量。计算如下：

按 2015 年全年开机 1694 次计算，并网前空转时间减少 1694×31.36=53 123.8（s）；

节省并网前空转水量：53 106.9×36.67（空载流量）=1 948 051（m³）；

增加电量：1 948 051÷4.5（每度电耗水量）=432 900（kW·h）=43.29（万 kW·h）；

折算经济效益：43.29×0.38=16.45（万元）。

（五）标准化

（1）修订《水轮机运行规程》《发电机运行规程》，规定机组减压阀和同期装置参数设定值。

（2）修订运行节能管理制度，增加了每月对机组开机花费时间的统计分析内容，跟踪开机并网情况。

【案例思考】

由于水电机组的调频调峰特性，其开机响应速度对电网安全稳定运行意义重大；同时，随着对电力市场辅助服务的要求不断提高，电网公司对水电机组黑启动、事故顶峰等要求也越来越严格，因此，开机时间将直接影响到发电企业的效益。从对开机时间的精益提升中得到启发，作为水电企业，还可以从满足电力市场辅助服务的需要出发，探索对 AGC 调节深度、调相运行等电力市场辅助服务项目的精益提升，从而提升水电企业的安全、经济效益。

<本案例由福建棉花滩水电开发有限公司提供>

【案例3-14】 开发风机功率系统，实现设备发电性能在线诊断

（一）案例背景简介

1. 实施背景

风机的功率曲线是评估风电机组发电能力的一项重要依据。机组运行过程中测试得到

的功率曲线若低于标准功率曲线，说明机组发电能力低，在同样风况的条件下，机组出力降低、发电量减少，从而影响公司效益。及时地进行风机功率曲线评估，了解风机发电能力变化，对于风电企业经济运行来说意义重大。

某新能源公司风电装机容量 130 万 kW，机组数量 787 台。为了能及时了解风机发电能力，及时采取优化措施，提高机组发电量，运行人员需定期对风机运行参数进行收集，并绘制功率曲线，评估风机的发电能力。但传统的人工绘制存在耗时、费力、准确性差的缺点，导致该公司每年只能对设备进行一次发电能力评估，无法满足设备运行管理要求，不能有效实现公司降本增效、增发电量。

2. 实施思路

针对目前开展风机发电能力评估工作存在的耗时、费力、准确性差的现状，以精益管理思想为指导，重新梳理设备发电能力评估过程，以新的技术手段来提高设备发电能力评估效率，及时发现发电能力不足的风机并进行整改优化，提高发电量，提升企业经济运行水平。

（二）现状诊断

1. 诊断内容

组织运行精益管理小组成员，对人工绘制一台风机功率曲线所需的时间进行统计，见图 3–131。

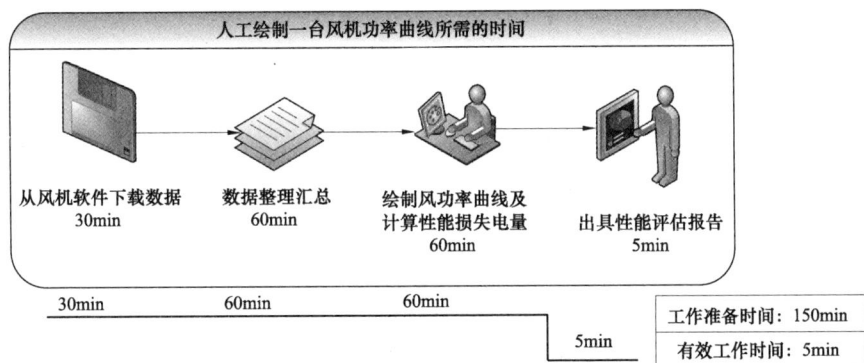

图 3–131　人工绘制风机功率曲线用时统计

如图 3–131 所示，绘制一台风机功率曲线及计算损失电量需要的时间为 155min，其中有效工作时间仅有 5min。以此估算，绘制 787 台风机功率曲线需要 2033h，按每天 8h 工作时间计算，需要 254 天才能将所有的风机性能评估做完，设备性能评估效率低。

课题组通过三种方法绘制风机功率曲线：一是从生产 PI 数据库中提取数据，数据采样精度为 1min；二是从风机监控软件中提取数据，数据采样精度为 10min；三是人工进行统计，每小时记录一次数据，数据采样精度为 60min。相对而言，数据统计周期越长，统计结果越接近实际值。对三种绘制结果进行对比，以第一种方法、60 天统计周期结果为基准，用三种方法分别对统计周期为 5、30、60 天的风机功率曲线进行统计，计算其偏差，见表 3–67。

表 3–67   功率曲线绘制时间统计表

采用方法	数据采样间隔（min）	统 计 周 期		
		5 天	30 天	60 天
第一种方法	1	93%	98%	100%
第二种方法	10	87%	92%	95%
第三种方法	60	84%	88%	91%

由表 3–67 可知，人工统计的方法结果偏差最大。

用第一种方法，集控运行人员从 PI 数据库读取数据、在 Excel 表中绘制曲线，每台风机需要 20min 绘制，绘制 787 台风机需要 262h（工作小时），折合 33 个工作日。由于 PI 数据库仅能从集控中心读取，集控运行人员少、运行监控工作任务重，难以抽出专人，无法保证定期进行曲线绘制，导致设备评估周期滞后。

根据以上调查及诊断，发现主要存在以下两个问题：

（1）风机功率曲线评估效率低。

（2）人工绘制的风机功率曲线数据精度低。

根据诊断结果，需将如何提高风机功率曲线评估效率和提升风机功率曲线数据精度作为本课题的改善切入点。

2. 改善目标

（1）每季度对所有风机进行一次风机功率性能评估。

（2）提高设备性能评估数据精度至 1min。

（3）优化管理流程，使 2～3 人一周内即可完成设备的性能评估分析工作。

（三）原因分析

课题组对诊断问题进行了原因分析。

1. 性能评估效率低的原因分析（见图 3–132）

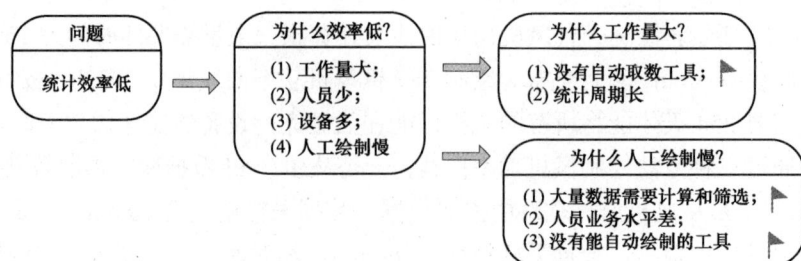

图 3–132   性能评估效率低的原因分析

2. 性能评估准确率低的原因分析（见图 3-133）

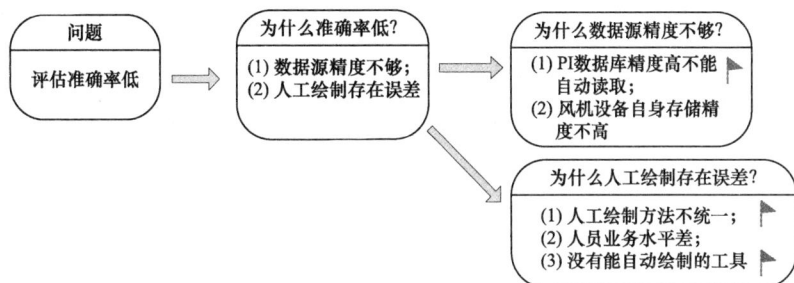

图 3-133　性能评估准确率低的原因分析

3. 主要影响因素确认（见表 3-68）

表 3-68　　　　　　　　　　　　　主要影响因素确认表

问题	原　　因	重要程度	改善可行性	是否为主要影响因素
评估效率低	没有自动取数工具	重要	可行	是
	统计周期长	不重要	可行	否
评估效率低	人员少	重要	不可行	否
	设备多	重要	不可行	否
	大量数据需要筛选和计算	重要	可行	是
	人员业务水平差	不重要	可行	否
	没有能自动绘制的工具	重要	可行	是
评估准确率低	PI 数据库不能自动读取	重要	可行	是
	风机自身存储精度不高	重要	不可行	否
	绘制方法不统一	重要	可行	是
	没有自动绘制工具	重要	可行	是

4. 措施实施计划（见表 3-69）

表 3-69　　　　　　　　　　　　　措 施 实 施 计 划 表

序号	原因	改　善　措　施	措施责任人	完成时间
1	大量数据需要筛选和计算	开发一款可以对大量数据进行筛选和计算的软件	张××	201×年 8 月
2	没有自动绘制的工具	开发一款可以自动绘制功率曲线的软件	张××	201×年 10 月
3	PI 数据库不能自动取数	开发一款可以从 PI 数据库中自动取数的工具	张××	201×年 6 月
4	绘制方法不统一	统一绘制曲线的计算方法和标准	王××	201×年 5 月

（四）实施改善

1. 过程说明

工作小组对风机功率及电量诊断系统功能架构进行了讨论，结果见图3-134。

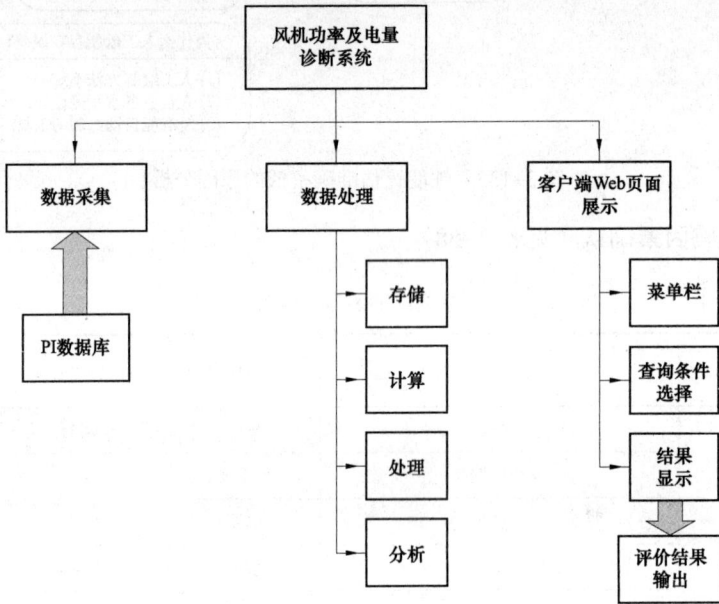

图3-134　风机功率及电量诊断系统功能架构

经过工作小组与软件开发人员的共同努力，最终形成的风机功率及电量诊断系统由三部分组成：

第一部分为数据采集，每10s自动采集PI数据库中风机风速、功率等实时数据，存储到SQL Server 数据库对应的数据输出表中，见图3-135；

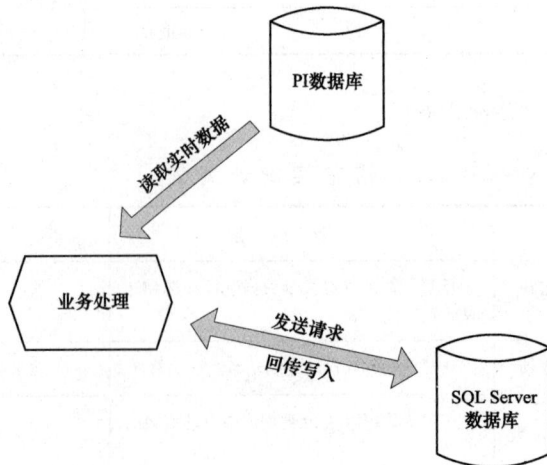

图3-135　数据采集流程

第二部分为数据处理，对采集到的生产数据信息进行存储、计算、处理、分析；

第三部分为客户端 Web 页面展示，可以自由选择某一个时期段生成实际功率曲线，与理论功率曲线进行对比，评估电量收益。

客户端由菜单栏、数据查询条件选择栏、结果显示窗口组成，能实现各风电场风机理论功率曲线和风机实际功率曲线的对比查询功能，可以根据使用人员选定的时间范围进行查询对比，自动生成实际功率曲线和理论功率曲线（见图 3-136），最终得出该台风机功率曲线是否合格的结论，并可以通过实际功率与理论功率的差值计算电量差，从而为定量评估该台风机优化前后的经济效益提供支持。

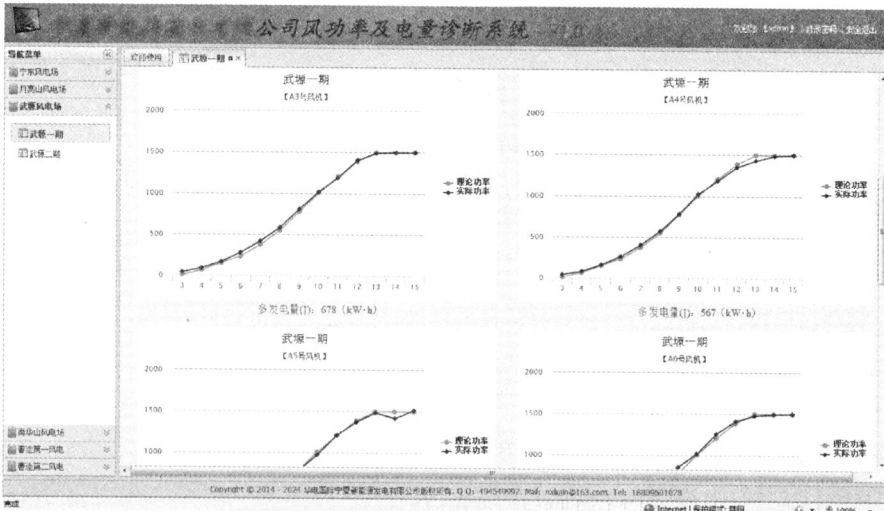

图 3-136　风机功率曲线绘制

2. 实践效果

（1）节约了准备工作用时，见图 3-137 和图 3-138。

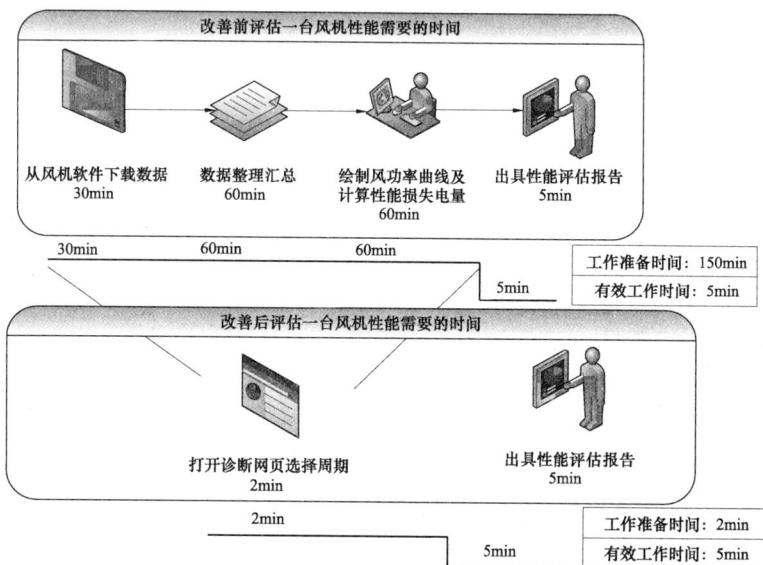

图 3-137　改善前后流程对比

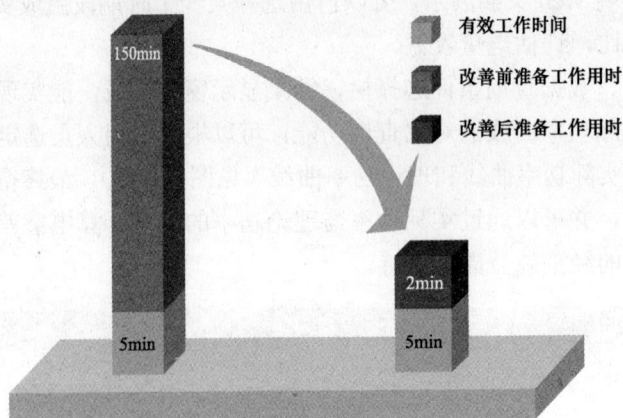

图 3-138　改善前后设备评估用时统计对比

由图 3-138 可见，改善后准备工作用时节约了 148min。

（2）提高了数据精度，见图 3-139。

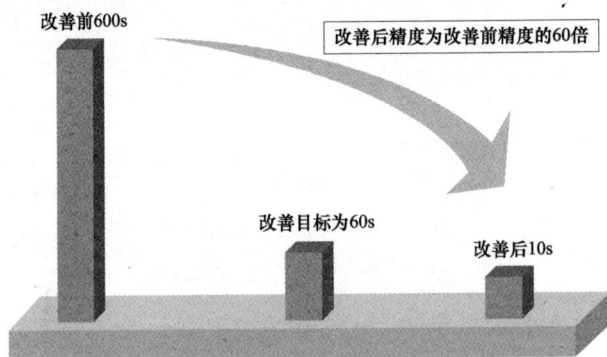

图 3-139　改善前后数据精度对比

由图 3-139 可见，改善后数据精度为改善前精度的 60 倍，超过改善目标。

（3）经济效益：集控中心运行人员每季度对所有场站风机进行设备风机功率性能评估，由检修技术人员按照评估结果对设备进行风机功率曲线优化。

以某风电场为例，在 201×年 7 月 1 日至 10 月 1 日期间，通过设备风机功率性能评估发现，该风电场 A11 风机实测功率曲线偏低于标准功率曲线（见图 3-140），统计期间因功率曲线不达标而损失电量 1.5 万 kW·h，影响利润 0.86 万元。

检修技术人员接到该评估结论后，制订了风机功率曲线优化方案，通过优化风机控制策略等手段进行优化。优化后，再次对该风机进行评估，发现 A11 风机的发电性能得到较大提升，风机在 3～8m/s 风速区间的发电效率较优化前提升 4.8%，见图 3-141。

201×年 2～6 月，该公司通过对所属 787 台风机进行全面诊断及优化工作，下半年增发电量 4500 万 kW·h，增加收益 2610 万元。

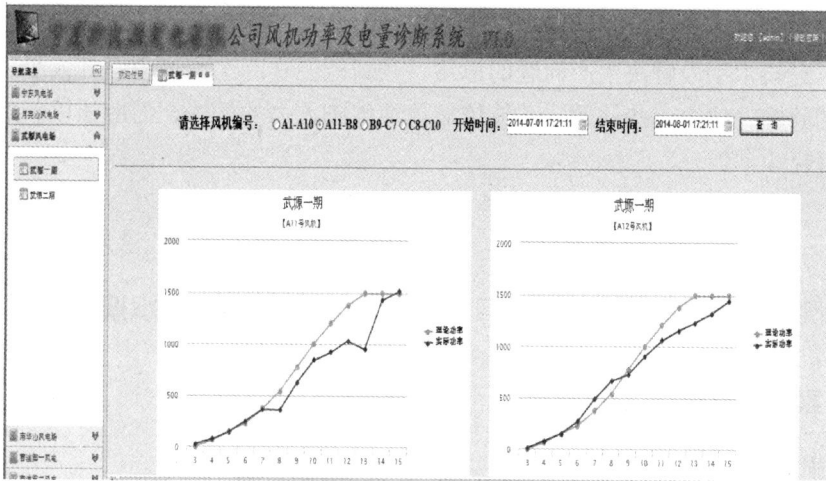

图 3-140　A11 优化前风机功率曲线

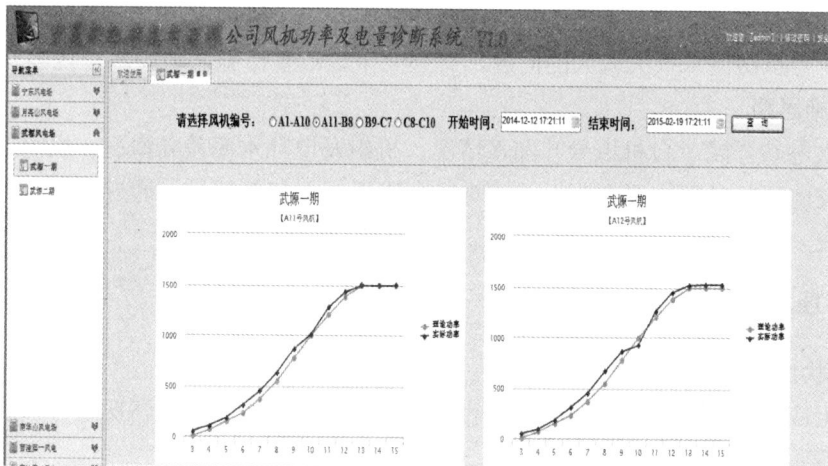

图 3-141　A11 风机优化后风机功率曲线

（五）标准化

（1）形成《风机功率曲线诊断标准》。

（2）修订《运行管理标准》，将"每季度利用风机功率及电量诊断系统对在运设备进行性能评估"工作列入定期工作内容。

（3）定期出具风机功率曲线报告。检修部门根据风机功率曲线报告对不合格风机进行优化。

（4）根据诊断结果，成立曲线优化工作小组，并下发阶段优化指导意见，展开风机功率曲线优化工作。

【案例思考】

通过风机功率及电量诊断系统，实现了设备发电性能的在线诊断，规范了设备性能评估标准，降低了设备评估耗时，提高了评估质量及效率。本案例体现了以精益管理思想为指导，用信息技术手段解决生产问题的思路。在新能源实际工作过程中，人少、任务多是普遍存在的问题。解决这些问题，不能依靠单纯堆砌人力的做法，而应该以新的思路、新的手段去解决。

<本案例由华电国际宁夏新能源发电有限公司提供>

【案例3-15】 改善机组运行启停顺序，减少导叶漏水浪费

（一）案例背景简介

1. 实施背景

某水电站装机容量3×200MW，是流域龙头电站，在电网中承担调峰和事故备用任务。该电厂3号机组停机后导叶关闭不严，检查停机导叶漏水量为1.3m³/s，需待大修时再作处理。针对3号机组漏水损失偏大的问题，有必要采取改善措施，减少水资源浪费。

2. 实施思路

对该水电站开展3台机组导叶漏水情况、机组发电耗水率差异情况、机组运行工况差异情况、发电运行时间的调查分析。针对三台机组漏水情况差异，通过提高运行时间，减少漏水损失。

（二）现状诊断

1. 现状调查

课题组应用现场调查的方法，对3台机组导叶漏水及机组运行情况进行调查，结果见表3-70。

表3-70　　　　　　某水电站2015年机组漏水及运行情况调查表

机组	漏水量 (m³/s)	运行时间 (h)	平均运行时间 (h)	较平均运行时间多 (h)	耗水率 [m³/(kW·h)]	机组运行工况
1 号	0.13	4112		289	3.31	良好
2 号	0.15	3708	3823	−121	3.31	良好
3 号	1.70	3650		−173	3.32	良好

经调查，2015年度该电厂3台机组运行工况良好，发电耗水率无明显差异；3号机组漏水量偏大，1号机组与2号机组漏水量较小；3号机组运行时间最短，较平均运行时间少173h。3台机组运行情况见图3-142。

经诊断，机组运行时间偏少是3号机组漏水损失大的主要因素。

2. 改善目标

3号机组运行时间大于3台机组平均运行时间300h。

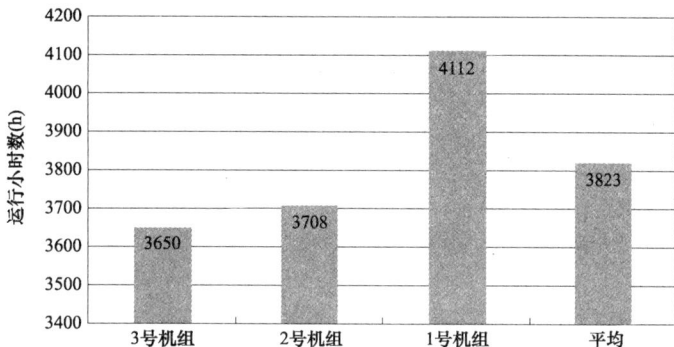

图 3-142　某水电厂 2015 年机组运行小时数比较

（三）原因分析

1. 3 号机组漏水损失大的原因分析

课题组对 3 号机组漏水损失原因进行了分析，见图 3-143。

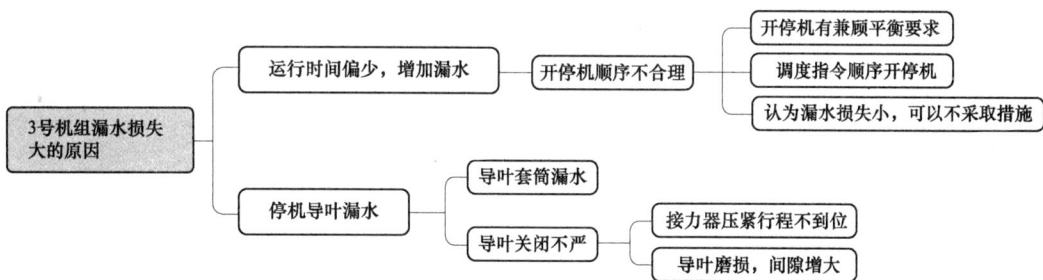

图 3-143　3 号机组漏水损失大的原因分析

根据图 3-143 的分析可知：3 号机组漏水损失大的原因有导叶套筒漏水，接力器压紧行程不到位，导叶轴套磨损、间隙大；3 号机组运行时间偏少的原因有调度指令顺序开停机；开停机有兼顾平衡要求；操作员认为漏水损失小，可以不采取措施。

2. 3 号机组漏水损失大的要因确认

针对上述原因进行可改善要因确认，见表 3-71。

表 3-71　　　　　　　　　　　　　漏 水 末 端 要 因 确 认

末端原因	现 状 调 查	重要程度	是否为主要影响因素
开停机顺序不合理	值班日志中，调度意图要求，无特殊情况各厂兼顾开停机平衡	★★★★★	是
	认为漏水损失小，可以不采取措施：经过量化分析后，通过宣贯，操作员观点改变	★★★★☆	是
	调度有时按指令顺序开停机，这种情况很少，电网对 3 台机组顺序无特殊要求，可以申请 3 号机组优先运行，理由合理，调度通常同意	★★★★☆	是
导叶套筒漏水	现场认为，导叶套筒漏水可能性小	★★☆☆☆	否
接力器压紧行程不到位	与现场确认排除该原因	☆☆☆☆☆	否

末端原因	现 状 调 查	重要程度	是否为主要影响因素
导叶叶片磨损，间隙增大	漏水大的根本原因，但需待大修处理	★★★	否

注 重要程度 4 颗★以上为主要影响因素。

3. 改善对策

针对要因，实施改善的对策及评价，见表 3-72。

表 3-72　　　　　　　　　　　　实 施 对 策 表

序号	要因	实施对策	可行性	预计实施效果	预计实施周期	总得分	对策确认
1	值班规定：兼顾开停机平衡	制订经济运行管理规定：调整开停机顺序	5	5	5	125	是
2	值班操作员节约意识低	开展集约运行意识宣贯	5	3	5	75	是
3	调度指令开停机顺序	向调度汇报 3 号机组导叶漏水大，待大修时处理，申请 3 号机组优先运行	5	5	5	125	是
备　　注			0—不可行；5—可行	0—无效果；3—效果一般；5—效果明显	0—无限期；3—用时较多；5—用时较短	判断标准为达到效果评价总分的60%及以上，则实施改善	

（四）实施改善

1. 过程说明

（1）开展集约化意识培训：课题组利用运行部周例会时机，对××水电站机组停机导叶漏水情况进行报告，在漏水缺陷未消除的情况下，要求改善机组开停机顺序，减少漏水损失。

（2）运行部值班员向调度汇报××水电站 3 号机组停机状态下导叶漏水损失大，待大修时处理，申请该厂 3 号机组优先发电运行，得到调度同意，并在调度备案。

（3）制订远程集控站内经济运行方案，并开始执行。方案中明确规定××水电站开机按 3 号、1 号、2 号的顺序，停机按 2 号、1 号、3 号的顺序执行，确保 3 号机组运行时间最长。

2. 实践效果

（1）3 号机组运行时间明显大于平均运行时间。实施对策进行改善后，2016 年 3 台机组运行时间统计情况见表 3-73。

表 3-73　　　　　　　　　　　2016 年××水电站机组运行时间统计

电站	全厂计划发电量（万 kW·h）	全厂发电量（万 kW·h）	上网电量（万 kW·h）	利用小时数（h）	最高负荷（MW）	最低负荷（MW）	平均负荷（MW）	厂用电量（万 kW·h）	厂用电率（%）	机组	单机发电量（万 kW·h）	运行小时数（h）	后停次数（次）
洪家渡	178 406.78	192 003.60	182 546.80	3200.06	71.14	0.00	253.25	249.85	0.13%	1 号	61 914.13	4635.4	642
										2 号	57 931.15	4018.34	551
										3 号	67 300.82	4867.08	577

由表 3-73 中分析可知：3 号机组运行 4867h，2 号机组运行 4018h，1 号机组运行 4635h，3 台机组平均运行 4507h，3 号机组较 3 台机组平均运行时间多 360h，高于目标值 300h，效果见图 3-144。

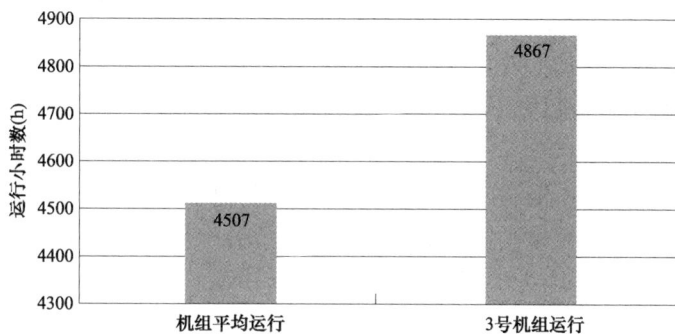

图 3-144　3 号机组与机组平均运行小时数对比

（2）经济效益：2016 年，3 号机组运行时间较 3 台机组平均运行时间多 360h，通过提高运行发电时间减少的漏水量为 360×3600×1.3=168.48（万 m³），按 3 号机组该年度发电耗水率 3.10m³/（kW·h）、电价 0.272 4 元/（kW·h）计算，取得的经济效益为 168.48/3.10×0.272 4=14.8（万元），效果明显，此改善可推广到梯级各电站。

（五）标准化

制订《远控电站站内经济运行管理规定》，宣贯后执行。

👥【案例思考】

在水电站，机组导叶漏水是一件很平常的小事，在不影响正常开停机的情况下，容易被生产人员忽视，通常不会采取什么措施，类似的浪费在水电站广泛存在。为更好地践行精益管理，各水电企业应从可能产生浪费的各个环节着手，从技术、管理、运行方式调整等方面采取措施实施改善，减少浪费。

<本案例由贵州乌江水电开发有限责任公司提供>

【案例3-16】 优化机组运行方式，降低耗水率

（一）案例背景简介

1. 实施背景

某水电站是北盘江干流茅口以下梯级电站之一。该水电站水库正常高水位 745m，相应库容 31.35 亿 m^3，总库容 32.45 亿 m^3，调节库容 20.37 亿 m^3，为不完全多年调节水库。电厂有 4 台机组，单机容量 260MW，总装机容量 1040MW，额定水头 135m，保证出力 180.2MW。一条引水隧洞供两台机组，电厂出线为三角接法，多年平均发电量 27.54 亿 $kW \cdot h$，年平均利用小时 2648h。电厂主要承担调峰、调频、事故和负荷备用任务，同时可较大幅度地提高北盘江干流的径流调节能力，增加下游梯级电厂效益。

近年来，由于气候异常，北盘江流域降雨偏少，严重干旱，导致该电厂水库来水偏少，机组长时间在低水位运行且未处于最优负荷区运行，耗水率较公司指标值偏高，严重影响该电厂的经济效益，不仅难以达到集团公司"管理效益双提升"的目标，也无法满足对标管理与节能技术监督的要求。

针对该电厂发电耗水率偏高的现实，如何应用优化机组运行方式，通过精心操作，减小客观因素带来的影响，充分发挥机组运行效率，提升水能资源利用率，是运行人员应该思考的问题。

2. 实施思路

成立精益课题小组，通过对水力发电全过程进行梳理，找出耗水率偏高的环节，进行诊断、分析并找到主要原因。针对主要原因，制订对策、采取措施，降低耗水率，达到提高机组发电效益的目的。

（二）现状调查

1. 诊断内容

该电厂精益课题小组人员对 2015 年月度耗水率进行了统计，结果见表 3-74。

表 3-74　　　　　　　　　　　　2015 年月度耗水率统计

时间	月入库 （万 m^3）	月出库 （万 m^3）	月初水位 （m）	月末水位 （m）	发电量 （万 $kW \cdot h$）	耗水率 $[m^3/(kW \cdot h)]$
1 月	22 394	44 978	738.84	733.99	17 674.18	2.54
2 月	22 340	9936	733.99	736.68	3875.28	2.56
3 月	17 314	98 818	736.68	717.07	36 306.64	2.72
4 月	12 695	54 444	717.07	704.92	17 832.27	3.05
5 月	13 099	45 918	704.92	693.66	13 357.00	3.44
6 月	65 574	24 793	693.66	707.35	7067.24	3.51
7 月	26 701	62 973	707.35	695.36	18 672.38	3.37

时间	月入库 （万 m³）	月出库 （万 m³）	月初水位 （m）	月末水位 （m）	发电量 （万 kW·h）	耗水率 [m³/（kW·h）]
8 月	28 784	19 714	695.36	698.56	5762.76	3.42
9 月	38 499	8372	698.56	708.24	2535.75	3.30
10 月	31 472	6450	708.24	715.49	2112.61	3.05
11 月	16 197	2981	715.49	719.06	987.17	3.02
12 月	13 190	7666	719.06	720.52	2644.45	2.90
合计	3 082 596	387 044	—	—	128 827.78	3.00

该电厂年均耗水率偏高，为 3.00m³/（kW·h），其值高于公司对标耗水率 2.85 m³/（kW·h），应采取措施，降低耗水率，提高发电效益。

2. 改善目标

耗水率由 3.00m³/（kW·h）降到 2.85m³/（kW·h）以下。

（三）分析原因

组织精益小组人员，应用头脑风暴法对耗水率偏高的原因进行了分析，见图 3-145。

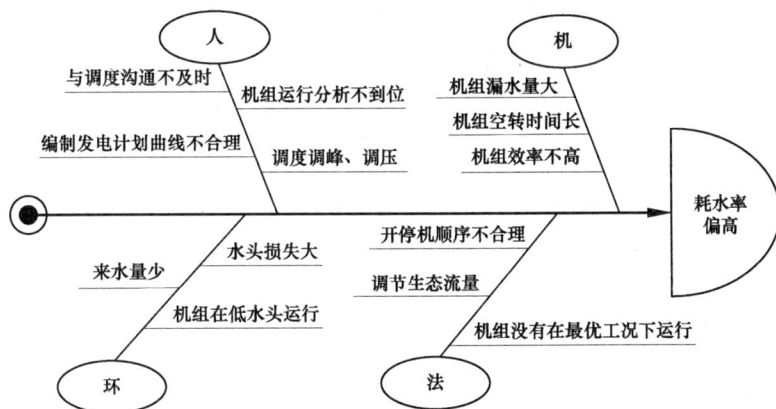

图 3-145　耗水率偏高的原因分析鱼骨图

课题组成员对耗水率偏低的末端原因重要程度与改善可行性进行了综合评分，每项评分范围为 1~10 分，总分超过 25 分的末端原因认为是要因。确定要因，为进一步制订对策提供可靠依据，见表 3-75。

表 3-75　　　　　　　　　　　　末 端 原 因 测 评 表

序号	分类	末端原因	职工对末端原因的综合评分						是否为 要因
			职工 1	职工 2	职工 3	职工 4	职工 5	总分	
1	人	与调度沟通不及时	4	5	3	4	8	24	否
2		调度调峰、调压	3	4	4	6	3	20	否

序号	分类	末端原因	职工对末端原因的综合评分						是否为要因
			职工1	职工2	职工3	职工4	职工5	总分	
3	人	机组运行分析不到位	6	2	5	1	3	17	否
4		编制的发电计划曲线不合理	4	5	5	6	5	25	是
5	机	机组漏水量大	4	4	5	8	3	24	否
6		机组效率不高	4	4	6	5	4	23	否
7		机组空转时间长	6	5	5	3	6	24	否
8	环	来水量少	5	4	5	5	4	23	否
9		机组在低水头运行	5	4	5	5	5	24	否
10		水头损失大	4	2	3	3	2	14	否
11	法	开停机顺序不合理	9	3	8	7	5	32	是
12		调节生态流量	3	4	6	4	6	23	否
13		机组没有在最优工况下运行	2	5	8	4	5	24	否

根据测评要因，结合实际制订要因对策计划完成表，见表3-76。

表3-76　　　　　　　　　　　要因对策计划完成表

序号	要因	对策	负责人	完成时间
1	编制的发电计划曲线不合理	合理编制发电计划，确保机组运行于最优负荷区	黄××	×年×月
2	开停机顺序不合理	根据机组效率差异，优化机组开停机顺序	汪××	×年×月

（四）实施过程

1. 过程说明

按要因对策计划完成表，结合实际开展工作：

（1）合理编制发电计划，确保机组运行于最优负荷区。结合该水电站水库运行特性，根据库水位的变化，及时向上级调度部门上报当前水头下最优负荷区，并以此为依据编制日发电计划，使机组处于最优负荷区运行。机组耗水率与出力的关系见表3-77。

表3-77　　　　　　　　　　某水电站机组耗水率与负荷的关系

耗水率 [m³/(kW·h)]　　负荷（MW） 水头（m）	78	104	130	156	182	208	234	260	286	耗水率最低点	对应负荷
100	4.52	4.26	4.13	4.05	4.35					4.04	155

负荷（MW） 耗水率 [m³/（kW·h）] 水头（m）	78	104	130	156	182	208	234	260	286	耗水率最低点	对应负荷
105	4.33	4.07	3.93	3.83	3.94					3.83	156
110	4.17	3.87	3.76	3.65	3.65					3.65	156
115	4.03	3.68	3.6	3.48	3.45	3.5				3.45	182
120	3.9	3.56	3.44	3.35	3.29	3.28				3.28	208
125	3.77	3.45	3.32	3.24	3.17	3.13	3.20			3.13	208
130		3.35	3.20	3.12	3.05	3.01	3.03			3.01	208
135		3.25	3.10	3.02	2.95	2.89	2.89	2.94		2.89	208
140		315	3.00	2.93	2.85	2.81	2.78	2.81		2.78	234
145		3.08	2.92	2.84	2.77	2.73	2.68	2.7	2.71	2.68	234
150		3.04	2.84	2.76	2.70	2.65	2.60	2.60	2.60	2.60	234
155		2.98	2.78	2.69	2.64	2.58	2.55	2.52	2.52	2.52	260
160		2.94	2.74	2.64	2.56	2.52	2.47	2.45	2.45	2.45	260

某水电站不同水头下最优负荷分布见图 3-146。当发现计划负荷曲线超出当前水头下的最优负荷运行区域时，及时主动汇报上级调度部门进行调整，确保机组在最优负荷区运行，降低发电水耗，提升机组经济效益。

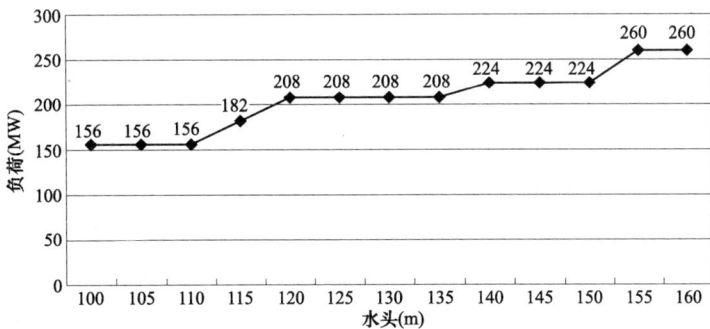

图 3-146　某水电站不同水头下的最优负荷分布

（2）根据机组效率差异，优化机组开机顺序。虽然该水电站 4 台水轮发电机组的型号、生产厂家、安装单位等完全相同，但由于设备加工精度、安装精度等因素存在差异，造成机组效率各不相同。通过结合该电厂实际情况，分析比较机组超声波测流统计数据，得出机组最优开停顺序，在保证安全的前提下，优化机组运行方式，提高机组经济效益。

在同水头、同负荷运行情况下，统计分析单机超声波测流数据，结果见表 3-78。

表 3-78   同水头、同负荷下机组平均耗水率统计

机组	时间	总发电水量 （万 m³）	总发电量 （万 kW·h）	平均耗水率 [m³/（kW·h）]
1 号	3 月 14～16 日	875.7	293.688 5	2.981 7
	4 月 20～22 日	527.6	167.800 5	3.144 2
	总　计	1403.3	461.489	3.063 0
2 号	3 月 14～16 日	1695.5	583.608	2.905 2
	4 月 20～22 日	1050.2	359.194 5	2.923 8
	总　计	2745.7	942.802 5	2.914 5
3 号	3 月 14～16 日	0	0	0.000 0
	4 月 20～22 日	900.9	306.935 5	2.935 1
	总　计	900.9	306.935 5	2.935 1
4 号	3 月 14～16 日	1908.6	647.608 5	2.947 2
	4 月 20～22 日	762.5	260.631	2.925 6
	总　计	2671.1	908.2395	2.936 4

由表 3-78 中数据可得到图 3-147 所示机组平均耗水率图。

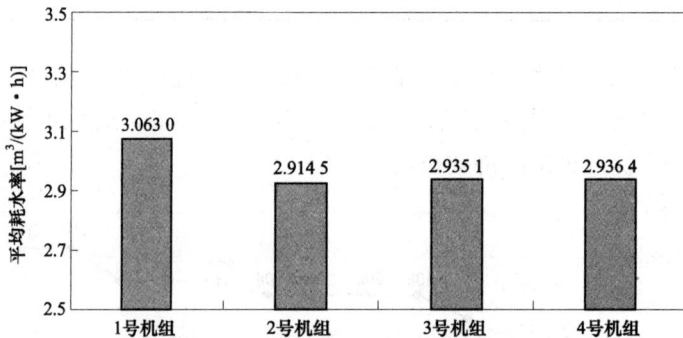

图 3-147　某水电站各机组平均耗水率

由图 3-147 可知，该厂 1、2、3、4 号机组平均耗水率分别为 3.063 0、2.914 5、2.935 1、2.936 4m³/（kW·h），即耗水率 2 号＜3 号＜4 号＜1 号。开停机操作时，优先考虑电网安全及电厂安全，兼顾调度下发日发电计划曲线和该电厂"一洞双机"、三角形接线的运行特点，正常（无机组失备）情况下，当两台机组运行，且某一单元发生故障时可能造成全厂甩负荷事故，为避免全厂甩负荷时对全厂"计划发电量"考核与调压井、压力钢管、蜗壳等引水部件的水锤冲击，应在 1、2 号发电机—变压器组单元与 3、4 号发电机—变压器单元各选一台机组运行。因此，优化开停机操作顺序如下：

1）当计划曲线只需一台机组运行时，优先 2 号机组运行。

2）当计划曲线需两台机组运行，优先开 2 号机组运行，然后开启 3 号机组运行；停机顺序相反。

3）当计划曲线需 3 台及以上机组运行时，优先开 2 号机组运行，然后根据计划负荷曲

线，选择运行时段较长时开启 3 号机组运行、运行时段较短时开启 4 号机组运行、运行时间最短时开启 1 号机组；停机顺序相反。

4）在枯水季节，若长期只有一台或两台机组运行，则按上述方式运行，优先开启 2、3 号机组运行，并根据月发电计划，在机组运行时间较短时段合理安排 1、4 号机组运行，避免机组因长期停运而导致空转操作。单机停运时间不能超过 10 天。

特殊情况下，当机组因存在其他方面的原因要求尽量少开时，则按实际情况选择开机顺序。

2. 实践效果

某水电站实施对策前（2015 年）与实施对策后（2016 年）在 709～720m 水位范围内的耗水率对比如图 3-148 所示。由图可以看出，相同水位下 2016 年的耗水率明显低于 2015 年的耗水率。

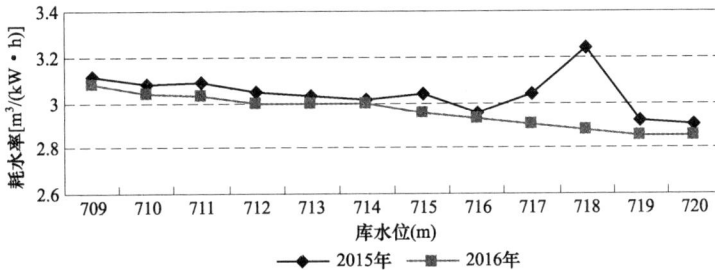

图 3-148　709～720m 水位之间的耗水率对比

2016 年，该厂实施对策后月均耗水率统计见表 3-79。

表 3-79　　　　　　　　　　　　　2016 年月均耗水率统计

月份	月入库（万 m³）	月出库（万 m³）	月初水位（m）	月末水位（m）	发电量（万 kW·h）	耗水率[m³/(kW·h)]
1	14 328	5920	720.62	722.66	2061.45	2.87
2	11 806	14 402	722.75	722.16	5092.44	2.83
3	12 229	13 565	721.93	721.66	4796.97	2.83
4	9437	21 333	721.76	718.55	7521.25	2.84
5	45 972	64 623	718.08	713.42	21 509.99	3.00
6	114 998	101 753	713.13	717.09	33 128.58	3.07
7	218 895	121 011	718.41	740.16	44 679.47	2.71
8	107 654	165 836	740.14	727.22	63 243.58	2.62
9	88 549	97 200	726.95	725.15	34 349.71	2.83
10	67 604	20 850	725.74	735.91	8177.24	2.55
11	26 491	4558	735.96	740.53	1803.91	2.53
12	18 425	2810	740.67	743.65	1136.89	2.47
合计	736 388	633 861	—	—	227 501.53	2.79

由表 3-79 可知，2016 年均耗水率为 2.79m³/（kW·h）。

改善前后机组耗水率及目标耗水率见图 3-149。

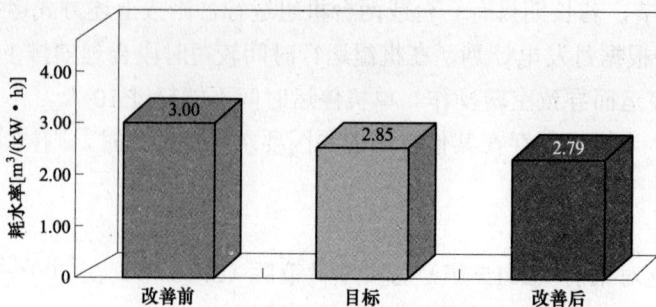

图 3-149　改善前后机组耗水率及目标耗水率对比

由图 3-149 可知，耗水率由 2015 年的 3.00m³/(kW·h)降到 2016 年的 2.79m³/(kW·h)，低于目标值 2.85m³/（kW·h），达到了对标管理的要求。

（五）标准化

（1）编制了《机组经济运行方案》。

（2）编制了《机组经济运行制度》。

【案例思考】

本案例通过统计发电耗水率和每月机组运行情况，并根据统计结果进行对比、分析，找出造成机组发电耗水率偏高的主要原因，积极探索机组经济运行方式。同时，针对影响机组耗水率偏高的原因，采取合理编制发电计划建议、优化开停机顺序、及时制订和上报各库水位下运行的最优负荷区、优化机组运行方式等对应措施，加强对机组实施精益运行管理，真正实现了节能降耗，在确保机组安全稳定运行的前提下，提高了发电效益。

<本案例由贵州北盘江电力股份有限公司光照发电厂提供>

检修篇

水电与新能源发电企业精益管理实践

引　言

　　水电与新能源发电企业是资金和技术密集型企业，发电设备是企业最重要和最主要的有形资产，对发电设备进行科学、有效的管理是企业生产运营管理的核心。检修管理是设备管理的关键环节，检修管理水平直接决定了机组的安全、环保、经济运行水平，直接影响着企业在电力市场中的竞争能力。因此，检修管理一直被国内外发电企业高度重视。

　　目前，就全国范围而言，检修管理的发展水平整体上不均衡，部分企业检修管理基础比较薄弱，管理水平不高。面对电力体制改革带来的企业间的激烈竞争，各水电与新能源发电企业对规范检修管理和提升检修精益管理水平提出了强烈的需求，亟待建立起适应市场营销的设备检修动态管理机制，降低检修维护成本，增强企业核心竞争力。

　　近年来，国内各水电与新能源发电企业在检修管理方面进行了大量创新和探索，促进了检修管理水平的提升。随着检修管理机制、策略的不断创新，出现了以全员设备维护、定期检修、改进性检修、预知性检修、状态检修等为代表的管理方法和理论，并得到不断发展、完善和推广。

　　中国华电集团公司（简称"集团公司"）在 2016 年工作会议上提出，在全面推行"7S"管理完成第二阶段任务目标，转入管理提升阶段的基础上，积极倡导"消除浪费、创造价值、持续改善、精益求精"的精益理念，按照"专项试点、全面推行、巩固提升"三个阶段，完成精益管理在集团总部、区域公司和基层企业的导入和推行，以精益思想引领管理提升，不断提高资源利用效率和管理效率。针对存量运营资产，导入精益管理理念，运用精益管理工具，内控成本、外拓市场，努力打造成本领先优势，持续增强企业相对竞争力。将检修工作全面精益化，建立一套行之有效的检修管理体系势在必行。

　　本篇所指检修管理是广义上的检修管理，其中包含了检修和维护两大内容。重点通过全员设备维护、精益检修实践和应用，以期达到提升设备可靠性、优化检修周期、降低检修维护费用的目的。

第一章

水电与新能源发电企业检修精益管理概述

　　水电与新能源发电设备检修管理在发电企业的运营中起着举足轻重的作用，是水电与新能源发电企业长治久安的重要保证，是确保水电与新能源发电企业实现绩效目标和可持续发展的关键。现代设备日益大型化、复杂化，设备一旦出现故障，可能对企业造成巨大的损失，同时带来严重的社会影响。因此，对发电设备检修实行更先进、更科学的管理，完善发电设备检修管理体系，提高检修质量和检修效率是十分必要的。

　　水电与新能源发电企业检修精益管理是以设备检修全过程管理为主线，以设备维护为基础，以计划、质量、项目、成本、工期控制为重点，以状态监测、诊断分析等系统应用为手段，结合本企业生产运营实际，借鉴国内外发电企业的先进管理经验而形成的行之有效的管理方法。

第一节　检修精益管理现状

　　新中国成立以来，我国水电与新能源发电企业的设备检修管理制度长期沿用苏联的预防性检修模式，在技术发展的基础上，结合国情，逐步形成具有中国特色的预防性检修与三级保养相结合的设备检修管理模式。

一、预防性检修

　　预防性检修的核心是把设备检修工作纳入有计划的轨道，保证设备处于最佳技术状态，以取得对设备管理的最大经济效果。但这种管理模式存在明显缺陷，主要体现在：

　　（1）临时性检修频繁。一些投运时间长、设备状况差、运行环境恶劣的机组往往不能适应由管理部门统一制订的计划检修安排，运行不到下一个检修周期就必须强迫停运，进行临时性检修，影响发电，导致检修计划经常被打乱。

　　（2）欠维修与过维修问题突出。机组由于各种原因在检修期未到时就会产生局部故障，但受到检修计划的制约，不得不带病运行，有时故障的继续恶化造成运行成本和维修费用增大以及不必要的损失，甚至严重的事故损失。对于设备状态较好的机组，进行不必要的维修，会造成设备有效时间的损失和人力、物力、财力的浪费。

　　（3）理论基础落后。随着电气设备、液压设备及自动化仪表所占的比重越来越大，基于机械摩擦机理，以运行年限为主要依据的设备维修，不能准确反映设备实际情况。

二、三级保养制

三级保养制是专业管理维修与群管群修相结合的一种设备维修制度。三级保养制的具体内容包括日常维护、小修和大修。

（1）日常维护：巡视检查设备，擦拭各个部位和加注润滑油，使设备保持整齐、清洁、润滑、安全。设备发生故障，及时予以排除。

（2）小修：按计划对设备进行局部拆卸和检查、清洗规定的部位，疏通油路、管道，清洗油箱、滤油器、滤水器，调整设备各部位配合间隙，紧固设备各个部位，局部恢复精度，满足加工零件的最低要求，按行业技术监督要求进行试验。

（3）大修：以防止设备发生意外损坏为目的，对水电与新能源发电机组进行全面解体检查和修理，更换或修复磨损件，清洗、换油，检查修理电气部分，对机组参数、性能进行全面试验与检测，恢复或提高设备性能和效率。

随着我国电力体制改革的深入推进，电力产能严重过剩，发电市场竞争日益激烈，发电市场营销模式随着竞价上网、大用户直供电等形式的引入而发生了较大变化，严峻的外部市场环境和自身的生存发展都需要水电与新能源发电企业不断降低生产成本，提高核心竞争力，水电与新能源发电企业的设备检修体制和机制正经历着重大变革。

集团公司审时度势，积极调整战略决策，将提高设备可靠性和降低发电成本作为提升企业核心竞争力的两大关键因素，积极借鉴和吸收国内外先进的设备检修管理经验和模式，导入全员设备维护，推广"远程集控、少人维护"及"远程监控、远程诊断"两个平台建设应用，积极探索实践智能水电厂、水电与新能源大数据平台建设，全面推行检修精益管理。

第二节　检修精益管理要求

一、水电与新能源发电企业设备特点

（1）系统复杂性。水电与新能源厂（场）站包含有大量的机械设备、电气设备、仪表控制设备、精密电子设备等，它们紧密联系，相互协调完成整个发电过程。

（2）专业综合性。水电与新能源发电企业应用的技术涵盖了机械、电气、材料、流体力学、控制、计算机、通信等多个专业，体现了现代科学技术的高度专业化与综合性。

（3）个体差异性。水电与新能源厂（场）站是根据不同流域（区域）、资源特征、气象气候特性、所处电网的地位来设计建造，厂（场）站差异大。

二、检修精益管理原则

（1）贯彻"预防为主、计划检修"的方针，坚持"应修必修、修必修好"，以检修的安全和质量为保障，以实现机组修后长周期安全、稳定、经济运行为目标。

（2）检修管理现阶段应按照"预防性检修逐步向预知性检修过渡"的原则。

（3）在满足可靠性的前提下，追求检修费用最低，达到设备全寿命周期费用最经济。

（4）实行"责任可追溯制"，做到"凡事有人负责，凡事有人监督，凡事有章可循，凡事有据可查"。

三、检修精益管理要求

1. 设备检修精益管理基本要求

（1）检修策略精益管理是实施检修工作的先导。通过综合分析设备功能、故障后果、设备故障可预见性、设备冗余等条件，进行设备分类，不断优化检修方式与检修周期，持续改进检修规划。

（2）检修项目计划精益管理是实施检修工作的有效手段。以设备检修策略为基础，根据设备总体检的结果，综合考虑机组运行方式、检修成本等因素，精准确定检修项目，不断提高检修项目准确性。

（3）检修实施精益管理是检修工作的核心内容。通过严格的检修安全环保质量控制，贯彻落实检修计划，保证检修工作安全、环保、优质、高效。

（4）检修基础资料精益管理是检修工作的基石。强化设备基础资料管理，做好技术资料的记录与归档，保证技术资料的完整性与准确性，实现信息化管理。

2. 设备维护精益管理基本要求

（1）维护计划精益管理。综合考虑设备运行年限、方式、状态等因素，精准制订维护周期、项目，不断提高设备维护工作的针对性。

（2）维护实施精益管理。企业根据精益管理要求，制订较高的维护标准，严格执行维护计划，不断提高维护工作质量。

（3）设备缺陷精益管理。对设备缺陷进行全过程管理，及时消除缺陷，暂时不能消除的缺陷应制订跟踪和控制的措施，不断提高设备可靠性。

第三节 检修精益管理的价值

一、检修精益管理创造价值的思路

检修精益管理是提升设备安全可靠、经济运行的重要措施之一，也是设备全寿命周期管理、全过程管理中的重要环节。它以精益思想为引领，以价值思维为核心，以过程控制为手段，以检修业务数据为依据，以精益工具的应用为方法，对设备检修维护进行全面管理，实时进行检修成本核算及分析，实现"消除浪费、创造价值、持续改善、精益求精"的目标。

（一）从设备全寿命周期中寻求精益

自从人类使用机械设备以来，就有了设备的管理工作。科学技术的进步和工业领域的变革促进了设备管理的迅速发展。人们对设备管理的基本特性和设备故障规律的深入分析、研究催生了现代设备管理机制。目前，设备管理已经发展成为一门独立的综合性管理学科，而设备全寿命周期管理则是现代设备管理的基本理论之一。设备的寿命周期是指设备从规划、设计、选型、购置、制造、安装调试、验收、使用到维护、检修、改造、更新、报废等的生命全过程，如图 1-1 所示。

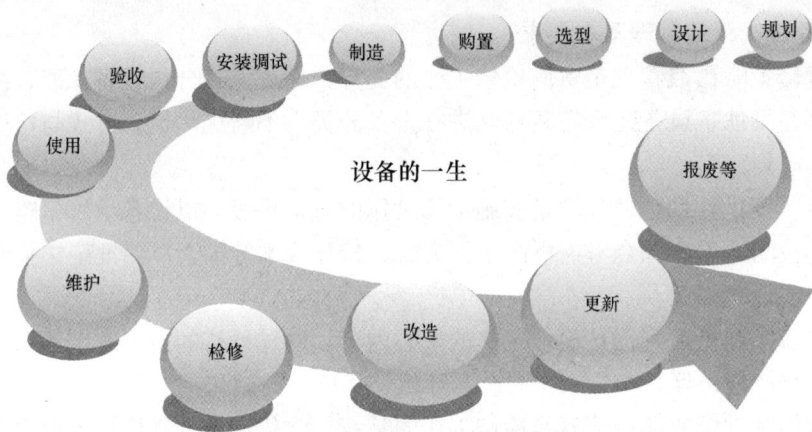

图 1-1　设备全寿命周期过程示意

设备全寿命周期理论是根据系统工程论、价值工程论、控制论的基本原理，结合企业的经营方针、目标和任务，分析和研究设备全寿命周期的技术、经济、组织管理方面的理论。在设备全寿命管理的各个环节中，都存在消除浪费和创造价值的空间，都可以实施精益改善。在设备的全寿命费用中，维护和检修阶段产生的费用逐年累加，因此也是投入资源较多的环节。

（二）从检修管理流程上寻求精益

水电与新能源发电设备检修全过程管理是指检修准备、检修计划制订、物资采购、文件编制、实施、调试、冷热态验收、检修总结、评估等检修全部程序。设备的检修作业文件包括准备、检查、调试、试验、修理、检验、验收、总结、评估等内容。检修管理流程实际上就是从检修策略制订、信息采集、故障诊断、检修组织设计、检修资源配置到物资采购、检修工艺、检修技术和验收标准、设备管理绩效评价以及激励等全过程的管理，这也是 PDCA 循环在设备管理逻辑轴上的延伸，每个环节都存在可以精益改善的内容。例如，不同的策略，其投入产出比不同，不同的检修组织结构和检修资源配置会产生不同的检修成本，不同的绩效评价引导不同的结果等。

（三）从资源要素上寻求精益

检修资源包括人力资源、检修装备、备品备件、消耗性材料、技术资料等构成设备检修的基本要素。合理地配置不同的检修资源，充分发挥水电与新能源发电企业内部检修资源的效率，挖掘检修资源的价值，也是精益检修的重要任务。例如，有效地将企业内部员工自主维护、外部合同化检修与企业内部专业检修队伍合理搭配，可使检修成本最小化、检修效率最大化；备件库存的优化，可以在保证检修的前提下，使检修备件库存和流动资金占有最小化；做好检修知识资产的发掘、储存、分享、标准化和培训，可大大提升管理效率，减少重复性差错，提升检修组织的整体水平。

二、检修精益管理的价值体现

检修精益管理实施是通过对检修管理现状的诊断分析，以安全监督、计划统筹、质量管控、项目优化、备品管理等作为改善重点，由区域公司实施计划统筹优化和质量管控优化，为水电与新能源发电企业提供技术储备、资源协调、信息共享和激励引导等支持；由水电与新能源发电企业实施全员设备维护和状态评估诊断基础上的设备状态检修，建立完善可操作的设备维护和检修体系，实施检修项目制订和检修作业文件包优化，建立科学合理的备品备件储备模式。将及时处理简单设备故障（微缺陷）与解决典型疑难问题同实施精益改善和自主创新相结合，逐步形成厂（场）站差异化检修管理模式，满足生产技术要求，建立可量化、可实施、可考评的检修精益管理标准体系，健全适应市场营销的设备检修动态调整机制，最终实现设备健康稳定经济运行、全寿命周期费用最佳、设备管理效益最大化的目标。

第二章

水电与新能源发电企业检修精益管理实践路径

第一节 检修精益管理诊断分析

对检修精益管理的分析，应从设备检修和设备维护两个方面进行。设备检修和维护因工作内容、作用不同，两者不可相互替代。检修主要是修理或更换磨损、老化、腐蚀的零部件，重新完善和修复设备及其系统的局部或整体的形态变化，恢复或提高设备的功能，是对设备磨损的补偿；维护主要是处理设备在运行过程中随时发生的技术状况的变化，如脏、松、漏、缺等。研究、掌握设备的磨损与故障规律，是做好设备检修工作的客观依据。高质量的检修工作不仅可减少后续日常维护工作量，而且有利于检修周期优化；日常维护保养工作做得及时有效，就可以减少临修，甚至可延长设备检修周期，提高设备利用率，获得更好的经济效益。

一、把握现状

目前的检修维护管理方式为定期检修，也称计划检修管理，处于改进性检修阶段，是常用的检修管理方式，即无论设备状态好坏，定期将机组设备全部解体检修（大修）或将部分设备系统解体检修（小修）。水电发电机组一般是多泥沙流域4~6年、少泥沙流域6~8年进行一次大修，每年进行一次小修。经过近几年来的实践，水电与新能源发电企业市场化逐步提高，人们不仅关注发电设备的可靠性，而且对设备检修的经济性也更加重视，定期检修管理方式逐步暴露出检修周期不合理、过维修、欠维修等一系列弊端：

（1）检修项目针对性不强，存在盲目性。

（2）存在过维修或欠维修，造成人力、物力与财力浪费。

（3）检修周期和等级相对固定，不能满足设备状况和市场变化的需要。

（4）没有充分考虑各发电企业的设备与经营状况差异性。

二、梳理诊断

（一）维护环节诊断

运用思维导图对日常保养、定期工作、缺陷管理三个方面进行梳理诊断，诊断出上述三个方面存在的浪费点，见图2-1。

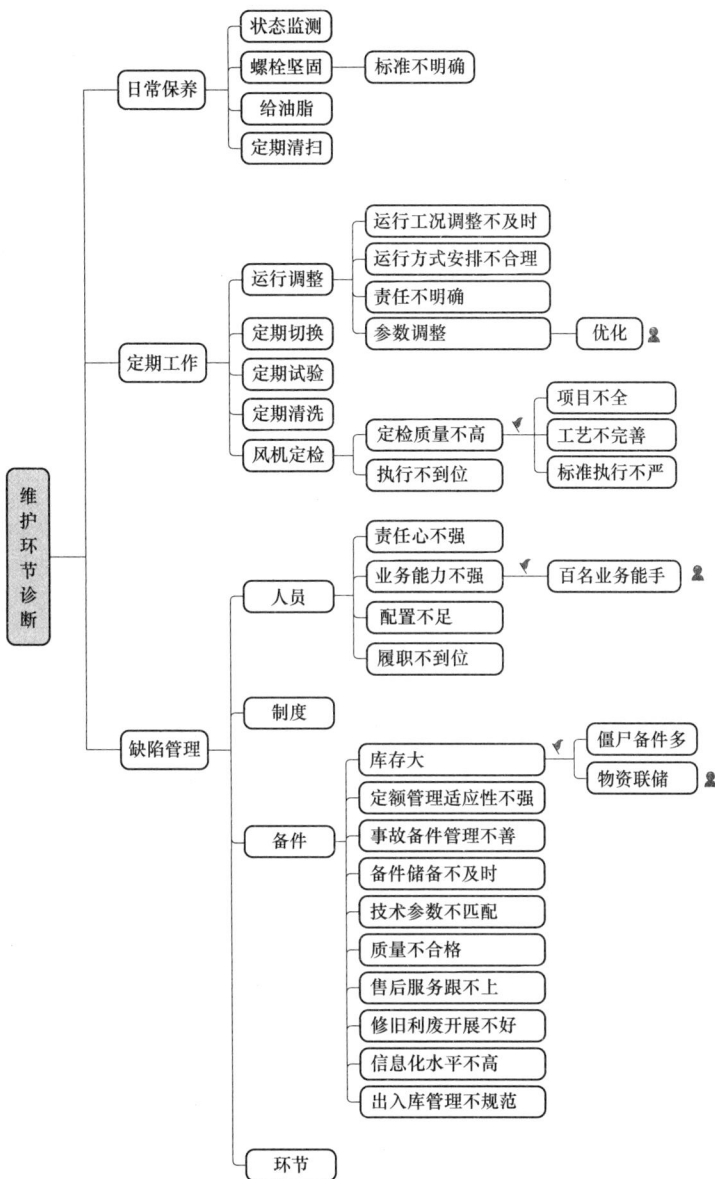

图 2-1 维护环节诊断

1. 日常保养

状态监测手段单一、测点少，给油脂"五定"标准不明确，设备定期清扫职责不明确，巡检工作不到位，巡检标准不具体，造成设备性能下降、利用率低、故障率高。

2. 定期工作

运行工况和方式调整不及时、参数设置不合理、定期切换周期太长或太短、定期试验执行不到位、风机定检质量不高、光伏电池板定期清洗不彻底等暴露出的问题，常常导致设备出力不足及老化等。

3. 缺陷管理

（1）发现或登记不及时、归类不准确、工艺不良、验收人员缺位或错位、把关不严等问题引起缺陷消除不及时，设备发生问题诊断不准确、处理不彻底导致缺陷重复发生。

（2）缺陷统计分析偏差大，未起到指导设备管理的作用。管理制度不完善、奖惩机制不合理等问题不利于缺陷的闭环管理。

（二）检修环节诊断

运用思维导图对检修管理全过程进行梳理诊断，诊断出存在的浪费点，见图 2-2。

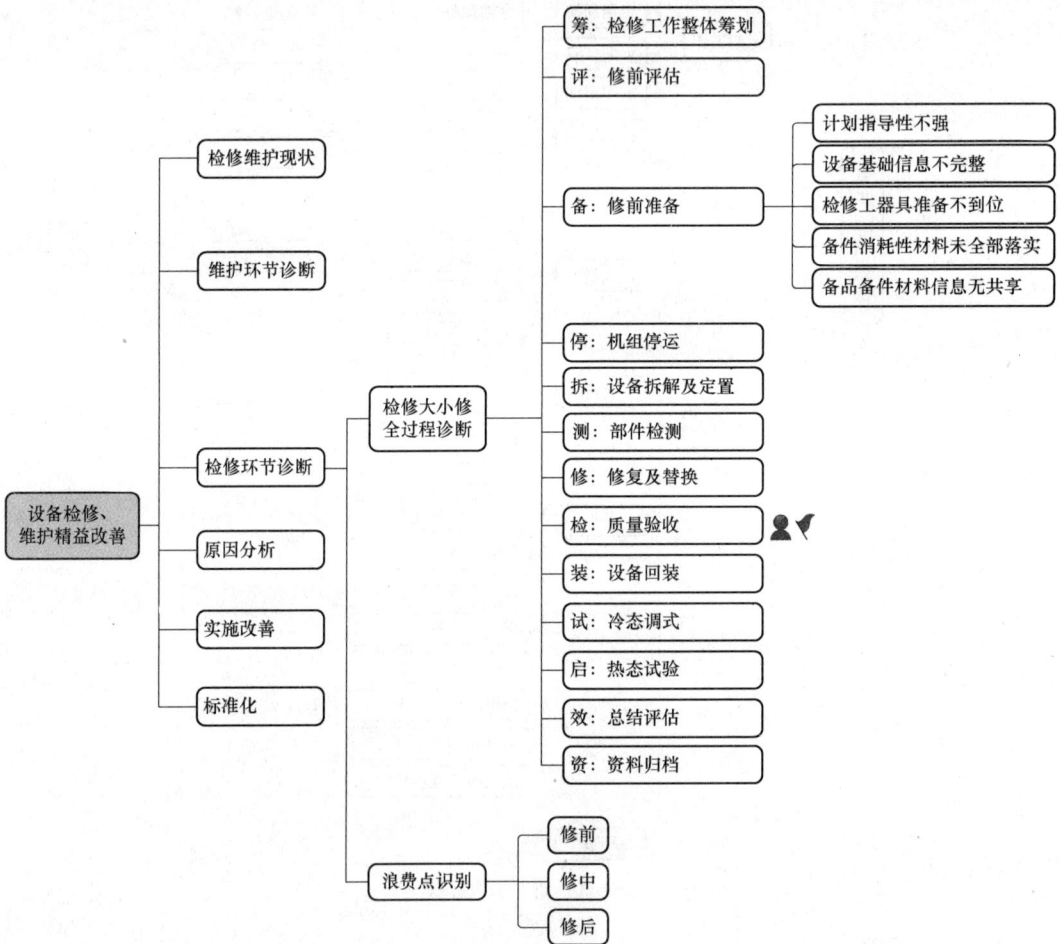

图 2-2　检修环节诊断

1. 修前评估

修前评估是对设备状态监测工作中所采集到的设备状态的综合信息进行汇总、分析，判断设备的实际运行状态，通过分析各渠道获得设备状态综合信息，对设备状态提供一个准确、客观的评估，估算检修费用及检修时间，按设备的安全重要性程度以及全厂机组检修计划安排提出检修建议或预防措施，对设备状态的趋势进行预测，对呈现劣化趋势的设备提出检修建议或维护建议。

通过现场调研，目前设备评估主要由各专业根据机组运行期间发现的问题、缺陷、安评和设备评估结果等进行分析，修前数据采集仅限于部分设备，数据不完整，科学地制订检修项目得不到有效保证；设备诊断不够专业、系统，评估不及时，标准掌握不准确，导致漏诊、误诊，没有深层次地分析参数异常的原因，不能准确地评估设备状态，对检修项目的编写缺少指导意义，影响检修项目制订的准确性。

2. 修前准备

修前准备包括检修项目计划编制、操作性文件准备、物资准备、检修工器具准备、组织与人员准备、检修技术资料准备、外包项目落实等内容。经分析诊断，存在以下主要问题：计划指导性不强；检修项目安排不合理；设备基础信息不完整；专用工器具、试验设备、特种车辆等准备不到位；备品备件、材料落实不到位，信息不能共享。

3. 机组停运

受电网调度、市场营销策略影响，机组停机检修时间不确定。

4. 检修现场管理

设备解体检修阶段拆解部件多，作业空间狭小，存在高空作业、起吊作业、交叉作业风险，存在检修现场定置管理不彻底、检修作业区隔离不规范等问题。

5. 设备解体检查、测试

设备解体检查、测试是机组检修中发现和处理问题的关键步骤。该环节存在人员技能不足，标记不准确、不规范，原始记录不完整，检测设备数量不足，检测方法不正确、操作不规范等问题。

6. 修复及替换

修复及替换是检修的重要工序和常用方法。该环节存在检修作业文件包可操作性差、内容不全、标准引用错误，工器具落后，备品准备不及时等问题。

7. 质量验收

检修质量验收采用三级验收方式，并结合 W、H 点进行。该环节存在质监质量保证体系不完善、验收不及时、人员不到位、把关不严、质检点设置不合理、人员技能不足、检修质量不良等问题。

8. 设备回装

设备解体检查、修复或更换完成后，进行设备的回装。该环节存在人员技能不足、标准不高、工艺不良等问题。

9. 冷态调试

冷态调试阶段是机组检修后质量验证的重要环节。该环节存在检测手段不完善、漏项、组织协调不力等问题。

10. 热态试验

热态试验是机组修后带载功能进行验证鉴定的重要环节。该环节存在方案准备不充分、网源沟通不到位、时间不足造成部分试验项目得不到充分验证等问题。

11. 总结评估

总结评估是机组检修后对安全、质量、指标、工期、费用进行全面梳理总结的重要过程。该环节存在总结评估开展不及时，报告内容不全，甚至未评估等问题。

12. 资料归档

资料归档是生产管理的基础工作。该环节存在运行规程、检修规程、设备异动或改造后图纸修订不及时，资料未受控管理；基础资料不全；手续不全；检修后技术资料归档不及时、不规范等问题。

三、原因分析

（一）设备维护

设备维护精益管理从日常保养、定期工作、缺陷管理三个方面开展精益化研究。

1. 日常保养

通过对某水电站日常保养存在问题进行统计分析，标准不高、执行不到位、制度不完善是造成日常保养工作质量不高的主要原因，见图2-3。

2. 定期工作

对某新能源发电企业三个风电场定期工作执行存在的问题进行原因分析，结果见图2-4。从分析可知，制度不完善、周期不合理、工作内容不明确、执行漏项是导致设备维护管理中定期工作不到位的根本原因。

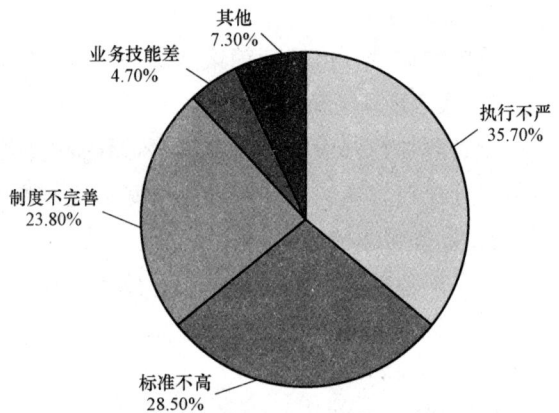

图2-3 某水电站日常保养质量不高的原因分析

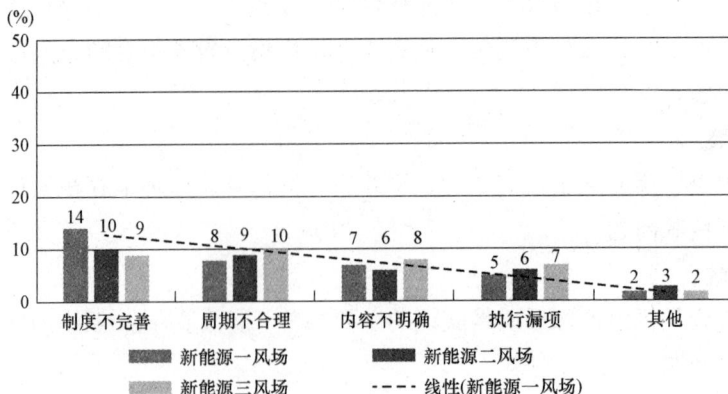

图2-4 某新能源发电企业定期工作不到位的原因分析

300

3. 缺陷管理

通过对缺陷汇总统计分析，除设备本身原因外，日常巡检、运行监视、定期工作、缺陷标准认识等管理上的不到位是造成设备缺陷频发、重复发生甚至扩大的重要原因。

（二）检修管理

1. 检修计划编制不合理

通过对检修等级、间隔调整情况统计分析，结合目前水电与新能源发电企业经营管理形势，检修计划制订方面存在以下问题：

（1）沿用原来定期检修模式安排机组检修计划，存在机组设备未劣化到需要检修时即安排检修的"过修"情况，造成人力、物力浪费。

（2）对技术状况较差的机组检修安排不及时的"欠修"状况，降低机组安全性和经济性。

2. 检修项目制订针对性不强

检修项目编制流程各环节分析，存在修前数据采集、诊断、评估不全面，机组检修计划时间调整，项目制订人员业务技能不足、专业之间缺乏沟通，以及沿用往年项目的现象，影响检修项目制订的针对性。

3. 修前准备不充分

检修前准备环节主要存在如下准备不充分的因素：

（1）检修工序及标准了解不充分、检修文件包编制不及时、设备基础信息不完整。

（2）检修中需要用到的专用工器具、特种车辆准备不充分。

（3）检修中需要用到的备品备件、材料准备不充分。

（4）部分专用工器具落后，不能满足检修要求。

4. 备品备件管理不完善

定额不合理，物资计划提报不准确，采购配送不及时，出入库管理不规范，信息未共享均会影响到检修工期进度及检修工艺质量。

5. 检修质量不良

造成检修质量不良的原因主要有检修人员技能不足、物料不合格、质量监督与质量保证体系不健全、工序标准不明确等因素。

6. 检修作业文件包操作性不强

检修文件包未充分针对设备结构、状态、工艺进行编制，审核把关不严格，导致指导性不强，可操作性差。

7. 修后总结评估不全面

总结评估流于形式，评估人员不专业，存在缺位错位、评估漏项的现象，未对检修情况进行技术经济评价，未进行检修经验提炼，报告内容不全面。

8. 技术资料管理不规范

检修资料收集整理不全，试验检测数据保存不善，技术报告提交滞后，手续不齐全，规程图纸修订、资料归档不及时。

第二节　检修精益管理体系构建

检修精益管理体系构建就是对现有的水电与新能源发电企业检修管理体系进行全面诊断分析，梳理诊断低值无效粗放的管理，识别浪费点，通过采取适当对策加以优化和改善，消除浪费，创造价值，构建起更加科学、高效、精益的检修管理体系。该体系主要包括内涵、实施路径和组织架构。所建立的体系文件作为水电与新能源发电企业现场检修的纲领性文件，不但可统一指导各单位开展精益检修，而且可确保各生产单位在精益检修推进方式和目标上的系统性和一致性。

一、体系内涵

检修精益管理体系是综合了计划检修、改进性检修、状态检修等模式中的有益部分而形成的一种优化检修新模式，其核心是将"精益"思想融入发电企业检修管理中。该体系主要着眼于加大日常设备维护保养的力度和投入，从过去的"重检修轻维护"转变为"维护检修并重"；提升设备状态监测的科技含量和准确性，扩大监测范围，丰富监测手段，利用大数据信息收集诊断平台，提高技术监测水平和分析能力。

二、实施路径

实施精益检修的基本路径就是从推行全员设备维护和设备检修管理入手，建立健全完善可操作的设备维护保养和预防检修体系，选择可靠、实用的状态检测设备和状态信息集成分析、诊断系统，进行设备状态评估，达到检修策略优化的目的。

（一）推行全员设备维护，实施晋级达标考核

全员设备维护管理是一种现代化的管理方式，其致力于建立全员、全过程、全面的设备预防维修体制，是在日常加强对设备全面、多层次、全过程和全方位管理的基础上，通过改善人和设备的"素质"来完善设备的运行状况，提高设备的可靠性，实现设备管理效益最大化，确保设备生产潜力得到最大限度的发挥。

全员设备维护管理强调设备维护的"全员"参与，"全员"成为这一管理模式的理念和精髓。但由于部分员工的职业素养较低，缺乏一定的自主、主动参与维修、管理的经验和积极性，使得"自主管理"难以操作。因此，在提倡和鼓励设备管理全员参与的同时，可根据企业的设备状况、职工素养和技术水平，制订可以指导操作、维修及生产辅助人员"全员"参加的设备管理作业标准，通过宣传、推广和培训，形成可执行的设备管理行为标准，使设备全寿命周期管理的全过程及各个环节的行为规范化、控制严密化和管理精细化。克服主要依靠人的技术、经验和自觉性的管理方式，使设备管理从人管理走向"标准"管理，建立起一套设备前期管理、设备现场管理、设备维修管理、设备备件管理规范化的管理系统。减少决策的随意性和盲目性，制订与规范化作业相适应的检查评估体系。

将全员设备自主维护与设备管理、"7S"管理、星级企业创建、安全生产标准化等相结

合，将及时处理简单设备故障（微缺陷）和清扫润滑作为预控缺陷发生的有效手段，通过规范化的达标细则，对设备使用和维护单位进行全员设备维护晋级达标考核。通过晋级达标评价，逐步建立持续改进的长效机制，提高员工自主保全意识，有效改善设备维护质量，形成全员参与、全过程控制的设备管理模式。

总之，设备管理应积极推行全员设备维护思想，充分发挥设备的效能，实现检修管理精益化，探讨一条以经济为目标、以质量为中心的规范化管理的新思路，使技术管理与经济管理有机地结合，并逐步建立、完善检修管理保证体系。

（二）实施设备联保制度，形成维保利益共体

长久以来，在设备维护、保养工作实施过程中，运行人员和检修人员一直是"各扫门前雪"。运行人员只管打扫运行设备，检修人员有缺陷就去现场消缺，现场地面、墙面等环境清扫由外委清扫队伍负责。这种体制下形成了设备主人不明确、都负责也就等于都不负责的局面。通过摸索和探讨，可以尝试建立企业运行、检修"联保"制度，树立运行和检修人员"双主人"的理念，明确检修和运行对设备管理所肩负的不同责任。以设备故障率和停机时间为核心考核要素，发挥运行人员和检修人员责任利益"共同体"的作用，重点强调设备预防性巡视、维护、检修和计划性停机维修，使维修方式"由事后维修转为事前预防"。

（三）建立检修集约化管控，实现区域检修效益最大化

随着我国电力体制改革的深入推进，发电市场竞争日益激烈，发电市场营销模式随着竞价上网、大用户直供电等形式的引入而发生了较大变化，水电与新能源装机容量快速增长，弃水、弃风、弃光现象大量存在，企业经营形势严峻，区域公司实施检修计划集约化管控对区域公司效益最大化起到至关重要的作用。契合集团公司发电机组优化检修指导意见，以机组运行小时数为检修间隔基本控制指标的检修模式替代传统的固定检修模式，优化检修策略，严格检修工期控制，发挥区域公司人才、技术、资源、信息集约化优势，完善检修管理体系和控制体系，为基层水电与新能源发电企业提供技术支撑、资源协调、信息共享，发挥区域公司监督、指导、检查、绩效激励等作用，实现区域检修计划、检修质量、检修工期、检修费用等集约化管控，实现区域公司检修效益最大化。

（四）以定期检修为基础，逐步实现状态检修

定期检修制度主要以时间为依据来安排检修。目前，我国水电站检修主要采取的是定期计划检修模式，为保证电厂安全运行和预防设备故障发生发挥了重大作用，能让电厂运行方式较早、较充分地得到安排，但由于坚持到期必修，不管设备状态如何，有失科学性，造成了不必要的人力、财力和物力浪费。随着设备监测技术、故障诊断分析技术等软硬件的发展，加之发电市场竞争日益激烈，不少水电与新能源发电企业开始逐步探索新的检修模式和维修理念，即在当前定期检修的基础上，优化检修间隔、项目计划，根据状态监测及评估结果，开展设备寿命预估、故障预知预诊断，逐步向状态检修过渡，以提高设备可

靠性，降低设备检修成本。

（五）建立设备分级分类管理，引入"以换代修"的管理理念

传统的检修模式中杜绝"以换代修"。然而，随着科技进步、设备升级和物流业的发展，部分零部件生产成本大幅降低，为提升检修效率，缩短工期、降低检修维护成本、"以换代修"的理念逐步被现代企业所接受和认可。为更好地适应市场化运营管理模式，水电与新能源发电企业应对设备进行分级分类管理，对于一些修理耗时长、修后可靠性得不到保障的设备和部件，宜采取"以换代修"管理模式。

（六）以"7S"管理为基础，实现检修全过程标准化

以提升水电与新能源发电企业效益、夯实安全生产基础、优化管理的"7S"成果为基础，开展检修标准化管理，完善检修全过程管理体系，灵活运用机组检修管理模式，做到"修前九个落实、修中七个环节、修后五道关口"，严格执行技术标准、简化管理流程、优化检修工艺，规范检修作业行为，提高机组检修工作效率和质量，实现检修全过程精益管理。

（七）运用大数据理念，建立数据共享平台

"大数据"是由数量巨大、结构复杂、类型众多的数据构成的数据集合，具有数据处理速度快和数据真实性高的特点。大数据挖掘旨在从大量的、不完全的、模糊的、随机的数据中，提取隐含在其中的、事先不知道的、但又是潜在有用的信息和知识。水电与新能源发电企业在现有管理模式基础上，运用大数据的理念，建立数据收集、处理、挖掘、查询的共享平台，指导企业的技术决策和经营决策，可更高效、准确地制订策略，提高管理水平，降低生产成本。

通过应用 ERP 系统、FAM 系统、生产管理系统、物资联储联备平台、外包工程管理平台等大数据共享平台，广泛收集有价值的数据信息，方便查询；不断优化分析处理软件，逐步提升数据处理能力，得到有价值的分析结果数据。

三、体系架构

精益检修是一个庞大的科学管理体系，需要有大量的标准文件和管理制度作为支撑；同时，管理者的领导力、职工的思想意识和素质也是推行精益检修的关键因素。因此，必须建立与之相适应的严密的组织保障体系，才能保证精益检修体系的推行。重点从监督和保证两个体系建设方面入手。建设完善和有效运转相关制度，并配套建立确保"两个体系"有效运转的考核机制，逐步使检修精益管理工作达到"结构合理、定位准确、职责清晰、工作到位、执行有力、管控严格、工作闭环"的要求。

（一）组织机构建设

区域公司和水电与新能源基层发电企业均应成立精益检修组织实施机构。区域公司统

一制订整体精益检修推行方案，全面管控区域精益检修推行和持续改善提升的组织、协调、检查、评价等工作；水电与新能源基层发电企业是检修精益管理的主体，要按照精益检修体系的总体要求建立起必要的组织体系，结合企业实际制订检修精益管理实施方案、目标和计划，制订落实精益检修体系的保障措施，确保目标的完成。企业各职能部门重点抓好检修安全生产、文明施工，技术方案的审核、质量控制的检查、过程质量的指导与对外协调等工作。

（二）制度建设

区域和水电与新能源基层发电企业在推行检修精益管理工作时，应制定或修订完善以下制度：

（1）企业"7S"治理成果常态化保持管理办法；

（2）企业设备缺陷管理制度；

（3）企业设备"四保持"标准；

（4）企业设备状态检修管理办法；

（5）企业检修文件包管理制度；

（6）企业备品管理标准；

（7）企业隐患排查治理管理办法；

（8）企业专业人才建设和培养管理办法；

（9）企业检修质量考核评价标准；

（10）企业典型检修作业文件包等。

（三）标准体系建设

1. 质量保证体系建设

检修精益管理首先要建立完善可靠的质量保证体系，检修人员必须按质量标准和工艺要求精心修理设备，贯彻"谁检修谁负责"的原则。检修人员要对自己所做的检修工作负责、所修的设备质量负责、所写的技术记录内容的正确性、真实性、完整性负责。精益检修质量保证体系建设可从以下几个方面考虑：

（1）安全管理。推行安全管理效能监察工作，按照"管生产必须管安全"的原则，签订安全目标责任书。不定期检查各级人员的安全履职意愿、能力、效果等，并与年度绩效挂钩，着力提升各级人员的安全执行能力。以定期安全大检查、安全互查互学、安全影像曝光等多样活动为平台，通过明察暗访、监督指导、奖惩兼顾的方式。确保安全措施落到实处，杜绝违章和伤害事故的发生。推行现场 KYT 活动，通过绘制 KYT 基础训练图例开展员工的日常风险训练，挖掘并建立"虚惊事件库"，运用"4R 法"（也称"四步循环法"）开展危险点分析和风险防控，通过"手指口述"的方式加以实践和落实，让全体作业人员明确危险因素及危险源，减少事故的发生。结合安全目标责任，划定明确的安全生产"红线"和"底线"，制订出切实可行的措施；通过讨论，形成有效成果，并固化为制度，进一步完善安全生产机制。

（2）质量管理。检修质量控制是水电与新能源发电企业通过采取一系列作业技术和活动对各个过程实施控制，包括对质量计划、控制程序、文件和记录、不符合项的控制等，避免偏离规定标准的可能与现象，以保持或恢复正常状态作业，达到控制目的。质量控制应以 ISO9001：2015 质量管理体系为基础，以设备治本攻坚、典型重复缺陷修复工作为载体，通过"望、闻、问、切"等方式及设备修前诊断会，制订出科学的检修方案，有针对性地强化设备检修措施，制订科学合理的保障措施和激励措施。

（3）进度管理。检修前，根据下发的检修计划，结合现场实际情况，采用甘特图等图形手段制订详细的施工计划表，同时可采用关键路径法绘制检修网络图。检修中，持续对比实际进度和施工计划，对出现的偏差和主要制约因素进行分析，在关键节点进度得不到保证的情况下，应召开专题会，通过工序的优化，人力资源的合理配置、适当的激励机制等应对措施，保障项目总体进度可控、在控。

（4）现场管理。严格执行"7S"管理、定置管理、色彩管理等可视化管理内容，结合检修现场的实际情况，制订科学合理的检修定置图。规范检修现场的"六图一表"展板、检修安全文化展板的布置，优化工器具、检修设备的堆放以及现场防护等，做到"三不落地""工完料净场地清"，确保施工现场整洁。

可采用系统内较为先进的检修管理"四个在现场"的现场管理模式，强化设备主人负责制。"四个在现场"是指标准在现场（现场悬挂质量标准信息牌）、设备主人在现场（悬挂设备主人信息牌）、进度计划在现场（悬挂每日工作进度牌）、培训在现场（现场开展技术问答和技术拷问活动）。

（5）培训管理。结合区域检修设备的不断投入及对外市场的不断延伸，提前谋划，按照"干什么学什么""缺什么补什么"的原则，分层次、分类别地开展生产人员培训。在培训方式上积极开展创新和自主实践，推行单点课程（one point lesson，OPL）点滴教育模式，提高员工培训的积极性和参与度，提升培训效果。

1）知识库体系的构建和完善。检修知识库体系既要包含基础知识、专业基本知识、岗位专业知识，也要包含精益管理的基本概念、理念、工具、方法等方面的知识，并不断丰富案例素材，构建基础知识题库。利用多媒体技术，制作员工喜闻乐见的、易理解的培训课件，促进知识库的更新升级。

2）培训方式的多元化。不拘泥于传统课堂式教育，充分利用订单式培训、班组长培训（TWI）、点滴教育（OPL）、检修仿真培训系统、"人人上讲台"等工具及方法丰富原有的培训方式，积极建设网络化的培训平台，多途径、多形式促进职工专业技能及改善能力的提升。

3）培训评估体系的完善。注重培训的实效性，以实践检验培训成效，通过理论考核、现场实操测评、问题解决能力评价、改善效果评估等多维评价体系的建立，客观公正地评价职工知识点的掌握情况，促进人才梯队建设，拓宽人才晋升通道。

4）检修内训师队伍建设。积极挖掘内部技术及管理人才，通过定向培养、内外部认证，发展一批既有很强的业务能力，又兼具授业解惑能力的检修内训师。充分发挥内训师"传""帮""带"的作用，实现内部人才造血，继承企业优秀传统。

2. 质量监督体系建设

检修精益管理其次要建立完善可靠的质量监督体系。各级质量监督人员应对设备检修质量、技术记录内容进行进一步核实和确认并对此负责；应对检修设备检验的质量负责，对校验后的结论负责。检修质量监督体系建设可从以下几个方面考虑：

（1）体制建设。水电与新能源发电企业应成立检修质量监督机构，明确其具体的监督标准、职责、方法和内容，对检修质量实施全过程监督指导，形成质量监督和项目实施相互监督约束的机制。

质量监督机构在管理职能上原则上由生产副总经理（总工程师）直接管理，实行质量保证与质量监督相对独立的质量控制体系。检修过程中成立质检组，成员一般由技术监督网成员构成，在质量验收过程中只对检修质量负责。

（2）机制建设。要采取"三级验收"模式（班组—车间—公司），加大质量监督体系与质量保证体系的相互监督力度，充分发挥其监督职能。同时，要明确质量监督体系的具体职责。

1）根据质量策划确定控制对象，如检修项目、质量验收计划、检修程序、验收标准、备品验收等，编制质量手册。

2）制订具体控制方法，如检修作业文件包、检修工艺规程、检修作业指导书、标准作业卡等。

3）明确检验方式及方法，检修质量控制采用质检点（W、H）验收、设备再鉴定和设备评定级等方式，必要时可引入检修监理制。

4）进行跟踪检查、验证、记录。质量监督人员应按照质量检验验收计划的规定，对直接影响检修质量的 W 点、H 点进行检查和验证，所有项目的检修施工和质量验收应实行签字责任制和质量追溯制。

5）为解决差异而采取的行动。检修过程中发现的不符合项，应填写不符合项通知单，并按相应程序处理。

（3）队伍建设。质量监督与质量保证体系建设中人才队伍建设是至关重要的环节。近年来，发电企业普遍存在质量监督体系和质量保证体系边界不清晰、职责划分不明确，存在质量监督机构、质量监督队伍形同虚设、机制不灵活、结构不合理等方面的问题。在精益检修体系建设中，要重点加强质量监督体系队伍建设和人才培养，建立完善合理的薪酬和考核机制，重点加强质量监督人员的综合素质培养和提升，在检修全过程管控方面发挥其积极的作用。

第三节　检修精益管理对策实施

检修精益管理应针对水电与新能源检修特点，结合电力结构供给侧改革形势，以价值流分析作为起点，结合对标管理，判断各业务流程时间、人力资源、费用成本等要素的投入，信息流及实物流的传输方式，寻找浪费点，确定改善内容。

一、实施改善措施

（一）维护精益管理改善措施

通过设备维护精益管理体系的建立、设备全寿命周期管理的强化、运维一体模式的实践，不断提高设备的可靠性、经济性。

（1）修订缺陷管理制度，加强设备维护保养工作，建立有效的维护消缺考核奖励机制，提高职工隐患排查和主动消缺的积极性，降低缺陷发生率。

（2）完善设备定期工作制度，明确各设备清扫职责、标准、周期等要求，不断加强执行、检查、考核。

（3）坚持巡检"五到""三比较"，及时进行设备运行参数调整，逐步完善状态监测手段、方法，发挥专家诊断系统作用，分析设备运行趋势，提前采取措施进行处理，做到防患于未然。

（4）推行风电机组定期巡视、风机定检、故障处理等工作的一站式维护管理，减少重复性的工作及材料消耗，提高工作效率及设备可利用率。

（5）建立新能源物资联储管理系统，实现风电场间物资互相调拨、物资库存实时移动终端查询，为领料远程申请、审批提供方便。

（6）通过培训，不断提升人员专业技能、管理水平和故障分析能力。

（二）检修精益管理改善措施

1. 做好设备状态评估

选择可靠、实用的状态检测设备和状态信息集成分析、诊断系统，进行设备状态评估，根据机组设备状态评估结果，有针对性地实施检修项目或滚动计划项目，达到检修策略优化的目的。

2. 优化检修计划及项目制订

（1）检修计划优化：

1）按照效益最大化原则，结合电力供需变化情况、区域气象特点、流域来水预测统筹编制检修计划。

2）结合区域厂站机型、设备状况及评估建议、河流泥沙特性等，统筹兼顾成本因素，合理调整机组检修等级和间隔。

3）优化检修关键路径，合理调配检修资源，科学安排检修工期。

4）综合考虑季节性雨水特点，结合市场营销计划，超前考虑检修项目的前期准备因素，动态调整检修开工时间。

（2）检修项目优化：

1）结合机组运行特点，充分利用机组停备用时机，有计划地组织开展年度反措、技术监督、强制定期检验（压力容器、计量设备等）、安评整改等工作。

2）以设备检修策略为基础，根据设备评估及总体检结果，综合考虑设备检修方式与周期、机组运行方式、大小修计划、检修成本等因素，确定检修项目。

3）检修项目优化要不断提高检修针对性，减少过检修与欠检修，杜绝照搬照抄安排检修，实现设备解体检修依据充分、方案合理、费用节约。

3. 加强检修用具管理

（1）加强对检修工具、机具、仪器的管理，建立检修用工器具、安全用具、常用工器具、特种设备台账。

（2）对工器具进行定期的检查、保养和检验，并实行合格证制度，不合格的工器具不允许进入检修现场。

（3）检修现场实行工器具登记制度。

（4）使用自制改进型专用工器具，提高检修质量及效率。

4. 建立备品备件管理平台

（1）对备品备件库存情况进行摸底排查，通过分析统计设备可靠性参数、设备寿命基础数据，完善备品定额。

（2）建立区域公司备品备件联储平台。

（3）及时录入备品备件储存信息，实现信息化管理。

5. 强化检修质量管理

（1）完善检修质量监督、质量保证体系，明确检修质量标准、工艺要求。

（2）以技术支撑、检修资源协调、全过程标准化管理、信息共享和考核评价为检修质量管控手段，严格执行"三级验收"管理，实现检修质量的管控目标。

（3）严格执行过程管理，通过检修作业文件包对检修工序的细化、量化，实现检修作业程序化、标准化、规范化。

（4）推行检修现场"7S"管理，不断完善文明检修相关制度并及时组织开展各项活动，强化安全、文明检修的观念。

6. 完善检修作业文件包管理

（1）减少检修作业文件包编写、审核过程中的无用环节，提高效率。

（2）加强检修文件包的执行、检查、考核，提高检修作业标准化管理水平。

（3）建立检修作业文件包循环优化机制，保证文件包逐步更新完善，满足使用要求，发挥应有的作用。

7. 及时总结、评估

（1）根据检修管理要求及时开展总结、评估工作。

（2）应从设备、系统、经济性等方面全面、科学地开展评估。

（3）加强专业技术人员培训，提高总结、评估水平。

8. 闭环技术资料管理

（1）根据检修工作情况，及时将检修文件资料补充到设备台账中，确保设备台账的时效性和系统性。

（2）及时修订检修工艺规程，确认其有效性。

（3）设备异动、重大更新和技术改造项目结束，按要求进行图纸、台账、运行规程等技术资料修订、存档，受控管理后完成闭环验收。

（4）充分利用信息化管理手段，提升技术资料管理水平。

二、标准化

1. 管理制度化

在检修精益管理中全面推行标准化管理，完善《检修管理标准》《质量验收管理标准》《日常巡检管理制度》《"7S"治理成果常态化保持管理办法》等相关制度，使每项操作都有具体指导，每个环节都得到有效控制。

2. 制度流程化

完善《检修作业文件包管理制度》《缺陷管理制度》《备品备件管理规定》等管理制度，明确管理流程及各环节管理内容、各岗位职责，提高流程管理效率。

3. 流程信息化

建立信息化管理平台，实现信息共享，简化流转环节，节省流转时间，消除流程浪费。

第三章

水电与新能源发电企业检修精益管理实践

第一节 维护精益管理实践

本节水电站设备专业检查精益化、风电机组一站式检修维护管理、优化风机性能、开发应用检修移动 App 和强化风电技术监督五个案例从设备的日常检查维护、定期工作及缺陷管理三个方面介绍了水电与新能源发电企业维护精益管理的具体实施内容、实践方法和案例思考。

【案例3-1】 水电站设备专业检查精益化

(一)案例背景简介

1. 实施背景

为保证电厂电力设备的安全可靠运行,国家和行业以及上级公司都根据各专业各设备的特点制定了相应的标准、制度和要求,其内容涉及设备部件的设计制造到投产后的运行维护管理的全周期。这些规范文件也成为基层单位编制运行规程、检修规程、设备巡回检查制度等各种设备管理制度的重要依据。但是,这些标准、规范是面向全国范围电力行业或整个集团公司的设备,包含的设备型号参数多种多样,内容繁杂,对具体设备的针对性较差,查找引用标准过程烦琐。

2. 实施思路

本课题的主要思路是通过运用精益管理工具,对照国家、行业标准对设备专业管理具体要求,对本厂设备专业检查工作进行梳理,找出其中的浪费点,然后分析出造成浪费的关键原因,并针对关键原因提出改善措施,通过这些措施的实施达到提升设备专业检查水平的效果。

(二)现状诊断

1. 诊断内容

专业检查工作是依据相关的标准规范对设备进行验收检查评估和资料管理,涉及设备的设计制造、安装、检修、试验、运行维护、技术资料管理等设备寿命全周期过程。

在设备的设计制造阶段,作为业主单位,需要根据相关的设计标准对其设计方案、技术参数图纸等进行技术审查。设备的安装、检修和试验过程中,需要按照有关安装、试验规范对各安装检修项目和试验数据进行验收。设备运行维护阶段，要根据相关运行管理标准对设备的运行参数和健康状况进行判断。技术管理方面，需要按照相关管理标准要求建立设备台账，按要求收集保存设备相关资料。

但是，实际工作中时常出现因为前期对设备的设计制造审查不到位造成新设备不达标而无法安装使用等问题，或是由于设备安装检修时验收不到位导致设备投运后效率下降甚至损坏。开展设备专业检查是设备运行维护的重要内容，如果未按相关标准规范执行，就无法及时发现设备缺陷，影响设备安全稳定运行。

2. 改善目标

专业检查作为设备管理中的重要一环，能否及时有效的地开展将直接影响设备管理水平的高低，所以本次课题将以实现设备专业检查工作的标准化为手段，实现准确高效的目标。

（三）原因分析

通过头脑风暴法，对制约专业检查高效准确开展的各项因素进行分析，分析出关键原因，形成现行专业检查工作不能高效准确开展的思维导图，见图 3-1。

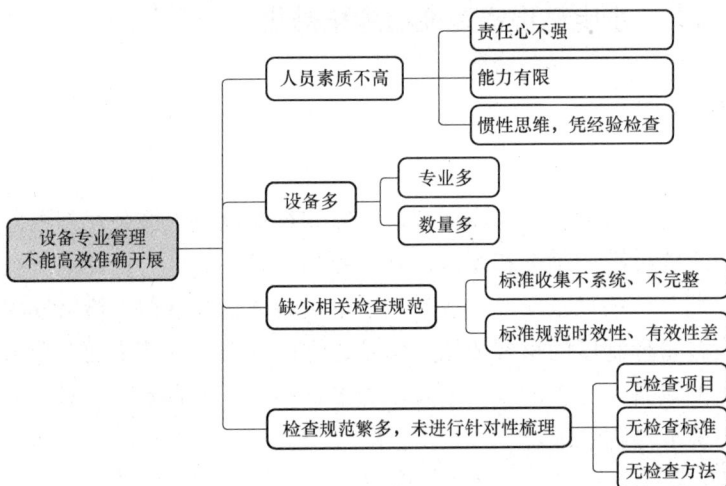

图 3-1　专业检查工作不能高效准确开展的思维导图

1. 人员素质不高

专业检查工作一般都由生产现场的设备管理人员或各级技术人员完成，他们作为电力生产的骨干力量，熟悉国家及行业的标准制度，了解专业检查对于设备稳定运行的重要性，具有较高的专业技术素质与业务工作能力，所以确定此项因素为非要因。

2. 设备多

水力发电是一个庞大而复杂的系统工程，整个水电生产流程需要依靠各个分系统的协调配合才可顺利进行。这就决定了其必然会涉及各种类型、不同参数而且数量繁多的设备。所以，水电厂设备种类多、数量大是由其先天特点决定，不能作为专业检查工作无法高效、准确开展的关键因素。

3. 缺少相关规范标准

通过现场查阅，公司标准化体系文件库中存在多项设备专业检查所需的规范文件未收纳的情况，同时部分已收纳的规范标准版本也未及时更新。公司没有相关标准规范的采购更新制度。相关的国家、行业规范标准是专业检查中项目制订和实施的重要依据。这些规范标准是否健全、更新是否及时将直接影响到设备专业检查工作的进行。所以确定此项因素为要因。

4. 未对规范文件进行针对性的梳理

每个专业的设备所涉及的规范标准数量繁多。表 3-1 所列为梳理后水轮机专业所涉及的部分标准规范目录，这些规范标准包含的设备型号参数多种多样，内容繁杂。以《水轮机安装技术规范》为例，其所列内容包含有既适用于立式机组，也适用于卧式机组的内容；有适用于混流式机组，也适用于轴流式机组的内容，而且还对机组容量进行了区分，如不根据本厂设备进行针对性的梳理，将严重影响到专业检查工作的效率和准确性，确认此因素为关键因素。

表 3-1 水轮机专业所涉及标准规范目录（部分）

序号	名　　称
1	GB/T 1226—2010《一般压力表》
2	GB 5226.1—2008《机械电气安全　机械电气设备　第 1 部分：通用技术条件》
3	GB/T 6075.1—2012《机械振动　在非旋转件上测量评价机器的振动　第 1 部分：总则》
4	GB/T 6075.5—2002《在非旋转部件上测量和评价机组机械振动　第 5 部分：水力发电厂和泵站机组》
5	GB/T 8564—2003《水轮发电机组安装技术规范》
6	GB/T 7596—2008《电气运行中汽轮机油质量》
7	GB/T 8196—2003《机械安全　防护装置　固定式和活动式防护装置设计与制造一般要求》
8	GB 8958—2006《缺氧危险作业安全规程》
9	GB/T 10969—2008《水轮机、蓄能泵和水泵水轮机通流部件技术条件》
10	GB/T 11348.5—2008《旋转机械转轴径向振动的测量和评定　第 5 部分：水力发电厂和泵站机组》
11	GB/T 11805—2008《水轮发电机组自动化元件（装置）及其系统基本技术条件》
12	GB/T 12801—2008《生产过程安全卫生要求总则》
13	GB/T 14541—2005《电厂用运行矿物汽轮机油维护管理导则》
14	GB/T 15468—2006《水轮机基本技术条件》
15	GB/T 15469.1—2008《水轮机、蓄能泵和水泵水轮机空蚀评定　第 1 部分：反击式水轮机的空蚀评定》
16	GB/T 15479—1995《工业自动化仪表绝缘电阻、绝缘强度技术要求和试验方法》
17	GB/T 15613.1—2008《水轮机、蓄能泵和水泵水轮机模型验收试验　第 1 部分：通用规定》
18	GB/T 15613.2—2008《水轮机、蓄能泵和水泵水轮机模型验收试验　第 2 部分：常规水力性能试验》
19	GB/T 15613.3—2008《水轮机、蓄能泵和水泵水轮机模型验收试验　第 3 部分：辅助性能试验》
20	GB/T 17189—2007《水力机械（水轮机、蓄能泵和水泵水轮）振动和脉动现场测试规程》
21	GB/T 20043—2005《水轮机、蓄能泵和水泵水轮机水力性能现场验收试验规程》
22	GB 26164.1—2010《电业安全工作规程　第 1 部分：热力和机械》

续表

序号	名称
23	GB/T 29247—2012《工业自动化仪表通用试验方法》
24	GB/T 29403—2012《反击式水轮机泥沙磨损技术导则》
25	GB 50093—2013《自动化仪表工程施工及验收规范》
26	GB/T 50328—2014《建设工程文件归档规范》
27	GB 50706—2011《水利水电工程劳动安全与工业卫生设计规范》

（四）实施改善

1. 过程说明

通过前面的分析得出了关键因素，下面针对这两个关键因素制订具体实施对策，见表 3–2。

表 3–2 改善对策表

序号	要因		对策	措施	时间
1	缺少相关检查规范	未采集相关规范	梳理缺漏规范标准，及时采集	制订规范标准采集更新计划	2016 年 10 月 30 日
2		规范过时未及时更新	梳理现有规范标准，更新至最新版本		
3	检查规范繁多，未进行针对性梳理	未梳理出适应本厂检查项目	根据本厂设备类型及参数，梳理出本厂所需进行的检查项目	制订专业检查表	2017 年 4 月 30 日
4		未梳理出适应本厂的依据及标准要求	根据本厂的设备类型及参数，梳理出本厂所需参考或遵循的检查依据及标准要求	制订专业检查表	2017 年 4 月 30 日

（1）制订规范标准采集更新计划。建设厂级运行管理制度标准数据库，搜集汇总国家、行业、集团公司、福新公司设备运行检修相关的管理标准和技术规范；剔除不必要的、过期的管理措施，确保制度出处规范，引用文件有效，技术措施制订规范、严谨。更新计划见图 3–2。

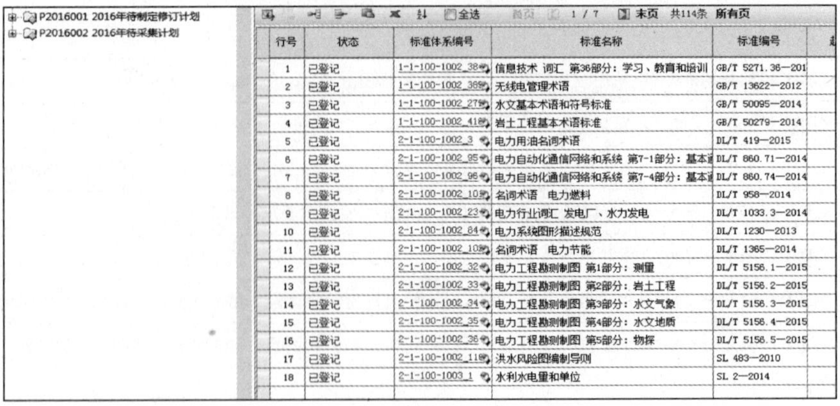

P2016001 2016年待制定修订计划
P2016002 2016年待采集计划

全选 1 / 7 末页 共114条 所有页

行号	状态	标准体系编号	标准名称	标准编号
1	已登记	1-1-100-1002_38	信息技术 词汇 第36部分：学习、教育和培训	GB/T 5271.36—201
2	已登记	1-1-100-1002_389	无线电管理术语	GB/T 13622—2012
3	已登记	1-1-100-1002_279	水文基本术语和符号标准	GB/T 50095—2014
4	已登记	1-1-100-1002_418	岩土工程基本术语标准	GB/T 50279—2014
5	已登记	2-1-100-1002_3	电力用油名词术语	DL/T 419—2015
6	已登记	2-1-100-1002_95	电力自动化通信网络和系统 第7-1部分：基本	DL/T 860.71—2014
7	已登记	2-1-100-1002_96	电力自动化通信网络和系统 第7-4部分：基本	DL/T 860.74—2014
8	已登记	2-1-100-1002_10	名词术语 电力燃料	DL/T 958—2014
9	已登记	2-1-100-1002_23	电力行业词汇 发电厂、水力发电	DL/T 1033.3—2014
10	已登记	2-1-100-1002_84	电力系统图形描述规范	DL/T 1230—2013
11	已登记	2-1-100-1002_10	名词术语 电力节能	DL/T 1365—2014
12	已登记	2-1-100-1002_32	电力工程勘测制图 第1部分：测量	DL/T 5156.1—2015
13	已登记	2-1-100-1002_33	电力工程勘测制图 第2部分：岩土工程	DL/T 5156.2—2015
14	已登记	2-1-100-1002_34	电力工程勘测制图 第3部分：水文气象	DL/T 5156.3—2015
15	已登记	2-1-100-1002_35	电力工程勘测制图 第4部分：水文地质	DL/T 5156.4—2015
16	已登记	2-1-100-1002_36	电力工程勘测制图 第5部分：物探	DL/T 5156.5—2015
17	已登记	2-1-100-1002_118	洪水风险图编制导则	SL 483—2010
18	已登记	2-1-100-1003_1	水利水电量和单位	SL 2—2014

图 3–2 规范标准更新计划（截图）

（2）制订专业检查表：

1）制订专业检查表编写计划，划分责任人，见图 3-3。

序号 (A)	标准编号 (B)	类别 (C)	设备或专业名称 (D)	(E)
1	Q/MHT 1801—XXXX	水轮机及辅助设备	水轮机	
2	Q/MHT 1802—XXXX		调速器系统及油压装置	
3	Q/MHT 1803—XXXX		进水口快速闸门及其启闭机系统	
4	Q/MHT 1804.1—XXXX		油系统	
5	Q/MHT 1804.2—XXXX		技术供水、排水系统（含检修排水系统）	
6	Q/MHT 1804.3—XXXX		压缩空气系统	
7	Q/MHT 1805—XXXX	发电机及励磁系统	发电机	
8	Q/MHT 1806—XXXX		励磁系统	
9	Q/MHT 1807.1—XXXX	电气一次设备	变压器	主变压器
10	Q/MHT 1807.3—XXXX			干式变压器
11	Q/MHT 1808.1—XXXX		金属封闭高低压配电装置	
12	Q/MHT 1808.2—XXXX		主系统和厂用系统接线方式	
13	Q/MHT 1808.3—XXXX		母线及架构	
14	Q/MHT 1808.4—XXXX		金属封闭母线	
15	Q/MHT 1808.5—XXXX		GIS设备	
16	Q/MHT 1808.6—XXXX		断路器	
17	Q/MHT 1808.7—XXXX		隔离开关和接地开关	
18	Q/MHT 1808.9—XXXX		互感器	
19	Q/MHT 1808.10—XXXX		避雷器	
20	Q/MHT 1808.15—XXXX		过电压保护装置和接地装置	
21	Q/MHT 1808.16—XXXX		微机防误系统	
22	Q/MHT 1808.17—XXXX		安全设施	
23	Q/MHT 1808.18—XXXX		电缆（含控制电缆）及电缆用构筑物	
24	Q/MHT 1809.1—XXXX	电气二次与通信	计算机监控系统	
25	Q/MHT 1809.2—XXXX		公用控制系统	水轮发电机组自动装置 自动化元件Q/MHT 1801、Q/MHT 1805等；自动控制并入Q/MHT 1809.1
26	Q/MHT 1809.3—XXXX			机组自动加闸装置（含电制动）Q/MHT 1809.1
27	Q/MHT 1809.4—XXXX			压缩空气系统自动装置 Q/MHT 1804.3
28	Q/MHT 1809.5—XXXX			技术供水、排水系自动装置Q/MHT Q/MHT 1804.2
29	Q/MHT 1809.6—XXXX			闸门启闭机及进水阀控制装置 并入Q/MHT 1803、Q/MHT 1815.11、Q/MHT 1815.13、
30	Q/MHT 1810.1—XXXX		继电保护及安全自动装置	发电机保护装置（含失步）
31	Q/MHT 1810.2—XXXX			主变压器保护装置
32	Q/MHT 1810.3—XXXX			厂用变压器保护装置
33	Q/MHT 1810.4—XXXX			励磁变压器保护装置
34	Q/MHT 1810.5—XXXX			线路保护装置（含自动重合闸）
35	Q/MHT 1810.6—XXXX			母线保护装置
36	Q/MHT 1810.7—XXXX			断路器保护装置
37	Q/MHT 1810.8—XXXX			备用电源自动投入装置
38	Q/MHT 1810.9—XXXX			高周切机装置
39	Q/MHT 1810.10—XXXX			故障录波装置
40	Q/MHT 1810.11—XXXX			故障信息管理系统
41	Q/MHT 1812.1—XXXX		测量和计量系统	
42	Q/MHT 1811.1—XXXX		直流电源系统	
43	Q/MHT 1811.2—XXXX		电力用交流不间断电源系统（一体化电源设备、	
44	Q/MHT 1812.2—XXXX		调度自动化系统（含远动设备、调度数据网设备、二次系统安全防护设备、电能量远方终端设备、相量测量装置、OMS系统、发电计划工作站等）	
45	Q/MHT 1813—XXXX		通信系统	

图 3-3 专业检查表编制计划表（截图）

2）利用标准编写软件 TCS 制订专业检查表标准模板。

3）统一专业检查表的编写格式。内容统一划分为设计及技术状况、安装与检修试验情况、运行与维护情况、技术管理情况 4 个模块，从检查内容、检查方法、检查依据 3 个方面进行编写，见图 3-4。

序号	检查内容	检查办法	存在问题	依据及标准要求
3.1	调速器能否实现机组的自动、手动启动和停机？当调速器自动部分失灵时，能否手动运行？	查阅图纸、说明书		1.《水轮机控制系统技术条件》（GB/T 9652.1—2007）——4.6.7 调速器应能实现机组的自动、手动启动和停机。当调速器自动部分失灵时，应能手动运行。……。 2.《水轮机运行规程》（DL/T 710—1999）——3.1 机组监控自动化系统 3.2.1 水轮机调速器应能实现机组以自动和手动方式启动、停机和紧急停机。 3.《水轮机控制系统技术条件》（GB/T 9652.1—2007）——4.6 调速器：4.6.8 带有压力罐的调速器应装设紧急停机装置，并动作可靠。
3.2	辅助功能及装置是否满足要求？	查阅图纸、说明书		《水轮机电液调节系统及装置技术规程》（DL/T 563—2004）——3.2.11 下列辅助功能及装置，由供需双方协商选定。 a）人工转速死区（整定范围一般为0～2%）；　b）频率自动跟踪； c）自动发电控制的接口；　d）按实际水头自动整定开度； e）按实际水头自动整定限制开度；　f）自动到手动的无扰动切换； g）容错、故障诊断和其他辅助功能及装置；　h）接力器分段关闭装置。
3.3	事故低油压整定值是否符合要求？其动作偏差值是否满足要求？油压装置油压降到事故低油压时能否事故停机？	查阅图纸、试验报告		1.《水轮发电机组安装技术规范》（GB 8564—2003）——8.1.7 油压装置各部件的调整，应符合下列要求： 　e）事故低油压的整定值应符合设计要求，其动作偏差不得超过整定值的±2%； 2.《水轮机运行规程》（DL/T 710—1999）——3.1 机组监控自动化系统 3.1.5 机组在下列情况下应事故停机： a)油压装置油压降到事故低油压规定值； 3.《水轮机电液调节系统及装置技术规程》（DL/T 563—2004）——3.3.8 油压装置的性能要求： 　a）……；当油压继续降低至事故低油压时，作用于紧急停机的压力信号器应立即动作。 4.《水轮机运行规程》（DL/T 710—1999）——3.1 机组监控自动化系统

图 3-4　专业检查表编写格式（截图）

2. 实施效果

（1）梳理汇总了现行有效的相关设备管理标准、制度、规范以及技术措施，实现了设备专业管理工作有章可循、有据可依的目标，促进了设备管理水平的提高。

（2）各执行人员在专业检查表的编写过程中，对本专业的规范标准进行了一次系统的学习，提高了员工的专业素养。

（五）标准化

（1）制定了设备管理标准、规范收集更新制度。

（2）完成了本单位 56 个专业标准化检查表的初稿编制。

【案例思考】

专业检查表可以实现设备管理过程中有据可依、有规可循，虽然其编制过程工作量大，但其将为本单位的设备管理工作提供极大便利，有助于设备整体管理水平的提高。

<本案例由福建棉花滩水电开发有限公司提供>

【案例3-2】 风电机组一站式检修维护管理，提高设备可利用率

（一）案例背景简介

1. 实施背景

风机是风力发电企业的重要生产设备，风机定期巡检消缺、保质保量的定检、高效的故障处理，才能使风机安全稳定运行，提高可利用率，延长风机的使用寿命。

某东南沿海风电场，风资源优越，年平均利用小数达 4000h 以上。该风电场 24 台风机于 2015 年底出质保，自主运维一年以来，风机可利用率下降，频繁发生故障停机，造成较大的发电量损失，以及人力资源和备件的浪费。

2. 实施思路

本次精益改善过程中，该风电场对改善前风机的故障停机进行了统计分析，深层次分析了故障发生的原因，并进行梳理诊断，找出了问题的症结，提出了一站式检修维护管理理念，制订了相应的改善对策并加以实施，切实提升了风机检修维护水平，提高了设备可利用率，减少了故障损失电量。

（二）现状诊断

1. 诊断内容

（1）风机故障统计分析。对该风电场 2016 年全年风机故障停机情况进行统计汇总（见图 3-5），分析后得到如下规律：1～9 月每月故障停机均保持在 17 台次以下，设备可利用率也较高，其中 7～8 月故障停机分别达到 22、25 台次，主要原因是受台风影响。从 10 月开始，故障停机猛增至 30 台次以上，设备可利用率持续下滑。

进一步对 10～12 月该风电场风机故障停机情况进行分析（见图 3-6），发生故障的设备或系统占比前三的分别是液压系统（26.67%）、控制系统（25.56%）、变桨系统（10.00%），占到故障总数的 62.23%。查阅风机故障处理记录，液压系统发生故障的主要原因是液压站

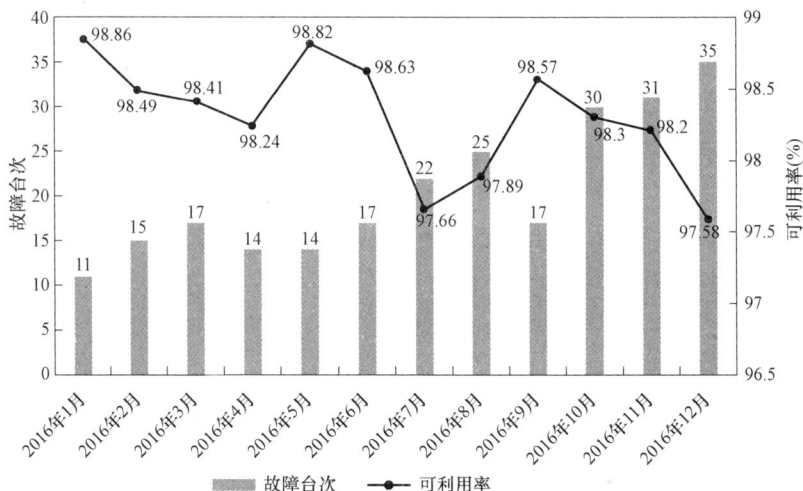

图 3-5 某风电场 2016 年风机故障停机统计

缺油、液压站打压接触器损坏，控制系统发生故障的主要原因是模块接线松动，变桨系统发生故障的主要原因是液压变桨比例阀接线松动、电磁阀卡涩。这三类故障大部分可以通过预防性维护避免。

（2）存在的问题。通过上述统计分析，进一步分析该风电场 2016 年的风机故障处理记录，该风电场在风机的检修维护方面存在以下问题：

1）风机定检质量不高，验收把关不严，未能消除风机隐患。

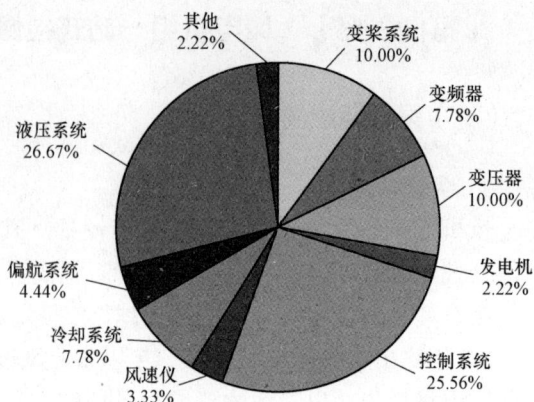

图 3-6　某风电场 2016 年 10～12 月风机故障原因统计

2）故障消除不彻底，重复缺陷多。风机故障处理时，未全面分析原因，故障处理过程中往往局限于一个设备或系统，存在消除一个故障后，风机恢复运行不久又因另一个系统或设备故障停机而导致风机频繁故障停机的问题。

3）风机定期巡检不到位，未及时发现微小缺陷，对小缺陷重视不足，未及时消缺，导致风机故障停机。

2. 改善目标

（1）变被动应对为主动干涉，通过风机后台 SCADA 数据分析风机故障，利用小风天对风机进行针对性的巡检和全面状态检查，消除可复位故障和不停机缺陷，降低风机故障停机次数。

（2）加强定检全过程管理，定检前开展风机状态分析，在风机厂家维护手册基础上编制定检计划、施工方案、检修文件包，做好定检物资的准备和人员技术的培训，严格执行质量验收签字责任制，保证定检质量，实现风机定检后长周期安全、稳定、经济运行。

（三）原因分析

通过头脑风暴法和思维导图，对导致风机故障率增高的各项因素进行分析，找出关键原因，见图 3-7。

1. 定检质量不高，未能消除风机隐患

（1）定检项目不全：该风电场采用自主检修的模式，由维护人员进行半年（全年）定检，定检开工前编制了定检施工方案和检修文件包，但定检项目主要根据风机厂家维护手册编制，未能将风机遗留缺陷和隐患的消除列入定检项目，这也导致了定检消缺专用工具和物资准备不充分，该因素列为重点改善项目。

（2）定检时未保质保量完成：因该风电场的维护人员主要是刚参加工作的新员工，未能掌握定检技能，未按照检修文件包进行全部定检项目，存在漏项的情况；执行定检工艺标准不严，定检工作负责人监督把关不严；定检物资或专用工具准备不充分，导致个别定检项目无法完成。以上问题从定检后风机的故障停机原因得到印证，并列为重点改善项目。

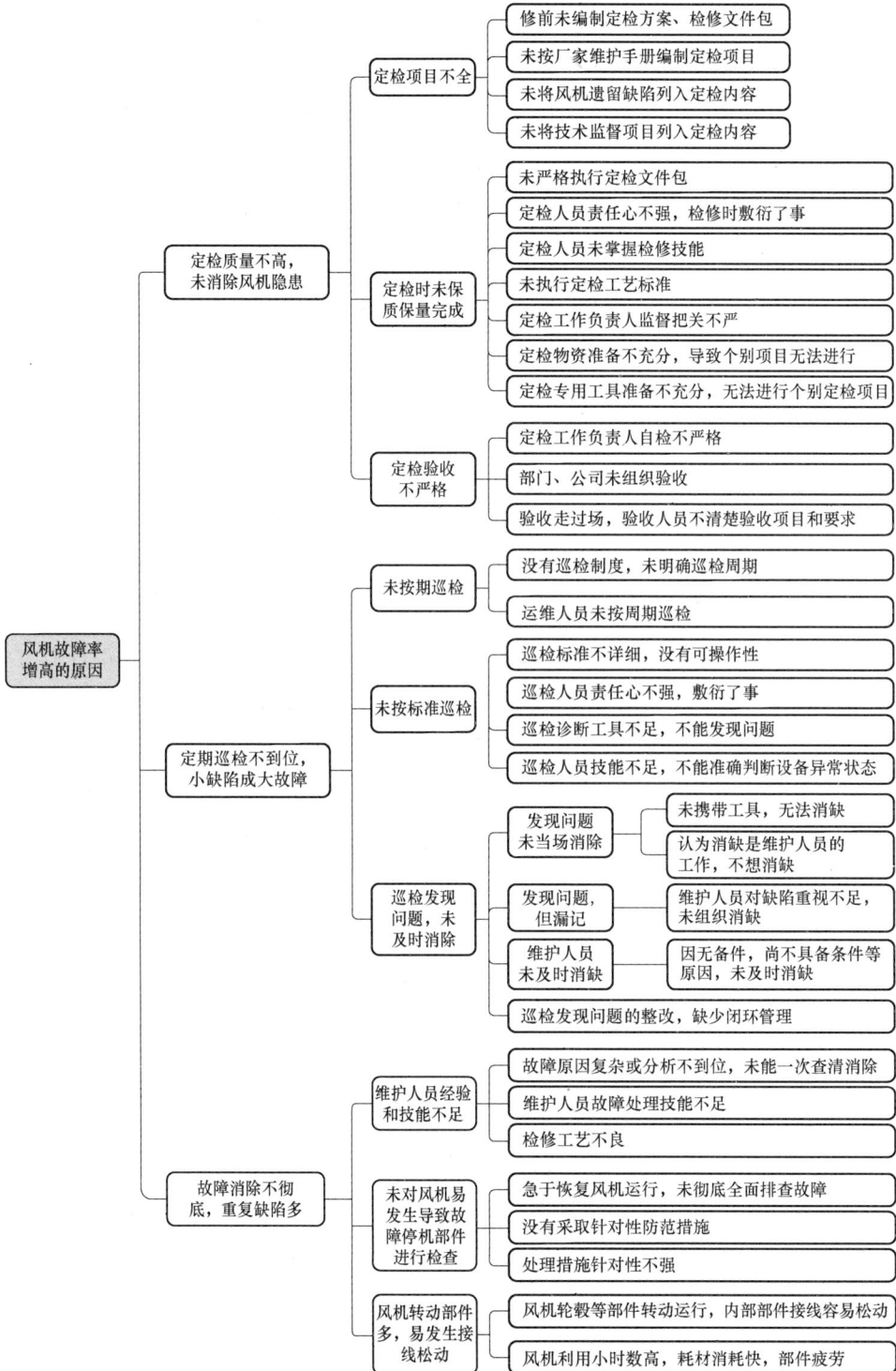

图 3-7　导致风机故障率增高的原因分析

（3）定检验收不严格：该风电场建立了较完善的定检质量监督体系，成立了定检质量验收小组，实行三级验收制度，班组和部门对全部风机定检进行验收，公司在定检过程中和全部风机定检结束后抽检，该因素列为重点改善项目。

2. 定期巡检不到位，小缺陷成大故障

（1）未按期巡检：该风电场制定的设备巡检标准，规定运行、维护人员每周进行一次风机外观巡检，维护人员每两月进行一次登记检查。风电场运行、维护人员能按规定周期进行巡检，该因素列为重点改善项目。

（2）未按标准巡检：该风电场制定的设备巡检标准中规定了风机各部件的检查内容及要求，但由于个别巡检人员责任心不强、技能不足，诊断工具缺乏，不能准确把握设备状态正常与否，忽视了设备的早期异常现象，该因素列为重点改善项目。

（3）巡检发现问题，未及时消除：巡检人员巡检风机发现问题一般采用手写记录，巡检结束后，登记到生产管理系统中，存在巡检人员疏忽漏记的情况；由于缺少备件或风速大不具备消缺条件等，导致未能及时消缺，该因素列为重点改善项目。

3. 故障消除不彻底，重复缺陷多

（1）维护人员经验和技能不足。维护人员处理故障时，只是根据风机故障代码对风机可能发生故障的设备进行检查，未能一次性查明原因，或者检修工艺不良，导致故障未彻底消除。

（2）维护人员故障处理局限于单一故障，未对风机易发生导致故障停机部件进行检查，忽视了风机其他部件已存在的隐患，或未采取针对性防范措施，导致风机频繁故障停机，该因素列为重点改善项目。

（3）风机转动部件多，特别是轮毂等部件转动运行，易发生轮毂内部设备接线、螺栓松动，导致故障停机，该因素列为重点改善项目。

（四）实施改善

通过前面的分析得出了关键因素，但维护人员的技能培训非短期内能改善的因素，因此，着重从管理方面制订出具体的实施对策，见表 3-3。

表 3-3　　　　　　　　　　　改 善 实 施 对 策 表

序号	要　　因	对　　策	责任人	时间
1	定检项目不全	开展修前分析，结合厂家维护手册和风机运行编制定检项目和检修文件包	李××	2017 年 3 月 15 日
2	定检时未保质保量完成	加强定检全过程管理	郑××	2017 年 4 月 30 日
3	未按标准巡检	（1）组织检修专业人员编写检查项目和标准，对设备的正常状态进行定性定量描述； （2）开发风电智能巡检系统，加强使用管理，确保设备巡检到位及质量； （3）将巡检发现的缺陷自动导入生产管理系统缺陷模块，实现缺陷的闭环管理	陈××	2017 年 1 月 31 日
4	巡检发现问题，未及时消除			
5	维护人员故障处理局限于单一故障，未对风机易发生故障停机部件进行检查	（1）完善生产管理系统设备台账，建立大部件专项台账和耗材更换记录； （2）开展风机精细化点检	李××	2017 年 1 月 31 日
6	风机转动部件多，易发生设备松动			

风机检修维护是一项极消耗维护人员体力的工作，针对上述改善对策，为结合开展风机维护常规工作，该风电场提出了一站式检修维护管理的理念：精心精益做好每台风机每次检修维护，做到一次检修完成设备定期巡检、半年（全年）定检、故障处理、遗留缺陷消除、隐患排查等工作，减少不必要的、重复性的工时及材料消耗。

1. 改善过程

（1）一站式检修维护。每月由检修主管开展风机运行状态分析，结合年度检修计划、两措计划、专项检查、安全整改、遗留缺陷等编写月度风机检修维护计划。每周根据风况预测编制周风机检修维护计划（见图3-8），下发维护班组执行。

下周风机检修计划（3.11～3.17）											
										编制日期：2017年3月10日	
日期	风速	风机编号	消缺	定期登机检查	专项检查整改	定检	两措及技改	其他	工作完成情况	完成日期	工作人员	备注
3月11日	9～11m/s											
3月12日	7～9m/s	#22	机械式风向标故障；塔筒、机舱灯、航标灯无电源检查；塔底环1盏。	按机舱与轮毂巡视标准进行检查	风机防雷及机舱密封检查			粘贴巡检卡			维护二班	
3月13日	2～8m/s	#29	机械式风向标故障；机舱三组灯不亮；塔底UPS电源故障；照明开关把手更换。	按机舱与轮毂巡视标准进行检查	风机防雷及机舱密封检查			粘贴巡检卡			维护二班	
3月13日	2～8m/s	#30	机械式风向标故障；机舱灭火器缺压。	按机舱与轮毂巡视标准进行检查	风机防雷及机舱密封检查			粘贴巡检卡			维护三班	
3月14日	12～15m/s											
3月15日	11～13m/s											
3月16日	9～12m/s											
3月17日	6～10m/s	#40	机械式风向标故障；机舱灯2组不亮；吊车口本体左侧盖板缺少连接螺丝。	按机舱与轮毂巡视标准进行检查，重点检查变桨油缸与FORK连接MARK线	风机防雷及机舱密封检查			粘贴巡检卡			维护三班	

图3-8 风机周检修维护计划（截图）

每次风机检修前工作负责人应根据周风机检修维护计划，制订检修任务清单，主要分为以下三类：

1）故障处理：风机故障停机后，排查消除故障较为急迫，一般以消除故障为主要任务，可结合进行风机易发生故障的部件检查维护，如油液的补充、易松动转动部件螺丝的紧固、重点部位接线的检查等。

2）点检维护：以两个月为周期，维护人员对照点检标准进行每台风机的点检维护，完成补充润滑、油液添加、易松动部件螺栓力矩和接线检查等常规维护内容，开展专项检查，消除遗留缺陷和安全整改等。

3）半年（全年）定检：根据定检施工方案编制的检修项目和检修文件包进行作业。

工作负责人按照检修任务清单，提前做好备件、耗材、工具、技术资料、工作票的准备。检修开工前准备、检修过程控制、检修完工管理按《风机检修作业标准程序》（见图3-9）执行。

（2）开发风电智能巡检系统。成立系统开发小组，由检修专业人员编写检查项目和标准，对设备的正常状态进行定性定量描述，见图3-10。运维人员通过手机App开展设备巡检，将设备巡检发现的缺陷、数据记录、状态影像记录上传系统，实现远程实时跟踪督查，确保设备巡检到位及质量。巡检发现的缺陷自动导入生产管理系统缺陷模块，实现缺陷的闭环管理。

（3）修订定检文件包。开展设备修前状态检查与评估，在风机厂家维护手册的基础上，将"两措"计划、技术监督、遗留缺陷消除等编入定检项目，并根据本风电场风机运行情

风机检修作业标准程序

日期： 月 日					
检修项目					
检修类型	故障处理（　）	消缺（　）	定检（　）	巡检（　）	
工作负责人		工作班成员			
工作所需备品配件					
名称	数量	准备情况确认	携带上机舱	携带进轮毂	已归还
消耗性材料					
名称	数量	准备情况确认	携带上机舱	携带进轮毂	已归还
工器具及试验仪器					
名称	数量	准备情况确认	携带上机舱	携带进轮毂	已归还
图纸资料					
个人物品（包括手机、钥匙、笔等物品）					
工作程序					检查确认
工作票已办理许可，现场确认安全措施完善。					
已向工作班成员交代工作任务、危险点分析及安全注意事项，并签字。					
检修工作结束，工作现场已清理，设备和场地无油污。					
运行已恢复安全措施。					
已通知中控现场启机或远程启机。					
检修车辆上物品已清理。					
已向运行人员做检修交代（必要时）。					
工作票已办理终结，工作票已存档。					
备件、材料已退库，工具已归还。					
已办理消缺程序，已登记设备台账。					

图 3-9　风机检修作业标准程序（截图）

图 3-10　风电智能巡检系统界面

况，调整部分项目的周期，如变压器检查清扫、液压站滤芯更换改为半年一次，将厂家定检作业指导书中的工艺标准补充到检修文件包，增加关键项目质检点、监督检查人员以及相应标准要求。

（4）加强定检全过程管理。年初制订风机全年定检计划，在定检开工前 2 个月组织编写定检施工方案。根据定检项目，提前 1 个月提出定检物资、工具的采购申请。定检开工前 1 周完成定检文件包的修编，定检物资和工具到货情况核查，组织参加定检人员学习定检施工方案、定检文件包、定检作业指导书，签订定检目标责任书。按定检文件包逐项完成定检项目，严格把控质量和验收标准，自检、质检项目签字确认，关键数据打印留存。开展修后总结评估，兑现定检奖惩。

（5）完善生产管理系统中设备健康档案。以每一台机组为基本单元，建立完善的设备管理台账，除了常规的设备参数、缺陷记录、检修记录、技改记录外，还建立叶片、齿轮箱、升压变压器等大部件专项台账，以及滤芯、碳刷等耗材更换记录。

（6）加强人员的检修技能培训。建立风机专业技术培训题库，对维护人员进行系统性、针对性的强化培训。总结故障处理经验，编写风机典型故障处理案例，每周选取一个案例，由故障处理人员进行培训授课，组织讨论，修订完善故障处理案例。维护人员实行"每月一小考、每季度一大考"制度，制定落实培训奖惩激励办法，建立理论考试与实操相结合、以考促学的培训管理模式。

2. 实践效果

（1）通过开展一站式检修维护管理实践，扭转了维护人员消防员式被动应对众多风机的故障缺陷处理的局面，该风电场每月风机故障停机台数有了明显下降，可利用率也恢复到了历史平均水平，在 4 月完成风机定检后，风机可利用率更是达到 99.51% 的高水平。实施前后对比情况见图 3-11。

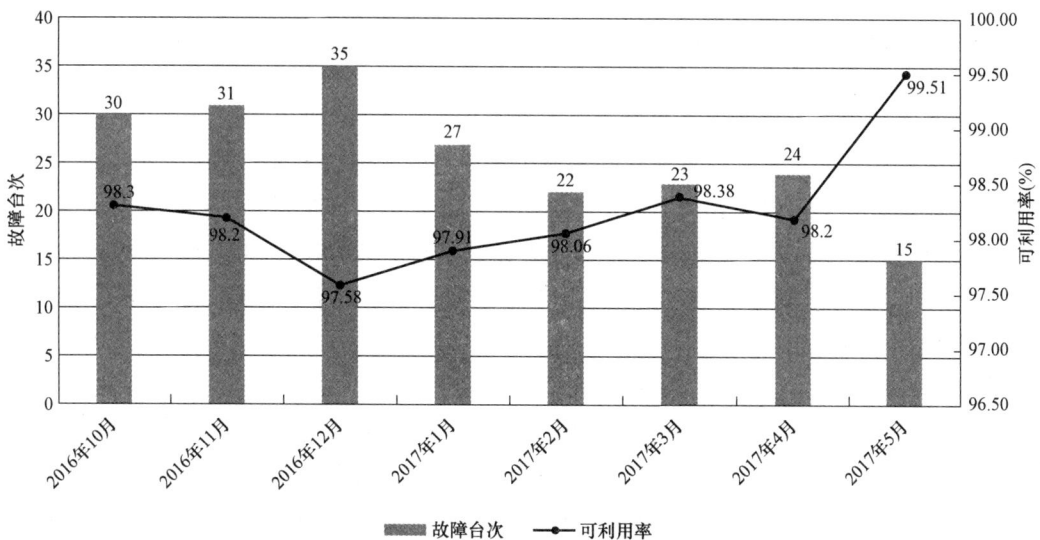

图 3-11 某风电场一站式检修维护实践前后风机故障停机统计

（2）通过一站式检修维护的实行，导入精益检修维护管理理念，改变了维护人员故障检修头痛医头、脚痛医脚的做法，使系统检修的概念深入人心。

（五）标准化

（1）将水、火电智能巡检系统引入风电场，开发风电智能巡检系统。

（2）修编《风机定检文件包》，增强操作性和指导性。

（3）制定《风机检修作业标准程序》，规范风机检修作业的过程管理。

（4）建立《风机专业技术培训题库》。

（5）汇编《风机典型故障处理案例》，指导维护人员处理风机故障，提高故障处理效率。

【案例思考】

本次风电机组一站式检修维护管理实践将风机的故障处理、点检维护、定检有效结合，既提高了风机的可利用率，又节省了人力资源的消耗。如何尽快提升维护人员的风机检修维护技能，将借鉴其他公司的成熟经验，使一站式检修维护管理起到事半功倍的效果，进一步提高风机的可利用率。

<本案例由华电（福清）风电有限公司提供>

【案例3-3】 优化风机性能，提升发供电能力

（一）案例背景简介

1. 实施背景

随着电力营销市场化进一步加深，新能源补贴资金到位不及时，加之区域弃风限电现象严重，新能源发电企业运营成本压力渐增。如何克服外部环境压力、提升发电设备发供电能力，是新能源发电企业共同面对的问题。由于风力发电机组单机容量小、数量多，机组存在的任何改善点复制到其他机组上都有巨量的利润增长空间。因此，深入挖掘发电设备发供电潜力、优化风机性能曲线也是消除浪费和创造价值的主要举措。

某新能源公司某区域总装机容量为400MW，由8个50MW的风电场组成，其中有4个风电场于2010～2013年建成投产，安装有132台华锐SL1500机组。每月对标分析时，发现在年平均风速基本相同的情况下，其中一个风电场的发电量、设备利用率较其他风电场明显偏低，综合厂用电率偏高。

2. 实施思路

对该4个风电场发电量、设备利用率、厂用电量进行对标分析，梳理造成该风电场发电量、设备利用率较低、厂用电较高的原因，制订解决方案并加以实施，消除设备效率低下的浪费，提高发电量和设备利用率，降低厂用电量，最终达到经济效益最大化的目的。

（二）现状诊断

1. 诊断内容

对该风电企业2014年4个风电场的发电量、设备利用率、厂用电量进行统计，结果见

图 3-12～图 3-14。

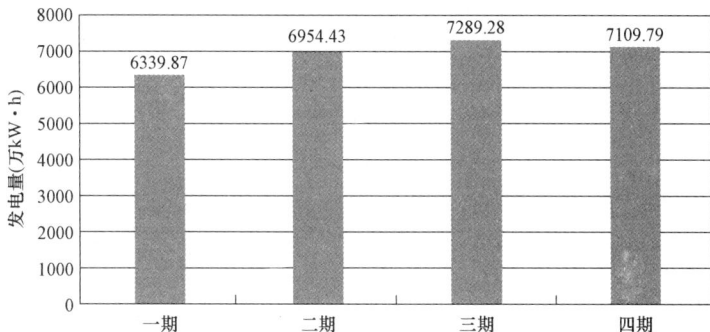

图 3-12　某风电企业 2014 年各风电场发电量统计

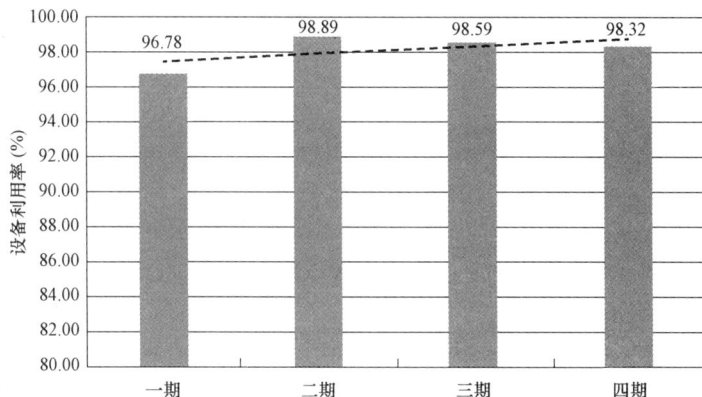

图 3-13　某风电企业 2014 年各风电场设备利用率统计

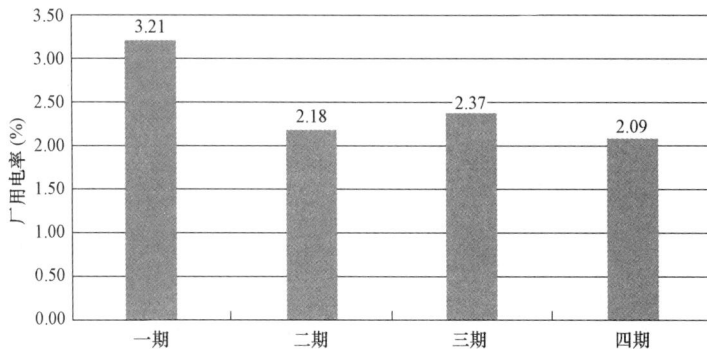

图 3-14　某风电企业 2014 年各风电场厂用电率统计

从该企业 2014 年 4 个风电场的发电量、设备利用率、厂用电率统计数据来看，2010 年投产较早的一期风机发电量、设备利用率偏低、厂用电率偏高。针对以上问题，该公司成立专业小组，运用头脑风暴、思维导图等方法对以上问题进行诊断，结果见图 3-15。

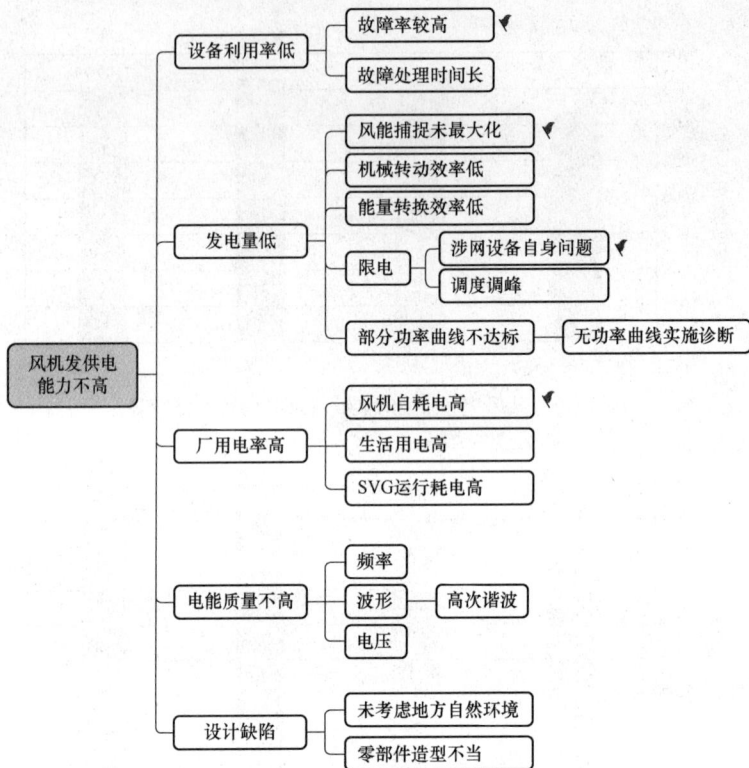

图 3-15　风机发供电能力不高的原因分析

课题组针对该风电场一期风机发供电能力不高的问题,运用层别法进行分类诊断,找出了各层别存在的问题,经现场调查、一线检修人员访谈等整理归纳如下:

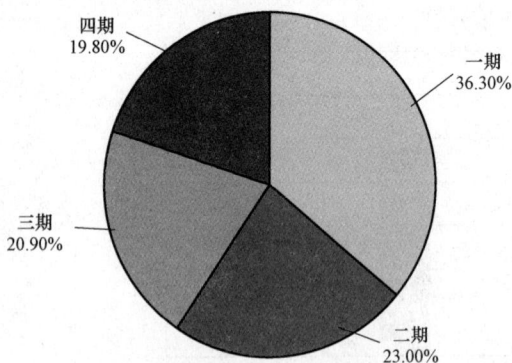

图 3-16　某区域各风电场 2014 年故障频次占比统计

（1）设备利用率方面,经查阅该风电场风机历史故障记录,2014 年共发生故障 721 台次,其中一期风机发生故障 262 台次,较其他各期风机明显偏高,各期故障占比见图 3-16。

由上述数据统计确定一期风机故障率高是影响设备利用率的主要问题。

（2）发电量低方面,课题组分别从风能捕捉、机械转动效率、能量转换效率、功率曲线对标 4 个方面进行诊断,其中机械转动效率、能量转换效率与设备技术说明数据偏差不大且现场无法对其进行改善,因此,课题组从风能捕捉和功率曲线对标方面对机组进行相关参数优化,以提高发电量。此外,课题组在调查中发现,除电网调度调峰需求外,涉网设备自身问题导致限电也是影响发电量的主要原因。

（3）厂用电率高方面，经统计发现，SVG 运行耗电量大，但属于调度调管范围；生活用电量占比较小，对厂用电率影响不大。因此，如何有效降低风机自用电是风电场降低厂用电率的主要原因，见图 3-17。

综上所述，风机故障率较高、风能捕捉未最大化、无功率曲线实时对标系统、涉网设备自身问题、风机自耗电高是影响风机发供电能力不高的主要原因。

2. 改善目标

（1）对影响该风电场设备利用率的故障进行分析，查找频发故障的根本原因并制订相应措施进行预控，设备利用率提高至 98.5% 以上。

（2）从风能捕捉、功率曲线对标、涉网设备治理等方面进行优化，提高发电量 3%。

（3）优化风机相关参数，降低厂用电率 1%。

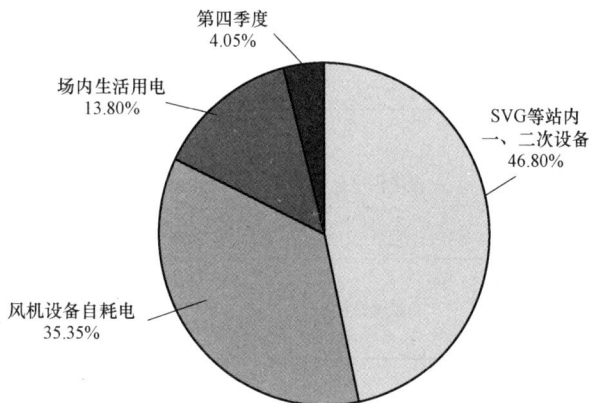

图 3-17　各类设备耗电量占比统计

（三）原因分析

1. 原因诊断

课题组运用头脑风暴法对影响风机发供电能力的主要原因进行了原因分析，结果见图 3-18。

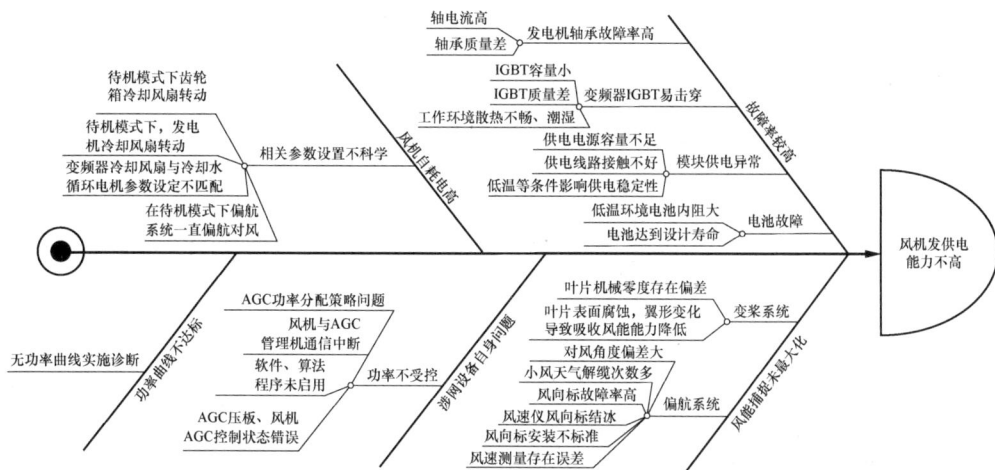

图 3-18　风机发供电能力不高的原因分析

2. 要因确认

针对图 3-18 分析出的问题原因，课题组成员编制矩阵评分表，通过历史数据分析和技术人员访谈后评出各项原因得分，确认主要影响因素，结果见表 3-4。

表 3-4 主要影响因素确认表

序号	类别	原因	重要程度
1	发电机轴承故障率高	轴电流高	★★★★★
		轴承质量差	☆☆☆☆☆
2	变频器 IGBT 易击穿	IGBT 容量小	★★★★★
		IGBT 质量差	☆☆☆☆☆
		工作环境散热不畅、潮湿	☆☆☆☆☆
3	模块供电异常	供电电源容量不足	★★★★★
		供电线路接触不好	☆☆☆☆☆
		低温等条件影响供电稳定性	★★★★★
4	电池故障	低温环境电池内阻大	★★★★★
		电池达到设计寿命	☆☆☆☆☆
5	变桨系统	叶片机械零度存在偏差	★★★★★
		叶片表面腐蚀，翼形变化导致吸收风能能力降低	☆☆☆☆☆
6	偏航系统	对风角度偏差大	★★★★★
		小风天气解缆次数多	★★★★★
		风向标故障率高	☆☆☆☆☆
		风速仪、风向标结冰	☆☆☆☆☆
		风向标安装不标准	☆☆☆☆☆
		风速测量存在误差	☆☆☆☆☆
7	相关参数设置不合理	待机模式下齿轮箱冷却风扇转动	★★★★★
		待机模式下，发电机冷却风扇转动	★★★★★
		变频器冷却风扇与冷却水循环电机参数数设定不匹配	★★★★★
		在待机模式下偏航系统一直偏航对风	★★★★★
8	风机功率不受控	AGC 功率分配策略问题	☆☆☆☆☆
		风机与 AGC 管理机通信中断	★★★★★
		软件、算法程序未启用	★★★★★
		AGC 压板、风机 AGC 控制状态错误	☆☆☆☆☆
9	功率曲线不达标	无功率曲线实时诊断系统	★★★★★

注 重度程度 4 颗★以上为主要影响因素，后同。

3. 制订实施计划

制订改善措施实施计划，见表 3-5。

表 3–5 　　　　　　　　　　　　　改善措施实施计划表

序号	主要原因	改 善 措 施	责任人	完成时间
1	发电机轴承轴电流高	发电机驱动侧轴承安装接地装置	王××	2015 年 6 月
2	变频器 IGBT 容量小	选用硬件容量更大的变频器进行替换	李××	2015 年 6 月
3	供电电源容量不足，低温等条件下供电模块不稳定	选用大容量、耐低温的控制电源	张××	2015 年 6 月
4	低温环境电池内阻大导致电池故障	电池柜内安装加热器	范××	2015 年 7 月
5	叶片机械零度存在偏差	重新标定桨叶	张××	2015 年 7 月
6	偏航对风角度偏差大	修订偏航角度偏差参数，将低风速段风机偏航角度偏差 8° 改为 7°，将高风速段风机偏航角度偏差 16° 改为 14°	田××	2015 年 8 月
7	小风天解缆次数多	风机小风天偏航解缆角度 540° 改为 650°	田××	2015 年 8 月
8	风速风向仪结冰	风速仪风向标加热功率由 20W 提高至 60W	田××	2015 年 8 月
9	待机模式下部分参数不匹配	将齿轮箱冷却风扇温度由 40℃ 调整至 45℃；将发电机冷却风扇启动、停止参数从 30、25℃ 分别调整至 50、40℃；将偏航电机启动风速由 2.8m/s 调整至 3m/s；将变频器冷却风扇启动、停止参数由 37.5、32.5℃ 分别调至 42.5、37.5℃	陶××	2015 年 9 月
10	风机与 AGC 管理机通信中断和软件、算法程序未启用	定期对 AGC 系统控制风机出力的响应时间和调节精度进行测试，针对测试情况，统计 AGC 存在问题，制订整改措施。编制 AGC 系统及其他涉网设备日巡检卡、运维手册，每日对 AGC 系统及其他涉网设备进行巡检，保证涉网设备系统稳定运行	乔××	2015 年 9 月
11	功率曲线不达标	开发风机功率曲线实时诊断系统	刘××	2015 年 12 月

（四）实施改善

1．改善过程

（1）发电机轴电流大的改善。在发电机驱动端加装一组接地碳刷装置，实现发电机驱动侧和非驱动侧轴承双端接地，减少轴电压对轴承的伤害，见图 3–19。

（2）变频器更 IGBT 容量小的改善。用国通一代变频器替换国通二代变频器，国通一代与国通二代变频器相比提高了 IGBT 的容量；在同等耐压等级下，将最大电流值从 300A 提高到 450A，将直流母排电容的耐压限值从 1100V 提高到 1350V，容值从 2000μF 提高到 4700μF。各项参数都有了较大的提高。

图 3–19　发电机驱动端加装接地碳刷改造图

（3）控制系统电源不匹配的改善。将现场使用的小容量、常温型控制系统电源换型为大容量、低温型。两种电源的性能参数对比见表 3–6。

表 3–6　　　　　　　　　　　　两种型号西门子电源参数对比

主要参数	原有型号 6EP1534–1SL01	替代产品型号 6EP1536–3AA10	备　注
产品外形			
外形尺寸	240cm×131cm×130cm	90cm×125cm×125cm	体积更小
输入电压	600V DC	400～600V DC	电压输入范围更大
启动电压	370V	340V	启动电压更低
工作电压范围	300～770V DC	200～900V DC	工作电压范围更大
额定输出电流	12A	20A	额定输出电流更大
延时启动	无	C 拨码 "ON" 上电延时 10s 后输出	减少冲击
启动能力	15A	30A，持续 5s	优于老型号
温度范围	–25～85℃	–40～85℃	耐低温性能更好

（4）蓄电池柜内温度低的改善。在电池柜安装加热器，当电池柜内温度低于设定值时，控制系统自动启动加热器对电池柜进行加热，保证电池柜内温度满足电池正常工作需求，改善电池在冬季低温天气下的运行环境。

（5）桨叶机械零度偏差的改善。针对叶片机械零度存在偏差的问题，检修班工作人员对该期所有风机重新进行桨叶标定，确保叶片机械零度无偏差。

（6）偏航对风参数优化。针对偏航系统对风角度偏差大的问题，修订偏航角度偏差参数，将低风速段风机偏航角度偏差由 8°改为 7°，将高风速段风机偏航角度偏差由 16°改为 14°。选取该期 5 台风机，对偏航参数进行优化。经过一个月后进行对比，偏航次数增加和功率曲线变化见表 3–7。

表 3–7　　　　　　　　　　　　改善前后功率曲线对比

风机号	改善前 偏航次数 （次）	改善后 偏航次数 （次）	改善前功率曲线	改善后功率曲线
A1	362	389		

风机号	改善前偏航次数（次）	改善后偏航次数（次）	改善前功率曲线	改善后功率曲线
A2	378	421		
A3	401	406		
A4	302	356		
A5	265	365		

（7）解缆次数频繁的改善。针对小风天解缆次数多的问题，修订偏航解缆策略，将风机小风天偏航解缆角度由 540° 改为 650°，这样能够降低风机解缆次数，提高发电量。对该期 A6～A10 共计 5 台风机进行改善验证，以 1 个月为期，数据统计见表 3-8。

表 3-8　　　　　　　　　　　偏航角度优化前后发电量对比

风机号	改善前解缆次数（次）	改善后解缆次数（次）	改善前发电量（kW·h）	改善后发电量（kW·h）
A6	12	10	214 820	214 900
A7	17	8	196 321	200 160
A8	14	13	253 026	254 106
A9	10	10	180 019	192 645
A10	14	12	200 096	210 369

（8）风速风向仪结冰的改善。针对冬季风速仪、风向标容易受冰冻影响的问题，将风速仪风向标加热功率由20W提高至60W。经过改善实施后，风速仪和风向标未出现冰冻情况。

（9）风机自耗电高的改善。对待机模式下齿轮箱加热器、发电机冷却风扇启动、偏航系统偏航以及变频器冷却风扇与冷却水循环电机参数不匹配的相关参数进行优化，见表3-9。

表3-9 风机参数优化对比

序号	参数名称	单位	设定值	优化值
齿轮箱参数				
1	齿轮箱冷却水泵启动温度设定值	℃	30.0	40
2	齿轮箱冷却水泵停止启动延时	s	0	0
3	齿轮箱冷却水泵停止温度设定值	℃	25.0	35
4	齿轮箱冷却水泵停止延时	s	0	0
5	齿轮箱冷却水风扇启动温度设定值	℃	40.0	45
6	齿轮箱冷却水风扇启动延时	s	0	0
7	齿轮箱冷却水风扇停止温度设定值	℃	30.0	40
8	齿轮箱冷却水风扇停止延时	s	0	0
偏航电机与启动风速控制				
1	偏航电机启动风速	m/s	2.8	3.0
变频器参数				
1	变频器冷却风扇启动参数	℃	37.5	42.5
2	变频器冷却风扇停止参数	℃	32.5	37.5
发电机参数				
1	发电机冷却风扇启动参数	℃	30	50
2	发电机冷却风扇停止参数	℃	25	40

（10）风机与AGC管理机通信的改善。某电网对于AGC控制不合格的场站，在负荷分配时仅给予固定值（10%）。

因此，该风电企业各风电场定期对AGC系统控制风机出力的响应时间和调节精度进行测试。针对测试情况，统计AGC存在的问题，制订整改措施。编制AGC及其他涉网设备巡检卡及维护手册，每日对AGC及其他涉网设备运行、调度上传情况系统进行检查，保证涉网设备系统稳定运行，满足电网调节速率、响应时间等指标要求，见表3-10。

表3-10 风电场AGC测试情况

风电场	额定容量（MW）	调节方向	响应时间（ms）	调节速率（%N_e/min）	调节精度百分比（%）	备注
电网要求			<30	≥30	<1	
A风电场	99	上调				
		下调				

风电场	额定容量 （MW）	调节方向	响应时间 （ms）	调节速率 （%N_e/min）	调节精度百分比 （%）	备注
B 风电场	99	上调				
		下调				
C 风电场	198	上调				
		下调				
D 风电场	99	上调				
		下调				
E 风电场	298	上调				
		下调				
		下调				

（11）开发风机功率诊断系统，实时监控功率曲线。该企业组织专业人员组成信息化开发小组，开发出风机功率诊断系统，帮助一线人员对功率曲线进行实时监控和诊断，见图 3-20。

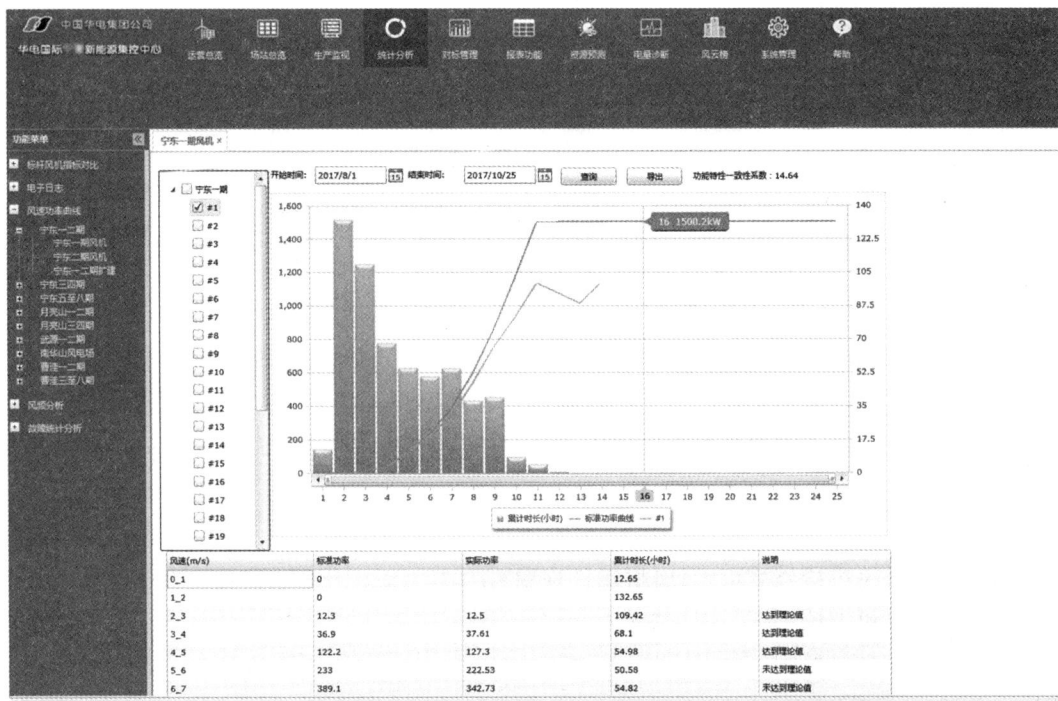

图 3-20 风机功率诊断系统界面

2. 实践效果

通过对影响该企业一期风机发供电能力的诊断、分析和改善实施，课题组对 2016 年该期风机发电量、设备利用率、厂用电率数据进行了统计，结果见图 3-21～图 3-23。

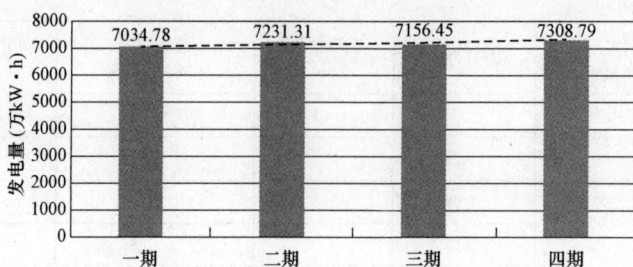

图 3-21　某风电企业 2016 年各风电场发电量统计

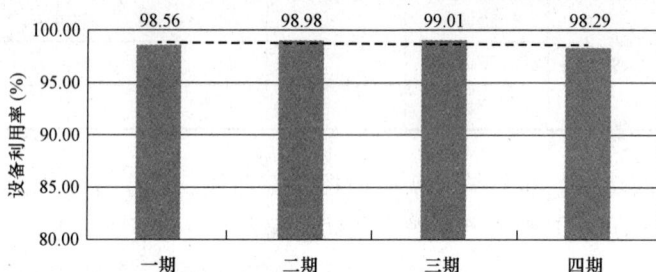

图 3-22　某风电企业 2016 年各风电场设备利用率统计

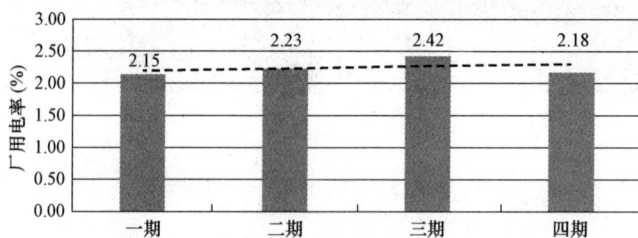

图 3-23　某风电企业 2016 年各风电场厂用电率统计

对该企业 2016 年各风电场运行数据的对标分析发现，通过对影响一期风机设备故障率居高不下、风能捕捉未最大化、风机自耗电过高和涉网设备的主要原因进行改善之后，其设备发电量、设备利用率明显提高，厂用电率有明显下降，达到了预期的改善目标。

（五）标准化

（1）修编《风机检修规程》《风机运行规程》。

（2）编制风机巡检卡。

（3）修编《风机控制系统图》。

（4）编制《调度管理规程》。

（5）编制《涉网设备巡检作业指导书》《涉网设备巡检卡》。

【案例思考】

通过本次精益改善课题，针对风电场风机运行一段时间后发电量、设备利用率、厂用电率达不到指标要求的问题，开展了诊断、分析、改善和标准化工作，寻找到了一些解决办法，但具有一定的局限性，仍然有改善的空间，后期将从以下几个方面继续开展改善工作：

（1）通过优化培训方式、自主检修等多种方式增强人员业务技能水平，提高设备检修质量和设备利用率。

（2）降低叶片腐蚀后翼形变化对发电量的影响，尝试以修订叶片控制角度的方式进行改善。

（3）制订防范措施，降低齿轮箱、发电机等因机械损耗增大引起的发电量减少的问题。

（4）通过不断的技术创新，对早期投产的设备进行改造升级，提升设备的发供电能力。

（5）加强涉网设备巡检目视化管理工作，下一步计划将现场退役，但仍能使用的设备进行整合，建立公司的涉网设备仿真系统。

<本案例由华电国际宁夏新能源发电有限公司提供>

【案例3-4】 开发应用检修移动App，提升检修效率

（一）案例背景简介

1. 实施背景

某企业风力发电装机规模较大，投产风电装机容量 1250MW，风机 787 台，机位点多面广，分布分散，地理位置偏僻，自然条件差，交通不便。企业本部与最近的检修驻地相距 110km（最远的 428km），检修驻地又与各风机相距较远，检修管理方面存在地域及时间上的难度。在上级公司及公司精益管理的大背景下，如何实现检修规范管理，提升检修效率，逐步向区域化、标准化、高效化、智能化发展成为企业面临的又一重大课题。

2. 实施思路

风力发电企业起步相对较晚，检修管理基本沿用传统发电企业管理方法，"两票"、巡检、维护、检修等作业流程，采用纸介质在站内完成。风电场分散、距离偏远，现场信息无法及时反馈，极大影响了检修工作效率和现场人身设备安全。企业各项检修技术标准及规范，在保障检修工作中人员安全、设备质量安全等方面起着重要的作用，但由于缺少有效的针对性管理手段，在检修工作实际中，相关标准和制度在操作、监督、验收过程中随意性大，执行率低，规范管理难度大，质量不易管控。

（二）现状诊断

1. 诊断内容

结合新能源检修工作特点，改善团队利用头脑风暴法，从检修的安全、质量、技术监督方面进行了全面诊断，立足集团公司发电企业 24 项浪费点，按照二八法则寻找改善切入点，见图 3-24。

（1）检修安全。某新能源发电企业运用思维导图积极开展 KYT 活动强化检修安全管理。但现场交通条件差、风机分散，工作量大，人员工作地点不集中，登高、触电、机械

伤害、着火、交通等危险点源多，人员安全、设备安全、交通安全管理重要，难度却相对较大，见图 3-25 和图 3-26。

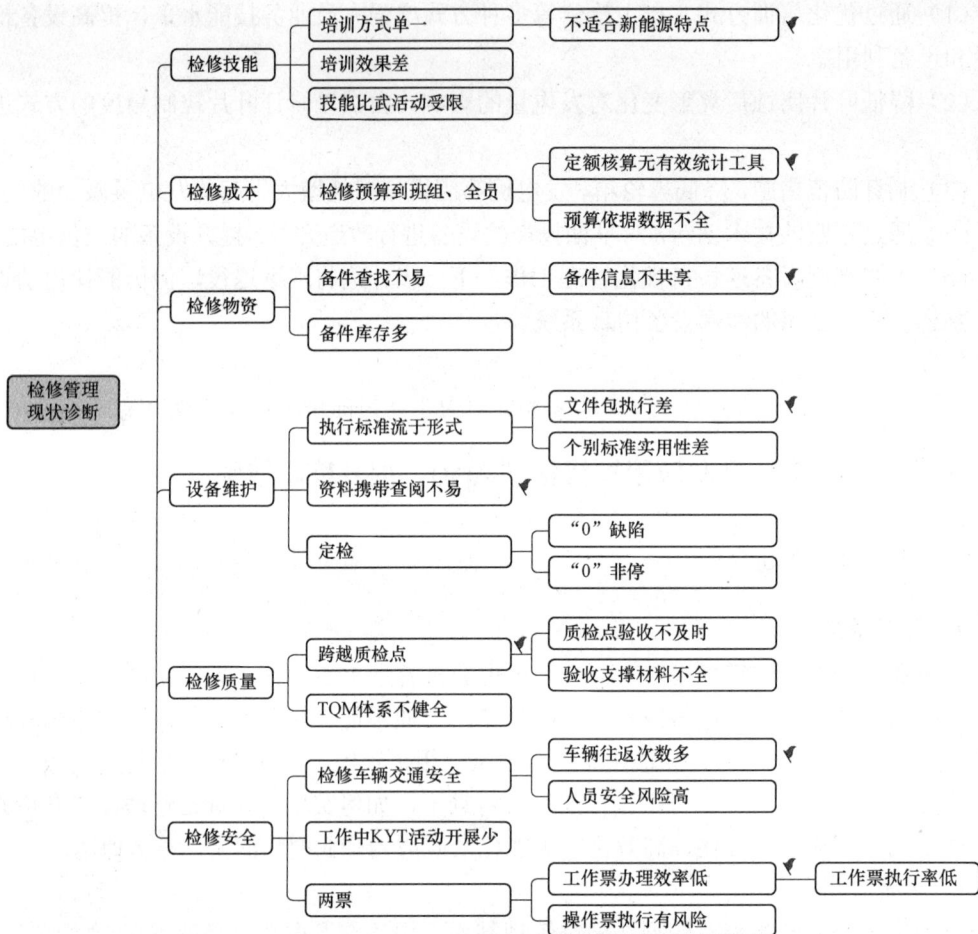

图 3-24　检修管理现状诊断

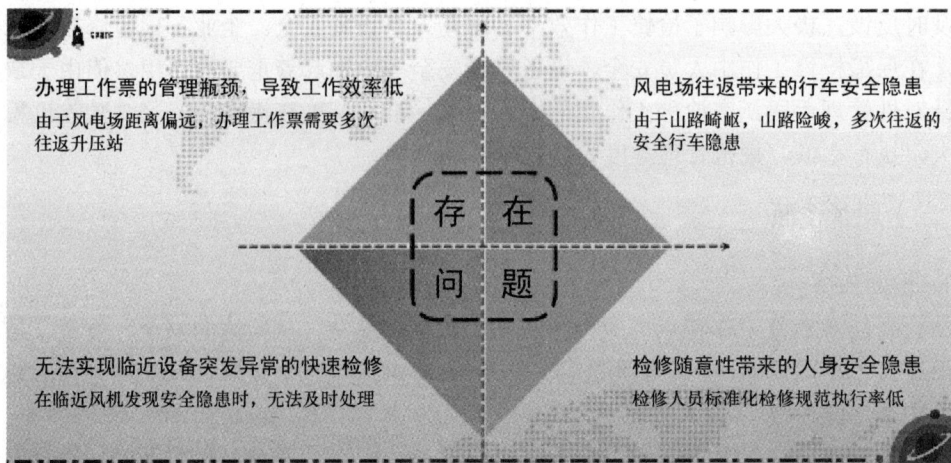

图 3-25　检修安全突出问题

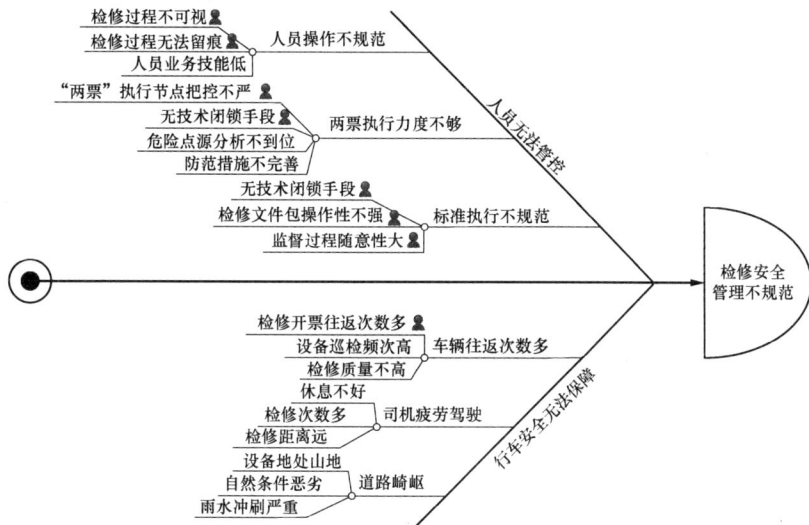

图 3-26　问题具体表现

1）检修车辆交通。陆上风力发电机组多数建设在山区地带，山路崎岖险峻，目前存在大部分检修资料为传统的纸介质中间传递，"两票"、巡检、"三措一案"、检修等作业流程必须在场站内办理，检修时间多浪费于往返道路上，需要多次往返进行检修工作、办票、查询并拉运检修物资及人员，带来了检修车辆的交通安全隐患及人身安全。

2）"两票"管理。风电厂现场设备分散，相互间距离偏远，每天开展定检维护、检修消缺工作时，工作票的办理需要多次往返风电场场站，最远的风机离办票的升压站有 26km，并且仍沿用传统发电企业的纸质介质传递，造成办票环节多、用时长，检修工作效率低，影响设备利用率及发电量。办票效率对比见图 3-27。

工作效率对标	风电	火电
发电厂地理位置	分散	集中
发电设备离办票地点最远距离	20km	5km内
往返办票平均用时	大于2h	小于1h
最远设备往返办票用时	大于4h	小于2h
临近设备应急处理用时(包含办票时间)	大于6h	小于2h
两票审批时间	小于1h	小于0.5h
工作传递介质	纸质	纸质
信息化支撑手段	缺失	基本满足

图 3-27　办票效率对比

（2）检修质量。某新能源公司在检修管理方面积极推行 TQM 管理，取得了较好成效，但在定检文件包、大型部件检修作业指导书等中的部分检修工艺纪律仍存在无法实现强制执行，个别质检点无法实现数据、图片、视频等相关充要性支撑材料来进行佐证验收，存在跨越质检点的现象。检修作业管理人员有时也不能及时、无盲区掌控设备定检、维护、巡检、文件包及"两票"等执行情况，相关检修标准执行率较低，造成检修质量保证与保障体系工作脱节。

（3）设备维护。目前，多数新能源公司虽建立健全了各项检修工作规章制度，并对检修工作进行了企业标准化管理，形成了包括检修文件包在内的技术管理标准。一方面，公司受控标准、资料、图纸、设备履历信息等现场查询携带不易；另一方面，由于地域及时间原因，导致无法像核电、火电等传统发电企业一样全部实现"旁站式"的检修过程安全、质量、技术监督管控，实用性较差的文件包执行流于形式，若不创新思路，则很难实现某新能源发电企业提出的基于"零缺陷"理念下的风机定检后 5 个月内不出现"零非停"。设备图纸查询示例见图 3-28。

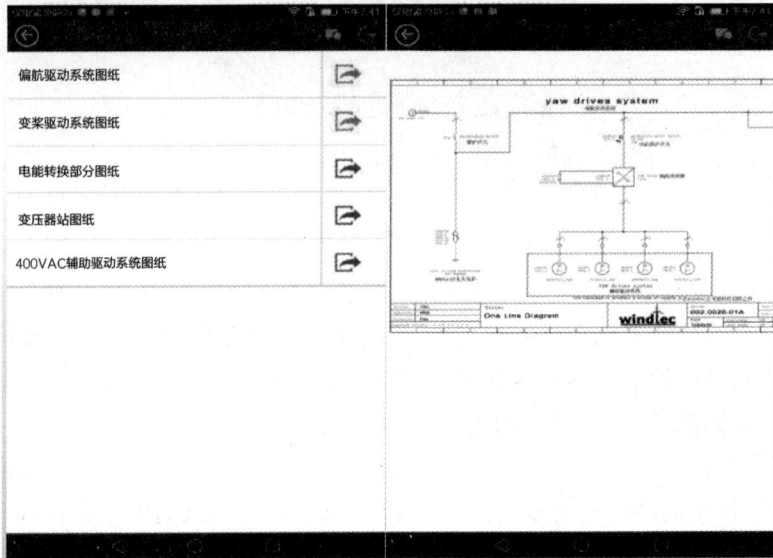

图 3-28　设备图纸查询示例

（4）检修物资。新能源发电企业设备检修维护往往由于工作的不确定性，对检修物资的需求也各异。例如消缺，需工作组成员开票检查确认所需备件后才能回来再领取，不能即时实现备件的查询、申请领用等手续，一方面造成工作效率低，另一方面出现了因信息的不易查询导致个别仓库物资库存大，物资周转率、利用率低等问题。检修物资查询对比见图 3-29。

项目 ＼ 月份	六月	七月	八月
风速（m/s）	5.02	5.37	5.24
停机时间较长台数（台）			
距升压站平均里程（km）	21	15	20
单趟耗时（20km/h计算）	1.05	0.75	1
对APP对接后领料后节约时间（h）	1.3	1	1.25
当月平均功率（kW·h）	287.6	306.5	291.8
平均电价（元）			
可争取利润（万元）			

图 3-29　检修物资查询对比示例

（5）检修成本。某企业多年来一直实施检修成本全面预算到班组、全员，检修成本预算根据机型、投产时间、自然环境等按定额核算，但缺陷、定检、标准工时、劳动定额等数据每年统计分析无有效手段，偏差较大，预算参考不准确，导致检修成本月度实际发生较预算有偏差，影响公司资金周转率，不利于企业年度生产经营目标的实现。

（6）检修技能。某新能源发电企业对员工检修技能的培训工作开展较好，但合格率近年没有明显上升，培训达不到预期效果，表现为无法形成即时的知识，无法随时随地开展单点课程教育或自学，不易实现通过知识辅助提升员工检修技能和业务管理能力，与企业规模化发展不相适应。

以上诊断问题如何得到很好的改善，成为检修规范化管理及提升检修效率的关键。

2. 改善目标

创新风力发电企业生产检修管理方式，保障企业本质安全，提高办票效率，缩短办票时间，100%落地执行企业各种标准和规范、减少资源浪费、降低检修成本、提高工作效率，提升企业核心竞争力，同时实现检修管理由经验管理到知识化、数字化、智能化管理的跨越，在电力行业乃至其他行业中实现推广与应用。

（1）检修项目全过程标准化。将工作票、操作票、文件包的标准通过技术手段强制执行，达到检修工作全过程的标准化管理，避免工作过程中检修行为的随意性，实现工作票、操作票、文件包标准化执行率100%。

（2）检修过程的数据化。基于检修全过程标准化，通过检修人员数量、工具、材料、工时等的标准化定额配置与管理，使检修工作从准备到验收全过程有章可循、有量可依、有据可查，减少时间及各种资源浪费，降低检修作业成本，满足"7S"管理中有关节约的要求，同时实现检修工作的操作时间历史纪录，快速统计、分析、不断完善、修正、制定检修工作的标准工时，为检修管理提供数据支撑。

（3）融合知识平台化。以检修工艺纪律、检修质量标准、技术监督标准等形成知识、知识辅助工作和管理为目标，在检修"两票"管理、文件包管理、工作评价等各工作环节中，实现检修项目的全过程闭环管理，同时结合知识管理闭环加强检修人员技能培训。针对风电场距离偏远、单兵作战等现状，实现为现场工作人员提供作业指导书、厂家设备资料、电子图纸、检修三维仿真培训等辅助指导功能。

（4）辅助决策信息化。采用商务智能和大数据挖掘技术，对检修工作产生的大数据进行统计、分析及预测，并对异动信息及时报警，辅助生产各级领导的决策。

（三）原因分析

1. 具体原因分析

通过头脑风暴法，运用因果图对诊断报告中的主要问题进行原因分析，并根据影响因素的相互关联性对根本原因进行分析，形成以下分析结果，见图3-30。

（1）工作票管理。当前新能源发电企业多数仍沿用传统发电企业纸质票，需多次往返现场办理工作票，即使个别企业使用FAM系统进行"两票"办理，但仍存在效率低下的问题，当在现场开展检修作业时，现场风机设备一旦出现异常，无法实现即时办理工作票，需开车往返场站开票进行处理，费时费工，浪费人力物力。

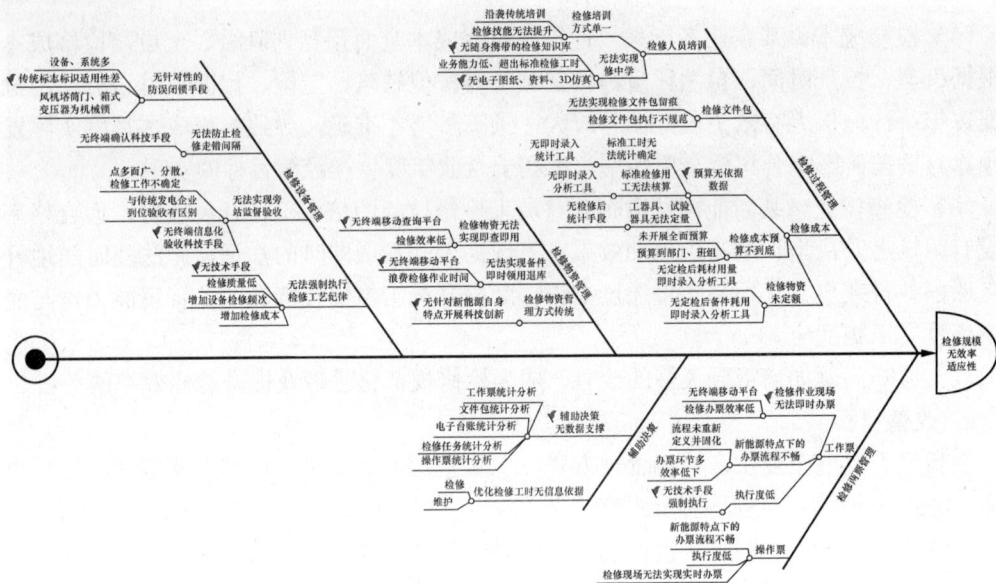

图 3-30　问题原因分析

　　日常办理工作票则存在办票流程一是复杂，二是由于现场与远程集控不在同一地点，距离较远，办票流转签字环节多，等待时间长，影响设备检修及发电量，导致检修工作效率低下，三是工作票办票率虽然实现了 100%，但现场实际执行率未实现 100%，若流于形式也得不到有效的监控，且在步序上无法实现技术闭锁，个别环节也存在流于形式的现象。

　　（2）检修管理。新能源作为新兴产业，近几年才得到长足发展，因此，新入职满一年的人员对新能源设备检修方面的知识点、面学习与掌握感到有些困惑，不知从何下手学习，导致掌握专业检修业务技能普遍相对较慢，造成检修技能提升及检修质量管控较难，没有具有广泛适应性的"知识库"，不能实现厂家设备资料、电子图纸、3D 仿真工艺随时展示、完善、学习，在修中学、在学中修的培训欠缺，诸如检修文件包、作业指导书等检修工艺纪律按图索骥的强制执行难以管控。

　　（3）检修物资管理。目前，新能源检修物资管理多为场站式管理，部分检修物资存在未实现定置、定量、定性管理，有的虽然开展了检修物资"7S"管理，但未实现全覆盖，再加上新能源检修工作的特点，往往是作业人员在检修现场根据具体缺陷鉴定确定所需检修物资，而非通过缺陷表象预判提前预备的检修物资，没有相应的手段为检修作业人员在检修地点实现物资的查询、领用。而传统方式的物资管理给诸如此类检修物资查询、领用、退库、库存等造成了很多时间上的浪费，检修效率低下，损失发电量，未能实现检修物资的信息共享、区域互查、即查即用、退库等管理。

　　（4）设备设施管理。新能源现场设备管理起步较晚，部分或全部开展了"7S"标志标识等目视化管理，然而有的即使实施了目视化管理，但仍由于设备点多面广，道路交通复杂，无有效的技术防误手段，相当程度上存在检修时走错间隔、机位、部位、误动设备、伤人等隐患，而因走错道路、设备多次往返于现场检修工作也会造成时间上的浪费，工作效率的低下及交通安全隐患相对增大，另外设备信息的检索查询也存在一定困难。

（5）检修成本预算。新能源检修工作多数为设备定检，工作项目及工作量相对单一而固定，但由于缺乏有效的每次定检时的用工、工时、检修物资、工器具、试验仪器等的即时录入，进行统计分析，实现最终形成单元设备下的标准用工、标准工时、标准检修物资、标准检修工器具及试验工具等，导致历次周期性检修预算只是根据上级公司下发检修费用按照场站容量进行简单分配，准确性、科学性不足，给公司全面预算到班组、全员的准确性带来一定难度。

2. 重点改善

基于设备全寿命周期下的检修全过程管理，就检修计划、安全、质量、技术监督、人员、工器具、试验仪器、物资、费用、设备、资料、"两票"等影响因素对检修规范化管理进行重点分析，见图 3-31。按照"二八法则"，对影响力较大的"两票"管理、检修管理、检修物资管理、设备管理、检修成本预算进行重点改善。

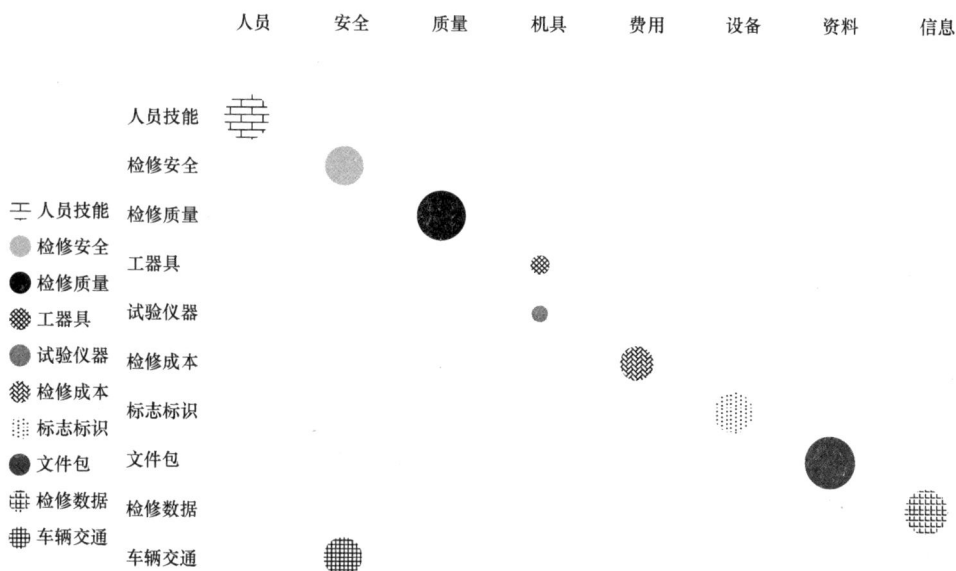

图 3-31 检修规范化管理影响因素重要度

（四）实施改善

针对影响检修规范化管理重要因素，课题改善团队根据实施思路指导原则，对制订出的实施对策经充分论证可行性后，研发出基于信息化平台下的检修移动作业平台（检修 App），主要采用以下技术路线：首先对检修管理现状进行调研和理论研究，依据研究成果中的时间、成本等方面的浪费进行系统方案设计并进行开发，最终保证系统能解决检修中各种浪费，节省检修成本，提高检修效率。主要对工作票、操作票模板电子化，以及检修文件包、培训、物资管理、二维码设备识别技术研究实施改善。实现标准工作票、标准操作票、检修文件包、培训、检修物资查询的电子化管理，并通过移动技术实现各项工作步骤步步留痕，检修工作的事前、事后拍照留痕及工作时间自动记录等，落实安全、固化标准、明确责任，确保各项工作具备可追溯性，逐步完善新能源发电企业特点下检修各项工作的"痕迹化"管理。

1. 改善措施

立足风电场检修特点下的移动协同作业平台，其应用功能一是对检修工作全流程进行了梳理优化；二是实现基于移动协同作业平台的各检修工作节点的标准化业务操作，形成以检修项目为主线的全生命周期管理；三是采用电子化、模板化、流程化方式，固化各工作环节的作业标准和规范；四是采用移动协同作业平台，实现检修工作中各管理环节的协同和标准化执行。基于此，按以下框架进行开发该系统并进行推广应用，见图 3-32。

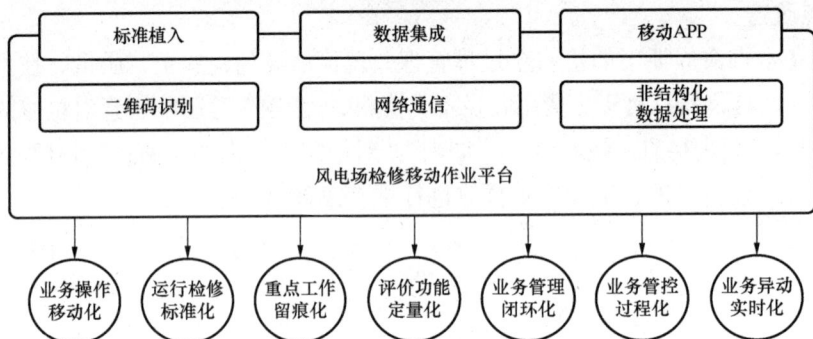

图 3-32　风电场检修移动协同作业系统结构

风电场检修移动作业平台充分运用"互联网+"概念及移动 App 技术、网络通信技术，开拓性提出一套新思路、新模式的终端移动作业管理模式，基于规范化、流程化、标准化的作业设计流程，对新能源发电企业的检修文件包、"两票"管理等进行业务流程重构，方式优化；通过检修项目全过程电子化、模板化、移动化，实现检修项目的全过程双闭环管理，从而提高办票效率，减少来回路上的时间，提高检修效率，加强对检修质量质检点的控制，减少工作的失误，保障设备的可靠运行，减少了安全隐患。本系统创造性地集成了移动设备、计算机网络通信技术的最新研究成果，基于终端"移动工作平台"的概念，变革传统检修管理方式，积极探索出电力生产检修管理的新思路、新模式，优化检修管理环节，最大限度地减少检修中时间、费用上的浪费，提高检修效率，确保修后设备安全、长期、高效、稳定地运行，实现了统一平台下生产运行的智能化集中式管控和远程移动检修作业。该检修移动作业平台包括 PC 端和移动端两大应用管理系统，主要包含"两票"管理、培训、物资管理、设备管理、辅助决策等五大功能管理模块。

（1）"两票"管理：

1）工作票。检修人员通过移动作业平台软件在线填写检修申请单信息，跟踪检修申请单审批流程，完成审批流程。自动生成工作票。检修人员在场外通过移动终端提交检修申请，通过移动作业平台软件自动获取工作票信息，跟踪开票流程，在线完成流程审批，所有工作流转过程中涉及的签名均为手写签名，为现场人员提供移动开票、签发、许可、间断、转移、终结、评价便利，减少往返办票时间，提升检修人员的工作效率。

2）操作票。通过移动作业平台软件从"两票"系统中的调取操作票信息，跟踪操作票审批流程，完成流程审批，现场操作拍照确认。运行人员手持移动终端，按照操作票步骤，记录操作过程，能有效防止误操作，实现标准化作业，提高安全生产水平，克服工作过程中人员行为随意性的重要措施。

（2）检修管理：

1）检修文件包。检修人员通过移动作业平台软件在线填写检修文件包，实时记录设备检修情况，每一项步骤需要拍照或数据录入留痕，步骤跳转过程中需要手写签名，按照文件包步骤，记录操作过程，强制执行，有效防止误操作及步序跨越，实现信息化下的全过程"旁站式"监督标准化作业。检修文件包移动终端界面见图 3-33。

2）培训。基于风电场特点下的移动协同作业平台既采用了 PDCA 管理闭环，实现检修项目从发起到工作票、操作票、文件包的全过程管理和监督，最后形成全过程评价汇总，实现检修项目的全过程闭环管理；更为重要的是，它采用了 PSCA 的知识管理闭环，在检修工艺纪律、检修测量数据、检修技术监督等方面即时进行知识搜集、录入和积累，即时形成检修移动知识库，通过随时随地的知识交流和知识应用，提升员工检修技能和业务管理的能力。

另外，在移动作业平台上上传涉及检修工作中的安全专项活动通知、方案、措施、实施计划、总结等，在移动终端上对上传的安全专项活动通知、方案、措施、实施计划、总结等随时进行移动终端在线阅读、学习、分析，提升现场人员的业务技能及安全防护意识。移动终端知识库培训界面见图 3-34。

图 3-33　检修文件包移动终端界面

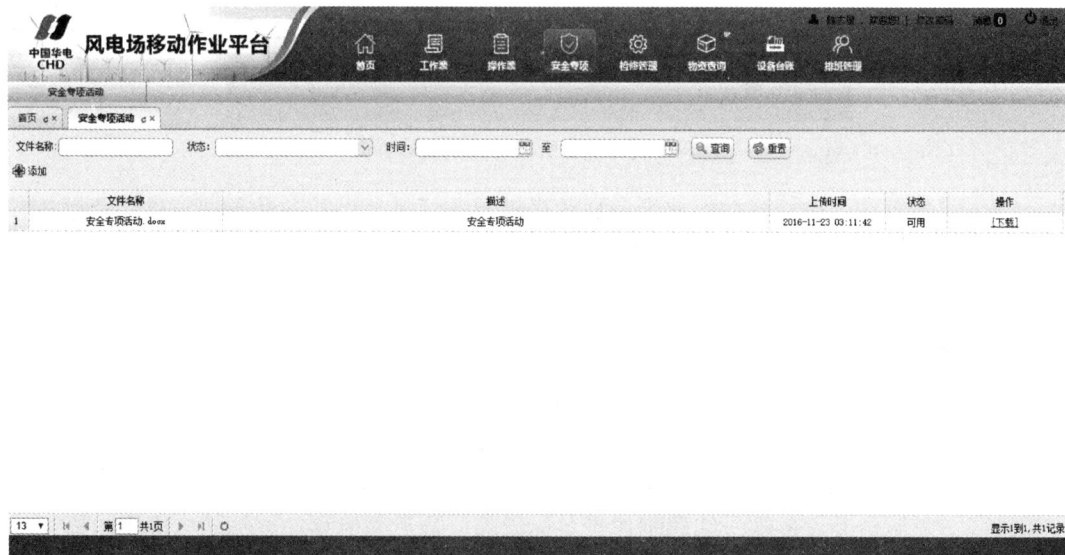

图 3-34　移动终端知识库培训界面

（3）物资管理。检修人员可通过移动作业平台软件即时查询物料信息、物料库存信息、物料所属仓库信息，在线填写物料申请单，与物料管理系统进行数据共享与交互，将物料申请单信息推送至物料管理系统，为现场人员提供移动检修物料申请、领用、退库等功能，提高检修工作效率。检修物资移动终端查询界面见图 3-35。

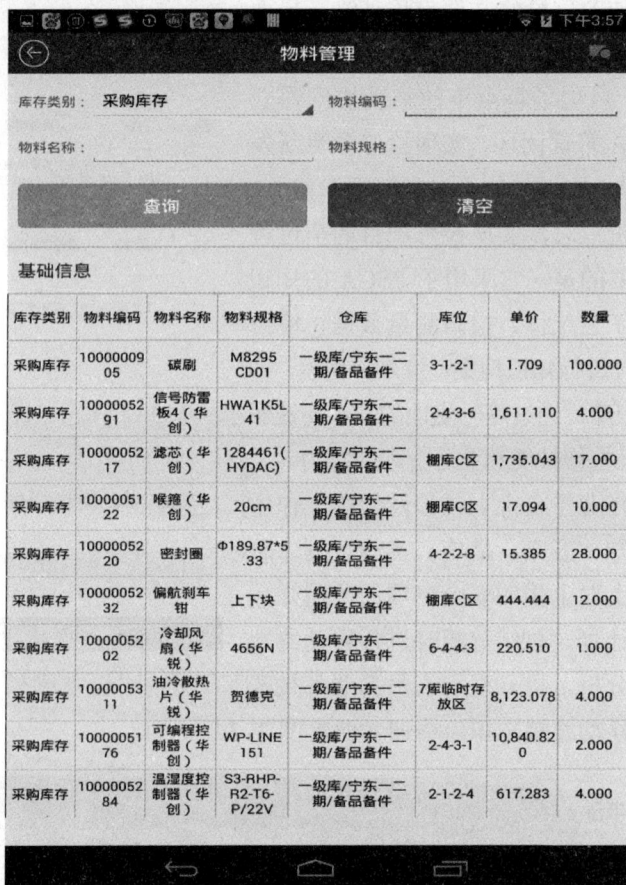

图 3-35　检修物资移动终端查询界面

（4）设备管理。检修移动作业平台后台提供设备信息、设备备品备件信息以及设备参数信息的录入与维护功能。同时，根据检修申请单中设备的维修类别、专业、班组等信息，通过大数据分析多维度地显示设备的维修记录、维护记录、更换记录等信息。现场作业人员可以通过检修移动作业平台（检修 App）即时查询并了解设备信息、参数信息，方便检修作业，从而提高检修质量及效率。设备电子台账界面见图 3-36。

实现设备编码体系与二维码识别技术的三重编码使用，实现检修防误。首先，分析已有的设备 KKS 编码规则，并对相关规则按管理要求进行设备级和部件级拆分，同时建立唯一识别码，随后借助设备唯一编码制作设备标识牌，最后采用移动终端的二维码扫描功能和数据库关联识别技术，实现设备的防误应用。设备二维码见图 3-37。

图 3-36 设备电子台账界面

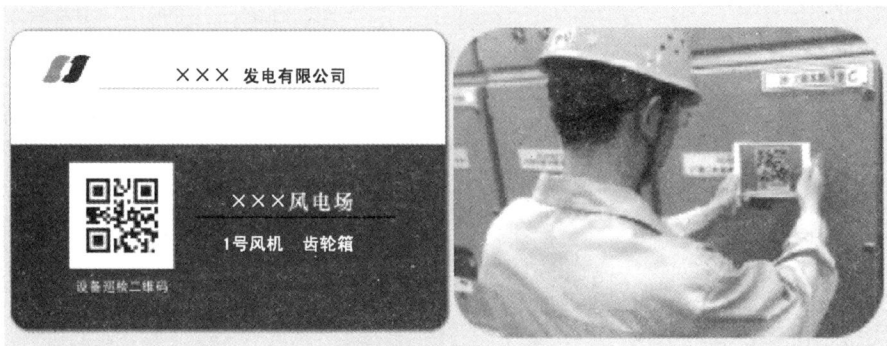

图 3-37 设备二维码

（5）辅助决策。PC 端利用数据库中的大数据，使用柱状图、饼状图、线形图等方式实现电子台账统计分析、检修任务统计分析、工作票统计分析、操作票统计分析以及文件包统计分析功能。决策层一方面可以通过统计分析数据清晰明了地看到"两票"的办理信息以及设备的维修、维护情况；另一方面，也可以为决策层对检修作业中用工、标准工时的确定，以及工器具规格数量、检修物资规格数量优化和检修成本精准预算提供辅助信息依据，实现新能源检修精益管理。信息录入统计分析见图 3-38。

2. 实践效果

风电场检修移动作业平台（检修 App）创新了新能源发电企业生产检修管理模式，在各项检修工作中保障了企业本质安全，落地执行了企业各种标准和规范，减少了检修资源的浪费，压缩了办票时间，降低了检修成本，提高了检修效率，提升了企业的核心竞争力，同时实现了新能源检修管理由经验管理到知识化管理、数字化管理、智能化管理的跨越，为企业的各项管理再上新台阶提供了可借鉴的经验，在电力行业新能源发电企业中具有深远的推广意义。

（1）管理效益。管理效益模型见图 3-39。

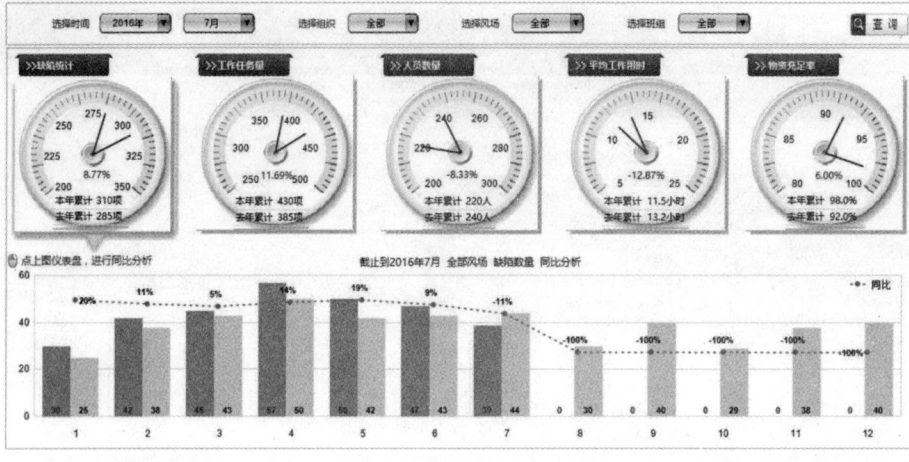

图 3-38　信息录入统计分析

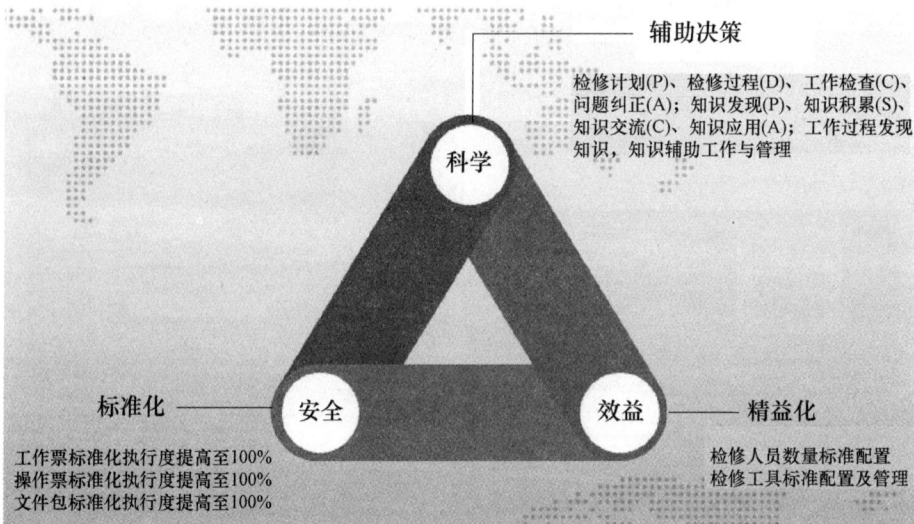

图 3-39　管理效益模型图

1）检修全过程标准化执行，提升了工作效率，提高了安全生产水平。风电场移动协同作业平台将工作票、操作票、文件包的标准进行了电子模板化处理，以检修项目为主线，打通了检修、运行等部门协同运作，实现了检修工作全过程的标准化管理，避免了工作过程中的行为随意性，提高了安全生产管理水平；通过现场检修人员手持移动终端的 App 功能，克服了风电场区域大，纸质文件传递不畅、周期长等管理瓶颈，大大提高了现场工作人员的工作效率。目前，工作票、操作票、文件包标准化执行率全部达到 100%。

2）检修过程的精益化管理，减少了资源浪费，降低了企业成本。风电场移动作业平台在检修工作时，基于检修标准文件包电子模板，通过检修人员数量、工具材料的标准化配置，使检修工作从准备到收工全过程有章可循、有据可查，有效控制了检修行为的随意性，减少了各种资源浪费，降低了作业成本，满足了 "7S" 管理中有关节约的要求；同时，通过检修工作的操作时间历史纪录，系统根据 "就低不就高" 的原则，可快速统计、分析、制定检修工作的标准工时，满足了量化考核评级的需要，为企业检修精益化管理提供了信息支撑。

3）融合知识管理的统一平台，为工作人员提供了知识辅助，为管理人员提供了全面的决策辅助信息。风电场移动作业平台以检修作业形成知识、知识辅助工作和管理为目标，在两票管理、文件包管理、工作评价等各工作环节中，实现了检修项目的全过程的 PDCA 闭环管理；同时，采用 PSCA 的知识管理闭环，实现检修管理过程中的知识发现、知识积累、知识交流和知识应用，辅助了各业务环节的管理提升。面对风电场距离偏远、单兵作战等现状，为现场工作人员在移动终端上提供了作业指导书、电子图纸、检修三维仿真培训等辅助指导功能，实现了知识辅助工作的目标，对提高检修作业人员业务技能、检修质量起到了很好的知识支撑作用。系统还采用商务智能和数据挖掘技术，对检修工作中产生的海量大数据进行分析及预测，并对异动信息及时报警，辅助各级领导的日常管理。

（2）经济效益。从检修人员培训费、人员用工费用、交通费用及其他环节浪费节省等折算，实施检修移动作业平台后，全年节省较多管理费用；另外，在设备利用率提高方面，也可为公司增发电量做出突出贡献。

（3）社会效益。检修文件包、"两票三制"等检修管理标准是电力安全生产保证体系中最基本的制度之一，是我国电力行业多年运行实践中总结出来的宝贵经验。随着"互联网+"和"工业 4.0"时代的到来，在新形势、新思想、新要求下，新能源检修移动作业平台创新性地采用信息化技术，固化和完善检修文件包、"两票三制"等标准，在强化企业本质安全、质量管理、技术监督、标准化落地执行、提高工作效率、生产过程全程监控、检修项目全生命周期管理等方面起到了很好的引领作用，在同行业中、不同行业间有着积极的借鉴意义和推广使用价值，目前尚未有明显与本系统相同的软件在国内外企业应用。

（五）标准化

1. 流程固化

利用移动终端设备，实现各业务操作的标准化执行，见图 3-40。

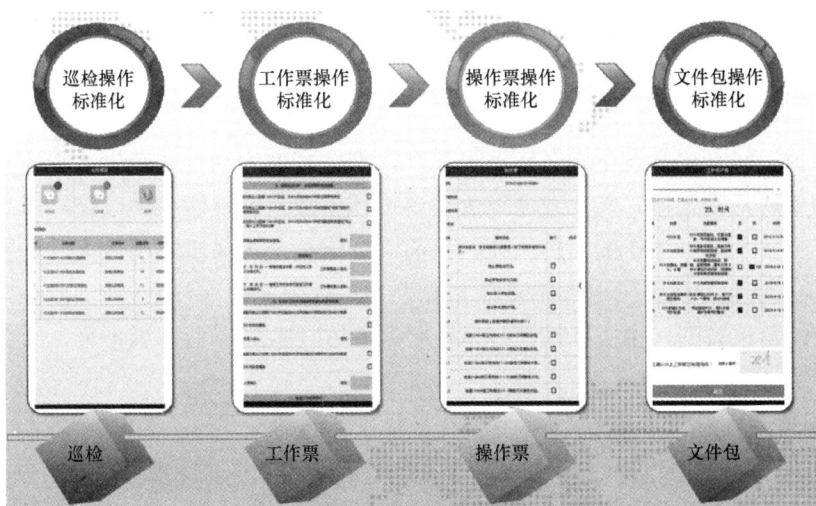

图 3-40　业务模块标准化

2. 文件标准

（1）编制了《新能源检修移动作业平台》管理标准；

（2）公司《生产管理标准汇编》中"两票"管理增加了关于检修移动作业平台"两票"的操作规定。

【案例思考】

通过风电场检修移动作业平台，初步实现了检修的精益管理，降低了检修成本，提高了检修质量、检修效率，后期该企业将会对检修物资的标准化领用、使用、归还作进一步的完善，并最终实现无缝闭环管理；对运行检修全流程时间效率进行绩效考核；在该平台的基础上，横向扩展班组、缺陷、物资、市场、综合管理等业务功能，形成新能源综合管理的信息共享平台；纵向实现数据的互联互通、数据挖掘和分析，为各级领导提升企业的全面精益化管理提供决策辅助信息，提出并实现有新能源特点的设备定检管理"零非停"。

（1）班组管理。在 PC 端对班组进行维护，根据现场人员的工作规律通过智能化班组人员分配功能自动分配班组人员当值情况。当现场人员有特殊情况需要调班时，现场管理人员也可以手动调整班组人员信息。

（2）综合管理。PC 端提供对公司人员信息、部门架构、角色信息等信息的维护功能，同时提供系统菜单管理、日志管理、权限管理、字典管理、消息管理等功能架构。系统管理人员可以通过综合管理模块对公司的资源进行管理和分配。

（3）市场营销下的检修计划动态调整。结合市场营销等实时政策及风机功率诊断系统，通过信息推送，在检修移动作业平台终端提醒并指导检修计划的安排与制订。

<本案例由华电国际宁夏新能源发电有限公司提供>

【案例3-5】 强化风电技术监督，提高设备健康水平

（一）案例背景简介

技术监督工作是提高发电设备运行可靠性，保证场站安全，防范设备损坏和确保设备经济运行的重要基础工作。防止发生重大设备损坏事故，发现潜伏性故障，提高设备安全性是风电开展技术监督工作的目的所在。目前，我国是全球风电规模最大、发展最快的国家。截至 2015 年底，我国风电累计装机容量达 14 536 万 kW，风电正经历由补充性能源向替代性能源的角色转变，由于新能源技术监督起步晚，监督专业开展不全，导致技术监督工作相对滞后。

1. 实施背景

根据 DL/T 1051—2007《电力技术监督导则》第 3.5 条"实施电能质量、绝缘、电测、继电保护及安全自动装置、发电机励磁系统、节能、环保、金属、化学、热工、气（水）轮机、水工等技术监督，对电力设备或系统的健康水平及与安全、质量、经济运行有关的重要参数、性能、指标进行监测、调整及评价"可看出全面开展以上专业监督工作的必要性、强制性和重要性。

某新能源公司，由于风电场地理位置偏僻，场站较为分散，设备较多且分布广，维护量较大，设备检修受季节影响较大，加上风能资源自身固有的波动性和间歇性，导致部分设备不能按周期开展检修及预防性试验，设备存在超周期运行的情况，技术监督在设备检修中未发挥应有的作用。同时，设备年度相关定期试验委托地方电科院，年度服务费和监督费用较高，现场设备出现故障或检修后，不能第一时间开展设备预防性试验，导致设备不能及时投运。

2. 实施思路

为发挥技术监督在设备检修中的重要作用，评估设备健康水平，避免由于监督不到位造成设备老化、故障的浪费，进而实现"超前预防、闭环管理"。完善技术监督专业，针对目前新能源风电特点，健全化学、绝缘、继电保护、电测、电能质量、金属、热工、风机、节能、环保等十大监督专业，优化各监督专业，组建技术监督专业组，开展具有新能源特色的技术监督工作；开发技术监督管理平台，对基础资料和设备试验周期统一管理，实时对设备检定周期进行监督，保证设备始终处于受监状态；完善硬件设施，建立标准实验室，开展相关监督工作，降低外委服务费用。

（二）现状诊断

1. 诊断内容

课题组根据某新能源发电企业技术监督工作开展情况，重点从新能源风电特点、技术监督开展专业类别、设备周期性检修试验、年度计划完成率、基础资料管理、专业监督人员、试验外委率占比等几个方面进行了全面诊断分析，并对监督工作中存在的问题进行了详细梳理，同时还与火电技术监督工作开展进行了对标，对标分析见图3-41。

序号	技术监督开展对标	风电	火电
1	受监设备地理位置	分散	集中
2	监督专业	部分(4~5个)	全面
3	停电检修	检修时间不确定	按计划检修
4	各专业监督人员	兼职	专职监督人员
5	定期监督试验	90%委托电科院	90%自主试验
6	检修后设备试验及时性	时间较长	及时试验
7	年度计划完成率	50%~70%	95%以上
8	基础资料管理	兼职管理(纸质)	专业管理平台

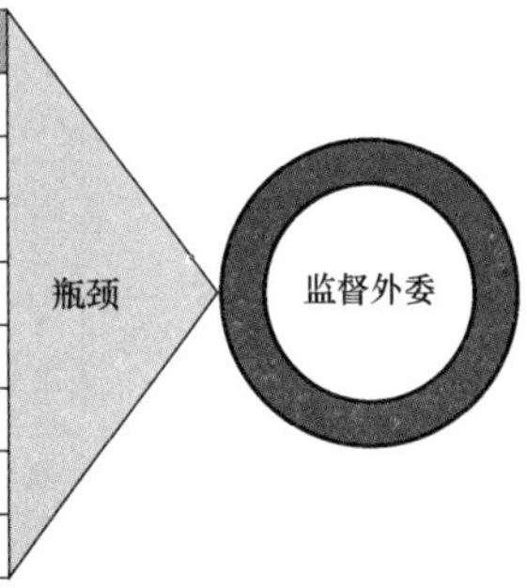

瓶颈 → 监督外委

图3-41 风电与火电技术监督开展情况对标

同时对监督试验工作开展不全面、未及时发现设备存在隐蔽性缺陷导致的设备故障率进行统计分析（见图3-42）；对风电技术监督工作开展情况进行现状调查，调查结果见表3-11。

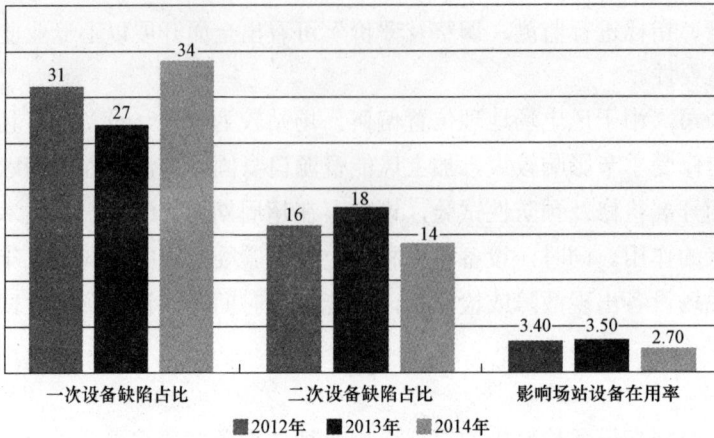

图 3-42 2012~2014 年设备缺陷统计（单位：%）

表 3-11 技术监督管开展现状调查表

序号	调查场站	容量（MW）	技术监督体系				设备试验率（%）		年度监督费用（万元）	设备修后试验及时性	年度计划完成率（%）
			监督专业	标准规程	监督人员	基础资料	自主	外委			
1	贺兰山某风电场	100	化学、绝缘	无	管理人员兼职	无专人管理	25.4	74.6	410	不能及时到场	85.4
2	牛首山某风电场	49.5	化学、绝缘、金属	版本较早	2 人	无专人管理	0	100	180	不能及时到场	75.8
3	麻黄山某风电场	49.5	化学、绝缘	无	检修人员兼职	无专人管理	15	85	160	距离较远	52
4	蒋家南某风电场	100	化学、绝缘	依靠厂家	检修人员兼职	无专人管理	28.7	60	200	不能及时到场	68.6
5	太阳山某风电场	50	化学、绝缘	无	无	无专人管理	31	0	30	直接投运	38
6	新梁某风电场	49.5	无	依靠厂家	3 人	无专人管理	0	0	0	—	无监督计划
7	星能某风电场	49.5	绝缘、风机	版本较早	无	无专人管理	36.8	63.2	120	距离较远	90.5
8	永乐某风电场	100	绝缘	版本较早	3 人	无专人管理	0	45	240	不能及时到场	40
9	五里坡某风电场	150	化学、绝缘、电测	无	3 人	无专人管理	30	50	200	不能及时到场	74.7
10	邱渠某风电场	50	化学、绝缘	依靠厂家	无	专人管理	10.5	45.6	80	有时可及时到场	66.1

通过图 3-42 和表 3-11 分析得出，与火电相比，风电行业内技术监督由于部分开展专业不全面、无专业监督人员和计划检修的不确定性，导致年度计划完成率较低，设备存在超周期运行；年度技术监督工作委托第三方进行，年度服务费用较高且设备检修后由于场站较远，不能及时试验投入运行，造成工作较为被动。

2．改善目标

（1）三级网络健全，人员持证上岗率 90% 以上。

（2）设备年度周期预防性试验完成率 85% 以上。

（3）设备故障率同比下降 50%。

（4）建立标准化实验室，自主试验率 80% 以上（特殊试验除外）。

（5）开发技术监督管理系统，基础资料统一管控。

（6）各专业标准健全，各项监督工作均按照标准化流程执行。

（三）原因分析

1．原因诊断

课题组通过鱼骨图对技术监督开展中存在的问题进行诊断，查找可能存在的原因，并逐项进行分析，确定问题要因，见图 3-43。

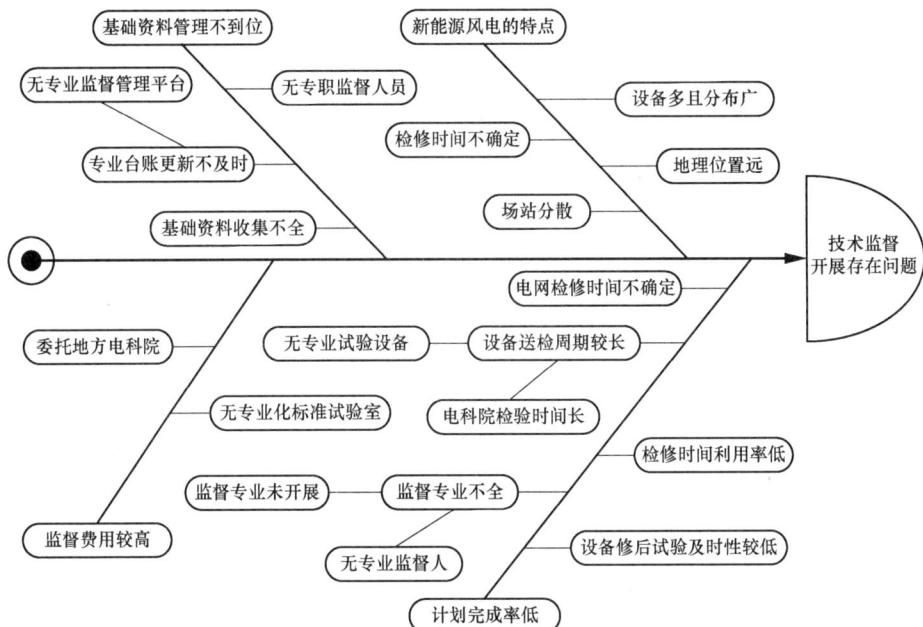

图 3-43　技术监督管理存在问题的原因分析

（1）受新能源风电特点影响。新能源作为新型绿色产业，由于其环境条件较为特殊，大部分处于风资源较好、海拔较高、人烟较为稀少的地方，场站较为分散，设备较多且分布广，维护量较大，设备检修受季节影响较大，人员流动性较强。

（2）基础资料管理不到位。设备从设计、生产、出厂、安装、调试、交接试验、预防性试验、运行、检修、技改等过程资料无专职人员收集和保管，未对设备进行建档留痕；台账涉及内容不全面、格式不统一，设备检修后更新不及时；图纸、报告收集不全，造成设备检修时试验数据无参照对比，导致设备发现问题时缺陷分析不到位，影响设备检修。

（3）监督服务费用较高。由于新能源风电设备较多且分散，距离较远，年度监督费用大部分需委托地方电科院进行检测，其收费标准统一，价格较高，讲价空间较小；专业化试验设备配置不齐或分配不合理，未进行集中统一管理，年度无试验仪器检验计划，导致部分仪器过期未检，量值传递存在误差，检修人员对仪器操作不熟练，未经专业化培训，对数据分析不到位，不能通过数据发现存在的问题，制订相应的检修措施，未形成标准化操作流程，不具备自主试验条件。

（4）计划完成率低。新能源由于工作环境偏僻、设备数量多且较为分散，定期检修维护时间不确定性、各升压站间距离较大等特点，其受天气影响较为突出，自身固有的间歇性和随机性，导致风电技术监督计划不像传统火电企业其设备较为集中，人员充足，检修周期固定，可定期开展大修、小修，工作开展难度较大，造成设备超周期运行。

由于无专业试验设备，设备送检后，电科院检测周期较长，导致检修时不能及时更换，且部分仪器仪表的存放对现场环境要求较高，加之设备停电时间不确定，造成送检后合格的仪器超过检验周期，需重新进行校验，造成设备重复送检的浪费；受距离、环境、人员、计划、停电时间等各方面的影响，往往全场停电检修时试验人员不能及时到场，检修时间利用率较低，部分设备不能及时进行试验或只能完成部分试验内容，导致计划完成率较低和设备试验周期不统一。

场站人员较为年轻，现场工作经验较为欠缺，无专业监督人员，所学专业及学历参差不齐，年度技术监督专业人技能培训计划不完善，培训内容针对性不强，相关取证培训机构较少且专业不对口，导致持证上岗率较低，部分监督专业开展不及时。

（5）标准规程不完善、不健全。各监督专业标准化国家规程、行业规程收集不全，未结合公司实际修订相关检修规程，工作未形成标准化，部分规程内容与现场实际不符，无实际指导作用，新增设备或技改后未及时对规程进行修订，技术监督工作不按标准执行，未定期组织专业人员对标准规程进行统一修订和更新。

2. 要因确认

通过对技术监督开展中存在的四大问题，即新能源风电特点、监督费用较高、技术监督计划完成率较低、基础资料管理等进行分析，确认改善要因。要因分析结果见表3-12。

表3-12　　　　　　　　　　　技术监督体系优化要因分析表

序号	关 键 问 题	末 端 原 因	要因程度
1	新能源风电特点	环境条件较为特殊	☆
		人员流动性较大	☆
		场站较为分散	☆
		设备较多、分布广	☆
		检修维护受季节影响较大	☆
2	监督费用较高	委托第三方检测	☆☆☆
		自身不具备自主试验能力	☆☆
3	计划执行不到位	计划制订不合理	☆☆
		计划落实不到位	☆

序号	关 键 问 题	末 端 原 因	要因程度
3	计划执行不到位	定期试验未按计划执行	☆☆☆
		电网停电不确定	☆
		监督专业不全	☆☆☆
4	基础资料管理	基础资料收集不全	☆
		设备试验台账更新不及时	☆
		无专职监督人员	☆☆☆

某新能源公司 2012～2014 年装机容量与年度技术监督费用见图 3-44，年度试验率与计划完成率见图 3-45。

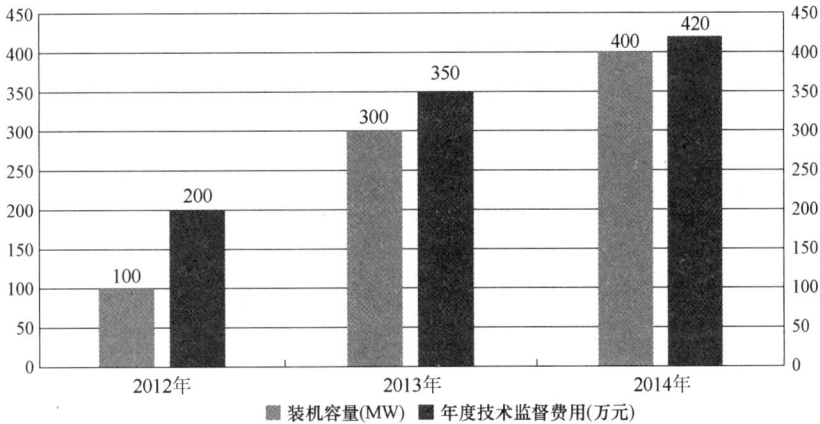

图 3-44 装机容量与年度技术监督费用情况

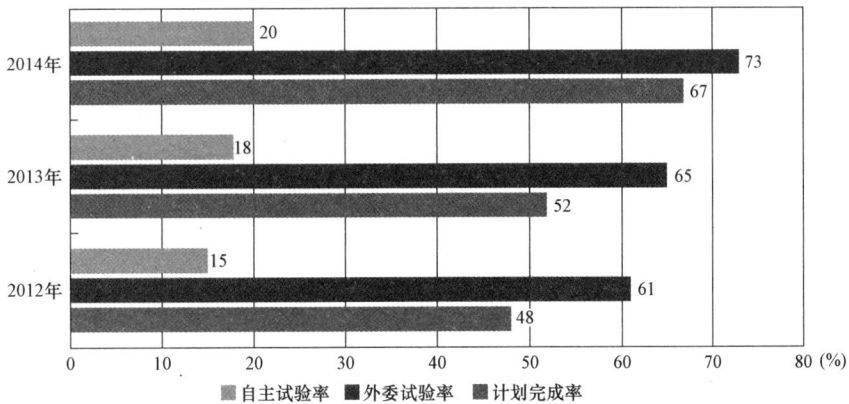

图 3-45 年度试验率与计划完成率情况

（四）实施改善

1. 过程说明

在分析阶段，课题组找出了 4 项主要原因，通过对这些原因进行判断，制订出了 4 项对策来对其进行改善，实施对策见表 3-13。

表 3-13　　　　　　　　　主 要 原 因 实 施 对 策

序号	要因	实 施 对 策	责任人	完成时间
1	委托第三方检测	完善监督组织机构，组建六大专业组，建立标准化实验室，自主开展试验	×××	2015 年 5 月
2	监督专业不全		×××	
3	定期试验未按计划执行	合理利用新能源季节特点，按照设备运行状态，分解计划	×××	2015 年 1 月
4	资料管理不规范	开发技术监督管理系统，对基础资料进行统一管理	×××	2015 年 7 月

（1）针对监督费用较高、监督专业不全等问题，完善技术监督网络，配置专业化监督人员，合理制订培训取证计划，建立标准化试验室。实施对策如下：

1）完善技术监督网络，健全化学、绝缘、继电保护、电测、电能质量、金属、热工、风机、节能、环保等十大监督专业，整合专业性和业务技能强的人员，组建监督试验班和油务化验、继电保护、高压试验、电测计量、金属监督、涉网设备六大技术监督专业组。

2）建立标准化实验室，自主开展技术监督工作。对各专业所缺试验仪器制定标准化配置清单并进行标准化配置；针对不同设备仪器，开展专业技能培训，定期开展设备检验和设备保养，确保量值传递的正确性和准确性，编制试验仪器标准操作规范，建立标准化实验室。标准实验室实施计划见表 3-14。

表 3-14　　　　　　　　　标 准 实 验 室 实 施 计 划

序号	改善项目实施计划	日期
1	调研	
1.1	调研方案编制	2014年1月
1.2	调研某电科院	2014年1月
1.3	调研某企业	2014年2月
1.4	调研总结报告编制	2014年2月
2	油务化验室建标	
2.1	实验室建标方案及可研编制	2014年3月
2.2	油务化验室建设规划方案	2014年3月
2.3	油务化验室建设规划方案	2014年4月
2.4	实验室建标立项申请	2014年5月
2.5	实验室标准仪器招标采购	2014年6月
2.6	油务化验项目招标	2014年7月
2.7	油务化验项目招标	2014年8月
2.8	实验室参照受控标准购买	2014年8月
2.9	人员学习培训取证	2014年8月
2.1	标准学习宣贯	2014年8月
2.11	油务化验室建设及装修	2014年9月
2.12.	油务化验室建设及装修	2014年10月
2.13	实验室仪器认证	2014年11月
3	实验室试用	
3.1	主变压器油化验	2014年12月
3.2	箱式变压器油化验	2014年12月
3.3	齿轮箱油化验	2014年12月

油务自主化验改善计划

批准		××××××××××× 发电有限公司
审定		
审核		图号　HXJD-02
编制		时间　2013.05.21

根据现场设备检修、运行要求，结合实际编写标准作业指导书和完善标准作业流程，每年

年初制订标准修订计划，对新增设备或技改的设备及时编入标准规程，指导现场检修维护。

3）根据不同专业有针对性地制订人才培训计划，选拔专业技术监督人员，与电网公司教培中心、有资质的培训机构开展人员专业技能上岗培训取证，每半年对专业监督人员进行考核。

（2）技术监督年度工作计划是企业完成年度技术监督工作目标、任务及要求的重要流程，应合理制订技术监督计划。根据季节特点和设备运行周期，按照设备运行状态分解计划，必要时及时调整监督计划；按照设备投产周期，结合年度检修计划及设备预防性试验规程，对超周期运行的设备开展设备评级和状态评级，制订计划，安排设备检修。具体实施对策如下：

1）各技术监督专业负责人分解年度技术监督工作计划，将年度工作分解至月、月分解至周、周分解至天，责任到人，逐级监督。

2）针对技术监督工作的周期性、季节性，将各个专业再次进行划分，分为停电监督和非停电监督工作，且优先开展非停电监督工作，对需停电监督的工作集中开展。

3）对各专业非停电监督按照季节性、周期性继续划分，如绝缘技术监督工作中110kV避雷器在线泄漏电流试验，将其划分至每年4月进行开展，化学技术监督工作中六氟化硫气体水分、纯度检测一般安排至5月开展，红外热成像检查集中在7～8月进行等。

4）对需停电检修试验的项目，遵循"大风巡视、小风检修"的原则。主要利用小风季节配合电网公司检修或电气班线路检修维护停电时，针对某一场站集中开展相关专业技术监督工作，按照"积少成多"的原则逐场开展，这样既保证了设备周期性的统一性，又保证了技术监督工作的实时性。

（3）完善基础资料管理，开发技术监督管理系统，对基础资料实行统一管理。实施对策为：从设备出厂、安装、调试、试运行、检修、技改等方面收集设备基础资料，建立健全设备档案，从设备出厂到退役开展全寿命周期管理，完善设备说明书、出厂报告、交接试验报告、预防性试验报告、缺陷整改单、日常巡视记录、检修记录等基础资料收集，建立健全设备台账，开发技术监督管理系统，实现设备的统一管理。

2. 改善效果

某新能源公司自2015年通过完善技术监督专业，建立健全三级网络，以及建立标准化实验室和培训取证，取得如下成果：

（1）通过对专业化人员选拔，积极开展专业化培训取证，人员持证上岗率达到100%；同时，建立健全技术监督三级网络（见图3-46），完善技术监督管理制度，年度技术监督计划完成率达到100%。

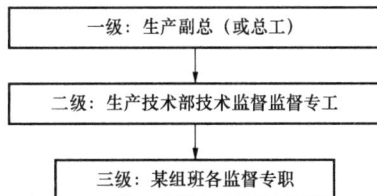

图3-46　某新能源公司技术监督三级网

通过改善，该新能源公司2015年技术监督工作完成率达100%，年度技术监督计划完成率较2013、2014年同比提高63.3%、14%；自主试验率83.9%，较2013、2014年同比提高73.3%和30.8%；专业监督人员持证上岗率100%，较2013、2014年同比提高81.3%和24.5%；设备受监率达到100%，较2013、2014年同比提高49.7%和29.4%，具体见图3-47。

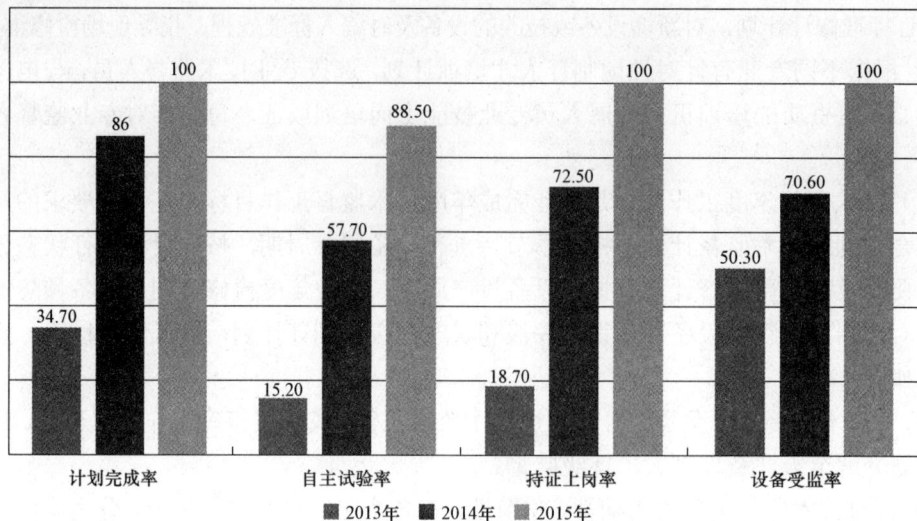

图3-47 年度数据对比（单位：%）

某新能源发电企业通过建立标准化实验室，自主开展技术监督工作，制定标准化仪器操作手册，总结受监设备运行数据及规律，以动态检查、不定期抽查、季度总结评价为依托，每月编制技术监控月度报告，对上月生产事件进行详细分析，下发技术监督通知单，并提出相关建议，督促整改。技术监督异常通知单见图3-48。

图3-48 某新能源公司技术监督异常通知单

2015～2016 年两年期间，某新能源公司通过自主试验，共发现重大设备隐蔽性缺陷 58 条、一般性缺陷 158 条，并及时对设备缺陷进行了消除，避免了由于缺陷未及时消除而导致的不安全事件的发生，设备故障率同比下降 58.7%。该公司标准化实验室及仪器配备见图 3-49。

图 3-49　某新能源公司标准化实验室及仪器配备

自主完成 110kV 升压站全场停电 15 次、330kV 升压站全场停电检修 2 次、风机箱式变压器六项常规油样化验 2342 次、主变压器油样化验 108 次。

（2）基础资料采取集中管理，并开发技术监督管理系统，完善设备档案，对设备各阶段统一集中进行管理。通过强化缺陷和隐患管理，着力做好技术监督的定期工作，逐步建立健全设备的各项技术档案，加强对各种实时检测、检验、试验数据的分析和历史数据间的比较、分析和评价，确保及时发现设备缺陷和隐患。资料管理文件柜及技术监督管理系统见图 3-50 和图 3-51。

图 3-50　某新能源公司基础资料管理文件柜

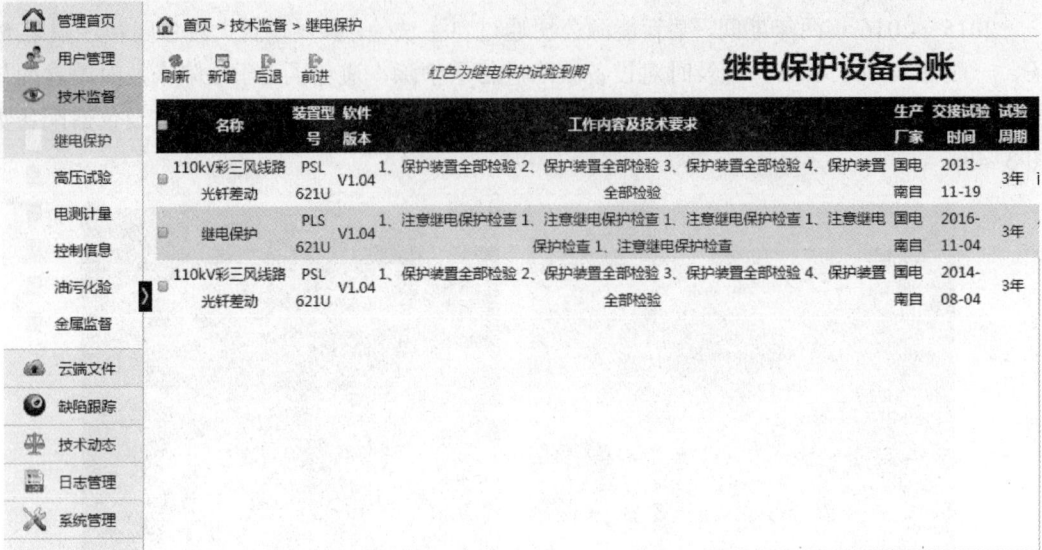

图 3-51　某新能源公司技术监督管理系统界面

（3）收集并编制各专业所涉及标准化规程清单，根据检修试验、设备运行状态，编制标准化作业指导书和各监督专业标准规程，指导监督工作。标准规程清单见图 3-52。

图 3-52　某新能源公司电测计量专业技术监督标准、规程清单（截图）

（五）标准化

为进一步规范标准化作业流程，该新能源公司先后组织编制了《电气设备绝缘电阻测试指导手册》《油样取样作业指导书》《交流采样装置作业指导书》等，并于 2015 年度通过了中电联 4A 标准化专家组验收，8 项技术标准、11 项管理标准作为技术监督日常管理手段。技术标准及管理标准见表 3-15 和表 3-16。

表 3-15　　　　　　　　　　　　　技 术 标 准

序号	标准编号	标准名称	备注
1	106003	二次系统及保护检修文件包	
2	106004	继电保护及安全自动装置检验规程	
3	106003001	继电保护设备检修规程	
4	106003002	交流采样装置检修规程	
5	106005001	风电场风机通信检修文件包	
6	106005002	通信及远动装置检修文件包	
7	106006001	直流蓄电池定检文件包	
8	106006002	直流系统检修文件包	

表 3-16　　　　　　　　　　　　　管 理 标 准

序号	标准编号	标准名称	备注
1	210002	电力设备预防性试验规程	
2	209001	绝缘技术监督管理标准	
3	205001	化学药品管理标准	
4	209002	化学技术监督管理标准	
5	205002	化验室试验室管理标准	
6	205003	化学仪表使用管理校验管理标准	
7	205004	化验室分析测试结果的审核管理标准	
8	209001	电测技术监督管理标准	
9	209002	电能质量技术监督管理标准	
10	209004	继电保护技术监督管理标准	
11	209003	金属技术监督管理标准	

【案例思考】

作为保障风电设备健康运行、防止发生重大设备损坏的重要举措，风电技术监督工作在检修中发挥着重要的作用。风力发电作为新型能源产业，由于风电场所处地理位置偏僻、环境恶劣，人员流动较为频繁，造成技术监督工作相对滞后、人才梯队断层的局面时有发生，没能发挥出技术监督实质性的作用。

某新能源公司科学确定技术监督内容，通过完善监督体系、配置标准化专业人员、制订合理的监督计划、采购标准化仪器设备、成立标准化实验室、开发技术监督管理系统，对基础资料统一进行管理，使设备处于受检状态。针对新能源风电的特点，开展具有新能源特点的技术监督工作还任重道远。下一步，公司将进一步对基础管理、设备管理、人员管理进行优化，定期通过精益管理的方法，对设备管理和监督执行情况进行诊断、分析、改善，不断发挥技术监督在设备检修中的作用。

<本案例由华电国际宁夏新能源发电有限公司提供>

第二节　检修精益管理实践

本节水电机组检修时间间隔调整优化在检修计划编制中的运用、区域公司机组检修质量管控优化、水电机组 A 级检修管理标准化等 8 个案例从检修前期准备、过程控制和后期评估等方面开展了探索实践。

【案例3-6】　水电机组检修间隔调整优化在检修计划编制中的运用

（一）案例背景简介

1. 实施背景

一直以来，区域公司及基层单位水电机组检修管理原则上实行"预防为主、计划检修"的方针，机组检修等级及轮次安排与年度检修计划水电机组检修间隔通常根据机组型式、河流泥沙情况、启停次数等按照每年安排一次小修，每 4～6 年或 6～8 年安排一次大修。近年来，区域内发电装机容量快速增长，电量消纳矛盾突出，部分机组受送出通道限制、来水丰枯变动等因素影响，机组利用小时数呈降低趋势，经营形势十分严峻。仍沿用计划检修模式安排机组检修计划，存在机组设备未劣化到需要检修时即安排检修的"过修"情况，造成人力、物力浪费，也可能出现对技术状况较差的机组检修安排不及时的"欠修"状况，降低机组安全性和经济性。

2. 实施思路

为积极应对电力市场竞争，提高设备可靠性，结合区域水电机组运行特点，统筹兼顾成本因素，在现行计划检修为主的检修管理基础上，以技术管理为手段，探索机组检修等级及轮次调整，优化机组检修间隔，持续保持机组的安全可靠，实现降本增效。

（二）实施思路

1. 诊断内容

区域公司机组检修间隔调整优化，通过以下各项指标相关历史数据统计分析，找出各台机组检修计划安排的差异和改善点，确定优化控制目标，制订相应改善措施。

（1）检修间隔完成情况。由于水电机组检修分汛前、汛后两个时间段安排，机组两次检修间的运行时间具有一定的随意性，因此本次课题采用单台机组年度运行时间来代替。

（2）通过统计分析、排序比较，修后间隔年平均运行时间不足 5000h 的有 18 台次，占比达 40%；修后间隔年平均运行时间超过 5000h 的有 27 台次，占比达 60%（见图 3-53），发现部分机组检修间隔单台年平均运行时间较短。但是机组检修间隔仍然按照自然年度安排，都会造成部分机组检修间隔偏短。

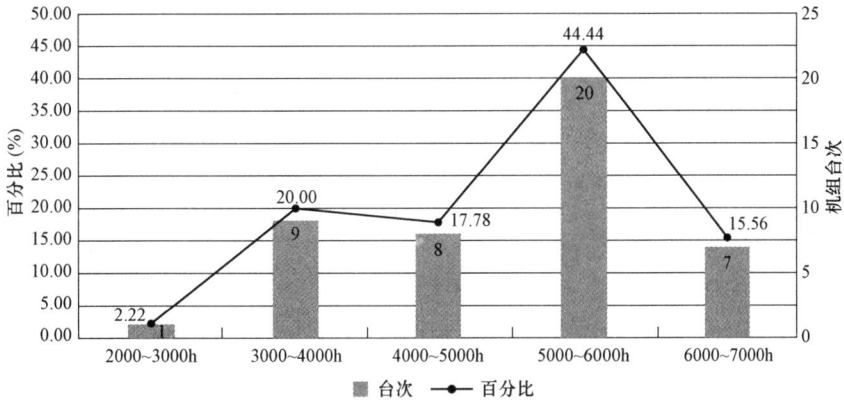

图 3-53　某区域公司 2012～2016 年水电单台机组运行小时数情况

（3）检修间隔完成情况。随着发电装机过剩，经济增长放缓，机组运行小时数有减少的趋势（见图 3-54）。

通过数据分析，随着发电市场供大于求的矛盾日益突出，机组的年平均运行小时有减少的趋势。在仍按照每个自然年度安排 1 次检修的情况下，累计运行时间明显缩短，有较大改善空间。

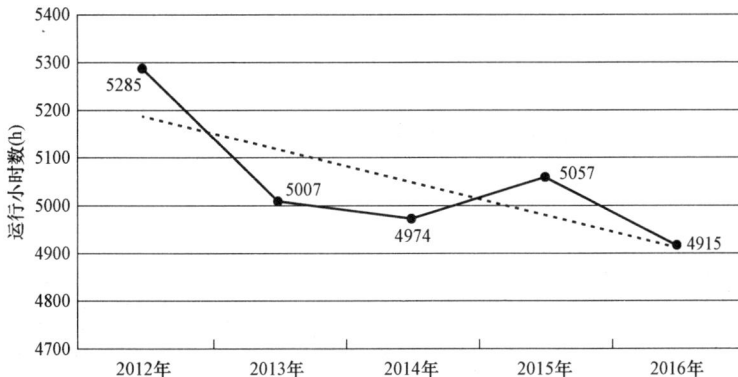

图 3-54　某区域公司 2012～2016 年水电机组年度运行小时数情况

2. 原因分析

利用头脑风暴法对区域公司检修间隔管理存在问题进行分析，找出造成问题的原因，见图 3-55。

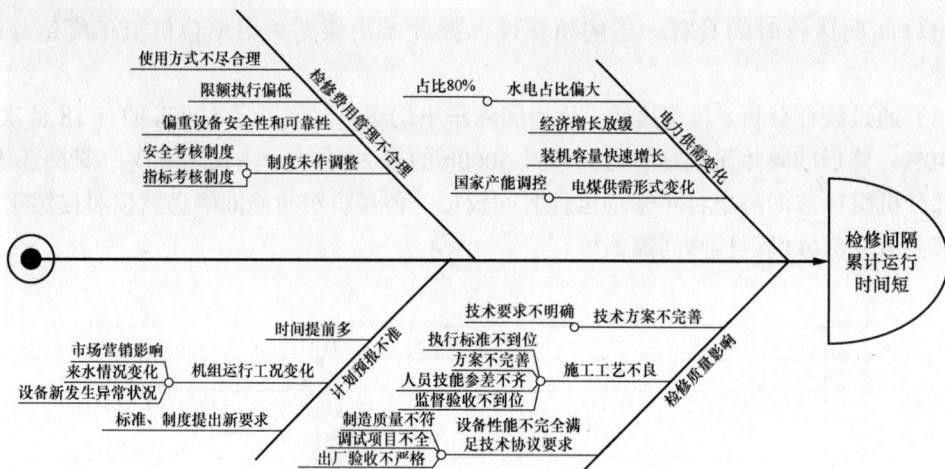

图 3-55　检修间隔不合理的原因分析

主要原因集中在以下 4 个方面：

（1）发电市场供大于求。主要原因是由于发电机组利用小时数有所下降，而检修计划还是按照自然年度 1 年安排 1 次小修，4～6 年或 6～8 安排一次大修，势必造成检修间隔累计运行时间偏短。

（2）检修质量影响。机组检修质量也影响到机组下一次检修间隔安排，如设备技改技术方案和施工工艺不成熟带来新设备隐患、技改后设备质量不良、设备运行中出现较大设备缺陷等原因，无法保证机组长周期安全经济稳定运行，为消除事故隐患必须提前安排机组检修，也是造成部分机组检修间隔过短的原因。

（3）检修费用使用方式影响。在当前机组检修标准项目费用预算按照自然年度下达的情况下，如当年不安排机组检修，检修费用预算会被部分回收，造成基层单位检修计划过于保守和注重设备安全，不考虑经济性，为了最大限度地用足检修标准项目费用，不管设备状况是否真正需要进行检修，尽量安排机组检修，必然造成过修浪费。

（4）检修计划不准确影响。电网调度部门要求在 8 月确定上报下一年度机组检修计划，如果按照机组检修间隔累计运行时间确定检修计划，由于预计下一个检修间隔累计运行时间存在一定的不确定性，造成基层单位仍然按照习惯固定时间间隔安排机组检修，没有考虑优化检修间隔时间。

（三）实施改善

（1）自 2015 年开始，区域公司及基层单位开始尝试并积极探索水电机组预知性检修工作，不搞一刀切，区别安排，结合机组利用小时数、水头、泥沙和容量等参数，通过现有技术手段，研究过流部件磨损规律，逐步摸索出不同条件下机组大修间隔，同时根据机组工况和投产年限，安排机组检修等级，合理降低机组检修费用，减轻了公司经营压力，为预防性检修向预知性检修过渡积累了初步经验。

通过数据分析，通过推行预知性检修，A、B 级检修台次逐年降低，C 级检修台次逐年增加，见图 3-56。

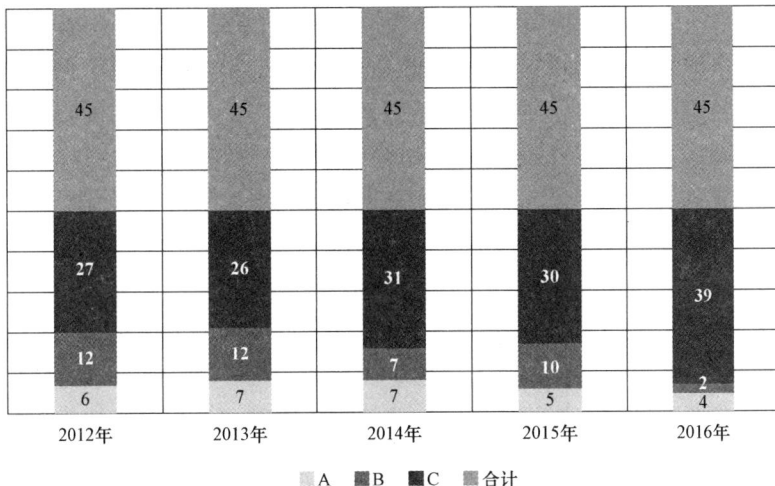

图 3-56 某区域公司 2012～2016 年检修等级执行情况

（2）转变观念，逐步开展机组检修等级及间隔调整，从检修管理原则高度服从于机组安全可靠性逐步过渡到既考虑机组安全可靠性，又兼顾检修成本的精益管理原则，消除欠修引发的不安全、过修造成的不经济。

（3）编制机组检修等级及间隔计划时不能盲目延长机组检修间隔。应坚持评估机组设备状态，加强设备运行、日常维护、消缺、保养管理，珍惜检修机会，消除检修质量管控不良意识，为实现机组检修间隔延长提供基础条件，逐步延长检修间隔，在目前机组利用小时数逐步降低的形势下，要充分利用消缺、季节性检修的机会，提高设备健康状况，避免盲目拼设备、带病运行带来安全事故隐患。

（4）逐步契合集团公司发电机组优化检修指导意见（机组检修间隔原则上依据运行小时数确定。机组累计运行小时数达到 10 000h 安排小修，机组大修后累计运行小时数达到 40 000h 安排大修。除设备厂家明确规定外，混流式、轴流转桨式水轮机组大修间隔一般不超过 8 年，贯流式水轮机组大修间隔一般不超过 6 年）。在按照集团公司要求的检修间隔编制检修等级组合规划及检修计划时，要参照设备制造厂家要求，参照设备状况、服役年限、河流泥沙特性等作出修正，检修等级和间隔可适当调整。

（四）改善建议

（1）关注设备性能下降或检修质量的影响。设计制造、安装调试因素显现，投产时间延长老化、检修质量不过关等都将影响到机组下一次的检修等级、间隔安排，如设计选型及优化不合理，技改技术方案和施工工艺不成熟带来新隐患，设备运行中出现较大设备缺陷等必然导致提前安排机组检修，不能过于拘泥于某台机组或单个厂站的检修轮次缩短，甚至盲目追求检修周期的延长。

（2）关注考核方式及检修费用使用方式的调整。当前的安全考核与检修费用管理模式几乎必然引导基层单位检修计划趋于保守和注重设备安全，不考虑经济性。强调技术管理手段，适时调整安全考核方式和检修费用的使用方式，有利于管理者不仅注重设备状况，调动基层企业的责任担当和节俭费用的积极性。

（3）关注检修计划上报时间提前过多对预报准确性的影响。集团公司、电网调度部门都要求在当年 8 月确定上报下一年度机组检修计划，管理流程长，时间提前多，存在一定的不确定性，造成基层单位仍然按照习惯固定时间间隔安排机组检修。可以按照"集团抓总、区域做实、基层强基"的要求，优化计划申报、审查过程，积极参加电网公司检修计划平衡会，最大化地实现检修计划预报的准确性。

【案例思考】

区域公司检修间隔优化是适应电力市场供需形势变化，降低检修"过修"成本，避免设备"欠修"带来隐患，力争效益最大化的精益管理手段。为了更好地贯彻执行，需要基层单位改变检修计划编制的习惯做法，应平衡处理设备安全可靠性和经济效益之间的关系，由单纯注重安全导向转变为安全和效益兼顾。下一步重点应探索检修费用预算定额下达和管控新方式，适应检修精益管理需要，适合检修计划间隔的变化，逐步降低检修成本。

<本案例由华电四川发电有限公司提供>

【案例3-7】 区域公司机组检修质量管控优化

（一）案例背景简介

1. 实施背景

水电机组目前原则上实行"预防为主、计划检修"的方针，通过机组检修保持或改善机组整体性能、提高设备的可靠性、安全性和经济性，延长设备的使用寿命。只有优良的检修质量保证，才能在发电市场竞争中取得先决优势，才能确保全年发电生产计划有序安排，实现机组修后长周期"响应快、发得出、稳得住、效率高"。反之，检修质量不良造成机组"非停"或频繁临（故）修，不但直接造成设备损失和人力、物力、财力的浪费，甚至直接被调度部门考核或引发设备事故，因此作为区域公司应该把检修质量控制作为检修精益管理的重点内容。

2. 实施思路

按照集团公司"集团抓总、区域做实、基层强基"的工作要求，区域公司在检修质量管控方面要着重发挥监督、指导、检查、考核作用，提供技术支撑、检修资源协调，借助区域缺陷管理系统、整改闭环系统、水电远程状态监测系统、区域水电集控中心等数据平台，强化重大检修项目验收评价管理，实现区域内各单位检修质量的共同提高。

（二）现状诊断

2015～2016 年度，某区域完成单机容量 10MW 及以上水电机组 C 级以上检修达 150 台次。通过加强检修质量管理，截至目前未发生设备事故或非计划停运，但因局部检修质量问题，出现返工 3 台次、临时检修消缺 5 台次，造成一定的人力、物力损失及浪费。检修质量总体可控、在控，检修质量全优率达 95%。

（三）原因分析

通过对区域公司近两年来发生的检修质量原因造成的机组检修延期或重复停役进行分析，影响检修质量的原因多种多样，综合可归类为人员素质、设备状况、现场质量管理控制、物料及市场环境五个方面。质量管控应从人、设备、管理、物料及环境五个方面进行全面分析诊断，找出各要素影响质量的主要原因（见表 3-17 和图 3-57），运用有效管理手段加以改进，提高机组检修质量。

表 3-17　　　　　　　　　2015～2016 年某区域水电机组检修质量问题统计

电站	机型	质量缺陷	后果	原　因	归纳检修因素
A 电站	混流式	水导轴承漏油	一次临时检修	使用不合格的密封材料	材料
B 电站	混流式	导叶卡异物，振动大引起瓦温升高	降负荷运行、一次临时检修	日常维护保养不到位，缺陷分析不到位	管理
C 电站	混流式	主阀严重漏水	延长检修工期	小改小革技术方案把关不严	人员
D 电站	灯泡贯流式	转轮内桨叶操作枢轴套断裂	延长检修工期	设计缺陷	设备
E 电站	灯泡贯流式	主轴密封漏水	两次临时检修	对关键缺陷分析不透彻	管理、人员
F 电站	灯泡贯流式	主轴密封漏水	一次临时检修	因发电需要，结合上游停机仓促进行检修，准备不足，检修项目缺乏针对性	环境
G 电站	灯泡贯流式	出口开关柜电气连接部位过热	限负荷运行，一次临时检修	设备材料以次充好，质量不符合要求	物料

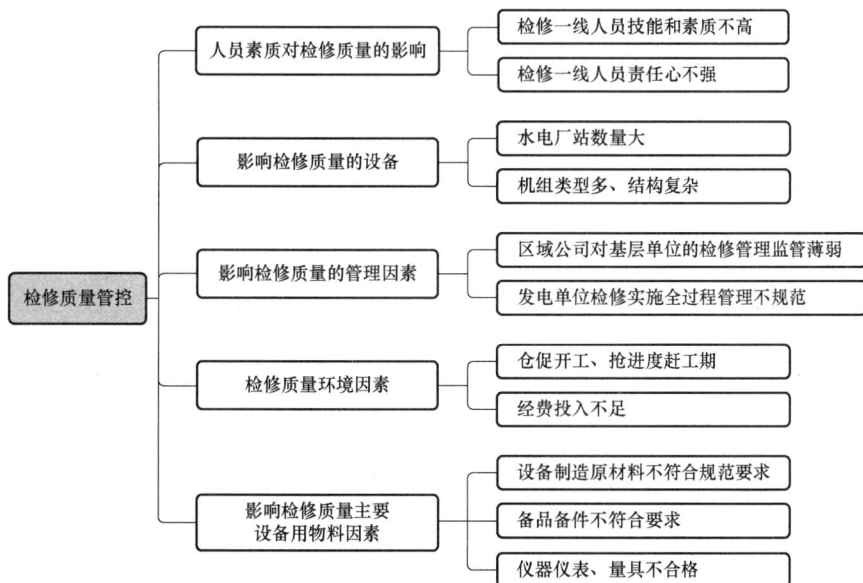

图 3-57　检修质量控制体系完善的思维导图

（1）人员素质对检修质量的影响。由于检修人员新老更替及部分检修技术人员分流，自主检修力量逐步摊薄，部分单位出现了生产技术人员、检修骨干的断层，检修一线人员技能和素质不能满足精益管理要求，多数人员对系统、设备的检修质量控制要求掌握不全面。外委检修队伍技术力量良莠不齐，现场质量监督技术力量不足，直接影响到检修质量。部分工序人员责任心不强是影响检修质量的另一重要因素。

（2）影响检修质量的设备因素。某区域公司下属水电厂站数量大、机型多，存在两个方面不利因素：一是有些机组投产时间长，存在设备老化缺陷，如发电机 B 级绝缘机组还有13 台，仅靠常规检修无法彻底消除隐患。二是灯泡贯流机组有 26 台、轴流转桨机组有 13 台，这些机组结构相对复杂，部分机组厂家设计制造遗留缺陷多，检修过程容易出现质量问题。

（3）影响检修质量的管理因素。区域公司对基层单位的检修管理监管方面一般较为薄弱，只停留在检修宏观目标，如检修完成率、机组修后发电水耗、自动保护投入率、设备完好率等指标的管控上，缺少对专业质量子目标控制，检修目标不成体系，难以满足检修过程对系统、设备质量目标的控制和评价要求。

发电单位检修实施全过程管理不规范，质量验收制度未严格执行，检修项目照搬照抄、缺乏针对性，反事故措施落实不到位，隐患排查治理不扎实，技术监督缺位等因素是造成检修质量缺陷的管理因素。

（4）检修质量环境因素。水库调节性能差的电站因发电需要，检修工期安排自主性差，仓促开工、抢进度赶工期，影响检修质量。部分电站经济指标差，检修维护费用紧张，经费投入不足也在一定程度上影响检修质量。

（5）影响检修质量主要设备用物料因素分析。设备制造原材料不符合规范要求，强度达不到要求；备品备件市场鱼龙混杂，使用以次充好备品配件，如密封件、金属螺栓；使用不合格的仪器仪表、量具。

（四）实施改善

针对机组检修容易出现质量问题的关键环节进行分析，结合区域水电生产实际情况，找出影响机组发电效益的次要原因，形成了区域公司检修质量控制体系，见图 3-58。

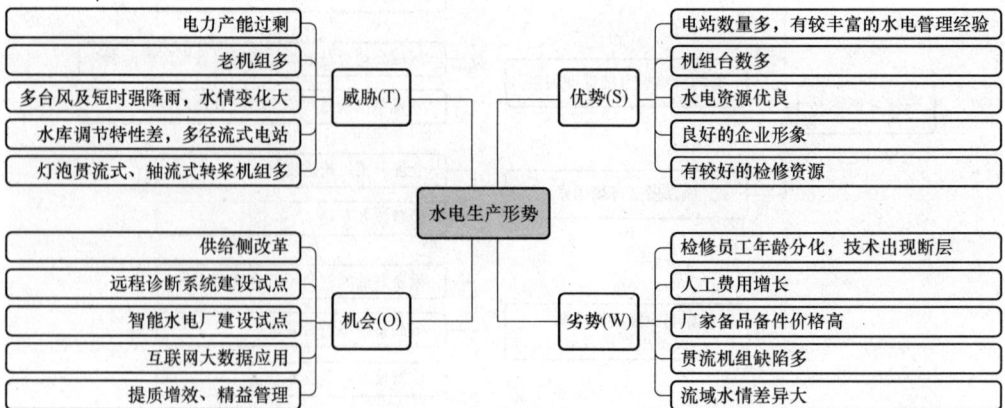

图 3-58　某区域公司检修精益管理现状分析

通过分析影响检修质量的主要因素以及区域检修管理的现状，该公司充分发挥技术优势，应用水电机组在线状态远程诊断系统、缺陷管理系统、区域水电集控系统等数据平台，进行定期的分析汇总统计，指导发电企业检修项目优化与实现信息共享；通过绩效考核、检修全优评价进一步完善检修质量考评激励机制；实行划片集中检修着力培养自主检修队伍；成立柔性技术监督小组协助开展检修质量验收把关。切实发挥区域公司监督、指导、检查、考核作用，实现区域内各单位检修质量的共同提高。

（1）建设区域共享的技术人才支撑体系。充分发挥区域公司规模、管理、人才等优势，建设区域技术中心并成立柔性技术监督专家组，建立区域人才资源共享机制，建立一支能解决生产技术难题的专家队伍，对基层单位提供常态化技术支撑。组建包括水轮机、绝缘、继电保护、金属结构等专业的技术专家队伍，对管理力量薄弱单位开展生产管理指导帮扶，开展技术监督管理评价，电气控制系统可靠性评估，发挥专家团队的"传、帮、带"的作用，促进区域技术水平整体提升。

注重发电单位检修人员技术能水平整体提高。分批次举办水电检修、电气试验、集控运行等实操性强的培训班，鼓励基层人员积极参加各类专业性的技术比武，如集团公司水电机组检修、继电保护比武、区域公司电气一次比武等各类技能大赛，强化培训，高水平的竞技，快速提高基层检修维护人员的技能。

（2）优化区域检修资源的统筹协调。针对区域水电机组分布情况及机型特点、技术人员分布情况，编制《加强公司系统检修资源管理实施方案》，培育打造南片、中片、北片三支自主检修队伍，负责区域内包括混流式、轴流转桨式、灯泡贯流式各类机型数十台机组的自主检修。在人员配置与技术培训、检修试验仪器购置等方面给予承担检修队伍的单位一定倾斜，加大软硬件设施投入，重点培养一线项目管理骨干、关键时刻能够进行质量把关的技术骨干。

成立区域公司计量中心、水电检修试验中心，开展无检验试验能力发电单位的仪器仪表检定、预防性试验及部分设备性能检测试验。

（3）加强检修质量过程控制：

1）建章立制、突出标准化检修管理。在总结多年检修管理经验的基础上，编制印发《水电机组标准化检修管理手册》，强调文件覆盖整个检修管理及其活动，检修的策划、准备、开工、实施、结束及总结等活动都由文件进行规范。强调计划的龙头作用，所有工作均应在计划的指导下开展，以实现资源的最佳配置，获得良好的检修秩序。强调以计划为龙头，以质量为中心，以安全为基础，并实现三者的协调与统一。强调全员、全方位、全过程的控制，所有参与检修的人员和活动均应处于可控、在控状态，以实现检修质量结果的可控。

2）状态评估、突出检修项目优化。通过修前设备状态评估的实践与应用，该区域公司逐步建立基于基层单位自主状态评估为主、区域公司专家服务为辅的修前诊断评估体系，为保证检修质量提供前提保障。通过对区域公司远程综合分析诊断系统数据的定期汇总与分析，实时为机组运行提出运行调整指导意见和注意事项，同时，为机组检修项目的制定与优化提供基础数据。

基层发电单位在机组运行阶段定期开展机组运行状态分析，总结机组各主要部件运行参数变化情况、磨损情况，掌握设备劣化趋势与规律，科学评估设备状态，制定有针对性的检修项目。

基于大数据综合分析运用的修前状态评估，采取针对性的检修措施；现检修项目的优化，能有效防止"欠检修、过检修"，保障检修质量，见图3-59和图3-60。

图3-59 某区域公司水电机组远程诊断分析系统界面

一、机械专业

1. 发电机：重点分析各部瓦温、空冷工作情况。有装振动摆度测量装置的机组则也进行振动摆度分析。

机组号	上导瓦最高温度(℃)	推力瓦最高温度(℃)	空冷冷风最高温度(℃)	空冷热风最高温度(℃)	定子线圈最高温度(℃)	机组轴电流(A)
1	28.22	30.70	16.80	15.32	46.20	0
2	30.40	32.90	17.20	14.90	48.70	0
3	28.30	30.10	17.60	16.40	47.80	0

分析：对是否存在缺陷，与上月数据比较进行说明。

2. 水轮机

机组号	水导瓦最高温度(℃)	导叶漏水情况	顶盖泵启停间隔时间（机组运行时）	压油泵启停间隔时间（机组运行态）	主轴密封预润水流量、压力(MPa)	技术供水总压力(MPa)
1	36.90	无	25分钟	3小时10分钟	0.11	0.18
2	39.20	无	1小时47分钟	2小时05分钟	0.11	0.19
3	36.50	无	28分钟	3小时19分钟	0.10	0.18

分析：对是否存在缺陷，与上月数据进行比较，是否存在隐患进行说明。

3. 调速器及压油装置

机组号	压油罐、阀组检查	导叶控制滤网后压力	桨叶控制滤网后压力	压油泵打油运行时间（机组停机态）	漏油泵启停间隔时间、运行时间	协联检查
1	正常	正常	正常	2小时32分钟	19小时	正常
2	正常	正常	正常	2小时28分钟	18小时	正常
3	正常	正常	正常	2小时43分钟	17小时	正常

图3-60 某电站水电机组设备月度分析（截图）

3）突出重点，强化反措执行落实。要求基层单位专业技术管理人员于检修前准备阶段收集梳理行业、上级公司下发的最新反事故技术措施要求以及反事故措施来源，收集本厂及其他单位同类型机组、同类型设备曾发生的不安全事件防范措施，准确理解和制订检修反事故措施清单，确保在机组检修中得到正确落实，避免事故的重复发生。如按照水轮发电机组反事故措施要求，将机组重要金属部件与连接螺栓的全面检测、转轮裂纹及密封装置检查、调速系统、防事故飞逸等作为检修必须落实的重点内容。

4）突出"本质"回归，确保技术监督项目落实。制订机组检修技术监督工作计划，要求三级技术监督网络各级技术人员在机组检修前明确技术监督项目、流程、验收标准和监督检验手段，在检修过程中各级技术监督网络人员按职责规定到位监督，落实各级监督责任人的职责，保证技术监督落实到位。

5）突出"三级验收"，完善质监质保体系：

a. 细化专业质量子目标。区域公司组织专业技术人员和专家力量，坚持"以设备保系统，以系统保整台机组"的原则，全面梳理各专业的系统、设备影响检修质量的关键点和控制点，梳理出设备个体与机组整体可靠性的逻辑关系，厘清设备之间互保的因果关系，提出系统、设备质量控制子目标和控制方法，编制成各设备系统专业检查对照表，汇总整理下发到各基层单位落实执行，为基层单位编制检修作业文件包及指导性作业文件提供参考，便于细化质量控制目标和要求，确保检修质量控制点不漏项。

b. 构建三级目标体系。通过该公司对各专业检修目标和要求的细化完善，逐步形成了检修宏观控制目标、专业控制目标、机组系统设备检修目标三个层次的目标体系，为基层单位检修质量管控提供重要依据，同时也成为衡量基层单位机组系统设备检修质量和检修工作成效的重要标准。

c. 健全考核评价体系。检修的评价和考核能够引导检修管理工作的方向，有助于落实各级责任。为此，该区域公司建立以发电耗水率、综合厂用电率等机组修后技术经济指标，等效可用系数、自动保护投入率等可靠性指标，机组修后全优评价等表征机组检修质量的一系列指标作为机组检修质量评价指标体系，并将各项指标纳入年度绩效考核。

d. 基层电厂将检修目标层层分解到部门和具体检修负责人，签订责任书，实行签字责任制和质量追溯制，做到检修质量"责任可追溯"，建立有效的检修安全质量奖惩机制，保证全员参与、各负其责。充分发挥人的积极性和创造性，以人的工作质量保证检修设备的质量，实现检修精益化目标。机组检修质量管控流程见图3-61。

6）杜绝以包代管，突出外包工程质量控制。加强外委检修的质量控制，杜绝以包代管，通过厂家优选、驻厂监造、关键工序见证，保证外委维修设备的质量。收集外包工程施工队伍信息，优选外包工程队伍，细化外包工程招标文件中质量标准，加强外包工程施工过程监督，控制外包工程质量风险。

7）突出动态调整与流域统筹协调，优化检修时机安排。某区域公司气候多变、短时强降雨及台风多发且多数水库调节性能差，机组检修期间弃水风险大。通过应用区域公司水调中心水情测报分析结果，做好与内部营销部门及电网调度部门的沟通协调，实时调整水电机组检修计划安排，争取安排最好的检修时机，营造相对宽松的检修时间环境。

根据区域内水电站流域分布特点，发挥龙头水库调蓄作用，做好整条流域集中检修协调安排，加强检修计划管理，获取最大发电效益。

（4）加强物料检验与采购管理，保障检修质量。发挥公开采购、集中采购、网上采购优势，及时开展供应商动态量化评价，建立不合格产品黑名单管理制度，保障采购质量。

检修质量管控流程图

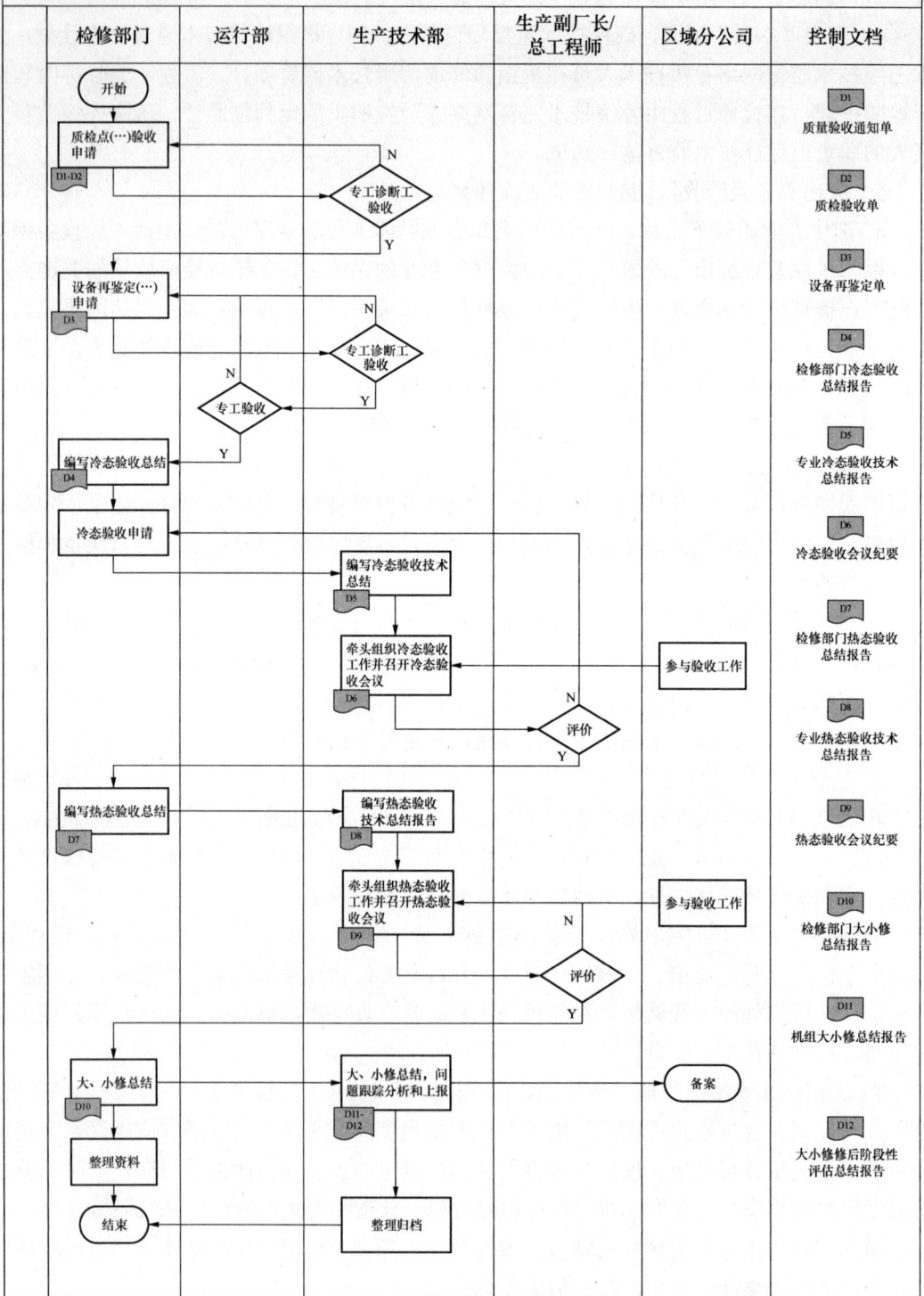

检修部门	运行部	生产技术部	生产副厂长/总工程师	区域分公司	控制文档

开始

质检点(…)验收申请 D1-D2

专工诊断工验收 N / Y

设备再鉴定(…)申请 D3

专工诊断工验收 N / Y

专工验收 N / Y

编写冷态验收总结 D4

冷态验收申请

编写冷态验收技术总结 D5

牵头组织冷态验收工作并召开冷态验收会议 D6

评价 N / Y

参与验收工作

编写热态验收总结 D7

编写热态验收技术总结报告 D8

牵头组织热态验收工作并召开热态验收会议 D9

评价 N / Y

参与验收工作

大、小修总结 D10

大、小修总结,问题跟踪分析和上报 D11-D12

备案

整理资料

结束

整理归档

控制文档:

D1 质量验收通知单

D2 质检验收单

D3 设备再鉴定单

D4 检修部门冷态验收总结报告

D5 专业冷态验收技术总结报告

D6 冷态验收会议纪要

D7 检修部门热态验收总结报告

D8 专业热态验收技术总结报告

D9 热态验收会议纪要

D10 检修部门大小修总结报告

D11 机组大小修总结报告

D12 大小修修后阶段性评估总结报告

图 3-61　机组检修质量管控流程图

对区域内出现的质量不合格及时进行通报，防止同类产品问题重复发生，促进设备厂家主动改进产品质量。各厂站严格执行备品备件、物资资料标准化验收制度。

（5）信息反馈及共享平台的建设。深化区域集控中心功能应用，发挥缺陷管理平台功能（见图3-62），实时掌握设备运行状况。通过分析影响检修质量的原因，其中有较多种类原因，如同一厂家产品质量问题，同一施工人员工艺问题，相同类型的设备缺陷问题等，在不同的机组、不同单位是重复发生的。因此，利用区域集控系统、缺陷管理系统等信息交流共享平台定期收集、整理、发布生产管理的各种经验和教训信息，将该区域公司系统历年来发生的"非停"以及设备检修发现的设备问题进行汇总整理成册，建立设备检修"大数据"，形成固化经验、传承经验和注入经验的技术载体，让基层单位都能共享信息，共同借鉴，共同受益，避免质量事故的重复发生。

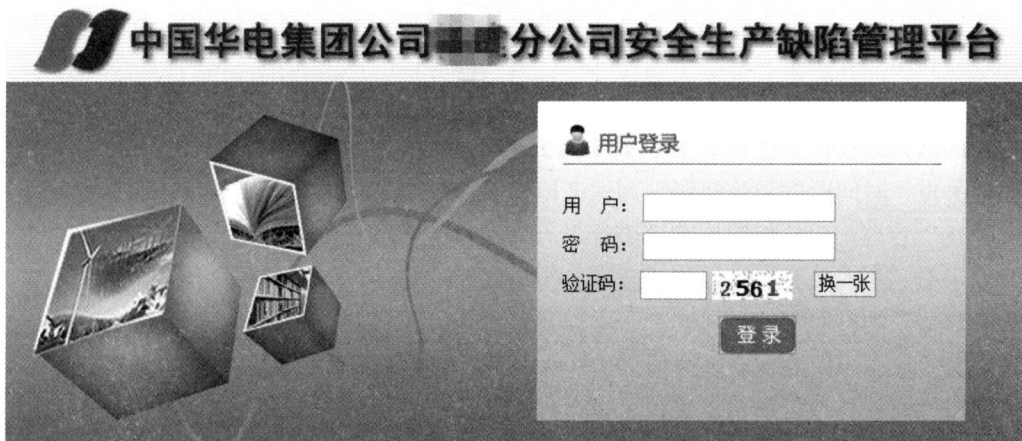

图3-62　安全生产缺陷管理平台登录界面

建立区域公司技术监督信息平台，及时收集国家行业标准、监督计划与简报，各专业间还可随时通过互联网信息平台进行技术交流，起到对信息交流的补充，有效地防止了重复原因的质量事件发生。

【案例思考】

影响水电机组检修质量的因素很多，发电企业在建立健全检修质量管控体系时，应从人员、物料、工序流程、技术标准体系、备品备件等多方面进行分析考虑。区域公司水电远程状态监测系统及大数据平台应用处于试点探索阶段，还未形成成熟、固定的专家诊断系统及应用经验，还需继续努力实践。

<本案例由中国华电集团公司福建公司提供>

【案例3-8】 水电机组A级检修管理标准化

（一）案例背景简介

1. 实施背景

长期以来，如何提高发电设备的可靠性和经济性一直是国内外发电企业的重大研究课题之一，我国发电机组的可靠性水平与发达国家相比还较低，一个重要的原因就是发电设备的检修管理水平不高。因此，提升设备的检修管理水平，将有助于机组安全、稳定运行，提高经济性。

2. 实施思路

机组检修已经进行了几十年，作为发电企业每年都在开展机组检修工作，但是目前检修管理标准不统一，水平参差不齐。加强机组检修管理、实行标准化检修，就是要把检修管理行为和作业行为统一到一个高标准上，避免随意性，减少差错，提高检修质量和工作效率。

某区域公司管辖单机容量 10MW 以上的机组共 75 台，检修工作存在点多、面广、人少、任务重、时间跨度长等问题。为保证检修工作安全、优质、高效地完成，该区域公司结合"7S"管理，对检修现场管理进行了有针对性的尝试与总结，已实现从以往各作业面为管理单位、个人经验为主导的"分散、粗放式"的管理，向制度化、流程化的"各工序流程一体化"的精益管理模式转变，实现对检修全过程的标准化管理，特别是突出对各重要节点的质量、流程的表单化控制，让检修人员直观掌握"做什么、何时做、怎么做"，实现发电单位对检修项目的自主管理、自主控制，确保各项工作保质、保量、安全完成，有效提升机组检修现场的精益化管理水平。

（二）现状诊断

1. 诊断内容

根据 2015 年全国水轮发电机组统计资料显示，影响到电力安全生产的非计划停运与降出力责任原因如下：设备检修原因分别占到分类的 41% 和 31%，其次是设计制造，分别占30% 和 29%，见图 3-63。从以上数据可以看出，设备检修和设计制造等已经严重制约了全国电力的安全可靠运行。进一步分析机组停运的责任原因分类，一方面是由于机组的设计制造，工艺水平总体较低，这属于先天的原因，在后期生产中较难实现改进或改进成本较大；另一方面是设备检修原因，占到 41%。由此看来，大力加强设备的前期管理和检修标准化管理，提高检修工艺和水平，有助于提高电力设备的稳定性和可靠性。

2. 改善目标

在全国的水力发电行业中，倡导并落实检修标准化作业的形式相对缺少，许多水电站虽有一定的检修标准化制度，但未形成系统性、标准化的管理模式。本次研究，主要改善目标如下：

（1）针对机组检修的全过程控制，结合全新的现场"7S"管理模式，编制检修标准化管理手册；

（2）开发完整的检修标准化作业流程体系模块，形成一套长效、持久性的管理机制，最终通过这套标准的推广运用，实现人力、物力的合理利用，达到检修全过程的科学管理，并在规范现场安全检修、文明检修上取得良好的成效。

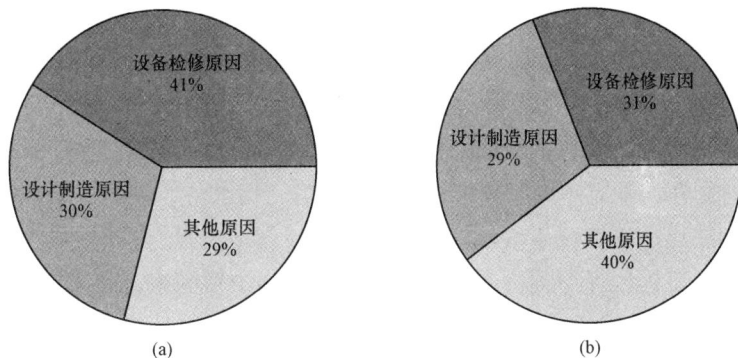

图 3-63　非计划停运原因占比和非计划降出力原因占比情况
（a）非计划停运；（b）非计划降出力

（三）原因分析

利用头脑风暴法对水电站现行设备检修管理存在的问题进行归纳，找出造成问题的主、次要因素，形成水电站现行设备检修管理问题原因分析思维导图，见图 3-64。

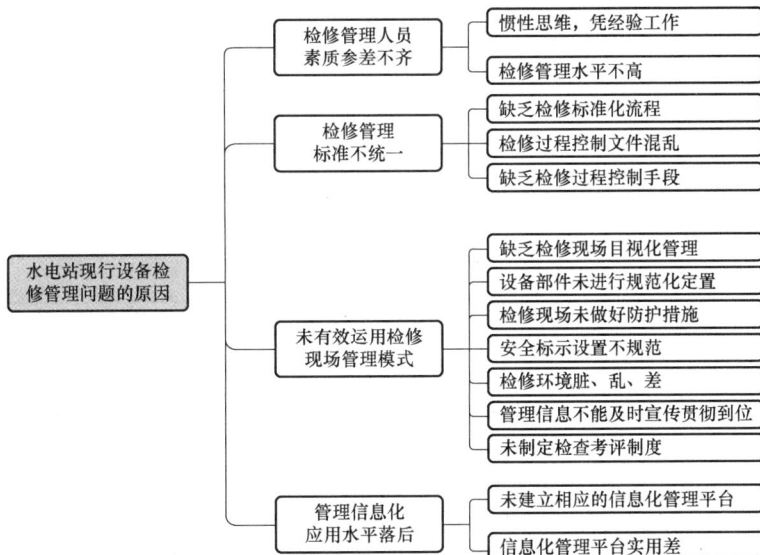

图 3-64　水电站现行设备检修管理问题的原因分析

通过对水电站现行设备检修管理问题的原因分析，从思维导图可以看出，造成水电站现场检修管理水平较低的主、次要因素主要集中在四个方面。

1. 检修管理人员素质参差不齐

（1）惯性思维，凭经验工作。一方面，对新工艺、新技术、新标准的运用心中无数，造成效率低下、质量没有保证；另一方面，对设备问题缺乏深入分析，不能做到对症下药，导致不修的修了、该修的未修或没有修好，设备的安全可靠性能得不到保证。

（2）检修管理水平参差不齐。部分电站新厂新制，人员少，检修维护外包，缺少成熟的检修管理模式，传统的检修管理有削弱的趋势，检修管理水平参差不齐、差距较大。通过加强机组实行标准化检修管理，把检修管理行为和作业行为统一到一个高标准上，可以避免随意性，减少差错，提高工作效率。该因素列为重点改善项目。

2. 检修管理标准不统一

设备检修缺少规范、统一的检修标准化作业流程，流程项目容易疏漏，项目完成及时性差；过程控制文件混乱无序，不规范，格式、内容、标准各有差异，项目完成质量不高，水平良莠不齐；缺乏过程控制手段，即便有了作业流程，也没有很好地监督和控制，过程控制能力差，工作流程执行不到位。因此，该因素列为主要因素，是重点改善项目。

3. 未有效运用检修现场"7S"管理模式

检修现场管理必须行之有效地运用检修现场"7S"管理模式，围绕安全生产"人员、设备、环境、管理"四要素，实施"检修现场目视化、物料定置示例化、防护措施细节化、安全标识规范化、整理清扫常态化、管理信息看板化、检查考评制度化"的标准化管理。该因素列为主要因素，是重点改善项目。

4. 设备管理信息化应用程度低

当前检修管理中设备信息化应用还不普遍，单台机组的信息往往成为信息的孤立点，信息不能有效地被设备管理决策者利用，共享信息少，设备管理系统的各个环节信息脱节比较严重，设备管理者对信息传递、反应也比较慢，因此将该因素列为重点改善项目。

（四）实施改善

通过思维导图对水电站现行设备检修管理问题进行分析，根据分析诊断结果制订详细的对策表，针对要因实施重点改善。具体实施对策见表3-18。

表 3-18　　　　　　　　　　　改 善 实 施 对 策 表

序号	要	因	对 策	措 施
1	检修管理人员素质参差不齐	惯性思维，凭经验工作	实行标准化检修，为检修作业行为制定标准	编制水电检修标准化管理手册
2		检修管理水平参差不齐	实行标准化检修，为检修管理行为制定标准	编制水电检修标准化管理手册
3	检修管理标准不统一	缺少检修标准化流程	制定规范、统一的检修标准化管理流程	编制水电检修标准化管理手册
4		检修过程控制文件混乱	编制检修标准化管理流程项目过程控制文件的主要模板格式，指导作业内容和目标	编制水电检修标准化管理手册
5		缺乏检修过程控制手段	通过 MIS 系统模块化应用，模块程序的自动提示和流程控制确保检修标准化管理流程项目执行到位	以水电机组检修标准化管理手册为主体，以 MIS 办公自动化管理信息系统为平台，创建检修标准化作业流程体系模块

序号	要　因		对　策	措　施
6	未有效运用检修现场"7S"管理模式	缺乏检修现场目视化管理	制定检修现场目视化标准	编制水电检修标准化管理手册
7		设备部件未进行规范定置	制定物料定置示例化标准	编制水电检修标准化管理手册
8		检修现场未做好防护措施	制定防护措施细节化标准	编制水电检修标准化管理手册
9		安全标识设置不规范	制定安全标识规范化标准	编制水电检修标准化管理手册
10		未将整理清扫工作常态化	制定整理清扫常态化标准	编制水电检修标准化管理手册
11		管理信息不能及时宣传贯彻到位	制定管理信息看板化标准	编制水电检修标准化管理手册
12		未制定检查考评制度	制定检查考评制度化标准	编制水电检修标准化管理手册
13	设备管理信息化运用程度低		利用 MIS 办公自动化管理信息系统,选用合适软件作为基础平台创建检修标准化管理模块,实现各层面的数据整合与应用,达到数据与资源共享、流程一体化、检修过程灵活配置与控制的目标	以水电机组检修标准化管理手册为主体,以 MIS 办公自动化管理信息系统为平台,创建检修标准化作业流程体系模块

1. 实施过程

（1）编制水电检修标准化管理手册。该区域公司成立以 MHT 水电公司为牵头单位的检修标准化管理小组,以 DL/T 838—2003《发电企业设备检修导则》、GB/T 8564—2003《水轮发电机组安装技术规范》等规范性文件为依据,贯彻《中国华电集团公司水电与新能源检修管理办法》基本要求,以 MHT 水电厂机组检修管理手册为基础,并综合考虑该区域公司系统不同水电机组设备、管理特点,编制水轮发电机组 A 级检修标准化管理手册。该手册分修前计划与准备管理、检修安全管理、检修现场"7S"管理、检修实施管理、检修验收及试运行、检修总结与评估六个部分,并以修前、修中、修后为时间轴将以上六个部分串联起来。为便于使用,该手册大部分内容以图表形式呈现,主要规范检修全过程管理各项目的主要模板格式、内容。

1）修前计划与准备管理。在修前计划与准备管理中,从修前一年 7 月到检修开工,管控全程以时间轴为主线,按照时间节点,以部门任务划分责任,详细制订每个时间点的任务,包括检修计划申报、检修材料申报、机组状态评估、人员技术交底、检修文件包、上墙资料等共计 42 个流程项目,同时具体罗列项目内容、计划时间,明确各个阶段所要完成的任务。图 3-65 所示为修前计划与准备管理 42 个

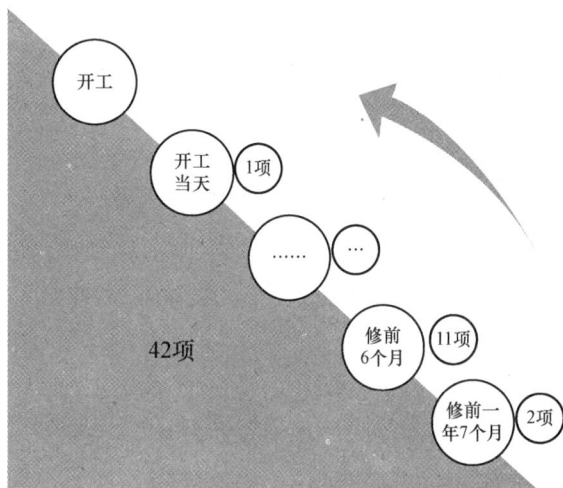

图 3-65　修前计划与准备管理流程控制

流程项目按时间节点进行质量流程控制。

2）检修安全管理。在管理手册中，以单独罗列的方式，重点包括了落实机组检修安全责任制、机组 A 级检修安全规范化管理、开展现场危险点分析与预控、作业环境本质安全管理、外包工程及外用工管理、检修现场安全检查与整改、开展 A 级检修评比活动等，主要依托于生产现场的安全管理制度和措施要求，指导现场安全作业。检修安全管理内容示例见表 3-19。

表 3-19 修前计划与准备管理内容示例

序号	项目	内容	计划时间	技术文件
1	落实机组检修安全责任制	通过现场安全巡查来检查，逐级落实安全生产责任制，对特殊作业场所以及存在交叉作业的工作面等进行重点检查	全过程	A 级检修安全责任 检修现场安全巡查制度
2	机组 A 级检修安全规范化管理	根据机组 A 级检修的安全目标、组织措施、作业安全要求、文明施工措施以及现场安全巡查制度等进行机组 A 级检修安全规范化管理，确保检修施工过程的人身、设备安全	全过程	机组 A 级检修安全规范化管理规定 检修现场安全保证措施 检修现场安全巡查制度

3）检修现场"7S"管理。检修现场管理必须行之有效地运用检修现场"7S"管理模式，围绕安全生产"人员、设备、环境、管理"四要素，实施"检修现场目视化、物料定置示例化、防护措施细节化、安全标识规范化、整理清扫常态化、管理信息看板化、检查考评制度化"的标准化管理。重点对现场场地布置、现场工具管理、物资材料定置、检修资料上墙、设备部件标识、设备部件定置及保护进行"7S"管理，以特色、创新的标准模式严格要求并加以监督。在管理过程中，通过看板示范，制定现场"7S"管理标准，以保持现场的作业环境和作业安全，规范现场检修秩序，实现文明检修、科学管理。检修现场"7S"管理示例见图 3-66。

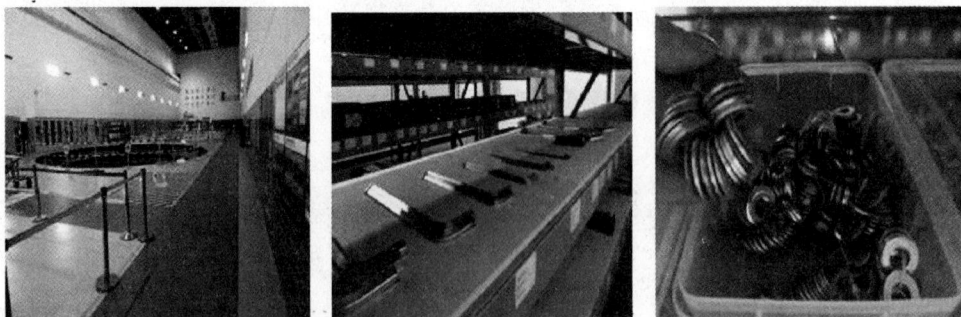

图 3-66 检修现场"7S"管理示例

4）检修实施管理。检修实施管理主要为检修过程管理，包括 12 个流程项目，主要概括为 4 个部分：一是对每日工作要求开展班前班后会交代检修任务、作业风险、安全措施、技术标准；二是不定期召开安全会议，对检修现场出现的安全事故或未遂事故进行处理，并对检修过程可能造成的人身安全的违章操作进行纠正；三是定期召开检修协调会，及时跟踪检修进度，研究技术难题，对大件起吊进行方案探讨，明确任务节点，协调后勤保障，制订试验方案及参数校验；四是过程质量控制，严格执行检修文件包管理和各项验收制度，把关现场质量验收标准，监督各部件检修工艺。检修实施管理内容示例见表3-20。

表3-20　　　　　　　　　　　检修实施管理内容示例

序号	项目	内　　容	计划时间	技术文件
1	召开班前班后会（三讲一落实）	检修单位应每天坚持召开班前班后会。班组长对班组中的每一个人交代当天的工作内容及工作中存在哪些危险因素并提出有关防范措施。现场监督人员、发电企业项目责任部门人员应参加班前会班后会，发电企业生产技术和安全监督部门人员也应经常参加班前班后会议。必须讲风险、讲风险、讲措施、抓落实。其具体内容是：班组在组织生产工作过程中，按照"三讲一落实"的流程执行，即讲工作任务，讲作业过程的安全风险，讲安全风险的控制措施，做好安全风险控制措施的落实（每天开工前，工作人员有变动或工作任务变更应重新讲解）	全过程	示例24：班前班后会EAMII示例
2	执行现场各项安全管理制度、召开现场安全会议	由安全监察人员和部门责任人组成的现场安全文明组负责，并对现场的事故（或未遂事故）给出处理意见	全过程	

5）检修验收及试运行。检修验收及试运行主要为机组检修完成后的总体验收工作，包括设备异动执行、运行规程修订、总体验收、试运行条件检查、启动试验、工作票完工、交付系统、召开检修总结会等。通过机组总体验收和启动试运行条件检查，确保机组具备启动试验条件，启动试运行成功。检修验收及试运行内容示例见表3-21。

表3-21　　　　　　　　　　　检修验收及试运行内容示例

序号	项　目	内　　容	计划时间	技术文件
1	提交设备异动执行报告、填写检修技术交代	设备检修后若有异动或系统方式改变，应向发电运行部门提交设备异动执行报告，试运行前应填写检修技术交代	启动前1天	示例8：设备异动申请及审批流程
2	运行规程修订	设备技改、工艺改变需重新修订运行规程	启动前1天	
3	机组总体验收	机组检修完成，各项静态试验均已合格，正式启动试运行前应进行总体验收，以确定检修质量达到启动试运行条件	启动前1天	图10：检修项目总体验收流程 附录30：机组检验收标准单
4	机组启动试运行条件检查	启动前机组总体验收合格、保护校验合格可全部投运、各项试运行前检查已完成、设备铭牌和标识正确齐全、设备异动报告和运行注意事项已全部交给发电运行部门、试运方案审批完毕、试运人员做好试运准备	启动前1天	示例27：机组启动前检查OK单

6）检修总结与评估。检修总结与评估包含13个流程项目，主要分为3个部分：一是修后工具材料归置整理，对工器具的数量和完好性进行检查，对领用的材料进行整理并办理退库手续；二是修后技术资料汇总归档，包括检修文件包、作业指导书、检修总结、试验报告、检修竣工报告等内容；三是设备检修总结评估，对检修中的安全、质量、项目、

工时、材料和备品配件、技术监控、费用以及机组试运行情况等进行总结，并作出技术经济评价。检修总结与评估内容示例见表 3–22。

表 3–22 检修总结与评估内容示例

序号	项 目	内 容	计划时间	技术文件
1	完工报告单报各省公司	"完工报告单"内容包括计划项目情况、特殊项目情况、重大缺陷处理情况、遗留问题的处理意见、检修分项承包单位评价等，检修后的设备正式移交运行。正式投入电网运行当天发省公司技术主管报备	复役当天	附录31：检修完工报告单
2	工器具整理	对工器具的数量和完好性进行检查，整理并归回定置	复役后3天内	示例29：机组A级检修专用工具清册
3	材料整理	将领用的材料进行整理，明确使用和剩余数量，办理退库手续	复役后7天内	
4	检修文件包关闭	检修文件包填写审核完毕	复役后7天内	

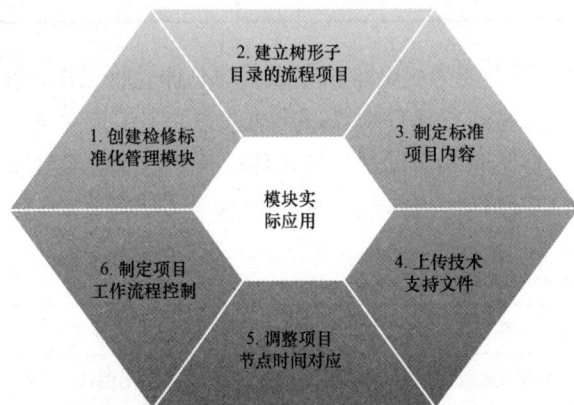

图 3–67 检修标准化作业流程体系模块建设思路

（2）建设检修标准化作业流程体系模块。以水轮发电机组 A 级检修标准化管理手册为主体，以 MIS 办公自动化管理信息系统为平台，建设检修标准化管理模块，通过模块程序的自动提示和流程控制进行监督管理，确保各流程项目执行到位。检修标准化作业流程体系模块建设的思路见图 3–67。

2. 实践效果

（1）管理效果：

1）规范了流程项目；

2）明确了节点时间；

3）统一了过程文件；

4）实现了模块化应用。

（2）经济效益（以 MHT 水电公司为例）：

1）节约工时：节约一次大修工期约 12 个工作日，MHT 水电厂可节约工时费用 6 万元，BS 水电厂可节约工时费用 4.8 万元。

2）减少冗余：提高材料利用率约 6%。

3）降低成本：减少 3%～5%的成本支出。

（3）其他效益：

1）安全效益：标准化作业提升安全管理水平，为安全生产保驾护航。

2）环境效益：通过标准化的建设，减少资源和材料的浪费，在节能减排、环保等领域取得很好的效益。

3）科技效益：通过检修标准化信息建设，提升检修的科学管理水平，确保质量标准化、项目流程化。

4）质量效益：通过标准化管理使机组 A 级检修质量达到全优。

（五）标准化

该区域公司确定了 MHT 水电厂为"水电厂检修标准化管理模式"示范电厂，并由 MHT 水电公司负责主编的《水轮发电机组 A 级检修标准化管理手册》已向区域内各水力发电企业推广使用，同时以机组 A 级检修标准化管理手册为主体，以 MIS 办公自动化管理信息系统为平台，创建检修标准化作业流程体系模块。

【案例思考】

该案例以安全生产为目标，以标准化作业为主线，以工序流程优化与控制为基础，将水电机组 A 级检修的修前计划与准备管理、检修安全管理、检修现场"7S"管理、检修实施管理、检修验收及试运行、检修总结与评估六个部分进行流程化、表单化总结提炼，实现对检修全过程管理，特别是对各重要项目时间节点的质量流程控制。

<本案例由中国华电集团公司福建公司提供>

【案例3-9】 优化C级检修项目，提高机组检修质量

（一）案例背景简介

检修项目的编制是检修计划管理的重要一环。如何做好机组检修项目计划，是检修管理工作中要着重考虑的问题。传统检修模式下，机组检修项目的确定一般依据国家标准、行业标准，结合机组遗留缺陷以及各类整改项目等安排。综合某区域水电机组历年的运行情况来看，设备缺陷数量较多、故障间隔时间短、缺陷重复出现以及检修项目漏项的问题普遍存在，引起机组临时性消缺和非计划检修频繁，影响机组安全、稳定、经济运行。为积极应对电力市场竞争，在满足设备可靠性要求的前提下，结合机组运行状况，对部分检修项目进行优化、调整，避免因"过修"而造成设备"早期失效"，降低检修维护成本。

（二）现状诊断

某电厂以状态检修为发展方向，结合水电设备特性以及现行管理模式，课题组通过头脑风暴法，配合员工访谈，对检修项目编制过程进行了诊断。

（1）标准项目编制诊断。以往标准项目编制时往往未进行细化，对上次检修不到位项目考虑不周，导致项目安排漏项。

（2）消缺项目编制诊断。对于部分缺陷的处理未进行差异化的管理，如对长期存在的

不具备消缺条件暂时未处理的缺陷，或重复发生而没有彻底处理的缺陷，未在检修项目中体现。

（3）技改项目计划诊断。需要在检修中实施的技术改造项目，因设备供货滞后，引起项目调整或取消。

（4）整改项目计划诊断。"7S"管理、技术监督、安评、反措等各类整改项目及机组上次检修信息保存位置分散，在检修项目编制时因资料收集不全或人员疏忽，致使部分项目未列入。

（5）设备分析评估诊断。照抄、照搬国家标准和行业标准要求，未结合机组运行数据和表征现象的分析结论，或状态监测系统、专家诊断系统及设备评估结果，发生漏列或盲目安排。

通过对诊断内容的统计、分析，课题实施前检修项目编制存在一些问题，具体见表 3-23。

表 3-23　　　　　　　　　　　检修项目编制存在的问题

序号	项　目	主要存在的问题
1	标准项目	（1）项目不够细化； （2）未结合前次项目检修执行情况
2	缺陷消除项目	（1）缺陷发生原因、规律分析不够，消缺方案未明确； （2）未结合消缺情况确定项目
3	技改项目 （结合机组检修实施项目）	供货滞后
4	整改类项目	（1）整改计划不明确； （2）因资料报告分散，引起安排漏项
5	设备分析评估项目	（1）未有效结合设备分析结论提出项目； （2）未有效结合设备评估结果提出项目

（三）原因分析

结合诊断内容，对影响检修项目编制的末端原因进行分析，要因见表 3-24。

表 3-24　　　　　　　　　　　影响检修项目编制的要因确认

序号	末端原因	事　实　确　认	是否为要因
1	标准项目不够细化，未结合前次项目检修执行情况	检修项目编制时，只粗略地对标准项目进行罗列，照抄、照搬标准项目，未有效结合前次项目检修情况	是
2	缺陷发生原因、规律分析不够，未结合消缺情况确定项目	缺陷分析仅通过故障表象进行判断，未根据缺陷性质进行根本原因的查找	是
3	技改设备、物资供货滞后	对需要在检修修中实施的技改项目未实行节点控制，造成技改项目无法按期实施；未结合设备、物资供货情况进行动态调整	是
4	整改类项目整改计划不明确	整改类项目未结合生产计划编制整改计划表，缺少系统性、计划性的安排	是

序号	末端原因	事 实 确 认	是否为要因
5	整改项目资料分散	各类整改项目资料分属各部门负责，未实现信息共享	是
6	未有效结合修前设备评估报告编写检修项目	通常是照抄照搬国家标准、行业标准，缺乏从机组运行数据、设备表征现象去分析设备健康状况，以设备评估报告作为检修项目编制的依据	是
7	设备监测手段单一，可供分析数据不全	现阶段机组主要对电气参数、温度、振摆等进行检测，基本上能满足现行检修模式需求	否

（四）实施改善

1. 标准检修项目优化

该电厂依据水轮发电机检修导则、集团公司检修管理办法细化检修标准项目，同时增加了检修项目的质量标准及要求，增加计划的指导性。细化后某机组部分 C 级检修标准项目见表 3-25。

表 3-25　　　　　　　　　　　　某机组部分 C 级检修标准项目

序号	设备名称	项目	质量标准及要求	质检点	技术监督项目	所属专业
1	定子	定子检查、清扫	（1）定子组合面把合螺栓、销钉紧固完好； （2）结构焊缝与螺帽点焊无开裂	W	金属	机械
		挡风板检查	（1）挡风板无裂纹、变形，螺栓及锁片应紧固，无松动； （2）上游侧挡风板与转子间的距离不小于10mm	W		机械
2	转子	转子检查、清扫	（1）磁极把合螺栓紧固无松动，螺母点焊无开裂； （2）转子支架结构焊缝无开裂； （3）转子连接螺栓挡块焊点无开裂	W	金属	机械
3	空气冷却器	空气冷却器清扫及耐压试验	（1）空气冷却器把合螺栓紧固完好； （2）空气冷却器做 0.6MPa 耐压试验，保持30min 无渗漏	W		机械
4	制动系统	制动系统检查、动作试验	（1）制动环表面光滑无毛刺，紧固螺栓不凸出闸环表面，螺栓点焊无开裂； （2）制动块完好无损坏，无严重磨损，闸块厚度小于 15mm 应更换； （3）制动器动作试验，活塞动作灵活、无卡塞，管路无漏气	W		机械

2. 非标准检修项目优化

非标准项目的确定过程中，针对积累性损坏可预见的特点，该电厂在利用现有监测手段的基础上，通过对设备各种运行方式下的特征数据，以及各种状态参数进行分析和状态评估，确认设备状态变化程度、整体的稳定性及异常表现，预测故障的发展及潜在危险，进一步确认故障的具体部位和原因，提出相应的措施和对策，对检修项目的确定提供参考依据，同时结合前次检修情况、各类整改项目以及技改项目进行综合考虑，形成融定期检修、状态检修、故障检修、改进性检修为一体的综合优化检修模式，促进向状态检修方向发展的最终目的。

（1）消缺类项目。针对设备缺陷直观表象以及深层次原因的个体化差异，该电厂在经过数据统计、原因分析后，对故障设备检修项目的确定实行差异化处置。

1）对于长期存在但依据现有技术水平或消缺条件暂时无法处理的缺陷，在 C 级检修中主要进行相关项目的检查、试验以及预防措施的落实。表 3–26 所列为某机组定子穿芯螺杆绝缘定期检查情况。

表 3–26　　　　　　　　　　　某机组定子修前数据

编号	穿芯螺杆绝缘	编号	穿芯螺杆绝缘	编号	穿芯螺杆绝缘
12	103×10^3	100	58.8×10^3	188	104×10^3
14	89×10^3	102	0（32）	190	0（24.5Ω）
16	103×10^3	104	7.55×10^3	192	104×10^3
18	103×10^3	106	104×10^3	194	3.68×10^3
20	103×10^3	108	104×10^3	196	104×10^3
22	103×10^3	110	104×10^3	198	104×10^3
24	18	112	15.3×10^3	200	104×10^3
26	0（6.5）	114	104×10^3	202	104×10^3
28	103×10^3	116	0（OL）	204	104×10^3
30	6.9×10^3	118	23.7×10^3	206	104×10^3
32	103×10^3	120	1.64×10^3	208	0（OL）
34	0（1.3）	122	920	210	104×10^3

注　表中数据单位为 MΩ，不低于 25MΩ 为合格。

该电厂自 2011 年对定子穿芯螺杆绝缘情况实施定期监测以来，每次均发现少量定子穿芯螺杆绝缘不合格的情况，鉴于上述情况，该电厂主要开展了以下工作：① 通过召开专题研讨会以及向各方专家咨询的方式积极寻求解决方案；② 制订定期检查、试验计划（见表 3–27）；③ 结合设备维护计划，将检查发电机定子穿芯螺杆紧固及绝缘情况、转子磁极连接板及阻尼连片情况，以及测量发电机定子、转子绝缘值作为机组检修期间重要的检查处理内容。

表 3–27　　　　　　　　　　　某机组设备维护计划

序号	设备/系统	项目	具 体 内 容	频次	责任部门
1	发电机	运行数据监视、分析	加强对运行发电机及励磁系统测量数据（电流、电压、温度）的实时监视并进行比较分析	连续	发电部
2	发电机	巡视	发电机定、转子的机动巡回	每连续运行 6h/次	发电部
3	发电机	检查、试验	检查发电机定子穿芯螺杆紧固及绝缘情况、检查转子磁极连接板及阻尼连片情况，测量发电机定、转子绝缘值，并以报告形式上报生产技术部	每月一次	电修分公司
4	转子	清扫、处理	转子集电环、碳刷清扫以及碳刷更换	每两月一次	电修分公司

2）通常情况下，设备缺陷重复出现的原因有两个：一个是设备消缺不彻底；另一个是设备正常磨损或老化引起的功能失效，一般可以通过"三对照"方法来分析。对于以上两种类型的缺陷，检修项目及内容的编制时应区别对待：

对于第一类缺陷，需对缺陷发生原因进一步分析、再确认，确定缺陷的根本原因，依此进行检修项目及内容的编制；对于第二类缺陷，如某机组碳刷打火花缺陷在一年内连续出现了4次（见图3-68），发生的最小间隔时间为71天，检查发现该缺陷主要是由碳刷磨损以及碳粉污染所致。为消除该缺陷，具体做法如下：① 关注、了解新型工艺、材料的推广情况，考虑选用耐磨性能更好的碳刷；② 将转子集电环、碳刷清扫以及碳刷更换工作编入维护计划（见表3-27）；③ 在制定转子检修项目时，对碳刷的运行和维护情况进行综合考虑。

1	状态	缺陷内容详细信息	所属专业	所属区域	发现人	发现单位	发现时间	检修班组意见
2	已通过验收	3F机组转子碳刷打火花	电气专业	3号机组	***	N-CALL一班	2015年10月5日	待验收
3	已通过验收	3F机组转子碳刷打火花	电气专业	3号机组	***	N-CALL一班	2015年6月28日	待验收
4	已通过验收	3F机组转子碳刷打火花	电气专业	3号机组	***	N-CALL一班	2015年4月18日	待验收
5	已通过验收	3F机组转子碳刷打火花	电气专业	3号机组	***	N-CALL二班	2015年1月26日	待验收

图3-68　某机组碳刷打火花缺陷统计（截图）

3）对于其他类型的设备缺陷，按照专业类别组织相关专业技术人员对缺陷深层次的原因进行分析、预测，将处理方法或防范措施作为检修项目编制的依据，在设备检修作业过程中进行落实，在质量验收阶段重点进行监督。

（2）技改类项目。结合年度计划，将需要在检修中实施的技改项目列入检修计划，若设备供货滞后，应及时进行项目调整。

（3）整改类项目。整改类项目的落实过程中，为提升机组可用系数，部分"7S"、技术监督、安评以及反措整改项目通常安排在机组检修期间进行。以往情况下，由于各类整改项目相对分散，整改项目无计划性的安排，造成整改项目遗漏，整改项目完成率一直不高。针对上述情况，该电厂充分利用综合业务管理系统，实现了各类整改项目信息共享，结合生产工作安排制订了整改计划（见表3-28），为检修项目的编制提供依据。

表3-28　　　　　　　整 改 计 划

序号	类别	整 改 内 容	整改条件	计划安排情况
1	"7S"	厂房渗漏1号排水泵盘根漏水	无	1月20日前完成
2	技术监督	录制励磁系统空载起励、跳灭磁开关、手动逆变、双通道切换、电压互感器（TV）断线、电流开环试验录波图，并形成报告	机组检修	启运试验中落实（各机组）
3	安评	2F机组润滑油泵进口加装滤芯	机组检修	2016年3月20日2F机组C级检修
4	反措	10kV电缆进线柜加装母排	母线年检	2016年4月16日10kV年检

（4）设备分析评估类项目。结合设备分析结论、评估结果拟定检修项目，预防事故发生。

1）以对某机组水导瓦温分析为例（见图3-69），修前数据显示4～8月水导瓦温呈逐步上升趋势，但仍处于正常范围（60℃）内。生产技术部组织机械、电气、发电专业人员对该机组水导轴承瓦温、振摆、运行工况以及机组检修历史信息进行综合分析，在排除冷

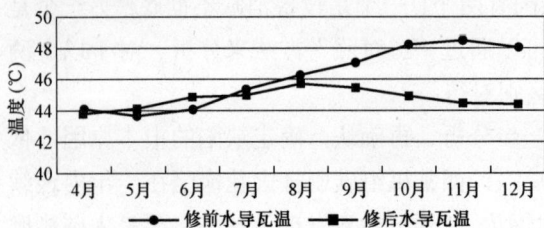

图 3-69 某机组检修前后水导瓦温对比

却效果不良、季节性环境温度变化以及机组运行工况变化等因素后，确定该机组 C 级检修中增加水导瓦间隙检查、调整项目。经对瓦隙进行调整后，水导轴承瓦温正常（修后水导瓦温所示）。

2）对于运行状况良好的设备，其部分项目可适当延长检修间隔时间。

3. 实施效果

通过对检修项目编制的精益改善后，检修项目更加细化，对作业人员作业指导性加强，以下为检修项目完成率以及设备缺陷数量两个指标的改善情况。

（1）据统计，该电厂 2016 年机组 C 级检修 7 台次，检修项目完成率均达到 100%。

（2）某机组年度缺陷情况对比，见图 3-70。

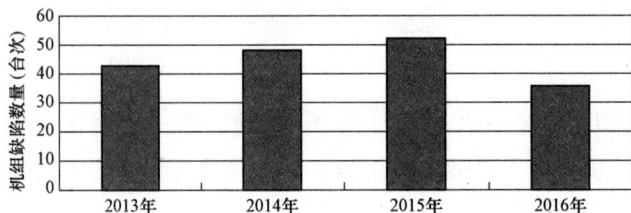

图 3-70 某机组缺陷数量统计

（五）标准化

针对已实施的改善成果，对相关工作管理标准，如《检修和技改管理标准》《设备缺陷管理标准》《设备运行分析管理标准》进行了修编。

【案例思考】

通过对机组检修精益管理，机组运行可靠性得到了进一步的提高。下一阶段将从运行状态监测分析成果与远程专家支持系统（电科院）建议的指导、应用方面进行探索实践，进一步提高机组检修项目编制的精准性。

<本案例由华电四川发电有限公司宝珠寺水力发电厂提供>

【案例3-10】 利用水电机组轴系测量及调整系统提高水电机组盘车质量

（一）案例背景简介

1. 实施背景

水电机组轴系测量及调整（盘车）是水电机组安装过程中一项重要的工序，其质量的好坏直接影响到水电机组安装质量和机组的安全稳定运行。目前盘车主要采用电动盘车或人工盘车方式。数据的读取、记录，绝缘垫刮削/加垫量等参数的计算都需依靠人工来完成，不仅工作效率低，计算出的数据精度低，而且容易出错，影响整个盘车工序的质量，导致盘车次数增加。这样既延误了检修工期，造成了人力资源的浪费，甚至还会引起电量损失。因此，对水电机组轴系测量及调整进行深入研究是必要的。

2. 实施思路

通过将现代化检测技术与水电机组轴系摆度分析原理相结合，开发一套具备轴线摆度在线测量、绝缘垫刮削/加垫自动计算、轴线曲折智能诊断、导轴瓦间隙动态计算等功能的水电机组轴系测量调整系统，实现测量采集自动化、分析诊断智能化。然后，在该系统的基础上，制订出标准化盘车操作方案，克服检修过程中人为因素的影响，实现检修过程中个人经验操作与管理，向制度化、流程化、标准化、高效化的精益管理模式转变，提升水轮发电机组检修智能化水平。

（二）现状诊断

1. 诊断内容

（1）现状介绍。图 3-71 所示为某水电站人工盘车现场。目前采用的人工盘车方式，不仅旋转机组需要人员较多，还需多人记录测量数据，且受空间位置限制，记录人员工作环境较恶劣，也存在一定的安全隐患。

图 3-71 某水电站人工盘车现场

（2）存在的问题。现有的人工记录方式存在以下问题：

1）测量方法效率低。采用百分表测量机组转动部分摆度时，需要多人在不同部位同时监测百分表读数，记录统计过程烦琐。

2）测量方法准确度相对较低。采用百分表测量时，由于读取时视觉差异和机械表计固有误差的存在，测量结果的准确度和精度相对较低。

3）测量及刮削、加垫量人工计算出错概率大。盘车测量及调整计算量相对较大，在数据传递过程中，刮削/加垫量计算过程中存容易存在一定的人为误差，常造成不必要的返工。

4）盘车中轴系数据分析及处理方法无法直观体现。刮削、加垫量的计算复杂，常常只能局限于对盘车测量数据利用经验代替计算法进行简单分析，对水电机组轴系曲折及其潜在故障原因分析难以直观体现和深入分析。

由于盘车过程存在上述诸多问题，现有盘车方式已经不能满足精益管理要求。开发水电机组轴线测量及摆度分析诊断系统，为现场检修人员提供有力的辅助工具，有效地提高盘车质量，符合自动化、智能化发展趋势。

2. 改善目标

根据上述盘车工作存在的问题，结合当前科学技术手段和技术水平，确定以下几个改善目标：

（1）实现盘车数据的在线测量，避免人为因素造成的测量误差，提高测量数据精度。

（2）优化盘车数据计算方法，降低盘车数据处理的复杂性，使得出数据结果更加准确可靠。

（3）提高盘车工作效率，节约盘车工序所需的工作时间。

（三）原因分析

图 3-72 列出了导致盘车质量不高的原因，即人为误差、计算方法、轴系认识、现场管理等。

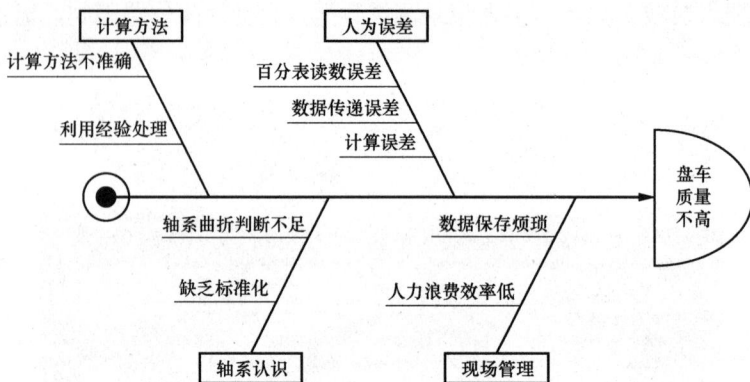

图 3-72　盘车质量不高的原因分析

1. 人为误差

为了提高测量数据的可靠性，现场盘车需要连续盘车 2～3 次，受机组结构布置和读数习惯的影响，现场读数存在一定误差。由于测点数量多、数据记录量大、计算公式烦琐，导致数据统计汇总、计算中出错概率大。该因素列为重点改善项目。

2. 计算方法

水电机组轴系摆度计算、导轴瓦间隙调整计算等相对烦琐，特别是绝缘垫刮削/加垫量计算中，不仅涉及正弦函数拟合，同时还要计算相应波峰数值及对应角度。传统计算方法精度较低，计算过程复杂，现场技术人员存在以检修经验进行刮削/加垫量判断的现象，影响盘车质量。该因素列为重点改善项目。

3. 轴系分析

由于水电机组结构复杂、影响轴系因素多及轴系的三维特性，依靠单纯的几组测量数据分析轴系曲折状态，现场技术分析难度大，不能直观显现轴系状态，难以准确得出轴系调整方法和调整数据。该因素列为重点改善项目。

4. 现场管理

虽然水电机组整个盘车现场过程中人为因素较多，过程烦琐，但检修标准化流程制定较完善，盘车过程中管理环节虽存在提升空间，但对盘车质量的直接影响并不大，故该因素不列为重点改善项目。

（四）实施改善

1. 实施过程

水电机组轴线测量及摆度分析调整系统主要在机组安装检修过程中使用，需满足如下要求：① 机组检修时，其他机组仍处于正常工作状态，需要考虑电厂正常的电磁干扰等现象；② 系统数据测量应准确、快速；③ 轴线测量设备简单且安装方便；④ 电厂盘车类型较多，如人工盘车、电动盘车等，应综合考虑，扩大系统适用面。

为此，课题组选用激光位移传感器、光纤传感器相结合测量轴线数据，采用无线方式传递测量信号。下面通过硬件的选择设计和软件功能设计来介绍整个课题的实施过程。

（1）硬件设计与选择：

1）激光位移传感器的选择。水电机组轴线测量的主要元件是激光位移传感器，其测量精度和可靠性直接影响到轴线调整方案的准确性。为此，课题组采用的激光位移传感器是新一代的基于激光三角测量原理的高精度位移测量传感器，其中，采样频率最高可达10kHz，线性度为±0.1%F.S.，重复精度为 1μm。该信号传感器另一特色为数字信号输出，即将模拟信号直接转变为数字信号，进一步避免了水电厂电磁信号的干扰。

2）光纤传感器的选择。为了开发水电机组轴线自动测量功能（对应自动盘车情况），在原有 8 个激光位移传感器的基础上，加入键相测量传感器。课题组选用光纤传感器（加放大器）来完成角度测量工作。该传感器定位精度、操作频率、使用寿命、安装调整的方便性和对恶劣环境的适应能力都较好，广泛地应用于机床、冶金、化工、轻纺和印刷等行业，在自动控制系统中可作为限位、角度计算、定位控制和自动保护环节等。

3）无线通信模块的选择。课题组选用了工业等级的无线通信模块，它支持 MODBUS、ASCII 码协议，并支持各种点对点、一点对多点的无线通信方式，可以实现收发一体、安全隔离、使用简单、稳定可靠等。该模块技术成熟、运行稳定，已经被广泛地应用于工厂自动化监控、水利工程、采油输油测控、矿山机械、环保监测、起重设备、轨道交通、门禁系统、公路收费站等无线通信场所。

4）测量系统的组成。在激光位移传感器、光纤传感器和无线通信模块选择确定后，按照图 3-73 所示，进行水电机组轴线测量系统硬件设计。

如图 3-73 所示，在上导处安装一个光纤传感器（即键相传感器），主要作用是测量角速度，确定同步角度；同时，在上导处+X、+Y 方向安装一个激光位移传感器测量上导摆度，并利用无线模块将数据发送，下导和水导分别在+X、+Y 方向各安装一个激光位移传感器测量上导摆度，也利用无线模块将数据发送，而在电脑侧则利用无线接收模块接收上述传感

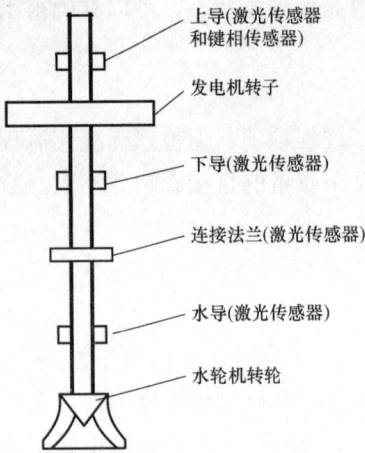

上导(激光传感器和键相传感器)

发电机转子

下导(激光传感器)

连接法兰(激光传感器)

水导(激光传感器)

水轮机转轮

图 3-73　水电机组轴线测量系统硬件设计示意图

器测量数据，达成信号通信。

（2）软件功能设计：

1）在线监测模块。在人工盘车、自动盘车定点停车状态下，可采用人工记录模式，即人工盘车开始，则点击开始运行，人工盘车达到 1 点机组停稳后，点击暂停记录，记录各个激光位移传感器测量数据；记录完毕后，点击开始运行，人工继续盘车，直到盘车结束。

自动盘车时，可采用自动记录模式，机组在电机带动下旋转 2～3 圈，不需要人工驻点记录，盘车结束后电机同步记录，即可记录下影响数据。

图 3-74 所示为在线实时监测界面，可设计不同的数据采样及记录模式。

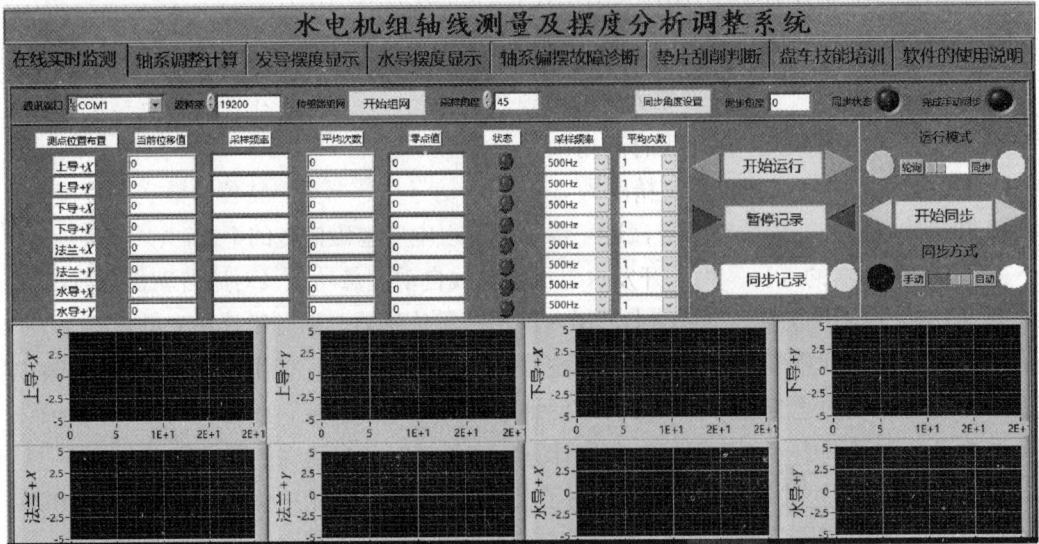

图 3-74　在线实时监测界面

2）全摆度（净摆度）计算模块。分别显示上导、下导、法兰、水导等处摆度图以及相应的全摆度及净摆度数据。

3）轴线调整计算模块。主要对机组轴线测量数据显示，计算参数设定，镜板和法兰处刮削量（加垫量）初步计算，以及是否需要刮削（加垫）判断。

4）轴线曲折故障诊断。图 3-75 所示为轴线曲折故障显示界面。该界面主要显示发电机主轴（下导或法兰处）、水轮机主轴（水导处）最大倾斜值和倾斜方位的具体数据，以及各种主轴曲折故障类型的 3D 模型。

水电机组轴线测量及摆度分析调整系统

| 在线实时监测 | 轴系调整计算 | 发导摆度显示 | 水导摆度显示 | 轴系偏摆故障诊断 | 垫片刮削判断 | 盘车技能培训 | 软件的使用说明 |

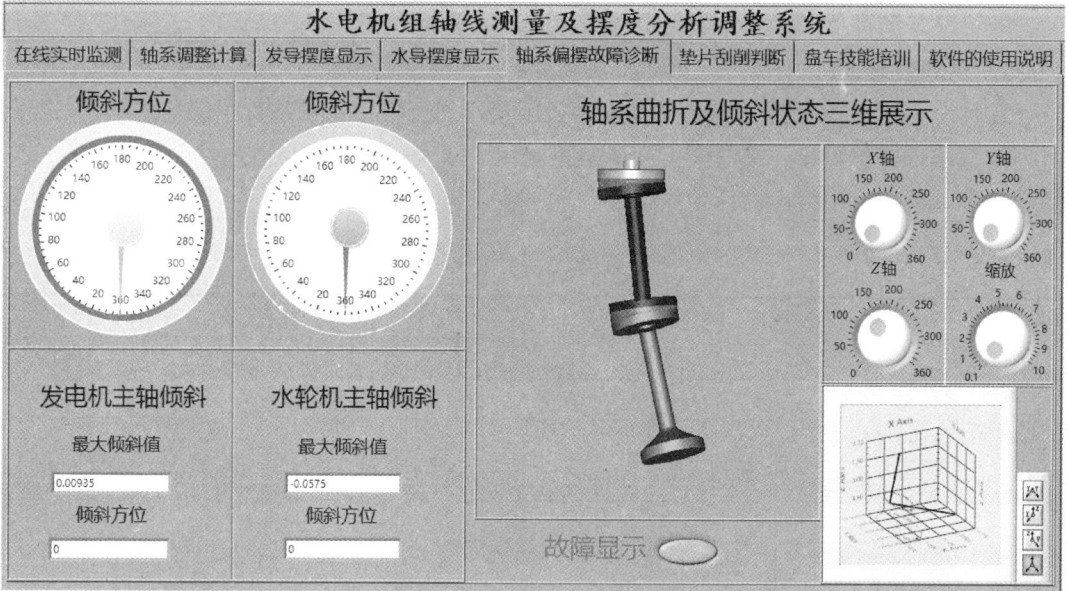

图 3-75　轴线曲折故障显示界面

5）刮削（加垫）量计算模块。采用经典计算方法和基于最小二乘拟合理论的计算方法，给出按照 8 等分后各个位置的刮削（加垫）量。图 3-76 所示为镜板摩擦面和法兰结合面刮削（加垫）判断界面。

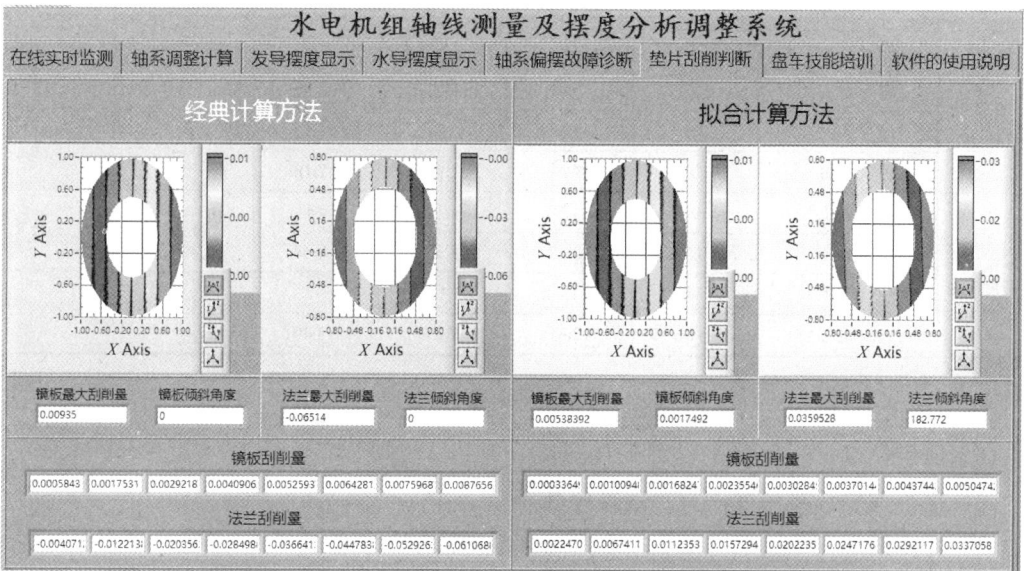

水电机组轴线测量及摆度分析调整系统

| 在线实时监测 | 轴系调整计算 | 发导摆度显示 | 水导摆度显示 | 轴系偏摆故障诊断 | 垫片刮削判断 | 盘车技能培训 | 软件的使用说明 |

图 3-76　刮削（加垫）判断界面

6）导轴瓦间隙调整模块。导轴瓦间隙调整模块根据机组型式（悬式或伞式）以上导或下导中心为机组中心计算导轴瓦间隙，并可显示导轴瓦间隙的 3D 放大图。

7）盘车培训模块。机组盘车培训模块讲述了机组盘车基本知识，并设立了题库，可以对新进员工等进行单项或多项知识库内容的自行组卷考试，自动判卷打分。可进行专项练习、随机练习和模拟考试，以强化培训效果。

2. 实践效果

2017 年 1 月 13～15 日，利用该水电站机组盘车机会对该系统进行了现场测试。表 3-29 所列为盘车传感器测量结果与人工测量结果对比，从表中数据可以看出，无论是全摆度还是净摆度，相差值都很小，且变化趋势完全一致。

表 3-29   盘 车 实 测 数 据 对 比   μm

	测点	5-1	6-2	7-3	8-4	最大差值	最小差值
上导	$+X$（人工）	1	-1	-2	-2	2.33	0.87
	$+X$（设备）	-1.33	-1.87	-0.99	-0.10		
	$+Y$（人工）	2	1	0	-2	0.70	0.22
	$+Y$（设备）	1.30	0.06	0.63	-1.78		
下导	$+X$（人工）	-5	-7	-2	1	1.38	0.60
	$+X$（设备）	-6.36	-8.28	-3.38	0.40		
	$+Y$（人工）	-1	-3	-2	0	2.46	0.29
	$+Y$（设备）	-1.29	-5.46	-4.28	-0.51		
下导（净摆度）	$+X$（人工）	-6	-6	0	3	2.39	0.41
	$+X$（设备）	-5.03	-6.41	-2.39	0.50		
	$+Y$（人工）	-3	-4	-2	2	2.91	0.41
	$+Y$（设备）	-2.59	-5.52	-4.91	1.27		
水导	$+X$（人工）	10	11	5	-6	2.42	0.80
	$+X$（设备）	9.20	12.01	7.32	-3.58		
	$+Y$（人工）	16	14	5	-9	2.90	1.06
	$+Y$（设备）	17.06	12.41	7.90	-7.18		
水导（净摆度）	$+X$（人工）	9	12	7	-4	1.88	1.31
	$+X$（设备）	10.53	13.88	8.31	-3.48		
	$+Y$（人工）	14	13	5	-7	2.27	1.35
	$+Y$（设备）	15.76	12.35	7.27	-5.40		

（1）技术指标：

1）测量精度：线性误差不大于 10μm。

2）盘车调整计算精度：符合国家标准。

3）轴系故障判断精度：能够准确判断轴系故障发生位置。

（2）经济效益。本课题成果有助于提高水电机组安装检修及运行管理人员的专业素养，实现了盘车过程中各测量点的在线测量、自动计算、智能诊断，改进了计算方法，避免了人为误差，实现了数据无纸化记录与保存，从而有效地提高了盘车质量和效率，缩短了机组安装检修工期，提高了机组有效利用率，产生了很大的经济价值。同时，该系统具有较先进的应用水平，引领行业技术进步，所形成的间接效益非经济所能衡量。

1）节约工时：节约一次大修工期至少 3 个工作日，可节约工时费用 1.2 万元。

2）增发电量：节约一次大修工期至少 3 个工作日，可创造再生发电效益 90 多万元。

（五）标准化

完成了《水电机组轴线智能诊断及调整系统》的开发，已在某水电厂 1 号机组 A 级检修中成功应用。

【案例思考】

该系统在国内水电行业尚属首例，拥有自主知识产权。通过在该水电站机组盘车过程中的试运行，验证了该系统研发思路的可行性、系统的实用性。随着系统在此基础上的进一步完善，在业内将具有广阔的运用前景。

<本案例由福建棉花滩水电开发有限公司提供>

【案例3-11】 优化机组检修管理，提高工作效率

（一）案例背景简介

1. 实施背景

设备健康是水电企业安全生产的基石，检修是保证设备安全运行的重要手段。随着社会经济的不断发展与电力企业体制改革的不断推进，对设备检修的安全性、可靠性和高效性提出了更高的要求。某电厂将"精益管理"理念与检修工作实际相结合，在设备安全、可靠的基础上，从提高检修工作效率、提升设备利用率、减少人力损耗等方面入手，提出了"优化机组检修管理提高工作效率"课题。

2. 实施思路

通过检修项目精准化、进度计划合理化、人员配置最优化、物资供应精准化、检修现场"7S"管理标准化等方面入手，使其检修工作效率最优，最终实现节约成本、提高效益。

（二）现状诊断

1. 诊断内容

（1）从 2016～2017 年南方电网直调的部分水电厂来看，直调系统内单机容量 150MW 以上、260MW 以下的水力发电机组 C 级检修平均计划工期为 22 天，最短工期 15 天，最长工期 45 天，见表 3-30。

表 3-30　　　2016～2017 年南方电网直调的部分水电厂 C 级检修计划工期

调度	申请单位	机组编号	工期（天）	工作内容	容量（MW）
南网直调	A 电厂	4	15	C 级检修	220
南网直调	A 电厂	3	15	C 级检修	220
南网直调	某电厂	1	20	C 级检修	260

调度	申请单位	机组编号	工期（天）	工作内容	容量（MW）
南网直调	某电厂	4	25	C级检修	260
南网直调	某电厂	2	20	C级检修	260
南网直调	C电厂	2	15	C级检修	150
南网直调	C电厂	3	18	C级检修	150
南网直调	C电厂	1	18	C级检修	150
南网直调	C电厂	4	18	C级检修	150
南网直调	C电厂	2	18	C级检修	150
南网直调	C电厂	3	18	C级检修	150
南网直调	D电厂	6	22	C级检修	220
南网直调	D电厂	3	22	C级检修	220
南网直调	D电厂	2	45	C级检修	220
南网直调	D电厂	1	45	C级检修	220
南网直调	D电厂	4	22	C级检修	220
南网直调	D电厂	5	20	C级检修	220
南网直调	D电厂	5	22	C级检修	220
南网直调	D电厂	6	22	C级检修	220

（2）该电厂机组最近 C 级检修平均工期为 17 天，工期最长为 19 天，最短为 15 天，具体情况见表 3–31。

表 3–31　　　　　　　　　某电厂 4 台机组最近 C 级检修工期

项　　目	时　　间	工期（天）
3 号机组 C 级检修	2016 年 1 月	15
4 号机组 C 级检修	2016 年 1 月	16
2 号机组 C 级检修	2016 年 11 月	18
1 号机组 C 级检修	2015 年 1 月	19

（3）该电厂位于北盘江多泥沙流域，根据 DL/T 1066—2007《水电站设备检修管理导则》的规定，其检修停用时间可在规定的时间上乘以不大于 1.3 的修正系数，可计算出该电厂标准项目 C 级检修工期为 9～12 天。

2. 诊断结果

根据以上诊断调研统计，该电厂水轮机组 C 级检修工期是高于检修导则规定标准的，当然这其中有检修的特殊性及特殊项目的存在。利用思维导图结合头脑风暴的方法，对影响检修工作效率的因素进行查找，找到进度计划、物资准备、工器具配置、现场管理、检修项目、调度管理、检修安全、检修文件包管理等几个方面的因素，见图 3-77。

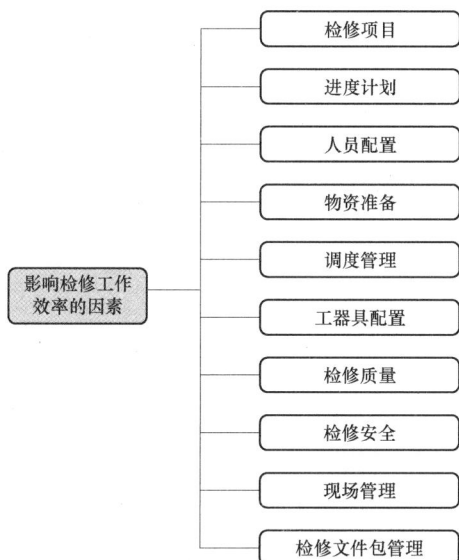

图 3-77 影响检修工作效率的因素分析

3. 改善目标

该电厂在设备安全、可靠的基础上，认为有必要对检修管理进行精益优化，提高工作效率，减少人力、物资的投入，实现安全生产效益和经济效益最大化。为此，该电厂选定"优化机组检修管理提高工作效率"为课题，并根据检修实际情况确定 1 号机组 C 级检修管理优化目标工期为 12 天，见图 3-78。

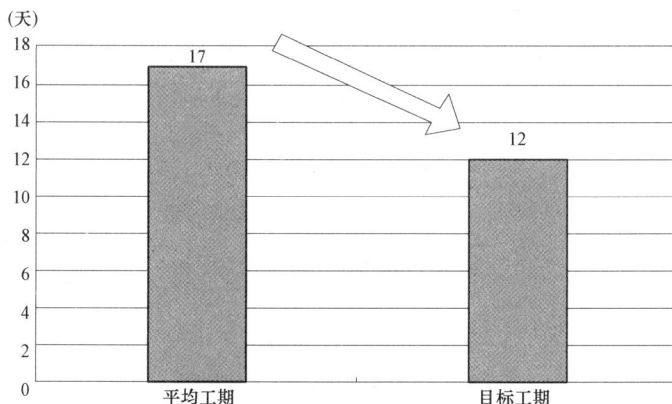

图 3-78 1 号机组 C 级检修工期管理优化目标设定图

（三）原因分析

用思维导图结合头脑风暴的方法，针对该电厂实际情况对影响检修工作效率的末端因素进行查找，见图 3-79。

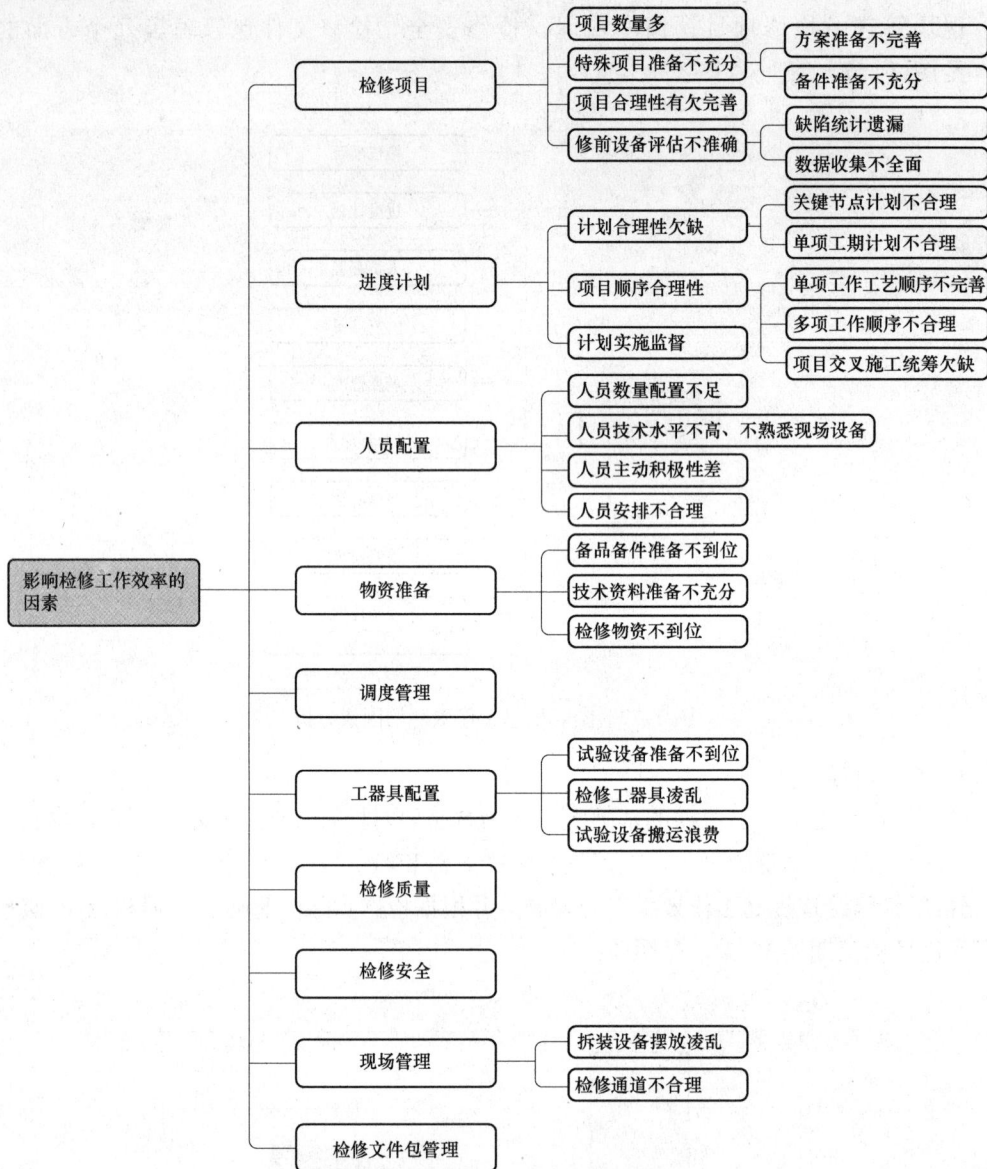

图 3-79　影响检修工作效率的末端因素分析

由图 3-79 可知，影响检修工作效率的末端因素有 22 条，结合实际情况对 22 条末端因素进行进一步的分析，确定主要因素，见表 3-32。

表 3-32　　　　　　　　　　影响工作效率的主要因素分析表

序号	末端原因	确 认 事 实	是否为要因
1	项目数量多	标准项目、技术监督整改、缺陷处理	否
2	方案准备不完善	需要的方案均在文件包制作时编写完成	否
3	备件准备不充分	提前购买	否
4	项目合理性欠完善	检修项目经过充分讨论	否

序号	末端原因	确 认 事 实	是否为要因
5	缺陷统计遗漏	每月有缺陷分析，并对未处理缺陷进行记录	否
6	修前数据收集不全面	修前编写运行报告	否
7	关键节点计划不合理	修前根据检修项目合理制定工期节点	否
8	单项工作工期计划不合理	修前已编写方案	否
9	工艺顺序不完善	工艺顺序存在多样性	是
10	项目交叉统筹欠缺	现场统一指挥，错峰安排	否
11	人员数量配置不足	自主检修已明确其设备维护和检修人员，外委检修在招标文件中明确人员配置要求	否
12	人员技术水平低	自主检修人员熟悉现场设备，外委检修提前培训并要求熟悉相关图纸资料	否
13	人员主动积极性差		否
14	人员安排不合理	根据专业经验安排项目及工作人员	否
15	技术资料不充分	图纸管理不到位	是
16	检修物质不到位	购买物资到货不及时或所买物资欠精确	是
17	调度管理	按南网要求调度	否
18	试验设备准备不到位	按技术监督要求管理	否
19	检修工器具混乱	工器具存放凌乱，寻找时间长	是
20	试验设备搬运耗时	人工搬抬，搬抬次数多、效率低	是
21	拆装设备摆放混乱	未设定定置管理区域	是
22	检修文件包管理混乱	已形成标准文件包管理	否

由表 3–32 分析可知，影响该电厂检修工作效率的主要因素有 6 个，分别是工艺顺序不完善、技术资料不充分、检修物资不到位、检修工器具混乱、试验设备搬运耗时、拆装设备摆放混乱。

（四）实施改善

1. 过程说明

根据上述原因分析，查出主要原因 6 个，利用 5W1H、头脑风暴等精益化管理手段，就主要原因制订改善对策，见表 3–33。

表 3–33 改 善 对 策 表

序号	主要原因	改 善 对 策	优点	缺点	评定
1	技术资料不充分	充分利用互联网技术，用移动终端展现电子图纸；检修现场设置数字电子屏，管理检修方案、进度计划等资料	查看、更新便捷，不需搬运	需要网络	采用
2	检修工器具混乱	自主打造便捷、实用的工器具室	分类清晰，查找时间短	需投入少量资金	采用
3	试验设备搬运耗时	采用搬运和工作台为一体的便捷式液压升降移动台	搬运便捷轻松，集成搬运与工作台功能	需投入少量资金	采用

序号	主要原因	改 善 对 策	优点	缺点	评定
4	拆装设备摆放混乱	检修现场"7S"管理，分类分区规划定置图	安全、整洁效率高	需投入资金	采用
5	检修物资不到位	完善物资管理流程和管理制度	高效	投入少量人力	采用
6	工艺顺序不完善	编制标准化作业指导书，规范检修工艺	标准作业,受个人经验影响小	投入少量人力	采用

（1）移动终端与数字电子屏的应用。检修期间，传统的资料准备方法是到图纸室查找图纸，然后搬运到检修现场，到现场工作后可能发现图纸资料不齐全，然后再到图纸室查找相关资料，全过程需要 50min 左右。这种方式存在查找时间长、搬运耗时等缺点。另外，检修现场管理工期进度图、今日工作计划等资料是采用实体看板形式，存在制作时间长、更新不及时、浪费人力等缺点，全过程耗时约 30min。

该电厂充分利用互联网技术，一是把设备图纸存放于数据平台，根据需要用手机扫描设备上的二维码，即可实时查看图纸资料，全过程耗时约 1min；二是在检修现场设置数字电子屏，管理检修方案、进度计划、每日工作计划等资料，可实时更新查看，全过程耗时约 10min，见图 3–80。改善前后效果对比见图 3–81。

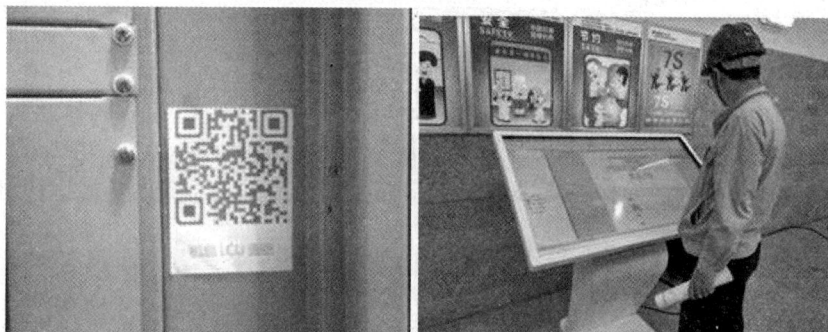

图 3–80　机组 LCU 图纸二维码与检修现场电子屏

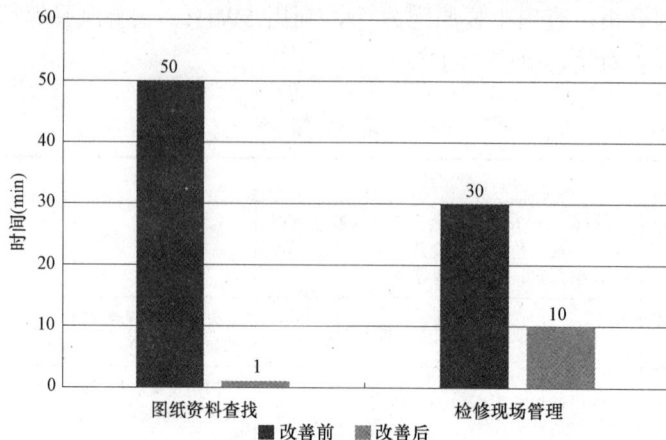

图 3–81　改善前后效果对比

（2）打造"新"工器具墙。"工欲善其事，必先利其器"，生产现场检修工器具按传统模式放置存在诸多的弊端和不便，如寻找时间长、占地空间较大、目视化水平不高、货架易积灰等（见图3-82），因此，该电厂通过头脑风暴法，决心打造一个便捷、实用、便于保养的新型工器具墙。

图3-82 传统货架式工器具室

最新工具墙打造完成后，取得了良好成效，有效地提高了各项检修进度和检修质量。与传统方式相比，最"新"方式（见图3-83）在工具查找上有了很大的提升，大大节约了查找时间。

图3-83 新型工器具墙

（3）一体式便捷液压升降移动台。该电厂传统的试验设备搬运是多人搬抬的方式，该方式对于一般的试验需要多次来回搬运，并且在工作时需另设工作台，耗时耗力。例如假同期试验，设备搬运需要两人共同耗时30min左右，通过购买搬运和工作台为一体的便捷式液压升降移动台来替代人工搬运，只需一人一次搬运即可，耗时在10min左右，见图3-84。

（4）检修现场"7S"管理。以往检修时，对于拆装的设备，零部件的摆放虽然有一定的规划，但没有定置，有不合理的地方，同时检修人员在作业时也会有一定的随意性，质量和安全把控上存在一定的隐患。

图 3-84　一体式便捷液压升降移动台

　　针对检修现场拆装设备混乱的问题，某电厂提出了检修"7S"管理，从"设备、物资、环境、人员"等方面进行了改善和标准化。检修前各作业区域定置划分，包括检修作业区、工具区、零部件放置区、废弃物放置区、材料区、临时放置区等，并编制检修区域定置图，待检修设备和运行设备分别悬挂"检修区域"和"运行区域"标识牌，有明显的区域阻隔安全栏，见图 3-85、图 3-86。

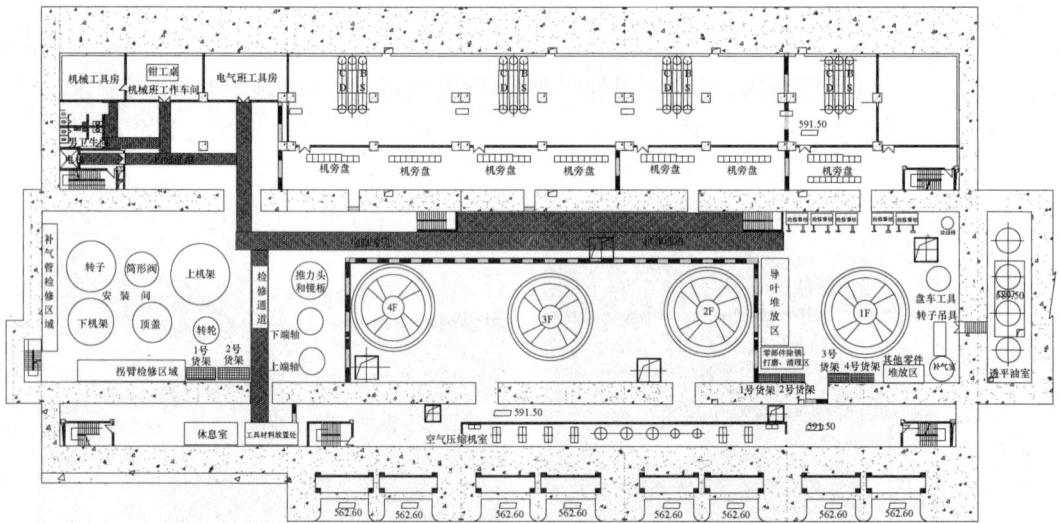

图 3-85　某电厂 1 号机组 C 级检修发电机层定置图

图 3-86　1 号机组检修现场

（5）完善物资管理流程和管理制度。合格的检修物资是否及时到位，对检修效率起着重要的作用。该电厂从物资管理的需求和要求两个方向为出发点，分析物资采购计划准确率、物资采购供货准确率、物资采购供货及时率、采购物资使用率、物资采购资金使用率"五率"的数据，见图3-87。

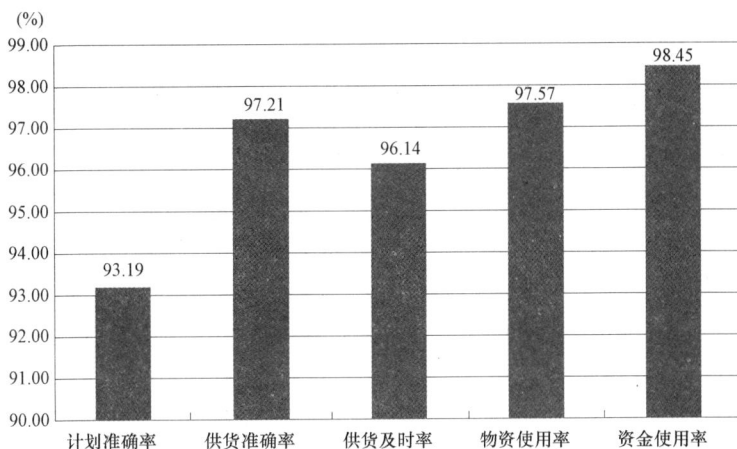

图3-87　"五率"统计图

由图3-87可看出，计划准确率和供货及时率是比较低的，这对检修工作效率的影响非常大，由此针对具体原因提出了解决办法，见表3-34。

表3-34　　　　　　　　　　　　物资管理优化对策表

序号	对　　策
1	修订物资采购管理制度，明确责任
2	对物资采购计划上报时间列入采购管理制度
3	加强部门控制环节、考核部门管理责任，将计划参数准确率作为考核参考指标
4	建立考核机制，定期（每月）进行梳理、考核、通报，将采购物资使用率、采购资金使用率作为考核参考指标
5	加强物资采购计划编制人员对ERP系统、EPC、MDM等新采购方式的培训，制订申购计划模板给予参考
6	加强对供应商考核评价，将供货及时率作为供应商评价指标
7	加强物资设备台账建设、检查

实施改善以后，物资采购计划准确率、物资采购供货准确率、物资采购供货及时率、采购物资使用率、物资采购资金使用率得到了有效的提高，见图3-88。

（6）编制标准化作业指导书。以往的作业指导书操作性不强，工作人员大多是凭借自身经验开展工作，不论是质量还是效率上都不能得到保证，同时也不利于新员工的培训，师傅不同，教出来的工艺方法也不相同。因此，将目前工艺流程制作成标准的作业流程指导书（见图3-89），并配上图片，图文并茂，统一标准，开展检修工作时达到耗时耗力最少的目标。

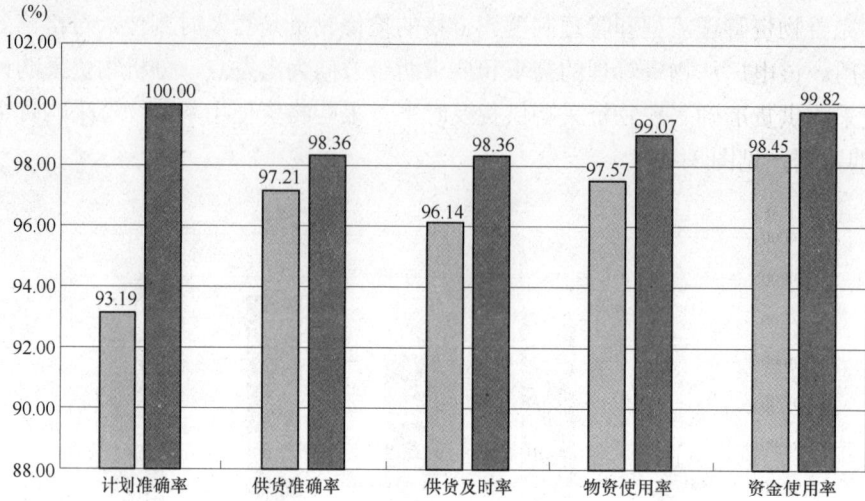

图 3-88 改善前后"五率"对比

图 3-89 某电厂假同期试验作业指导书

2. 实践效果

通过对检修过程中工艺顺序的完善和标准化、检修现场"7S"管理标准化、技术资料电子网络化、检修物资管理完善、最新工器具室打造、一体式便捷液压升降移动台的应用等六个方面的改善后，取得了显著的效果，具体见表 3-35。

表 3-35 改善前后 1 号机组检修情况对比

项 目	改善前	改善后
检修项目（项）	127	139
工期（天）	19	14
增加设备备用小时（h）	0	96
等效可用系数（%）	94.79	96.16

（五）标准化

（1）图纸、资料电子网络化。

（2）工器具室标准化。

（3）修编精益检修"7S"管理技术规范。

（4）修编生产物资采购管理制度。

（5）修编生产物资计划管理制度。

（6）修编物资采购管理流程。

（7）修编存货出入库管理流程。

（8）修编标准化作业指导书。

【案例思考】

本案例仅从检修过程中工艺顺序的完善和标准化、检修现场"7S"管理标准化、技术资料电子网络化、检修物资管理完善、最新工器具室打造、一体式便捷液压升降移动台的应用等六个方面入手，在保证质量和安全的前提下提高了检修工作效率。但检修工作效率涉及方方面面，比如调度管理、检修项目管理、修前准备等都对检修工作效率有着很重要的影响，下一步还将对这些方面进行完善。

<本案例由贵州北盘江电力股份有限公司光照发电厂提供>

【案例3-12】 抽瓦工具改良提高推力瓦检修效率

（一）案例背景简介

1. 实施背景

推力瓦作为立式水轮发电机组推力轴承的重要组成部件，其检修作业效率、检修质量直接影响推力轴承检修工期的长短和检修质量的好坏。目前，在立式机组推力瓦检修过程中，抽瓦作业仍使用安装单位留下的老式工具，这种老式工具体积大而笨重、稳定性差、作业人员需求量大，使用中受作业环境湿滑、空间狭小以及吊点选择困难等因素影响，无法达到安全、高效的检修作业目标。

2. 实施思路

在原有抽瓦工具的基础上，结合各立式机组推力轴承结构形式和检修工作经验，以改善抽瓦工具的各方面性能、提高推力瓦检修效率和质量、降低作业环境安全风险和提升工具的适用性为目标，针对目前推力瓦检修作业现状，开展梳理诊断分析，找出症结和短板，制订改善对策并加以实施，提高推力瓦整体检修水平。

（二）现状诊断

1. 现状调查

某机组 B 级检修过程中，检查发现推力瓦瓦面和镜板均有不同程度的划伤、发黑现象，更换16块（125kg）推力瓦，并配合厂家拆除瓦托（385kg）对镜板进行处理。抽瓦工作过程中，原有抽瓦（瓦托）工具（见图3-90）笨重、体积大，搬运困难，采用固定结构无法进行调整，检修中，需在狭小空间内进行吊装作业，存在压、砸机械伤害风险。

图3-90 推力轴承抽瓦、瓦托工具

使用原抽瓦（瓦托）工具的作业流程，见图3-91。

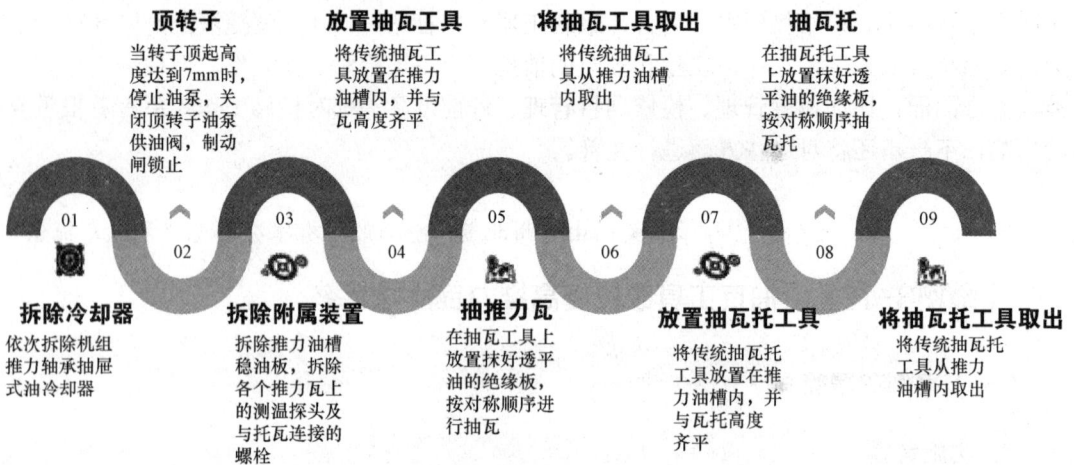

顶转子
当转子顶起高度达到7mm时，停止油泵，关闭顶转子油泵供油阀，制动闸锁止

放置抽瓦工具
将传统抽瓦工具放置在推力油槽内，并与瓦高度齐平

将抽瓦工具取出
将传统抽瓦工具从推力油槽内取出

抽瓦托
在抽瓦托工具上放置抹好透平油的绝缘板，按对称顺序抽瓦托

01 02 03 04 05 06 07 08 09

拆除冷却器
依次拆除机组推力轴承抽屉式油冷却器

拆除附属装置
拆除推力油槽稳油板，拆除各个推力瓦上的测温探头及与托瓦连接的螺栓

抽推力瓦
在抽瓦工具上放置抹好透平油的绝缘板，按对称顺序进行抽瓦

放置抽瓦托工具
将传统抽瓦托工具放置在推力油槽内，并与瓦托高度齐平

将抽瓦托工具取出
将传统抽瓦托工具从推力油槽内取出

图3-91 改善前作业流程

2. 现状诊断

通过对抽瓦作业过程各环节的诊断分析，诊断结果见表3-36。

表3-36　　　　　　　　　　诊 断 结 果

序号	存在问题	影 响 因 素
1	作业安全风险大	（1）作业空间狭小、地面湿滑； （2）吊装作业多； （3）抽瓦工具不稳定
2	人员作业量大	（1）吊装作业多； （2）抽瓦工具笨重； （3）需要拆除稳油板，增加检修工作量
3	工作效率低	（1）人员对工具使用方法、作业方案流程不熟悉； （2）人员组织、分工不合理
4	工具通用性差	（1）工具只适用于单一机型； （2）运输、搬运困难

3. 改善目标

通过设计开发新型抽瓦工具，优化抽瓦作业流程，为现场检修作业人员提供有力的辅助工具，提高安全把控能力，缩短检修时间，降低劳动强度，有效提高机组检修效率。

（三）原因分析

（1）作业空间狭小、地面湿滑。立式水轮发电机推力轴瓦检查、抽取作业需在推力油槽内进行，空间相对狭小，内部余油难以彻底清除。此原因属于设备固有特性，不作为此次改善的方向。

（2）吊装作业多。老式抽瓦工具因长度不够，无法直接将轴瓦通过滚筒移至油槽外部，需要利用手拉葫芦进行吊装，可以通过将抽瓦工具延长的方式解决，作为此次改善的重点。

（3）抽瓦工具不稳定。老式抽瓦工具采用单平台、四只支腿形式，工具稳定性较差，易倾斜，作业过程中需用手扶持，增加了作业的安全风险。计划在改善中采取方法，增强工具的稳定性。

（4）抽瓦工具笨重。老式工具材料为槽钢，采用滚筒滑轨，重量大，对抽瓦工具进行搬运或位置调整较为困难，工具改造时考虑使用轻便、强度高的材料。

（5）需要拆除稳油板，增加检修工作量。瓦托无法直接运出油槽，使用手拉葫芦进行吊装前，需拆除稳油板，增加了较大工作量。

（6）人员对工具使用方法、作业方案流程不熟悉。在检修作业前，工作负责人均已组织作业组成员对工器具使用、作业流程以及安全注意事项进行学习，故不作为此课题的改善方向。

（7）人员组织、分工不合理。在检修作业前，工作负责人已根据作业情况进行了人员分工及工作任务安排，故不作为此课题的改善方向。

（8）工具只适用于单一机型。不同的机组，其推力瓦的位置均有区别，老式抽瓦工具不具备高度调节功能，此次改善将综合考虑工具的通用性。

（9）运输、搬运困难。老式抽瓦工具采用焊接形式组装，无法拆卸，运输搬运困难，此次改善将结合该电厂检修人员工作性质，使工具易于运输。

（四）实施改善

1. 制订措施

针对传统抽瓦（瓦托）操作方案存在的问题提出如下解决方案，新工具设计见图 3-92：

（1）将一个小车改为两个小车设计，增强车身稳定性，扩大检修作业空间。

（2）选择轻质材料，取消原滚筒滑轨，改成平板滑轨，减轻车身重量；将小车长度延伸至油槽以外，减少稳油板的拆装及推力瓦、瓦托的吊装。

（3）在两个小车底部增设 8 个可调支腿，增强小车的适用范围，使工具适用于大多数混流式机组。

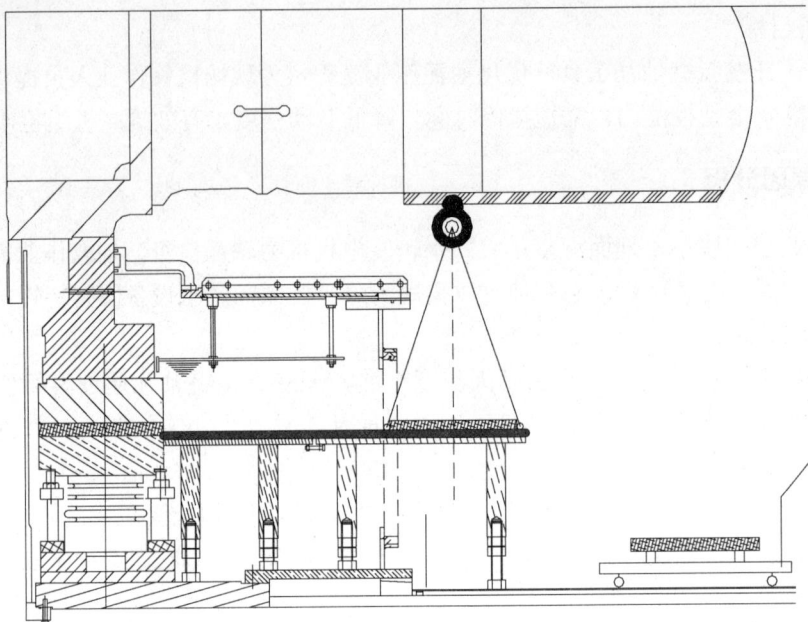

图 3-92　新工具设计图

2. 改善实施

改善过程见图 3-93。

图 3-93　改善过程

3. 改善效果评估

（1）工时减少。新工具可根据需求上下调节高度，减少了稳油板的拆卸以及瓦托的起吊作业两个环节，工序由 9 个减少到 7 个（见图 3-94），从而工时大幅减少。例如，某电站 2015 年 11 月机组 B 级检修过程中，使用改良后工具节约工时 224 个，工作效率大幅提升。

（2）安全性能提高。新工具采用双平台，可将推力瓦传送至油槽外部，检修作业空间增大，且小车平稳性增强，大大降低了人员伤害及设备损坏风险。

（3）适用范围广。新工具为合金铁与螺栓拼装而成，可根据不同机型需求进行调整。

（4）携带方便。新工具采用 U 形合金铁材料，重量较轻，拆装及运输方便。

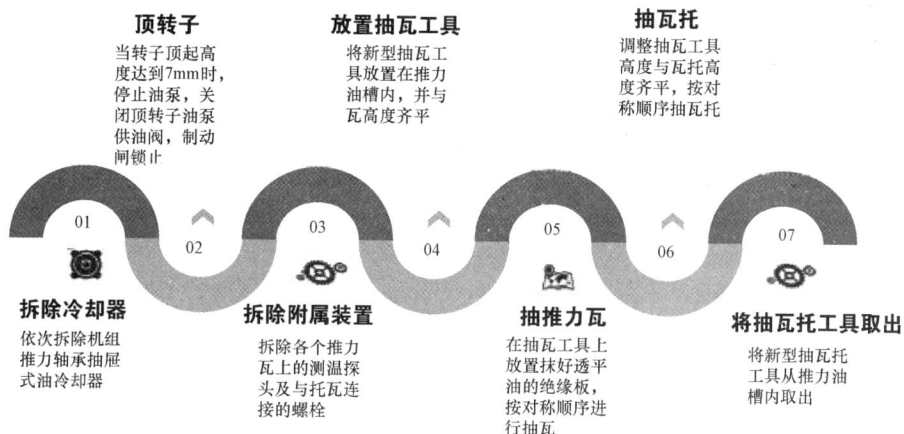

顶转子
当转子顶起高度达到7mm时，停止油泵，关闭顶转子油泵供油阀，制动闸锁止

放置抽瓦工具
将新型抽瓦工具放置在推力油槽内，并与瓦高度齐平

抽瓦托
调整抽瓦工具高度与瓦托高度齐平，按对称顺序抽瓦托

拆除冷却器
依次拆除机组推力轴承抽屉式油冷却器

拆除附属装置
拆除各个推力瓦上的测温探头及与托瓦连接的螺栓

抽推力瓦
在抽瓦工具上放置抹好透平油的绝缘板，按对称顺序进行抽瓦

将抽瓦托工具取出
将新型抽瓦托工具从推力油槽内取出

图 3-94　改善后作业流程

【案例思考】

依照检修作业实际，运用精益理念，以工器具的实用性和安全稳定性为目标，针对特殊结构形式、作业环境创新制作专用工具，提升检修作业效率、质量和安全管理水平。

<本案例由华电四川发电有限公司宝珠寺水力发电厂提供>

【案例3-13】 基于"互联网+"平台的检修物资联储管理与应用

（一）案例背景简介

1. 实施背景

目前，国内风机的装配没有统一标准。同容量不同制造单位的风机各部件不通用；各家风电制造业，根据不同的风资源，选配机型不同，不同机型的风机电气件配置各异。设备的升级换代，易形成"僵尸"备件。某新能源发电企业 2007 年一期投产，目前总装机容量为 133 万 kW，共 29 个风电场，4 家风机供应商及 6 种风机机型，给风机检修备件的储备带来很大的难度，备件采购占用大量的资金。

风电场一般建在远离城市的地方，风电场间分布广而散、相互独立，检修物资仓库根据各风电场需要而建，需要较多的人力。各风电场间检修物资库存信息不共享，物资不能实现统一协调管理，造成某些风电场大量积压物资，产生物资的闲置浪费，有的风电场因缺件不能及时消除风机缺陷，影响发电量。

2. 实施思路

为加强检修物资管理，降低库存、增加物资周转率，减少资金占用，针对目前管理现状，改善团队形成了以下两种思路：

（1）立足传统，优化流程。借鉴传统的管理经验，运用价值流的思想对物资储备、物资查询及领用、物资平衡利库、仓库管理等每个业务板块中间的个别环节进行分析并精简优化，减少时间上的等待与浪费，降低库存，减少资金占用，提高检修物资管理水平。

405

（2）基于互联网，创新管理。针对新能源发电企业规模的快速发展、设备多而散的特点，结合当前信息化手段及软件平台优势,将新能源检修物资管理工作中仓库管理、物资查询及领用、备件储备、物资平衡利库、即时录入收集等存在的突出问题结合信息化手段，创新思维加以解决。

经过对上述两种思路可行性及效用的综合论证，传统做法在环节上的精简优化，一定程度上可以对目前存在的问题进行改善，但难以实现从根本上解决，而基于信息化手段下的检修物资管理手段能够恰当地解决以上问题。因此，改善团队决定利用信息化手段开发一种能有效提高物资管理水平的软件平台。

（二）现状诊断

1. 诊断内容

改善团队根据某企业检修物资库存结构及物资管理情况，运用头脑风暴法分别对物资的储备情况、物资的领用及查询情况、物资利库问题、仓库管理情况、制度情况进行全面梳理诊断，发现存在的问题见图 3-95。

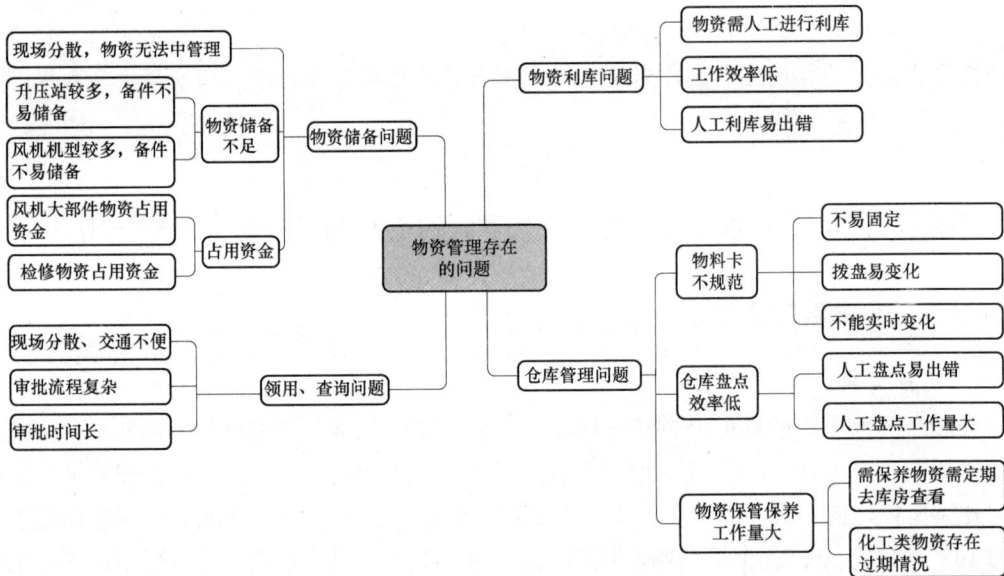

图 3-95　物资管理问题诊断

通过对目前现状的调查诊断发现，物资管理各流程环节中均存在一些问题，这些问题对物资管理工作存在一定影响。诊断报告见表 3-37。

表 3-37　　　　　　　　　　　问 题 诊 断 统 计 表

序号	管理模块	存在的问题
1	物资管理	（1）库存物资较多； （2）人工仓库盘点工作量大； （3）物资保管保养工作量大； （4）各仓库物资无法集中管理； （5）物料卡不规范； （6）物资查询及领用费事费力； （7）仓库管理不规范； （8）库存中存在"僵尸"备件

续表

序号	管理模块	存在的问题
2	经营管理	（1）生产费用花费较多； （2）发票入账不及时
3	生产管理	（1）物资计划提报不准确； （2）备品备件供应不及时

改善团队根据诊断报告，通过层别法进行归类汇总分析得出，检修物资库存较多、平衡利库、物资查询等问题较为突出，决定将上述问题作为此次改善的切入点。

2. 改善目标

（1）降低库存 400 万元。

（2）减少风机备件资金占用 520 万元。

（3）优化检修物资查询及领用环节，提高检修工作效率。

（三）原因分析

改善团队针对诊断的主要问题，通过采取访谈形式、数据收集分析、现状调查等方法进行原因分析，并对根本原因进行重点分析与排查确定。原因分析见表 3–38。

表 3–38　　　　　　　　　　　原 因 分 析 表

序号	问　题	原　因	重要程度
1	库存物资较多	风机机型较多，零部件杂	★★★★★
2	人工仓库盘点工作量大	各风电场仓库较多，人员配置少	★☆☆☆☆
3	物资保管保养工作量大	存放的检修物资需定期检查、保养	★☆☆☆☆
4	各仓库物资无法集中管理	仓库建在风电场且分散	★★★★★
5	物料卡存在不足	物料卡为拨盘式，不易固定且容易出错	★★★★★
6	物资查询及领用困难	缺陷就地确认后才能返回领用备件	★★★★★
7	仓库管理不规范	人员配置少，个别人员专业技能差	★☆☆☆☆
8	库存中存在"僵尸"备件	设备更新换代较快，替代件多	★☆☆☆☆
9	资金占用较多	根据定额储备，大部件及精密电器元件储备较多，且需定期保养	★★★★★
10	发票入账不及时	流程流程烦琐、复杂，采购员工作量大	★☆☆☆☆
11	物资计划提报不准确	检修工作有时存在不确定性	★☆☆☆☆
12	检修物资供应不及时	早期风机多为进口部件，采购周期长	★★★★★

（1）库存物资较多。因公司规模大，风机机型较多，各家风机备件不通用，风机厂家除主设备外，零部件大多数通过外购进行装配，零部件杂，根据公司检修物资定额管理规定，物资库存仍较多。因此，上述原因是造成库存物资较多的根本性原因。

（2）仓库无法集中管理。风电场仓库按照场站建设，数量较多，地理位置偏僻，相互间距离较远，传统方式很难实现检修物资的信息共享及物资统一协调管理。风机分散布置形式见图 3-96。

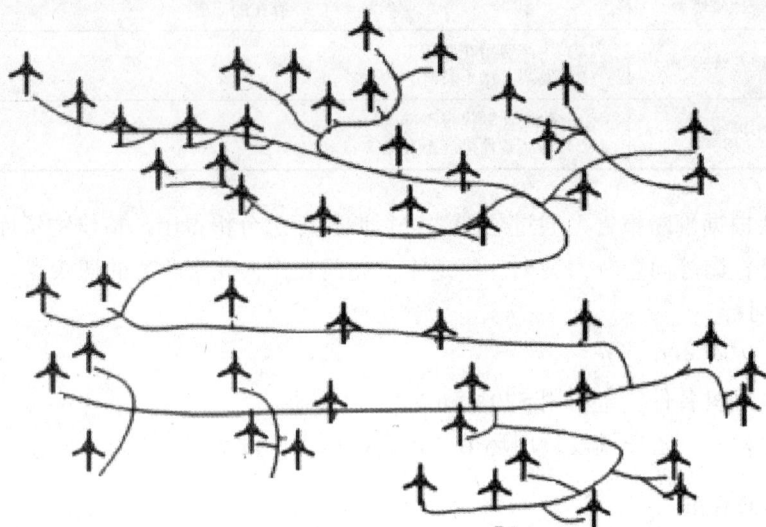

图 3-96　某风电场风机布置示意图

（3）物料卡存在不足。目前，仓库账、卡、物管理在备品架多为拨盘式物料卡，公司经多年"7S"打造，仓库目视化管理得到很好的展示，但这种拨盘式物料卡通过磁吸固定，容易脱落，且拨盘记数会因人为因素出错。拨盘式物料卡如图 3-97 所示。

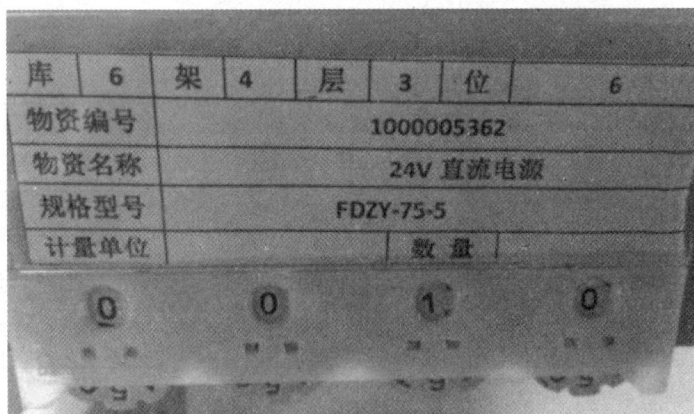

库	6	架	4	层	3	位	6
物资编号			1000005362				
物资名称			24V 直流电源				
规格型号			FDZY-75-5				
计量单位					数　量		

图 3-97　拨盘式物料卡

（4）物资查询领用困难。目前，场站物资的查询通过物资盘点表、FAM 物资管理系统及场站实地查看方式实现，效率低，影响检修工作效率。目前材料工单查询方式见图 3-98。

（5）资金占用较多。根据检修物资额储备管理规定，结合生产实际对事故备品的储备，每个风电场场站都需储备一定量的检修物资，且需定期进行保养根据不同的存放环境需求，因此，需很大的资金量来实现。

（6）检修物资供应不及时。早期投产的风机零部件多为进口设备，采购周期长、难度大，国产机型采购流程烦琐，都会导致因物资供应不及时而影响现场检修消缺工作。

图 3-98　材料工单查询界面

通过以上原因分析及巴莱多定律确认，检修物资储备、信息共享及统一协调管理成为检修物资管理的根本原因。改善团队针对分析出的 6 项根本原因，运用头脑风暴法制订相应的对策，通过对各项对策的可行性进行分析，最终制订切实可行的对策进行改善。改善对策实施计划表见表 3-39。

表 3-39　　　　　　　　　　　　对 策 实 施 计 划 表

序号	存在问题	根本原因	实施对策	实施时间	负责人
1	库存物资较多	风机机型较多，备件无法相互替换	物资联储	2016 年 3 月	张××
2	备品备件供应不及时	风机多为进口部件，采购周期长			
3	生产费用占用较多	为保证风机的稳定运行，风机大部件储备较多，且都是费用高额的备件			
4	物资查询及领用困难	无有效手段实时查询，检修人员需长距离往返办理	上线仓储智能管理系统	2016 年 3 月	李××
5	各仓库物资难集中管理	仓库数量较多且分散			
6	物料卡存在不足	拨盘式物料卡，不易固定且容易出现错误	二维码信息管理	2016 年 3 月	刘××

（四）实施改善

1. 实施过程

（1）物资联储。针对改善实施计划，改善团队开发出基于信息化平台下的物资联储平台，主要采用以下技术路线：通过运用价值流程图对物资管理现状进行调研和理论研究，针对研究成果中的时间、成本等方面的浪费，进行系统方案模型设计并进行开发。公司与几家供货厂家签订修物资联储协议，供货厂家进行动态联储，由供货厂家进行备货，公司根据实际使用情况进行结算，最终实现检修物资联储，改善检修物资库存、平衡利库、资金等方面的各种浪费，节省检修成本，提高检修效率。具体物资管理模型见图 3-99，联储物资平衡利库模型见图 3-100。

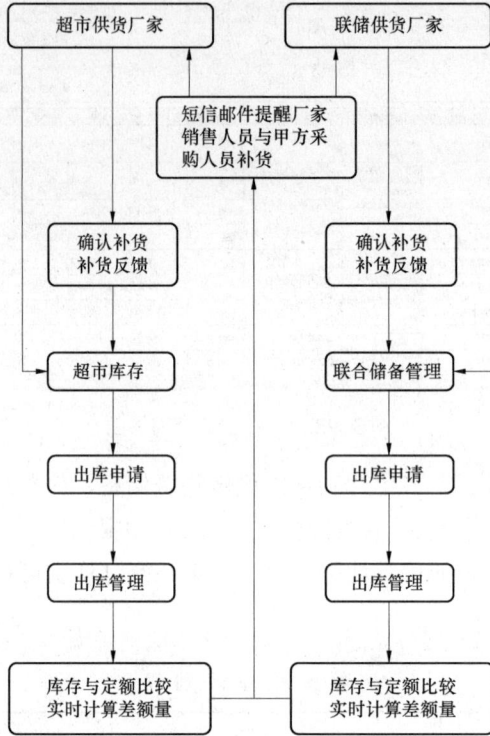

图 3-99　物资联储管理模型图

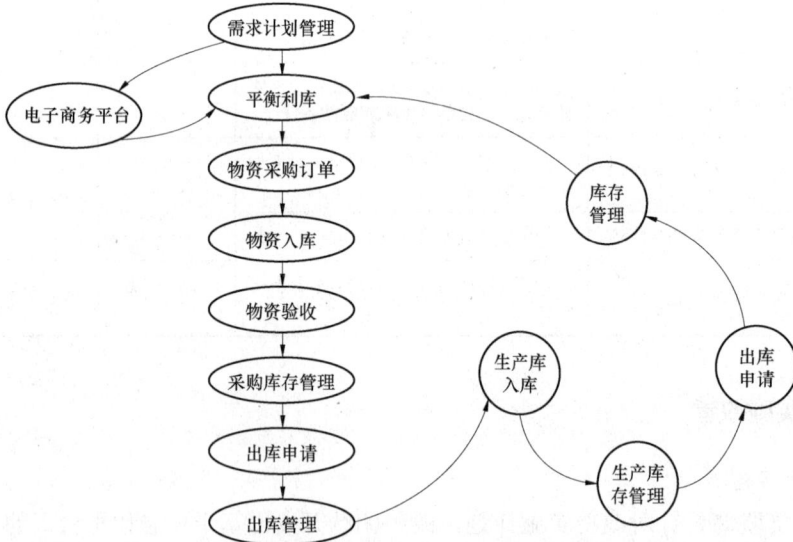

图 3-100　联储物资平衡利库模型图

（2）智能仓储。利用互联网开发了一套物资管理软件，将各风电场物资通过软件集中管理、各风电场物资库存信息共享，实现检修物资的集中管理、统一调配。目前与多家公司签订联合储备协议，从发货、出入库、库存查询、定额、补货通知、跟踪、消耗到结算环节实现软件自动管理，通过短信推送自动提醒厂家补货，各授权方也可通过手机终端进行相应的信息查询。智能仓储管理系统见图 3-101。

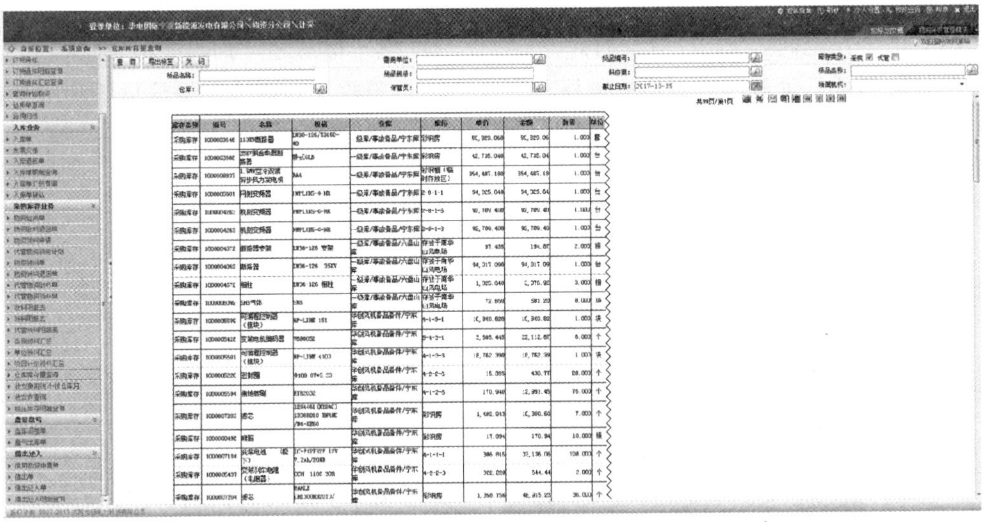

图 3-101　智能仓储管理系统界面

智能仓储管理系统上线后，满足了某新能源公司与多家供货单位开展联储工作的需求，风电场间物资实现互相调拨、物资库存实时移动终端查询的功能，实现了领料远程申请、审批，对物资管理提供了方便。该系统除运行环境、用户管理、监控管理、基础配置、供应商管理、移动办公、电子设备台账、报表统计功能外，还包括以下主要功能：

1）入库管理。入库时，可由仓库管理人员指定仓库位置的库位，由系统检查该位置是否合适；也可由系统根据仓库货架的尺寸和入库物资的尺寸，推荐合适的储备位置。入库管理包含新增、修改、删除、强制退回、提交、打印入库单、打印二维码、选择列表等功能。入库分为采购入库、归还入库（匹配入库记录）、退库（匹配借出记录）。入库同时提供批量导入功能，由采购员导入采购合同，仓库管理员在系统中选验收合格的物资做入库接收。

2）出库管理。系统提供多种形式的出库，同时支持借出、调库，并以流程方式实现物资领用管理，详细记录物资领用全过程中涉及的人员、使用原因、物资使用情况等信息，具备灵活的查询、统计功能并形成相关报表。物资出库后系统自动生成出库单号，系统确认出库后，将从库存中减去出库数量。出库管理包含新增、修改、删除、强制退回、提交、打印出库单、检索和重置等功能。

3）借用、归还管理。物资借出后系统自动从仓库台账减去，并设置归还期限，到期后系统提醒仓库管理员进行催交。输入借出单号，系统将查询并显示此单的所有数据，如果发生损坏，填写损坏数量和原因，确认后系统会将完好的物资进行归还入库，同时减去损坏物资的数量。

4）退库管理。如果物资出库后，领用人发现领用的物资（一种或多种）没有使用或没有用完，选择所属类别、名称检索或输入名称模糊检索出相符的物资，选择其品牌、型号、单位都符合的项，输入退库数量、备注等信息，确认后，系统会将此物资退回到库房。

（3）电子二维码。在智能仓储管理平台上，借助电子标签通过扫码能够反映物资采购、规格型号、参数、供货厂家、历史价格、到货日期、验收、领用情况等信息。利用手持扫码设备也能实现物资的实时入库与领料。物资电子二维码使用见图 3-102。

图 3-102　物资电子二维码管理

2. 改善效果

（1）与多家供应商签订了物资联储协议，联储备件共计 535 种，金额 1170 余万元。由厂家进行备件储备，公司根据实际使用情况进行结算，有效降低了公司检修物资库存，节省了资金，实现了公司降库存的目标。

（2）通过和大部件生产厂家开展风机齿轮箱、发电机等事故备品联储工作（厂家储备），减少了公司事故备品库存数百万元。

（3）通过开展联储工作，全年提高风机设备利用率 0.33%，增加发电量 90.72 万 kW·h，按全年平均风速 0.52m/s 测算，结果见图 3-103。

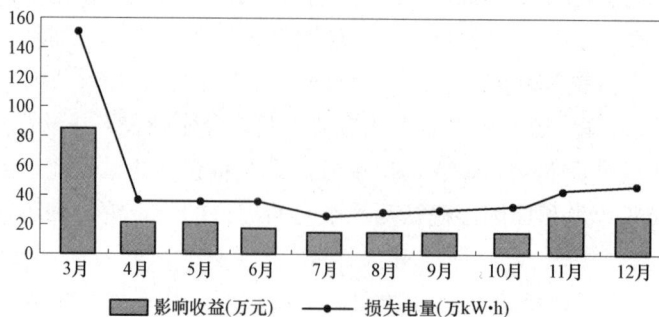

图 3-103　收益及损失电量改善效果

（4）在设备维护检修的过程中，检修人员可通过检修移动 App 查询库存，提交领料申请，电子审批通过后由司机或其他检修人员将材料送至风机，极大地缩短了消缺时间，提高了检修工作效率，具体见图 3-104。

智能仓储管理软件和 App 对接前后领料时间比较

项目 \ 月份	六月	七月	八月
风速（m/s）	5.02	5.37	5.24
停机时间较长台数（台）			
距升压站平均里程（km）	21	15	20
单趟耗时（20km/h 计算）	1.05	0.75	1
对 App 对接后领料后节约时间（h）	384	125.25	241
当月平均功率（kW·h）	287.6	306.5	291.8
平均电价（元）	0.55	0.55	0.55
可争取利润（万元）	6.07	2.11	3.86

物资管理软件实现了与检修 App 的对接，提高了工作效率，全年可为公司增加收入 ▨ 万元。

图 3-104　智能物资管理软件与检修移动 App 对接前后效果对比

（五）标准化

为巩固改善成果，对《物资计划管理标准》《供应商管理标准》《物资采购及招标管理标准》等标准进行了编写与修订。

【案例思考】

检修物资管理工作是企业生产管理中的重要组成部分，管理得好与坏，直接影响检修工作效率、风机设备利用率及发电量。在此次课题改善中，改善团队立足集团公司规定的发电企业 24 种浪费点，找出了很多检修物资管理中存在的问题，并针对这些问题进行了重点改善。在改善实施的一年多来，检修物资管理工作有了进一步的提升，提高了工作效率，有效降低了库存，减少了资金的占用及浪费，使员工对精益管理有了更深刻的认识。

下一步，团队成员将针对检修物资管理存在的次要问题继续开展精益管理，主要从以下几个方面开展工作：

（1）在目前自主开展小件及非关键件"修旧利废"的基础上，进一步扩大与厂家在大件及精密电气设备方面"修旧利废"的合作。

（2）实现物资管理软件和 FAM 系统或电子商务平台对接。

（3）增加定期保养、质保期及储备定额提醒功能，防止物资损坏造成的浪费，同时减少人员工作量，提高工作效率。

（4）与系统内及系统外单位建立备件联储平台。

<本案例由华电国际宁夏新能源发电有限公司提供>

第三节 培训精益管理实践

本节综合型人才培养提升检修队伍竞争力、利用水电机组检修仿真实现检修培训精益化、多举措培训提升人员检修技能三个案例从检修技能培训的内容、方式以及新型手段的应用等方面对检修技能培训开展了探索实践。

【案例3-14】 综合型人才培养提升检修队伍竞争力

（一）案例背景简介

1. 实施背景

在电力体制改革日益深化的新形势下，某电厂按照检修改革发展要求成立了专业检修队伍，承接所在区域内水电站设备的运维和检修业务。多年来，检修队伍坚持"在改革创新中求生存、在优化管理中求效益、在开拓市场中求发展"，市场范围逐步扩大。但是，随着人工成本持续攀升、检修市场竞争进一步加剧，检修作为主业之一表现出竞争力下降、盈利能力降低等问题。只有转变思想观念，才能在市场中找到生存和发展的空间。为此，该电厂提出了"走出去、闯市场、创品牌、争效益"的发展目标，在抓牢区域内系统检修项目的同时，重点向外部区域发展，拓展新检修业务。但是，由于检修队伍人员流动性大、新进青年职工多、人员结构不合理及技能水平断层较为严重，检修人员综合业务技能良莠不齐成为阻碍队伍"走出去"战略实施的重大制约。如何有效提升检修人员综合业务技能，是摆在企业面前的一道难题。

2. 实施思路

对人员专业技术领域以及相关素质情况进行全面分析，利用精益化管理手段，为检修人员量身定制专项培训内容，帮助其快速补齐短板，提升综合业务素质。同时，利用该电厂多年的检修技术经验，将人员从单一检修领域发展逐渐过渡为检修领域全方位发展，实现人员"一专多能"、队伍"专业融合"、实力不断提升的效果。

（二）现状诊断

1. 诊断内容

课题组首先将近几年检修队伍的维护检修作业情况进行了收集整理，发现由于人员业务技能水平原因，造成检修工期拖延 5 次、设备缺陷未有效处理 7 次、主机设备返修 1 次、被检修设备损坏 2 次，故课题组重点关注了检修队伍人员现状情况。

课题组对检修队伍共 126 名在岗人员的学历情况进行了简要分析，见图 3-105。

由图 3-105 可知，大专及以上的人数有 77 人，占比 61.11%；中专及以下学历 49 人，占比 38.89%。课题组进一步对这两类学历的人员的工龄情况进行了调查分析，人员工龄结构见图 3-106。

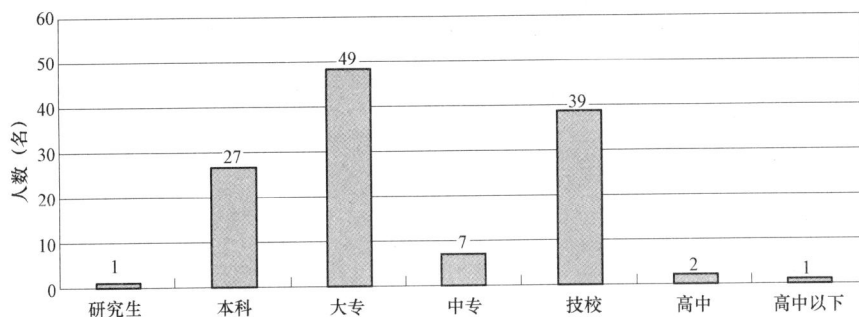

图 3-105　检修队伍员工学历情况调查结果

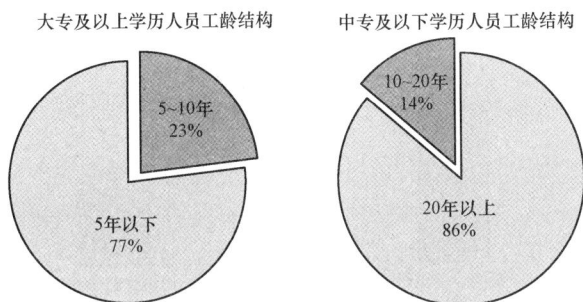

大专及以上学历人员工龄结构　　　　中专及以下学历人员工龄结构

图 3-106　人员工龄结构

　　经统计，大专及以上学历、工作年限为 5 年以下的人数占该类学历总人数的 77%；而中专及以下学历、工作年限为 20 年以上的人数占该类学历总人数的比例更是达到了 86%。由此可将检修队伍大致分为两大群体，第一类群体初始学历较高，但工作年限较短，课题组将该类群体定义为 A 类群体；第二类群体工作年限较长，但初始学历较低，课题组将该类群体定义为 B 类群体。随后，课题组进一步对 A、B 两类群体走访调查，分析其优劣势，见表 3-40。

表 3-40　　　　　　　　　　　　检修队伍两大群体优劣势调查

群 体	优 势	劣 势
A 类	理论基础较好，易接收新知识、新信息，愿意参与团队合作，学习积极性高	工作年限短，经验较为欠缺，难以快速判断故障及分析原因；自身定位不准，部分员工不愿立足本职岗位
B 类	工作经验丰富，本专业领域技术能力强，可以提出创新的技术方法及工艺改善手段	理论基础知识欠缺；技术能力仅限于本专业领域，对于本专业以外的技术接受能力较差；难以实现"一专多能"

　　由表 3-40 可知，检修队伍两大群体互有优劣势，导致检修队伍综合业务技能较低，需要采取措施补齐短板，提升技能水平。

2. 改善目标

（1）提高 A 类群体检修员工的操作、分析判断等实际工作能力。

（2）改善 B 类群体检修员工理论知识基础，逐步实现"一专多能"。

（3）提高检修队伍的综合业务技能。

（三）原因分析

针对上述现状，课题组分别从造成 A 类群体劣势的原因及造成 B 类群体劣势现状进行了诊断，并分析了末端原因。

1. 造成 A 类群体劣势的原因分析

针对 A 类群体工作年限短，工作经验欠缺问题，课题组对工龄在 10 年以下的青年检修人员学习检修知识及技能的方式进行了调查，结果见图 3-107。

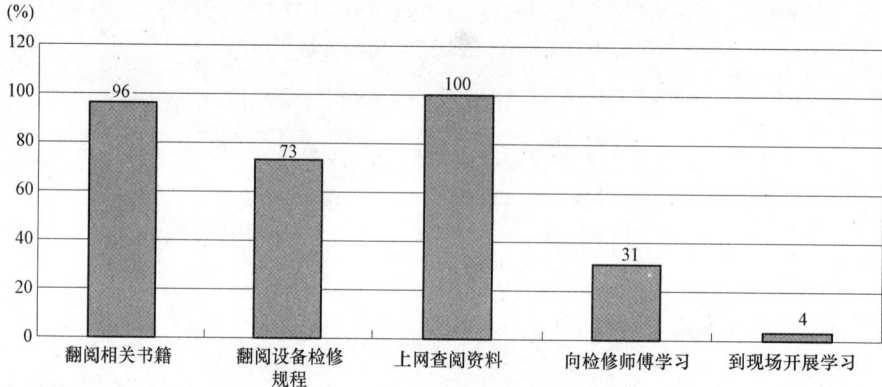

图 3-107　青年检修人员日常自学方式调查

由图 3-107 可知，青年员工所采取的学习方式基本集中于翻阅相关书籍、翻阅检修规程以及通过网络查找资料等方式。上述学习方式缺少实际动手环节，而青年员工恰好需要一个训练平台来促进其动手能力与技术水平的强化和提升，故课题组认为缺少实际操作训练平台是导致 A 类群体的劣势的末端原因之一。

针对 A 类人群部分员工定位不准、不愿立足自身岗位这一现状，课题组调查发现，目前检修队伍岗位晋升主要是以工龄以及工作经历为主要条件，部分青年员工认为业务技能提升无法与岗位晋升挂钩，而且技能越多，工作任务越重，导致青年员工不愿主动补齐劣势，综合业务技能无法有效提升。故课题组认为，缺乏有效的激励机制也是影响 A 类群体综合业务技能提升的末端原因之一。

2. 造成 B 类群体劣势的原因分析

针对 B 类群体基础理论知识较差的情况，除自身原因以外，课题组翻阅了该厂近几年检修部门及班组的培训记录及培训台账，发现 B 类人群参与理论培训的参培率不高，见图 3-108。

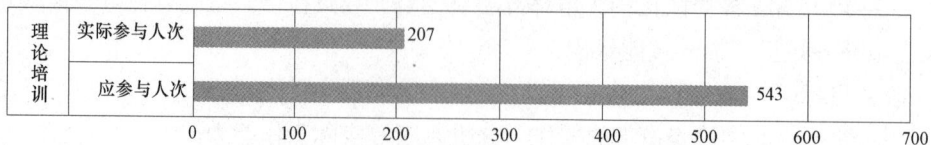

图 3-108　B 类群体检修人员理论培训参与率比较

课题组进一步对 B 类群体参培率不高的具体情况进行了问卷调查，结果见图 3-109。

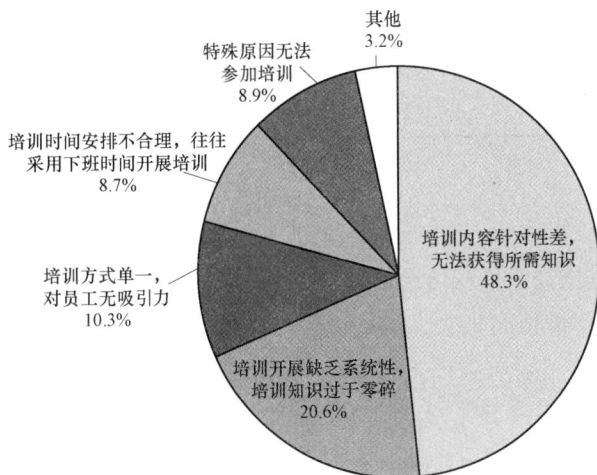

图 3-109　B 类群体检修人员培训参与情况分析

从反馈情况看，培训针对性差，无法获得所需知识占 48.3%；培新开展缺乏系统性，培训知识过于零碎占 20.6%；以上两项总共占 68.9%。可见，现有的培训在系统性及针对性上无法满足 B 类群体的需求，培训参与度低。因此，课题组认为培训缺乏系统性及针对性是造成 B 类群体劣势的末端原因之一。

针对 B 类群体技能水平难以实现"一专多能"，课题组在机修班组中随机调查了主机班、综合班及电机班三个班组的专业技术能力，专业能力测试对比见图 3-110。

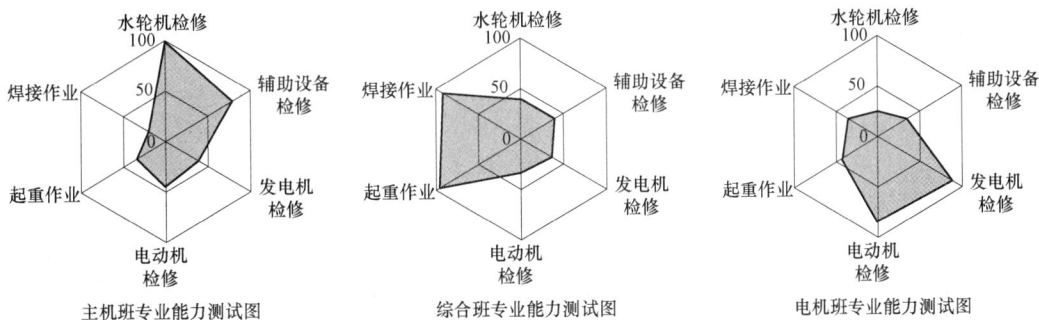

主机班专业能力测试图　　　综合班专业能力测试图　　　电机班专业能力测试图

图 3-110　检修班组专业技术能力对比

可以看出，各班组对于自身专业领域的工作能力均很强，而对相关专业领域的作业能力却十分有限，技术领域相对单一。因此，技术水平单一也是造成 B 类群体劣势的末端原因之一。

综上所述，课题组对 A、B 类群体检修人员的综合业务技能问题进行了要因确认，见表 3-41。

表 3-41   检修队伍综合业务技能问题要因确认

序号	末端原因	要因确认
1	培训工作缺乏系统性及针对性	要因
2	缺少实际操作训练平台	要因
3	缺乏有效激励机制	要因
4	人员技术水平单一	要因

（四）改善实施

1. 素质模型助推培训工作精准化

为进一步了解检修队伍两大类人群的综合业务技能情况，该厂结合职工岗位素质模型，对 126 名检修人员进行了素质测评，并以直观雷达图的形式体现出各岗位人员所存在的问题与短板，见图 3-111。

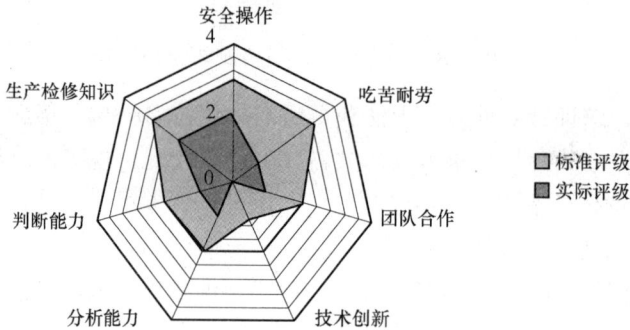

图 3-111　检修人员岗位素质模型图例

针对培训工作开展缺乏系统性及针对性等问题，在充分掌握检修人员自身存在不足的基础上，该厂结合检修人员岗位素质模型，有针对性地制订不同的培训计划（检修人员培训计划见表 3-42），达到对症下药的效果，着力补齐人员短板；同时，加强培训管理工作，设置了检修专属培训课程，合理计划培训时间，利用周末及晚上开展培训，在有限的时间内，切实加强检修人员的培训工作。

表 3-42   电厂检修人员年度培训计划

序号	培训项目名称	培训项目内容	主办单位	配合部门	培训对象	培训方式	计划人数	备注
1	安全管理培训班	（1）安全生产法律、法规及相关安全标准； （2）典型事故案例分析	安全监察部	各部门	班组专责及以上人员	内部兼职教师集中授课	126	
2	14F 机组大修专项培训班	（1）检修文件包的编制使用； （2）检修精细化管理：修前、修中、修后管理； （3）专项检修的工序工艺	生产技术部	机修分公司电修分公司发电部培训中心	检修作业人员	内部兼职教师集中授课	108	利用××电站机械仿真培训系统开展培训

序号	培训项目名称	培训项目内容	主办单位	配合部门	培训对象	培训方式	计划人数	备注
3	高压电缆制作培训班	(1) 高压电缆基础知识; (2) 高压电缆头制作	电修分公司	培训中心生产技术部	电气检修作业人员(含一次检修和维护人员)	内部兼职教师集中授课;现场实操培训	35	
4	水电厂监控系统技能培训	(1) 现地 LCU 检修项目、内容及常见故障诊断、处理; (2) 上位机系统知识、检修项目、内容及常见故障诊断、处理	电修分公司	培训中心生产技术部	电气检修作业人员	外聘厂家	36	
5	电气二次安装与调试	(1) 二次图符; (2) 电气二次控制图设计; (3) 电气二次设备安装调试	电修分公司	培训中心生产技术部发电部	电气检修作业人员;运行人员	内部兼职教师集中授课	44	
6	发电机检修培训班	(1) 发电机基础知识; (2) 发电机相关规程规定; (3) 发电机检修、维护知识	电修分公司	培训中心生产技术部	电气检修作业人员(含一次、试验和维护人员)	内部兼职教师集中授课	30	
7	变压器检修培训班	(1) 变压器基础知识; (2) 变压器相关规程规定; (3) 变压器检修、维护知识	电修分公司	培训中心生产技术部	电气检修作业人员(含一次、试验和维护人员)	内部兼职教师集中授课	25	
8	励磁系统检修培训	(1) 励磁系统基础知识; (2) 励磁系统相关规程、规定; (3) 励磁系统检修、试验项目、内容及常见故障诊断处理	电修分公司	培训中心生产技术部发电部	电气检修作业人员;运行人员	内部兼职教师集中授课	44	
9	电焊培训班	(1) 电弧焊操作技能提升培训; (2) 氩弧焊初学、提升操作技能	机修分公司	培训中心	焊工持证人员	内部兼职教师集中授课;外聘专家	56	

2. 构建检修人员综合技能训练平台

针对缺乏培训平台的问题,该电厂开发建设了机组检修培训系统,见图 3-112。利用"废旧"设备,建立检修人员实训室,对检修业务技能进行强化训练。

3. 激励机制与晋升通道促进技能提升

针对缺乏有效的激励机制,该电厂着力构建检修人才队伍综合业务技能拓展通道:一方面,结合岗位素质模型,开展高岗备用认证工作,通过认证者方具备所申请高岗位的上岗资格(检修人员参加高岗备用的情况见图 3-113);另一方面,建立激励机制,鼓励员工对外参与资质认证。

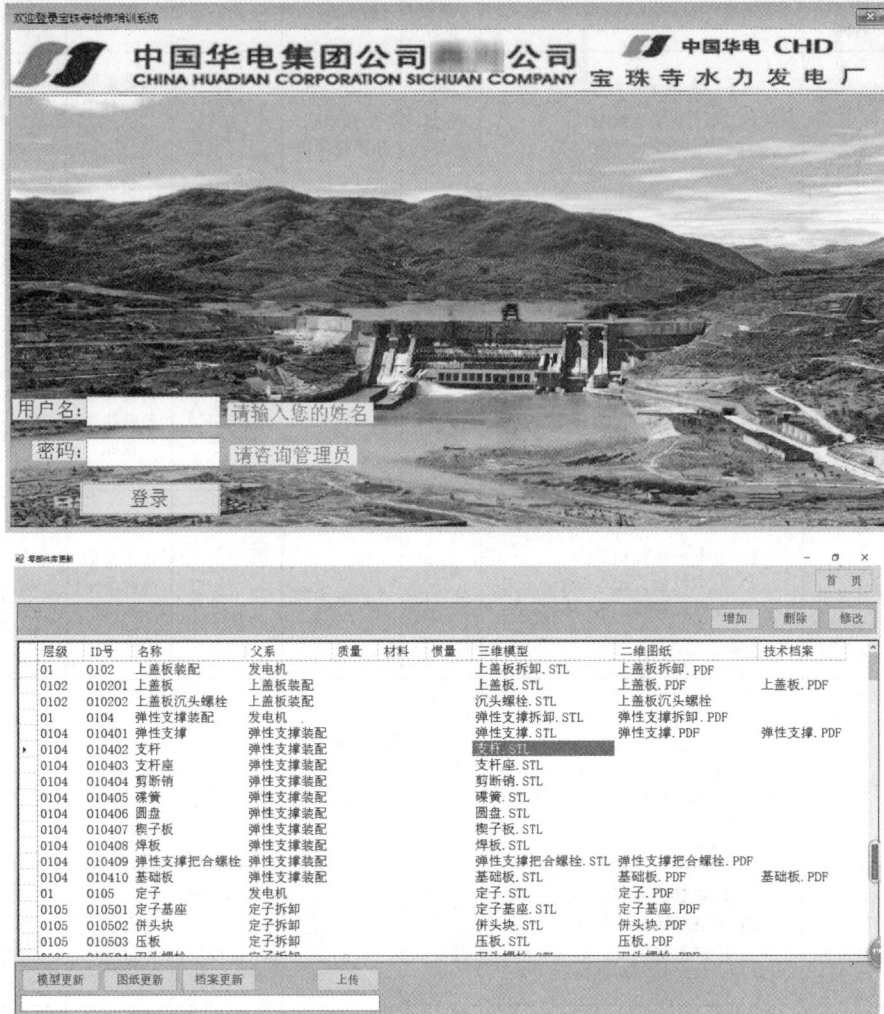

图 3-112　检修仿真系统界面

图 3-113　高岗备用笔试及现场技能测评

考评委员会结合岗位素质模型,对合格人员进行面试及 $360°$ 测评,并制作模型对比图,对员工素质改善情况进行综合评价,直观了解检修人员综合素质改善情况。

建立国家级职业技能鉴定中心,开展检修员工工程、检修、安全等方面的资质培训工作,鼓励员工参加资质等级认证,以拓宽员工岗位晋升通道,同时提升检修队伍整体资质,提高检修队伍综合实力。

4. 检修队伍专业融合逐步实现"一专多能"

针对员工技能水平单一的问题,该电厂根据相近专业之间的关联及互通性,模糊专业界线,将班组进行融合。检修班组专业结构调整见图3-114。

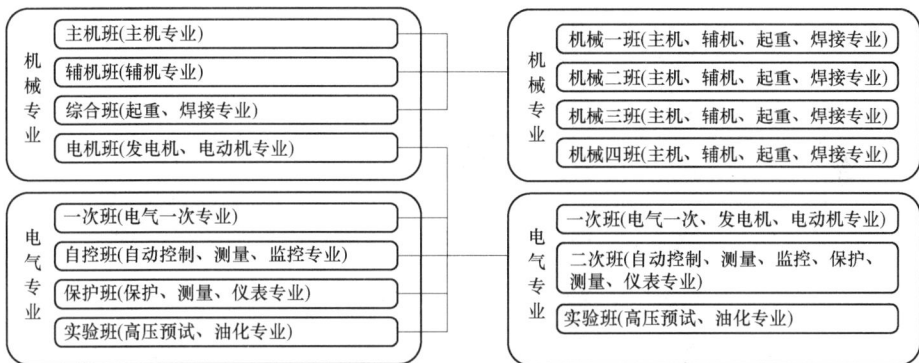

图3-114 检修班组专业结构调整

5. 实施效果

(1)经过开展有针对性的培训,搭建技能提升培训平台和晋升通道,检修人员的技能水平得到有效提升,见图3-115。

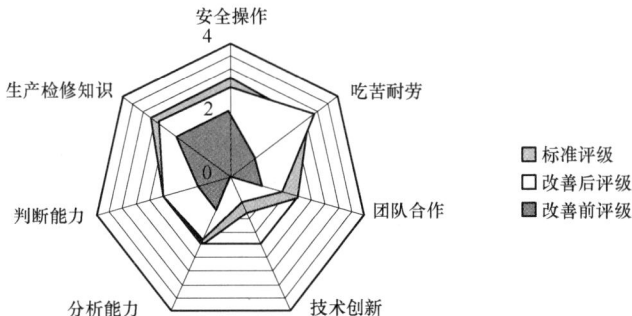

图3-115 检修人员素质模型改善情况示例

(2)经过专业结构的优化调整,班组综合素质得到提升,班组技能情况见图 3-116。同时,专业之间沟通协作更加通畅,减少了工作之间、专业人员之间的等待浪费。检修班组作业配合情况对比见图3-117。

(3)对外检修项目完成情况:近几年,单个对外项目检修人数使用情况见图 3-118,对外检修项目数量见图3-119。

机械专业队伍技能情况展示

班组	姓名	岗位	专业技术评级情况			
			主机专业	辅机专业	起重专业	焊接专业
机械一班	×××	班长	●	◔	◔	◓
	×××	专责	◕	●	◔	◓
	×××	高级工	◑	◕	◔	◔
机械二班	×××	班长	◕	◔	●	◑
	×××	专责	◕	◔	◔	◔
	×××	高级工	◔	◔	◑	◔
机械三班	×××	班长	◕	◑	◔	◔
	×××	专责	◕	◔	◑	◑
	×××	高级工	◑	◕	◑	◔
机械四班	×××	班长	◑	◑	●	●
	×××	专责	◑	◔	◔	◓
	×××	高级工	◑	◑	◔	◔

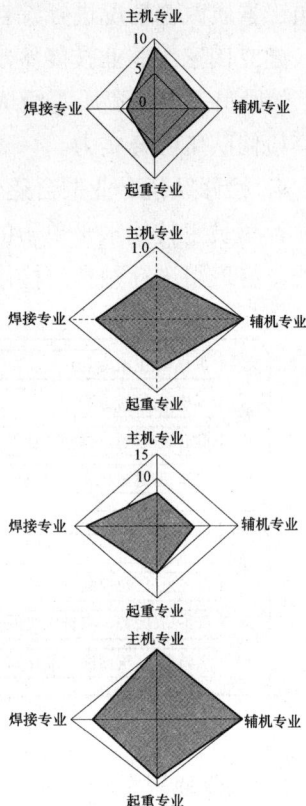

C grade：只能从事本岗位工作 ◕

B grade：可完成本岗位及相关岗位工作 ◑

A grade：可完成本岗位及相关岗位工作，并能够对应解决异常情况 ◔

S grade：在较多专业领域独立完成作业，并在理论和实操上都可以对他人进行指导 ●

图 3-116　机械检修班组技能情况

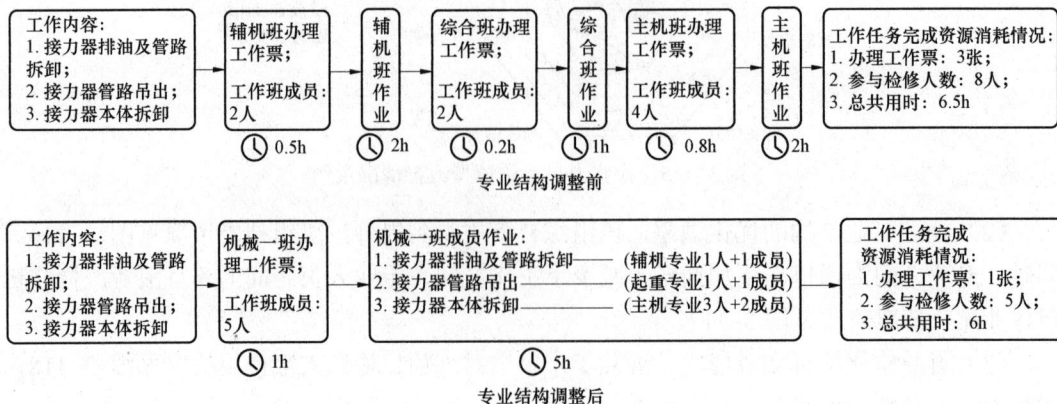

专业结构调整前

工作内容：
1. 接力器排油及管路拆卸；
2. 接力器管路吊出；
3. 接力器本体拆卸

→ 辅机班办理工作票；工作班成员：2人 （0.5h）
→ 辅机班作业 （2h）
→ 综合班办理工作票；工作班成员：2人 （0.2h）
→ 综合班作业 （1h）
→ 主机班办理工作票；工作班成员：4人 （0.8h）
→ 主机班作业 （2h）
→ 工作任务完成资源消耗情况：
1. 办理工作票：3张；
2. 参与检修人数：8人；
3. 总共用时：6.5h

专业结构调整后

工作内容：
1. 接力器排油及管路拆卸；
2. 接力器管路吊出；
3. 接力器本体拆卸

→ 机械一班办理工作票；工作班成员：5人 （1h）
→ 机械一班成员作业：
1. 接力器排油及管路拆卸——（辅机专业1人+1成员）
2. 接力器管路吊出——（起重专业1人+1成员）
3. 接力器本体拆卸——（主机专业3人+2成员）
（5h）
→ 工作任务完成资源消耗情况：
1. 办理工作票：1张；
2. 参与检修人数：5人；
3. 总共用时：6h

图 3-117　检修班组作业配合比较示例

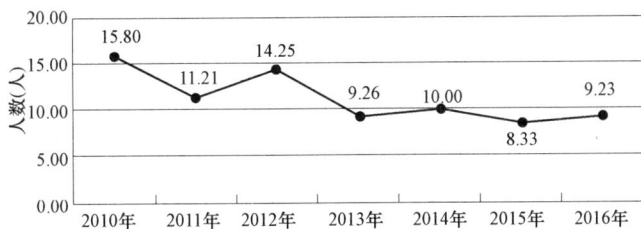

图 3-118　近年平均单位项目检修人数

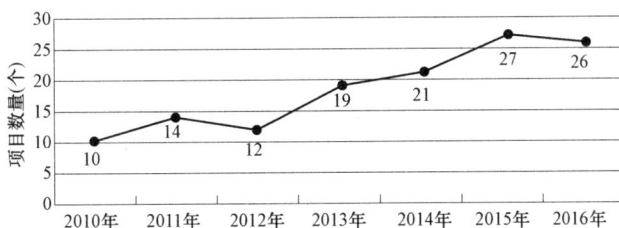

图 3-119　检修队伍对外检修业务情况

（五）标准化

（1）制定《岗位胜任素质模型管理办法（试行）》；

（2）制定《高岗备用管理办法》；

（3）形成了标准化培训大纲。

【案例思考】

下一步，将深入探索人员业务技能提升的新方法、新模式，深入分析检修岗位及检修工种的特点，有针对性地开展多种形式的培训活动，调动员工的主观能动性，提升员工综合业务技能。

<本案例由华电四川发电有限公司宝珠寺水力发电厂提供>

【案例3-15】利用水电机组检修仿真实现检修培训精益化

（一）案例背景简介

1. 实施背景

20 世纪 90 年代以来，国外水电厂实时仿真技术运用已经非常普遍了。国内，清华大学、武汉大学以及国电南自、北京水科院中水科公司等大学院校和科研院所积极开展水电机组运行、检修仿真系统的研究开发：清华大学近期开发了虚拟运行仿真，对于不同气候条件下的运行巡视、倒闸操作等做了全方位展示；武汉大学在 solidworks 软件的基础上二次开发的机组虚拟检修仿真，主要涉及检修过程的拆卸、装配；国电南自、中水科公司等

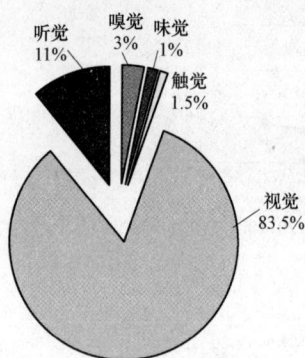

图 3-120 人类获取信息途经实验

主要研究机组运行仿真时带入部分电控柜、储气罐等设备的三维外部模型；上海曼恒公司采用 Quest 3D 构建了 220kV 开关站虚拟运行仿真系统，通过数据头盔、数据手套等虚拟交互设备，实现了运行人员虚拟交互式仿真培训，场景真实，取得了较好的培训效果。

2. 实施思路

如何提高学习效率一直是人们关注的热点。美国实验心理学家 Treichler 所做过两个著名的实验表明：人们通过听觉和视觉获得的信息占其所获得总信息的 94%，人类获取信息途经实验见图 3-120；视觉、听觉并用，同样的材料获取的记忆效果比单用视觉提高 87.5%，比单用听觉提高 400%。知识保持（即记忆持久性）实验见图 3-121。

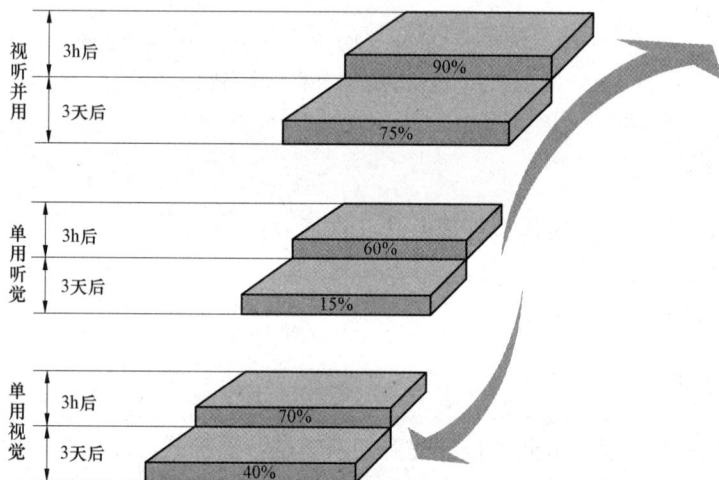

图 3-121 知识保持（即记忆持久性）实验

因此，利用现代计算机仿真技术，将水电机组检修工作予以可视化及虚拟仿真，充分调动学员的视觉和听觉等多器官参与培训活动，利用空间鼠标、操作手柄、数据头盔、数据手套、数据衣等交互设备，形成良好的人机互动，能够激发学员学习兴趣，产生学习欲望，形成学习动机使其对知识的被动接受转变为知识的主动发现、探索，更积极有效地接受知识。

（二）现状诊断

1. 诊断内容

混流式机组是公司系统水电厂的主力机型，现有大中型混流式水电机组数百台套，分布在全国各地，系统内现有混流式机组检修队伍人员数量少、流动性大、年龄结构趋于老化，且外部专业安装检修队伍技术人员同样处于弱化状态。为满足公司系统混流式机组技术培训需要，开发机组检修仿真系统，创新员工的检修技术培训模式具有重要的意义。某水电站发电机组为 150MW 立轴混流式发电机组，发电机由东方电机公司制造，水轮机及调速器由德国福伊特公司制造，其结构和布置方式在系统内具有一定代表性，以其为基础建立的检修培训系统有利于在本系统内进行广泛推广。

2. 改善目标

在现有条件下，利用现代计算机仿真技术，将混流式水电机组检修工作予以可视化及虚拟仿真，利用多感官互动，以实现以下几个目标：

（1）创新检修培训模式；

（2）缩短检修培训周期；

（3）节省检修培训成本；

（4）提高检修培训效率。

（三）原因分析

实际中，利用头脑风暴法对水电站现行检修培训存在的问题进行了归纳，找出了造成问题的主、次要因素，形成了水电站现行检修培训问题的原因分析思维导图，见图 3-122。

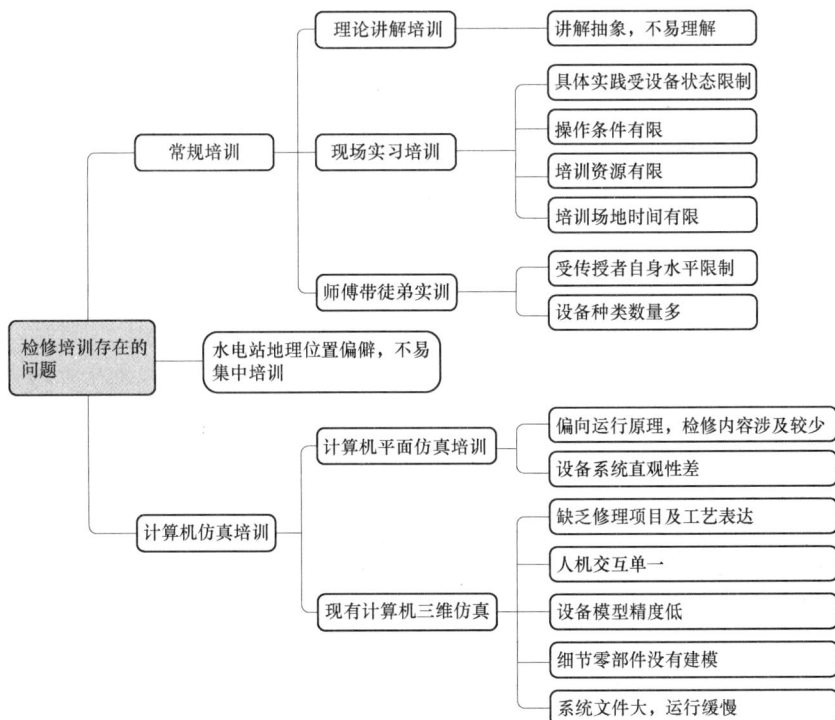

图 3-122　检修培训存在问题的原因分析思维导图

1. 水电站地理位置偏僻，集中培训不易

水电站虽多处偏僻之地，但区域公司会经常组织各类技术培训班进行集中培训学习，故该因素不列为重点改善项目。

2. 常规培训

这是目前采用最多也是最为常用的一种培训方式。常规培训分为理论讲解、现场实习和师傅带徒弟实训培训模式。

（1）理论讲解培训模式。理论培训模式一般是从基础理论培训开始，再到专业知识，最后结合具体电站进行系统讲解。此培训模式有利于基础和专业知识的系统性学习，适用于检修、运行及管理人员的培训。但无直观的工具来连接和弥补抽象的理论与具体工程实践之间的鸿沟，培训周期较长，受训对象的基本技术素养对培训的效果影响很大。

（2）现场实习培训模式。现场实习培训可以弥补理论讲解培训的不足，但仍存在以下问题：

1）具体实践培训需结合设备检修工作进行，培训计划与进度受设备运行状态和检修计划限制。

2）水电机组结构复杂，体积庞大、设备多、部件造价高，再加上电站存在故障种类繁杂，学员无法对各类设备故障进行针对性或重复性的培训。

（3）师傅带徒弟实训培训模式。师傅把实践环节中所涉及的工艺要求、工器具使用要求、安全常识、常见故障及事故处理等内容，通过手把手教、现场示范、指导徒弟动手等实际操作训练，以期快速提高受训学员的动手能力、临场故障及事故处置能力。但技能传授者自身水平限制会影响培养效果。

通过以上分析，将该因素列为重点改善项目。

3. 计算机仿真培训

（1）计算机平面仿真培训。计算机平面仿真技术更加趋向适用于演示设备原理性的运行仿真，在设备系统原件展示上直观性和真实感都比较差，这就需要我们用更加先进的三维仿真技术弥补平面二维仿真设备原件在感观上的缺失，寻求更加直观和逼真的效果，以达到更加有效的培训效果，故该因素列为重点改善项目。

（2）现有计算机三维仿真培训。在现有少数运用到的虚拟检修三维仿真技术中，缺乏修理项目及工艺表达，人机交互功能单一，设备结构模型精度低，细节零部件没有建模，系统文件过大拖慢仿真播放速度等是普遍存在的问题，无法达到理想的培训效果，故该因素列为重点改善项目。

（四）实施改善

通过建立三维可视化仿真和虚拟检修仿真系统改变过去的传统授课模式和单一人机界面的形式，集声音、文字、图形及虚拟动画于一体，让学员置身于多种媒体协同工作的环境中；同时，在建立三维可视化仿真和虚拟检修仿真系统时，需选择更加合适的软件制作三维检修仿真系统，完善修理项目及工艺表达，在精度和细节上都有所提高，并能达到在线流畅播放，实现真正意义上的三维可视化检修仿真交互，从而增强学员身临其境的真实感，提升培训效果。

1. 实施过程

依照该水电站水轮机、水轮发电机等设备图纸、检修规程、检修文件包、检修录像等资料以及仿真设计方案，制作形成水轮机、水轮发电机、调速器等主设备，以及水泵等辅助设备三维虚拟检修仿真培训系统。

（1）收集图纸资料和现场实物图片，依据该水电站设备图纸图片进行三维建模，形成局部和整体装配三维模型。

（2）依据检修规程有关内容，利用 3ds Max 软件技术，设计制作三维可视化检修仿真内容，重点突出设备的结构特点、工作原理，检修中所需的拆卸、装配、检修要点等检修仿真要求。3ds Max 三维可视化动画制作流程见图 3-123。

（3）利用 Unity 3D 虚拟现实技术，开发水轮机、水轮发电机全分解/全安装项目、典型机组检修试验项目、典型事故及故障处理项目的虚拟检修仿真。Unity 3D 虚拟检修仿真制作流程见图 3-124。

（4）开发仿真培训自测的仿真测试题库及自动生成试卷/评卷系统，满足员工专业培训系统的要求。仿真测试系统结构见图 3-125。

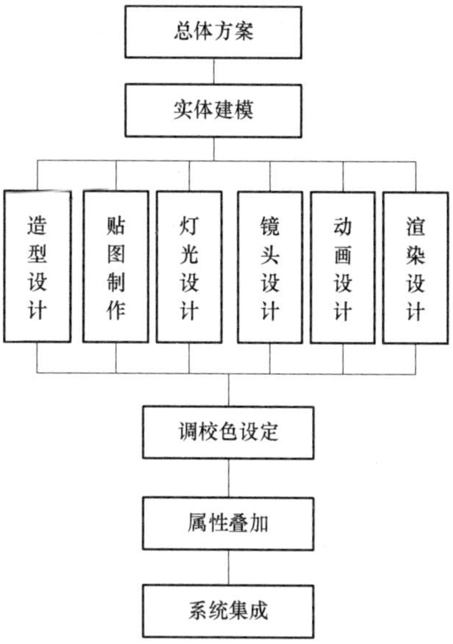

图 3-123　3ds Max 三维可视化动画制作流程

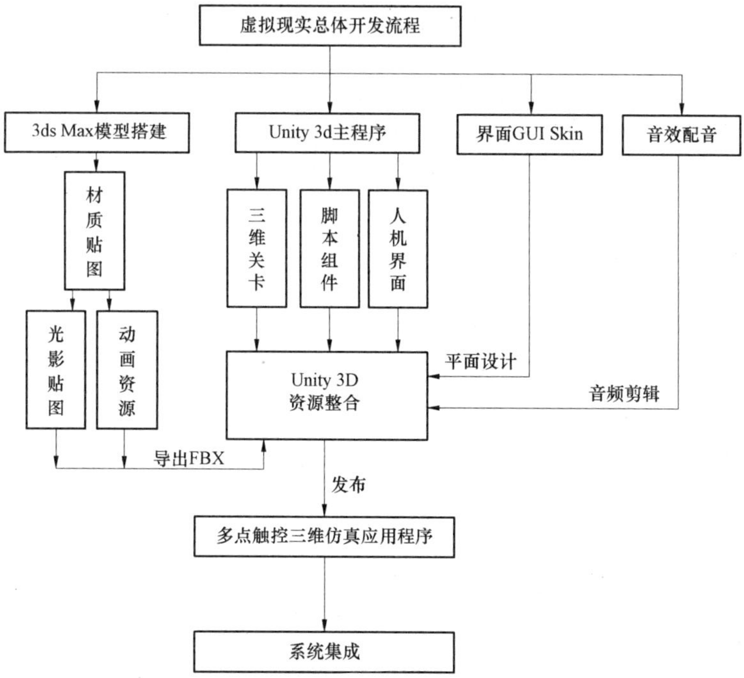

图 3-124　Unity 3D 虚拟检修仿真制作流程

具体三维虚拟检修仿真系统流程设计路线见图 3-126。

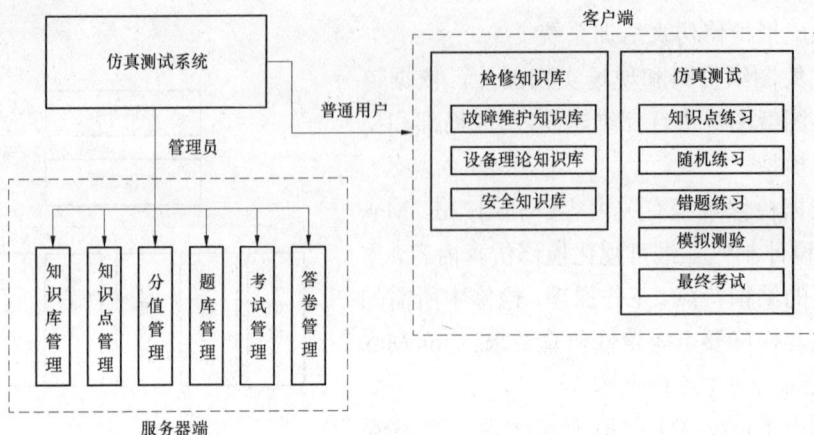

图 3-125 仿真测试系统结构

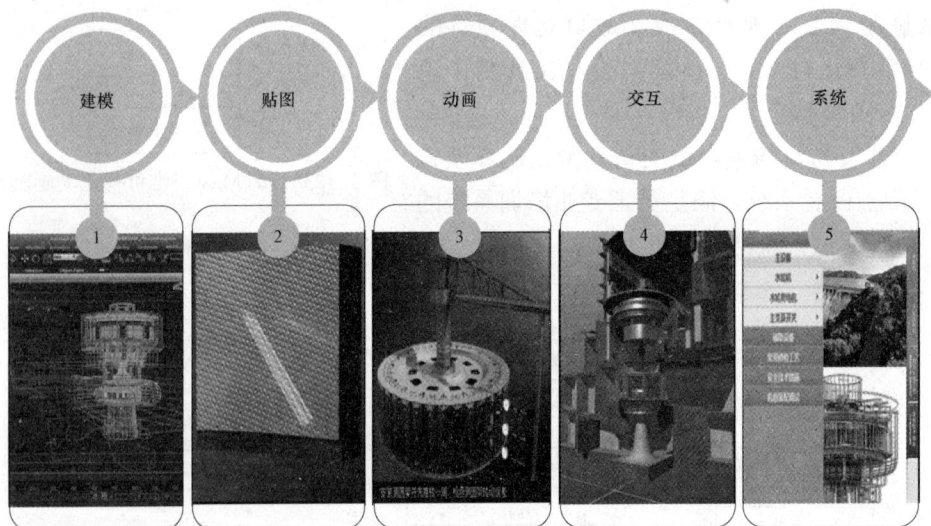

图 3-126 检修仿真系统流程设计路线

（5）由现场技术人员对制作完成的三维动画和视频进行校核，提出详细的整改意见，保证三维动画和视频的准确性与合理性。

（6）进行硬件和网络平台的搭设，实现用户的网络远程访问和学习培训。

2. 实践效果

该水电机组检修仿真培训系统真实再现了检修过程所需的工作场景、检修工序、工艺及质量控制要求等核心要素，是虚拟现实技术在水电行业的典型应用。学员可根据自身基础有选择进行培训学习，突破了机组检修受时空的局限，且可无限次重复，缩短了培训周期，节省培训成本，大幅度提高培训效率，是水电行业培训模式的一次创新，符合现代水电仿真培训的发展趋势。

同时该水电机组检修仿真培训系统也有助于加快公司系统混流式机组检修技术人员培训，满足混流式机组检修人员培训需求，保证水电厂安全生产需要，填补了公司系统混流式机型检修仿真的空白，有助于形成完整的机型仿真培训系列。

（五）标准化

完成水电站检修仿真培训系统的开发及应用，项目主要内容已推广应用至本区域公司灯泡贯流式机组，以及轴流转桨式机组检修的仿真项目中。

【案例思考】

项目将来可移植至区域或集团水电技能培训中心，面向公司系统水电单位提供全方位、多层次的高效技能培训，也可利用集团公司云平台，直接向有关水电站推广应用，其推广应用前景广阔。

<本案例由福建棉花滩水电开发有限公司提供>

【案例3-16】 多举措培训提升人员检修技能

（一）案例背景简介

1. 实施背景

近年来，风力发电在世界范围内得到了持续高速的发展，而风电机组是一个涉及机械、电气、控制等多门工程技术的综合系统，要实现风力发电机组安全、经济、稳定、可靠运行，专业的日常维护、高质量的定期检修就显得尤为重要。要做到专业的日常维护和高质量的定期检修离不开专业的技术队伍，因此，如何培养并造就一支高素质的检修队伍对风力发电企业来说就显得非常重要。

某风电企业对员工技能的培训工作越来越重视，但是其培训方式仍然显得较为单一、枯燥，导致培训达不到预期效果，并造成了人岗不匹配、技能不足的浪费。

2. 实施思路

为提升培训效果、提高员工学习积极性，通过实地了解现场员工技能培训需求及培训现状，以丰富培训方式的手段，提升企业培训效率，消除人岗不匹配和人员技能浪费。

（二）现状诊断

1. 诊断内容

通过调查问卷的形式对某风电企业 89 位检修人员进行业务技能培训调查，对调查问卷数据进行统计，见图 3-127。

综合调查问卷中现场员工对技能培训所描述的问题和所占比重来看，该企业检

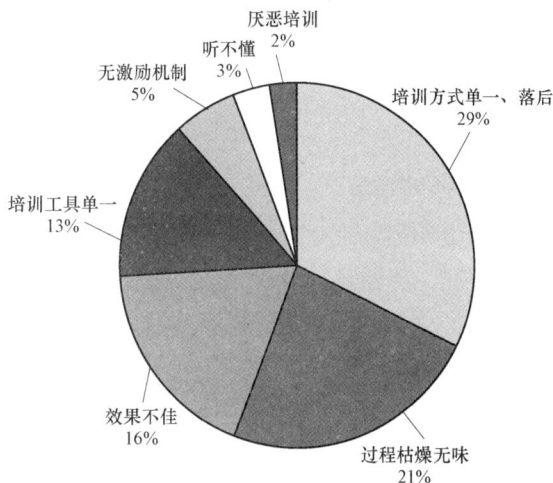

图 3-127 某风电企业检修人员培训情况调查统计

修人员业务技能培训存在主要问题是培训方式落后、培训过程枯燥无味，培训工具单一，缺少培训激励机制。

培训方式落后、枯燥无味直接导致该企业员工的培训参与度偏低。对该企业 2010～2015 年员工培训参与度进行统计，结果见图 3-128。

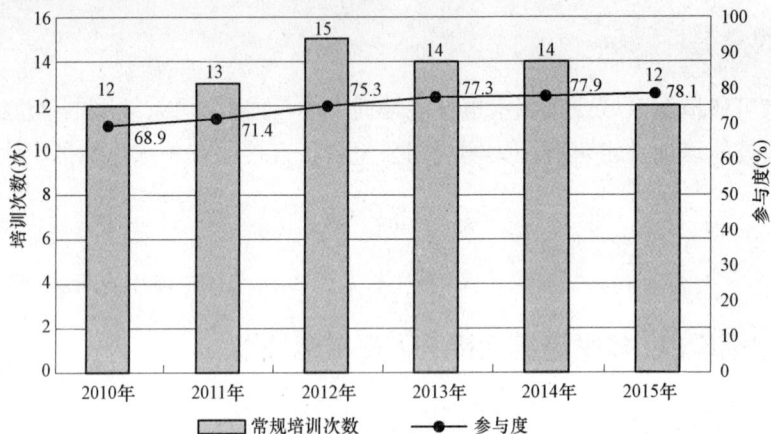

图 3-128　某风电企业员工年培训参与度统计

培训工具单一，缺少相应的激励机制导致该企业员工合格率偏低。对该企业 2010～2015 年年培训合格率进行统计，结果见图 3-129。

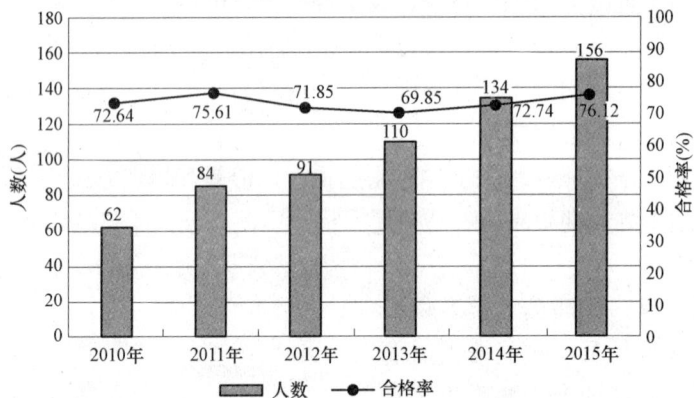

图 3-129　某风电企业人员年培训合格率统计

2. 诊断结果

综上所述，针对该企业 2010～2015 年检修技能培训情况统计分析，结合调查问卷数据统计情况，诊断该企业检修人员业务技能培训存在的主要问题是：

（1）培训方式落后。

（2）培训过程枯燥无味，主要偏向课堂式培训；培训以"讲师"为中心，讲课技巧不足，缺乏培训双方的交流沟通。

（3）培训工具单一。

（4）相应培训激励机制不健全。

因此，应优化培训方式，健全培训激励机制，结合目前先进的科学技术丰富培训工具，将枯燥的课堂式培训转变为满足员工需要的、具有丰富形式的培训方式，以提高员工学习的积极性，最终达到减少人岗不匹配、人员技能浪费的目的。

3. 改善目标

（1）结合现代科学技术，优化培训方式，丰富培训过程和培训工具，营造浓厚的学习氛围，提升培训效果，使参培率达到100%，合格率不低于98%。

（2）完善人员培训激励机制，完善培训制度，提高检修人员业务技能水平，消除人岗不匹配和人员技能浪费。

（三）原因分析

通过上述诊断，同样对89名员工进行引起培训方式落后、培训过程枯燥无味、培训工具单一、缺少培训激励等的原因的问卷调查，并对调查数据进行统计分析，结果如图3-130所示。

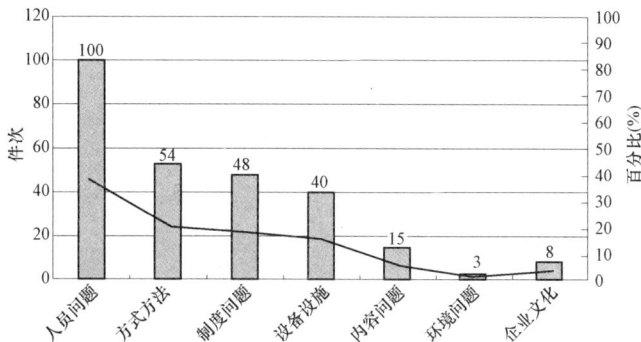

图3-130 该风电企业培训现状原因分析
■ 件次 —— 百分比

以上数据显示，人员问题、方式方法、制度问题、讲课内容及设备设施是造成该企业培训方式落后、培训过程枯燥无味、培训工具单一、缺少培训激励机制的主要原因。

同时，用鱼骨图对该企业人员、方法、制度、内容、设备设施等方面存在的问题进行深层次原因分析，结果见图3-131。

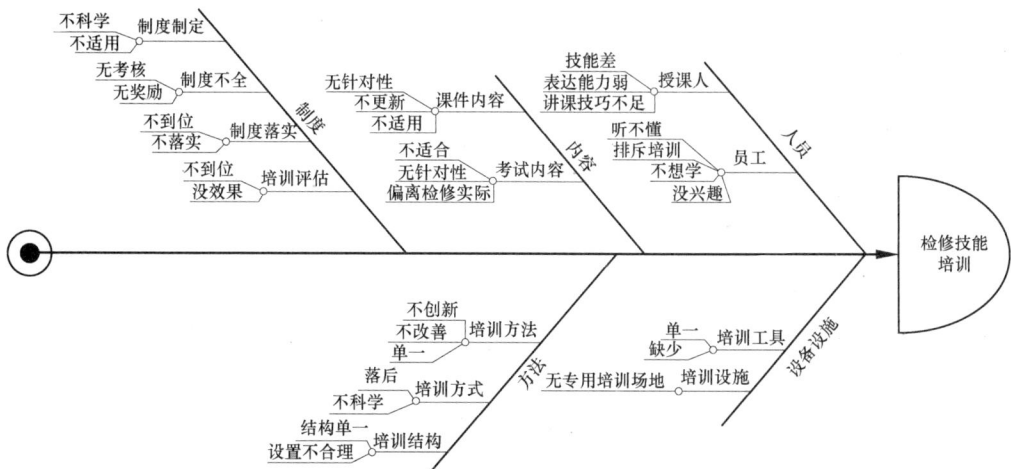

图3-131 检修培训管理问题原因分析鱼骨图

1. 人员具体分析

培训过程中授课人是一个非常重要的角色。因风电企业从业人员较年轻，专业技能知识比较薄弱，非专业讲师，因此，在培训过程中因本身业务技能限制、表达能力有限、讲课技巧不足等因素影响，常导致培训工作达不到预期效果。而员工作为培训工作的受训主体，其检修技能水平参差不齐，对于知识的接受能力各不相同。一方面，由于大多数培训时间均安排在晚上，导致员工对培训本身比较排斥；另一方面，由于培训课程安排的不合理，在编制计划时未按照员工的培训需求进行编制，最终导致培训达不到提升员工检修技能水平的目的。

2. 设备设施具体分析

因风电场地理条件和风电机组分散、工作量大等不利因素影响，目前大多数风电场均沿用以前比较传统的"一人讲、众人听"的培训方式进行培训，缺少有针对性的培训工具和专门的培训场地，导致培训过程枯燥无味，达不到预期培训效果。

3. 培训内容具体分析

目前，风电企业的培训内容在很大程度上具有盲目性，只有少数风电企业会对培训作需求分析，并且按照结果来安排有针对性的培训内容；大部分风电企业在制订培训计划时，忽视了培训需求分析，对安排什么样的培训内容没有明确的认识，随意性很大，其计划的制订者根本不了解员工真正的需求，对员工能力的提高没有有实质性的帮助，使得培训无针对性，培训工作流于形式，具体见图3-132。

针对性不强

8	风机安全链回路讲解	范×
9	风机电池回路讲解	蒋××
10	双馈发动机工作原理讲解	万××
11	风机塔筒的检查维护	蒋××
12	华创风机控制系统培训	蒋××
13	风机叶片防雷结构系统培训	齐×
14	高压电缆头制作技术	蒋××
15	华锐风机故障处理方法	蒋××
16	齿轮箱润滑系统讲解	齐×
17	华锐风机电气图纸讲解	齐×
18	国通变频器工作原理	蒋××
19	电力二次系统培训	齐×
20	ABB变频器工作原理培训	张×

图3-132　某风电企业培训计划（截图）

4. 制度具体分析

技能培训工作作为人力资源开发的关键环节和检修人才培养的主要途径，通过员工的技能培训能持续提升企业员工的业务技能、工作态度和知识储备。然而，员工能否积极参与培训活动和培训投入能否转化为组织与个人绩效的提高，需要通过有效的考核和激励手段来加以保证。同时，培训评估是监督和检查培训效果不可缺少的一个方法，重视培训的全面评估，不仅能改进培训质量，提高培训效率，还能将低培训成本。培训评估不仅关系到培训工作本身是否做到位，而且也是一个不断反思的过程，反思怎样培训才能达到效果，反思怎样才能将培训真正落到实处。因此，培训考核、激励制度、培训评估体系缺失或不健全直接导致员工培训后无法得到有效监督，造成培训效率直线下降，最终致使人员技能无法得到有效提升。

5. 培训方式要素分析

培训方式是影响培训效果的重要因素之一。当前，风电场培训方式通常为讲座形式，即聘请具有较强专业知识的厂家或者业务熟练的内部人员进行培训，其单一、落后的培训方式不利于员工对新知识、新系统的学习。随着科技的发展，要提升培训效果，就要将传统的培训方式和现代的培训方式相结合，实现培训方式的多样化。

综上所述，授课人员业务技能不高、表达能力较弱、讲课技巧不足，培训方式、工具缺失，培训过程枯燥，培训方式单一，缺少相应的培训激励机制和培训评估相关制度，是造成该企业检修人员业务技能培训工作主要问题的主要原因。针对以上原因确认，制订实施计划表，见表3-43。

表3-43　　　　　　　　　　改善措施实施计划表

序号	主要原因	改善措施	责任人	完成时间
1	授课人员技能不高、表达能力较弱、讲课技巧不足	对授课人员进行专门培训，开展"人人上讲台、人人争当培训师"培训活动，实行"持证上岗"制度，确保授课人员专业理论知识强，语言表达能力好，讲课技巧运用好	王××	2016年6月
2	培训方式、工具缺失，培训过程枯燥	（1）利用多媒体技术和"互联网+"技能培训模式，采用云技能培训平台加多媒体培训工具箱，依托强大的技能培训课程资源，以动画、动漫、小视频的方式开展多媒体培训，丰富培训方式，改变培训过程枯燥的现状；（2）开展基于技术比武的百名业务能手培训，摒弃以往单一、乏味的理论知识传授方式，结合仿真的现场检修实操，理论结合实践，提高员工的业务技能	李××	2016年8月
3	培训激励机制不健全，无培训评估相关内容	（1）修订班组教育培训制度，重点对培训奖励、考核、评估等方面的内容进行重点讨论编制；（2）修订岗位动态调整办法，形成"能者上，庸者下"的良性用人机制；（3）开展班组绩效管理，通过积分统计，实现多劳多得	张××	2016年10月

（四）实施改善

1. 人员讲课改善，开展人人上讲台活动

面对培训方式落后、一线员工抵触和对培训内容不感兴趣导致检修技能无法提升、检修质量无法保证的种种弊端，必须寻求一种方式改变目前的培训现状来提升人员技能，而"人人上讲台、人人争当培训师"活动（见表3-44）正是实现培训方式新突破、全员参与、全员提高的最好途径，也是企业储备专业技能队伍的有效途径。

表3-44 人员讲课改善措施实施表

序号	改 善 步 骤
1	"人人上讲台、人人争当培训师"活动是一个循序渐进的过程。为使此项活动有序推进，第一阶段，检修部制订了此活动的方案，成立了以部门主任为组长、部门专工及班组长为成员的工作组，主要负责本次活动的总体方案制订、审批、培训大纲制定及具体实施
2	第一阶段，部门领导以身作则，示范先行，立足目前风电行业经营形式的日益严峻，各风电公司检修维护费用日趋压缩的情况下和如何做好风力发电机组设备检修工作，为此项工作的顺利推进奠定了良好的基础。第二阶段，班组长及班组骨干阶梯跟进，立足岗位讲技术、讲流程，要求所有上讲台员工必须以PPT的形式做提前讲课准备，讲课内容必须联系检修实际，定稿之后的课件必须交班组长审核通过之后才能正式作为讲课课件。讲课之后学员必须对授课者的授课内容、语言表达、讲课技巧等进行评价，作为后续"金牌""银牌""铜牌"讲师评定的依据。第三阶段，全员全面参与推进，全员无论岗位高低、技能差异、表达能力强弱，均参与"人人上讲台、人人争当培训师"活动
3	公司对此活动进行最后总结和表彰，并为获得"金牌""银牌""铜牌"讲师的人员颁发荣誉证书

通过"人人上讲台、人人争当培训师"活动，一方面使各班组人员技能水平和班组凝聚力明显提高，设备检修工艺流程和相关注意事项得到巩固加强；另一方面，通过倒逼加压，人人备课、学习，达到很好的学习、记忆、巩固、提高自我知识储备的效果；最后，通过"金牌""银牌""铜牌"讲师评定使职工有一种荣誉感，起到谁人不可为师的效果。

2. 培训工具、方式改善

（1）开展检修人员多媒体培训。针对风电场检修人员技能培训工具缺失、单一、现代化培训设施缺失的现象，为有效开展检修人员技能培训工作，某新能源公司长期致力于逐步完善检修技能培训解决方案，长期深入到各生产一线，实地了解现场人员检修技能培训需求，并顺应在线教育的潮流，创造性地利用多媒体技术和"互联网+"技能培训模式技术，助力企业实现技能检修全覆盖（见表3-45）。

表3-45 检修人员多媒体改善措施实施表

序号	改 善 步 骤
1	利用多媒体技术和互联网技术，依托强大的技能培训课程资源，以人机交互在线培训、动漫仿真学习体验、理论实操并行交融的理念，开创检修人员技能培训新模式，研发检修人员技能多媒体技能培训箱
2	平台分为培训管理员和学员两种角色，培训管理员主要是建立培训项目并对整个培训过程进行监督，学员主要是进行在线学习、练习和考试
3	拍摄制作风机定检、维护项目工艺流程、注意事项等相关微电影58集；常见故障处理方法、检修项目微电影110集、风电检修考试题库15 000题；涵盖电气、机械、控制等检修技能专业内容和吊装、安规、反措、交通等安全专业内容。强大的培训课件，彻底解决了培训方式单化、内容碎片化、专业培训针对性不强等问题
4	通过指纹、身份证信息采集实现自动快速建档，识别用工身份；针对不同岗位、不同工种涉及的技能知识，分类勾选自动生成培训模块，开展专题培训
5	各种培训课程分岗位规划，组织培训、考试操作简单，学什么考什么，员工学习、练习、考试一体化，可随时、随地、随意地进行技能培训和统计

（2）开展基于技能比武下的"百名业务能手"培训。培训作为提高人员业务技能水平和

提高设备检修质量，实现员工自我人生价值的必由之路，如何提高现场检修人员培训效率、增强培训效果，同时提高检修质量和设备可靠性是企业面临的重要问题。而提高设备检修质量和设备可靠性依托的是强大的人才支撑，所以，打造一支道德素质强、技能水平高的人才队伍显得十分重要，而快速提升员工业务技能的培训莫过于实操。因此，该风电企业实施基于技能比武下的"百名业务能手"培养、打造、选拔、认可的改善就应运而生了。

该企业在"百名业务能手"培训的基础上，经过创新和改善，将理论培训和技能比武有机结合，通过实践，发现基于技能比武下的百名业务能手培训方式摒弃了以往单一、乏味的理论知识传授方式，结合真正的现场检修实操，使员工巩固了理论知识。理论联系实际的方式，不仅提高了员工的理论水平，还强化了其故障处理能力，从而使培训效率进一步提高。

2015 年，该企业共开展发电机对中、电缆头制作、集电环接线等 12 项技术比武活动。发电机对中技术比武活动中，通过制订方案、组织实施、评委评比，最终评比出公司首位获得"百名业务能手"称号员工——电缆头制作业务能手。之后，基于首次技能比武经验和总结，又组织了发电机对中、集电环接线等 11 项技能比武。为了防止获得"百名业务能手"称号的"技术能手"技能滑坡，公司修订了"基于技能比武下的百名业务能手培训"管理标准，明确提出为保证技术能手享受的绩效奖励公平、公正，公司其他员工随时可提出申请，与享受技术能手的员工进行比拼、打擂，胜出者方可享受技术能手称号。这样，不但防止了已获得技术能手的员工不学习、技能滑坡的现象，而且可以通过竞争鼓励其他员工努力学习业务技能，形成"学而优则仕"的激励机制，为下一步公司走自主专业化检修道路的人才储备奠定了良好的基础。

（3）制度改善。结合企业 AAAA 标准达标工作，修订了《教育培训管理制度》，完善了制度考核、激励、评估内容，为形成班组互学、互帮的良好氛围奠定了基础，为后期班组教育培训工作的顺利开展提供了保障。

3. 实践效果

（1）该企业自 2016 年开展"人人上讲台"活动以来，共有 60 人走上讲台，1105 人次参与听课。通过本次活动，最终评比出"金牌"讲师 2 名、"银牌"讲师 3 名、"铜牌"讲师 7 名，获得讲师称号的员工在公司荣誉墙进行公示，并在绩效考评中给予奖励对现，全面提升了生产一线检修员工的业务技能水平和语言表达能力，取得了很好的活动效果，为现场检修技能培训效率的提高和公司人才储备奠定了基础。"人人上讲台，人人争当培训师"活动前后讲师数量对比情况见表 3-46。

表 3-46　　　　　　　　　　　培训前后讲师数量对比　　　　　　　　　　　　　人

项　　目	改善前人数	改善后人数
上讲台人数	12	60
金牌讲师	0	2
银牌讲师	0	3
铜牌讲师	0	7

（2）2016 年，检修技能多媒体平台共计培训 2160 人次，平均培训合格率达到 96.46%，员工培训参与度达到 100%，组织—培训—出题—考试—阅卷成绩统计，每年可节约时间 288h，降低培训成本两万余元，较 2010～2015 年各项指标均有明显提高。通过声音、动画、文字、信息有机结合的动漫仿真、人机交互在线的培训方式，有效解决了传统培训方式单一、过程枯燥、员工不感兴趣、培训效率不高的问题，提升了员工业务技能水平和检修质量。图 3-133 所示为采取多媒体培训之后员工培训合格率和参与度。

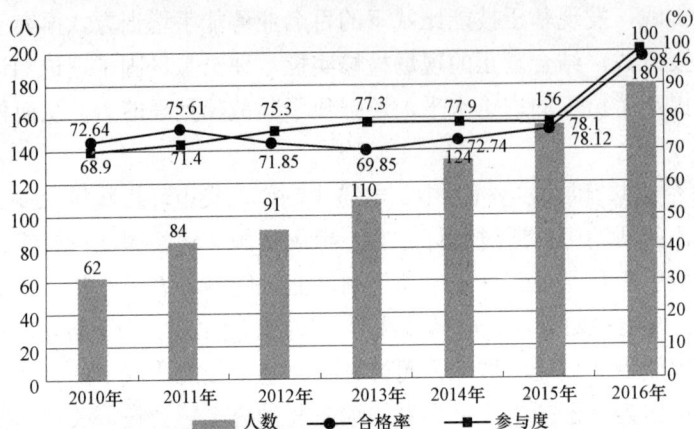

图 3-133　采取多媒体培训后员工培训合格率和参与度对比

（3）开展基于技术比武下的"百名业务能手"培训。2016 年共开展发电机对中、电缆头制作、集电环接线等 12 项技术比武活动和公司第一届风电运维大赛，共有 87 人参加了百名业务能手培训班，并取得了结业证书，有 23 人获得了公司"百名业务能手"荣誉称号。通过培训，5 人通过公司竞聘走上了专工和班长的工作岗位，15 位员工分别由作业员走上了组长、副组长的工作岗位。通过对"百名业务能手"培训后的 87 名员工培训方式、培训制度、培训效果、培训带来的"福利"满意度进行微信问卷调查，满意度达到 93%。通过技术比武下的"百名业务能手"培训，进一步提高了员工的业务实操技能，加强了区域间人员的技能交流，形成了员工之间互学互争的氛围和企业"学而优则仕"的激励机制，为下一步公司走自主专业化检修道路的人才储备奠定了良好的基础。图 3-134 所示为某班组经过一年培训之后的岗位变动情况。

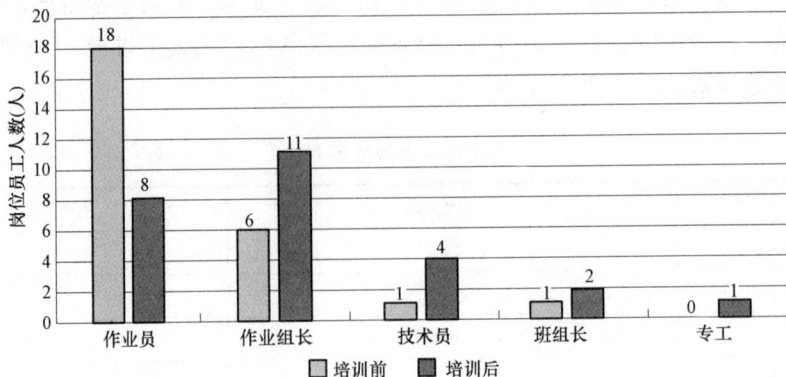

图 3-134　培训前后班组岗位变动情况

（4）编制了《教育培训管理标准》，完善了制度考核、激励、评估内容。

综上所述，通过人人上讲台、多媒体改善、基于技能比武下的"百名业务能手"培训方式和教育培训管理制度的编制，提高了该企业检修人员业务技能水平，为设备高质量检修提供了有力保障，同时为该企业成功的培养出了一批具有高素质、高技能的检修队伍，消除了人岗不匹配、技能不足的浪费。

（五）标准化

（1）该企业将"人人上讲台"列为定期培训工作，成立了"人人上讲台"工作组，制订了详细的实施方案，广泛进行宣传发动，组织各部门、各班组积极开展。活动全面覆盖所有人员，全公司呈现出"人人为培训上台，个个为检修出力"的良好氛围。

（2）通过创新研发了基于"互联网+多媒体"应用检修人员技能培训平台，并在该企业内部各个部门逐渐推广。

（3）通过 2016 年基于技能比武下的"百名业务能手"培训，为该企业培养了 18 个电缆头制作、风机定检、维护、检修等专业人才。

（4）编制了《教育培训管理制度》。

【案例思考】

通过研发"互联网+多媒体"检修人员技能培训平台、开展人人上讲台活动和"百名业务能手"培训，一方面改善了该企业培训方式单一、培训效率低下的问题，有效提升了生产一线检修人员业务技能水平，提高了设备检修质量和可靠性；另一方面，为企业储备了大量的专业技能人才，为后续企业发展提供了有力保障。后续，该企业将从以下方面再接再厉：

（1）继续优化培训方式，以实操为主线，建立仿真实验室，通过风电场风机模型仿真风机的所有过程，包括机组开停机过程、发电过程、调节过程中主机设备、辅助设备等所有设备的所有实时数据，理论联系实操，有效降低新员工的培训时间，提高人员培训效率。

（2）在检修多媒体培训平台的基础上继续完善课程资源、优化课程配置，切实将检修多媒体培训平台做优。将检修工艺通过图片、视频进行标准化，并通过二维、三维等形式进行展示并指导检修工作。

（3）继续以优化培训模式为中心，创新培训方法为手段，提高设备检修质量和可靠性为目标，加大对检修技术人员的培训力度，制订不同层级、不同专业培训计划，扎实做好企业检修技能人才培养工作，促进岗位成才。

（4）以"百名业务能手"培训为手段，对人员培训进行推广扩展，延伸到企业管理层，全面提升生产人员、一般管理人员和中层干部的业务能力、管理能力、协调组织能力、创新能力和驾驭公司快速发展的能力，进而打造一支素质高、能力强的职工队伍。

（5）制定以知识积累、技能掌握为基本测评的激励机制。

<本案例由华电国际宁夏新能源发电有限公司提供>

物 资 篇

水电与新能源发电企业精益管理实践

引　言

精益管理是适应现代企业管理需要，是企业降低生产成本，减少浪费，实现效益最大化的一种管理方式。

物资成本在水电与新能源发电企业生产成本中占有重要地位，物资管理是水电与新能源发电企业管理的重点工作之一。水电与新能源发电企业多年来一直不断探索并实践如何提升物资管理水平，降低生产经营成本，创造更大的经济效益。

"精益管理"的核心就是以最小的投入，创造最大的价值。将精益管理的理念和方法应用于物资管理，可以为企业诊断出物资管理过程中存在的问题，准确定位问题关键点，清晰再现问题原因，从而有针对性地提出改善目标和改善措施，最终实现精益管理的"精"和"益"。

本篇主要介绍了某区域水力发电企业物资全生命周期管控中的精益管理案例及某区域新能源公司实行完善集约化采购管理协调职能、发电企业联储联备实践案例。相对于火力发电等其他发电企业，水电与新能源发电企业受地理环境，以及设备品牌、种类、数量等因素影响，物资供应市场受专业技术限制，垄断经营现象较为突出。新能源发电企业场站分布区域广，设备核心装置、专用零部件种类繁多，同品牌同类型装置、零部件也存在较大差异。

本篇即是运用精益管理理念和精益管理工具，通过某区域水电公司、新能源公司及其下属多家电厂在一段时期内的物资精益管理试点实践，解决了物资管理工作中的部分问题，并通过一些案例展示了精益管理工具在物资管理中的运用成效，以供区域公司、发电企业借鉴和参考。

第一章

水电与新能源发电企业物资精益管理概述

第一节 水电与新能源发电企业
物资精益管理要求

由于电力产品的公共属性，电力安全和质量具有广泛的社会意义，且发电生产具有高度连续性，生产和消费同时完成，对发电企业的物资管理具有更高的要求。在电力体制改革前的一段时期里，发电企业延续传统计划经济的习惯，物资管理工作基本上单纯强调"保证供应"的重要性，采用粗放管理方式，粗略编制物资需用和采购计划、随意指定供货商、不受控制的储备物资等现象屡见不鲜。

近年来，随着我国经济体制的发展和完善，发电企业的内外部环境正发生着巨大变化，对发电企业加快转变经营机制和发展方式、创新采购模式、健全内部管控体系的要求也逐步提高。从发电企业物资管理承担的角色及定位来看，有以下几项重点管理要求：

（1）物资需求计划准确。水电与新能源发电企业，受到地理环境影响，远离物资采购市场，需求计划的准确性直接影响到设备的安全稳定运行及检修维护工作。准确的需求计划保证了设备的检修维护工作、降低了电力生产成本、缓解了库存积压、减少了成本浪费、提高了企业经营效益。在电力体制全面改革的今天，经营成本是提质增效的重要因素，提高物资需求计划准确率是水电与新能源发电企业发展的必需选择。

（2）物资质量优良。物资质量是发电企业正常运行和保证检修质量的关键要素，加强对物资质量的控制对保证发电企业安全生产起着至关重要的作用。水电与新能源发电企业设备安全具有较高的社会影响，确保物资质量优良，为各类设备的安全运行奠定基础，是企业平稳运行的基本保障。

（3）采购流程规范。从国家加强国有企业采购活动监管的要求来看，发电企业物资招标和采购项目多、资金规模大、影响面广，对于加强宏观调控、培育公平竞争的市场体系、促进招标投标市场的规范具有引领和示范作用。从发电企业完善采购内控机制要求来看，发电企业物资采购需要建立起编制采购需求、招标比价寻源、采购结果执行、履约结果评价、合同付款结算等关键岗位的权力制衡机制和法律风险防范机制。规范国有企业物资采购流程，对防止国有资产隐形流失，保障国有资产保值增值，保证国有资金的有效利用，保证国有企业招标和采购活动有法可依，是企业合法运营的基本条件。

（4）采购价格合理。随着"厂网分开、竞价上网、直供电"等引发的行业竞争越发激烈，给发电企业降低生产成本、争取更多发电份额带来的严峻压力。水电与新能源发电企业因其特有的资源条件及其经营环境，降低生产成本的主要途径就是物资成本的控制。在保证物资质量的前提下，充分发挥集中采购和专业采购优势，避免由于招标比价竞争不充分或市场行情不熟悉导致采购价格虚高，确保采购成本控制在合理范围内，实现降本增效。

（5）供应及时可靠。在保证物资质量的前提下，供货及时性是影响水电与新能源发电企业安全生产的重要因素。受到地理条件的影响，水电与新能源发电企业物资供应及时性存在多种不确定因素。为了满足安全生产，需要加强计划采购工作的前瞻性、提高备品储备的科学合理性，最大限度地减少应急采购，同时也要充分考虑物资特殊性以及库存积压。物资供求平衡能有效解决供货及时引出的问题，也是水电与新能源发电企业降本增效的有效途径。

（6）储备结构合理。库存物资管理不当，不但会占用大量流动资金和仓储设施，挤占有限仓储空间，耗费大量人力物力，而且很容易造成物资积压、过期、变质。随着技术进步和设备更新改造的不断加速，一旦无法调拨调剂，最终将导致库存物资失效报废，给水电与新能源发电企业带来极大的浪费和经济损失。但缺乏必需的物资储备，一旦故障发生时，就会造成无法及时抢修，严重影响发电设备运行的可靠性，甚至导致事故扩大或被迫停机，给企业带来严重经济损失甚至社会影响。因此，必须加强库存控制、优化储备结构，确保水电与新能源发电企业的生产和经营活动正常进行。

（7）保管保养到位。水电与新能源发电企业投入生产的设备、配件、原材料和各种辅件等物资质量的优劣，一方面取决于物资到厂时物资质量的优劣，另一方面也与仓储物资保管保养是否到位有关。物资的保管保养是保持物资使用价值，确保物资流通期间质量安全的重要环节。由于物资本身的性能、特点不同，以及受各种外界因素的影响，物资在储存期间有多种因素导致物资失去使用价值。因此，必须采取有力措施，通过规范化的保管保养，确保库存的物资在投入生产时质量状态完好、数量没有短缺。

第二节　水电与新能源发电企业物资精益管理价值

物资管理处于水电与新能源发电企业生产管理与经营管理的交界点，是企业生产管理、预算管理、财务管理、合同管理的重要环节。物资管理工作的好坏，不仅直接影响发电企业的生产运行、检修维护工作能否顺利进行，还影响企业的经济效益。加强水电与新能源发电企业物资管理，稳步提高物资管理水平，对保证发电企业安全生产，全面提高经济效益和社会效益，都有着重要的意义。

探讨物资管理在发电企业中的价值贡献，需要基于发电企业整体运营流程角度，从价值链的关系进行研究。

物资管理在企业全面预算的总体控制下，基于发电运行和设备管理需求，与财务管理、合同管理紧密结合，是物料流、信息流、资金流的集中交汇点。水电与新能源发电企业物资管理工作的价值就是在降低采购成本、较少库存资金占用的基础上，能够确保生产所需物资可靠供应，质量满足生产要求。

水电与新能源发电企业物资管理的作用和意义主要体现在以下几个方面：

一、采购管理方面

（1）核实物资名称、规格、型号、数量等采购要素的准确性，及时与使用部门沟通，确保准确完整，防止计划不准确造成物资供应不及时或库存积压。

（2）加强采购需求分析，优化采购模式，充分发挥规模优势，合理组织询价比价或集中采购，降低物资采购成本。

（3）充分利用华电电子商务采购平台发布采购信息，保证充裕的发布时间，使潜在供应商能及时获取采购需求信息，确保招标或比价竞争充分，避免物资采购价格虚高。

（4）严格审查供应商资质能力和使用业绩，精心组织选商评审，确保评审过程科学，选商结果合理，确保选定供应商具备完全履约能力。

（5）积极主动了解掌握物资市场行情，确保物资采购价格合理。

二、合同管理方面

（1）严格审查合同相对方主体资格和履约能力，确定合理担保措施。

（2）规范合同签约流程，确保合同依据充分、条款规范、用词严谨、内容完整。

（3）强化履约过程跟踪，有效控制履约进度、严格防控合同风险。

三、仓储管理方面

（1）结合生产实际，确定合理储备范围，优化储备模式和储备结构，降低库存资金占用。

（2）规范物资到货流程，及时组织入库验收，把好质量、数量验收关，确保入库物资质量优良、数量相符。

（3）合理规划仓库布局，确保物资摆放整齐，精心组织保管保养，保持物资使用价值。

（4）定期组织盘点清查，及时处理积压呆滞物资，推进平衡利库和节约待用，加速库存资金周转。

（5）严格审查发料依据，杜绝错发物资和优材劣用。

（6）加强仓库治安和消防管理，消除失盗事件与火灾隐患。

四、使用管理方面

（1）结合生产使用，严审物料使用，避免浪费。

（2）规范物料使用工艺，杜绝工艺不当导致物料失去使用价值。

（3）严格物料使用部位、规格型号、数量登记，完善物资台账资料，以备参考。

近年来，在国家电力体制改革的大背景下，随着电力竞争机制的引入和电力市场规模的扩大，使得水电与新能源发电企业面临越来越复杂的外部环境和更为严峻的挑战，运营管理正发生一系列的变化。做好物资管理是提高水电与新能源发电企业竞争力的重要举措之一，通过高效、科学和规范的物资管理，降低物资采购成本，减少库存资金占用，加快流动资金的周转速度，降低水电与新能源发电企业的生产成本，增加企业盈利，进而提升市场竞争力。因此，如何运用现代化的手段和工具对物资管理进行分析研究，探索最佳物资管理模式，实现降低物资成本、优化物资管理模式的目标，是物资精益管理课题的出发点。

第三节　水电与新能源发电企业
物资精益管理体系建立

水电与新能源发电企业物资管理因其独特的环境条件，物资管理具体内容及实施有自己的特点，建立一套特有的物资管理体系势在必行。

一、水电与新能源发电企业物资管理特点

水电与新能源发电企业与其他企业存在很多差异。

（1）水力发电企业与其他企业存在差异：

1）地理因素。水力发电企业受到河道、地质等因素的影响，水电厂都建立在相对偏远的山区。

2）设备因素。水电厂受到水头及流量的影响，机组设备存在差异。同行业相同型号的机组非常少，在其结构上各不相同，设备零部件的通用性较低。

3）市场因素。设备市场环境受到单一来源等因素的影响，选择面窄。

（2）新能源（风能、光伏）发电企业与其他企业存在差异：

1）地理因素。新能源发电企业受到光照、风力等因素的影响，地理位置都选择在远离城市的戈壁、荒滩、高山等地区。

2）设备因素。发电设备的核心装置、零部件技术专业性强，但通用性不强。核心装置、零部件、备品备件种类繁多，且更新换代周期较短。不同风场因其环境影响，风机型号选择较多，在其结构上各不相同，设备零部件的通用性较低。

3）市场因素。新能源是清洁能源，但起步晚，设备生产技术有限，设备采购市场单一，导致垄断经营情况明显。

二、水电与新能源发电企业物资管理体系

综合水电与新能源发电企业物资管理体系分析（见图 1—1），物资管理是企业管理的重要组成部分。水电与新能源发电企业物资管理，指围绕企业安全生产为中心开展的有关物资计划、采购、储存、使用等行为的协调控制工作。它涵盖了物资计划、采购、验收、仓储管理、使用等物资全生命周期管理过程。

水电与新能源发电企业物资管理体系的主要内容有：

（1）物资计划管理：年度物资需求计划管理（检修、技改、科技、小型基建、信息项

目以及日常维护的大宗材料所涉及的物资需求计划）、批次物资采购计划管理（检修、技改、科技、小型基建、信息项目涉及的物资采购计划）、基层（自采）采购计划管理（日常维护、缺陷消缺物资的采购计划）等。

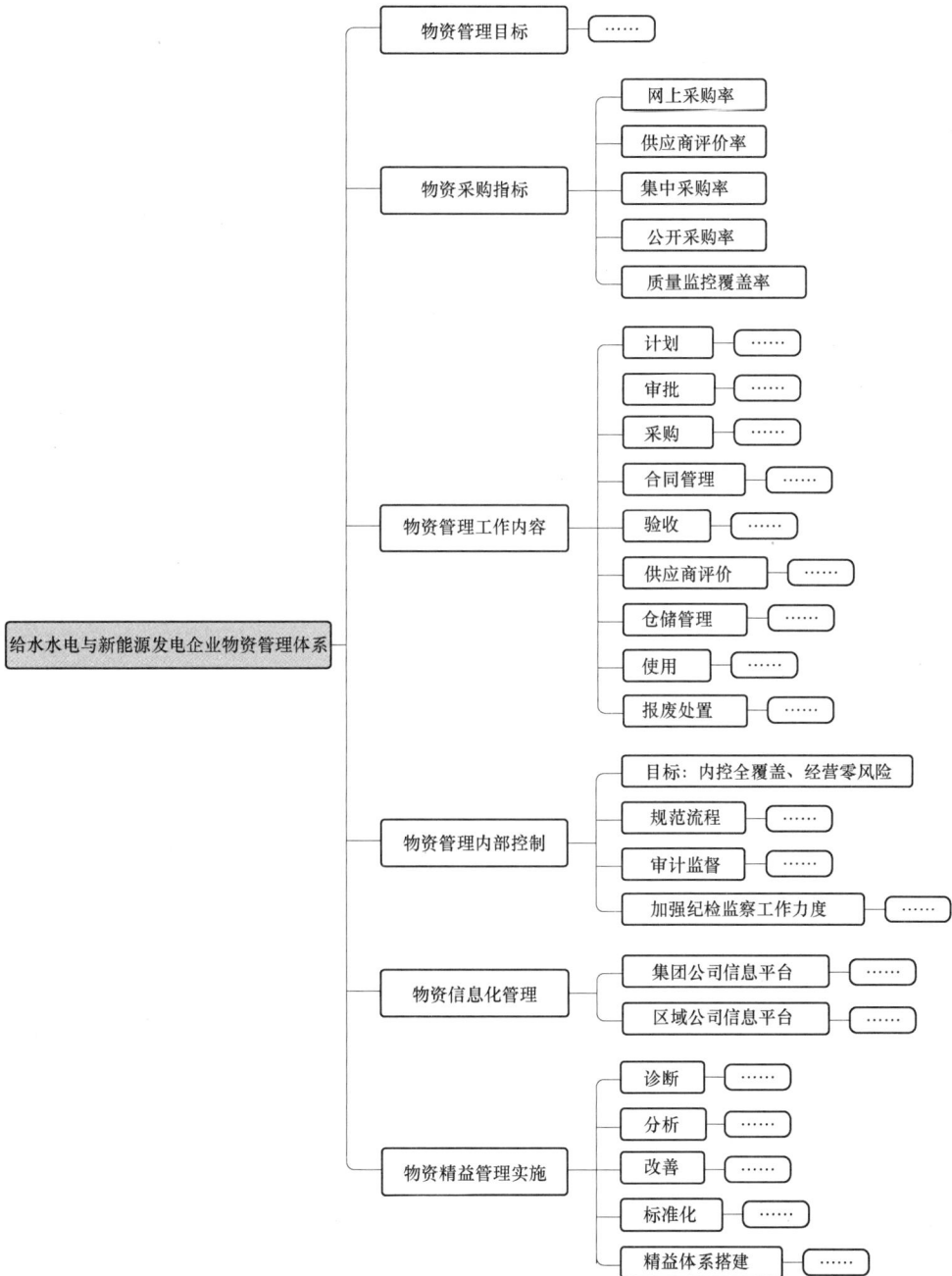

图1-1　综合水电与新能源发电企业物资精益管理体系

（2）物资采购管理：物资采购招标管理、物资采购询价竞价管理、物资直接采购管理、物资集中采购管理、物资采购合同管理、物资采购框架协议管理、物资紧急采购管理、供应商管理、电子商务平台管理等。

（3）物资仓储管理：物资验收入库管理、物资领料出库管理、物资退料管理、物资保管保养管理、物资台账和盈亏报损报废管理、物资仓库安全管理、物资联合储备管理等。

（4）物资综合管理：物资编码主数据管理、物资供应商主数据管理、物资统计管理、废旧物资管理等。

第二章

水电与新能源发电企业物资精益管理实践路径

第一节　水电与新能源发电企业
物资管理现状诊断

为全面查找目前物资管理的不足，水电与新能源发电企业组织相关人员，从物资管理各环节采用现状调查、头脑风暴、思维导图等方法进行诊断。

一、物资现状问题梳理

通过现状调查，归纳出物资管理主要存在以下几个方面的问题：

1. 计划管理方面

（1）物资需求部门不能及时、准确提报需求计划。

（2）检修项目变更后，需求计划未及时更改。

（3）平衡利库工作不到位，重复购买。

（4）需求计划审核执行不力，导致计划不切实际。

（5）物资需求计划大于实际量，剩余物资存储导致库存增加。

（6）基建期间有价值的随机备品备件较多，基建结束后移交至库房导致库存增加。

2. 采购管理方面

（1）部分物资采购周期长。

（2）采购物资供货不及时。

（3）单一来源采购物资，无价格谈判权。

（4）部分物资采购量少，无价格优势。

（5）合同审批时间过长，延误交货工期，影响生产运行。

3. 仓储管理方面

（1）为了保证安全生产，大量储备事故备件，造成库存资金增加。

（2）信息管理水平低，存在重复采购风险，造成库存积压。

（3）部分设备技术更新或改造后，备品备件闲置，增加企业经营成本。

（4）库存物资受到存储条件限制，保养不到位，造成变质、损坏，失去使用价值。

（5）盘点工作未定期执行。

4. 使用方面

（1）物资验收要求不明确，部分物资入库不及时，影响需求部门使用。

（2）由于低价中标原则，造成部分采购物资低质，影响安全生产。

（3）重视有形成本，追求短期利润。

（4）使用人员的成本意识不强，使用浪费大。

（5）企业物资成本管控强度不够。

二、物资现状问题梳理汇总

通过对物资管理构架、关键指标、存在不足等进行系统分析，归纳出物资管理现状存在的问题主要集中于物资全生命周期管控，主要见表 2-1。

表 2-1　　　　　　　　　　　物资全生命周期管控现状问题汇总表

序号	问题环节	具 体 描 述	问 题 原 因
1	计划	非标件无规格型号档案	物资台账不完善
2		工作计划变更，需求计划变更不及时	沟通不到位
3		机组必需物资记录备档缺失、不准确	物资台账不完善
4		需求计划不准确	人员责任心不强、专业素质不高、计划报送要求不全面
5		计划报送不及时	沟通不到位
6		流程不完善或执行不力	监督考核体制不健全
7	审批	审批流程不完善	管理体制
8		审批流程执行不力	人员责任心
9	采购	流程不规范	管理体制
10		供应商管理不完善	管理标准不明确
11		单一来源采购选择面窄	设备特殊性
12		集中采购不完善	地域及设备特殊性
13	合同	合同资料不规范	人员专业知识及责任心
14	验收	验收标准不明确	标准培训
15		验收条件不足	硬件设施
16		验收流程执行不力	制度管理
17	库存	仓储环境不善	硬件设施
18		备件保养不规范	专业素养及责任心
19		库房"7S"管理流于形式	"7S"管理与生产实际结合
20		出入库管理不规范	人员责任心
21	使用	物资台账更新不及时	物资台账不规范
22		物资台账要求不全面	物资台账不规范
23		物资使用管理不精细	人员素质、责任心
24	废旧处置	流程不完善或执行不力	管理标准

注　"7S"管理指在生产现场对人员、机器、材料、方法、信息等生产要素进行有效管理。

第二节　水电与新能源发电企业
物资管理原因分析

通过对物资管理构架及物资管理内容存在的不足进行综合分析，寻找物资精益改善方向及思路。

一、物资管理框架

用思维导图工具，梳理出现有的物资管理构架，如图 2-1 所示：水电与新能源发电企业物资管理工作内容，物资需求部门提供需求计划，生产技术部汇总审批，生成采购计划，执行采购，并对供应商进行管理。合同环节涉及财务、计划和纪检等相关部门，所有流程均通过网上审批完成；生产技术部、物资需求部门对物资验收负责；物资使用部门对物资仓储、使用、保养负责，并受相关部门监督。

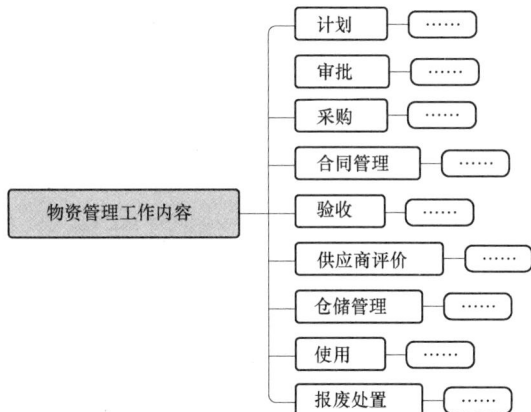

图 2-1　物资管理内容

二、物资全生命周期管控分析

1. 计划

物资需求计划，是物资管理的源头。规范物资需求计划编制、审核流程，提高物资需求计划准确率，加强需求计划报送及时性，对水电与新能源发电企业安全生产至关重要。

2. 审批

需求计划的审批有利于提高物资采购的准确率，同时还能有效地减少库存资金的占用以及库存积压。需求计划的审批准确，既能保证安全生产物资正常供应，又能减少浪费。

3. 采购

物资采购过程是物资供应的重要环节，采购准确率、供货及时性、物资质量、物资成本等因素都由采购环节决定。物资采购对于水电与新能源发电企业来说，是企业生产经营的重要环节，是影响企业生产效益的直接因素。

4. 合同管理

规范的物资采购合同，是正确执行物资采购过程的保障。合同能够有效监督供应商行为，确保物资供应及时准确。

5. 验收

严格执行到货物资验收标准，保证质量达标，是企业确保安全生产的重要举措。

6. 供应商评价

水电与新能源发电企业物资需求受到市场因素影响，合理选择供应商能有效规避劣质产品入库。供应商管理体系的完善，能够最大限度地降低物资低价低质中标风险。

7. 仓储管理

仓储管理是物资管理的重要环节。物资台账的完善对需求计划、采购、使用等环节均存在影响。规范的物资存储管理、完善的物资台账在水电与新能源发电企业物资管理中，意义重大。

8. 使用

物资的价值体现在使用，规范物资使用、保养，确保物资使用价值最大化。

9. 报废处置

废旧物资处置，直接关系到企业资金收益。报废物资及时处理，能缓解存储空间压力；可修复再利用物资，能够降低物资采购成本。

第三节 水电与新能源发电企业
物资精益管理实施思路

经过诊断分析，水电与新能源发电企业物资管理需要从区域公司与发电企业两方面进行。区域公司主要存在统一组织协调不到位、大宗物资（主要存在于新能源发电企业）未体现规模采购价格优势，集中采购覆盖面不广，区域公司内部各厂站联合存储力度不强等问题。发电企业主要存在物资需求计划不准确，物资采购不及时，物资验收条件不足，库存物资管理不善，单一来源物资自身储备不合理，库存资金占用多，部分物资使用性价比不高等问题。无论是区域公司还是发电企业，为了解决在物资管理方面存在的问题，均可以引入精益管理理念，采用精益管理工具进行全面诊断实施。找准问题点，选择课题持续改善。

一、物资精益管理实施总体思路

1. 现状诊断

诊断的目的主要是寻找物资精益管理的切入点，识别物资管理工作的资源输入及价值输出，查找物资管理全过程的问题点。列出影响物资管理的所有要素，寻找提升物资管理价值的机会和方法。

2. 原因分析

问题点的成功挖掘，受多种因素的影响，需要对诊断出的问题点进行详尽的原因分析，找出导致这些问题的根本原因。

3. 改善实施

完成诊断和分析工作后，根据对策实施的难易程度、资源投入规模大小、实施效果等因素，确定对策的可操作性，最终确定方案进行专项改善实践。该阶段需要多方协同，调配企业内部人力资源、资金投入，实施针对性改善。通过校验阶段性成果，证明改善措施是否切实有效。

4. 成果固化

经过改善获得的成果，持续性有待验证。因此，需要将维持成果所必需的相关管理制度、技术规范等内容进行针对性更新。

5. 标准化

制定统一工作标准，并向相关人员宣贯，要求按照统一模板实施。

二、水电与新能源发电企业物资精益管理实施思路

物资管理工作需要区域公司与发电企业共同协调开展，在物资管理工作中，职能分工不同。精益管理实施思路在区域公司与发电企业中，也存在差异。

1. 区域公司物资精益管理思路

（1）从改变管控模式出发，面对电力市场竞争激烈，经营压力加大，区域公司通过调研，分析了区域公司和各电厂的现状和存在的问题，汲取了集团公司系统内先进企业的管理经验，决定从创新管理体制入手，实行物资管理区域统一管控模式，成立区域公司物资管理部门，提出"统谈分签"思路，明确对超出采购限额及大宗物资、通用消耗性物资由区域公司实现统一管理。通过招标采购等形式，确定供应商及采购价格后，由各企业开展技术协议谈判，完成商务合同。为了有效降低企业库存，通过区域统一管控平台，开展企业间备品备件共同储备，实施企业和制造厂联合储备等。

（2）明确区域公司物资管理职能定位。区域物资部是区域物资管理的职能部门，负责区域公司生产物资相关管理制度，制定库存物资标准化管理细则和年度考核指标、区域公司日常生产通用物资（办公用品、办公设备、通用工器具）标准化目录清单，并按清单以及相关定额要求进行计划审核；制定和发布区域公司年度集中采购物资目录清单；按照《采购管理办法》组织进行限额以上物资采购管理工作；负责集团公司管理的物资采购协调工作，负责组织对供应商进行考评；区域公司安全生产部负责审批发电企业年度检修、材料、技改项目及费用计划；负责公司特大、重大技改项目招标采购申请立项批复和评标结果的审核会签；审定大宗生产物资采购技术标准，为生产物资采购提供技术指导；参加库存物资报废鉴定；各基层企业根据区域公司年度集中采购目录清单和招标定标结果与供应商签订合同；限额以下物资和集中采购目录外物资采购供应工作；参加供应商考察和评价、推荐和评标工作；集中采购目录外物资采购供应管理机制。

区域公司积极导入"消除浪费、创造价值、持续改善、精益求精"的精益理念，按照"专项试点、全面推进、巩固提升"三个阶段，力争减少浪费的同时，优化资源配置，提高效率，努力实现价值最大化。

2. 发电企业物资精益管理实施思路

（1）计划环节精益化。物资采购计划从物资需求实际出发，是物资管理环节重要组成部分，需做到一落实、二掌握、三核实、四要领。

1）一落实，在编制计划时要落实项目。

2）二掌握指掌握项目防止积压，掌握工期防止盲目进料。

3）三核实指核实需求量、核实库存量、核实采购量。

4）四要领指理清物资规格尺寸、质量要求、性能指标、需求时间等关键要领。

对计划需求量与实际使用量偏差较大的要进行通报，认真分析造成计划需求量与实际使用量偏差大的原因。

（2）物资验收精益化。物资到厂验收坚决执行物资验收标准，拒绝接受劣质产品；拒绝接受与合同规定不符产品；拒绝接受未经检验合格产品。

（3）库存环节精益化，实施两手抓策略。一手抓源头管理，从维护、检修、技改等环节加强计划准确控制，减少、避免物资积压；一手抓在库物资处置，合理通过调配、变现、联合储备、超市化管理等形式，努力降低库存。制定严格的出入库制度，借助电子信息平台等手段，确保每件物资出入库均需留有痕迹。对超出合同或订单范围的送货数量坚决拒收以减少积压。严格按"先进先出"的发货原则，注重到货及库存物资的保质期限，定期进行盘点，对临近保质期及较长时间未领用、机组技改后滞压的物资及时汇总报相关人员进行处理。

第三章

水电与新能源发电企业物资精益管理实践

第一节　提高物资需求计划准确率实践

对于水电与新能源发电企业而言，如何有效降低运营成本，是实现利润最大化的重要途径之一。全面导入"管理—精耕细作、生产—精雕细琢、成本—精打细算、技术—精益求精、团队—精诚合作"五精理念，物资成本是影响水电与新能源发电企业运营成本的重要因素。提升物资需求计划准确率，能有效降低水电与新能源发电企业运营成本。顺应时代的发展，达到"以最小的资源投入、创造最大的经济价值"的精益管理要求是水电与新能源发电企业的运营目标。

【案例3-1】　提高物资需求计划准确率，降低物资使用成本

（一）案例背景简介

1. 实施背景

水电与新能源发电企业物资管理过程中，普遍存在需求计划准确率低、物资浪费大、库存管理混乱等问题（见图3-1），这些问题极大地制约着企业运营效益。消除浪费、控制成本、提质增效势在必行。

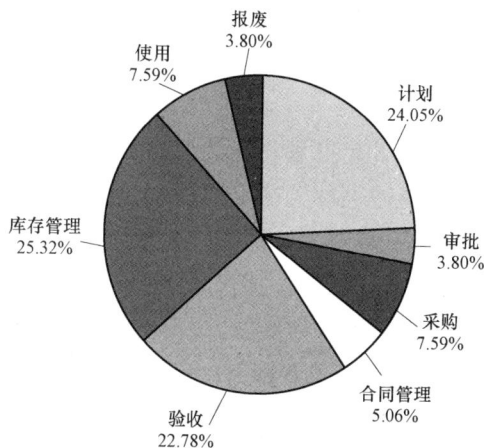

图3-1　某电厂物资全生命周期现状诊断问题比例图

物资需求计划是物资全生命周期的源头。从图 3-1 分析可见，某电厂在计划环节存在突出问题。需求计划不准确导致物资采购脱离实际，造成大量浪费增加企业运营成本，影响企业安全生产。物资管理一直是企业管理的重要部分，治标须治本，从源头控制方能切中要害。提高物资需求计划准确率，减少物资浪费、降低资金投入是企业物资管理的需要，是企业降本增效的需要。

2. 实施思路

物资需求计划在物资管理过程中影响极大，在企业管理过程中扮演着重要角色。首先，需求计划直接关系到设备检修、运行等安全生产活动。其次，需求计划不准确还直接导致材料采购不准确。再次，需求计划对仓储管理也有直接影响，大量的误报、多报道致库存积压、资金浪费。最后，需求计划准确率与物资及设备的基础数据、计划编制审批、管理、人员等因素直接相关。

为了提高物资需求计划准确率，水电与新能源发电企业采用精益管理理念，在物资全生命周期的计划环节分诊断、分析、改善、标准化四步走，以现场分析、抽样调查、头脑风暴、思维导图等方式为手段，全面解析物资需求计划现状、存在问题，并制定对策实施改善，以达到需求计划准确率不断提高的效果。

（二）现状诊断

某电厂对 2016 年某批量物资需求计划准确率（批量物资的使用数/批量采购总数）统计见表 3-1。

表 3-1　　　　　　　　　　　某电厂 2016 年某批物资需求计划准确率

采购批次	计划采购项数	实际使用项数	漏报项数	多报项数	错报项数	计划准确率（%）	备注
4 号机组 A 修密封类材料	67	139	3	5	4	82.1	
4 号机组 A 修阀门	19	18	0	1	0	95	指定检修项目
总计	86	157	3	6	4	85	

注　"计划采购项数"充分考虑平衡利库，库存余量未列入需求计划上报；"漏报项数"指计划采购漏项；"多报项数"指计划采购多报；"错报项数"指规格型号报送不准确导致不能使用项；计划准确率=1-（漏报项+多报项+错报项）÷计划采购项×100%。

从表 3-1 可以看出，该电厂针对批量物资进行全面统计，折射出该电厂物资需求计划的整体性。作为发电企业，物资需求种类在多年需求中变化有限，真正的变化存在于物资数量。计划采购项数远小于实际使用项数，说明库存余量较大，库存积压现象一览无余（适当的库存能确保设备的维护需要，所以本案例中只统计种类多采项，未统计数量多采项。况且使用物资种类及数量繁多，准确统计难度大，且多采购数量可下次使用，故未纳入需求计划准确率统计中）。材料多报造成资金浪费，同时也体现出人员责任心以及人员对设备状况熟悉程度有限。漏报直接影响到机组检修工作的正常开展。另外，具有检修项目指导的材料需求计划准确率高，一是因为阀门统计针对性强；二是种类单一，方便统计。密封类材料虽然受到检修项目任务的指导，然而种类多，涉及设备范围广，提前计划需要有基础资料的支撑，以及计划编制人员对设备的全面了解等因素，统计上报难度大。所以，众多因素的制约导致需求计划准确率低。

（三）原因分析

结合思维导图对物资管理系统需求计划部分进行分析，针对影响需求计划准确率的根本原因进行查找并进行验证。

1. 系统分析

为查找物资需求计划准确率低的原因，提升物资精益管理，该电厂针对物资需求计划准确率低的原因进行鱼骨图分析，如图 3-2 所示。

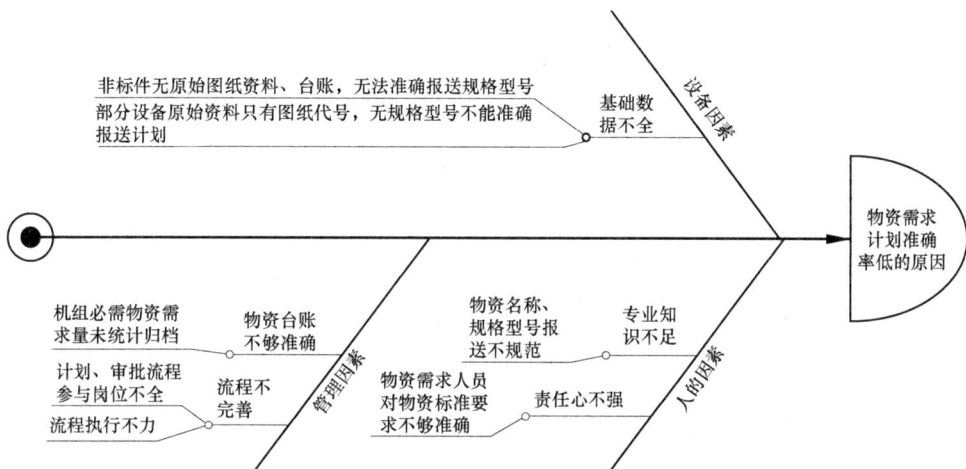

图 3-2　原因分析鱼骨图

2. 要因验证

针对鱼骨图分析的所有末端因素，进行现场要因验证，用事实确认影响物资需求计划准确率低的主要原因，见表 3-2。

表 3-2　　　　　　　　　物资需求计划准确率低的要因确认表

序号	末　端　原　因	确　认　事　实	是否要因
1	物资需求人员对物资标准要求不准确	事实存在（见图 3-3）	是
2	物资名称、规格型号报送不规范	事实存在（见图 3-4）	是
3	计划、审批流程参与岗位不全	计划和审批流程中，缺少相关岗位参加（见表 3-3）	是
4	机组必需物资需求量未统计归档	事实存在（见图 3-5）	是
5	部分设备原始资料只有图纸代号，无规格型号不能准确报送计划	事实存在	否
6	非标件无原始图纸资料、台账，无法准确报送规格型号	事实存在	否

（1）物资需求人员对物资标准要求不准确。图 3-3 中显示：物资的规格型号要求不准确，体现在"O 形密封圈 $\phi24\times3.1$"中无详细标注内径、外径及线径，材质要求不明确，数

量要求无依据（该电厂 ϕ24（外径）×3.1（线径）的密封需求量大，而 ϕ24（外径）×2.5（线径）的密封用量极少）。这主要是工作人员工作责任心不强引出的问题。

2016年3号机组A修材料采购计划

一、装置性材料

序号	物资名称	规　　格	单位	数量	备　　注
115	O形密封圈	∅24(外径)×3.1(线径)	个	100	
116	O形密封圈	∅24(外径)×2.5(线径)	个	100	

图 3-3　需求计划中物资标准要求不准确（截图）

（2）物资名称、规格型号报送不规范。因人员专业知识欠缺，以及原始图纸资料中缺少规格型号、图纸中只有代号，无法准确报送规格型号及材质。图 3-4 中，弹簧、空气围带、密封条等材料只有图纸代号，只能单一来源采购，无法准确报送规格型号。

3号机组A修材料采购计划

三、水轮机备件及密封

序号	代号	名称	单位	数量	材料
1	2520501	摩擦环	个	24	5紫铜板T2
7	2520601	止推环	只	2	FZ-6
8	GY1-2500	轴用YX圈GY1	个	24	RP
9	GY1-2800	轴用YX圈GY1	个	24	RP
10	2110101	密封条Ⅰ	根	24	聚氨酯
11	2110101	密封条Ⅱ	根	24	聚氨酯
15		轴套160.185.180	个	2	Fz-5B
20	4622101	弹簧定位销	根	8根	1Cr13
21		空气围带	根	1	Rrbber Ⅰ-2　橡胶Ⅰ-2
22	4625012	弹簧	只	1	H62
23	U150-X1	密封条	套	1	

图 3-4　物资名称规格型号不规范（截图）

（3）计划、审批流程参与岗位不全。表 3-3 中显示，在计划编制流程中脱离库管人员参与平衡利库环节，直接进入审批阶段，平衡利库环节在需求计划生成中失去指导作用。容易出现多报、漏报、错报等问题。

表 3-3　采购计划编制审核流程描述

编号	对应节点	流程步骤	流程步骤描述	实施部门	实施人员	是否为关键控制点
1	A2	编制电厂物资计划（年度材料费、检修费、）	各电厂（站）每年9月1日前向上级单位安生部上报下年度检修计划及本年度调整计划。 　　各电厂根据实际生产情况，提交《年度材料、检修、更改计划》，材料计划主要由检修维护部根据日常维护材料需求提出；检修计划主要由检修维护部根据主设备检修、辅助设备检修、生产建筑物检修、非生产建筑物检修、专项各类检修情况提出；更改计划由形成固定资产的技措项目和零星购置构成，技改技措项目提出由生产技术部根据固定资产状况及日常检修情况提出，零星购置由综合管理部根据各需求部门提出采购需求进行汇总提出	各物资需求部门		是，A2-03
2	A3	部门负责人审核	电厂各部门提交的年度计划，应经过部门负责人（流程中未设置库管人员平衡利库环节）审核确认其真实完整性后，提交生产技术部	各物资需求部门	部门负责人	是，A2-03

（4）机组必需物资需求量未统计归档。图 3-5 中，某电厂对大修过程中提供装置材料进行统计，存在多处问题：① 登记领用材料记录为"借用人"；② 人员登记有疏漏；③ 领用材料无使用部位、日期；④ 仅有此"出库记录"不能作为材料使用备档，失去原始资料参考意义。

2016年3号机大修耗材记录

序号	物资名称	规格型号	数量	单位	借用人	备注
4	主轴密封导向杆		4	根	李某	
5	主轴密封弹簧		8	个	李某	
6	制动器闸块		12	片	李某	
7	止动片	M38	4	片		
8	直磨头		1	包		

图 3-5　机组必需材料消耗统计图（截图）

（四）实施改善

1. 对策探讨

提高需求计划准确率对策探讨见表 3-4。

表 3-4　　　　　　　　某电厂提高需求计划准确率对策探讨表

序号	要　因	对　策	优点	可行性	评定
1	物资名称、规格型号报送不规范	规范物资需求计划报送项目	人员专业素质提升	易执行	采用
2	物资需求人员对物资标准要求不准确	强化计划报送准确率考核力度	人员责任心及业务素质提升	易执行	采用
3	计划、审批流程参与岗位不全	从流程及制度上设置相关岗位人员参与需求计划的编制、审核	编制与审核更准确	易执行	采用
4	机组必需物资需求量未统计归档	机组必需物资规格、数量规范备档	为长期工作提供参考依据	可行，难度大，需要持续改善	采用

结合原因分析结果，确定主要原因后，该电厂组织会议讨论对策。深入分析对策的合理性和可行性。在机组必需物资规格型号、数量规范备档方面，受到机组设备结构、设备异动、原始图纸资料等因素影响，需要长期总结完善，短期内无法完成，需要持续改善。

2. 对策实施

（1）规范物资需求计划报送项目。具体见表 3-5、表 3-6。

表 3-5　　　　　　　　　　　规范需求计划报送项目

序号	要　因	对　策	实施部门	监督部门
1	物资名称、规格型号报送不规范	规范物资需求计划报送项目	运行维护部、综合部	生产技术部

表 3-6　　　　　　　　　某电厂改善后需求计划报送模板

2017 年某批材料采购计划										
序号	名称	物资编码	规格型号及材质	单位	单机使用量	库存量	采购数量	用途	推荐品牌	备注
1	O 形密封圈	600282995	$\phi18$（内径）×3.1（线径）（丁腈橡胶丙烯烃含量42%～46%）	个	329	130	220	制动气管路	索洛图恩、斯凯孚、汉克	

物资需求计划编制项目要求完整性，直接关系到需求计划的准确。该电厂经过全面总结，落实责任部门规范需求计划编制要求（见表 3-6），完善物资规格型号、材质要求。最重要也最难实施的是表中的单机使用量与库存量的结合，这直接关系到采购数量的准确，是减少浪费的重要环节。准确的使用量能够为需求计划的编制和审核提供依据，但是受到计划编制人员对设备结构的熟悉程度影响，只能持续改善。在现行的低价中标环境下，容易出现低质材料的采购，因验收条件有限，为确保物资质量，采用推荐品牌报送，也非常必要。

（2）强化计划报送准确率考核力度。物资需求计划准确性直接和计划编制人员的责任心相关。为了遏制人为原因导致的错误报送，该电厂加强考核体制建设、完善考核制度、加强执行监督，见表 3-7。

表 3-7　　　　　　　　　　　完 善 流 程

序号	要　　因	对　　策	实施部门	监督部门
1	物资需求人员对物资标准要求不准确（人员责任心）	强化计划报送准确率考核力度	运行维护部、综合部	生产技术部

（3）从流程及制度上设置相关岗位人员参与需求计划的编制、审核。流程设置直接影响整个工作流程的顺利开展，包括需求计划的编制和审核。在原有流程中，计划编制过程中增加相关岗位人员参与（见表 3-8），完善需求计划生成流程，使需求计划更切合实际。

（4）机组必需物资规格、数量规范备档（见图 3-6）。

表 3-8　　　　　　　　　　　物 资 台 账

序号	要　　因	对　　策	实施部门	监督部门	备注
1	机组必需物资规格、数量规范备档不规范	完善物资台账，并备档，形成基础资料	运行维护部	生产技术部	本方案须持续进行

2017年1号机A修密封材料消耗备案

序号	名称	规格型号	使用部位	使用数量	单位	备注
63	O形密封圈	$\phi34$（内径）×4（线径）丁腈橡胶	筒阀阀组，单个阀组用量6个	45	个	已缺货

图 3-6　机组必需物资规格、数量规范备档（截图）

机组必需物资（非事故备品备件）库存量直接关系到设备的维护需求，而且在需求计划生成时，机组必需物资统计归档能够有效确定需求数量。物资台账（见表 3–8）在各类物资使用统计中，其准确性对需求计划影响极大，尤其是非标件、设备异动等统计、更新及时完善。然而，设备台账的完善是一个漫长的过程，因为设备异动少、原始档案更新及时性也取决于设备检修等过程积累。所以，物资规格型号、使用部位、数量等标准需要持续改善。

（五）案例展望

该电厂以物资"7S"管理为基础，全员自主持续改善，不断提高物资需求计划准确率。为物资管理体系添砖加瓦，全面开展精益物资管理。

物资需求计划，在物资管理体系中至关重要，在企业降本增效的发展要求下，提高物资需求计划准确率势在必行。该电厂自 2017 年开始实施精益物资管理，在进行全面诊断后，找到物资管理存在问题的根本原因。制定方案并实施，在实施过程中持续完善。力求在精益管理第一阶段完成时达到以下目标：

（1）物资规格型号、材质、数量等设备基础数据全面完善。

（2）设备异动、非标件等设备及零部件参数全面完善并备案于物资台账。

（3）需求计划项目准确、要求严谨。

（4）需求计划编制、审核流程规范，执行有力。

（5）各类物资需求计划准确率上升至 98%。

【案例思考】

本案例实施过程遇到很多困难，该电厂为了真正实现降本增效，攻坚克难，坚定不移实施改善。

（1）需求计划受库存影响，实施中需要完善库存基础数据。

（2）需求计划受物资台账影响，需要物资台账更新准确、及时。

（3）需求计划受人员责任心及专业知识影响，需要全员自主参与。

（4）需求计划与物资名称直接相关，同一物资因地域文化差异存在不同命名，在 ERP 系统中，物资编码唯一性失去系统物料参考价值。物资编码的统一在一定程度上影响需求计划准确率，而物资编码的统一，需要集团公司协调各单位进行。

<本案例由贵州北盘江电力股份有限公司董箐发电厂提供>

第二节 提高物资采购准确率实践

物资采购管理在整个物资管理中起着龙头的作用。因此，企业的物资准确采购在采购管理中至关重要。它能保证企业正常运营的同时，最大限度地降低采购成本。

【案例3-2】 细化采购制度和流程，提高物资采购准确率

（一）案例背景简介

1. 实施背景

物资管理涵盖了物资计划、审批、采购、验收、入库等要素，是企业管理的重要组成部分。物资采购工作是物资管理的重要环节，有的电力企业在物资采购中存在采购准确率低的问题，增加了物资成本，占用了企业资金及库存。因此，提高物资采购准确率刻不容缓。

2. 实施思路

运用现代化手段和工具对物资计划和采购工作进行分析研究，探索最佳物资采购管理模式，实现降低采购成本、优化库存结构的目标，是实践物资采购精益管理的出发点。本课题将通过对标方式实现物资采购的精确计划、精准采购。

（1）物资采购准确率的定义。本案例中物资采购准确率是指物资管理采购环节的技术参数、质量、数量、时间等方面的准确率。

（2）物资采购准确率的指标。

$$计划准确率=计划准确的项数÷计划采购总项数×100\%$$
$$供货合格率=供货合格项数÷采购总项数×100\%$$
$$供货及时率=及时到货项数÷采购总项数×100\%$$

（3）物资采购准确率几个指标的意义。物资采购准确率指标的意义如图 3-7 所示。

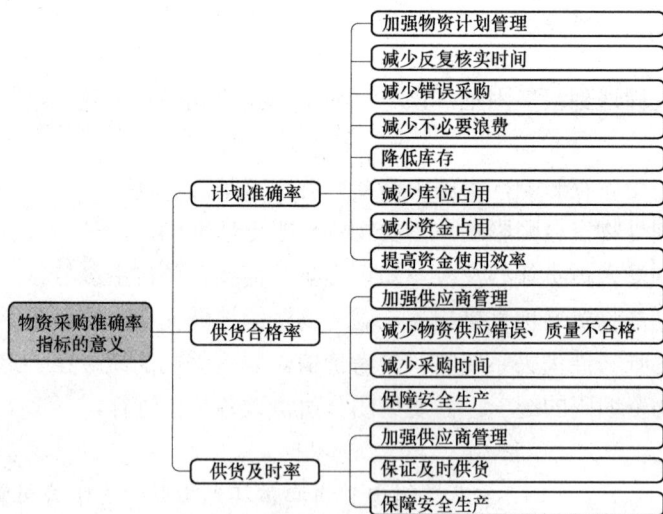

图 3-7　物资采购准确率指标意义

（二）现状诊断

1. 诊断内容

明确物资采购的定义及指标以后，电厂抽取 2016 年几次物资采购的数据对物资采购指标进行统计分析，得出以下数据：

（1）计划准确率。从表 3-9 的数据可看出，2016 年物资采购计划准确率平均值为 93.19%，鉴于计划准确率对物资采购时间有较大影响，影响企业安全生产，因此物资采购计划准确率还有提升空间。

表 3-9　　　　　　　　　2016 年物资采购计划准确率统计

序号	采 购 批 次	计划准确的项数	计划采购总项数	计划准确率（%）
1	1 号机 A 修机械物资采购	128	139	92.09
2	2 号机 C 修	39	41	95.12
3	3 号机 C 修	200	219	91.32
4	4 号机 C 修	49	52	94.23
	平均值			93.19

（2）供货合格率。从表 3-10 的数据可看出，2016 年物资采购供货合格率平均值为 97.21%，鉴于供货合格率对物资采购时间有较大影响，影响企业安全生产。因此，物资采购供货合格率率还有提升的空间。

表 3-10　　　　　　　　　2016 年物资采购供货合格率统计

序号	采 购 批 次	供货合格项数	物资采购总项数	供货合格率（%）
1	1 号机 A 修机械物资采购	134	139	96.4
2	2 号机 C 修	40	41	97.56
3	3 号机 C 修	212	219	96.8
4	4 号机 C 修	51	52	98.08
	平均值			97.21

（3）供货及时率。从表 3-11 可看出 2016 年物资采购供货及时率只有 96.14%，特别是机组关键零部件不能及时到货，对机组的安全运行构成威胁。

表 3-11　　　　　　　　　2016 年物资采购供货及时率统计

序号	采 购 批 次	及时到货项数	物资采购总项数	供货及时率（%）
1	1 号机 A 修机械物资采购	132	139	94.96
2	2 号机 C 修	40	41	97.56
3	3 号机 C 修	210	219	95.89
4	4 号机 C 修	50	52	96.15
	平均值			96.14

2. 改善目标

通过对 2016 年的物资采购数据进行统计、计算、分析，得出了 2016 年物资采购指标值，结合企业实际情况及物资采购管理要求，提出了物资采购指标的改善目标，具体如图 3-8 所示。

（三）原因分析

1. 分析原因

针对物资采购准确率低的问题，电厂组织相关人员通过头脑风暴、问卷调查等方式进行调研，通过思维导图进行分析，得出了造成物资采购准确率低存在的原因，如图 3-9 所示。

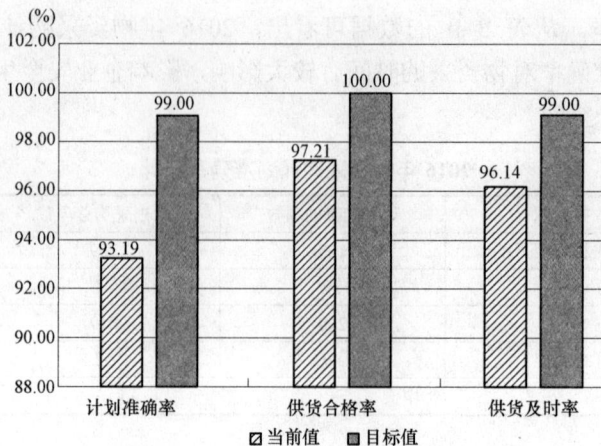

图 3-8　物资采购准确率目标值的确定

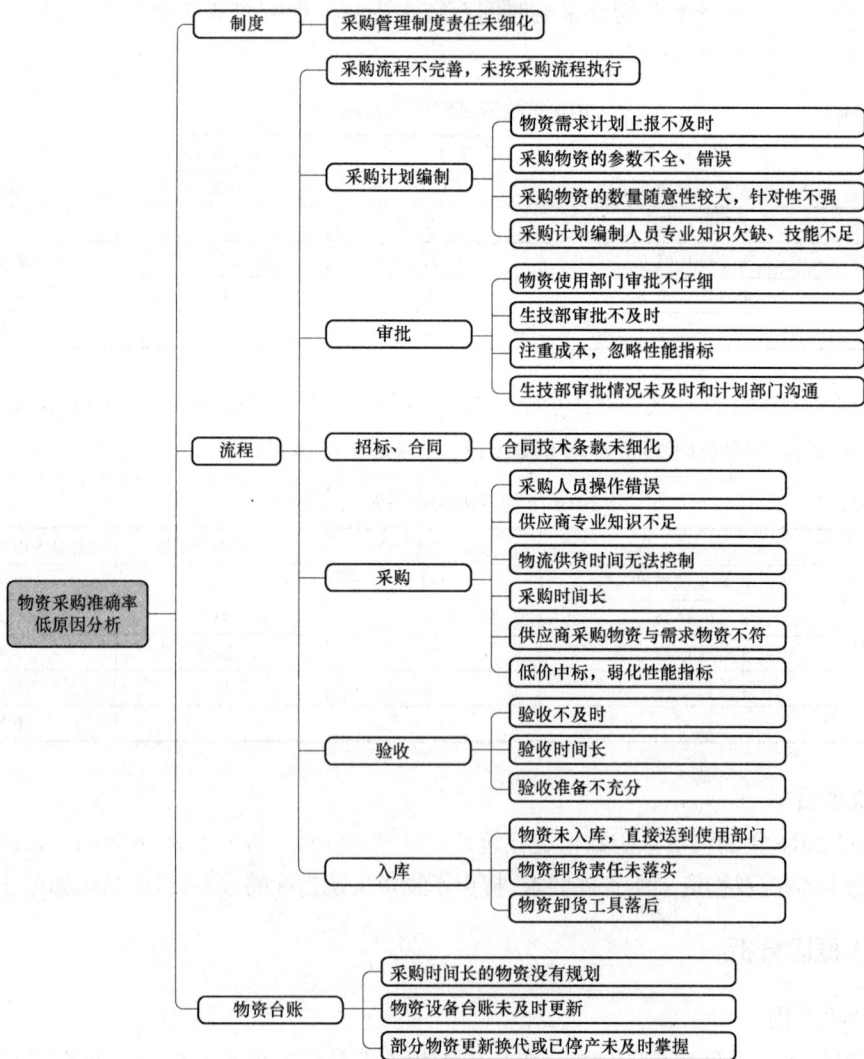

图 3-9　物资采购准确率低原因分析

2. 要因验证

通过对思维导图中的所有末端原因进行分析，找出物资采购准确率低的要因，见表 3-12。

表 3-12 末端原因分析图

序号	末 端 原 因	确 认 事 实	是否要因
1	采购管理制度责任未细化	采购管理制度对采购过程中各岗位职责未细化	是
2	采购流程不完善，未按采购流程执行	原有采购流程已不适应现行采购方式，需修订，且存在未按流程执行的情况	是
3	物资需求计划上报不及时	存在物资计划上报拖延现象，延迟采购时间	是
4	采购物资参数不全、错误	部分设备上报技术参数缺失或错误	是
5	采购物资的数量随意性较大，针对性不强	部分物资的数量不科学，造成缺失备件或资金占用	是
6	采购计划编制人员专业知识欠缺、技能不足	采购计划编制人员专业知识欠缺，对 ERP、EPC、MDM 等系统新的采购方式不熟	是
7	物资使用部门审批不仔细	部门审批不可能对每一个物资详细参数核实	否
8	生技部审批不及时	生技部在收到计划 3 天内未完成审批	否
9	注重成本，忽略性能指标	所采购部分物资不满足技术指标	否
10	生技部审批情况未及时和计划部门沟通	生技部审批情况未及时和物资计划部门沟通	是
11	合同技术条款未细化	合同部分技术条款未严格按照技术要求编制	否
12	采购人员操作错误	采购人员操作错误导致工单、合同等在 ERP 系统中技术上无法正常流转	否
13	ERP 系统工单创建时，组件中物资要和物资需求计划不一致，出现漏项、多项等错误	导致物资采购工单在 ERP 系统中返回修改，无法正常流转	是
14	采购计划表和华电招标网上物资采购的模板上的物资名称、型号、单位和数量不对应	不能保证物资采购的准确性	是
15	供应商专业知识不足	许多物资专业技术性高，供应商专业知识不足，存在采购拖延现象	是
16	物流供货时间无法控制	受交通运输限制，确实存在	否
17	采购时间长	供应商采购时间与供应商实力相关，部分物资严重超时到货	是
18	供应商采购物资与需求物资不符	经常存在物资不符返回重买情况	是
19	低价中标，弱化性能指标	确实存在	否
20	验收不及时	确实存在	否
21	验收时间长	验收时间与物资数量有关	否
22	验收准备不充分	验收所需的部分专业工具不齐全	否
23	物资未入库，直接送到使用部门	部分物资直接拉到使用部门	是

续表

序号	末 端 原 因	确 认 事 实	是否要因
24	物资卸货责任未落实	购买物资时对物资卸货责任未明确,延长收货时间	是
25	物资卸货工具落后	事实存在	否
26	采购时间长的物资没有规划	对部分采购时间较长物资未提前规划	否
27	物资台账不完善、未及时更新	物资台账不完善,缺失许多物资的台账,更新不及时,造成购买物资与实际不符	是
28	部分物资更新换代或已停产未及时掌握	未及时与物资生产厂家沟通,不了解当前物资情况	是

（1）流程未及时修改，不符合实际。该厂因机构变化，以前职能划分已有所不同，因此有部分流程已不符合实际。如图 3-10 所示，综合管理部已不是计划采购管理部门，现主要是由生产技术部负责。

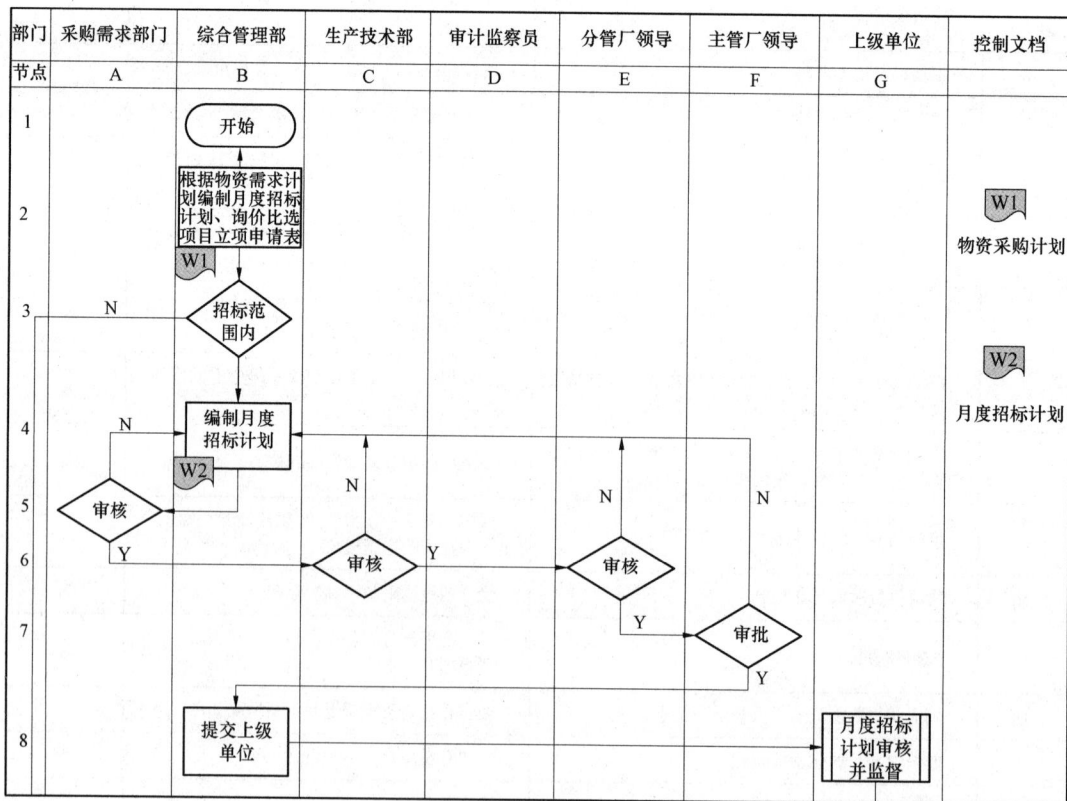

图 3-10 采购方式选择流程图

（2）现行物资管理制度不适应当前物资计划、采购管理。随着现在信息化的发展，业务，财务一体化，所有的工作流程，都在系统上完成，因此现行物资采购、计划管理制度不适应当前物资计划、采购管理发展。

（3）部分物资未按时到货，到货物资计划数量、技术参数等错误。根据采购订单来制定的入库的登记表中有部分物资未按时到货，到货物资计划数量、技术参数等错误。

（四）实施改善

1. 对策探讨

针对要因进行对策探讨，见表3-13。

表3-13　　　　　　　　　　　　对策探讨分析表

序号	要　　因	对　　策	综合评价	是否执行
1	采购管理制度责任未细化	修订物资采购管理制度，明确责任	明确责任，避免推诿	是
2	采购流程不完善，未按采购流程执行	修订采购流程，加强对流程执行的考核	优化流程，按流程执行	是
3	物资需求计划上报不及时	对物资采购计划上报时间列入采购管理制度，加强考核	提升物资计划部门物资管理水平	是
4	采购物资的参数不全、错误	提高制订计划人员技能，制订申购计划模板给予参考，加强部门控制环节，考核部门管理责任，将计划准确率作为考核参考指标	提高物资采购计划准确率	是
5	采购物资的数量随意性较大，针对性不强	建立考核机制，定期（每月）进行梳理、考核、通报	提高资金使用率，降低库存，减少浪费	是
6	采购计划编制人员专业知识欠缺、技能不足	加强物资采购计划编制人员对ERP、EPC、MDM等系统的培训	提升业务技能	是
7	生技部审批情况未及时和计划部门沟通	加强沟通，加强制度考核	加强沟通，避免出错	是
8	ERP系统工单创建时，组件中物资和物资需求计划不一致，出现漏项、多项等错误	采购物资计划的签报，须经领导同意；在ERP系统工单创建时，组件中物资要和物资需求计划保持一致；不能出现漏项、多项等错误	保证物资采购在ERP系统中的正确流转	是
9	采购计划表和华电招标网上物资采购模板上的物资名称、型号、单位和数量不对应	采购计划表和华电招标网上物资采购模板上的物资名称、型号、单位和数量一一对应	保证物资采购的准确性	是
10	供应商专业知识不足	加强对供应商考核评价，将供货及时率、供货合格率作为供应商评价指标	选择优质供应商	是
11	采购时间长	加强对供应商考核评价，将供货及时率作为供应商评价指标	选择优质供应商	是
12	供应商采购物资与需求物资不符	加强对供应商考核评价，将供货合格率作为供应商评价指标	选择优质供应商	是
13	物资未入库，直接送到使用部门	修订物资采购流程，加强考核	提升物资计划部门物资管理水平	是
14	物资台账不完善、未及时更新	加强物资台账检查与考核力度	提升物资计划部门物资管理水平	是
15	部分物资更新换代或已停产，未及时掌握	加强物资台账检查与考核力度	提升物资计划部门物资管理水平	是

2. 对策实施

（1）明确部门职责，将各部门职责列入物资采购管理办法。表 3-14 已对相关的部门进行了职责分工，并要求按此执行。

表 3-14   部 门 职 责 表

单位	工 作 职 责
物资需求部门	负责上报需求计划（带有物资编码）；负责到货物资的验收、保管、发放、库存等管理工作
生产技术部	负责定期修订《物资采购管理办法》；负责采购物资的技术规范审查；负责计划审批、招标、采购；负责与公司计划、财务等部门沟通
综合管理部	组织对本单位的采购工作进行监督、检查、验收等工作

（2）流程修改。根据上级公司相关管理办法，结合企业实际情况，修订了物资采购管理流程，如图 3-11 所示。在这个采购流程中，细化了流程中的一些节点，采购订单要由仓管人员和综合管理部主任签字确认之后，才能报至公司财务部。

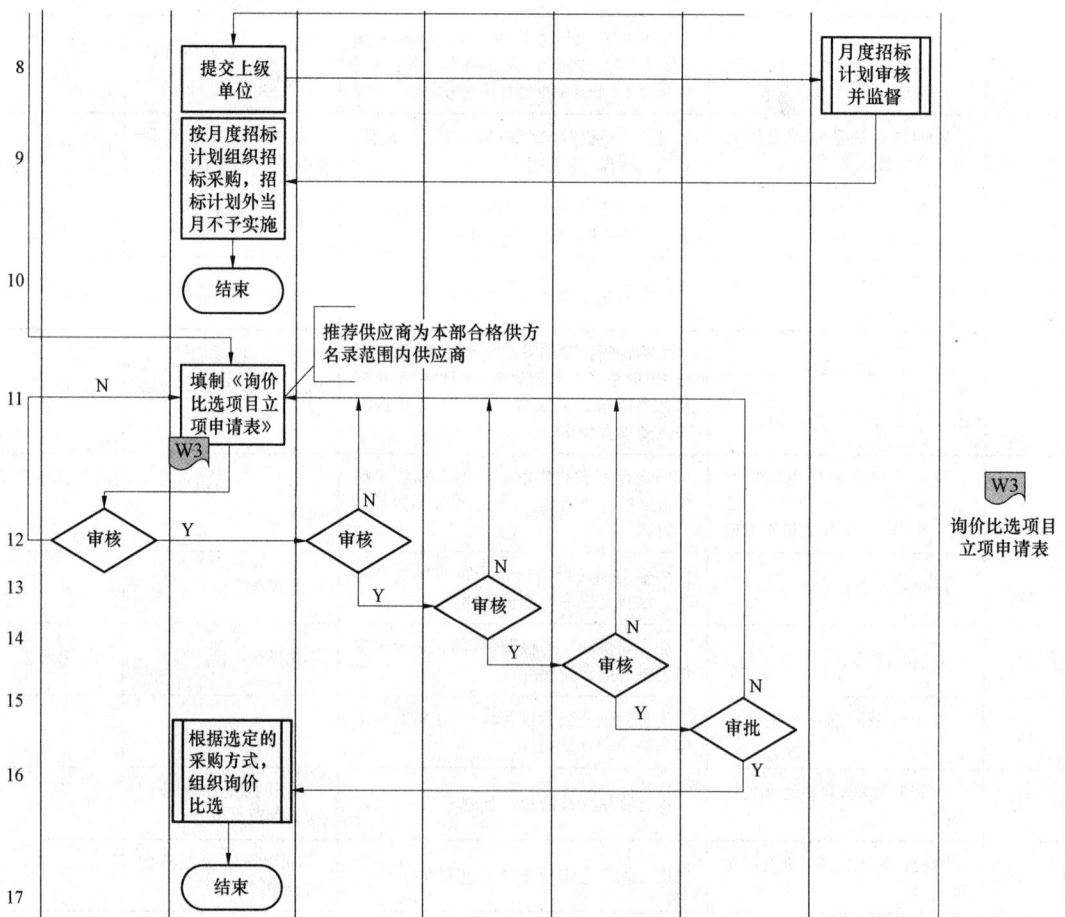

图 3-11　物资入库管理业务流程

（3）修订物资采购制度。根据上级公司物资采购管理办法，结合企业实际情况，修订了物资采购管理办法，主要是对责任部门和责任人的职责进行分工，同时加强对物资采购管理制度执行的检查考核。

（4）提供物资计划模板，加强计划参数准确率考核。为了规范各部门报送物资的准确性，特制定物资需求计划的模板（见表3-15），便于随时了解所需物资和ERP系统上物资的一致性。

表3-15　　　　　　　　　　　　物 资 需 求 计 划 模 板

序号	物资名称	型号/规格参数	单位	数量	使用方向	厂家	物资编码	编码对应物资名称
1	智能压力变送器	IGP20-T22D21F-L1 0-1MPa	个	2	热工仪表	美国 FOXBORO	600518147 （新编码）	压力变送器 \IGP20-T22D21F-L1\0~1MPa
2	智能压力变送器	IGP10-T22E1F-L1 0-2.5MPa	个	2		美国 FOXBORO	600518150 （新编码）	压力变送器 \IGP10-T22E1F-L1\0~2.5MPa
3	智能压力变送器	IGP10-T22D1F-L1 0-1MPa	个	2		美国 FOXBORO	600518151 （新编码）	压力变送器 \IGP10-T22D1F-L1\0~1MPa
4	监控系统备用硬盘	MU-PT500B/CN	个	1	监控系统备用	三星固态移动硬盘	600504783	硬盘\1T\固态硬盘

（5）采购物资计划准确率考核。2017年1号机C修采购计划准确率见表3-16。

表3-16　　　　　　　　　　2017年1号机C修采购计划准确率

序号	班组	物资计划的项数	物资计划采购总项数	计划准确率 （%）	目标值（%）	考核情况
1	机械班	33	33	100		否
2	电气班	13	13	100	99	否
3	自动化班	15	15	100		否
	总计	61	61	100		

（6）在ERP系统工单创建时，组件中物资要和物资需求计划保持一致。采购物资计划的签报，经领导同意后。在ERP系统工单创建时，组件中物资要和物资需求计划保持一致，如图3-12所示，不能出现漏项、多项等错误，这样才能保证物资采购在ERP系统中的正确流转。

（7）采购计划表和华电招标网上物资采购的模板上的物资名称、型号、单位和数量一一对应。为了防止采购人员出现漏项、多项和参数错误等操作，需把采购计划表和华电招标网上物资采购的模板上的物资名称、型号、单位和数量一一对应，如图3-13所示，才能保证物资采购的准确性。

系统状态	REL GMPS MANC PRC SETC	ℹ️ 执行

| 抬头数据 | 工序 | 组件 | 成本 | 对象 | 附加数据 | 位置 | 计划 | 控制 | 审批意见 |

项目	组件	描述	LT	需求数量	UM	
0010	600627338	水轮机调速器\PSWT-G1P2		1	只	
0020	600627341	调速器反馈装置\EP00600		1	只	
0030	600627347	水轮发电机转速测速装置\E2E-X5F1		1	只	
0040	600627346	调速器事故配压阀\PSWT-G1P2\20~30\φ108\6...		1	只	

(a)

序号	物资名称	型号	单位	数量	物资编码
1	调速器本体（机械、电气合柜）		只	1	600627338
2	电气反馈装置		只	1	600627341
3	齿盘测速装置		只	1	600627347
4	过速保护装置（事故配压阀）		只	1	600627346

(b)

图 3-12　ERP 系统工单组件中物资要和物资需求计划保持一致（截图）

（a）ERP 系统工单组件中物资需求；（b）物资需求计划

采购申请号*	采购申请名称*	物资编码	物资名称*	型号规格	材质	图号	单位	采购数量*
gz022	2017年防汛物资的采购	600003461	手电筒	JW7622			把	20
gz022	2017年防汛物资的采购	600263722	头灯	JW5130A			只	10
gz022	2017年防汛物资的采购	600263750	推车	90×60 钢制			辆	20
gz022	2017年防汛物资的采购	600005536	锄	111911大号			把	150
gz022	2017年防汛物资的采购	600041891	簸箕	45×25橡胶			只	120
gz022	2017年防汛物资的采购	600008818	箩筐	80×60×60竹编			只	120

(a)

序号	物资名称	型号规格	单位	数量	物资编码
1	充电电筒	JW7622	把	20	600003461
2	头灯	JW5130A	只	10	600263722
3	手推车	90×60 钢制	辆	20	600263750
4	锄头	111911 大号	把	150	600005536
5	簸箕	45×25 橡胶	只	120	600041891
6	箩筐	80×60×60 竹编	只	120	600008818

(b)

图 3-13　物资采购计划表与华电招标网上物资采购的模板一致（截图）

（a）物资采购计划表；（b）华电招标网上物资需求

（8）加强教育培训。通过加强对物资需求计划报送人员及采购人员 MDM、ERP、EPC 系统的培训，提升了相关人员的业务技能水平。物资采购计划审批流程培训内容见图 3-14。

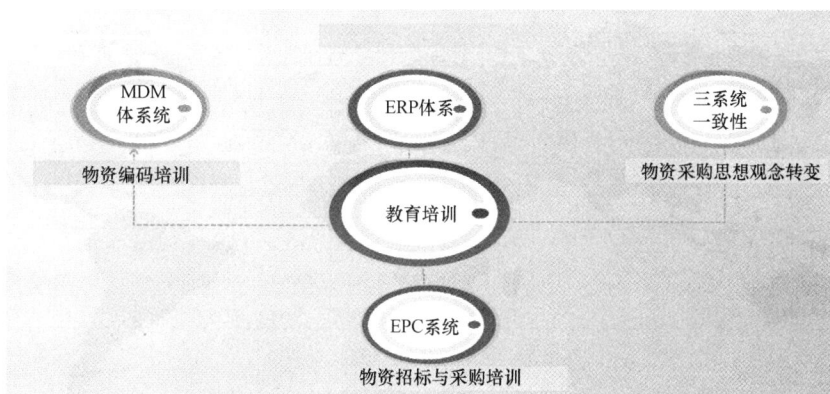

图 3-14　物资采购计划审批流程培训内容

（9）加强沟通。通过加强与物资需求计划部门、供应商的沟通（见图 3-15），保证了物资采购的准确性，避免物资退货。

图 3-15　和需求部门沟通

（10）供应商供货及时（合格）率统计。表 3-17 统计了 2017 年 1 号机 C 修物资采购及时率的数据，本次采购中，因供应商某一项物资供应错误，造成退货重新购买，未及时到货。此次采购供货及时（准确）率指标纳入供应商季度、年度评价，并按合同要求进行考核。

表 3-17　　　　　　　　　2017 年物资采购供应商供货及时率

序号	采购批次	及时到货（供货物资）项数	物资采购总项数	供货及时、准确率（%）	目标值	考核情况
1	1 号机 C 修	60 项	61 项	98.36	99%	纳入供应商评价

（11）物资设备台账检查与考核。电厂现有的物资设备台账为 Excel 表格统计，以前均是每次采购后将后期购买物资合并到以前的台账中，重复、混乱情况较严重，通过本次精益管理提升，将物资根据专业、设备分门别类统计、整理，计划购置专业的物资管理软件进行管理。物资设备台账如图 3-16 所示。

物资台账

类　别	物资编码	品名、规格	上月结存			本月入库			本月出库			使用部门
			数量(台)	单价(元)	金额(元)	单价(元)	单价(元)	金额(元)	数量(台)	单价(元)	金额(元)	
电子通信及自动化产品	600290118	温度传感器\S08PT100-120-20-3133/G01K500	0.00	0.00	0.00	6.00	1583.76	9502.56	6.00	1583.76	9502.56	自动化
电子通信及自动化产品	600290119	温度传感器\S08PT100-120-20-3233/G01K1000	0.00	0.00	0.00	2.00	1712.82	3425.64	2.00	1712.82	3425.64	自动化
电子通信及自动化产品	600290114	温度传感器\S06PT100-150-20-3133/F01K1000	0.00	0.00	0.00	10.00	1583.76	15837.61	10.00	1583.76	15837.61	自动化
电子通信及自动化产品	600290115	温度传感器\S06PT100-150-20-3233/F01K1000	0.00	0.00	0.00	2.00	1712.82	3425.64	2.00	1712.82	3425.64	自动化
电子通信及自动化产品	600290117	温度传感器\S06PT100-250-20-3233/F01K1000	0.00	0.00	0.00	2.00	1712.82	3425.64	2.00	1712.82	3425.64	自动化
电子通信及自动化产品	600365154	温度传感器\S06Pt100-100-20-3133/B01K500	0.00	0.00	0.00	12.00	1583.76	19005.13	12.00	1583.76	19005.13	自动化
电子通信及自动化产品	600290120	温度传感器\S08PT100-120-20-3233/G01K500	0.00	0.00	0.00	2.00	1712.82	3425.64	2.00	1712.82	3425.64	自动化
电子通信及自动化产品	600290115	温度传感器\S06PT100-150-20-3233/F01K1000	0.00	0.00	0.00	2.00	1712.82	3425.64	2.00	1712.82	3425.64	自动化
电子通信及自动化产品	600290121	温度传感器\S12PT100-750-20-3133/R01B500W	0.00	0.00	0.00	4.00	1712.82	6851.28	4.00	1712.82	6851.28	自动化

图 3-16　物资设备台账（截图）

3．实施效果

该电厂通过本次课题改善活动，能高效、科学和规范物资管理，提升物资采购准确率，减少紧急采购，进而降低物资采购成本，减少库存资金占用，加快流动资金的周转速度，使电厂的生产成本得以降低，盈利增加，从而提升电厂的核心竞争能力。

（1）指标。由图 3-17 可知，2017 年 1 号机组 C 修供货合格率和供货及时率均较 2016 年 4 次检修物资采购平均值有所提高。因某一项物资供应错误，造成退货重新购买，未及时到货，导致供货准确率、供货及时率未达到目标值。此次物资采购供货及时率与合格率指标纳入供应商季度、年度评价，并按合同要求进行考核。因时间关系只采集到一次数据，物资采购准确率各项指标均有提升，后期将所有物资采购数据纳入统计分析。

（2）精益管理之益。物资采购精益管理实施以来，2017 年 1 号机 C 修物资采购节约二千余元，全年预计节约五万余元，效益明显。同时，由于计划准确率提高，减少了采购过程中反复核查物资参数情况，节约了采购时间，人力资源成本也有降低。供货合格率及供货及时率的提升，加强了对供应商的管理，保障了所购物资准确、按时到货，对安全生产提供了可靠保障。

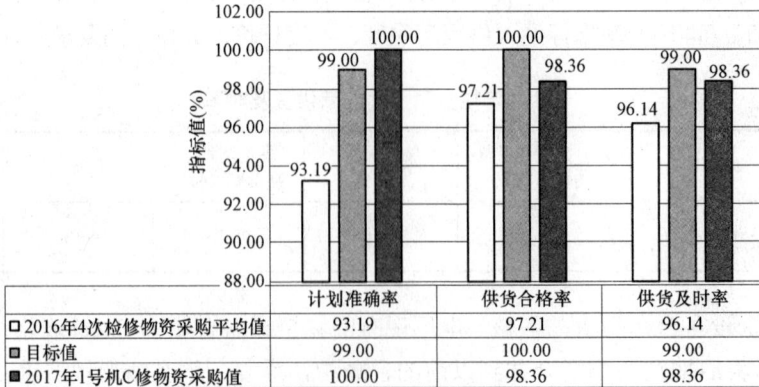

	计划准确率	供货合格率	供货及时率
□ 2016年4次检修物资采购平均值	93.19	97.21	96.14
▨ 目标值	99.00	100.00	99.00
■ 2017年1号机C修物资采购值	100.00	98.36	98.36

图 3-17　改善后物资采购准确率的对比图

（五）标准化

按照《集团公司采购管理办法》及相关要求，结合该厂经营管理实际情况，修订采购管理制度和流程：《×××厂物资采购管理制度》《×××厂物资采购管理流程》。

【案例思考】

物资台账方面，由于现有的物资管理条件较差，还有提升的空间。后期将采用专业的物资管理软件、完善备品备件管理体系、运用信息化等手段，加强设备运行状态分析，力争将物资采购准确率中的计划准确率、物资使用率、资金使用率提升至 99.5%以上；加强对供应商的考评，使供应商的供货及时率、供货准确率达到 100%；真正做到精确计划、精准采购的物资采购精益管理。

<本案例由贵州北盘江电力股份有限公司光照发电厂提供>

第三节 提高入库物资验收合格率实践

某电厂通过分析物资验收环节导致合格率低的原因，寻找有效可行的办法，严格把控物资验收质量关，经过三个月的实践，显著提高了入库物资验收合格率。

【案例3-3】 严把验收质量关，提高物资合格率

（一）案例背景简介

1. 实施背景

某电厂对物资管理现状调查情况，如图 3-18 所示，可以看出该电厂在验收环节存在的问题占 22.78%，所占比例较大。

物资验收，是指物资入库前，按照一定的程序和手续，进行接货、验货和办理入库手续等一系列工作，在物资全生命周期管理中是很重要的一个环节。如果物资验收把控不到位，存在验收流程不规范，验收随意性大等问题，导致一些质量不合格、型号不匹配、材质不达标的物资入库，一旦使用到设备上去，轻则导致跑、冒、滴、漏等现象发生，重则影响设备安全稳定运行，造成事故、机组非计划停运等后果。提高入库物资验收合格率是提升企业管理水平，提高企业管理效益，减少资源浪费的有效途径。

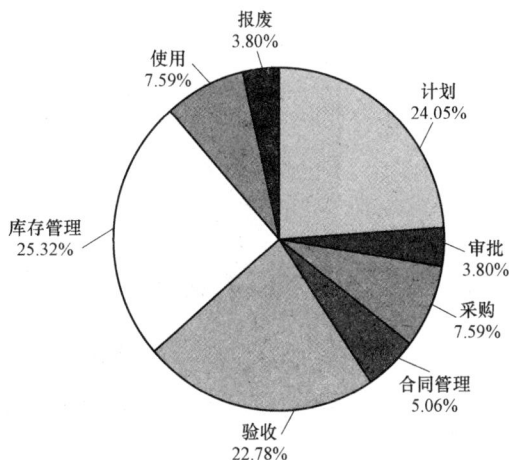

图 3-18 某电厂物资管理现状诊断问题占比

2. 实施思路

物资验收在物资全生命周期管理中影响很大，一定程度上影响物资管理效益。为了提高入库物资验收合格率，某电厂引入精益管理理念，在物资管理的验收环节分诊断、分析、改善、效果确认、标准化五步走，以头脑风暴、数据统计、集中讨论、鱼骨图等方式为手段，从管理、环境、设备等方面进行原因分析，再对每个末端原因开展要因确认，针对每个要因实施改善，以达到提高入库物资合格率的目标。

（二）现状诊断

抽取某电厂 2016 年三批机组 A 修密封件及自动化元器件验收合格率数据进行统计，见表 3-18。

表 3-18　　　　　某电厂 2016 年三批入库物资验收合格率统计

序号	项　目	入库数量（件）	合格数量（件）	不合格数量（件）	合格率
1	2016 年 1 月 4 号机组 A 修密封件及自动化元器件验收情况	80	73	7	91.25%
2	2016 年 5 月 3 号机组 A 修密封件及自动化元器件验收情况	120	113	7	94.16%
3	2016 年 12 月 1 号机组 A 修密封件及自动化元器件验收情况	95	90	5	94.73%
平均合格率					93.55%

从表 3-18 中可以看出，2016 年三批物资验收平均合格率仅为 93.55%，合格率偏低，造成采购资金浪费。

图 3-19 是某电厂因密封圈质量不合格，在机组检修时使用该批密封圈在高压油管路上，导致密封效果差，不能对高压油管路起到良好的密封效果，造成该台机组管路多处渗油。

图 3-19　某电厂因密封圈质量不合格导致油管路漏油

（三）目标预定

根据电厂实际情况，初期（三个月）预计入库物资验收合格率目标为大于或等于98%。

（四）原因分析

1. 分析原因

结合思维导图对该电厂物资管理系统验收环节存在的问题进行分析，如图3-20所示。

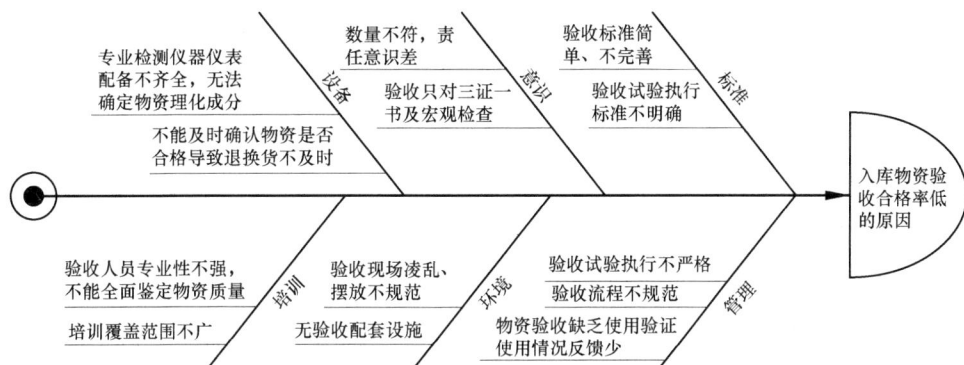

图3-20 某电厂入库物资验收合格率低原因分析（鱼骨图）

2. 要因验证

对鱼骨图分析的所有末端因素，进行现场要因验证，根据该电厂实际，确认影响入库物资验收合格率低的要因，见表3-19。

表3-19　　　　　　　　　某电厂入库物资验收合格率低要因确认表

序号	末　端　原　因	原因确认	是否要因
1	验收标准不完善	事实存在，改善空间大	是
2	物资验收时只能对三证一书及物资宏观检查	事实存在	否
3	验收现场凌乱、物资摆放不规范	事实存在	否
4	物资验收人员专业性有待加强	事实存在	是
5	物资标识不完善	事实存在	是
6	验收流程不规范	事实存在	是
7	标准培训覆盖不广	事实存在	否
8	标准更新不及时	事实存在	否
9	退换货不及时	事实存在	否
10	专业检测仪器仪表配备不齐全，无法确定物资理化成分	事实存在，改善空间大	是
11	数量不符，责任意识不强	事实存在	否

（1）验收标准不完善。验收标准不完善，按照送货单进行验收会造成验收无据可依，合格与不合格取决于验收人员经验，而没有标准化的制度约束。

采购合同未明确规定使用不合格后的追诉条款，保障措施落实不到位。

（2）验收流程不规范。验收流程不规范体现在两方面：一是验收流程过于简单，不规范，随意性大；二是缺乏对验收人员物资验收流程培训。图 3-21 是该电厂改善前的物资验收流程图，可以看出验收脱离库管人员参与，验收人员不全面，造成物资验收质量难以保证。

开始→货到后组织验收→需求部门、技术部门、档案室参与验收→根据合同核对到货物资数量、规格型号等，进行验收→确认是否合格→出具验收报告→生技部门负责人对验收质量把关，审核验收情况是否合格→在供应商送货清单上签字确认，并登记物资入库台账→结束

图 3-21　该厂改善前执行的验收流程

（3）检验设备不齐全。缺乏验收试验设备，造成无法对物资进行质量判断，比如密封件（见图 3-22）只能看外观、内外径尺寸，而无法确定其成分组成是否达标，由于没有专业的检测仪器，导致质量不符的密封件使用在设备上，造成物资浪费和安全隐患。又如采购的透平油、绝缘油，由于没有配备油质油品检测仪，无法确定采购的透平油、绝缘油颗粒度、水分是否达标。

（4）物资标识不完善。由于电厂在与供应商签订采购合同时没有要求供应商对配送物资进行标识，在验收时经常会遇见一些物资没有标识，验收人员无法判断该螺栓的规格、型号、生产厂家等与合同是否一致。

（5）验收人员专业性不强。该电厂缺乏专业物资验收人员，验收人员缺乏系统培训，专业性有待加强。

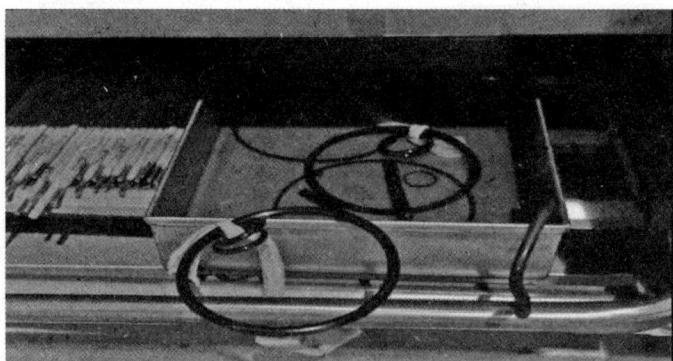

图 3-22　密封件图

（五）对策探讨

要因确认以后，对要因进行可行性分析，决定是否采用，见表 3-20。

表 3-20　　　　　　　　　　　对　策　探　讨

序号	要　因	对　策	可行性判断	是否采用
1	验收标准不完善	完善验收标准	可行	采用
2	验收流程不规范	规范验收流程，强化管理	可行	采用
3	检验设备不齐全	配备专业检验工具，空间大	可行	采用
4	物资标识不完善	要求供货商对送货物品进行标识	可行	采用
5	验收人员专业性不强	提升验收人员专业水平	执行难度大，短期不可行	不采用

（六）改善实施

（1）验收标准不完善改善对策，见表 3-21。

表 3-21　　　　　　　　　　验收标准不完善改善对策

要因 1	改　善　对　策	责任部门	完成时间
验收准不完善	（1）联合相关部门分类讨论制定各类物资验收标准。 （2）制作目视化验收标准，对常见物资验收标准上墙实现目视化。 （3）杜绝用送货单替代验收单进行验收的现象	生产技术部、运行维护部	2017 年 2 月

　　针对验收标准不完善的问题，电厂组织各部门相关人员一起分类修编物资验收标准，包括燃料油、润滑油脂验收标准、耐火（或耐酸）材料验收标准、仪表仪器验收标准等。

　　将部分标准上墙实现目视化，方便大家了解、熟悉这些验收标准，从而在验收时严格按标准执行。另外，验收时杜绝用送货单替代验收单进行验收。

　　对非技术性物资，重点关注采购合同、发票等原始单据与采购物资的数量、质量、规格型号等是否一致，对技术性物资，还必须出具质量检验报告后方可入库。

（2）验收流程不规范改善对策，见表 3-22。

表 3-22　　　　　　　　　　验收流程不规范改善对策

要因 2	改　善　对　策	责任部门	完成时间
验收流程不规范	（1）将物资验收流程标准化、规范化。 （2）加强物资验收人员对新标准培训力度	生产技术部、运行维护部	2017 年 2 月

　　针对验收流程不规范的问题，该电厂完善了物资验收流程（见图 3-23）将流程标准化，所有到货物资必须严格执行该流程。此外，加强验收流程培训。

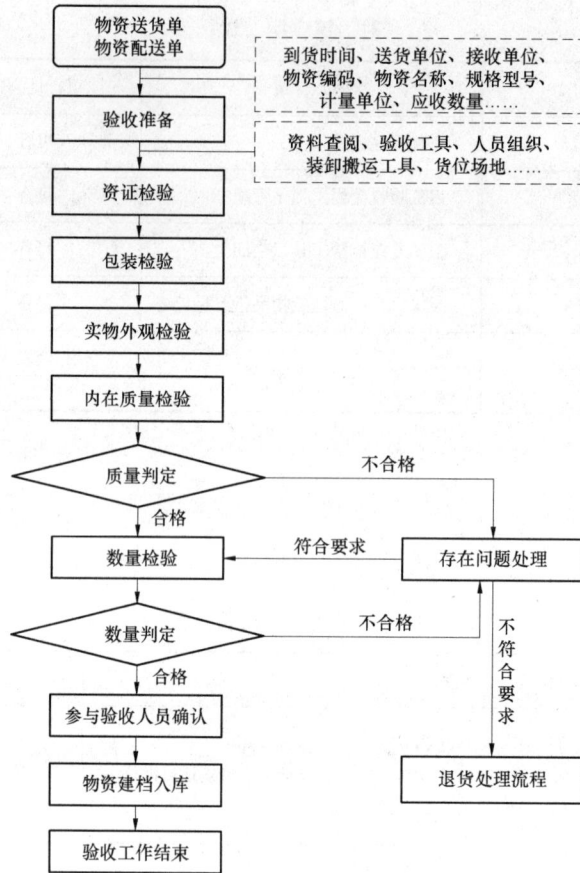

图 3-23　某电厂完善后的物资验收流程

（3）验收设备不齐全改善对策，见表 3-23。

表 3-23　　　　　　　　　　　　验收流程不规范改善对策

要因 3	改　善　对　策	责任部门	完成时间
验收设备不齐全	根据电厂需要配备专用检测设备	生产技术部、运行维护部	2017 年 2 月

针对验收设备不齐全的问题，该厂统一采购了一批检测设备，如油品、油质检测仪（见图 3-24）、数字式万能测长仪（见图 3-25）等，确保验收准确性。

图 3-24　油品油质检测仪

图 3-25　数字式万能测长仪

（4）物资标识不完善改善对策，见表3-24。

表3-24　　　　　　　　　　　　　物资标识不完善改善对策

要因4	改 善 对 策	责任部门	完成时间
物资标识不完善	要求供应商对物资包装进行规范标识	生产技术部、运行维护部	2017年2月

针对物资标识不完善的问题，该电厂从2017年开始要求供应商送货时必须对物资包装进行规范标识，标识内容包括物资名称、生产厂家、数量、质量、规格、型号、特殊说明等，如图3-26所示，这样便于验收人员快速了解验收物资信息，提高验收效率。标识前后对比效果如图3-27、图3-28所示，标识后对该物件的基本信息一目了然，既醒目又准确。

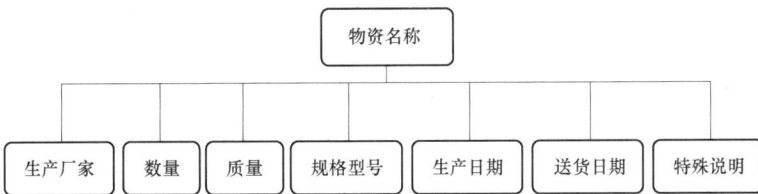

图3-26　物资验收标识卡

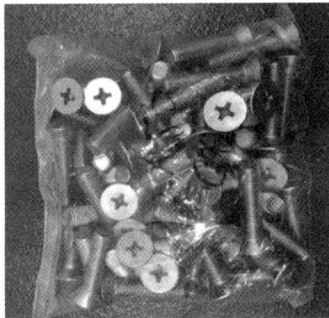

图3-27　改善前物资

图3-28　改善后物资

（七）效果确认

该厂从2017年1月开始全面实施针对入库物资验收合格率低的改善对策，经过三个月的实践，改善后三批入库物资验收合格率统计见表3-25，平均合格率为98.78%，均大于目标值98%。

表3-25　　　　　　　　　　　　改善后的入库物资验收合格率统计

项　　目	物品数量	使用反馈合格数	准确率	效果
2017年1月1号机组大修物资验收情况	302	298	98.67%	物资验收准确率明显提升
2017年2月2号机组大修物资验收情况	506	500	98.81%	
2017年2月2号机组大修物资验收情况	182	180	98.90%	

与2016年抽取的三批入库物资验收合格率对比，如图3-29所示，可以看出该电厂入库物资验收合格率相比改善前得到显著提升。

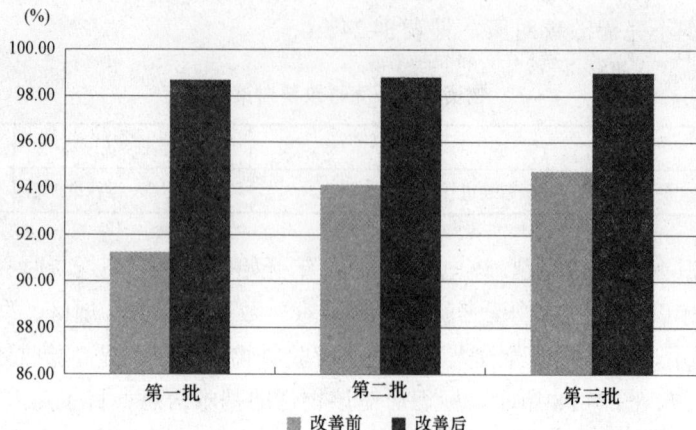

图 3-29　改善实施前后入库物资验收合格率统计对比

（八）标准化

（1）《×××发电厂物资验收管理标准》。

（2）《×××发电厂物资验收执行流程》。

（3）《×××发电厂物资验收标识规范》。

【案例思考】

经过一段时间的实践，该厂提高入库物资验收合格率取得一定成效，但仍有提升空间，特别是验收人员专业性方面提升潜力较大。入库物资验收合格率低的原因有很多都与人的专业性相关，然而对人员专业素质的提升需要经验的积累、实践的检验。因此，建议公司招录部分学物资管理专业的人员，以充实验收人员队伍，提高物资管理整体效率，实现提高入库物资验收合格率的目标。

<本案例由贵州北盘江电力股份有限公司董箐发电厂提供>

第四节　库存管理规范化实践

某电厂库房空间有限，物资存储所需空间大；物资分类不规范，不方便查寻；物品存储条件不当，造成失效。针对这些情况，该电厂运用精益管理理念，对库存管理进行现状诊断，分析原因，制定对策，实施改善。

【案例3-4】　精减仓储空间，优化库存管理

（一）案例背景简介

1. 实施背景

物资成本在水电与新能源发电企业生产成本中占有重要地位，物资管理的仓储环节直接关系着库存物资成本、物资使用价值。由于物资本身的性能、特点不同，以及受各种外界因素的影响，物资在储存期间有多种因素导致物资失去使用价值。因此，必须采取有力措施，通过规范化的保管保养，确保库存物资在投入生产时质量状态完好、数量没有短缺。水电与新能源发电企业多年来一直不断探索和实践如何提升物资管理水平，降低生产经营成本，创造更大的经济效益。某厂近年来库存管理推行了"7S"管理，虽取得一定成效，但仍存在工器具存储空间大、库存物资存储不合理、物资台账不完善等问题。

该电厂从物资精益管理入手，以期实现降低经营成本、提升企业经营效益。库存管理是物资管理的重要组成部分，优化库存管理成为水电与新能源发电企业实现提质增效的重要途径。

2. 实施思路

为了精简存储空间，规范物品分类，方便查找；避免物品存储条件不当造成失效，达到集团公司提出的"精益求精，提质增效"目标，该电厂主要从废旧物资管理、物资台账、存储条件、保管保养四方面着手，分析问题，寻求改善措施，并循序渐进完善库存管理。

（二）现状诊断

对该电厂库房管理进行全面诊断，发现日常工作中存在很多不足：物品分类不合理，不同物品放在相同货架上，没有充分利用有限存储空间；废旧物资未及时处置，造成仓库存储空间浪费；部分物资存储条件不符合要求，导致失效；工器具、事故备品备件缺乏维护保养，使用价值降低，寿命减短，影响安全生产；物资台账不规范，查找物品效率低。

（三）原因分析

该厂对库存管理进行分析，甄别主要因素。

1. 全面分析

运用鱼骨图从人为因素、管理因素、环境因素三方面着手，找出影响库存管理不规范的原因，如图 3-30 所示。

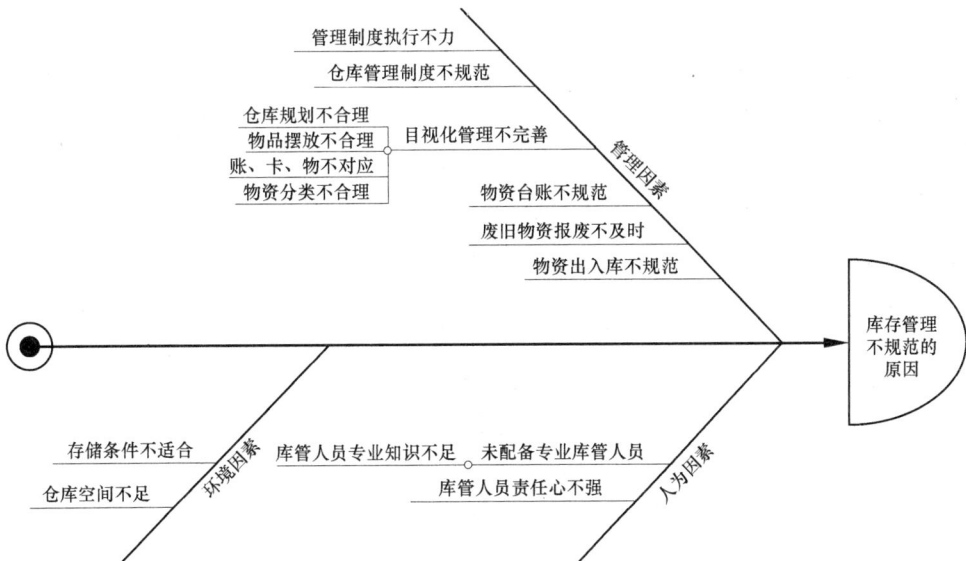

图 3-30　库存管理不规范的原因分析鱼骨图

2. 要因验证

对鱼骨图分析得出的所有末端因素,进行要因验证,见表 3-26。

表 3-26　　　　　　　　　　　　　　　　要 因 验 证

序号	末 端 原 因	要 因 验 证	是否要因
1	物品摆放不合理	事实存在（见图 3-31）	是
2	废旧物资管理不规范	事实存在（见图 3-32）	是
3	存储条件不符合要求	事实存在（见图 3-33）	是
4	库存物资缺乏维护保养	事实存在	是
5	物资台账不规范	事实存在	是
6	管理制度执行不力	事实存在	否
7	仓库管理制度不规范	事实存在	否
8	账、卡、物不对应	事实存在	否
9	物资分类不合理	事实存在	否
10	物资出入库不规范	事实存在	否
11	库管员责任心不强	事实存在	否
12	仓库空间不足	事实存在	否
13	库管员专业知识不足	事实存在	否

（1）物品摆放不合理。库房内工器具摆放占用空间大,造成存储空间紧缺,部分工器具无"藏身之处",如图 3-31 所示。

（2）废旧物资管理不规范。已损坏的备品备件仍存放于货架上,容易导致错误使用,引发安全生产事故,如图 3-32 所示。

图 3-31　物品摆放不合理

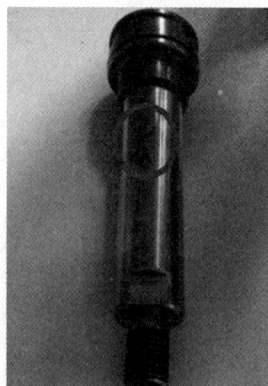

图 3-32　已损坏接力器锁定活塞杆

（3）存储条件不符合要求。物资需要冷藏,但库房未配备冰箱,不能提供储藏条件,容易失效,如图 3-33 所示。

图 3-33　图示物资需要冷藏储存

该电厂密封胶物资由于过量储备，未按要求储藏，未按先入先出的原则出库，造成失效浪费，见表 3-27。

表 3-27　　　　　　　　　该电厂 2016 年密封胶失效浪费统计表

名　　　称	单价（元）	数　　量	总价（元）
云母带	38	20kg	760
湿面修补剂	360	5 支	1800
油面紧急修补剂	216	5 盒	1080
硅橡胶自粘带	3.6	1000m	3600
厌氧型管螺纹密封剂	50	20 瓶	1000

（4）工器具、备品备件缺乏维护保养，使用性能下降，存在安全隐患。

（5）物资台账不规范。物资台账更新不及时，存在账、卡、物不对应现象；物资台账只注明物品名称、规格型号、数量，未标注物品存放位置，需用时只能根据货架标识牌信息逐个寻找，花费时间过长，影响工作效率。

（四）实施改善

1. 对策探讨

对策探讨见表 3-28。

表 3-28　　　　　　　　　　　对　策　探　讨

序号	末端原因	改善对策	优点	可行性	是否采用
1	物品摆放不合理	充分利用库房存储空间	节约库房存储空间	容易改善，可行	采用
2	废旧物资管理不规范	完善废旧物资报废流程，适时组织废旧物资鉴定，定置存放，及时报废处置	节约存储空间，为企业增加资金收益	需要持续改善，可行	采用
3	存储条件不符合要求	增加库房硬件设施	避免物资失效浪费	容易改善，可行	采用
4	库存物资缺乏维护保养	加强维护保养，完善相关制度	避免物资因保管不当造成损失	可行	采用
5	物资台账不规范	及时更新物资台账，注明库存位置	方便查找	可行	采用

2. 对策实施

（1）对策实施 1 见表 3–29。改善前工器具占用库存面积 61.152m² （14 个货架每个 4 层，每层 1.092m² 共 56 层货架），改善后工具柜、螺栓收纳柜占用面积为 20.37m²，节约了 40.782m²。改善前后对比如图 3–34、图 3–35 所示。

表 3–29   对 策 实 施 1

主要因素	对 策	执行部门	监督部门
物品摆放不合理	购买工具柜、收纳盒，用于摆放物品，避免空间浪费	运行维护部	安全监督部

图 3–34 改善前后对比

图 3–35 改善前后对比

（2）对策实施 2 见表 3–30。废旧物资定置管理，适时进行报废处置，如图 3–36 所示。

表 3–30   对 策 实 施 2

主要因素	对 策	执行部门	监督部门
废旧物资管理不规范	完善废旧物资报废流程，适时组织废旧物资鉴定，定置存放，及时报废处置	运行维护部、生产技术部	政工部

图 3-36　报废物资定置堆放

（3）对策实施 3 见表 3-31。增加库房硬件设施（冰箱等）如图 3-37 所示，满足物品存储要求储藏，领用严格按照"先入先出"的原则，避免失效浪费。云母带在不同温度下储藏时间对比如图 3-38 所示。

表 3-31　　　　　　　　　　　　　　对 策 实 施 3

主要因素	对　　策	执行部门	监督部门
存储条件不符合要求	增加库房硬件设施，如冰箱、烘箱等，严格按照物资存储要求储藏	运行维护部	生产技术部

图 3-37　低温储藏物资

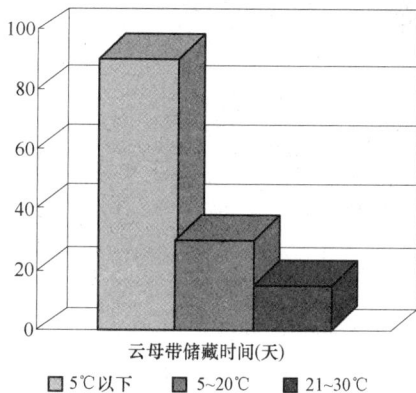

云母带储藏时间(天)

■ 5℃以下　■ 5~20℃　■ 21~30℃

图 3-38　云母带储藏时间

（4）对策实施 4 见表 3-32。加强工器具、备品备件的维护保养，并注明存在问题，及时修复。不能使用的物品，经相关部门鉴定，属于废旧物资应及时报废处置。将合格品按要求存放，注明下次维护保养日期。避免维护保养不当而造成浪费，引发安全生产事故。如图 3-39 所示，对手拉葫芦定期检查维护，保证其随时可用。如图 3-40、图 3-41 所示，对水导瓦维护保养，保证其长期可用。

表 3-32 对 策 实 施 4

主要因素	对　策	执行部门	监督部门
库存物资缺乏维护保养	凡机械加工备件必须根据不同要求分别涂以防锈剂，绝缘材料必须保持干燥，精密零件和电气设备的备品应注意温度、湿度和阳光照射影响，需用特殊方法保管的备品，应按运行维护部提出的特殊保管方法、技术要求妥善保管	运行维护部	生产技术部

(a)

(b)

图 3-39　改善前后对比

（a）改善前；（b）改善后

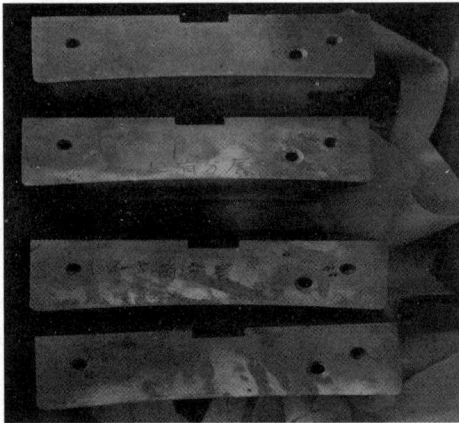

图 3-40　备品水导瓦有分层现象

图 3-41　保养后水导瓦封装保存

（5）对策实施 5 见表 3-33。规范物资台账，注明库存位置方便查询，实现快速查找。改善前后物资台账对比如图 3-42、图 3-43 所示。

表 3-33 对 策 实 施 5

主要因素	对　策	执行部门	监督部门
物资台账不规范	及时更新物资台账，注明库存位置	运行维护部	生产技术部

备品库1号柜									
2									
51	47	1010401	电流互感器	HL-1	个	2			
52	48	1010402	保险端子	FS-10	个	5			
53	49	1010403	低压熔断器	STR12-00DS	个	12			
54	50	1010404	高压熔断器	SRNP1-12/0.5	个	14			
55	51	1010405	线圈	(阿尔斯通)ALSTOM	个	6			
56	52	1010406							
57									

图 3-42　改善前物资台账（截图）

2-B1-2（2号库B1货架2层）									
序号	物料名称	库存位置	规格型号	单位	期初数量	品牌/厂家	入库数量	出库数量	库房数量	备注
1	三角锉（粗牙、带手柄）	2-B1-2-1	150mm	把	5	得力	0	2	3	
2	三角锉（粗牙、带手柄）	2-B1-2-2	200mm	把	5	得力	0	2	3	
3	三角锉（粗牙、带手柄）	2-B1-2-3	250mm	把	5	得力	0	2	3	
4	三角锉（粗牙、带手柄）	2-B1-2-4	300mm	把	5	得力	0	2	3	
5	平锉（细牙、带手柄）	2-B1-2-5	150mm	把	3	得力	0	1	2	
6	平锉（细牙、带手柄）	2-B1-2-6	200mm	把	3	得力	0	0	3	
7	平锉（粗牙、带手柄）	2-B1-2-7	150mm	把	3	得力	0	1	2	

图 3-43　改善后物资台账（截图）

（五）标准化

该厂通过改善，节约了库房存储空间，避免了因保管保养不当造成的浪费；完善了物资台账，提升了物资查找效率，目前已规范了《备品管理标准》《仓库管理制度》《工器具管理制度》《废旧物资管理制度》等系列管理制度。

【案例思考】

该厂目前在库存空间、物资查寻效率方面仍有提升空间，需要持续改善。

物资台账没有信息系统的支持，容易引起错误。建议公司引入信息化管理手段，库管员在库房使用便携式采集终端收集出入库信息，系统自动记录出入库、盘点等结果，实现账、卡、物相符。物资入库时进行批次标识，出库时系统根据当前库存物资的批次库存情况按先入先出标准指导出库，库管员收集出库物料的批次信息，系统自动进行校验。

<本案例由贵州北盘江电力股份有限公司马马崖发电厂提供>

第五节 区域集中采购管理协调
职能精益管理实践

根据集团公司、区域公司采购管理办法，水电与新能源各发电企业依据非招标采购管理流程，自行进行单一来源等非招标采购工作。区域内各企业的同类型、同规格单一来源的生产物资需求，在采购时间周期上的不同步，在企业自行组织的采购活动中，不具备规模价格优势，不利于单一来源采购的成本降低。

本案例针对水电与新能源发电企业单一来源采购较普遍的特点，完善并合理设置区域公司管理职能，单一来源集中采购框架协议签订要点等方面，进行抛砖引玉的课题实践，通过后期不断的论证实施，得出初步改善效果，并在此基础上加以完善，最终进行成果提炼，切实取得降低单一来源采购成本的实效。

【案例3-5】 完善区域集中采购管理协调职能，降低单一来源采购成本

（一）案例背景简介

1. 实施背景

根据集团公司三年行动纲要总体部署，为保证发电生产安全运行、设备正常维修、提高经济效益，开展物资采购精益项目实施，按照三级管控、分级集中采购的思想，建立"集约管理、集中采购、联合储备、降本增效"的采购与物资管理体制；打造以流程化、数据化、集约化为主要特征的采购运行机制；实施以区域直接集中采购、组织集中采购等形式并存，充分发挥区域物资管理部门、基层物资采购部门积极性，整合供应商资源，分工协作，切实降低单一来源采购成本。

某区域公司进行一体化管理的水电与新能源发电企业共有23家，其中水电企业2家，新能源企业21家，区域内水电与新能源发电企业下属的发电厂（场）站大多地处偏远地区，远离供应资源丰富集中的城市，特别是新能源风、光电场站分布区域广，发电设备类型多、数量多。受传统管理模式影响，物资采购模式存在以下几方面问题：一是各企业内部实行计划、采购、结算、库存等模式，水电与新能源场站数量多，生产所需备件杂而多，人员素质普遍不高，管理效率低下；二是分散采购无规模优势，无价格优势，特别是在单一来源采购过程中企业不具备价格谈判优势；三是不利于信息化、规范化采购；四是由于分散采购金额小、数量多，区域公司监督管理难以全面到位。

2. 实施思路

某区域新能源发电场站分布区域广，发电设备类型多、数量多，由此导致企业生产维护所需设备核心装置、零部件及备品备件种类繁多。区域内各企业发电设备的核心装置、零部件技术专业性强，但通用性不强，核心装置、零部件、备品备件为供应商独家分销、垄断经营，单个用户在单一来源采购时处于谈判被动地位，不利于采购成本的降低。

为此，将区域内各发电企业具有结构、功能上通用，且在发电设备中起关键核心作用、

价格相对较高、付款条件苛刻的单一来源装置、零部件、备品备件采购（含服务）需求进行梳理，整合区域内供应商资源，发挥区域公司集中统一管理协调的作用，集中与单一来源供应商签订框架协议，约定适度的供应服务合作期限，约定适宜的支付方式，取得优惠采购价格，从而实现单一来源采购成本最大限度地降低。

（二）现状诊断

从单一来源采购的采购环境、采购管理和分工协作等主要方面进行综合诊断。

（1）某区域公司所辖新能源发电场站分布区域广，发电设备类型多，数量多。由此导致企业生产维护所需设备核心装置、零部件及备品备件种类繁多。水电新能源同一企业因风、光、水资源的不同，所管辖的同类型水电新能源场站在设备类型方面存在差异，不同企业的同类型设备的同品牌核心装置、零部件也存在差异。某区域公司下属各新能源场站主要发电设备分布情况见表3-34。

表3-34　　　某区域公司下属各新能源场站主要发电设备分布情况表

设备名称	规格型号	数量	供应商	所处区域位置
风力发电机	SL3000/113	67台	HR科技	A风电场
风力发电机	WT1500/D82/H70	33台	ZC集团	B风电场
风力发电机	GW82/1500	198台	JF科技	C风电场
风力发电机	GW87/1500	33台	JF科技	D风电场
风力发电机	GW66/1500	99台	JF科技	E风电场
风力发电机	GW66/1500	66台	JF科技	F风电场
风力发电机	GW70/1500	66台	JF科技	G风电场
风力发电机	JF750	192台	JF科技	H风电场
风力发电机	MY3000	17台	MY科技	I风电场
风力发电机	JF2000	100台	JF科技	J风电场
风力发电机	HZ2000	25台	HZ科技	K风电场
风力发电机	JF1500A	264台	JF科技	L风电场
风力发电机	JF1500E	200台	JF科技	M风电场
光伏组件	TBEA3235TS	40MWp	BPJY能源	A-1光伏站
光伏组件	TBEA235、245	13MWp	BPJY能源	A-2光伏站
光伏组件	JKM250P-60	7.5MWp	JK能源	A-3光伏站
光伏组件	TSM-245pc05	70MWp	TH能源	A-4光伏站
光伏组件	JKM250p-60 LN300（36）P-3-310 STV305-24 P-285 P-295 P-290 JKM240p-60 SK6610P-250	80MWp	TB新能源 SDLN公司 WXLM科技 JSXDL科技 XDL公司 XDL公司 TB新能源 SK技术能源	E光伏站 F光伏站

设备名称	规格型号	数量	供应商	所处区域位置
光伏组件	JKM240p-60 TB250P-60	40MWp	TB 新能源	G 光伏站
逆变器	TBEA-GC-500KTL	40 台	TBXK 公司	A-1 光伏站
逆变器	CS-500	220 台	CYCX 能源	B-1\2\3 光伏站
逆变器	TBEA-GC-500KTL	200 台	TBXK 公司	E 光伏站
逆变器	SG500MX	40 台	YGG 电源	F 光伏站
逆变器	EP-0500A	104 台	SN 新能源	G 光伏站

（2）发电设备的核心装置、零部件技术专业性强，对同类型发电设备通用性不强，且更新换代周期较短，设备供应商在供应初期就已掌握了后期采购服务垄断权，具有单一来源采购特点。

（3）建设期采用招标方式采购物资见表 3-35，运行期采用单一来源采购的核心装置、零部件、备品备件见表 3-36。通过对比表 3-35 和表 3-36 可以看出，单一来源采购的相同物资价格高于招标采购价格 9%～25%。

表 3-35　　　　　项目建设初期供应商核心装置、零部件、主程序报价表

序号	名　称	规格和型号	单位	数量	含税单价（元）	含税总价（元）	备注
1	500kW 高效逆变器（无低压隔离变压器）	CS500	台	100	375 000.00	37 500 000.00	
每台逆变器包含：							
1.1	整流逆变压器桥臂	6SL3632Re-9AE51-0FA2	台	3	59 000.00	177 000.00	进口品牌
1.2	数据采集板(含数采程序)	6CL4235-6WW00-C	块	1	49 250.00	49 250.00	进口品牌
1.3	滤波器机头	6H4335-6WW00-CG	台	1	58 380.00	58 380.00	进口品牌
1.4	主控制器（含 CF 卡及控制程序）	6CL4335-6WW01-CG	台	1	8200.00	8200.00	进口品牌
1.5	电压采集模块	6CL4335-6WQ02-CG	台	1	6500.00	6500.00	进口品牌
1.6	触发板(含 MPPT 程序)	6CL4235-6CL04-CG	块	1	7700.00	7700.00	进口品牌
1.7	网侧交流断路器	SMCE T7S 1250	台	1	38 900.00	38 900.00	进口品牌
1.8	触摸屏（含通信程序）	TPP6088-CG	件	1	12 500.00	12 500.00	进口品牌
1.9	逆变器主程序	V2.5.6	套	1	7000.00	7000.00	进口品牌
1.10	有功无功远程控制软件	V3.3.2	套	1	3000.00	3000.00	进口品牌
1.11	其他元器件	—	套	1		6570.00	进口品牌
合　计						375 000.00	

表3-36　　　　　　　　生产运营期供应商核心装置、零部件、主程序报价表

序号	物料/服务名称	规格型号	数量	单位	单价（元）	备注
1	滤波器机头	6H4335-6WW00-CG	1	台	69 200.00	进口品牌
2	变器网侧交流断路器	SACE T7S 1250	1	台	42 000.00	进口品牌
3	逆变器数据采集板	6CL4235-6WW00-C	1	块	59 050.00	进口品牌
4	逆变器主程序升级	V2.5.7以上版本	1	套	2000.00	进口品牌

注 1. 以上报价含税、含运费。
　　2. 以上报件含安装指导、调试及质保期内技术服务费用。
　　3. 设备质量保证期：自投用之日起一年。
　　4. 以上报价设备适用于_____有限公司/_____有限责任公司所使用的光伏逆变器设备；报价仅对该项目有效。
　　5. 交货期：合同签订后两周。
　　6. 检修时间：设备到货后，一周内全面完成针对此报价设备产生的检修任务。

（4）单一来源的供应商要求的付款条件苛刻，供应商要求预付款100%，存在一定的经营风险，且无售后约束。

（5）各水电新能源企业根据生产运营特点和实际需求，自行编制单一来源采购计划，依据区域公司采购管理办法组织实施采购活动，采购无规模价格优势，特别是对生产运营急需的单一来源物资采购更不具有价格优势。

（6）区域公司未能充分发挥对企业采购活动的管理协调职能，各企业对同类型物资采购信息沟通相对封闭或交流不及时，造成同类型物资采购在不同时期、采购数量变化时，价格差异较大，不利于实现企业效益最大化。

（7）区域公司对单一来源等非招标采购中存在的技术、价格垄断，未能及时采取有效应对措施。

（三）原因分析

分散采购模式下，区域公司的物资采购管理职能与企业分工协作执行功能关系不明确，未能充分发挥统一指导协调作用，在面对外部不利的采购环境时，未能采取有效的应对措施。

通过现状把握诊断，对存在的问题进行分析，见表3-37。

表3-37　　　　　　　　　　　　主要原因分析确认表

序号	末端原因	确认事实	是否要因	备注
1	区域水电新能源场站分布区域广，发电设备类型多，数量多；企业生产维护所需设备核心装置、零部件及易品备件种类繁多	调查确认（见表3-33）	是	
2	同一企业，所管辖的同类型新能源场站在设备类型方面存在差异，不同企业的同类型设备的同品牌核心装置、零部件也存在差异	调查确认（见表3-33）	是	
3	发电设备的核心装置、零部件技术专业性强，但通用性不强，且更新换代周期较短，设备供应商在供应初期就已掌握了后期采购服务垄断权	调查确认（见表3-34）	是	

续表

序号	末 端 原 因	确认事实	是否要因	备注
4	生产运营期的采购金额较建设期采购价格涨幅为 9%～25%，单一来源的供应商要求的付款条件苛刻	调查确认（见表 3-34、表 3-35）	是	
5	各企业自行编制单一来源采购计划，组织实施采购活动，采购无规模价格优势，特别是对生产运营急需的单一来源物资采购更不具有价格优势	调查确认（见表 3-34、表 3-35）	是	
6	区域公司未能充分发挥采购管理协调职能，各企业对同类型物资采购信息沟通交流不及时，造成同类型物资采购在不同时期价格差异较大	现状调查确认	是	
7	区域公司对单一来源等非招标采购中存在的技术、价格垄断，未能及时采取有效应对措施	现状调查确认	是	

（四）实施改善

1. 对策探讨

根据现状调查、诊断结果和原因分析，对存在问题采取的应对措施进行可行性和适用性分析，见表 3-38。

表 3-38　　　　　　　　　　　　对策措施的可行性适用性确认表

序号	主 要 原 因	采 取 对 策	优点	可行性	是否采用
1	区域水电新能源场站分布区域广，发电设备类型多，数量多；企业生产维护所需设备核心装置、零部件及备品备件种类繁多	区域公司组织各水电新能源企业编制单一来源核心装置、零部件及备品备件清册，建立采购目录	保证生产需求基础数据的准确性，为签订集中采购框架议协做准备	可行，区域公司组织	采用
2	同一企业，所管辖的同类型新能源场站在设备类型方面存在差异，不同企业的同类型设备的同品牌核心装置、零部件也存在差异	各企业编制清册时，应重点加以区分明确，保证采购准确，使用安全	保证采购需求计划的准确性	可行，企业编制	采用
3	发电设备的核心装置、零部件技术专业性强，但通用性不强，且更新换代周期较短，设备供应商在供应初期就已掌握了后期采购服务垄断权	区域公司组织同单一来源供应商进行谈判，签订长期合作协议，以取得较好的价格优惠	发挥区域优势，降低采购成本	可行，区域公司组织	采用
4	生产运营期的采购金额较建设期采购价格涨幅为 9%～25%，单一来源的供应商要求的付款条件苛刻	区域公司组织各品牌供应商签订集中采购框架协议，约定不同采购数量的价格涨幅，约定不同的付款方式	控制价格涨幅，延迟资金支付时间，降低采购成本	可行，区域公司组织	采用
5	各企业自行编制单一来源采购计划，组织实施采购活动，采购无规模价格优势，特别是对生产运营急需的单一来源物资采购更不具有价格优势	合理设置区域公司集中采购管理职能，签订核心装置、零部件采购框架协议	控制价格涨幅，降低采购成本，保证物资供应及时	可行，需区域公司组织，企业及时上报采购计划	采用

续表

序号	主 要 原 因	采 取 对 策	优点	可行性	是否采用
6	区域公司未能充分发挥采购管理协调职能，各企业对同类型物资采购信息沟通交流不及时，造成同类型物资采购在不同时期价格差异较大	充分利用集团公司信息化管理平台，加强各企业间的物资采购信息交流，建立信息通报制度	利用框架协议的整体规模优势，降低采购成本	可行，需区域公司提出具体要求	采用
7	区域公司对单一来源等非招标采购中存在的技术、价格垄断，未能及时采取有效应对措施	利用区域公司对供应商的评价管理控制优势，使企业在谈判中处于较有利的地位	区域公司和企业协同一致，取得采购物资良好的性价比	可行	采用

2. 对策实施

区域公司通过完善集中采购管理职能，对水电与新能源发电企业提出分工协作管理规定，制定相关管理标准、实施细则，组织各企业同单一来源供应商分类签订集中采购框架协议，以期取得管理的协调一致，采购行为的合法合规，采购成本最大限度地降低。具体的实施步骤为：

（1）组织区域内水电与新能源发电企业编制集中采购清册目录。

1）区域公司组织各水电与新能源发电企业编制单一来源核心装置、零部件及备品备件清册，建立采购目录。

2）针对同类型新能源场站在设备类型方面存在差异，不同企业的同类型设备的同品牌核心装置、零部件存在差异等因素，在各企业编制清册时，应重点加以区分明确。

（2）合理设置集中采购管理职能，完善集中采购管理流程。

1）合理设置区域公司集中采购管理职能，加强各企业间的物资采购信息交流，建立信息通报制度。

2）利用区域公司对供应商的评价管理控制优势，使企业在谈判中处于较有利的地位。

（3）区域公司与供应商签订集中采购框架协议，在框架协议的签订时，对以下几方面应给予重点关注：

1）合理约定集中采购框架协议有效期限。

2）根据地理条件，合理约定同一时期不同数量的物资采购价格。

3）合理约定同一时期不同数量采购付款方式。

（五）预计效果

本案例的提出，是基于集团公司精益管理要求，企业自身降本增效需求下的初步尝试和探讨，目前处于现状调查诊断、对策探讨和对策实施阶段。根据试点企业合作进行的有益探索，对单一来源的物资集中采购金额较单个企业的采购金额同比降幅预期可达到15%。

【案例思考】

对单一来源采购，实施区域公司组织签订集中采购框架协议策略，整合了各企业的共同需求，形成了物资需求规模效应，确保供应商能够积极主动地进行优质服务，使企业取得较好的经济效益。

在区域公司完善集中采购管理协调职能，组织签订集中采购框架协议实施过程中，以下几个方面的问题应引起关注：

（1）区域公司管理协调工作量增加，为确保管控有效，需配备足够的区域物资管理人员。

（2）区域项目建设阶段，应订立供应商后期服务协议，对供应商后期的服务期限，服务价格优惠作有效的约定。

<本案例由华电新疆发电有限公司提供>

第六节 物资联储联备实践

为保证水电与新能源发电企业安全生产运行，提高经济效益，建立适应新体制的联合储备模式，拟建立以各区域公司内部分工储备为主，与设备制造厂和其他集团联合分工储备为辅的网络储备体系，在平等互利的基础上进行合理的分工储备，在保证公司内各发电企业机组设备安全稳定运行的同时，减少公司流动资金的占用。

【案例3-6】 通过联储联备，降低库存

（一）案例背景简介

1. 某区域新能源公司基本情况

某区域新能源公司有 13 个风电场和 6 个光伏电场，风电装机容量 155.3 万 kW，光伏装机容量 24 万 kW；风力发电机组型号有金风 750kW 机组 192 台、华锐 1500kW 机组 6 台、金风 1500kW 机组 594 台、明阳 3000kW 机组 17 台、海装 2000kW 机组 100 台；南车 1500kW 机组 33 台、华锐 3000kW 机组 67 台；光伏组件有 JKM250（特变）、TSM-245（北京辰源）、TSM-255PCO5A（天合）、TSM-260PCO5A（天合）、EG245P（亿晶）、YL245P（英利）、JC245M（昱辉）。该区域新能源公司所管辖的风电场、光伏电场机型较多。

2. 库存情况

该区域新能源公司库存金额约为 1700 万元。

（二）现状诊断

1. 需求调研

（1）该区域新能源机型统计结果见表 3-39。

表 3-39 机组和机型统计

设备名称	规格型号	数量	供应商
风力发电机	SL3000/113 机组	67 台	华锐科技
风力发电机	WT1500/D82/H70 机组	33 台	中车集团
风力发电机	GW70/1500 机组	462 台	新疆金风科技
风力发电机	金风 750kW 机组	192 台	新疆金风科技
风力发电机	明阳 3000kW 机组	17 台	广东明阳科技
风力发电机	金风 2000kW 机组	100 台	新疆金风科技
风力发电机	海装 2000kW 机组	25 台	海装科技
风力发电机	金风 1500kW 机组	464 台	新疆金风科技
光伏组件	TBEA3235TS	40MWp	碧辟佳阳
光伏组件	TBEA235、245	13MWp	碧辟佳阳
光伏组件	JKM250P-60	7.5MWp	晶科能源
光伏组件	TSM-245pc05	70MWp	常州天合光能
光伏组件	JKM250p-60、LN300（36）P-3-310、STV305-24、P-285、P-295、P-290、JKM240p-60、SK6610P-250	80MWp	特变、山东力诺、无锡灵马、江苏新大陆、江苏盛康
光伏组件	JKM240p-60、TB250P-60	40MWp	特变

通过表 3-39 可以看出，风力发电机组和光伏组件多而杂，按照传统的备品储备模式，单台风力发电机组常需备件 300 多种，所需备品备件较多，资金占用高，存储压力大。

（2）备品管理调研。通过表 3-40 可以看出，传统备品储备模式下，有限的库存资金、人力物力无法满足使用部门的备品储备需求，物资保障的可靠性较低。

表 3-40 调研表

序号	管理部门	管理要求	调研结果
1	使用部门	备品备件储备齐全，保证安全运行	储备量大，资金占用大
2	物资部门	采购量大，需要投入一定的人力进行采购、仓储管理工作。满足使用部门技术要求。保证到货及时性和准确性	
3	财务部门	控制库存资金，各项费用合理可控	

（3）备品备件计划申请单。通过图 3-44 可以看出，一个申请计划从申请到批准需要 6 天，审批时间过长。

物资申请

申请计划编号:	2017018	申请部门:	运维部			申请日期:	2017/2/13 18:39:50
成本中心:	10kV及以下公用修理					申请人:	
计划说明:	废电站物资。						

审核过程及物资明细

送审人	审核人	审核步骤	审核意见	日期	是否审核
		库管核库	申请数量无误，核对库存结束	2017/2/14 15:58:40	已审核
		运维部审核	不同意。	2017/2/14 17:07:27	已退回
		库管核库	申请数量无误，核对库存结束	2017/2/15 11:01:05	已审核
		运维部审核	不同意。	2017/2/15 11:02:22	已退回
		库管核库	申请数量无误，核对库存结束	2017/2/15 11:50:50	已审核
		运维部审核	同意。	2017/2/15 11:53:47	已审核
		运维部主任审核	同意。	2017/2/15 11:55:10	已退回
		库管核库	申请数量无误，核对库存结束	2017/2/15 12:25:07	已审核
		运维部审核	同意。	2017/2/15 12:26:51	已审核
		运维部主任审核	不同意。	2017/2/15 12:28:00	已退回
		库管核库	库房没有以上物资	2017/2/17 11:00:53	已审核
		运维部审核	同意。	2017/2/17 11:20:14	已审核
		运维部主任审核	同意。	2017/2/17 11:23:35	已审核
		安全生产部审核	绝手套、绝缘靴采购最高电压的产品。	2017/2/17 11:32:31	已审核
		生产副总经理审核	同意。	2017/2/20 18:02:20	已审核

序号	材料名称	材料规格	计量单位	申请数量	备注

图3-44 备件申请单（截图）

（4）合同审批表。通过图 3-45 可以看出，一个合同执行审批日期从开始到结束需29 天。

状态	编号	审批环节	审批人	用户名	岗位	审批意见	审批日期	时间	效率	流转性质
	10	承办人提交申请	TANBING		合同承办	请审核。	2017-02-24	17:23:31		正常
	17	承办部门主任审核	SUNJIAN		部门主任	同意。	2017-02-24	18:01:20	38分钟	正常
	30	归口专责审核	SUXINRUI		归口专责	同意。	2017-02-27	09:58:43	1天小时5	正常
	31	承办人吸纳汇总意见	TANBING		合同承办	请审核。	2017-02-27	11:27:04	1小时29分钟	正常
	31	部门主任会签	YANGWZ1		部门主任	同意。李根源代	2017-02-27	13:13:10	1小时46分钟	会签
	31	部门主任会签	YAOPEIJUN		部门主任	同意。	2017-02-27	16:57:15	5小时30分钟	会签
	31	承办人吸纳汇总意见	TANBING		合同承办	请审核。	2017-02-27	17:15:11	18分钟	正常
	35	财务部门主任审核	CHENYING2		部门主任	同意。	2017-02-28	17:52:20	1天37分钟	正常
	40	监察部门主任审核	LIUSHENG		部门主任	同意。	2017-03-02	10:42:19	1天50分钟	正常
	45	法律专责审核	TIANZHON		法律专责	同意。因法律顾问发生变更，	2017-03-02	11:30:15	48分钟	正常
	50	承办人吸纳汇总意见	TANBING		合同承办	请审核。	2017-03-02	16:10:19	4小时40分钟	正常
	50	副总经理会签	ZHANGYUN3		副总经理	同意。	2017-03-06	09:02:20	4天2小时2	会签
	50	副总经理会签	XIANGSON		副总经理	需开具全额17%税率专票，生	2017-03-15	12:26:11	12天4小时。	会签
	50	承办人吸纳汇总意见	TANBING		合同承办	请审核。	2017-03-16	09:41:46	5小时15分钟	正常
	60	总经理审核	LIYAJUN		总经理	同意。	2017-03-21	17:32:56	5天5小时5	正常
	65	合同专责报批确认	SUXINRUI		归口专责	领导已批准，见报批。	2017-03-22	09:46:40	14分钟	正常
	89	承办人确认审核完毕	TANBING		合同承办	领导已批准，见报批。	2017-03-22	10:38:24	52分钟	正常

图3-45 合同审批表（截图）

通过图 3-44 和图 3-45 的审批流程看出，一个备件采购正常流程自申请到合同签订时间需要 35 天以上（不包含询价时间），预留采购周期短，造成工作滞后。

（5）仓储状况。

1）库存资金高，物资分类多，存储空间需求增大。

2）需设置专职库管员 2 名以上进行管理，增加人力和物力成本。

3）由于库管员责任心不强，物资未按先进先出的原则出库，造成物资呆滞。

4）仓储保养未按管理标准执行，造成物资有脏、乱、过期、变质现象。

2. 诊断结果

根据传统备品储备模式的现状进行诊断分析，存在以下几点不足：

（1）传统模式下备件使用部门容易产生"一味强调安全生产"的倾向，对物资备件需求"大而全"，导致库存资金增大。

（2）传统模式下储备备品备件，容易产生备品库存物资利用率不高，甚至重复采购的情况。

（3）传统模式下储备备品备件，闲置备品增加，造成库存积压物资增大。

（4）传统模式下储备备品备件，财务资金成本增大导致经营成本增大。

（5）发电企业设备技术更新改造频繁，导致设备技术改造后的大量备件闲置无用直至报废，直接增加了企业生产经营成本。

（6）传统模式下备品备件需求审批时间过长。

（三）原因分析

（1）该区域公司通过对传统模式的备品储备分析和数据分析，得出表 3-41 所示的问题。

表 3-41 问题汇总表

序号	问 题	改善空间	是否要因
1	备品备件清单范围大、资金成本高	大	是
2	传统模式储备不合理	大	是
3	闲置备件较多	有	否
4	库存量不断增加	有	否
5	需求计划提报不准确	有	否
6	检修工作方案变更，导致库存增加	有	否
7	需求计划审批时间长	有	否

（2）针对备件储备清单范围大和储备模式不合理的问题，该区域公司组织进行了原因分析，并确定了对策，见表 3-42。

表 3-42 对策探讨表

序号	问题	原因分析	对策探讨	是否可行
1	备品备件清单范围大、资金成本高	受传统思想习惯"一味强调安全生产"的倾向，对物资备件需求"大而全"，导致库存资金增大	生产技术部门对设备进行分析诊断，确定合理的储备清单，将库存控制在合理范围	可行
2	传统模式储备不合理	传统储备理念	创新储备模式，签订联储联备协议，实行联合储备	可行

通过表 3-42 可以看出，必须改变传统思维习惯，合理确定储备清单，创新物资储备模式，降低备件资金的占用比例，在库存资金占用不增加或少量增加的情况下，提高备品物资保障的可靠性。

（四）改善措施

1. 实施思路

根据区域公司管理理念，通过有效整合现有资源和合理分工储备，实现以最小的资金投入，最大限度地保障公司系统机组安全稳定运行的目的。本着高效、互利、协作、共赢的原则，建立与设备制造厂和其他发电企业之间的联合分工储备体系。通过内部和外部分工联合储备网络的建立，消除每一个环节的浪费，精简节约，降低库存压力，提高库存周转率，降低运作成本，努力提高事故状态下的应急保障能力，提高生产的安全可靠性。

2. 控制备品库存资金的途径

（1）提高计划申报准确率，减少重复采购。

（2）合理减少事故备件购买和储存，既达到了控制备品库存资金的目的，又保证了安全生产。

（3）采用发电企业之间共同储备或者与设备制造厂联合储备方式，在减少库存资金的情况下，实现提高备品物资保障可靠性。

3. 联合储备分析

（1）实施设备制造厂家集中库存联储模式，该模式是设备制造厂家针对安装同型号设备的电场，建立共享的集中库存，各企业以较少的流动资金（或专项储备金）获得大范围的备品配件储备，提升了安全保障水平。

（2）该模式必须依托设备制造厂家才能实现，它取决于设备制造厂家的能力、信誉和参与联储的积极性。这种联储模式下，制造厂家作为电厂联储备件的唯一供应商，与电厂建立长期合作关系，能够充分发挥制造厂的质量优势、技术优势、库存优势和服务优势，避免备件渠道鱼龙混杂导致的质量风险，提高备品供应的可靠性，确保备件的质量优良，同时规范采购流程和采购渠道，并通过规模优势获得优惠价格，降低采购成本。

（3）该模式使供需双方责任与权利更加平衡。一方面，厂家根据订单合理安排生产计划，增强计划的准确性和资金周转效率，巩固供应渠道；另一方面，有利于电厂提高采购效率，获得质量、成本、交货期的保证，避免质量责任风险和库存过量风险，降低备件储备成本。

（4）发电企业内部联合储备无须依托设备制造厂家，它只需同类型机组场站协商一致，在平等、诚信和互惠互利的前提下，通过签订共同储备的协议，共享备件，备件存放在各场站仓库，所有权归各场站，这种联储模式通过统筹协调同类型机组场站的储备需求，分工协作，减少重复储备，扩大储备范围。

（5）简化备件申请的审批流程，减少询价环节，保障物资到货的及时性。

4. 改善目标

（1）减少采购量，降低库存，减少资金成本的。

（2）减少人力和物力投入。

（3）利用创新储备模式，实现以最小成本支出实现最大保障能力。

（4）提高事故状态下的应急保障能力，提高生产的安全可靠性。

5. 改善对策

改善对策表见表3-43。

表3-43 改 善 对 策 表

序号	问题	改善对策	改善空间	可行性	执行部门
1	备品备件清单范围大、资金成本高	对设备进行分析诊断，确定合理的储备清单，将库存控制在合理范围	大	可行	生产技术部门
2	传统模式储备不合理	创新储备模式，签订联储联备协议	大	可行	物资管理部门

6. 实施计划

实施计划表见表3-44。

表3-44 实 施 计 划 表

序号	阶段	实 施 内 容	计划时间	实施情况
1	第一阶段	实现区域内已出质保风机的备品备件联合储备	2015年9月	已完成
2	第二阶段	实现各场站五金制品、工具器联合储备	2017年9月30日	计划实施
3	第三阶段	实现各场站变电站及事故备品备件联合储备	2017年11月30日	计划实施
4	第四阶段	实现区域同类风电机组备品备件联合储备	2018年12月30日	计划实施

7. 实施过程

（1）明确备品备件的储备范围，编制备品的目录清单，由生产技术部负责组织专业技术人员，物资部负责组织设备制造厂商的技术人员，在设备生产厂商的技术配合和指导下，分别编制区域公司各类型风力发电机组、光伏组件备品备件储备定额，区域公司所辖各电压等级升压站备品备件储备定额。

（2）汇总统计区域公司下属各发电企业的主机和主要设备的型号及生产厂家，并进行有效筛选，找到型号及生产厂家相同的设备清单及在装数量。根据联合分工储备确定的范围目录，统计各区域公司发电企业的备品备件储备数量。

1）组织各厂站对在库备品备件（在账、随机、代管）进行分类统计，了解定额范围内实际储备情况。

2）抽调人员汇总统计资料，编制分工储备目录。

3）做好因技术改造后淘汰设备备品的鉴定、报废工作。

4）根据审定的备品储备定额清册，重新建立和调整物资信息系统中的应急备品台账。

（3）建立备品备件和其他集团之间的联储机制（协作网），确定各方分工联储范围、信息交流方式。

1）区域公司物资部在确定内部分工储备范围后，与制造厂商讨分工储备范围并签订

《建立战略采购和储备合作协议》。

2）物资部门负责开展与其他集团公司之间建立机组备件联合储备协作网、确定备品备件定额、确定各场站间分工储备范围。

3）与具备建立战略采购和储备关系的厂家签订《战略采购和储备框架协议》，并根据协议分工开展后续工作。

4）与制造厂签订战略采购和储备协议，实行统一集中采购配送。

（4）建立完善的管理办法和协议制度。

1）编制《备品备件联合储备管理办法》，明确联合储备内容和机制。

2）与厂家签订《集中储备合作协议》，要求供需双方建立比较完整的备件交易协议细则，备件厂家能够准确有效地为需用企业服务。建立有效利益分配机制与合作激励机制，有利于企业之间的协作与协调。

（5）研发联合储备信息系统。

1）场站内部管理层包括物资管理的基本功能，能在线跟踪备件使用状况，控制备件流转环节，在常规采购申请、验收入库、库存转移、发放、退货和盘点管理等功能的基础上，增加联合储备货位。

2）集中调度层包括计划、储备、定额、借出/借入、归还、结算和报表功能，以场站内部管理为基础，整合各场站联合储备信息资源，网上办理调剂手续，实时更新库存数量和状态，实现集中管理。建立统一的联合储备件编码，各电厂和公司本部网络畅通，数据实时刷新，系统硬件和软件运行稳定可靠。

（6）联储联备流程。联储联备流程如图3-46所示。

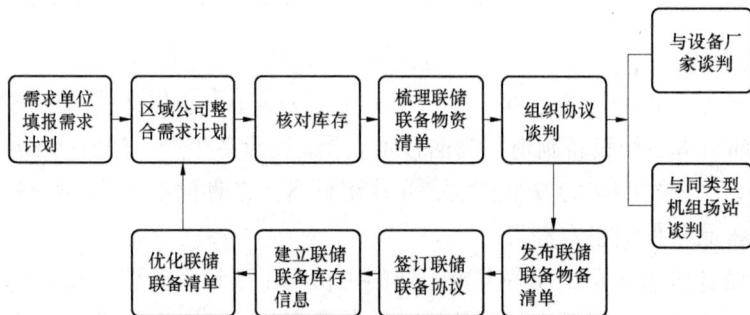

图 3-46 联储联备流程

1）需求单位填报需求计划：需求单位生产技术部门根据设备型号、技术参数、重要程度、通用性、交货期和储备方式等因素，报联储物资清单。

2）区域公司整合需求计划：区域公司根据各企业实际情况，联合同类型机组场站，集中归类，整合物资需求计划。

3）核对库存：各需求单位根据联储清单核对库存，防止重复储备。

4）梳理联储联备物资清单：区域公司综合考虑区域在装设备型号、技术参数、重要程度、通用性、交货期和储备方式等因素，制定合理可行的储备清册和定额。

5）组织协议谈判：联储联备清单确定后，区域公司或需求单位与设备制造厂商洽谈、签订备品备件联储联备协议。

6）发布联储联备物资信息：该区域公司通过物资管理平台系统，发布联储联备物资清册，各联储联备单位及时更新本单位的备件库存和使用调剂信息。各单位可实时查询其他会员单位联储联备物资的储备信息，实现联储联备物资信息的在线共享。

7）签订协议：区域公司组织所属单位开展与设备制造厂签订协议储备、与其他系统的发电企业互存互备等多种方式的联储联备工作，同时系统所属单位需将待签的联储联备方案、合同报区域公司物资管理部门备案、审核。

8）定期优化联合储备清单：根据各需求单位联储联备的备件使用情况、资金平衡情况，定期优化更新联储联备清单。

（五）实践成果

（1）通过联储联备，采购量大幅降低，库存资金占用大幅下降。提高了物资供应保障，保证了设备安全可靠运行。该公司于2015年9月签订联储联备协议。

（2）通过图3-47可以看出，该企业2015年9月签订联储联备协议后，2016年采购金额同比下降608万元，降幅53.57%。

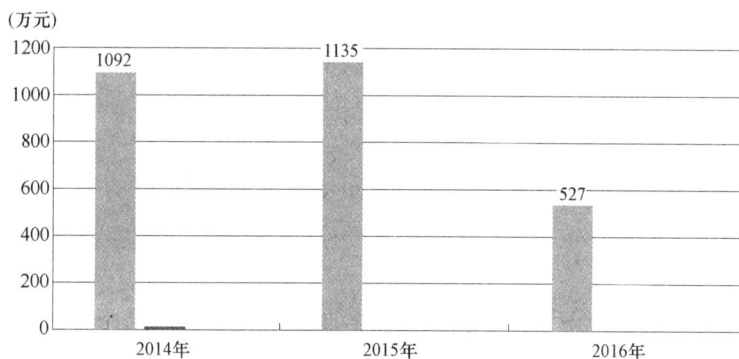

图 3-47　采购统计

（3）通过图3-48可以看出，该企业2015年9月签订联储联备协议后，2016年库存占用金额同比降低416万元，降幅20%。

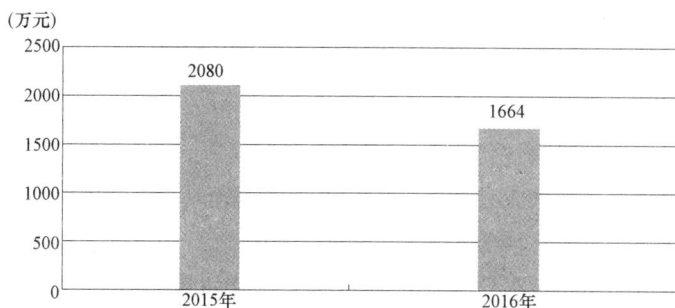

图 3-48　库存统计

（4）采购负责部门接到采购申请单后立即与联储联备协议签订单位签发发货通知单，

简化了备件审批流程，缩短了约 20 天审批时间，为备件及时到货提供了保障。

（5）联储库房。某科技联储联备库房如图 3-49 所示。

图 3-49　某科技联储联备库房

（六）标准化

（1）各水电与新能源公司制定相应的实施细则，并落实到相关人员的岗位责任中。

（2）制定区域公司联储联备管理办法及考核指标。

【案例思考】

（1）联合区域内同类型机组发电企业，与中国华能集团公司、中国大唐集团公司、中国国电集团公司区域公司合作，推进区域公司所辖各类型风力发电机组和光伏发电场备件联储联备。

（2）在区域公司组织协调下，推进区域内同类型电压等级升压站备件联储联备。

（3）实现库存结构合理优化，库存周转及时，成本有效控制，预计库存在 5 年内下降 30%。

<本案例由华电新疆新能源分公司提供>

第七节　供应商评价体系标准化实践

发电企业通过分析供应商评价体系中遇到的日常问题，优化评价管理系统。通过整合企业资源，建立一套符合基层企业实际情况的供应商评价系统，细化评价指标，将供应商评价进行量化，降低企业运营风险。

供应商评价是指利用指标评价体系，对供应商供货质量、服务水平、供货价格、准时性、信用度等进行评价，为选择优质供应商奠定基础。供应商评价标准化的主要目的是选择优质供应商，确保产品质量，降低企业运营风险。

🔅【案例3-7】 完善供应商评价体系，选择优质供应商

（一）案例背景简介

1. 实施背景

现有供应商评价体系中，企业对评价标准多注重于产品质量、价格、交货准时性、售后等方面，并存在供应商评价不符合实际等问题，甚至部分企业未严格执行集团公司供应商评价细则。因此，各企业应在集团公司供应商管理办法的指导下，建立一套符合企业客观需要的供应商评价体系，使企业能够通过科学、合理的方法对供应商做出合理评价，为选择优质供应商提供参考依据。

2. 实施思路

供应商评价对整个物资采购影响极大，在物资采购中扮演着重要角色。供应商的优劣，不仅直接关系到产品的质量问题，还直接关系到企业的运营。因此，寻找供应商评价体系不完善的相关因素至关重要。

为了完善供应商评价体系，水电与新能源发电企业引入精益管理理念，在供应商评价环节分诊断、分析、改善、标准化四步走，以分析、调查、头脑风暴、思维导图等方式为手段，全面解析供应商评价现状、问题、原因、对策，并持续改善，以达到供应商评价体系不断完善的效果。

（二）现状诊断

分别从管理、环境、人员、系统等环节对供应商评价体系不完善的原因进行综合诊断。

（1）采购物资未到，订单生成并确认，却对供应商进行评价。从图3-50可以看出，由于供应商对采购订单确定的时间在季度报表最后一天，采购订单会自动流转到我的报表期限内，采购人员为了提高报表期间供应商评价率而对供应商进行评价。选中的订单物资未到，却要对供应商进行评价，即系统对供应商评价内容不符合实际。

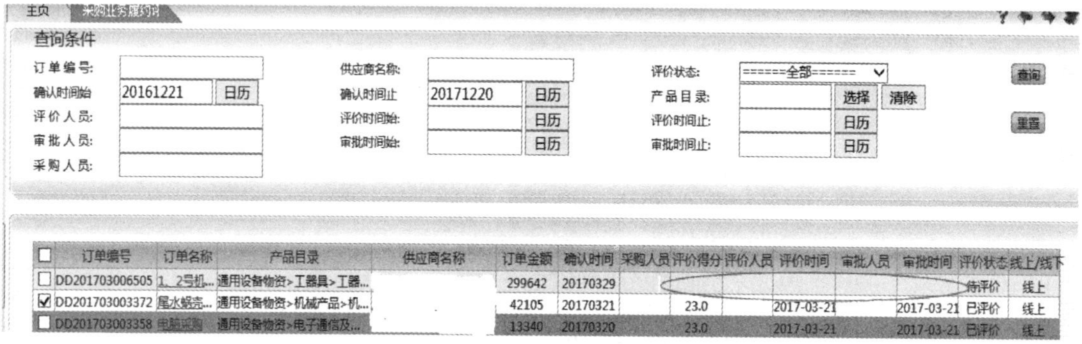

图3-50 采购业务履约评价界面

（2）供应商自荐或集团内单位推荐供应商入会时，管理员对供应商资质审查不严。

某公司不具备起重及液压营业资质，而入网目录审查人员在供应商提交该项入网目录时直接通过，未核查营业执照经营范围。从图 3-51 可以看出，该供应商的营业执照经营范围与供应商履约产品目录不匹配。

经营类型	产品目录	整体实力评分	审查单位	评级	入网时间	会员状态	入网状态
设备代理商	通用设备物资>仪器仪表>电工仪器…	63.00	1		2017-03-21	可用	已入网
设备生产商	通用设备物资>五金材料及制品>五…		1		2017-03-22	可用	已入网
设备代理商	通用设备物资>工器具>手动工具		1		2017-03-21	可用	已入网
设备代理商	通用设备物资>工器具>电动、气动…	63.00	1		2016-11-17	可用	已入网
设备代理商	通用设备物资>工器具>起重及液压…	63.00	1		2016-12-22	可用	已入网
设备代理商	通用设备物资>工器具>工器具配件	63.00	1		2017-03-21	可用	已入网
设备生产商	通用设备物资>日常及办公用品>安…		1	C	2017-03-21	可用	已入网
设备代理商	火电设备>电气设备>电机附件	63.00	1		2017-03-21	可用	已入网
设备代理商	通用设备物资>电工电器产品>电线…	63.00	1		2017-03-21	可用	已入网
设备代理商	通用设备物资>电工电器产品>绝缘…		1		2016-12-22	可用	已入网

图 3-51 供应商履约的产品目录

（3）设备商履约情况评价不完善。

1）系统要求的供货价格与市场价格比对评价设置不科学。从图 3-52 可以看出，设备商履约情况评价要求供货价格较市场价格来评分，但无市场价格的取价标准，故而无法进行评价。

2）系统中设备商履约情况评价界面未设置物资使用后的追加评价。从图 3-52 可以看出，部门使用意见等追加评价缺失，如部门使用 3 个月的评价。

（4）管理办法不完善。

1）管理办法对供应商等级评定设置不科学。从图 3-53 中的可以看出，矩形框区域等级的评定会造成某个供应商事实上属于 A 级供应商，但因 A 级所占比例已超 10%而必须被评定为 B 级。矩形框区域等级的评定会造成某个供应商事实上属于 C 级供应商，但因 C 级所占比例已满 10%而必须被评定为 B 级。这样有可能会造成产品质量下降，提高企业运营风险。

2）在管理办法对供应商整体实力评分中，对部分供应商评价为差评的现状处理不完善。

设备商履约情况评价---浏览	
供应商名称：	
订单名称：	
产品目录：	通用设备物资>机械产品>机加工设备
质量：（总40.0）	○质量优良，完全符合技术要求（40分） ○质量良好，符合技术要求（35分） ○有轻微质量问题，主要技术指标合格（25分） ○有质量问题，部分主要技术指标不合格（10分） ○有质量问题，主要技术指标不合格，退货（0分）
价格：（总10.0）	○供货价格较市场价格有明显优惠幅度（10分） ●供货价格较市场价格有一定优惠幅度（8分） ○供货价格为市场价格（6分）
交货期：（总30.0）	○按合同及时交货（30分） ○略晚于合同规定交货，未影响生产建设（25分） ○略晚于合同规定交货，轻微影响生产建设（20分） ○晚于合同规定交货，对生产建设造成一定影响（10分） ○交货严重拖期，对生产建设影响较大（0分）
服务：（总20.0）	○按照合同规定提供服务，并提供额外的增值服务，对客户实施的产品生产过程的控制给予积极配合（20分） ●按照合同规定提供服务，对客户实施的产品生产过程的控制较为配合（15分） ○按照合同规定提供服务，对客户实施的产品生产过程的控制配合不积极（10分） ○未按照合同规定提供服务，或对客户实施的产品生产过程的控制不配合（0分）

图 3-52 设备商履约情况评价界面（截图）

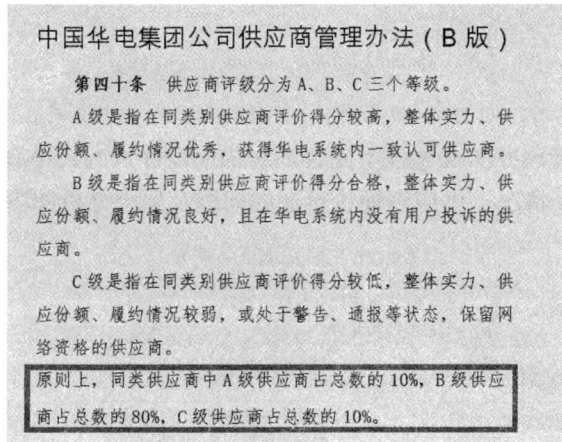

图3-53 中国华电集团公司供应商管理办法第四十条

从图3-54中可以想到：甲厂对某供应商评定为差评（C类），乙厂对该供应商评定为良好（B类），丙厂对该供应商评定为优秀（A类），但供应商整体实力评价为良好以上。该供应商依然有权在甲厂中投标，并可能中标，但甲厂并不愿它投标。针对这种情况，供应商一旦被甲厂评价为差评，系统会自动将其在该厂中除名（在不影响A、B类选中它的情况下）。

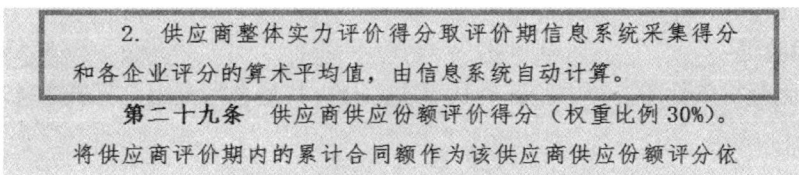

图3-54 中国华电集团公司供应商管理办法第二十八条

（5）系统仅在入会时，对供应商进行初次资质审查，无年度更新财务数据等资料的强制性要求。从图3-55可以看出，此供应商的信息仍是2013年入会时所提交的信息，一直未更新，存在过时或者不准确的可能。

图3-55 供应商资质审查界面图（截图）

（6）诊断问题总结。针对以上现状诊断可归纳出对供应商评价主要存在以下问题：

1）供应商评价标准不完善；

2）供应商评价流程不合理。

（三）原因分析

1. 分析原因

由于供应商评价管理办法及流程不完善，对供应商评价方式不真实，造成供应商评价体系不完善。针对这个情况，供应商评价存在的问题及原因分析如图 3-56 所示。

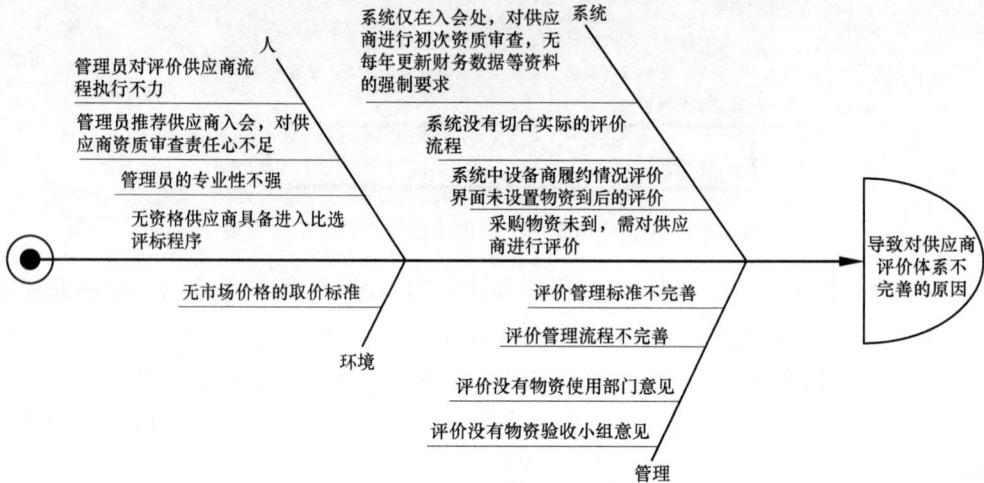

图 3-56　原因分析鱼骨图

2. 要因验证

针对原因分析鱼骨图，集中验证确认事实，分析其是否为要因，见表 3-45。

表 3-45　要 因 分 析 表

序号	末 端 原 因	确认事实	是否要因
1	采购物资未到，需对供应商进行评价	情况属实	是
2	不合格供应商具备进入比选评标程序的资格	情况属实	否
3	管理员对评价供应商流程执行不力	情况属实	否
4	管理员推荐供应商入会时，对供应商资质审查责任心不足	情况属实	是
5	管理员的专业性不强	情况属实	否
6	系统中设备商履约情况评价界面未设置物资使用后的追加评价	情况属实	是
7	评价管理流程不完善	情况属实	是
8	系统没有切合实际的评价流程	情况属实	否
9	评价没有物资使用部门意见	情况属实	否
10	评价没有物资验收小组意见	情况属实	否
11	无市场价格的取价标准	情况属实	否
12	评价管理标准不完善	情况属实	是
13	系统仅在入会处，对供应商进行初次资质审查，无每年更新财务数据等资料的强制性要求	情况属实	是

（四）实施改善

精益物资小组发挥头脑风暴，集思广益，对要因进行对策探讨，通过组织合理分工、编制流程图等途径，落实改善，见表3-46。

表3-46　　　　　　　　　　　　对 策 探 讨 统 计 表

序号	要　因	对　策	优　点	可行性	评定
1	供应商评价管理标准不完善	在中国华电集团公司供应商管理办法的前提下，切合实际，建立一套属于基层单位的管理细则	优化供应商评价体系	可行，基层单位组织实施	采用
2	供应商评价管理流程不完善	在中国华电集团公司供应商管理办法的前提下，切合实际，建立一套属于基层单位的管理流程	规范评价流程	可行，基层单位组织实施	采用
3	管理员推荐供应商入会，对供应商资质审查责任心不足	建立管理员考核机制的同时，增加系统对供应商资质信息的反馈功能	对供应商入会进行全面的把关，从而选择优质的供应商并且及时、准确掌握供应商信息	可行，基层单位提出建议，需要集团公司完善	采用
4	系统仅在入会时，对供应商进行初次资质审查，无每年更新财务数据等资料的强制性要求；采购物资未到，需对供应商进行评价	完善供应商评价体系	优化供应商评价体系	执行难度大，基层单位无法完成，需要集团公司完善	不采用
5	系统中设备商履约情况评价界面未设置物资使用后的追加评价	系统中设备商履约情况评价界面设置增加物资使用后的追加评价	优化供应商评价体系	执行难度大，基层单位无法完成，需要集团公司完善	不采用

1. 改善目标

选择优质供应商，确保产品质量，降低企业运营风险。

2. 对策实施

通过对要因进行分析，制定的对策有以下几点：

（1）在中国华电集团公司供应商管理办法的基础之上，切合实际，建立一套属于基层单位的管理细则。

1）结合实际，某企业集思广益共同制定了一项适用于基层单位对供应商的动态控制及综合评价细则，其中包括具体的供应商评价流程图以及评价表。

2）在中国华电集团公司供应商管理办法的基础之上，切合实际，建立一套属于基层单位的管理流程。

a. 建立切合基层单位的供应商评价流程图，如图3-57所示。此流程图对供应商评价主要分为三个步骤：一是对供应商的资格审查；二是对供货中进行评价；三是对供货后的评价。此流程由基层单位相关部门实施。

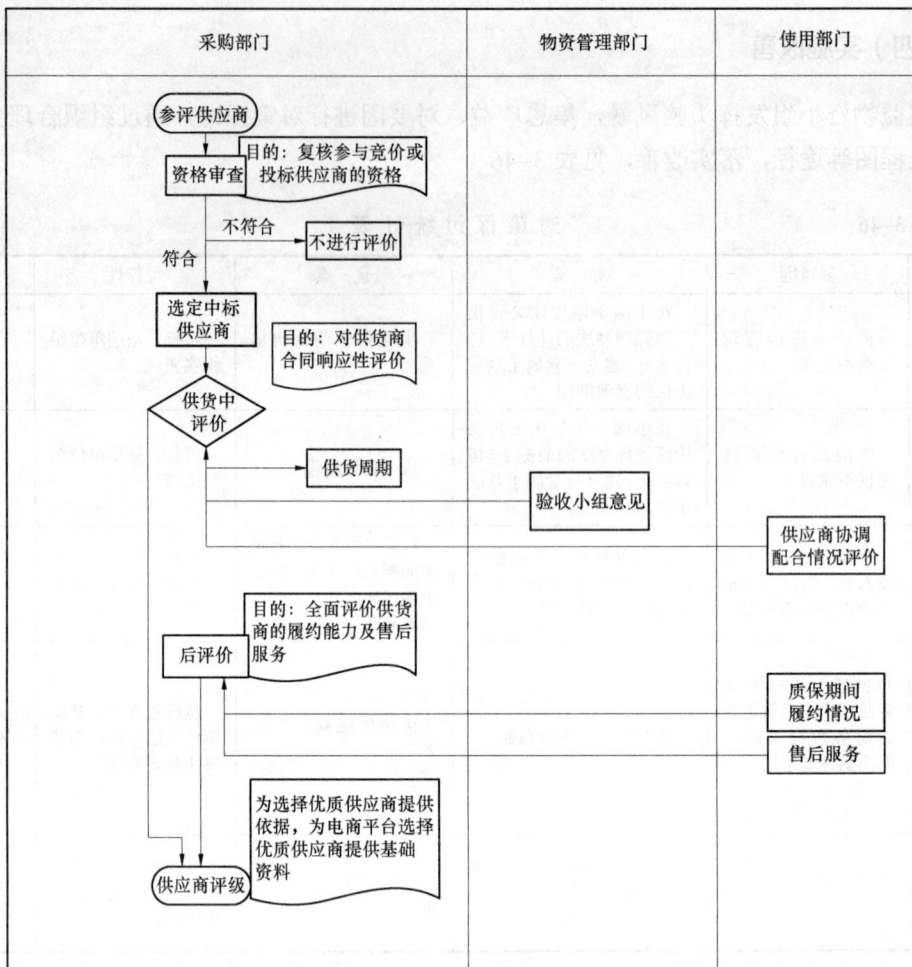

图 3-57 供应商评价流程

b. 建立切合基层单位的供应商评价表，如图 3-58 所示。此评价表规定了具体评价内容和具体评分标准，采用五星级制评分方法，对供应商供货中和供货后进行综合评价。如总计 24 颗星及以上综合评价为五星；总计 22～23 颗星综合评价为四星；总计 20～21 颗星综合评价为三星；总计 18～19 颗星综合评价为二星；总计 17 颗星及以下综合评价为一星。此表较管理办法中的供应商动态量化评价得分（5 个方面评价）体系更切合基层单位。

（2）建立管理员考核机制的同时增加系统对供应商资质信息的反馈功能。

1）针对管理员责任心不强：建立采购员的考核制度并在绩效考核办法中体现，不仅可以有效避免供应商资质更新不及时的现象，还可以有效避免不负责的采购员将严重不合格的供应商推荐入会而造成不良后果等情况。

2）系统对供应商的信息反馈功能：老系统中存在不合格供应商，任何一个采购员发现，可以对其供应商提出反馈意见，并在系统中显示，经系统管理人员核实后可以采取相关的处罚措施。

序号	评价阶段	评价项目		评价内容	评价小组	是否符合	整体评价	评价说明
		供应商:		合同编号:		评价时间:		
1	供应商审查	资质	资格、资质许可证	是否具备供货资格，审查营业执照是否具备相应的供货范围。资格、资质许可证为必备条件，符合该必备条件的其他项评价有效			☆☆☆☆☆	
2			财务	是否提供有经审计的财务报表或银行资信证明				
3			售后服务制度	是否有售后服务制度				
4			信誉	最近三年内没有骗取中标和严重违约及重大供货质量问题				
5			研发能力	对重大设备供应商进行评价				
6			环保体系	对重大设备供应商进行评价				
7			质量保证（控制）体系	供应商建立有质量管理机构或人员				
8		业绩	供货时间及时性	对历史合同协议执行情况进行统计分析				
⋮			⋮				⋮	

图 3-58　供应商评价表（截图）

（五）案例展望

该电厂通过完善供应商评价体系，建立了一套符合基层单位的供应商评价管理细则，并加以实施改善，筛选出一批劣质供应商并拉入该厂黑名单。通过完善采购员绩效考核机制，提高供应商评价率。

（六）标准化

经过该企业的精确讨论，得出以下标准：
（1）《××企业供应商评价管理细则标准化》。
（2）《××企业供应商评价管理流程标准化》。
（3）《××企业供应商评价表标准化》。

【案例思考】

实施供应商评价管理策略，可以有效地解决原基层单位存在的低质供应商的问题，降低企业运营风险。在实施过程中，希望能在中国华电集团公司电子商务平台上完善供货后的追加评价，希望该厂有权对筛选出的这批劣质供应商进行处理。

<本案例由贵州北盘江电力股份有限公司马马崖发电厂提供>

507

财 务 篇

水电与新能源发电企业精益管理实践

引　言

随着改革进程的进一步加深，各行各业得到了充足的发展，但同时也带来产业产能过剩的危机，尤其是在国有企业担当重要角色的冶金、石化、电力等行业，产业产能全面过剩。为了顺应市场变化，"十三五"发展规划提出了电力行业发展要求：进一步推进电力行业市场化进程，创新管理模式，整合资源优势，淘汰落后产能，全面提升企业的竞争力。

作为国家发展重点的水电与新能源发电企业，在改革开放的数十年间，为国家经济的快速发展做出了重要贡献。但随着国家工业化进程进入后期，电力资源需求逐渐放缓，"限电""一电难求"的局面已再难重现，部分区域甚至出现了有水、有风却发不出电的尴尬情形。企业经营的环境及需求已发生根本性转变，即企业由计划主导性逐渐转向市场主导性。而财务管理作为企业经营的核心，它贯穿于企业经营管理的各个环节。某种程度上说，一个企业财务管理水平的高低也就是一个企业经营水平的高低。作为企业经营管理的核心，有必要重新审视财务管理的角色定位，引进先进的管理经验，拓展创新财务管控的模式。由传统的计账核算式管理，向现代的经营预算管控转变；由封闭式管理，向开放式管理转变；由粗放式管理模式，向财务精益管理模式转变；通过财务精益管理，持续提升企业的核心竞争力。

本篇旨在通过对水电与新能源发电企业财务精益管理的摸索与创新，运用先进的管理理念和精益管理的工具和方法，形成一套系统的水电与新能源发电企业财务精益管理实践推行模式。本篇力求简洁实用，其相关案例重点体现精益管理推行的思维，期望以小而精的课题由浅入深，由易到难，见微知著，而非对财务管理和精益管理的全面阐述。精益管理的内容可参见《发电企业精益管理手册》。

第一章

水电与新能源发电企业财务精益管理概述

发电行业作为国民经济发展的基础支柱行业和民生保障行业，为国民经济的快速发展和社会民生做出了突出贡献。伴随着新一轮电力体制改革的推进，发电企业的机遇与挑战并存，只有充分认识自身的不足，扬优补短，确实落实"提质增效""增收节支"等管理理念，才能持续提升企业的核心竞争力，顺应电力市场的变化和自身发展的需要，确保企业持续健康发展。

中国华电集团公司根据内外部要求，提出了以精益管理为抓手，强基固本的发展战略，并以此提出了中国华电集团公司精益管理的核心理念，如图 1-1 所示。

消除浪费
去除工作过程中的8大浪费

创造价值
以是否创造了价值衡量工作结果

持续改善
改善只有起点没有终点

精益求精
追求最高水平的指标和表现

图 1-1　中国华电集团公司精益管理核心理念

为确保有效推进精益管理，将精益管理融入企业的日常管理之中，中国华电集团公司与第三方专业精益管理咨询机构合作提出精益管理分三步走的三年战略决策规划，即专项试点、全面推行、巩固提升，如图 1-2 所示。

事实证明，从西方发达国家到发展中国家及至不发达国家，从企业到政府事业单位，精益管理及其成效已得到了广泛认同和推展。精益管理已不再是传统意义上的丰田生产模式，而是形成了一套完整的管理体系。它也不再仅仅是一种管理理念，而是一种管理的价值思维，一套系统的管控模式，更是一个先进、科学、高效的工具和方法的集成包。

财务管理作为企业经营管理核心，也必须顺应新形势的要求，持续学习精益管理的理念，善用精益管理的工具和方法，实施财务精益管理，实现财务管理创新，助推企业实现经营管理突破。

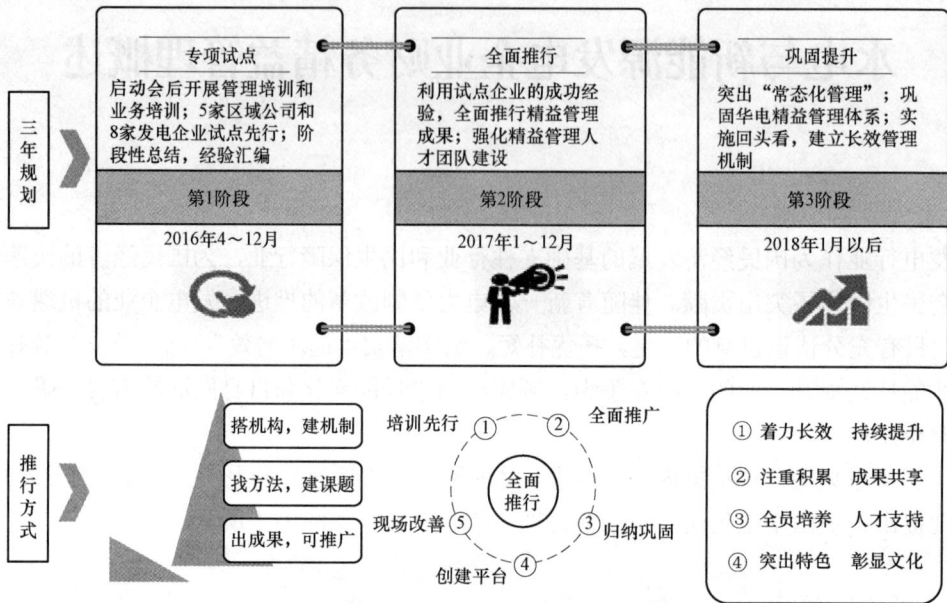

图 1-2　中国华电集团公司精益管理推行的策略与路径

第一节　财务管理在经营中的管理地位

财务管理是指在一定的整体目标下，关于资产的购置，资本的融通和经营中现金流量，以及利润分配的管理。财务管理是企业管理的一个组成部分，它是根据财经法规制度，按照财务管理的原则，组织企业财务活动，处理财务关系的一项经济管理活动。简单地说，财务管理是组织企业财务活动，处理财务关系的一项经济管理工作。其运作方式就是依据企业发展需求和市场需求，通过内部控制从而实现资产保值、增值，资金增收、创利，资本资源化管控，投入产出最大化。

财务管控的运行方式如图 1-3 所示。

伴随全球经济一体化发展和国内市场经济改革进程的深入，国有企业作为改革的先头兵，摸索并创新管控模式是其应有责任和义务。而通过标准、规范运作与管控，实现价值最大化，已成为现代化企业经营管理的主旋律。财务管理作为企业经营数据管理终端处理分析及资源（金）调配管控部门，在企业的经营管理过程中起着至关重要的作用。而资源性财务管理软件（如 ERP 系统）在大规模及发展成熟的企业里已得到广泛应用，极大地提升了财务管理的效率。水电与新能源发电企业财务管理的信息流及资金流如图 1-4 所示。

由此，可以看出，在企业的经营活动中，财务管理是整个企业经营管理的核心，而资金管理又是财务管理的核心。财务管理贯穿于企业经营和管理的各个方面、各个环节。换言之，搞好了财务管理，就搞好了企业的经营管理。

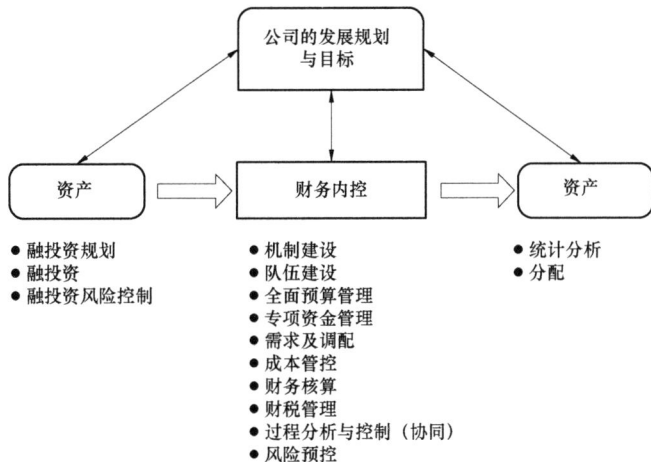

图 1-3 财务管控的运行方式

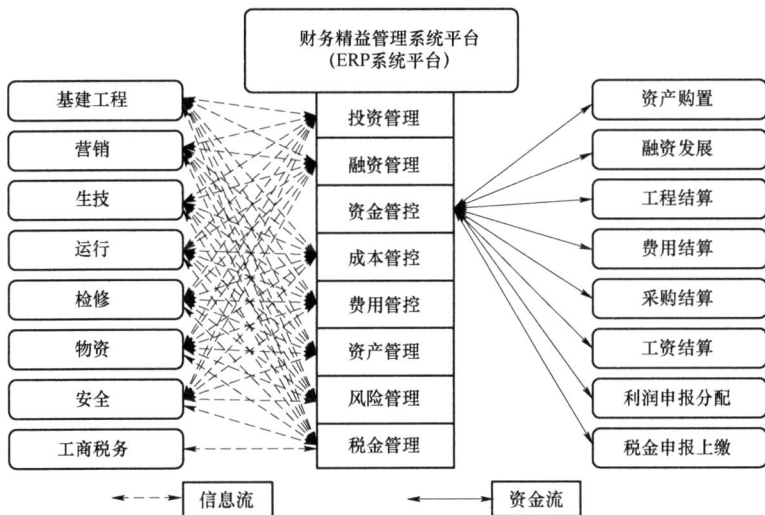

图 1-4 财务管理的信息流与资金流示意图

财务精益管理就是把精益管理价值思维和财务管理的实践结合起来，并运用精益管理工具和方法，开展企业财务的筹资、投资、营运、资金配置、成本费用控制等管理活动，以规范企业资本运营，降低经营风险，优化资源配置，提高企业价值创造能力。

第二节 集团集约化财务管理的特点

集团化管控是企业发展到一定阶段，为了更好地利用、整合资源，提升市场竞争力的必然发展趋势。

集团化财务管理具有多层次管理结构，由于集团化企业是以资本为纽带、多个法人实体组成、多层次的经济联合体，母子公司独立的法人地位以及与之相对应的独立的经营理财自主权，构成了集团化企业财务管理主体的多层次；集团化财务管理的财务关系涉及面广，不是单纯地对内对外处理财务管理关系，还需要对多级部门进行沟通协调；集团化财务管理决策权与实施权分离。集团化财务管理只有集团公司才具有财务决策权，下属二、三级公司只具有财务实施权。

1. 集团化财务管理优点

（1）集中的财务核算管理。对基础数据设置用户自由配置，统一集团的核算标准和规则，加强和实现对下级约束和财务数据的实时监控，达到集中管理的目的。

（2）全面预算管理。为实现利润最大化，对整个集团实施全面预算管理。以目标利润为前提，编制全面的销售预算、采购预算、费用预算、成本预算、现金收支预算和损益预算，并提供全面预算的编制、控制、追踪及分析，为集团的预算管理提供流程控制，从而有效地建立起管理控制体系，建立起对成本中心、利润中心和投资中心的绩效考核体系，使企业经营活动能沿着预算管理轨道科学合理进行。

（3）及时准确的合并报表。对内部交易能够快速准确地实现对账，实现数据一次采集分层过滤抵消的功能，真实反映集团的财务状况、经营成果。

（4）智能的决策支持。对数据从不同层次、不同的角度进行观察和分析，从而得到产生结果的内在原因，提示数据之间隐含的关系，使决策依据数据化，保证决策结果的科学性。如通过统一有效的融资决策，集团可以凭借其资产和信誉优势，采取向银行贷款，发行股票、债券等多种融资方式，或为子公司融资提供担保等，广泛筹集资金。

（5）管理效率高，能全方位控制子公司的财务行为。

（6）能实现集团一致性战略的控制。

（7）公司可以集中各成员企业的资金，调剂余缺，优化了资源的合理配置。

（8）确保集团总体目标的实现。

（9）统一纳税有利于企业集团的税务筹划，能最大限度地降低税负。

2. 集团化财务管理缺点

（1）决策信息掌握不完整，可能造成决策低效率甚至失误。

（2）管理主体与管理权限界定不清，无法将所有权与经营权从真正意义上分开，财权与行政权混淆，导致无法按经济规则有效地进行管理，权力的过于集中易挫伤成员企业经营者。

中国华电集团公司的财务管理属于集团性财务管理模式，对其下属各发电业务实现了集中管控，依据中国华电集团公司的战略发展需求及其自身发展历史沿革和特点，中国华电集团公司强化了全面预算和资金计划管控。中国华电集团公司所属水电与新能源发电企业，有独立核算单位和非独立核算单位两种模式，其财务管理又具有以下特点：资金计划刚性管理，资料信息平台一体化，年度经营、投资及日常运行均实现预算管控，资金集中使用且统一调配，报表提供智能化信息化，缺少财务决策权只有财务实施权。

第三节 新形势下财务管理面临的挑战

一、宏观环境

1. 经济环境

在经历 2007 年始发的全球金融危机之后，全球经济复苏缓慢。而随着全球经济一体化进程进一步深入，以及国内工业化、城镇化、市场化进程跨入中后期，中国虽然作为世界经济发展的引擎，拖动着全球经济发展，但也不可避免地受到了巨大冲击。资源性过度投资带来了相关产业、产能过剩。一方面有效需求乏力，另一方面有效供给不足，导致经济下行压力加大，特别是发电企业面临着产能过剩、市场竞争、节能减排带来的三大挑战。发电企业需要在结构调整、动能转换、管理创新进行突破，才能在市场中提升企业的生存空间及比较竞争优势。财务管理作为经营管理的核心，其相关职能也不再局限于核算型管理，必须充分发挥其支撑决策、价值创造和服务保障职能，在投资发展规模与资本约束、风险防范进行管理创新，以适应新形势下企业健康持续发展的需要。

2. 金融环境

首先，自 2016 年以来，中央银行提出要"继续实施稳健的货币政策，更加注重松紧适度"。李克强总理在两会提出两个 13%，即 2016 年广义货币 M2 预期增长 13%左右，社会融资规模余额增长 13%左右。同时，GDP 增速为 6.5%～7%，CPI 预计为 3%，差值为 3 个百分点，这表明流动性将维持宽松。同时货币政策重点将从货币宽松向信用宽松过渡。因此，注重和维护企业的信用度，成为企业财务管理人员一项重要研读课题。其次，人民币汇率贬值预期有所减弱，相对宽松的货币政策及融资渠道的多样化，其资本利率水平维持在较低水平。为资金密集型发电企业的融资工作提供了更多的空间和机遇，财务费用一直是企业成本的重要组成部分，企业财务管理人员需及时充分解读并利用国家的相关金融政策适时调整发展战略，对有息负债规模及利率结构进行调整置换，有效降低企业的财务成本，增强企业的经营活力。

3. 财税环境

自 2016 年 5 月 1 日起，国家全面推开营改增试点。作为一项重大的政策调整措施，营改增对发电企业也产生了重大影响。新增不动产所含增值税纳入抵扣范围将极大降低发电企业工程造价，而部分成本支出由含税转为不含税，成本费用减少、利润增加，进而提高了企业的盈利能力，有利于扩大企业投资，增强企业经营活力。发电企业应抓住全面推开营改增的有利契机，深入开展纳税筹划，使税务管理向精益管理方向转变，进而提高企业的竞争力。

4. 技术环境

随着网络信息化及大数据时代的来临，传统的企业财务管理模式也在发生一系列的变化。互联网经济、业财融合等新型的管理模式被一部分企业逐步采用，新技术环境也对财务管理产生了一系列影响。互联网技术的发展拓展了财务管理的空间，财务管理向集团式集中管控方向发展，摆脱了管理跨度、地域限制等因素导致的监控力度不够带来的财务风险，财务管理时效和效能也相应提高。发电企业作为技术密集型、资金密集型企业，应充分利用新技术，全力推进财务信息化和经营管理信息化的融合，进一步提升企业的管理水平和风险防范能力，使财务信息化水平同国际先进水平接轨，为企业的运营及战略发展提供重要的决策，促进企业健康发展。

二、微观结构

1. 管理体制

经济体制改革后，我国逐步建立社会主义市场经济体制，市场反应灵敏度要求高，企业作为市场的主体，自主理财成为必然，且随着企业与外部经济联系逐渐增多，理财活动日趋复杂，财务管理内容越加丰富。在竞争的市场条件下，一个企业经营是否成功，在很大程度上取决于财务管理的成效。所以，要创新财务管理模式，加强经营性财务管控。

2. 管理关系

每个部门在合理使用资金、节约资金支出、提高资金使用率上，都应接受财务部门的指导，并受财务管理部门的监督和约束。同时，财务管理还涉及企业外部的各种关系。企业在市场上进行融资、投资以及收益分配的过程中与股东、债权人、金融机构、供应商、客户、内部职工等各利益主体之间有着千丝万缕的联系，这表明，财务管理关系辐射面更广。只有理清财务管理关系，才能真正实现高效的内控管理。

3. 管理内容

随网络信息化发展及大数据时代来临，现代财务管理大都通过信息化管理来实现内控，财务信息化管理经历了以下几个阶段：

（1）会计电算化发展阶段。这一时期会计电算化的特点是：应用单位对于计算机技术不熟悉，也不能全面描述自己的业务需求，软件开发只能在摸索中前进，开发出的软件功能比较简单，主要集中在账务处理、报表、工资核算等功能模块上。

（2）核算型会计管理信息系统发展阶段。进入 20 世纪 90 年代中期后不断推出新的会计信息系统，其功能明显增加，这不仅增强了软件的通用性及其各种业务处理模式的适应性，而且系统各模板数据关联的整体化和集成化功能大大增强。

（3）集成的财务管理信息系统发展阶段。20 世纪 90 年代末至今，随着我国市场化体系的不断完善，以及政府对国有大中型企业多变的经济环境建立各种分析和决策模型，这样财务管理人员才能有效地利用财务企业核算信息与外部信息，提高财务管理水平。当前一些大企业对应用信息技术手段加强财务的集中统一管理已有了进一步认识。但是，与发达国家大企业相比，我国企业财务信息化管理建设工作的总体水平还很低，处在起步阶段。

我国企业信息建设是在我国工业现代化尚未实现、市场经济体制建设尚未到位的情况下进行的，财务信息化管理作为一项系统工作，还有大量艰巨的工作要做，当前存在的主要问题有：企业各级管理人员观念滞后；企业政策法规不完善；我国财务管理软件发展滞后；管理体制的制约；企业财务管理基础普遍薄弱。

在当前电力市场严重过剩的新形势下，企业之间的竞争更加激烈。在这种情况下，企业比拼的是实力，核心在成本。近年来，中国华电集团公司在财务管理方面推出了一系列创新举措，如资金集中、全面预算、内部控制、日经济利润分析等，但资产盈利能力、债务风险管控能力、盈余现金保障能力、国际竞争能力等与世界一流企业相比仍存在一定的差距，需要进一步深化财务管理转型、完善财务治理结构，推进财务管理规范化、精益化。

第四节　水电与新能源发电企业财务管理的现状

财务管理职能包括筹资、融资、资金调配、预算管控，成本管控、费用管控、资产管理、利益分配、监督职能等。在市场经济体制下财务还具有风险预防职能、价值创造职能和利益关系协调职能等。水电与新能源发电企业的财务管理相对来说已逐渐走向正规化和标准化控制，但由于其历史因素及区域的发展不均衡，其财务管理水平仍落后于现代化企业经营管理的需要。

（1）从财务管理的结构来看：第一，水电与新能源发电企业财务管理仍未能完全摆脱计划经济管理的模式，大多时间忙于核算管理及账务报表的处理，处于被动应付的状况，顾不上或忽略了财务管理的其他基本职能；第二，由于缺乏有效合理的绩效激励机制，财务管理人员缺少主动创新的积极性，致使工作效率不高；第三，财务预测、决策、预算、控制、分析等管理方法未能有效地运用，财务管理严重滞后于市场经济对企业的要求。主要存在以下问题：财务管理战略目标不清晰；财务管理模式相对滞后；财务管理的人才梯队松散；财务管理制度不健全；缺乏系统性的风险管控；融资结构不合理；资产负债率过高；资金计划控制偏差；现金流量紧缺。

（2）从财务管理的职能工作来看：自改革开放以来，中国经济与世界经济接轨，各行各业均得到了迅猛发展；财务管理也在不断吸收国外先进管理理念，引入并逐渐建立了企业现代财务管理制度。但与国外先进国家相比，企业的财务管理水平仍有一定的差距，尤其是在以下几个方面：

1）全面预算管理方面。普遍一种思想认为"预算是财务部门的预算，预算的最终结果就是财务报表"，对预算管理在企业中的地位和作用认识不足、重视程度不够。由于预算体系、栏目、精细化程度不够，导致编制及参照口径不一致，致使预算的编制流于形式。在预算执行过程中，执行部门偏重于自身管理职能的工作绩效，忽视预算管控，更没有将预算与整个企业经营管理有机结合起来，使预算管理脱离企业管理之外，最终造成预算执行效果较差。此外，财务人员对其他部门的业务及工作流程不熟悉或不了解，也难以充分发挥督察审查职能，只能对表格和相关数据停留在指标数据上，预算管控职能来重弱化。

2）成本管理方面。一方面企业内部分工越来越细化，管理机构和管理环节趋于复杂化，管理效率难以提高，由此导致管理的协调成本越来越高，进而增加了管理费用。另一方面很多企业长期受计划经济观念的影响，在成本管理中一般只重视生产运行成本的管理，而很大程度上忽略了物资供应和其他成本管理。此外，在管理的体系上企业更偏重于事后管理，淡化了事前的分析预测和决策，难以发挥成本管理的预防作用。

3）财务信息管理方面。由于管理口径的原因，公司财务指标与经营指标不匹配。在需要某方面信息时才要求有关部门提供，这种完全随机的、非规范性的报表提供信息的方式也是企业经常出现的，难以保证信息的准确性和一致性，导致决策信息出现偏差。此外，公司内部财务信息不准确，无法满足集团对下属单位的监管要求。

4）风险控制方面。企业的运行，不是一个单位或部门就能完成，需要整体的协同，但企业的分工越来越细，管控的节点比较松散，缺乏系统的风险辨识和控制。尤其是智能化和信息化平台的多个并行运作，监督控制职能难以有效到位，使其风险系数大大增加，给企业的运行和经营造成了困扰。

5）资金管理方面。财务管理机制不规范或对财务管理的要求和标准不熟悉，资金预算和资金需求随意性大，导致资金计划难以有效执行。此外现金流紧缺，调配出现困难或难以为继。资金管理的核心主要存在如图1-5所示问题。

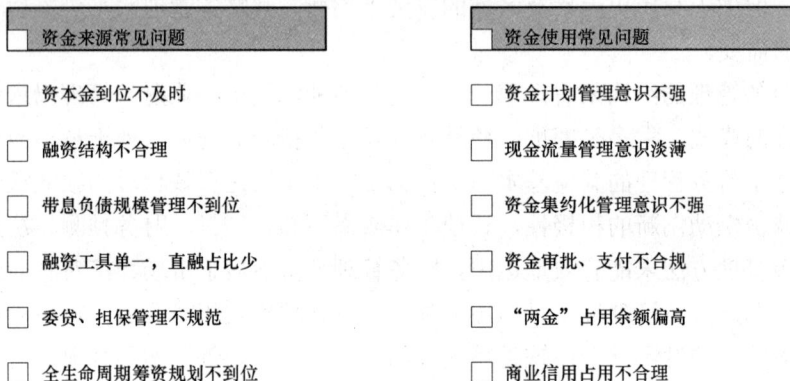

资金来源常见问题	资金使用常见问题
□ 资本金到位不及时	□ 资金计划管理意识不强
□ 融资结构不合理	□ 现金流量管理意识淡薄
□ 带息负债规模管理不到位	□ 资金集约化管理意识不强
□ 融资工具单一，直融占比少	□ 资金审批、支付不合规
□ 委贷、担保管理不规范	□ "两金"占用余额偏高
□ 全生命周期筹资规划不到位	□ 商业信用占用不合理

图1-5 资金管理的核心主要存在的问题

第二章

水电与新能源发电企业财务精益管理实践路径

第一节 财务精益管理的方针

推行财务精益管理，它需要领导的决心和意志，同时也需要广大员工的参与与配合。制订财务精益管理方针，可以更好地统一认识、统一行动，也为财务精益管理工作制订相关机制和标准指明了方向。企业在推行财务精益管理过程中，应该首先制订财务精益管理方针，但每一家企业都有其自身的特点和发展的需求。因此，每家企业财务精益管理的主题思想都差不多，但其侧重点会略有不同。简言之，财务精益管理方针就是结合公司的发展战略并通过精益管理手段所期望达成的目标。

那么，如何制订具有鲜明企业特点的财务精益管理方针呢？

（1）财务精益管理并不是脱离财务管理范畴，既没有扩大，也不会缩小，它是利用精益管理的理念、精益管理的价值思维和精益管理的工具和方法，消除工作过程中一切不必要的浪费，来开展财务管理活动。因此，可以说财务精益管理方针就是财务管理方针，但更加强调管理的质量和管理成效。

（2）财务精益管理方针必须遵循财务管理的特点，不能脱离于财务管理职能之外，切忌不可好高骛远，好大喜功，但也不能拘泥于本分，谨小慎微。

（3）财务精益管理方针必须遵从企业的整体战略发展规划。

具有鲜明企业特点的财务精益管理方针有"全面预算、计划刚性、风险管控、精准核算""精打细算、增收节支、创造价值""生财有道、聚财有度、用财有效、节财有方、管财有法"。

第二节 财务精益管理的思路

在日趋激烈的市场竞争形势下，内控成本、外拓市场是发电企业生存的法宝。财务管理作为企业经营管理的核心，推行财务精益管理可以帮助发电企业规范运营、高效运转，降本增效，增收节支，实现企业效益最大化。

中国华电集团公司为确保精益管理能在集团内顺利推行，提出了"消除浪费、创造价值、持续改善、精益求精"的精益管理理念。发电企业财务管理包含"投资、筹资、运营资金、成本、收入与分配"五项管理内容，各项内容均涉及财务预算、资金管理、会计核算、税务筹划以及资产运营管理等业务管控。同时，中国华电集团公司也确立了以预算、资金、风险"三项管控"为主要内容的财务精益管理思路。

财务管理的"精"和"益"如图 2-1 所示。

（1）"精"专注于过程与质量，指消除工作过程中的一切浪费，提升工作品质。

（2）"益"着重于价值与收益，指最少的资源投入，最大化的价值体现。

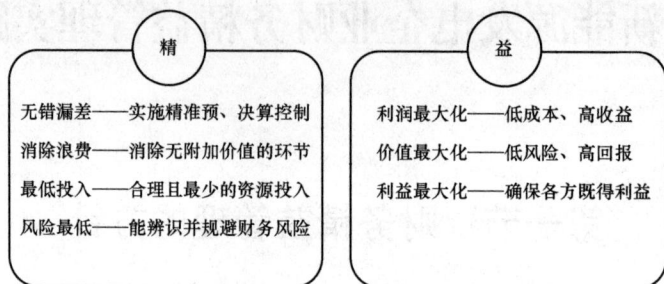

图 2-1　财务管理的"精"和"益"

　　财务管理在推行精益化过程中，既不能急于求成，也不能坐等花开，而要遵循集团精益管理思路，即"试点突破，树立标杆，全面展开"循序渐进的推行方式及中国华电集团公司精益管理推行思路"系统推行，价值导向，注重实效"，围绕精益管理活动的诊断、分析、改善、标准化四大步骤展开工作，以改促变，以变促进。

第三节　财务精益管理的目标

　　财务管理目标是指企业进行财务活动所要达到的根本目的，它决定着企业财务管理的基本方向。财务管理目标是一切财务活动的出发点和归宿。它具有以下作用：

（1）导向作用，确立工作方向和工作重点。

（2）凝聚作用，目标一致，可以凝聚团队协同协作。

（3）考核作用，以目标标准来衡量工作绩效的好坏及胜任能力评价。

（4）激励作用，通过考核激励确保目标能达成。

　　财务管理在不同的时期，不同发展阶段，不同的环境都会有不同要求。一般来说，财务管理目标可以分为：

（1）经营目标（如收入、利润等）。

（2）绩效目标（如资金计划达成率、预算控制达标率等）。

（3）基础管理目标（如人才培育、管理创新等）。

　　财务管理目标的来源可以从以下几个方面来获取：

（1）公司的战略发展目标，必须与集团的战略发展目标一致。

（2）公司的年度经营目标，公司年度经营目标的分解。

（3）部门内关键管理指标，关键业务管理指标。

（4）重点发展或指定目标，一般上级指定或需要完成的专项工作。

　　财务精益管理的目标就是以精益管理的思想和精益管理的价值思维，更加强调过程的精益管理（参照以下财务精益改善屋模型，如图2-2所示），从而达成财务管理目标。

图2-2　财务精益改善屋模型

第四节　财务精益管理的内容

财务精益管理内容涵盖了财务管理所有职能管理工作，它是利用精益管理改善屋模型及精益管理理念、工具和方法，持续进行财务精益化管理，提升财务管理的经营效益。它主要包含的内容有预算管理、资金管理、财务核算、财务基础工作、财税管理、风险管控、资产管理等。

一、预算管理

（1）完善战略目标指导下的全面预算管理体系。全面预算管理是利用预算对企业整体以及内部各部门的各种财务和非财务资源进行控制、反映、考评的系统管理工程；是企业科学运用资金、提高经济效益、加强企业管理的有效途径。财务预算管理作为经营管理的出发点和落脚点，是企业管理主要流程之一，与其他管理支持流程相互作用，共同支持企业的业务流程。通过实施全面预算管理，可以增强全体员工的成本——盈利观念、市场——竞争观念，时间——效率观念，带动企业进一步细化内部核算，从管理、科技进步上找出路，以管理求发展，提高企业的综合管理水平，增强企业的市场竞争和抗风险能力。

（2）健全预算指导下的财务成本管理机制。健全的成本管理机制下，成本管理的总体目标是为企业的整体经营目标服务，具体来说包括为企业内外部的相关利益者提供其所需的各种成本信息以供决策和通过各种经济、技术和组织手段实现控制成本水平。企业成本水平的高低直接决定着企业产品盈利能力的大小和竞争能力的强弱，因此提高财务部门对成本的管理水平尤为关键。在成本领先战略指导下，成本目标是追求成本水平的绝对降低。目前我国多数企业对成本控制较重视采用精打细算、减少消耗等绝对成本控制方法，而对一些新的成本控制方法重视不够、运用不多。因此，财务部门要发挥自身拥有大量价值信息的优势，运用量本利分析法，合理测定成本最低、利润最大的产销量，减少无效劳动。

（3）完善预算指导下的资金运行机制。预算管理应合时、合法、合理，且中间的监督管控环节要充分考量风险控制。因此要定期优化完善预算管理运行管控机制。

（4）良好的预算管理离不开分析与决策。财务分析是企业通过各项财务指标的变动率情况，深入了解企业当前的财务状况和经营状况，发现其发展趋势的一种经营活动分析。做好财务分析，合理调剂资源，优化资本结构和资产配置，可以为决策层提供有效的决策依据。通过对数据的统计分析，找出偏差，改善纠偏，是预算管控最有效的手段。

预算管理精益化改善方向及主要内容，如图 2-3 所示。

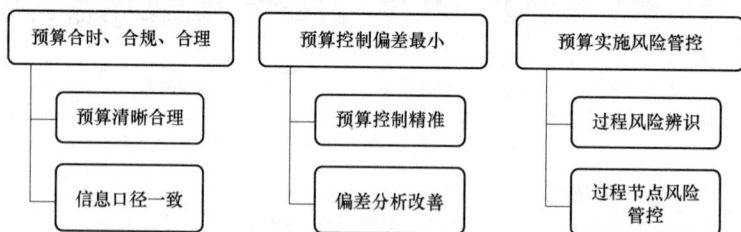

图 2-3　预算管理精益化改善方向及主要内容

二、资金管理

财务活动的主要对象是企业的资金运动。资金运动能否顺利循环和周转是衡量财务机制优劣的一个重要标准。资金运行机制是指财务通过资金的运行，使各部门要素能有机结合和自动调节，并形成资金体系的内在关联的一种运行方式。财务管理必须以资金管理为中心，所以建立财务管理机制，应以完善的资金管理机制为核心。企业应建立健全资金管理体制，对企业资金运动实行财务监控，建立优化资金结构的约束机制，抓好资金的结构管理。建立活而不乱的资金循环机制，抓好资金的流程管理，建立资金补偿积累机制，抓好资金的后续管理等。

资金的管理包括资金筹集、资金使用、资金耗费、资金回收、资金分配等。如何有效地调度资金，提高资金的使用效率，是财务管理的一项重要内容。

国内企业财务管理关注的重点和主流观念已逐渐从利润最大化向现金流量最大化转

变，资金链安全已成为企业财务管理的重中之重，"现金为王"的观念已被普遍接受。通过创新财务管理，大力降本增效，保障资金链安全已成为企业财务管理的主旋律。

资金管理精益化改善方向及主要内容，如图 2-4 所示。

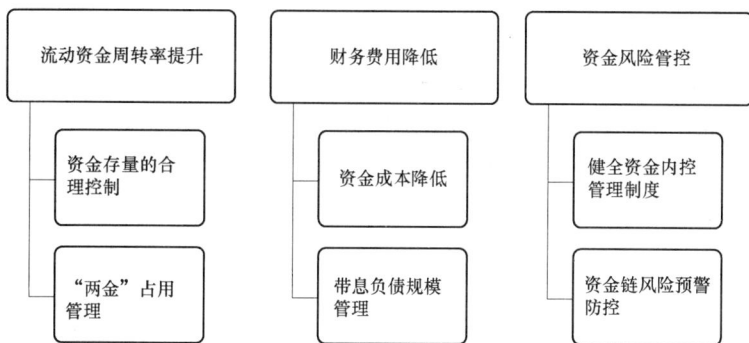

图 2-4　资金管理精益化改善方面及主要内容

三、财务核算

财务核算是财会管理中最为重要一项基本管理职能，它主要包括会计核算基础工作规范、会计档案管理、会计工作交接管理、财务信息化管理四个方面。由于其对象的多样性和复杂性，必须细化核算管理条目及核算管理细则，尤其是集团化财务管控，采用分级核算提报，若核算口径不一，将导致核算的不准确，可能造成经营决策失误的风险。

中国华电集团公司为规范财会管理工作，制订并颁布了《中国华电集团公司财会基础工作规范指引》，分类详细介绍了财会管理工作的内容、流程及关键控制点。实施精益核算管理，就是按标准在实施过程中，不断地发现问题并及时予以优化，确保核算管理工作准确、及时。

核算管理精益化改善方向及主要内容，如图 2-5 所示。

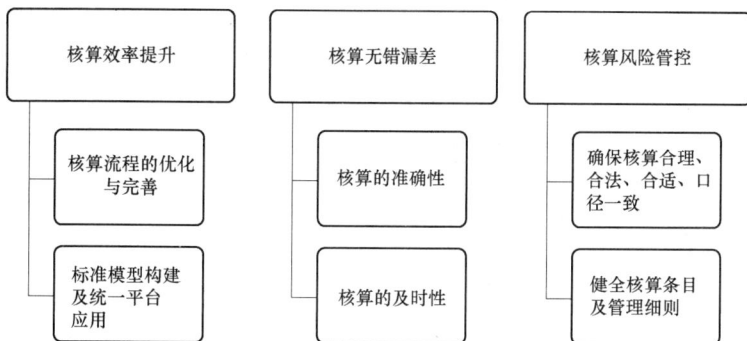

图 2-5　核算管理精益化改善方向及主要内容

四、财务基础管理

财务基础管理工作是指为实现财务管理职能所必须具备的条件和保障，它主要包括财务队伍建设和财务管理的流程和机制。可以说财务基础管理工作是否真正落实直接关系到财务管理成效的高低。因此，财务管理工作必须从基础管理抓起，一方面要强化财务队伍建设，持续提升财务管理人员的专业技能水平以获得专业资格，另一方面，及时查阅研读财会管理政策及时修订相关的流程机制，确保财务管理合法、合规、合时、合理。目前财务基础管理工作过程中，从队伍的结构与编制来看，比较偏重于核算统计工作，未充分发挥分析决策职能，其专业和管理能力仍与现代财务管理要有一定差距；从工作流程和效率来看，财务管理软件的广泛应用，虽极大地解决了烦琐的统计核算工作，但部分功能（如分析决策、报表合并功能）不适用或平台软件不兼容，导致财务管理人员重复工作较多，任务繁重，工作效率不高。

财务基础管理工作精益化改善方向及主要内容，如图 2-6 所示。

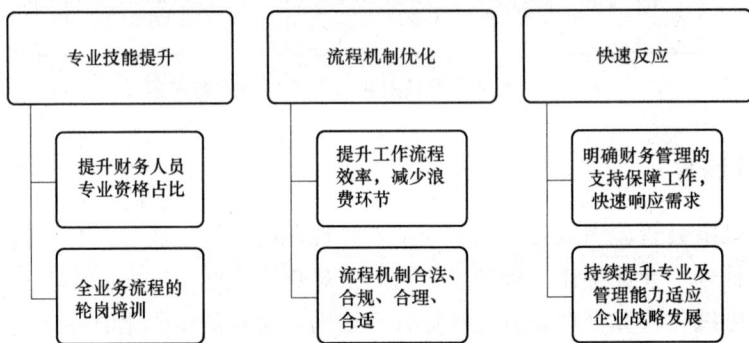

图 2-6　财务基础管理工作精益化改善方向及内容

五、财税管理

财税管理是企业财务管理人员依据国家、地方税法及相关财税管理办法所开展的税金筹划、税金核算、税金抄报、税金缴纳等工作，它是财务管理的一项重要基本职能，也是确保企业合法经营的一项重要工作。一个企业财税管理水平的高低，直接关系到企业税负大小。合理地进行税金筹划和及时运用相关的税收优惠政策，可以让企业降低财税成本，为企业的经营增添活力。一方面，国家营改增的全面推行实施，降低了企业的税负，财务管理人员需要切实规范落实各项进口税项和营销税项，合法、合规地进行"减、免、抵、退"；另一方面，要及时研读国家阶段性战略扶持发展优惠政策，做好税金的筹划申报工作，确保企业合法经营的同时，有效降低税负，提升企业竞争力，促进企业良好发展。

财税管理工作精益化改善方向及主要内容，如图 2-7 所示。

六、风险管控

风险管控是财务管理过程中最为重要的管理环节。可以说风险管控贯穿于财务管理所有的流程环节。风险管控主要包括以下内容：制订风险控制机制、资金支付风险管控、融资风险管控、核算错漏差管控、税金风险管控、"三重一大"管控等。而财务管理作为经营管理核心，其管理过程中任何风险的发生，都可能对企业的运营带来重大影响或不可估量

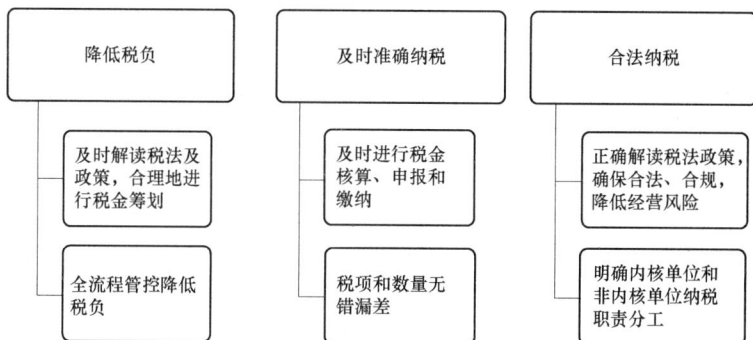

图 2-7 财税管理工作精益化改善方向及主要内容

的损失。因此，财务风险管控是财务管理人员必须具备的意识和能力。然而在实际管理过程中，虽然百般注意小心，都或多或少地发生财务管理的风险。其根本原因在于：其一，专业能力不足，难以识别相关风险，或虽可识别但防范举措乏力；其二，监管机制不完善或监管不力。

风险管控工作精益化改善方向及主要内容，如图 2-8 所示。

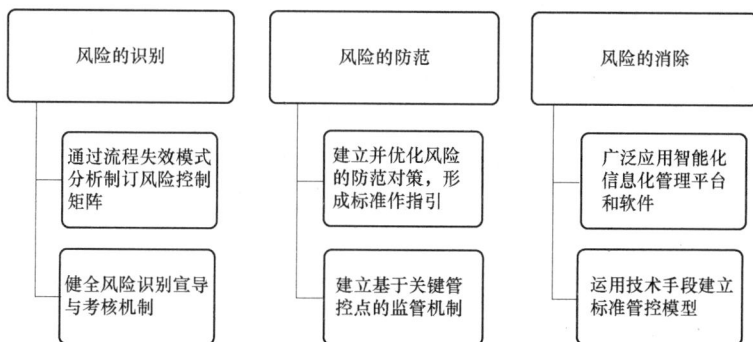

图 2-8 风险管控工作精益化改善方向及主要内容

七、资产管理

资产管理是企业财务管理的一项最重要的职能之一，它是企业开展经营活动的基本保障。资产管理的目标就是提升资产收益率，实现资产的保值、增值。发电企业是资金密集型企业，具有高投资、高资产、高资本运营等特点，因此资产管理在企业运营管理中占有较高比重。发电企业资产管理工作主要包括资产转固、资产监管、资产盘点、资产结构分析、两金占用管控、投资管控等。资产管理目前面临的问题主要表现在以下几个方面：资产转固不及时造成融资困难；不良资产变现处置不及时造成资金呆滞；资产结构不合理，造成资本成本增加；资产盘点监管落实不力，造成部分资流等。

资产管理工作精益化改善方向及主要内容，如图 2-9 所示。

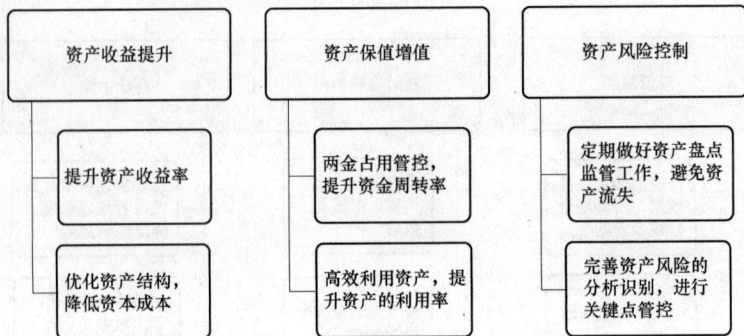

图 2-9　资产管理工作精益化改善方向及主要内容

第五节　财务精益管理的前期准备

为了顺利地推行精益管理，前期准备工作必不可少（如确立理念、培训宣导、资源准备），但最主要的是要建立精益管理推行组织机构和制订精益管理实践的保障机制。本节将对如何建立高效的组织机构和管理保障机制进行说明。

一、建立精益管理推行组织机构

古人云："事无专职，致生废弛，事无专责，致生推诿。"

任何一件事的成功推行都离不开一个强有力的组织结构和明确的组织分工。财务精益管理推进也是如此。因而建立专项推进组织是精益管理推行的第一步，更是精益管理实践成功的重要保障。那么如何建立精益管理推进组织呢？

首先，必须领导挂帅。

其次，必须指定一名有专业技术及管理能力的骨干作为执行组长。

再次，必须指定相关人员，以便于协同协作。

如有多级组织，尤其是集团化、集约化管控企业，各级均要成立相对应的组织机构，以便上通下达。其组织结构及主要职能可参考图 2-10 所示。

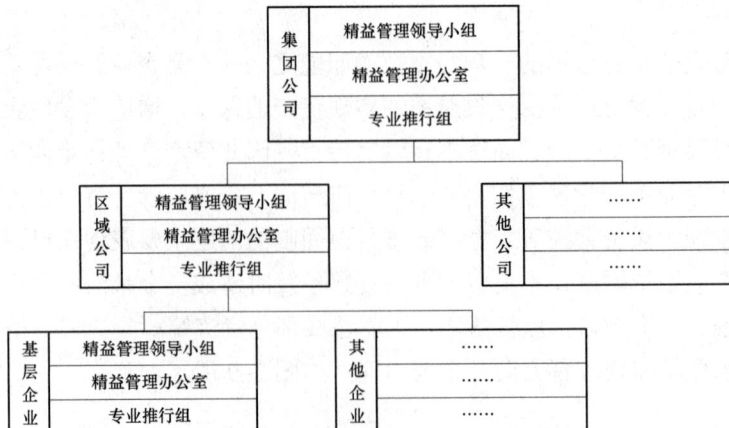

图 2-10　精益管理推进组织

二、制订精益化推进保障机制

精益管理的核心思想是消除浪费、创造价值、精益求精、持续改善。这就需要在管理过程中有的放矢地开展精益管理实践工作。例如：在成本费用管理上，从细节入手，对成本、费用的依据、原则、程序、核定等方面，识别并确定财务风险，从而制订或优化关键管控点及管控细则，确保以最合理合规的成本、费用开支，取得最大的效益。

首先，要纠正不求甚解的倾向，消除"差不多"思想。要求大家在工作中一定要学会精益管理的思想，精益管理的价值思维，并在管理实践的过程中，利用工具和方法，刨根问底，直至找到问题的根本原因，从而制订相应的改善措施，做到触类旁通，而不是把精益管理实践当成一个任务、一个或几个改善课题，做完了就算了。

其次，要解决推诿现象，拒绝托词和借口。要求员工正视自我工作中存在的缺陷，学会正视问题，该分析的就分析，该改善的就改善，该担责的就担责。做到出现问题先找主观原因，再找客观原因，最后还是要回到主观上去寻找破绽、漏洞、不足，将问题消除到萌芽状态。

精益管理在实践过程中一定会遇到很多困难，这是正常的。但因为困难或其他因素难以推行下去，其关键就在于缺乏一套切实可行的保障机制之上。所谓没有最好的管理，只有合适的有效的管理。只有建立精益管理的制度体系，才能进行有效的内部管控。而一套合适的、高效的内部控制管理机制是推行精益管理的基础和前提。

水电与新能源发电企业管理普遍存在的问题是：不缺思路，不缺措施，不缺制度，不缺规范，缺乏落实，原因是没有调动职工积极性、创造性。理论和实践证明，将管理要求与绩效管理相结合，是提高工作绩效、达成经营管理目的最重要的手段。因此，全面实施精益管理，必须要有精益管理的准则及相关管理办法。单位应编制精益管理手册并宣导培训，让员工能耳熟能详并能遵照执行。

每一家公司，每一家单位，每一个部门可以根据自身的发展特点和要求制订精益管理手册及改善考核激励管理办法。

第六节　财务精益管理的诊断

诊断是财务精益管理实践最重要的手段，合理的诊断方法和准确的诊断结果，是后续分析改善基石。本节将从诊断的目的、内容、结果依次展开，让大家了解如何从诊断入手找出问题的改善方向和改善突破点。

一、诊断目的

利用合适有效的工具和方法，搜集相关资料对某一对象或主体围绕某项标准或要求进行对比分析，并对结果进行评价。

二、诊断内容

1. 诊断对象

运用对标管理及经营管理要求，确定需要改善的主体，即诊断对象。例如：围绕全面预算管控，以三项费用管控为对象，进行全过程诊断。三项费用包括材料费、检修费及其他费用。

2. 诊断方法

诊断阶段可以运用的工具常用的有对标管理、头脑风暴、现状调查表等，此外还有调研问卷、价值流程图法、矩阵法等，以下就常用工具在诊断过程中的运用进行示例。

（1）对标管理。

1）对标管理的定义。对标管理是指企业以行业内或行业外的一流企业作为标杆，从各个方面与标杆企业进行比较、分析、判断，通过学习他人的先进经验来改善自身的不足，从而赶超标杆企业，不断追求优秀业绩的良性循环过程。所谓"对标"就是对比标杆或目标标准找差距。对标常用方式为对标、对表、对照，即"三对"。它又可分为：内部对标（指标或目标，常用）；竞争性对标（竞争对手的水准，常用）；行业或功能对标（行业标杆类水准，常用）；类属或程序对标（行业外标杆水准，比较少用）。

2）对标的应用。对标在诊断过程中的应用。例如为了分析费用状况找出差距，某集团对 2014 年风电企业单位容量固定运营成本进行对标分析，如图 2-11 所示。

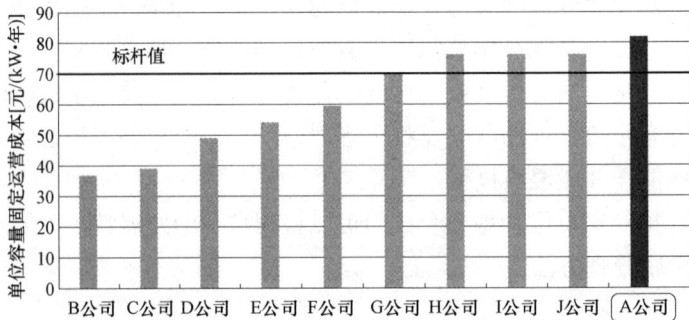

图 2-11　某集团 2014 年风电企业单位容量固定运营成本对标

从图 2-11 可以看出，该集团公司有四家公司超过了集团标杆值，因此这四家公司为了达成标准控制要求需要进行改善。

（2）头脑风暴。

1）头脑风暴的定义。头脑风暴又称智力激励法、BS 法、自由思考法，是由美国创造学家 A. F. 奥斯本于 1939 年首次提出、1953 年正式发表的一种激发性思维的方法。是为了消除权威或大多数人的一种惯性思维，从而保证群体决策的创造性，提高决策质量。头脑风暴法又可分为直接头脑风暴法（简称"头脑风暴法"）和质疑头脑风暴法（也称"反头脑风暴法"）。前者是在专家群体决策尽可能激发创造性，产生尽可能多的设想的方法；后者则是对前者提出的设想、方案逐一质疑，分析其现实可行性的方法。

2）头脑风暴的应用。头脑风暴的应用，一般与思维导图软件结合使用，如 Mind Map 应用软件。如在确定要改善主体方向或在选择改善课题时，都可以运用思维导图系统地分析出改善的重点。如财务精益管理过程中需要改善的问题，就可以通过对财务管理的职能模块分析，列出各职能模块的业务流程，对各业务流程环节可能出现问题或风险进行甄别，从而选出需要改善的环节。财务精益管理问题改善系统分析图，如图 2-12 所示。

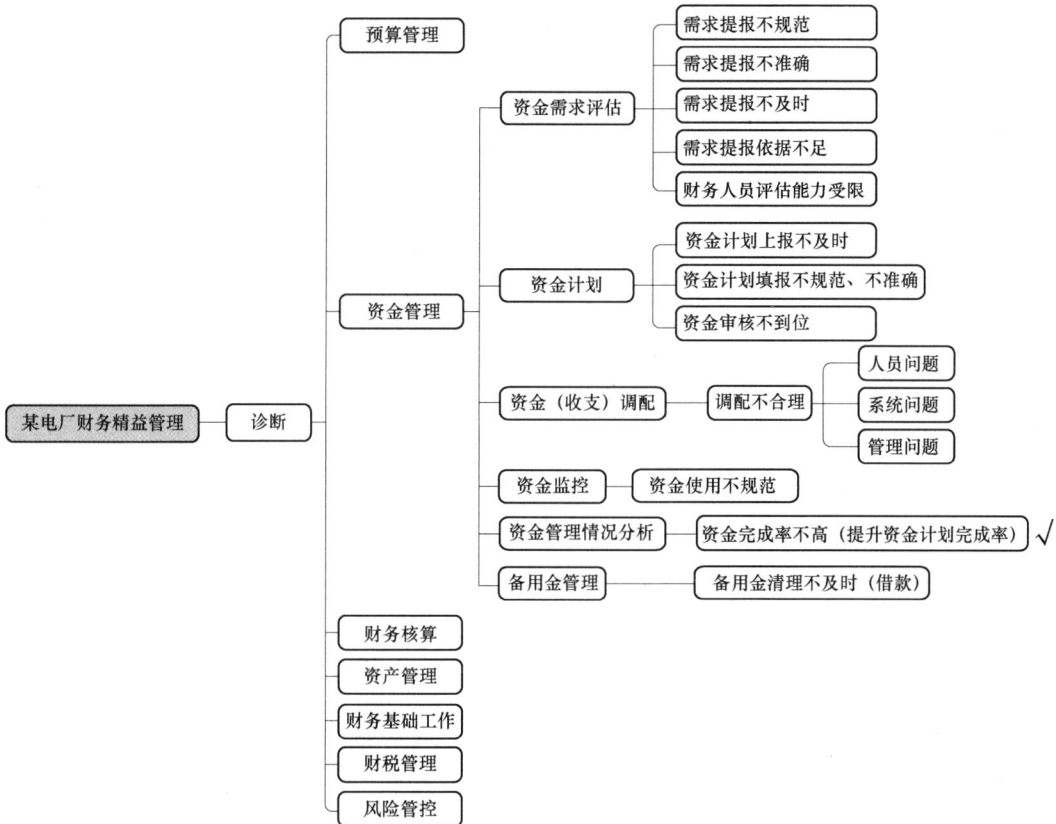

图 2-12　某电厂财务精益管理问题改善系统分析

图 2-12 利用思维导图软件对财务管理的各职能模块一一进行分析，依据集团管理需求，并结合自身存在的问题，选取资金支付风险管控作为改善的一项重要工作。为了确定改善的重要性和必要性，继续可利用头脑风暴工具进行分析表决，见表 2-1。

表 2-1　　　　　　　　　　　　　　改善的重要性和必要性

问题	急迫度	严重度	扩大趋势	分析决策
资金支付的风险	按集团要求资金计划刚性管理；资金使用必须按计划节点实施	工作重复；资金支付延误；工作效率降低	自 2016 年以来资金支付管理过程中多次发现支付信息错漏，审核不严等状况	综合考量确定《资金支付风险管控》作为改善课题
	√	√	√	

（3）现状调查表。现状调查表是一个分析统计工具，它包括访谈表，相关数据现状统

计图等。

1）访谈表。其包括访谈对象、访谈内容及问题提炼，它是诊断过程中应用较多的工具。对完成资金计划达成率的访谈调查表设计，见表 2-2。

表 2-2 完成资金计划达成率的访谈调查表

序号	访谈部门	访谈对象	访谈内容	问题汇总
1	检修部	王某	问：完成资金计划完成率是谁的责任？ 答：	
2	物资部	李某	问：完成资金计划完成率的关键点在哪儿？ 答：	
3	运行部	吴某	问：完成资金计划完成率的途径有哪些？ 答：	

2）相关数据现状统计图。其针对某一对象或主体实际发生的状况进行列表统计或图表分析，快速找出某一事物或问题的变化趋势及占比。

为了真实了解某基层单位资金计划完成率状况，对基层某公司在 2016 年 11 月至 2017 年 1 月月度资金计划完成差异状况进行统计分析，如图 2-13 所示。

由图 2-13 可以看出：资金计划类别金额差异较大的分别为检修、技改、职工薪酬三项，其占比分别为 32.75%、44.54%、22.15%，说明改善的重点要落在这三项上。

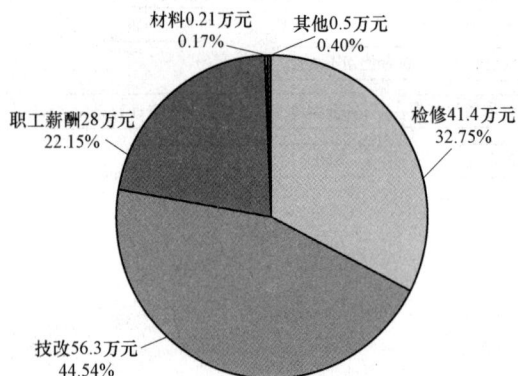

图 2-13　2016 年 11 月至 2017 年 5 月基层某公司
月度资金计划完成差异状况图

3. 诊断结果

诊断结果是对问题现状的把握，是运用相关的工具和方法，从大量的数据和事实中进行筛选甄别，并运用对标分析，对有差距的方面或问题进行概括总结，从而明确改善方向及改善突破点。例如某区域公司为加强下属内核水电单位现金流预算管理，要求月末货币资金余额控制在 10 万元以内，现对其中一个月的现金流量进行统计分析，见表 2-3、表 2-4。

表 2-3 现金流量的进行统计分析

项次	实 例 描 述	备 注 说 明
1	某电厂 2016 年 3 月第二周申请工程款 30 万元，实际支付为 2016 年 3 月第四周，闲置资金 30 万元二周	此笔工程款为合同签订 1 个月后支付（合同签订时间为 2016 年 3 月 4 日），此笔款可安排在下月支付，属于提前申请办理支付
2	某电厂 2016 年 3 月第一周申请养老保险 65 万元，实际支付为 2016 年 3 月第三周，闲置资金 65 万元二周	养老保险上缴截止时间为 20 日，资金申请一般为第三周，提前申请资金且审核不严
3	某建设公司 2016 年 3 月第二周申请材料款 500 万元，实际支付 356 万元，余额 144 万元于 2016 年 3 月 31 日上缴区域公司，闲置资金 144 万元三周	经办部门上报不合理，财务审核不严，出现重视月末余额控制，轻周余额控制

项次	实 例 描 述	备 注 说 明
4	某电厂2016年3月第二周申请合同款45万元，因ERP合同流程问题不能支付，45万元于2016年3月31日上缴区域公司，闲置资金45万元三周	未按ERP流程节点安排资金计划
5	某建设公司2016年3月第二周申请工程款32万，实际资金支付为材料款26万；2016年3月第四周申请材料款26万，实际资金支付为工程款32万元	周资金申请和周资金实际支付不一致，存在人为调剂使用现象
6	某建设公司2016年3月第三周申请基建工程款126万元，实际支付金额为26万元，余额100万元于2016年3月31日上缴区域公司，闲置资金100万元二周	周资金计划未严格执行内部审核流程

表 2-4　　　　　　　　　　现金流量周余额统计表　　　　　　　　　　万元

项目	1周	2周	3周	4周	5周	合计
每周期初余额	85	598	890	320	850	—
周流入	780	10 730	790	798	257	13 355
周流出	252	10 498	1320	520	745	13 335
完成率（周流入/周流出）	32.31%	97.84%	167.09%	65.16%	289.88%	99.85%
每周期末余额	598	890	320	850	105	—

通过以上分析，并结合内部管控标准，得到以下结论：资金计划申报随意性较大；资金计划执行不及时；资金计划审核不严；人为调剂使用资金；缺少关键环节督查。

三、诊断中容易出现的问题

（1）不会应用相关诊断工具，诊断结果以曾经的经验或拍脑袋形式得出。

（2）诊断内容与要改善的主题不符，导致改善方向出现偏差或未聚焦关键点。

（3）缺少对标管理思维，与公司的发展战略及经营管理目标不符。

第七节　财务精益管理的分析

分析是精益实践改善最关键的步骤环节。可以说改善的最终成效就取决于对问题深入分析的程度。未找到末端根本原因，那么在制订相应的改善对策时，就会出现治标不治本的情况，问题会重复发生，达不到改善的根本目的。

一、分析目的

以诊断结果为主要切入点，针对相关问题要素进行深度分析，利用合适的精益管理分析工具，如5W法、5M1E法等，直至找到问题的根本原因，为后续制订改善对策提供关键决策依据。

二、分析内容

1. 分析对象

只针对产生的问题及影响问题的要素进行分析，聚焦问题，以防止问题分析的扩大化。例如：围绕周现金流管控，从其管理流程上来考量，可以分别从事前计划、事中监控、事后分析三个层面展开，紧紧围绕现金流管控可能出现偏差的要素点进行分析，确保不偏题、不跑题。

2. 分析方法

分析阶段常用的精益管理工具有鱼骨图法、5W 法、因素控制分析法、经验总结法等。此外，还有流程图法、FMEA 法等。

（1）鱼骨图法。鱼骨图又称特性因素图。它是日本管理大师石川馨先生所发展出来的，故又称石川图。主要用于对问题的原因进行分析。

在做鱼骨图分析时，先要找出其特性结构。如对现金流管控异常进行鱼骨图要因分析，如图 2-14 所示。

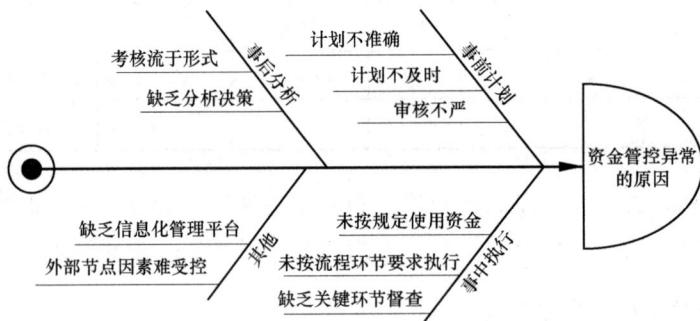

图 2-14 现金流管控异常进行鱼骨图要因分析

通过以上鱼骨图分析，按资金管控的不同阶段就能够比较容易找出影响资金管控异常的原因，其他项一般可以从技术手段及外部因素等进行展开。需要特别注意的是，一个鱼骨图中只能分析一个问题。

（2）5W 法。5W 一般用于对问题根本原因的分析。没有找到问题的根本原因，一切改善措施的制订，都只能治标，不能治本。如资金管控异常的一项原因是资金计划执行不准确不及时。如果只分析到这里，那么对策便是资金计划要准确、要及时。这就比较空，落不到实处。只有继续问：为什么执行不准确不及时？因为执行人员对业务不了解或不熟悉、标准要求不细化、缺乏监督指导，分析到这一层，制订出的对策就会比较具体有效，见表 2-5。

表 2-5 　　　　　　　　　　　资 金 管 控 异 常 分 析

问题	原因一	根本原因
资金管控异常	资金计划执行不准确不及时	标准要求不细化
		人员对业务不了解或不熟悉
		缺乏监督指导

（3）因素分析法。因素分析法是对产生的问题列出相关影响要素，再对要素内可能产生的影响原因进行深度分析，同时对问题的根本原因进行判断验证，以确定是否要因、是否可控、当前是否控制、是否有效等进行判断，从而确定关键要素的改善方向或改善突破点。

利用因素分析法来进行资金管控的要因分析，见表 2-6。

表 2-6 影响资金管控要因分析表

序号	问题	原因	根本原因	是否要因	是否可控	当前是否控制	是否有效	备注
1	资金计划填报不及时	各部门上报时间过于分散，填报时间观念不强	对资金计划时点相关制度缺乏理解	是	是	是	效果不佳	需要改善
2			未严格执行考核制度	是	是	是	效果不佳	需要改善
3	资金需求填报不规范，金额不准确	培训不足，对制度缺乏理解，经办人员业务技能需提升	缺少系统培训	是	是	是	效果不理想	需要改善
4			经办人员技能有待提高	是	是	是	效果不理想	需要改善

（4）经验总结法。经验总结法是利用已有的经验直接对曾经分析解决过的问题直接列出其影响原因，再直接应用思维导图进行概括提炼。如对资金风险的管控，可以先通过参照相关的经验，再进行分类总结。

1）资金投资风险。资金投资风险贯穿于项目立项、决策、建设等多个环节，形成资金投资风险的主要原因：一是因投资决策程序不符合规定，而财务人员在项目投资决策阶段参与较少，部分项目投产并运营后收益率达不到预期水平；二是部分企业对投资时现金流量考虑不充分，超承受能力安排增加投资；三是对超概算或无投资计划的项目进行资金支付等。

2）资金支付内控管理风险。部分发电企业在资金支付内控风险防范上仍存在一些问题，产生的主要原因为企业资金支付内控管理制度的不健全，具体表现在：资金支付决策程序不合规、支付权限设置不合理、支付审批流程的不规范等。

3）融资结构风险。为了降低资金成本，部分发电企业会尽可能压缩长期贷款比例，"短贷长用"以短期资金来弥补非流动资产的资金需求，资金结构和资产结构不匹配，从长期来看，资金管理模式是激进的，在金融紧缩的环境下，企业将面临较大的财务风险。

4）资金链断裂风险。现金流量是一个企业的"血液"，经营性净现金流量是否大于零，是判断企业偿债能力以及资金链安全与否的重要指标。如发电企业还款来源与折旧资金不匹配，或者出现经营持续亏损，在经营性净现金流量小于零时未及时预警，并配套制定应急融资预案，都将导致资金链断裂、经营出现风险。

利用思维导图工具，对资金风险分析原因归纳总结，如图 2-15 所示。

3. 分析结果运用

分析出来的结果主要用来制订改善对策和具体行动计划。见本章第八节"财务精益管理的改善"。

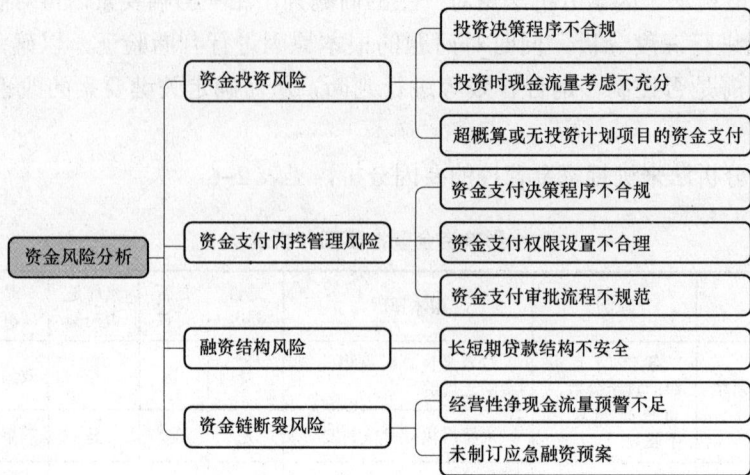

图 2-15　资金风险分析原因

三、分析过程中易出现的问题

（1）利用鱼骨图进行因果分析时对要素结构及原因分辨不清，容易出现原因遗漏。

（2）在分析根本原因时易出现发散现象，因此团队内一定要有类似督导师经验丰富的人员进行把控。

（3）分析原因没有找到问题的根本原因就结束了，导致后续制订改善措施时比较牵强或者效果不佳。

第八节　财务精益管理的改善

改善是精益管理实践最核心步骤环节。它主要包括：

（1）针对问题产生的原因制订改善对策和措施。

（2）利用 5W2H 及 6 问等方法制订具体的行动计划。

（3）依照具体的行动计划展开改善并验证改善效果。

（4）定期召开改善例会进行分析讨论，修订改善对策。

（5）在取得改善效果的同时，固化相关改善施或制订相关规定。

可以说，没有改善就没有创新。改善创新是企业提升运营效率、提高工作品质、强化安全保障、降低费用成本、振奋员工士气、提升企业形象的重要源泉。

一、改善目的

找到差距，制订目标，并通过对改善对象进行改善，以缩小差距，达到或超过目标标准。具体的路径：确定改善对象→围绕根本原因分析→逐项制定改善措施和计划→改善实施→验证再改善，最终实现精益改善的目标。

二、改善内容

1. 改善对象

通过对分析过程中得出的结果，明确需要改善的因素和控制点即为改善对象。改善对象包含以下内容：工作标准、制度的建立与优化；组织架构及工作职责的梳理与优化；流程及流程环节的优化；人员培训与能力提升；技术防呆及标准化应用；平台建设等。

2. 改善措施

改善措施就是针对问题产生的根本原因，制订相应的措施对策，以消除及防止问题的再发。

财务参与基建期过程管控，来降低投资成本及风险。通过分析根本原因后，逐项制订相关改善对策，并利用5W2H的方法制订具体的行动计划，见表2-7。

表2-7　　　　　　　　　　　　　　改善措施及行动计划

序号	根本原因	改善对策	责任单位	计划完成时间
1	《基建财务管理标准》中未对财务参与基建项目前期测算、审核相关工作有明确规定	在标准中增加财务参与基建项目前期测算及可研审核的工作流程	财务部	2015年12月
2	财务未开展内部投资风险测算	严格依据标准规定进行前期的投资风险测算	财务部	新投项目可研报告出具前
3	合同内容中包含合同付款内容、但执行过程中未准确统计；未包含概算内容，缺失投资过程的有效监督	合同台账内容中增加概算内容，同时登记合同台账时数据准确及时	财务部	2015年12月

3. 改善实践

改善实践就是依据问题产生的原因，制订改善对策及具体的行动计划，利用精益管理改善的工具和方法，边实施边验证，边分析边总结，以确保改善目标达成。

为了便于阅读及参考学习借鉴及索引，结合财务管理的相关管理职能，拟定了几个改善课题。以下进行简要说明：

（1）筹融资管理。项目全生命周期融资筹划在发电企业尚未引起高度重视，中长期融资结构占比偏大，融资成本偏高。项目转经营后带息负债规模较高，资金未得到有效利用，造成财务费用偏高。通过优化融资结构，减少财务费用，提升企业盈利能力，创造企业价值最大化。

（2）资金管理。现代化企业高度重视资金和现金流量管理各项工作，不断完善资金管理制度，加强资金管理体制、机制建设。针对企业存在资金闲置、日均占用偏高的问题，这在一定程度上导致了资金浪费，不符合资金精益管理的要求。同时中国华电集团公司要求，加强资金管控，实现资金的有效利用，提升资金周转率，确保企业正常运营。

（3）周现金流预算管控。依据财务集团化管控特点，基层单位执行资金计划刚性管控要求，充分发挥财务集团化管控优势。

（4）三项成本费用控制。结合中国华电集团公司"提质增效，增收节支的年度工作主题及强基固本、深挖潜力，降低三项费用的要求。

（5）投资管理与过程监控。财务人员应全过程参与项目的立项、决策及投资过程。一是立项、决策阶段应科学建立投资决策模型，从实际出发，设置利率、折旧率及现金流量等边界决策条件，确保决策模型能科学、合理预测项目盈利能力；二是投资决策要量入而出，要以现金流量预算管控为抓手，有效避免超资金承受能力的投资；三是资金计划强调执行刚性，避免发生超预算、超计划资金支付现象，有效降低资金投资风险。

三、改善的工具和方法

改善的工具和方法有很多，但常用的工具和方法主要有 ECRS 法、6 问法、5W2H 法等，此外还有流程图法、风险控制矩阵法、防呆法等。

（1）ECRS 法。主要用于流程环节改善，减少流程周期，提高流程效率，如图 2-16所示。

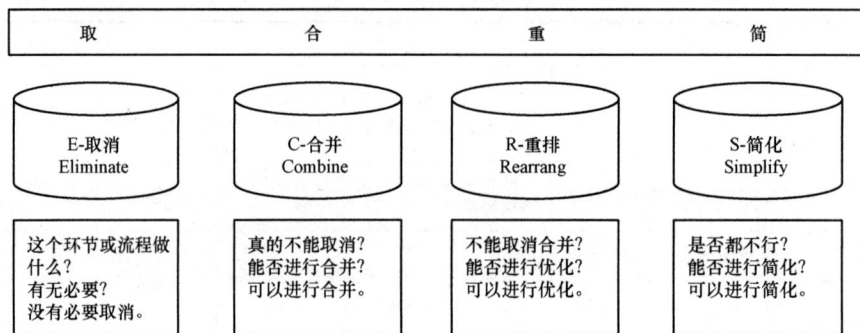

取	合	重	简
E-取消 Eliminate	C-合并 Combine	R-重排 Rearrang	S-简化 Simplify
这个环节或流程做什么？有无必要？没有必要取消。	真的不能取消？能否进行合并？可以进行合并。	不能取消合并？能否进行优化？可以进行优化。	是否都不行？能否进行简化？可以进行简化。

图 2-16　ECRS 法

（2）六问法。主要与 5W 法合并使用，帮助快速找出问题的根本原因从而制订最有效的改善对策，在后续改善课题中，将会展现该工具的应用，如图 2-17 所示。

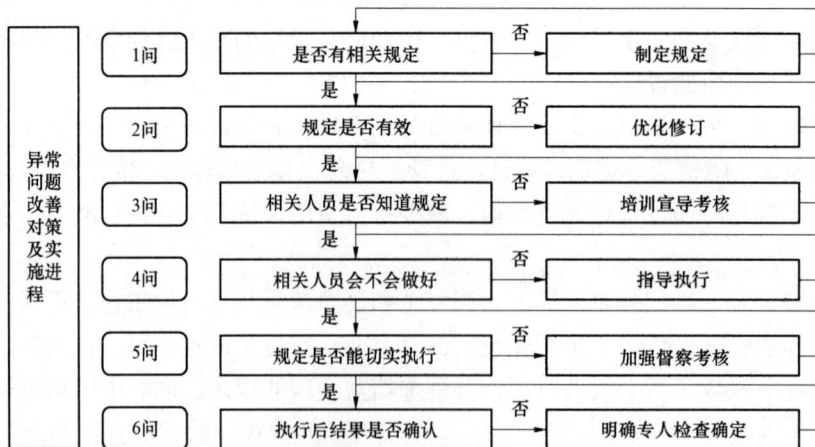

异常问题改善对策及实施进程

		否	
1问	是否有相关规定	→	制定规定
	是	否	
2问	规定是否有效	→	优化修订
	是	否	
3问	相关人员是否知道规定	→	培训宣导考核
	是	否	
4问	相关人员会不会做好	→	指导执行
	是	否	
5问	规定是否能切实执行	→	加强督察考核
	是	否	
6问	执行后结果是否确认	→	明确专人检查确定

图 2-17　六问法

（3）5W2H 法。既可用于现状问题分析，也可用于对策实施及行动计划的制订。关键

536

要素为什么人在何时完成哪项工作。5W2H 法如图 2-18 所示。

	类型	5W2H	说　明	对　策
5W	What　主题	做什么?	要做的是什么? 该项任务能取消吗?	取消不必要的任务
	Why　目的	为什么做?	为什么这项任务是必须的? 澄清目的	
	Where　位置	在何处做?	在哪儿做这项工作? 必须在那儿做吗?	
	When　顺序	何时做?	什么时间是做这项工作的最佳时间? 必须在那个时间做吗?	改变顺序或组合
	Who　人员	谁来做?	谁来做这项工作? 应该让别人做吗? 为什么是我来做这项工作?	
2H	How　方法	怎么做?	如何做这项工作? 这是最好的方法吗? 还有其他的方法吗?	简化任务
	How much　成本	花费多少?	现在的花费是多少? 改进后将花费多少?	选择一种改进方法

图 2-18　5W2H 法

为了降低固定运营成本，先后利用 5W 法、6 问法及 5W2H 法，对影响运营成本的原因进行分析，找出根本原因，并制订出具体的行动措施及行动计划，见表 2-8。

表 2-8　　　　　　　　　　　　影响运营成本的原因分析

序号	根本原因	改善对策	责任单位	计划完成时间
1	公司确定固定运营成本年度预控目标时方法单一	运用对标管理的方法，通过与集团标杆值的对标数据进行分析确定合理的公司年度单位容量固定运营成本控制目标	财务部	2016 年 2 月
2	材料费、修理费分解时公司预控目标确定不合理	运用对标管理的方法，通过与集团标杆值、公司历年完成情况最优值进行对标分析确定合理的公司年度材料费、管理费控制目标	财务部	2016 年 2 月
3	材料费、修理费分解至班组时使用方法不科学	将材料费、修理费指标运用定额管理方法分解至班组	生技部	2016 年 2 月
4	管理费分解下达指标运用对比上年度完成情况进行分解的方法不科学	运用对标管理的方法，通过与集团标杆值、公司历年完成情况最优值进行对标分析将管理费合理的分解至各费用归口管理部门	财务部	2016 年 2 月
5	经济活动分析会分析指标的方法单一	在经济活动分析会材料中进一步完善各类对标数据，形成有效的监督过程	财务部	2015 年 12 月

四、改善过程中容易出现的问题

（1）未找到根本原因便想当然的制订改善对策及措施。

（2）只提出改善对策，缺乏具体的行动计划，直接跳跃到成果，缺乏过程改善。

（3）改善了很多东西，但与主题不搭架，缺乏逻辑性。

第九节　财务精益管理的标准化

标准化是持续改进的基础。标准化是企业内部制订相关术语、原则、方法，以及程序的一个动态过程。很多人以为，标准就是成文的制度、规范，其实远远不够。标准的背后是共同的语言、共同的原则、同样的方法、同样的过程，只有一大堆文本堆砌的标准，将是一纸空文，不会得到组织的认同和遵守。标准不应该由管理者设计出来，然后让执行者遵守，它应该是管理实践的成果，是行之有效的。

一、标准化目的

对改善成果进行经验总结，并结合改善过程对相关管理制度、工作流程以及组织架构体系等进行修订与完善，以指导同类工作的精益改善。

（1）标准化是管理成果的积累。它遵循 PDCA 的原则，将经过检验的实践成果固化，促进组织的共同学习和进步。

（2）标准化是一个过程，而非一个结果。它不是束缚我们前进的障碍，而是改进的基石，可以帮助我们获得必要的稳定和一致。

二、标准化内容

（1）改善成果经验汇编。企业对改善过程中的工具、方法、内容等进行经验总结，并整理形成优秀实践案例。本篇围绕融资、资金管控、预算、基建内容，分别整理形成"优化融资结构、降低融资成本""加强现金流量管控、实现资金价值最大化""提升基层单位资金计划完成率""强化预算过程的对标管控，降低三项费用""参与基建期过程控制，提升项目收益率"以及"通过基建期资金的合理筹划，降低投资成本"六大实践案例，为财务精益管理课题的后续延伸拓展提供参考。

（2）改善过程标准化。企业对财务精益改善过程中涉及的管理机制、工作流程、管理制度以及风险管控等进行修订和完善，将实践过程记录在标准化文件中，以便更高效地指导和规范财务管理各项工作。如：管理机制方面，构建财务管理界面，将区域公司及所属企业在财务管理工作中的权责划分列入标准；构建现金流量要素管控体系，明确职责分工，并通过现金流量要素管控标准的制定，加强现金流量的过程管控；工作流程方面，对年度、月度财务管理流程进行梳理和完善；管理制度方面，对现行财务管理办法、财务管理岗位标准等予以修订和完善；风险管控方面，通过加强现金流量预算管控，构建经营性净现金流小于零预警机制，有效防范资金链断裂风险，完善资金管理办法中关于资金支付审批、权限设置以及流程规范等内容，有效防范资金支付风险。

（3）过程文件共享。就财务精益管理实践过程及标准化文件实施全员培训，企业可对照实践案例及标准化内容，对自身财务管理进行改进和完善，快速而精准地解决财务管理相关问题，达到财务精益管理相关目的；企业内部也可以通过学习，将实践案例中运用到的精益管理工作思路、方法、流程等用于指导财务管理以外的其他管理工作，使精益管理得以拓展和延伸。

（4）成果持续跟踪。企业对财务管理实践案例取得的成果进行动态跟踪，发现问题及时修正，最终达到管理固化的目标。

三、标准化的工具

财务标准化常用工具有：

（1）标准化作业流程。如费用报销流程、预算编制流程等。

（2）流程管理细则。如资金计划提报管理办法、三项费用控制管理细则等。

（3）规范性表单。如成本科目分类及构成要素等。

（4）标准管理模型。如固定资产投资决策模型；盈亏平衡模型等。

（5）智能化信息化软件平台。如 ERP 系统等。

（6）风险技术防错。如资金支付风险控制矩阵等。

四、描述标准化时容易出现的问题

（1）对标准化的表现形式不太了解，描述不出标准化内容。

（2）只看重改善结果，忽略固化的作用，导致同样的问题重复发生。

（3）标准化的东西太多，没有及时优化，同一件事情或工作有多个要求或标准，不知道应该执行哪一个。

第十节　财务精益管理的持续改善

精益管理鼻祖丰田公司提出了"改善永无止境""没有最好，只有更好"的理念，这便是精益管理的精髓。精益管理的最终目的就是将精益管理的理念、工具、方法融入企业的文化中，形成企业可传承的 DNA 基因。因此，精益管理实践，要遵循"积跬步至千里""积细流至江海"的思想，步步为营，持续推动课题改善，以点带面真正做到以改促变，以变促进。同时持续改善不是一句口号，需要有相关机制来保障，而将精益管理融入日常管理中，并作为一项重要绩效考核指标，已被实践证明是最有效手段。

第三章

水电与新能源发电企业财务精益管理实践

第一节 优化融资结构，降低融资成本

降低负债规模和优化融资结构是压缩财务费用，提高企业盈利水平的重要途径，本案例重点描述该子课题在集团某区域公司的实践管理过程。

【案例3-1】 优化融资结构，降低融资成本

（一）案例背景简介

1. 实施背景

随着电力行业市场化进程进一步深入，企业的盈利能力是立足市场的根本，提升盈利能力的关键就在于如何去控制成本。而成本中财务费用占比较高，因此降低财务费用是降低成本最有效的途径。

企业融资成本是由有息负债融资结构、各类融资利率决定。中长期贷款结构，既是影响融资成本的主要原因之一，又是融资风险控制的主要指标之一。选择合适的融资工具，提高企业资信和谈判能力，争取财务费用最低。

2. 实施思路

某区域公司引入精益管理理念，通过负债规模的压降、融资结构的优化和最佳利率争取，实现降低财务费用的改善目标。

（二）现状诊断

1. 诊断内容

某区域公司统计 2015 年营业总成本明细，见表 3-1。

表 3-1　　　　　　　　　某区域公司 2015 年营业总成本明细表

项　目	成本及占比	
	金额（万元）	占比（%）
水费	48 719	9.46
材料费	3866	0.75

项　　目	成本及占比	
	金额（万元）	占比（%）
职工薪酬	39 367	7.64
折旧费	172 305	33.46
修理费	12 475	2.42
其他费用	21 865	4.25
税金及附加	14 401	2.80
财务费用—利息支出	200 197	38.87
财务费用—其他支出	777	0.15
资产减值损失	1065	0.21
营业总成本	515 035	100.00

该区域公司营业总成本为 515 035 万元，其中财务费用中的利息支出 200 197 万元，占比 38.87%，为最高。从表 3-2 可看出，该区域 2015 年长期借款的财务费用 127 819 万元占全部财务费用的 60.89%，融资成本 5.74%；短期借款财务费用 33 093 万元，财务费用占比 19.24%，融资成本 4.70%。

表 3-2　　　　　　　　　　　　某区域公司 2015 年融资结构

融资种类		带息负债余额（万元）	综合融资成本（%）	财务费用（万元）	占比（%）
银行借款	1 年期及以下	704 100	4.70	33 093	19.24
	5 年以上	2 227 967	5.74	127 819	60.89
融资租赁		207 000	5.15	10 661	5.66
债券资金		450 000	5.56	25 020	12.30
信托资金		70 000	5.15	3605	1.91
合计		3 659 067	5.47	200 197	100.00

2. 结论

通过以上调查统计得出以下结论：

（1）财务费用偏高，占该区域公司总营业成本的 38.87%。

（2）融资结构有优化空间。

3. 改善目标

通过以上分析，根据该区域 2016 年度筹资方案预测，制订以下改善目标：

（1）调整带息负债结构，财务费用降低 15%（含 2015 年中央银行利息下调影响因素）。

（2）综合融资成本率降低 0.8% 以上。

（3）通过压缩财务费用，提高盈利水平。

（三）原因分析

为了达成改善目标，对财务费用偏高的原因进行分析，见表3-3。

表3-3　　　　　　　　　　影响财务费用管控要因分析表

序号	问题	影响因素	原因	根本原因	是否要因	是否可控	当有无控制	是否有效	备注
1	财务费用偏高	外部环境	金融市场变化	利率调整	是	不可控	—	—	
2		内部环境	融资现状分析	建设初期无现金流入，贷款周期长、利率高	是	是	有	不理想	需要改善
3				带息负债规模较高	是	是	有	不理想	需要改善
4				融资结构不合理	是	是	有	不理想	需要改善
5				融资方式单一	是	是	有	不理想	需要改善
6				议价能力不足	是	是	有	不理想	需要改善
7				对政策了解不及时	是	是	有	不理想	需要改善
8				人员专业水平不足	是	是	有	不理想	需要改善

（四）实施改善

1. 改善措施

针对以上根本原因的分析，制订相应的改善措施及具体行动计划表，见表3-4。

表3-4　　　　　　　　影响资金财务费用偏高要因改善措施及具体行动计划表

项次	根本原因	改善对策及措施	责任单位	责任人	计划完成时间
1	利率调整	及时了解金融政策及利率变化，及时跟踪调整利率，确保利益最大化	区域公司	资金管理岗	实时
2	建设初期无现金流入，贷款周期长、利率高	近年经营业绩情况分析和财务状况和经营成果，进行长短期贷款置换	区域公司	资金管理岗	2016年12月31日
3	带息负债规模较高	近年来盈利能力分析及偿债能力分析，适度的利用富余资金提前归还贷款	区域公司	资金管理岗	2016年12月31日
4	融资结构不合理	依据自身发展状况选择最佳的融资结构	区域公司	资金管理岗	2016年12月31日
5	融资方式单一	根据自身发展需求，分析决策有利于企业的融资方式	区域公司	资金管理岗	正在筹划，本次不予改善
6	议价能力不足	依据企业信用等级的提升，与金融机构沟通谈判，争取优惠的条件及服务	区域公司	资金管理岗	2016年12月31日

项次	根本原因	改善对策及措施	责任单位	责任人	计划完成时间
7	对政策了解不及时	建立财务相关的政策法规信息文档库，并及时更新	区域公司	资金管理岗	及时
8	人员专业水平不足	定期培训	区域公司	资金管理岗	每季至少一次

2. 改善实施亮点

某区域公司统计 2016 年营业总成本明细及融资结构，见表 3-5、表 3-6。

表 3-5　　　　　　　　　　某区域公司 2016 年营业总成本明细表

项　　目	成本及占比		项　　目	成本及占比	
	金额（万元）	占比（%）		金额（万元）	占比（%）
水费	46 447	9.93	税金及附加	13 029	2.78
材料费	1877	0.4	财务费用——利息支出	164 983	35.27
职工薪酬	44 103	9.43	财务费用——其他支出	1019	0.22
折旧费	172 038	36.77	资产减值损失	164	0.03
修理费	10 431	2.23	营业总成本	467 825	100.00
其他费用	13 736	2.94			

表 3-6　　　　　　　　　　　某区域公司 2016 年融资结构

融资种类		带息负债余额（万元）	综合融资成本（%）	财务费用（万元）	占比（%）
银行借款	1 年期及以下	796 600	3.915	31 187	22.19
	5 年以上	2 082 120	4.681	97 457	58.00
融资租赁		191 000	4.13	7888	5.32
债券资金		450 000	5.56	25 020	12.54
信托资金		70 000	4.90	3430	1.95
合计		3 589 720	4.596	164 983	100.00

从表 3-5、表 3-6 中可以看出财务费占比很高，结合公司目标成本管理要求得出以下三点：

（1）调整带息负债结构，财务费用降低了 17.59%（含 2015 年央行利息下调影响因素）。

（2）综合融资成本率降低 0.88%。

（3）财务费用节约 35 214 万元。

为确保相关改善过程得到落实固化，分别对公司近年经营情况、资产负债情况、损益及利润分配情况、盈利能力、偿债能力等进行分析对比；对金融战略合作伙伴登记台账进行管理；对公司年度资金预算和月度（或某时点）资金执行情况进行分析和跟踪偏差管理，根据实际情况进行适时调整，努力达到财务费用最优，部分表样见表 3-7～表 3-9。

表 3-7 金融战略合作伙伴评价表

序号	金融机构名称	类型	等级（总、分行、支行）	政策及优惠条件	是否为长期合作伙伴	融资类型	预测资金	备注

表 3-8 年度资金预测分析表 万元

××年资金筹融资		金额	备 注
一	净现金流入		
1	年初现金及现金等价物		
1-1	银行存款余额		
1-2	银行承兑汇票余额		
2	经营活动净现金流入		
2-1	净利润		
2-2	年度折旧		
2-3	减：经营活动取得的承兑汇票		
二	资金使用预算合计		
3-1	其中：年度合同归还借款		
3-2	年度提前归还借款		
3-3	年度基建更改计划合计		
⋮	……		
三	预计××年末资金节余		
4-1	银行存款余额		
4-2	银行承兑汇票余额		
四	××年度筹融资计划		
5-1	银行承兑汇票贴现		
5-2	银行融资或直接融资		
	其中：短期融资展期		
	直接融资		
	银行融资		

表 3–9　　　　　　　　　　　　××公司现金流入流出时点预测表

【运作时段】××××年1月1日至××××年×月×日　　　　　　　　编制时间：　　年　　月　　日　　　　　　万元

序号	日　　期	业务摘要	资金流入	资金流出	可使用余额
		××××年1月初账户余额			
1	1月4日	委贷支出			
2	1月6日	增值税返还			
3	1月7日	本部零星费用			
4	1月8日	银行承兑汇票托收			
5	1月13日	下拨各单位生产经费			
6	1月13日	本部人工成本			
7	1月13日	银行承兑汇票托收			
8	1月13日	付融资租赁利息			
9	1月15日	支付税费等			
10	1月15日	电费收入			
11	1月15日	循环贷归还			
12	1月15日	流贷到期置换			
13	1月18日	银行承兑汇票托收			
14	1月18日	提前归还银行贷款（××银行）			
…		……			

（五）成果

通过以上改善对策及措施的实施，取得成果如图3–1、图3–2所示。

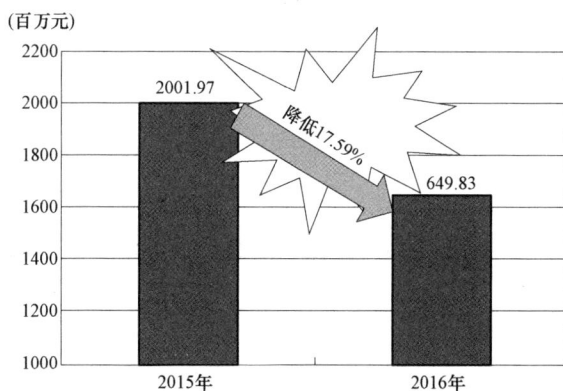

图 3–1　财务费用改善前后对比

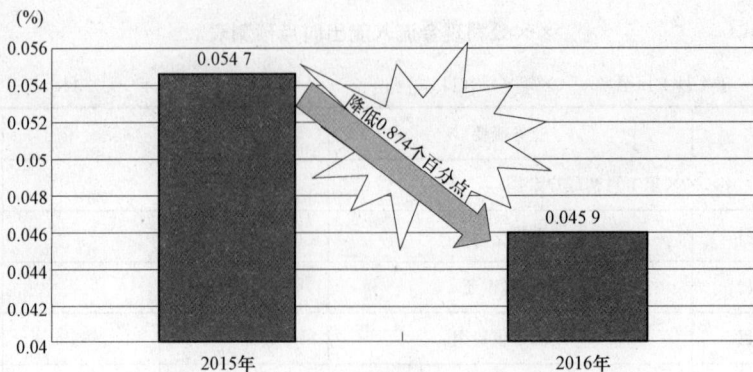

图 3-2　综合融资成本率改善前后对比

（1）带息负债规模下降 1.9 个百分点，提前归还贷款 113 600 万元，节约财务费用 5600 万元。

（2）长短期贷款置换，长期借款占比降低了 2.89 个百分点，节约财务费用 2800 万元。

（3）争取长期借款 86 000 万元基准利率调整下降 5%，节约财务费用 83 万元。

（4）2015 年中央银行 5 次利率下调影响 1.25 个百分点，2016 年度节约财务费用 26 700 万元。

从以上可以看出，达成并超过了预期改善目标。

（六）标准化

该区域公司结合实践过程，对现行资金管理相关制度进行完善。对《财务管理资金岗位工作标准》《债务融资管理办法》相关条款进行补充：

（1）资金管理岗位职责中新增"财务相关的政策法规信息文档库管理职责"。

（2）制订了《金融战略合作伙伴评价表》《年度资金预测分析》《现金流入流出时点预测表》。

【案例思考】

（1）在进行融资战略选择时，要根据最优资本结构的要求，合理权衡负债融资比率，对资金流出的关键节点重点关注且有多个可备选方案，确保资金链安全及刚性支出。

（2）合理优化融资结构，在风险可控下努力降低资金成本，创造公司内在价值最大化。

<本案例由贵州乌江水电开发有限责任公司提供>

第二节　加强现金流量管控，提升资金利用率

加强资金存量的管控可以从周现金流量管控入手，通过对现金流量的组成进行细分管控，充分发挥区域公司资金的创效能力，实现资金价值最大化。本案例将重点描述该子课题在中国华电集团公司某区域公司的精益管理实践过程。

【案例3-2】 加强现金流量管控，提升资金利用率

（一）案例背景简介

1. 实施背景

现金流量预算不准确导致现金收支不匹配，企业冗余资金过大，对企业来说是种浪费，会增加财务费用支出，降低流动资产周转。为提高资金使用效率，集团某区域公司选择从内核单位的现金流量预算管控入手，实践降低平均货币资金占用的过程。

某区域公司内核单位共计 11 家，其中 4 家建设公司、7 家电厂，电厂电费收入由区域公司统一收取，内核单位资金执行拨付制管理模式，在月度资金计划范围内，根据实际周资金需求上报周资金计划，区域公司审批后每周下拨资金，各内核单位按审批后周资金计划执行，月度资金计划执行差异率为±2%，月末货币资金余额控制在 10 万元以内。

2. 实施思路

某区域公司引入精益管理理念，消除浪费，通过强化现金流量管控，合理控制内核单位资金占用额，提升资金使用效率及降低财务费用的改善目标。

（二）现状诊断

1. 诊断内容

通过表 3-10 可以看出，在 2016 年 3 月第 1、第 2、第 3、第 4 周资金余额偏大，超过 110 万元的控制标准（控制标准=10 万元/每单位×11 家单位=110 万元）。

表 3-10　某区域公司内核单位（11 家）2016 年 3 月各周货币资金执行情况统计表　　　万元

项目	1 周	2 周	3 周	4 周	5 周	合　计
每周期初余额	85	598	890	320	850	—
周流入	780	10 730	790	798	257	13 355
周流出	252	10 498	1320	520	745	13 335
完成率（周流出/周流入）	32.31%	97.84%	167.09%	65.16%	289.88%	99.85%
差异率	67.69%	2.16%	−67.09%	34.84%	189.88%	72.33%（绝对平均差异率）
每周期末余额	598	890	320	850	105	—

注　表中的周流入是内核单位收到该区域公司按周资金计划下拨的资金；周流出是指内核单位根据周资金计划执行的实际支出。

2. 诊断分析

通过表 3-11 分析，影响资金偏差的主要问题是：未履行完毕合同签订手续而提前申请工程款；社保资金未达到付款条件而提前申请；因业务部门重视程度不够，材料款预算偏差大；人为调剂资金；申请资金计划未严格执行审核流程。

表 3–11 周资金计划与执行异常汇总

项次	实 例 描 述	备 注 说 明
1	某电厂 2016 年 3 月第二周申请工程款 30 万元，实际支付为 2016 年 3 月第四周，闲置资金 30 万元二周	此笔工程款为合同签订 1 个月后支付（合同签订时间为 2016 年 3 月 4 日），此笔款可安排在下月支付。属于提前申请办理支付
2	某电厂 2016 年 3 月第一周申请养老保险 65 万元，实际支付为 2016 年 3 月第三周，闲置资金 65 万元二周	养老保险上缴截止时间为 20 日，资金申请一般为第三周。提前申请资金且审核不严
3	某建设公司 2016 年 3 月第二周申请材料款 500 万元，实际支付 356 万元，余额 144 万元于 2016 年 3 月 31 日上缴区域公司，闲置资金 144 万元三周	经办部门上报不合理。出现重视月末余额控制，轻周余额控制
4	某电厂 2016 年 3 月第二周申请合同款 45 万元，因 ERP 合同流程问题不能支付，45 万元于 2016 年 3 月 31 日上缴区域公司，闲置资金 45 万元三周	未按 ERP 流程节点安排资金计划
5	某建设公司 2016 年 3 月第二周申请工程款 32 万，实际资金支付为材料款 26 万；2016 年 3 月第四周申请材料款 26 万，实际资金支付为工程款 32 万元	周资金申请和周资金实际支付不一致，存在人为调节现象
6	某建设公司 2016 年 3 月第三周申请基建工程款 126 万元，实际支付金额为 26 万元，余额 100 万元于 2016 年 3 月 31 日上缴区域公司，闲置资金 100 万元二周	周资金计划未严格执行审核流程

3. 改善目标

通过以上分析并结合区域公司资金管理规定，制定以下改善目标：

（1）周资金余额各单位控制在 10 万元内，11 家单位合计控制在 110 万元以内。

（2）周资金计划执行差异率为 ±2%。

（3）通过改善，提高流动资产周转率，实现资金价值最大化。

（三）原因分析

为了达到计划改善目标，针对以上问题利用鱼骨图对产生的原因进行分析，确定重点改善方向，如图 3-3 所示。

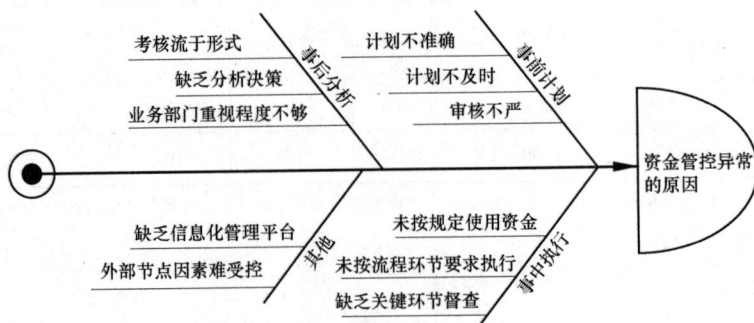

图 3-3 资金管控异常的原因分析图

根据图 3-3 的分析，对影响资金管控的要因进行了分析，见表 3-12。

表 3–12   影响资金管控要因分析表

序号	要素及原因	根本原因	是否要因	是否可控	当前有无控制	是否有效	备注
1	资金计划执行不准确、不及时	业务部门重视程度不够，资金管理人员业务不熟悉	是	是	有	效果不明显	需要改善
		标准不细化	是	是	有	效果不理想	需要改善
		缺乏督查指导	是	是	有	效果不明显	需要改善
2	资金计划审核不严	对节点、标准不熟悉	是	是	有	效果不明显	需要改善
3	未按规定使用资金	对规定不了解，激励考核力度不够	是	是	有	效果不理想	需要改善
4	缺少关键环节督查	监察力度不够	是	是	有	效果不理想	需要改善

（四）实施改善

1. 改善措施

针对以上根本原因的分析，制订相应的改善措施及具体的行动计划表，见表 3–13。

表 3–13   影响资金管控要因改善及具体行动计划表

项次	根本原因	改善对策或措施	责任单位	责任人	支持与配合	计划完成时间
1	业务部门重视程度不够，资金管理人员业务不熟悉	该区域公司对内核单位资金管理人员进行培训，考试合格后上岗。加强对业务部门的宣贯	该区域公司	财务管理部资金管理岗	各内核单位	2016 年 5 月 30 日
2	标准不细化	对资金管理制度进行完善补充	该区域公司	财务管理部资金管理岗	各内核单位	2016 年 4 月 30 日
3	缺乏督查指导	不定期抽查	该区域公司	财务管理部资金管理岗	各内核单位	每年至少一次
4	对节点、标准不熟悉	明确岗位职责，并列入绩效考核	该区域公司	财务管理部资金管理岗	各内核单位	每年至少一次
5	对规定不了解，激励考核力度不够	制度培训且考试合格	该区域公司	财务管理部资金管理岗	各内核单位	每季度一次
6	监察力度不够	增加监察次数	该区域公司	财务管理部资金管理岗	各内核单位	一年至少两次

2. 改善实施亮点

按照以上要因改善措施及具体行动计划表，关键点的改善措施及亮点如下：

某区域公司每周货币资金余额及执行情况，见表 3–14 及图 3–4。

表 3–14   某区域公司内核单位 2016 年 6 月每周货币资金执行情况统计表   万元

项　　目	1 周	2 周	3 周	4 周	5 周	合　　计
每周期初余额	48	48	58	79	65	—
周流入	0	560	9724	798	1757	12 839

项　目	1周	2周	3周	4周	5周	合　计
周流出	0	550	9703	812	1758	12 823
完成率（周流出/周流入）	100.00%	98.21%	99.78%	101.75%	100.06%	99.85%
差异率	0	1.79%	0.22%	−1.75%	−0.06%	0.76%（绝对平均差异率）
每周期末余额	48	58	79	65	64	—

2016 年 6 月该区域公司所属内核 11 家单位周资金余额在控制标准 10 万元以内，周资金计划执行差异率最高为 1.79%，均小于±2%。

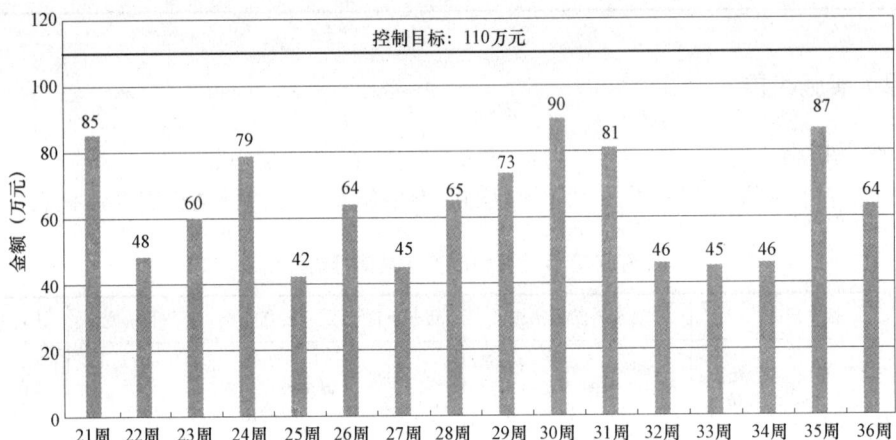

图 3-4　某区域公司 2016 年第 21～第 36 周资金余额对比

统计 2016 年第 21～第 36 周周资金余额的数据，该区域公司所属内核单位周资金金额均控制在目标值 110 万元以下。

为了达到资金使用实时监控的目的，制订周资金计划及完成情况表，定期通报并要求责任单位如期改善，且将改善计划落实到周工作计划中。周资金计划及完成情况表见表 3-15。

表 3-15　　　　　　　　　　　周资金计划及完成情况表

年　月第　周计划（　　年　月　日～　　年　月　日）　　　　　　万元

单位/日期/资金	第　周计划金额 年　月　日～　　年　月　日			第　周实际金额 年　月　日～　　年　月　日			本周计划完成率
	小计	承兑汇票	货币资金	小计	承兑汇票	货币资金	
单位							
管理费用：							
短信服务费							
材料费：							
振动监测仪采购公司							

续表

单位/日期/资金	第　周计划金额 年　月　日－　年　月　日			第　周实际金额 年　月　日－　年　月　日			本周计划 完成率
	小计	承兑汇票	货币资金	小计	承兑汇票	货币资金	
税款：							
预交增值税							
人工成本：							
工资							
修理费：							
控制系统大修（　公司）							
技改：							
变压器加装冷却器 （　公司）							
基建：							
施工支洞封堵工程 （　公司）							
其他：							
备用金							

2016 年 4 月 12～18 日该区域公司对资金管理相关人员培训，如图 3-5 所示。

图 3-5　某区域公司对资金管理人员培训

2016 年 7 月 11～22 日该区域公司开展以资金管控为重点的财务检查工作，如图 3-6 所示。

图 3-6　某区域公司开展以资金管控为重点的财务检查工作

3. 实践效果

通过以上资金管控要因改善及具体行动，取得了以下成果：

（1）通过以上改善，资金的绝对平均差异率从 3 月的 72.33% 下降至 6 月的 0.76%，如图 3-7 所示。

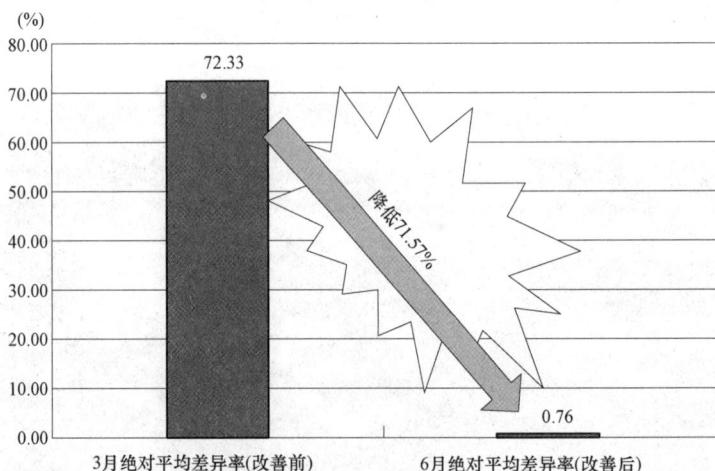

图 3-7　某区域公司内核单位资金绝对平均差异率改善前后统计对比

（2）2016 年 3 月日均资金占用额与 6 月月节约财务费用改善前后对比，如图 3-8、图 3-9 所示。

2016 年 6 月，该区域公司所属内核单位日平均货币资金占用 382 万元，比 3 月日平均货币资金占用 1209 万元降低 827 万元，降幅为 68.40%。若该部分视同带息负债规模的下降，按目前一年期贷款利率 4.35% 计算，月节约财务费用 3 万元。

（3）2016 年日均货币资金占用额与上年同期对比，如图 3-10 所示。

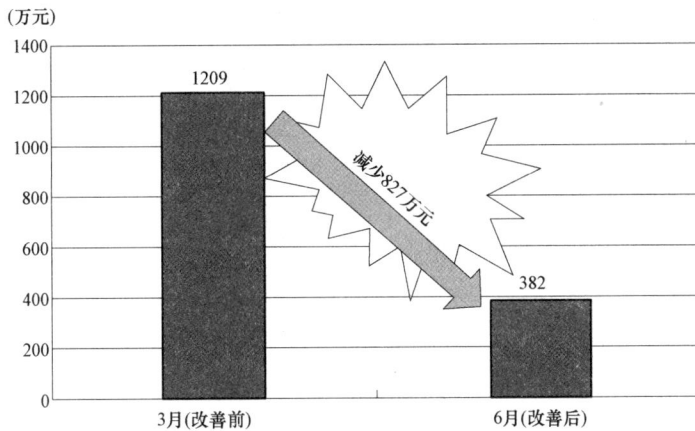

图 3-8 某区域公司内核单位日均资金占用额改善前后对比

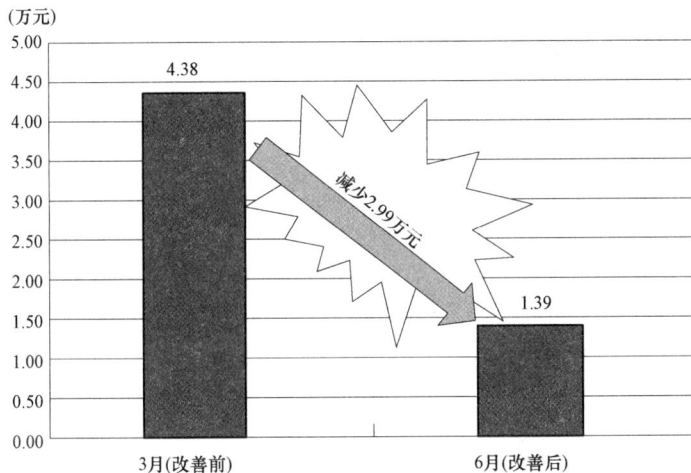

图 3-9 某区域公司内核单位月节约财务费用改善前后对比

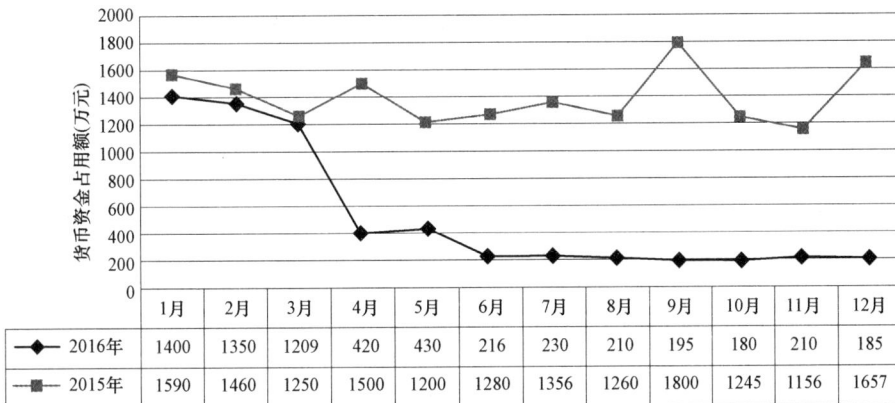

	1月	2月	3月	4月	5月	6月	7月	8月	9月	10月	11月	12月
2016年	1400	1350	1209	420	430	216	230	210	195	180	210	185
2015年	1590	1460	1250	1500	1200	1280	1356	1260	1800	1245	1156	1657

图 3-10 某区域公司所属内核单位 2016 年货币资金占用与上年同期比

该区域公司所属内核单位 2016 年月平均货币资金占用 520 万元,比去年同期月平均占用降低 877 万元,若该部分视同带息负债规模的同比下降,若按目前一年期基准贷款利率

4.35%计算，年节约财务费用38万元。

从以上可以看出，该区域公司达成并超过了预期改善目标。

（五）标准化

该区域公司结合实践过程，对现行资金管理相关制度进行完善。将企业标准《现金流量预算管理办法》的相关条款进行补充：

（1）现金流量预算的补充规定编制，制订了《周资金计划执行完成情况》《周资金余额监控表》。

（2）固化周资余额管控并优化资金考核执行指标。

（3）增加督查管理条例，公司不定期对周资金计划执行情况进行抽查，未严格执行周资金计划的按未执行数的十倍计入利润考核减项。

【案例思考】

（1）要达到资金刚性管控的目标必须做到：标准规定要严，执行审核到位，监察督导不休。达到上下协同，创造价值最大化。

（2）研究、考量、应用信息化智能化管控平台。

<本案例由贵州乌江水电开发有限责任公司提供>

第三节　提升基层单位资金计划完成率

资金集中管理，统筹安排各项资金，平衡月度资金支出，提高资金使用效率，防范资金风险在企业财务工作中的重要性。本案例重点针对基层单位资金计划完成率的提升进行改善的过程与措施。

【案例3-3】　提升基层单位资金计划完成率

（一）案例背景简介

1. 实施背景

随着"十三五"发展规划落实，电力行业市场化进程进一步加快，提升企业市场竞争力已成为大势所趋，要求企业建立现代化的财务管理制度、标准、规范、要求。目标计划管理是企业运营起点和终点，资金是企业的血液，资金计划是财务管理的一项重要管理职能。

在企业智能化及信息化的快速发展及集团化战略发展的要求下，原有的资金管理模式已经不能适应现有的企业发展要求，资金计划管理要求系统地、刚性地集中调配与运用。它可以最大限度发挥资金的时间价值，提升企业资金周转率，从而使资金使用价值最大化。

2. 定义

资金计划管理是企业依据本单位战略发展规划、运营需求，制订出在一定期间内对资金的筹措、运用、分配计划，从而合理确定资金流入和流出的时间节点。它是企业财务管理的一个重要环节，是现代化企业管理的一项重要管理职能。

内核单位的电费收入由区域公司统一管理，支出是在区域公司下达的年度预算指标范围内，由各内核单位按月上报月度资金计划，然后分解到每周，每周收到拨付资金后进行支付。

资金计划完成率=月度资金实际完成金额/月度资金计划金额×100%

3. 分类

资金计划管理主要包括职工薪酬、税金、检修及基建技改、管理费用、材料、备用金等方面所需资金，具体如图 3-11 所示。

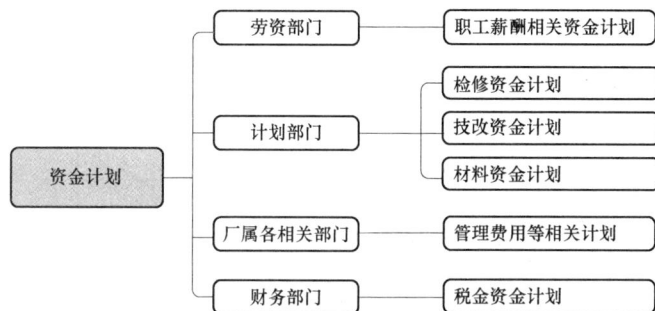

图 3-11 资金计划按部门负责范围分类

4. 课题选择

区域公司对资金实行刚性预算管理，要求各下属单位资金计划的完成率达到 95% 以上，为进一步落实区域公司对资金集中管理的要求，统筹安排各项资金，平衡月度资金支出，确保各时间节点资金安全，防范资金风险。依据以上要求，对财务管理现状进行系统的分析，找出现存的且急迫的问题点，并结合公司的制度规定，从问题的急迫度、严重度以及扩大的趋势进行考量，以确定问题的改善方向，如图 3-12 所示。

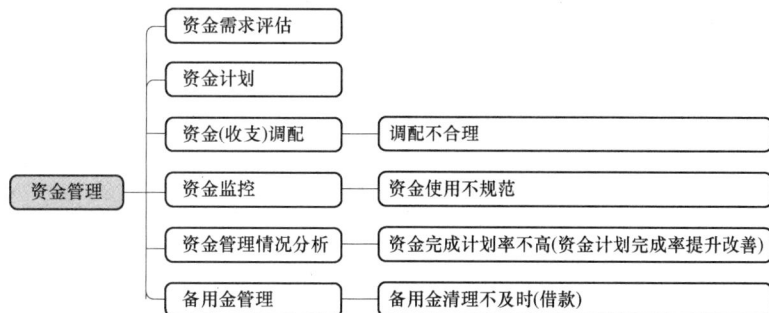

图 3-12 财务精益管理问题分析思维导图

针对资金计划完成率不高，从急迫度、严重度以及扩大的趋势三个维度进分析决策，以确定课题改善的必要性，见表 3-16。

表 3–16   改 善 课 题 选 择 分 析

问题	急迫度	严重度	扩大趋势	分析决策
资金计划实施有偏差，不符合刚性管控要求	据 2016 年全年及 2017 年 1 月的资金计划使用过程中多次出现不规范及偏差	工作计划未有效执行；没有达成集团要求；集团及上级公司通报考核	相关部门对资金计划上报及使用随意性大，可预测性不强。时常出现偏差，工作计划难以有效执行	因此，确立了《提升基层单位资金计划完成率》作为改善课题
	√	√	√	

（二）现状诊断

针对问题进行了现状诊断。

1. 现状描述

某电厂 2016 年 1～12 月及 2017 年 1 月月度资金计划完成情况见表 3–17。

表 3–17   **2016 年 1～12 月至 2017 年 1 月度资金计划完成情况统计表**   万元

年份	月份	计划资金	实际资金	差异金额
2016	1	1029.94	1026.25	3.69
2016	2	1270.89	1268.81	2.08
2016	3	1630.96	1626.58	4.38
2016	4	1536.76	1534.97	1.79
2016	5	1402.38	1401.13	1.25
2016	6	1295.5	1291.63	3.87
2016	7	1507.12	1506.54	0.58
2016	8	2331.92	2331.92	0
2016	9	2136.52	2134.8	1.72
2016	10	1494.92	1493.72	1.2
2016	11	1567.54	1546.88	20.66
2016	12	1948.68	1890.81	57.87
2017	1	962.63	914.75	47.88

根据表 3–17 可以看出，某电厂 2016 年 11、12 月以及 2017 年 1 月计划与实际差异比较大，统计各项费用差异占比见表 3–18 及图 3–13。

表 3–18   **资金计划完成差异情况表**

时 间	类别	差异金额（万元）	差异占比（%）
2016 年 11 月～2017 年 1 月	检修	41.4	32.75
2016 年 11 月～2017 年 1 月	技改	56.3	44.54
2016 年 11 月～2017 年 1 月	职工薪酬	28	22.15
2016 年 11 月～2017 年 1 月	材料	0.21	0.17
2016 年 11 月～2017 年 1 月	其他	0.5	0.40

针对表 3-18、图 3-13 对资金计划达成有差异的月份进行原因分析，资金计划未完成状况分析验证见表 3-19。

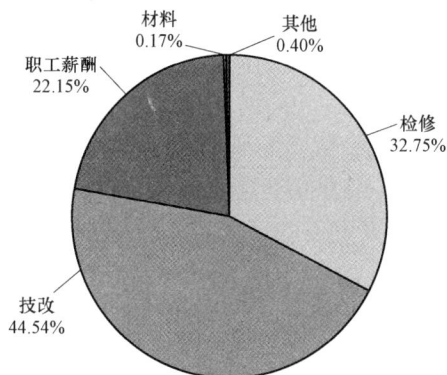

图 3-13　资金计划完成差异情况占比

表 3-19　　　　　　　　　　资金计划未完成状况分析验证

类型	问题分析验证
合同资金计划	2016 年 3 月因 A 部门王某上报了月度检修计划最后达不到付款要求而使资金计划不能 100%完成
	2016 年 11 月因 B 部门经办人员在付款前未与对方单位沟通好，对方单位拒绝接受承兑汇票，导致当月资金计划没有完成
	2016 年 12 月因 C 部门 B 某上报了资金计划但尚未走完 ERP 合同付款流程导致未能进行支付，同时还存在错报合同金额导致当月资金预算出现较大偏差而被集团进行了通报考核
	2017 年 1 月因 D 部门 E 某因在上报资金计划时候没有进行检查审核，同时在上报时该部门主管也并未进行复核，导致资金计划重复上报造成资金计划出现较大偏差
材料或管理费用资金计划	2016 年 1 月 E 部门已支付过的项目进行重复申报导致计划出现偏差
	2016 年 2 月 F 部门在上报资金计划时金额不准确导致现金流预算填报不准确，导致单项预算执行出现偏差
	2016 年 6 月 G 部门因上报了资金计划，因原始票据不齐全，审批手续未完善导致当月无法进行支付影响资金计划的完成情况
材料或管理费用资金计划	2016 年 1 月 E 部门已支付过的项目进行重复申报导致计划出现偏差
	2016 年 2 月 F 部门在上报资金计划时金额不准确导致现金流预算填报不准确，导致单项预算执行出现偏差
	2016 年 6 月 G 部门因上报了资金计划，因原始票据不齐全，审批手续未完善导致当月无法进行支付影响资金计划的完成情况

由以上分析得出，资金计划的偏差主要集中在合同费用上报重复、计划事项不具体或错误、合同流程未走完达不到付款条件、合同执行本身不具备付款条件不能执行计划、上报的月度计划资料不符合付款要求等。

2. 改善目标

（1）资金计划完成率大于 95%。

（2）通过课题改善，提升财务管理的工作效率和资金使用效率及防范资金支付风险。

（三）原因分析

用思维导图，对影响资金计划出现偏差的因素进行全面、深入的分析，如图 3-14 所示。

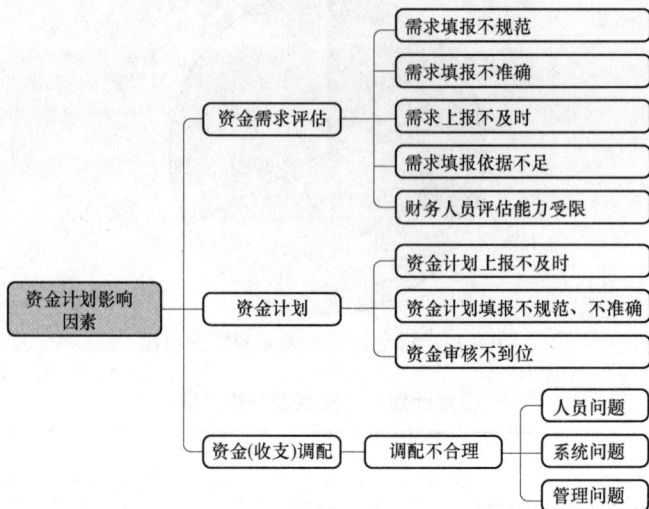

图 3-14　影响资金计划要素分析

主要影响要素及原因：

（1）资金需求评估：需求填报不规范；需求填报不准确；需求上报不及时；需求填报依据不足；财务人员评估能力受限。

（2）资金计划：资金计划上报不及时；金计划填报不规范、不准确；资金审核不到位。

（3）资金（收支）调配：人员问题；系统问题；管理问题。

用鱼骨图从人员、组织、机制及其他四个方面，对影响资金计划完成率原因进行了分析，如图 3-15 所示。

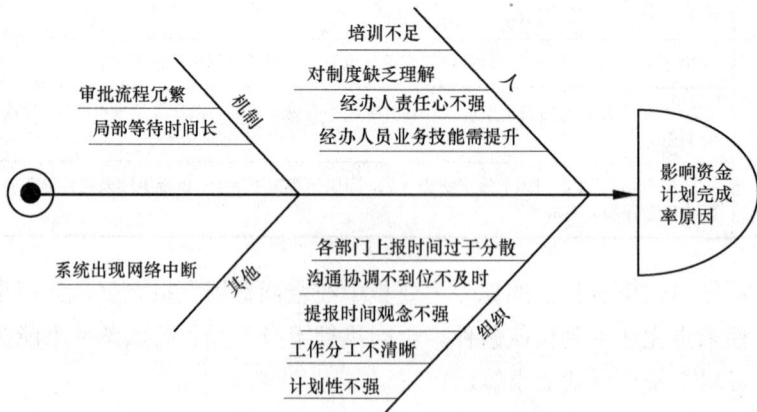

图 3-15　影响资金计划完成率的原因

鉴于以上各项因素，合并分析其存在的要因，具体原因见表 3-20。

表 3-20   影响资金计划要因分析表

序号	问　题	根本原因	是否要因	是否可控	当前是否控制	是否有效	备注
1	资金计划填报不及时	对资金计划时点相关制度缺乏理解	是	是	是	效果不佳	需要改善
2		未严格执行考核制度	是	是	是	效果不佳	需要改善
3	资金需求填报不规范，金额不准确	缺少系统培训	是	是	是	效果不理想	需要改善
4		经办人员技能有待提高	是	是	是	效果不理想	需要改善
5	重复上报已支付过的资金计划	未严格执行考核制度	是	是	是	是	按照现有标准要求实行控制
6		经办人员技能不足，业务部门重视程度不够	是	是	是	效果不理想	需要改善
7	合同付款未走完 ERP 付款流程达不到付款条件	经办人员不了解执行标准	是	是	是	效果不理想	需要改善
8		付款流程控制不完善	是	是	是	效果不佳	需要改善
9	系统障碍	网络异常	是	否			本次改善暂不考量

（四）实施改善

经过对上述要因分析，制订了以下改善对策或措施及行动计划。

1. 改善措施

利用 5W2H 制订了表 3-21 的改善计划。

表 3-21   影响资金计划要因改善对策表

项次	要因	改善对策或措施	负责部门	责任人	计划完成时间
1	对资金计划时点相关制度缺乏理解	通过厂办发文严格规定资金上报时间	财务部	财务部负责人员	2017 年 3 月
		审核付款票据金额是否完整正确，编制凭证后再进行上报	财务部	凭证审核人员、会计人员	每月
2	未严格执行考核制度	对资金上报准确度低、执行偏差超过规定范围相关部门应层层追踪落实相关责任人员，进行通报考核	财务部、综合办	会计人员	每月
3	缺少系统培训	开展业务技能培训，做好宣贯。具体对各部门经办人员关于资金计划填报规范要求进行培训	财务部、各部门	资金专责人员、培训人员	2017 年 5 月
		规定参培人员必须到场，不得缺席，对于缺席人员进行考核	综合办	各部门人员、经办人员	2017 年 5 月
		对各部门相关人员对培训知识掌握程度进行考试	综合办、财务部	培训人员	2017 年 5 月
4	部门审核	各部门主管对经办业务进行监督，执行偏差超过规定范围考核部门奖金	各部门、财务部	各部门主管、经办人员	每月
5	经办人员不了解执行标准	各部门加强对相关管理制度的学习，并定期对资金计划完成情况进行公布	各部门、财务部	各经办人员、资金专责人员	每月
6	付款流程控制不严	优化资金周报流程及关键环节控制	财务部、计划部	各经办人员、资金专责人员	2017 年 4 月

2. 改善实践

（1）某电厂财务部针对资金计划管理流程及财务相关工作的管理规定，组织各部门相关人员进行培训，如图3-16所示。通过此次培训，各部门相关人员对资金计划上报的要求和标准有了更清晰的认识。

图3-16　资金计划培训

（2）针对资金管理流程，优化了相关管理制度，梳理并完善月度资金计划管理流程，加强各环节节点控制，如图3-17所示。

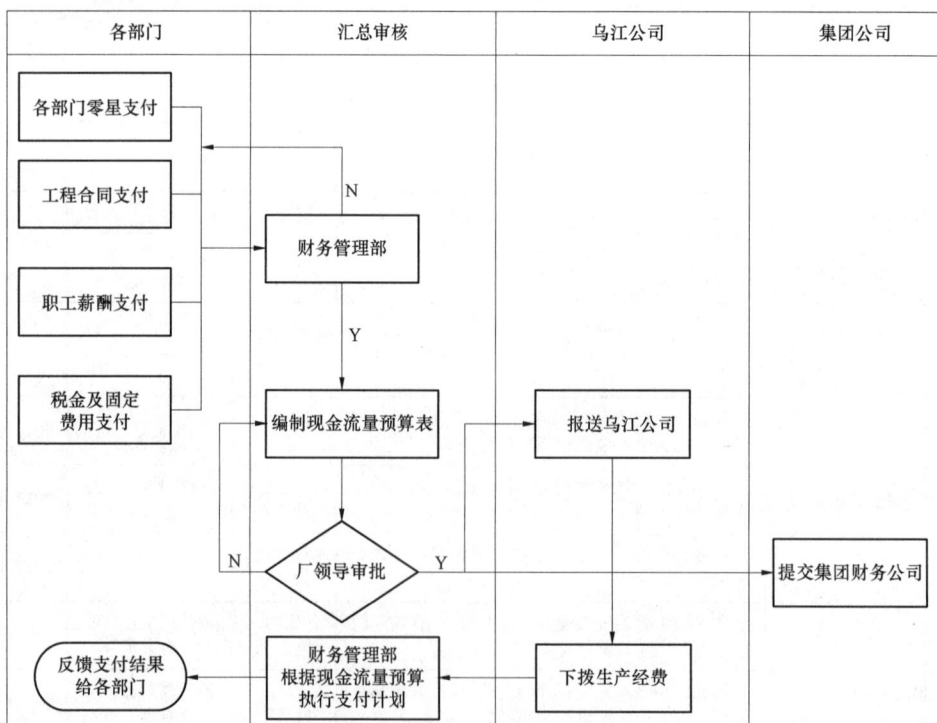

图3-17　月度资金计划管理流程图

通过资金计划管理流程的规范化，强化了各部门相关职责，并层层落实责任考核制度，提升资金计划的正确性，减小了误差。

（3）针对合同模块的资金计划报送要求正式发文，进行刚性控制，如图3-18所示。

通过对合同付款流程优化，极大提高了资金计划执行的正确性与及时性，杜绝了合同模块资金重复上报的情况，提高了资金计划完成率。

关于规范合同及工单类项目上报资金计划的通知

信息类别	通知		发布日期	2017-02-16
发布单位	综合办公室		发布人	
标题	关于规范合同及工单类项目上报资金计划的通知			
有效期至	2017-02-23			
内容	厂属各部门：　　根据集团公司和乌江公司对资金刚性管理的要求，为更好地执行资金预算，确保我厂资金计划的完成，现对合同类资金计划上报进行调整：一是每月25号前上报资金支付计划不变；二是对于ERP系统形成的资金支付计划必须走完所有合同流程后进行上报，财务管理部根据上报的月度计划与ERP系统形成的支付项目进行核对后安排资金，未走完ERP流程和付款资料不齐的项目不予安排资金（此类支付从2017年3月25日起执行）；三是物资类、费用类、薪酬类的资金计划由资金需求上报（月上报时间为每月25日前，如遇节假日请提前上报）。各部门按上述要求执行。			

图3-18　规范合同及工单类项目资金计划上报通知

（4）为了确保资金计划的填报准确性和及时性，制订了考核统计表，每周发送到相关部门责任人及部门主管，见表3-22。

表3-22　　资金计划考核统计表

序号	部门名称	填报异常说明	差异金额（万元）	次数				合计
				第1周	第2周	第3周	第4周	
1	综合办公室	数据差异	×		×	×		0
2	后勤物业部							0
3	生产技术部	差旅费报销	×			×		0
4	水工维护部							0
5	设备修饰部	差旅费报销	×		×			0
6	运行发电部	重复合同	×		×	×		0
7	政治工作部	差旅费报销			×	×		0
8	纪检监察部							0
9	物资运输部	材料费	×		×			0
10	计划经营部							0
11	信息通信部							0
12	安全监察部							0
13	财务管理部							0
14	合计		0	0	0	0	0	0

（五）阶段性成果

从 2017 年 2 月开始实施改善截至 2017 年 4 月，通过采取各项有力措施，资金计划完成率接近 100%，提升了财务管理的工作效率，达到预期改善目标，见表 3–23 及图 3–19。

表 3–23　　　　　　　　　　　　　资金计划完成情况表

时　间	资金计划完成情况（%）	时　间	资金计划完成情况（%）
3 月第 1 周	100.42	3 月第 4 周	100.00
3 月第 2 周	99.99	全月完成情况	100.00
3 月第 3 周	99.99		

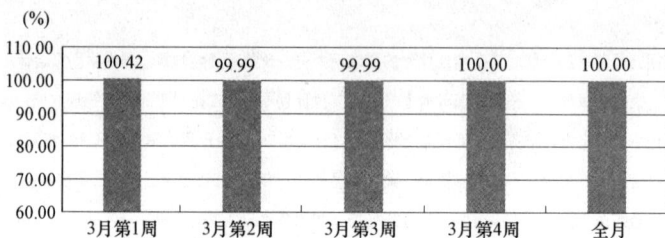

图 3–19　资金计划完成情况

（六）标准化

（1）结合企业实际，制订《资金管理岗位作业指导书》。

（2）梳理优化并完善《资金计划管理流程》。

（3）完善资金计划管理考核制度。

【案例思考】

资金管理是企业管理的核心，因此要以资金计划为重点，将精益管理理念引入财务管理中，克服传统财务资金管理的弊端，发挥财务资金计划管理精益化的优势。资金计划管理要切实做到精益化，还需要多方的配合，其中包括企业高层管理人员的重视以及资金计划编制流程和参与者的积极配合。同时要对计划的相关环节和每个部门的问题进行持续改进。

<本案例由贵州乌江水电开发有限责任公司提供>

第四节　强化预算过程的对标管控，降低三项费用

针对预算分解、控制、分析流程环节运用对标管理的方法实现全面预算可控、在控、受控，是达到降低成本的途径之一，本案例将重点描述该案例在中国华电集团公司某区域公司基层单位的精益管理实践过程。

【案例3-4】 强化预算过程的对标管控，降低三项费用

（一）案例背景简介

1. 实施背景

伴随新能源产业的高速发展，产业规模逐渐见顶，市场竞争局面将越来越激烈，谁拥有成本优势谁便能在市场竞争中占据有利地位，降低成本费用是新能源企业一个重要课题。

依据公司制定《全面预算管理标准》的内容及要求，压缩三项费用指标，创造企业价值最大化。

2. 定义

$$单位容量固定运营成本=（材料费+修理费+委托运行费+其他费用+职工薪酬）/平均容量$$

$$平均容量=实际占用天数/当年累计天数×设备容量$$

3. 实施思路

公司引入精益管理理念，运用对标管理等工具进行预算管理流程的优化，实现成本费用可控在控，从而达到"提质增效、增收节支"的改善目标。

（二）现状诊断

1. 诊断内容

（1）运用思维导图对预算对标管控流程进行分析，见图3–20。

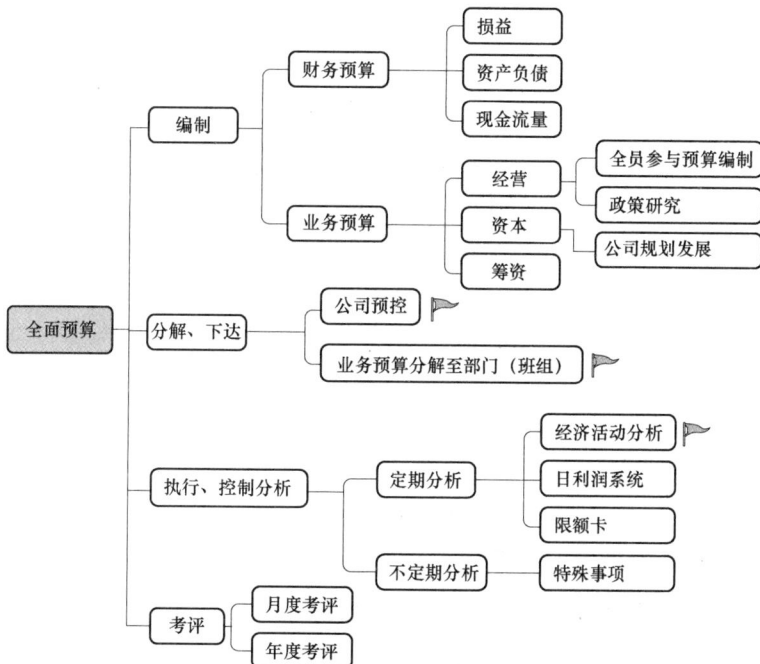

图 3–20　预算过程的对标管理思维导图

由图 3-20 可以看出：预算过程中的分解、执行、控制分析是影响对标管控中的重要环节。

（2）运用对标方法对某集团 2014 年风电企业单位容量固定运营成本排名前十的单位进行统计列表分析，如图 3-21 所示。

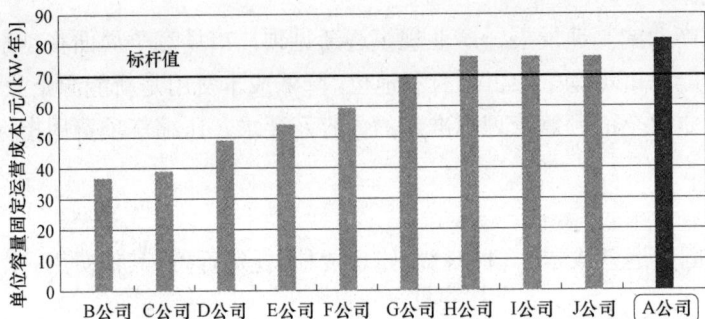

图 3-21 某集团 2014 年风电企业单位容量固定运营成本对标

由图 3-21 可以看出：该集团 2014 年 37 家风电单位容量固定运营成本标杆值为 70 元/（kW·年）。A 公司单位容量固定运营成本较集团标杆值高 11 元/（kW·年），高出 15.71%，单位容量固定运营成本有较大的提升空间。

（3）对固定运营成本各指标占比及风险点进行描述。由图 3-22 和表 3-24 可以看出：固定运营成本中除委托运营费、职工薪酬外，材料费、修理费、一般管理费占比最高。

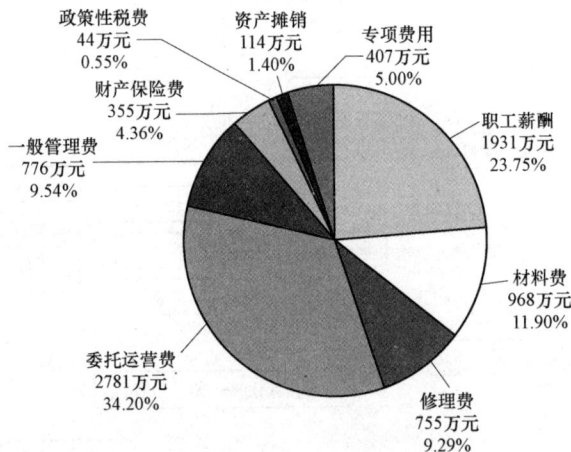

图 3-22 占固定运营成本比例

表 3-24 固定运营成本风险点分析

序号	问题	原因	根本原因	是否要因	是否可控	当前是否控制	是否有效	备注
1	固定运营成本较集团标杆值偏高	固定运营成本公司预控目标偏高	公司确定固定运营成本年度预控目标时方法单一	是	是	是	效果不佳	需要改善

序号	问题	原因	根本原因	是否要因	是否可控	当前是否控制	是否有效	备注
2	材料费、修理费分解较完成数差异偏大	材料费、修理费分解方法不科学	材料费、修理费分解时公司预控目标确定不合理,分解至班组时使用方法不科学	是	是	是	效果不佳	需要改善
3	管理费分解较完成数差异偏大	管理费分解方法不科学	管理费分解下达指标运用对比上年度完成情况进行分解的方法不科学	是	是	是	效果不佳	需要改善
4	控制分析过程流于形式	控制分析方法单一未能有效监督	日利润控制系统人为调整因素多	否	否	否	效果不佳	本次暂不列入改善
5			费用限额卡数据统计不准确	否	否	否	效果不佳	本次暂不列入改善
6			经济活动分析会分析指标的方法单一	是	是	是	效果不佳	需要改善

（4）通过上述分析得出管理费占固定运营成本较大，所以对 2015 年 A 公司管理费实际完成较分解指标进行对比，如图 3-23 所示。

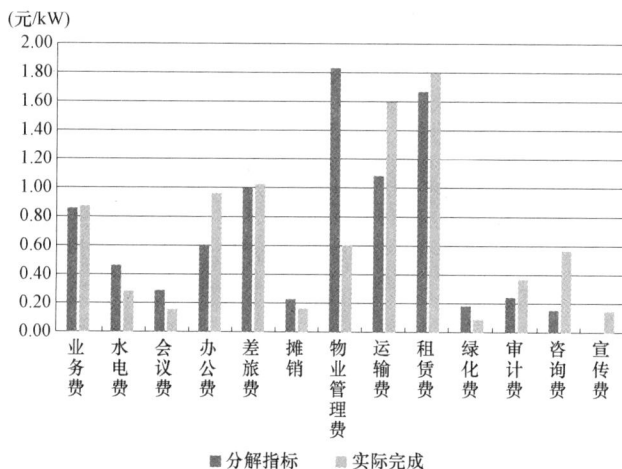

图 3-23　2015 年 A 公司管理费实际完成较分解指标对比

由图 3-23 可以看出：2015 年 A 公司管理费各明细分解指标与实际完成情况存在较大差异。

2. 改善目标

结合以上诊断结果，拟通过精益改善实践，运用对标管理的方法制定以下改善目标：

（1）2016 年单位容量固定运营成本降低至标杆值 70 元/kW 以内。

（2）2016 年计划完成管理费较下达预算压缩 10%。

（三）原因分析

为了达到以上的改善目标我们针对预算对标管理的过程管控进行深度分析，找出问题的根本原因，以便于制定确实有效的改善对策，要因分析见表 3-25。

表 3-25 要 因 分 析

序号	问题	根本原因	是否要因	是否可控	当前是否控制	是否有效	备注
1	固定运营成本较集团标杆值偏高	公司确定固定运营成本年度预控目标时方法单一	是	是	是	效果不佳	需要改善
2	材料费、修理费分解较完成数差异偏大	材料费、修理费分解时公司预控目标确定不合理，分解至班组时使用方法不科学	是	是	是	效果不佳	需要改善
3	管理费分解较完成数差异偏大	管理费分解下达指标运用对比上年度完成情况进行分解的方法不科学	是	是	是	效果不佳	需要改善
4		日利润控制系统人为调整因素多	否	否	否	效果不佳	本次暂不列入改善
5	控制分析过程流于形式	费用限额卡数据统计不准确	否	否	否	效果不佳	本次暂不列入改善
6		经济活动分析会分析指标的方法单一	是	是	是	效果不佳	需要改善

（四）实施改善

1. 改善措施

根据以上的要因分析制定改善对策及具体行动计划表，见表 3-26。

表 3-26 原因分析及改善对策

序号	根本原因	改 善 对 策	责任单位	计划完成时间
1	公司确定固定运营成本年度预控目标时方法单一	运用对标管理的方法，通过与集团标杆值的对标数据进行分析确定合理的公司年度单位容量固定运营成本控制目标	财务部	2016 年 2 月
2	材料费、修理费分解时公司预控目标确定不合理	运用对标管理的方法，通过与集团标杆值、公司历年完成情况最优值进行对标分析确定合理的公司年度材料费、管理费控制目标	财务部	2016 年 2 月
3	材料费、修理费分解至班组时使用方法不科学	将材料费、修理费指标运用定额管理方法分解至班组	生技部	2016 年 2 月
4	管理费分解下达指标运用对比上年度完成情况进行分解的方法不科学	运用对标管理的方法，通过与集团标杆值、公司历年完成情况最优值进行对标分析将管理费合理的分解至各费用归口管理部门	财务部	2016 年 2 月
5	经济活动分析会分析指标的方法单一	在经济活动分析会材料中进一步完善各类对标数据，形成有效的监督过程	财务部	2015 年 12 月

2. 改善实践

（1）通过 2014～2015 年单位容量固定运营成本对标分析，确定 2016 年单位容量固定运营成本不高于 72 元/kW，如图 3-24 所示（分阶段实施完成，最终结果参照改善成果）。

（2）通过 2014～2015 年单位容量固定运营成本对标分析，确定 2016 年单位容量管理费不高于 9 元/kW，具体如图 3-25 所示。

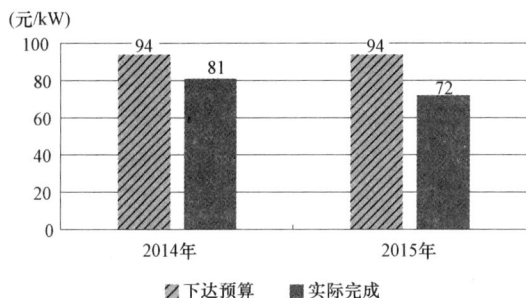

图 3-24　2014～2015 年单位容量固定运营
成本实际发生较下达预算对比

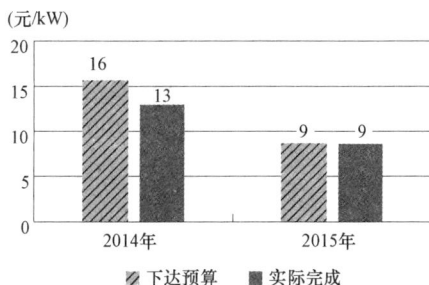

图 3-25　2014～2015 年单位容量管理费实际
发生较下达预算对比图

参照 2015 年管理费各明细指标实际完成情况，将 2016 年管理费指标合理的分解至各业务部门，见表 3-27。

（3）坚持全过程控制的原则，通过三项费用与标准值、历年同期发生情况、较预算值等的对标，分析差异原因，及时设定改善措施进行改善，并对落实情况进行跟踪考核，做到月月有分析，事事有落实。

改善后的经济活动分析会材料如图 3-26 所示。

序号	名称	单位	标准值	月度完成情况	年累计完成情况	差异	备注
1	等效净资产收益率	%	≥10	——	12.00%	2.00%	预算时间进度比较
2	设备可利用率	%	≥98.5	98.52	98.57	+0.07	
3	风能利用提高率	%	≥5	4.89	5.26	+0.26	
4	综合厂用电量	万kW·h/kW	<22.67	2.01	20.95	+1.72	不含线损
5	综合厂用电率	%	<1.35	1.32	1.38	-0.03	不含线损
6	检修项目完成率	%	100	100	100	100	
7	技改项目完成率	%	100	33	100	0	共6项完成6项
8	资产负债率	%	≤80	——	75.52	4.48	
9	修理费	万元	2586	-34.13	755.38	-1830.62	预算时间进度比较算
10	材料费	万元	1210	315.83	968.07	-241.93	预算时间进度比较
11	单位容量政策及专项管理费	万元/千瓦	10.79		4.48	+6.31	预算时间进度比较
12	人均一般管理费	万元/人	6.89		6.75	+0.14	预算时间进度比较
13	专利	项	1	0	3	+2	

（六）风电对标存在问题和不足

1. 损失电量分析：

(1)本月各风场总损失电量为 697.95 万kW·h，环比增加 164.87 万kW·h时，同比减少 648.93 万kW·h。其中：因电网限负荷损失电量 60.5 万kW·h时，因消缺损失电量 206.3 万kW·h。

图 3-26　改善后的经济活动分析会材料（截图）

表3-27

2016年管理费用预算表

万元

序号	部门	预算	合计	公司控制	一般管理费									检修一部	检修二部	A风电场	B风电场	C风电场
					办公室	财务部	人资部	政工部	企划部	生技部	市场营销部	安监部					
1	办公费		53.00	0.00	27.00	0.50	0.50	0.50	20.50	0.50	0.50	0.50	1.00	1.50	0.00	0.00	0.00
4	差旅费	2015年预算	116.00	0.00	40.00	5.00	3.00	3.00	3.00	7.00	2.00	3.00	5.00	45.00	15.00	10.00	20.00
		2016年预算	115.00	0.00	25.00	5.00	3.00	3.00	3.00	5.00	3.00	3.00	20.00	45.00			
		新能源	110.00		20.00	5.00	3.00	3.00	3.00	5.00	3.00	3.00	20.00	45.00			
		太阳能	5.00		5.00												
5	会议费	2015年预算	35.00		18.00	2.00	2.00	2.00	2.00	5.00	0.00	2.00	2.00	1.00	0.00	0.00	0.00
		2016年预算	24.00		10.00	2.00	1.00	2.00	2.00	2.00	2.00	1.00	1.00	1.00	0.00	0.00	0.00
		新能源	21.00		7.00	2.00	1.00	2.00	2.00	2.00	2.00	1.00	1.00				
		太阳能	3.00		3.00												
6	器具费（低值易耗、办公楼维修）	2015年预算	20.00		20.00										15.00		
		2016年预算	15.00		15.00												
		新能源	15.00		15.00												
		太阳能	0.00														
11	绿化费	2015年预算	25.00		10.00								10.00	20.00			
		2016年预算	40.00		10.00								10.00	20.00			
		新能源	35.00		5.00												
		太阳能	5.00		5.00												
合计		2016年预算	1082.43	217.43	552.00	88.50	6.50	44.00	36.00	12.50	10.50	6.50	35.00	73.50	0.00	0.00	0.00
		新能源	1033.83	190.83	534.00	84.50	6.50	44.00	36.00	12.50	10.50	6.50	35.00	73.50	0.00	0.00	0.00
		太阳能	48.60	26.60	18.00	4.00	0.00	0.00			0.00	0.00	0.00	0.00	0.00	0.00	0.00

注　2016年一般管理费预算安排1082.43（1033.83+48.6）万元，其中安排到各部门的预算为865元，剩余217.43万元为公司控费费用使用。

3. 改善成果

通过以上各项措施的改善最终实现公司年度"降本增效"的目标。

由图 3-27 可以看出：A 公司通过改善实践，2016 年华电国际风电企业单位容量管理费大幅度节约排名第二，较平均值低 27.13%。

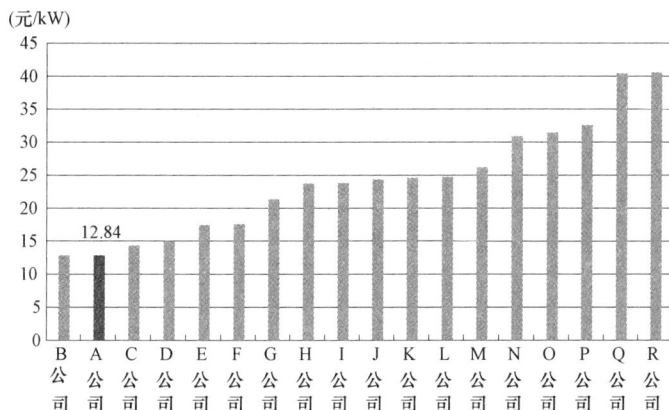

图 3-27　华电国际风电企业 2016 年单位容量管理对标

由图 3-28 可以看出：A 公司通过改善实践，较 2016 年集团标杆控制值 70 元/kW 低5.80%，达到并超过预期改善目标。

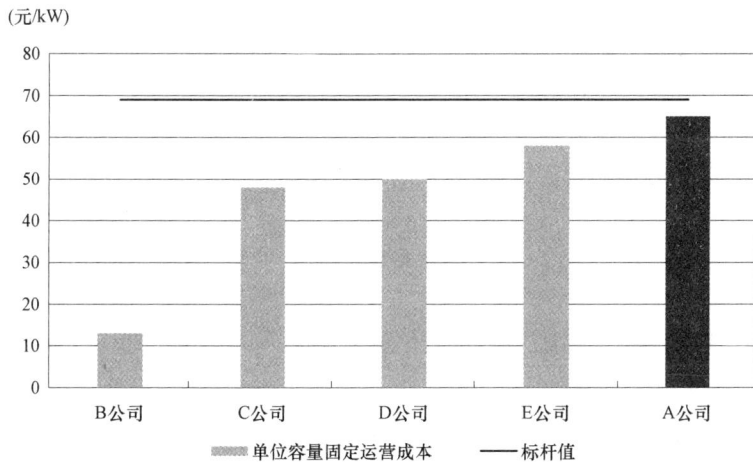

图 3-28　2016 年集团风、光电企业单位容量固定运营成本对标

由图 3-29 可以看出：A 公司通过改善实践，2016 年固定运营成本较 2014、2015 年均有大幅降低。

（五）标准化

A 公司结合实践过程，对《全面预算管理标准》《经济活动分析会管理标准》中预算的对标管理进行了修订完善。

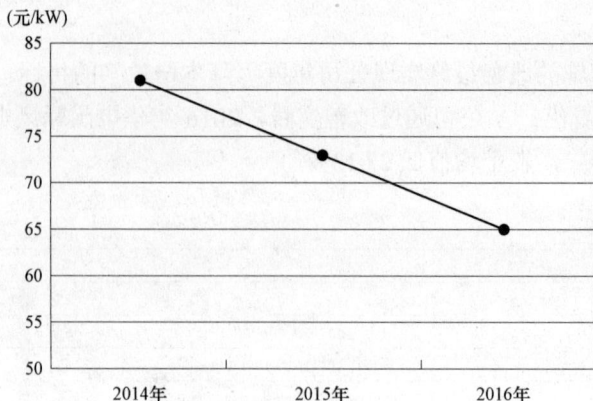

图 3-29　A 公司 2014～2016 年三年固定运营成本对标

【案例思考】

在预算管理流程设计方面，公司应制定一套完整的预算工作流程，包括预算编制、跟踪控制、考核分析、调整等各个环节，通过这套流程，使得企业整个预算管理有章可循，提高工作效率，公司也可以通过这套流程明确各部门在预算编制和预算控制中的职责，理顺各部门的相互关系，保证权与责的一致。

公司的预算跟踪分析工作应是一项日常性的工作，财务部专人对各月度的预算数据与快报数据进行对比，通过对差异的分析和对未来经济环境的判断，形成较为详细的月度预算完成情况分析报告。报告可以作为经营管理者顺利完成年度经营计划，适度调整经营策略。

财务预算要切实做到"精益化"需要多方面的配合，固定的财务预算编制流程和参与者的积极配合；对预算的相关环节和每个部门的问题进行持续不断的改进等。只有通过各部门的配合，才能达到公司既定目标。

<本案例由华电国际宁夏新能源发电有限公司提供>

第五节　参与基建期过程管控，提高项目收益率

参与基建期过程管控，降低投资风险，提高项目收益率。本节将重点描述该案例在中国华电集团公司某新能源公司的精益管理实践过程。

【案例3-5】　参与基建期过程管控，提高项目收益率

（一）案例背景简介

1. 实施背景

在电力体制改革和产业结构调整加速进入新时期的背景下，新能源企业面临的发展环境发生了深刻的变化，机遇与挑战并存，动力与压力同在。故新能源产业从源头加强基建

项目造价管控，降低单位造价，提高项目收益率成为面对挑战的重中之重。

依据公司《基建财务管理标准》的内容及规定，以及集团公司全面推行精益管理的要求，以参与基建期过程管控为切入点，以使投入产出价值最大化。

2. 实施思路

引入精益管理理念，运用精益管理工具及方法，通过优化基建财务过程管理流程，实现单位造价及投资风险双降低，达到"降本增效、增收节支"的改善目标。

（二）现状诊断

1. 诊断内容

（1）运用对标方法对某新能源公司 A 分公司项目净资产收益率与集团五星企业标准进行比照，如图 3-30 所示。

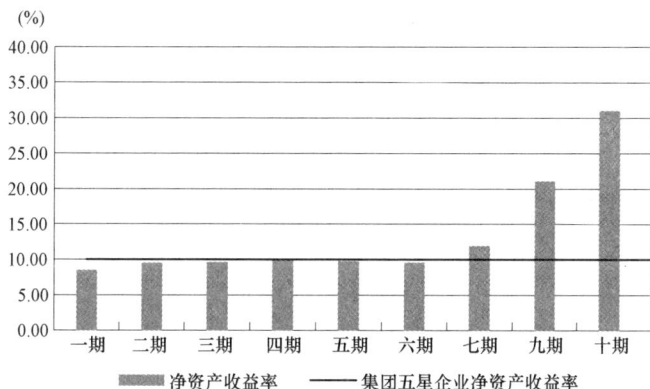

图 3-30　某新能源公司 A 分公司项目净资产收益率与集团五星企业标准对标

由图 3-30 可以看出：A 分公司风电项目各期净资产收益率除七期、九期、十期项目外都低于集团五星级企业净资产收益率（10%）。

对某新能源公司 A 分公司与标杆公司单位容量投资成本进行对比。由图 3-31 可以看出：某新能源公司标杆公司单位容量投资成本 684.1 万元/MW，A 分公司单位容量投资成本 732.4 万元/MW，A 分公司较标杆公司单位容量投资成本高 7.07%，故新建项目可参照标杆公司单位容量投资成本。

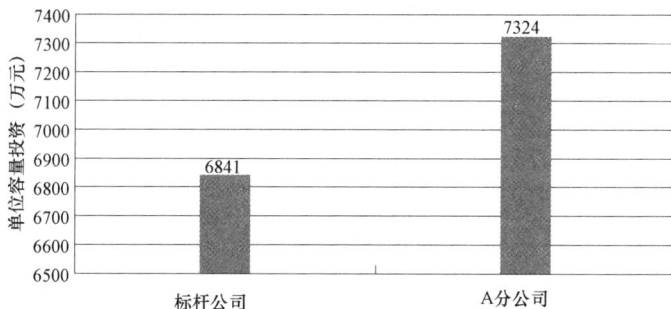

图 3-31　某新能源公司 A 分公司与标杆公司单位容量投资成本对比

（2）运用思维导图对基建期财务过程管控及风险点进行描述，见图 3-32 及表 3-28。

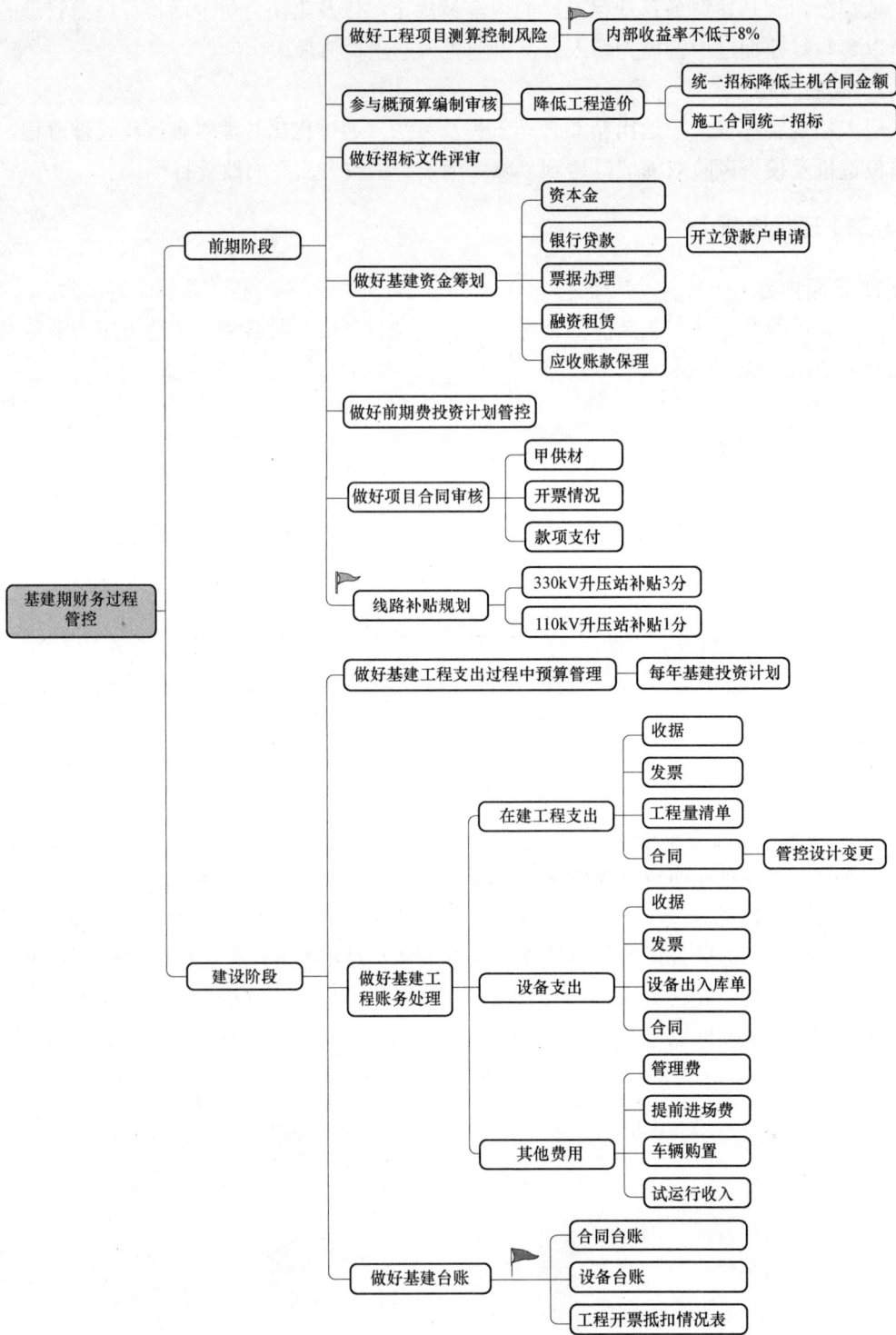

图 3-32　基建期财务过程管控及风险点思维导图

表 3–28 基建期财务过程管控思维导图

控制阶段	控制环节	财务参与控制目标	风 险 点
项目前期阶段	工程立项管理	财务未参与初步可行性研究报告的内部审查工作	缺乏决算过程的关口前移工作
	线路补贴规划	送出线路补贴未进行合理规划	导致线路补贴损失
项目建设阶段	工程概算管理	合同台账内容不完善	导致付款金额差错的风险、概算执行情况不能及时监督、影响财务竣工决算及时性

2. 改善目标

通过精益改善，达到以下改善目标：

（1）2016 年新投产项目单位容量投资成本较标杆公司单位容量投资成本以下。

（2）2016 年新投产项目净资产收益率较标杆公司净资产收益率提高 5%。

（三）原因分析

为了达到以上的改善目标我们针对基建财务过程管控进行深度分析，找出问题的根本原因，以便于制定确实有效的改善对策，要因分析见表 3–29。

表 3–29 要 因 分 析 表

序号	问题	原因	根本原因	是否要因	是否可控	当前是否控制	是否有效	备注
1	净资产收益率低、单位容量投资高	制度未规定	《基建财务管理标准》中未对财务参与基建项目前期测算、审核相关工作有明确规定	是	是	是	效果不佳	需要改善
2	净资产收益率低、单位容量投资高	实际未开展	财务未开展内部投资风险测算	是	是	是	效果不佳	需要改善
3	超合同约定付款	合同内容不健全	合同内容中包含合同付款内容、但执行过程中未准确统计；未包含概算内容，缺失投资过程的有效监督	是	是	是	效果不佳	需要改善
4	超概算			是	是	是	效果不佳	需要改善

注 指标改善原因内容只包含财务部可控因素，不包含其他各业务部门控制因素。

（四）实施改善

1. 改善措施

为了达到预期改善目标，针对以上问题的原因制定改善对策及具体行动计划表，见表 3–30。

表 3–30 改善措施及具体行动计划表

序号	根本原因	改善对策	责任单位	计划完成时间
1	《基建财务管理标准》中未对财务参与基建项目前期测算、审核相关工作有明确规定	在标准中增加财务参与基建项目前期测算及可研审核的工作流程	财务部	2015 年 12 月
2	财务未开展内部投资风险测算	严格依据标准规定进行前期的投资风险测算	财务部	新投项目可研报告出具前

序号	根本原因	改善对策	责任单位	计划完成时间
3	合同内容中包含合同付款内容，但执行过程中未准确统计；未包含概算内容，缺失投资过程的有效监督	合同台账内容中增加概算内容，同时登记合同台账时数据准确及时	财务部	2015 年 12 月

2. 改善实践

《基建财务管理标准》中完善财务参与基建项目前期测算、审核工作的流程如图 3-33 所示。

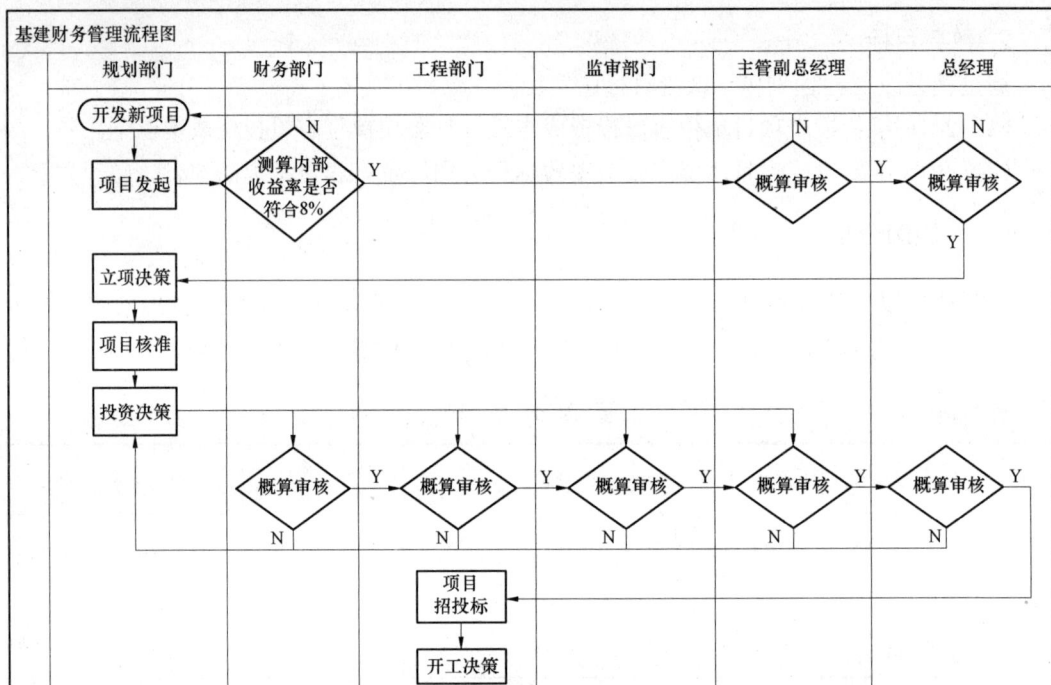

图 3-33　基建管理财务流程图

（1）基建工程项目前期阶段，财务部门积极参与项目前期测算及送出线路的规划。保证新建项目符合内部收益率均高于 8%，投产净资产收益率高于 10% 的优质项目。财务通过对概算的审核，提高概算准确性，保证基建项目各项投资均在概算范围内，从而保证项目投资总体的节约，见表 3-31～表 3-33。

表 3-31　　　　　　　　　　　测　算　表　1　　　　　　　　　　万元

项　　目	装机容量（kW）	设备	施工	设计	其他	合计	利用小时（h）
风场投资	50.00	22 600.00	3 687.25	134.43	604.79	27 026.47	1 700.00
风场进项税	—	3 842.00	805.38	8.07	81.71	4 737.16	1 700.00
送出线路投资		—				—	1 700.00
送出线路进项税						—	1 700.00
110kV 升压站投资						—	

续表

项　　目	装机容量 （kW）	设备	施工	设计	其他	合计	利用小时 （h）
110kV升压站进项税						—	
含税静态投资	50.00	26 442.00	4 492.63	142.50	686.50	31 763.63	1 700.00

表 3–32

测 算 表 2

经营期各年损益表　　　　　　　　　　万元

被评价项目：×风电

项　　目	0	1	2	3
主营业务收入		4087.26	4087.26	4087.26
其中：基数电力		4087.26	4087.26	4087.26
大用户电量收入		—	—	—
主营业务成本		1789.80	1789.80	1789.80
其中：材料费		35.00	35.00	35.00
修理费		—	—	—
折旧费		1313.33	1313.33	1313.33
工资		200.00	200.00	200.00
其他费用		241.47	241.47	241.47
其中：日常管理费		200.00	200.00	200.00
财产保险费		41.47	41.47	41.47
主营业务税金及附加		—	—	—
主营业务利润		2297.46	2297.46	2297.46
财务费用		1203.63	1120.62	1037.61
其中：利息支出		1203.63	1120.62	1037.61
利润总额		1 093.83	1 176.84	1 259.85
所得税		—	—	—
净利润		1 093.83	1 176.84	1 259.85
附加资料：1. 上网电量		82.450	82.450	82.450
2. 固定资产原值	27 649.04	27 649.04	27 649.04	
一期	27 649.04	27 649.04	27 649.04	
二期	—	—	—	
三期	—	—	—	

表 3-33

测 算 表 3

经营期各年现金流量表（资本金）

万元

被评价项目：×风电

项 目		基建期	投产第1年	投产第2年	投产第3年	投产第4年	投产第5年
	0	1	2	3	4	5	6
净利润		0.00	1093.83	1176.84	1259.85	935.24	1012.02
固定资产折旧		0.00	1313.33	1313.33	1313.33	1313.33	1313.33
递延或摊销费用		0.00	0.00	0.00	0.00	0.00	0.00
财务费用		0.00	1203.63	1120.62	1037.61	954.60	871.59
退还的增值税			0.00	0.00	0.00	0.00	0.00
经营活动产生的现金净流量		0.00	3610.79	3610.79	3610.79	3203.17	3196.95
资本金投入额		6352.73	0.00	0.00	0.00	0.00	
归还本金			1694.06	1694.06	1694.06	1694.06	1694.06
支付利息		622.57	1203.63	1120.62	1037.61	954.60	871.59
当年现金净流量		−6975.29	713.10	796.11	879.12	554.51	631.29
累计净现金流	—	−6975.29	−6262.19	−5466.08	−4586.96	−4032.45	−3401.16
折现现金流		−6194.75	562.44	557.65	546.88	306.35	309.74
累计折现现金流	—	−6194.75	−5632.32	−5074.67	−4527.79	−4221.44	−3911.70
内部收益率（%）	12.37						

（2）项目建设阶段中，财务以项目概算为抓手，通过在合同台账中增加概算内容，保障了工程投资过程的可控、在控、受控。及时准确地对每笔付款金额、凭证号等内容进行统计，把握实际工程进度，每月核对投资金额及开票情况，提高资金支付准确率，提高后续财务竣工决算工作效率，见表 3-34。

表 3-34

基 建 项 目 合 同 台 账

序号	合同名称	份数	承包方	工程名称	概算金额	合同编码	合同价（万元）	发票		付款统计		承办人	备注
								金额	税额	付款日期	金额		
5	项目用地勘测定界合同	1	××技术咨询有限公司	勘测定界报告费	4	271-B1600002	6.6	62 264.15	3735.85	2016.6	66 000.00	××	2016.6发票1000569
7	项目接入系统方案设计编制费	1	××电力设计有限公司	接入系统设计编制费	10	ND08-JJ-03(2014)-001	18	84 905.66	5094.34	2016.7	90 000.00	××	2016.7发票1000683

续表

| 序号 | 合同名称 | 份数 | 承包方 | 工程名称 | 概算金额 | 合同编码 | 合同价（万元） | 发票 | | 付款统计 | | 承办人 | 备注 |
								金额	税额	付款日期	金额		
8	项目水土保持监理技术服务合同	1	××工程监理有限公司	项目技术经济评审费	215.774 999	271－D1600016	11.5	108 490.57	6509.43	2016.8	57 500.00	××	2016.5发票1000463
9	项目工程监理费	1	××电力建设监理咨询有限公司	工程建设监理费	185.75	2710FWJL20140002	80	348 301.88	20 898.12	2016.10	369 200.00	××	2016.7发票1000694
10	项目水土保持监测技术服务	1	××水土保持治理监督局	水土保持监测技术服务费	8	271－D1600015	10.5	99 056.60	5943.40	2016.12	52 500.00	××	2016.7发票1000704

3. 改善成果

由图 3-34 可以看出：通过改善，新建项目净资产收益率为 19.23%，较标杆公司 15.11% 提高了 4.12 个百分点。

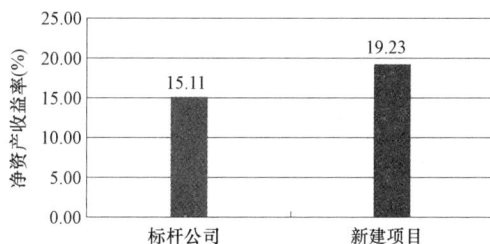

图 3-34 净资产收益率对标

由表 3-35 可以看出：通过以上相关改善措施的落实，新建项目都可控制在结算批复后（或者取得基建尾工批复后）三个月内完成竣工决算并取得批复，超行业平均水平。

表 3-35 新建项目各期竣工决算批复时间统计表

序号	项目名称	竣工结算批复时间	基建尾工批复时间	竣工决算批复时间
1	一、二期	2016 年 2 月		同年 4 月
2	三～八期	2016 年 3 月		同年 5 月
3	九、十期	2016 年 6 月	同年 8 月	同年 11 月
4	十一～十六期	2016 年 5 月	同年 8 月	同年 11 月

由图 3-35 可以看出：通过加强财务参与基建项目的全过程管控，某新能源公司单位容量投资在 2016 年集团风电项目对比中最低。

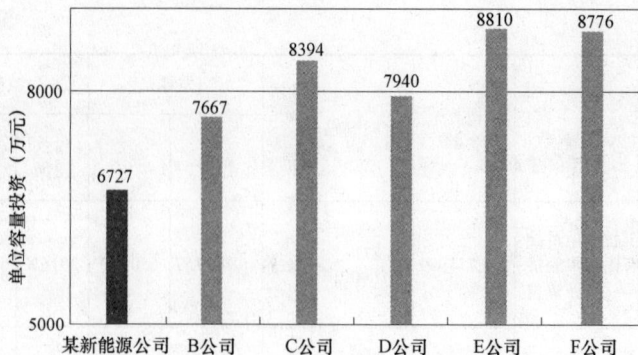

图 3-35 截至 2016 年集团风电项目单位容量投资对标

（五）标准化

某新能源公司结合实践过程，对基建财务管理相关制度进行完善。

（1）对《基建财务管理标准》中财务参与流程进行了相关规定。

（2）对《基建工程竣工决算报告编制管理标准》明确编制、审核的具体内容和职责。

【案例思考】

（1）提高财务部门在基建投资决策管理和建设过程中（概算的审批、概算的执行、设计变更的批准等方面）的参与程度。同时与相关业务部门及时地进行有效的沟通、协同合作，对未来不确定因素进行合理的预测。

（2）加强基建项目的资金管理为切实管好用好基建工程项目资金，坚持资金的统筹安排，在保障项目施工正常进行的前提下提高资金使用效益。

（3）加强工程的全程管理，做到由原来的事后核算变为全程的监督、控制与反映，将基建财务管理工作与整个基建工程的周期相吻合，做到开工前准备、工程中控制、工程竣工核算。加强控制决算过程中的各关键点，以实现最终决算的关口前移、提高决算报告质量的目标。

<本案例由华电国际宁夏新能源发电有限公司提供>

第六节　通过基建期资金的合理筹划，降低投资成本

企业在基建期，资金需求量大，做好基建项目融资的提前筹划是降低基建投资成本的有效途径。本案例将重点描述该子课题在集团某新能源公司的精益管理实践过程。

【案例3-6】　通过基建期资金的合理筹划，降低投资成本

（一）案例背景简介

1. 实施背景

基建期融资筹划是降低项目造价、提升项目盈利能力的重要途径，新建项目要做到整

个生命周期融资成本最低，必须从项目建设前期提前做好融资方案的筹划。

集团某新能源公司依据战略发展需求，积极布局新能源资源，基建项目资金需求量大，新能源电价补贴不能按时到位，从而导致各项目投产后的资金支出压力较大，各项目只有最大限度地降低投资成本，才能确保企业的正常盈利能力。

2. 实施思路

某新能源公司引入精益管理理念，通过探索基建期资金的合理筹划，实现降低基建期投资成本的改善目标。

（二）现状诊断

1. 诊断内容

运用现状调查法，对影响基建阶段资金风险和资金成本的各因素进行诊断。

（1）对 2015 年 12 月融资结构进行统计列表，如图 3-36 所示。

2015 年 12 月融资结构表				
融资工具		月末融资余额（万元）	综合融资成本（%）	占比（%）
银行借款	1 年期	7 000.00	3.92	1.41
	3 年期	15 000.00	4.28	3.02
	5 年及以上	474 318.40	5.86	95.57
银行承兑汇票				
委托贷款				
合计		496 318.40	5.79	100.00

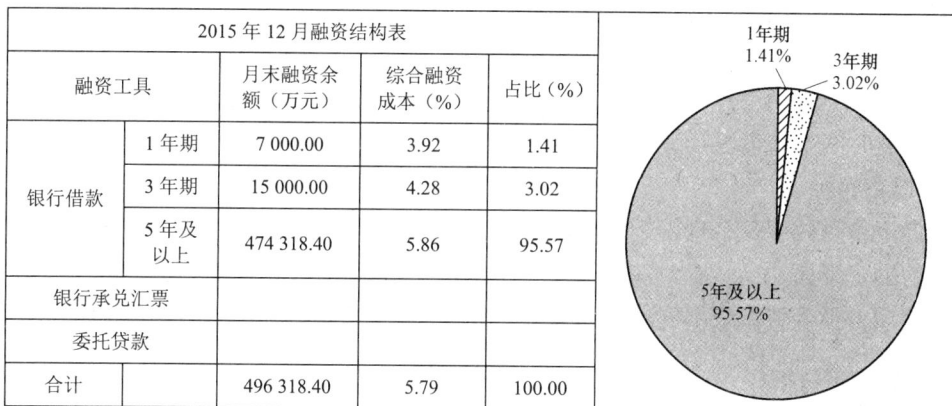

图 3-36　2015 年 12 月融资结构图

由图 3-36 可以看出：某新能源公司 2015 年长期借款占比 95.57%，短期借款占比 1.41%，长期借款占比较短期借款占比高出 94.16 个百分比，项目贷款全部为基准利率，资金成本较高，融资方式和融资结构存在进一步优化的空间。

（2）对基建项目设备付款筹划现状进行列表，见表 3-36。

表 3-36　　　　　　　基建项目设备付款筹划表

付款方式	金额（万元）	支付时间	付款方式	金额（万元）	支付时间
预付款 10%	2550	合同签订后	质保金 10%	2550	投产后 5 年
到货款 40%	10 200	风机到货后	合 计	25 500	
验收款 40%	10 200	风机安装完毕后			

由表 3-36 可以看出：某新能源公司设备款按照四个阶段、1:4:4:1 的四种方式支付。按风电一般投资来讲设备投资占工程总投资的 85%，按工程造价 3 亿元测算，设备造价为 2.55 亿元，资本金到位 20% 为 0.6 亿元，预付款加到货款 50% 共 1.275 亿元，所需贷款额

度为 1.275 亿元–0.6 亿元=0.675 万元。到货后即付 40%到货款需要公司进行债务融资，造成建设初期资本化利息增加。

对资本金未及时到位进行举例描述，见表 3–37。

表 3–37　　　　　　　　　　　资 本 金 未 及 时 到 位

项目名称	设备款支付进度	资金需求（万元）	计划资金来源（万元）			实际资金来源（万元）		
			资本金	债务融资	利息	资本金	债务融资	利息
某项目	10%	2550	1000	1550	76	1000	1550	76
	40%	10 200	1000	9200	263	0	10 200	292
	40%	10 200	1000	9200	150	0	10 200	167
	投运后（1 年）	0	3000	0		5000	0	
	10%（质保金）	2550	0	0		0	0	
合计		25 500	6000	19 950	489	6000	21 950	534

注　多发生利息费用=534 万元–489 万元=45 万元，增加利息占比=45/489=9.18%。

由表 3–37 可以看出：某新能源公司某项目资本金在项目建设一年投产后才全部到位，资本金到位时间有较大提升空间。

2. 改善目标

拟通过精益改善，合理筹划基建项目融资方案，科学搭建基建期融资模型，改变基建期单一的融资模式。

新建项目债务资金成本同比降低 9%。

（三）原因分析

为了达到以上的改善目标，我们针对基建期资金的合理筹划进行深度分析，找出问题的根本原因，以便于制定确实有效的改善对策，要因分析见表 3–38。

表 3–38　　　　　　　　　　　要 因 分 析

序号	问题	原因	根本原因	是否要因	是否可控	当前是否控制	是否有效	备注
1	资本化利息高	资本金到位不及时	资本金申请滞后	是	是	是	效果不佳	需要改善
2		融资结构不合理	长短期借款结构不合理	是	是	是	效果不佳	需要改善
3		资金支出筹划不合理	设备款支付不合理，建设期融资金额大	是	是	是	效果不佳	需要改善

（四）实施改善

1. 改善措施

根据以上的要因分析制定改善对策及具体行动计划表，见表 3–39。

表3-39   原因分析及改善对策

序号	根本原因	改善对策	责任单位	计划完成时间
1	资本金申请滞后	及时申请资本金，资本金足额到位	财务部	投资进度完成前
2	长短期借款结构不合理	增加银行承兑汇票的使用、项目贷款方式的优化降低贷款利率	财务部	项目建设期内
3	设备款支付不合理，建设期融资金额大	从签订设备采购合同时合理筹划资金支付方式及支付比例	财务部	项目建设前期合同签订

2. 改善实践

（1）银行承兑汇票在某新能源公司的运用。通过加大银行承兑汇票在基建项目中的运用，将票据业务开展步骤列示如图3-37所示。

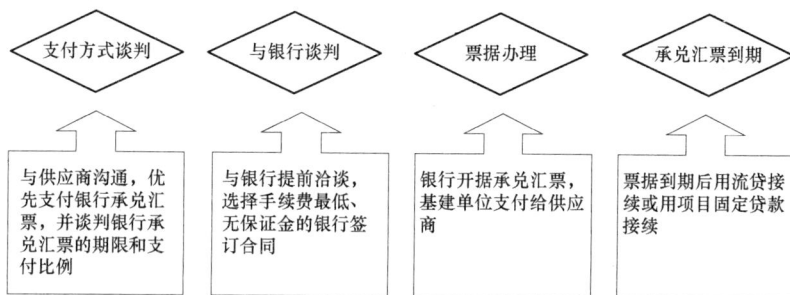

图3-37　票据业务开展步骤

（2）下浮利率项目贷款的取得。集团A公司在2015年前将多个风电公司整合成一家新能源公司，增加了公司整体资产和现金流量规模，实现了资金的集中管控，通过与多家银行进行谈判，重新信用评级，被集团财务公司列为首家流动资金贷款的新能源企业，取得10亿元规模下浮10%的流动资金贷款授信额度，新增项目贷款统借统还。同时，将流动资金借款与项目贷款绑定谈判，银行为扩大优质贷款的规模可同时提供下浮利率的流动资金借款与项目贷款。

（3）资金支付方式的筹划，见表3-40。

表3-40   资金支付方式的筹划表

改善前付款方式	改善前支付时间	改善后付款方式	改善后支付时间
预付款10%	合同签订后	预付款10%	合同签订后
到货款40%	风机到货后	到货款10%	风机到货后
验收款40%	风机安装完毕后	到货款40%	风机安装完毕并网后
		240验收款30%	投产后2～3年
质保金10%	投产后5年	质保金10%	投产后5年

（4）加大资本金到位工作力度。A公司高度重视资本金的到位工作，按照投资计划提前制定资本金到位计划，并将其分解到具体月份。提前向需公司行文申请资本金。截至2016年底，A公司投资90亿元，资本金到位18亿元，资本金全部到位。

3. 改善成果

2016 年采用了多种融资方式，通过增加流动资金贷款、使用母公司委托贷款、办理银行承兑汇票，改变了过去单一的融资模式，融资结构较 2015 年发生加大改善，如图 3-38 所示。

2016 年 12 月融资结构表				
融资工具		融资余额（万元）	融资成本（%）	占比（%）	节约财务费用
银行借款	1 年期	45 000.00	3.92	8.41	443.25
	3 年期	10 000.00	4.275	1.87	62.50
	5 年及以上	454 399.80	5.00	84.92	
银行承兑汇票		6 704.25	0.05	1.25	160.90
委托贷款		19 000.00	3.76	3.55	216.60
合计		535 104.05	4.85	100.00	883.25

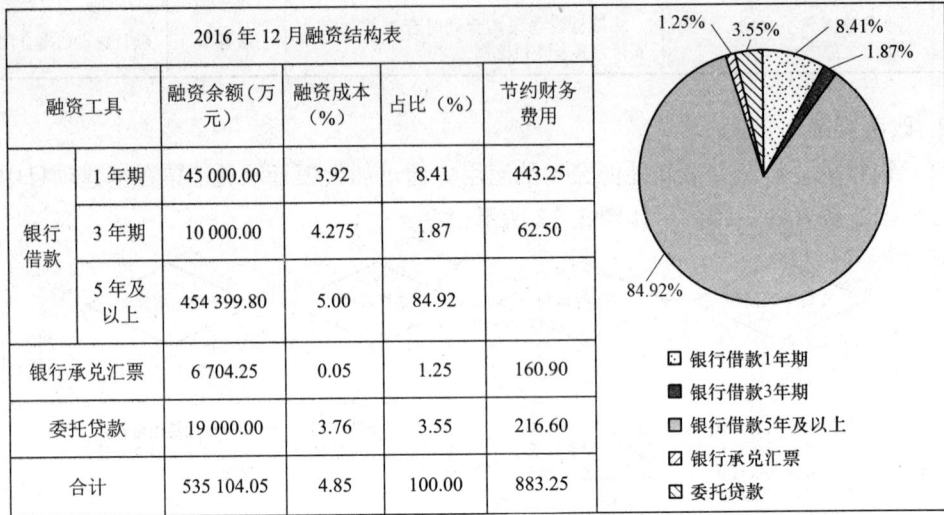

图 3-38 2016 年 12 月融资结构图

投资 3 亿元测算资本金改善见表 3-41。

表 3-41　　　　　　　　　投资 3 亿元测算资本金改善表　　　　　　　　　万元

改善前某项目				改善后某项目				节约利息
资本金	项目贷款金额	贷款利率（5 年期基准利率）	贷款利息	资本金	项目贷款金额	贷款利率（5 年期基准利率）	贷款利息	
4000.00	8750.00	4.90%	428.75	6000.00	6750.00	4.90%	330.75	98.00

注　节约利息费用 98 万元，利息费用节约占比=98/428.75=22.8%。

通过资金支出的合理筹划，累计节约利息支出见表 3-42。

表 3-42　　　　　　　　　　　累计节约利息支出表　　　　　　　　　　　万元

项　目	金额	支付时间	平均商业信用占用时间	累计可节约财务费用	基建期节约
预付款 10%	38 000.00	合同签订后			
到货款 10%	38 000.00	风机到货后			
到货款 40%	152 000.00	风机安装完毕，并网后			
240 验收款 30%	114 000.00	投产后 2~3 年	2.5 年	13 965	1862
质保金 10%	38 000.00	投产后 5 年	4 年	7448	
合计	380 000.00			21 413	1862

通过以上改善达到预期改善目标。

（五）标准化

某新能源公司结合实践过程，对资金管理相关制度进行完善。

（1）《筹资管理标准》中对筹资合同的订立和执行条款进行了修订和完善：

1）财务部根据经批准的筹资方案，与银行或证券机构等中介商议筹资合同的具体条款，内容包括贷款期限、贷款偿还方式、贷款利率和利息支付方式、信贷额度、循环使用的信用协议、补偿性余额以及借款抵押筹资款项数额等。

2）财务部应从公司实际运营状况和发展前景出发进行谈判，对比市场同类筹资合同条款，合理确定资金的需要量，防止筹资不足或过剩。

（2）《筹资管理标准》中，对筹资风险管理条款进行修订和完善：

1）融资风险的评价由财务部负责。

2）以投资和资金的需要决定融资的时机、规模和组合，充分考虑公司的偿还能力，全面地衡量收益情况和偿还能力，做到量力而行；负债率要控制在一定范围内；融资要考虑税款减免及社会条件的制约。融资成本是决定公司融资效益的决定性因素，对于选择评价融资方式有重要意义。财务部应提高资金使用效率，降低综合资金成本率。

【案例思考】

（1）不影响企业信用的条件下，基建期设备款支付时应充分考量货币资金的时间价值进行合理的筹划以确保资金成本降低。

（2）在资金使用过程中合理筹划融资结构，合理使用银行承兑汇票，降低投资成本。

<本案例由华电国际宁夏新能源发电有限公司提供>

市场营销篇

水电与新能源发电企业精益管理实践

引　言

　　精益管理是适应现代企业管理需要，最大限度地消除浪费、改善管理、提高管理效率，实现效益最大化的一种管理方式。中国华电集团公司（简称"集团公司"）在全面推行"7S"管理并取得阶段性成果的基础上，为优化存量资产，内抓"降本"，外抓"增收"，导入精益管理理念，运用精益管理工具，积极倡导"消除浪费、创造价值、持续改善、精益求精"。2016年5月，集团公司精益管理工作全面启动，按照"专项试点、全面推行、巩固提升"三个阶段分步完成精益管理在总部、区域公司和基层企业的导入和推行，力求以精益思想引领管理提升，提高资源利用效率和管理效率，持续增强企业竞争力。

　　市场营销精益管理是在进行营销活动的过程中，对营销资源进行合理而有效的配置，尽量降低销售环节的成本，并把重要而关键的资源集中到主要客户上。在营销过程中，营销团队不断学习，丰富知识结构，树立精益观念，并在以后的工作中不断应用，持续改进营销工作模式和方法，追求尽善尽美，最终获得投资收益最大化，这就是市场营销精益管理的核心思想。

　　自新一轮电力体制改革启动以来，在经济下行、电力需求放缓的大形势下，电力市场化已成为影响企业效益的主要因素。集团公司借全面推行精益管理之机，重新梳理、优化、构建营销一体化体系，健全营销体制、完善考核机制、整合营销资源，力求借电改之东风，牢牢牵住电量这个经营"牛鼻子"，着力提升市场占有率，助力公司做强做优做大，到2020年确保完成"2218"战略目标，建成以电为主、产业协同、清洁低碳、安全高效的世界一流能源集团。

　　本篇主要以蒙西地区和四川地区为例，全面梳理水电与新能源发电企业市场营销工作流程，将精益管理思想运用到市场营销工作的各个工作环节。蒙西地区新能源发展起步较早，装机占比在全国领先，新能源消纳问题突出。近年来，新能源作为国家鼓励发展的清洁能源，在保障性收购政策难以落实和电价补贴拖欠的同时，还面临市场化竞争的冲击，使得市场营销工作更加复杂多变。四川地区水电装机容量大，消纳问题突出，电力市场竞争激烈，在全国范围内具有一定代表性。这两个地区的市场基本可以反映全国大部分区域水电与新能源电力市场的实际情况。

　　本篇结合各区域市场营销工作特点，共同分析、研究并提出改善方案，探索出一条水电与新能源发电企业市场营销管理之路。

第一章

水电与新能源发电企业市场营销精益管理概述

第一节　市场营销精益管理分析

精益管理源于精益生产，是衍生以日本丰田公司为代表的一种管理哲学，现在已经逐步延伸到企业的各项管理业务，也由最初的具体业务管理方法，上升为战略管理理念。它能够通过降低成本、提高质量、提高客户满意度、加快流程速度和改善资本投入，使企业价值实现最大化。精益管理要求企业的各项活动都必须运用"精益思维"，以最小资源投入，消除系统中的各种浪费，创造出尽可能多的价值，为客户提供合格产品和及时服务。对企业内部而言，分为精细管控和精益改善两个方面。精细管控是基础，精益改善是提升和发展，通过将常规管理引向深入和提高，最终达到最大限度减少管理所需资源和降低管理成本的目标。

随着电力市场化改革不断深入，传统的电力市场营销模式已不能适应新环境的需求，现在发电企业市场营销普遍存在市场意识欠缺、管理机制不健全、客户服务滞后等问题，需要企业建立完善可行的市场营销管理模式。市场营销的精益管控就是结合企业现状，关注细节、关注效益等，对内做到"营销机构一体化、营销管理一体化、激励机制一体化"来完善企业内部精益管控。精益管理要求企业必须遵循"精益思想"的核心要求，以最小的人力、资金、设备和时间投入等，围绕企业管理流程持续改善，消除各环节的不必要"浪费"，创造出尽可能多的价值，详细分析管理过程中降低成本和增加收益的所有环节，具体如图 1–1 所示。

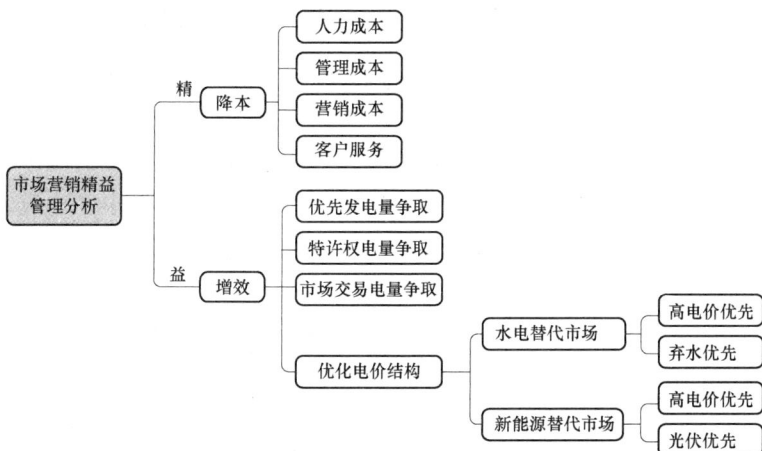

图 1–1　市场营销精益管理分析

第二节　水电与新能源发电企业
市场营销精益管理思路

伴随着电力体制改革进程不断加快，我国电力生产正由"以产定销"转向"以销定产"，市场营销工作模式由计划导向型向市场导向型转变。发电企业应及时调整市场营销工作思路，由计划意识向市场意识转变，提升用市场办法解决市场问题的本领，增强市场竞争能力；主动迎接电力市场化新挑战，以质量效益为中心，以增收节支为主线，提升企业效益；导入精益管理理念，运用精益工具，分析企业成本敏感因素，持续精益改善，实现以最小投入创造出最大价值。

水电与新能源发电企业市场营销工作流程可以概括为：市场分析、营销策略制定、合约电量争取（包括基数电量和市场电量）、客户服务、电量兑现与经济运行、电价落实与电费回收、对标评价与改善，如图 1-2 所示。

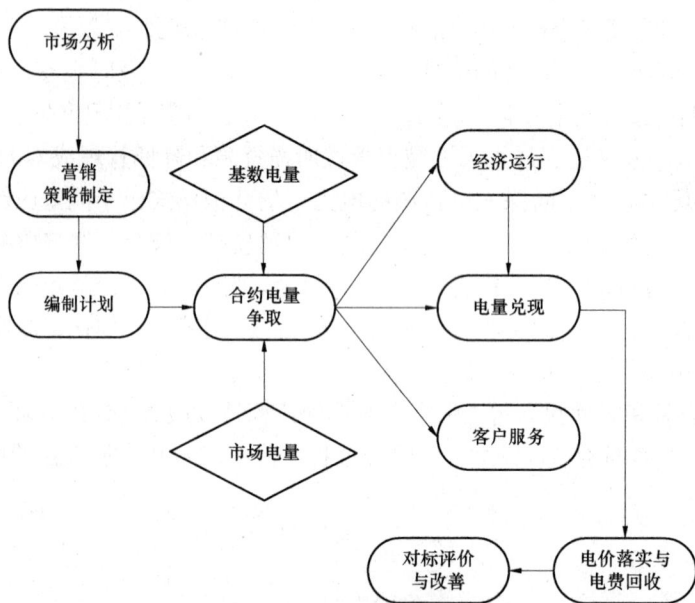

图 1-2　市场营销工作流程图

水电与新能源属于清洁能源，符合国家能源产业政策，具有明显的成本领先优势和市场竞价能力。水电与新能源发电企业的市场营销工作要充分利用发电变动成本低、市场电量竞价空间大、国家政策保障性好的特点，尽力争取市场份额，运用创造性思维将精益理念应用到市场营销工作中。

第二章

水电与新能源发电企业市场营销精益管理实践路径

第一节　市场营销精益管理实践方法

一、确定市场营销精益管理实践方向

研究当前国内电力市场新形势，列出市场营销管理投入的所有要素，运用精益管理的思路，寻找市场营销精益管理的不足点和价值点，寻找各项要素管理过程中的浪费点，寻找市场营销管理产出的价值点，寻找扩大价值点的机会和方法。通过消除或者降低浪费点，固化、推广价值点，实现市场营销价值的最大化。

二、实践市场营销精益管理的大课题改善

根据市场营销管理的特点，结合梳理出市场营销精益改善方向，着重从政策争取、市场竞争、公共关系、经济运营、价费管理等方面列出创造价值的实践课题，导入精益管理理念，运用精益管理工具，内控成本，外拓市场，不断提升效益水平，持续增强企业相对竞争力。

三、在试点单位进行精益管理课题成果总结及推广

精益管理的目的是消除浪费、创造价值，因此精益课题完成后，应该组织召开课题总结大会，总结课题是否切实有效，是否达到改善目的，并根据情况在试点单位进行推广，以达到课题效益的最大化。

四、对改善成果进行固化

即使获得短期成果，也并不能绝对保证效果的持续性，因此需要将维持成果所必需的相关管理制度、激励机制等内容进行针对性更新，并向相关人员宣贯，以形成长期的工作习惯。全面推行精益管理过程，需不断总结成功经验，归纳有效做法，创造更多更好的可复制、可借鉴、可推广的案例，持续完善和巩固精益管理工作。

第二节　市场导向型公司经营理念

随着电力体制改革加速推进，市场化程度不断加深，市场竞争进一步加剧，市场营销

在经营中的作用更加突出。水电与新能源发电企业要根据市场形势变化和竞争需要及时转变经营管理理念，建立以市场为导向、以营销为龙头、以客户为中心的经营模式，借助精益管理理念，重新梳理和调整管理结构，全面落实市场营销工作的龙头地位和导向作用。

建立市场导向型公司的经营理念要切实增强市场营销力量，抓好营销业务与其他业务的有效协同，把握政策机遇，提升市场竞争能力，扩大市场份额；以改革为动力，建立一体化的电力市场营销体系，主动向市场、用户要效益。

第三节　区域一体化营销管控体系

本着"统筹兼顾、综合协调、区域联动、效益优先"的原则，建立以需求和业务集约为导向的区域一体化营销管理体系，明确职责权限、完善体制机制，充分发挥区域公司营销战略制定和决策的核心作用，调动基层企业按照自身实际履行营销职责，保证市场营销工作的协调管控，降低企业市场风险，实现区域公司效益最大化。

一、区域公司

（1）打造区域一体化营销平台。区域公司要完善营销机构，成立市场决策委员会，可以根据竞争需要建立区域营销中心、集中控制中心等机构，整合区域营销资源，加强营销力量，建立健全区域市场营销统一管控体系，使区域管理界面逐步明晰，管理流程不断优化。

（2）坚持"四统一"管理要求。区域公司按照"统一协调、统一管理、统一竞争、统一平衡分配市场电量"的原则，梳理和再造管理流程，健全和完善适应市场竞争的区域市场营销管理机制，承担（落实）区域营销主体和市场竞争主体责任，实现区域效益最大化。

（3）建立区域一体化的市场运作机制。提高公司竞争力和快速反应的决策能力；完善电力大用户管理机制；建立收入与业绩挂钩的市场营销激励机制；完善营销指标考核和评价机制，增加对发电效益和经济运营的考核和评价；推动建立市场营销风险防控机制。

二、基层企业

基层企业作为市场竞争的责任主体，按照区域一体化的工作要求，本着区域效益最大化原则，积极开拓市场、落实市场营销目标，完善企业市场营销工作机制和相关规章制度；在合约电量落实工作中，做好经济运营工作；科学制定电费回收策略，加强电费回收率，防止市场不规范带来的电费回收风险；通过内部竞争、公开选拔等形式，选择熟悉生产经营、具有较强组织协调能力的综合型人才。

第四节　精益管理保障机制

一、人才建设与培训

（1）队伍建设。加快市场营销人才队伍建设和干部梯队建设，通过外部专业营销人才引进、内部优秀人才选拔、培养等方式加大营销人员的配备力度，努力培养一支作风强、技能过硬、服务优质的营销队伍。

（2）业务培训。公司要通过市场实践锻炼、技能培训和系统内定期交流等方式提升业务人员专业技能，并与高校和专业培训机构建立长期合作关系，建立市场营销常态化培训机制。

二、绩效评价与激励机制

随着电力改革进程加快，原有的考核激励机制已经不适应新的电力市场需要，企业应建立以市场为导向的绩效考核办法，建立与业绩挂钩的激励机制，奖惩结合、以奖为主。

（1）绩效考核。完善营销工作评价考核体系，按照发电小时数、交易市场份额、存量客户占比和电价水平等营销指标评价结果对集体或个人给予奖惩，充分调动营销人员的积极性和主动性，提升营销业绩，保证企业经营效益。

（2）激励机制。制定专项奖励、特殊嘉奖等奖励办法。对工作业绩突出的营销人员，以及为公司市场开拓、电量落实等工作有突出贡献者，按照业绩大小和贡献度给予额外奖励。促进全员营销、打造大营销理念，激发全体干部员工参与营销的主动性和创造性，充分调动公司可利用的营销资源。

三、区域一体化营销信息化系统

按照精益营销的管理要求，建设区域一体化营销信息化系统，通过管理信息系统挖掘大数据中有价值的信息，提升市场反应速度和竞争能力。营销信息化系统应具备市场信息管理、成本管理、决策管理、结算管理、交易管理、生产运行、客户管理和系统管理等功能，应用前沿信息技术和先进管理理念，以自动化和信息化手段加大市场营销工作深度和广度，运用科学的方式和方法开展市场预测分析，全面提升公司的决策能力和反应速度，为公司经营发展提供支撑和保障。

第三章

市场分析与营销策略

电力市场分析是通过对社会经济发展信息、用电需求信息、典型行业用电情况以及自身条件等进行分析，找出电力市场的发展变化规律及趋势，制定切实可行的电力营销策略，为经营计划提供有效的辅助依据，进而使管理更加精细化，提升企业竞争能力。

第一节 市 场 分 析

电力市场分析主要包括电力营销环境分析、电力市场需求分析、用电客户及其购买行为分析和电力营销策略分析。结合水电与新能源发电的特点和需求，可以将水电与新能源发电企业的市场分析工作内容分为宏观经济形势分析、电力供需环境分析、电力政策环境研究、客户市场调研、竞争对手分析、自然资源条件（水文气象、风光资源）分析、自身竞争条件分析。

一、宏观经济形势

宏观经济形势分析包括国家和区域内国民经济情况、人口增长趋势、消费水平和消费结构、物价水平和物价指数、能源和资源状况等。如发电企业影响较大的产业结构、产业用电增长趋势、地区人口密集程度、居民收入水平、文化教育水平、居民用电增长趋势等。

二、电力供需环境

（1）电力需求情况分析。用电需求分析包括全社会用电量、分行业用电量、负荷及增长预测、用电结构特点等。采用一定的预测技术，如经验预测技术（单耗法、电力弹性系数法、负荷密度法）、回归预测技术以及其他预测技术，进行用电需求预测，并对已有用户以及新增用户的电力需求做出一定的科学预估。

（2）电力供应情况。包括网内发电装机容量、装机结构、装机增长情况以及电网输电能力，输配电网络的建设情况。

（3）跨省区输电情况，包括跨省区送电（受电）情况和输电能力分析。

（4）电力供需平衡分析。结合电力需求和电力供应预测，分析地区电力供需平衡情况以及分阶段特性。

三、电力政策环境研究

了解和分析影响电力行业发展的方针、政策和法规，重点关注电力体制改革，电力市场交易规则，电价、财政和税收，可再生能源消纳等相关政策。

四、客户市场分析

对交易客户用电规模、行业产品、用电特性、用电价格、区域分布情况等进行调研，对主要用电行业的市场走势、产品价格行情、成本单耗、发展前景等进行分析。

五、竞争对手分析

对与自己有竞争关系的发售电企业的市场份额、特殊政策、生产成本、经营状况、发电能力、竞价能力等进行分析。

六、自然资源条件分析

水电与新能源发电能力与自然资源密切相关，在一定程度上是"靠天吃饭"，因此对水文、风况、光照等因素的预测和分析是判断自身发电能力的前提。水电主要分析降雨、产流等水雨情信息，风电主要研究风资源预测信息，光伏主要研究光照、雨雪等气象信息。

七、自身竞争条件分析

自身竞争条件分析包括检修安排、设备状况，发电能力、地理位置、资源条件，自身可享受的优先发电权和差别调度政策，投资、成本等差异情况。

【案例3-1】 预测分析地区电力平衡，优化营销策略和检修计划

（一）案例背景简介

1. 实施背景

华电内蒙古公司管理的新能源装机 225.88 万 kW，占蒙西电网新能源装机的 10.51%，其中在乌兰察布地区装机 105.23 万 kW，占公司新能源装机的 46.59%，乌兰察布地区场站的发电量水平对公司总体经营效益影响很大。乌兰察布地区属于国家一类风资源区域，从电网电气连接角度看，乌兰察布位于蒙西电网最东部，是电网向华北送电的出口。2012 年开始，乌兰察布地区引进大批氯碱化工、铁合金冶炼等高载能企业，用电负荷迅速增长，而地区发电装机建设相对滞后，同时受 500kV 输电断面极限控制影响，蒙西电网东、西部地区电力不能有效互济，在用电高峰期出现东部地区电力供应紧张的局面，这给断面内的发电机组带来发电机遇，如果能准确预测各阶段电力供需平衡情况，就能更好地抢抓发电市场机会。根据地区全年各阶段电力平衡预测、风资源季节特性分析，制定全年差异化营销策略，把握短时市场机会，提高营销工作效率，同时根据抢发电量需要，优化生产检修计划。

2. 实施思路

（1）开展乌兰察布地区电力平衡预测分析。收集地区用电负荷增长情况，电网输电线路投产进度，地区火电机组计划检修安排，地区输入、输出电量情况等，进行电力平衡分

析测算，得出全年各月电力平衡情况。

（2）预测公司各风电场的分月风速情况，掌握全年各阶段发电能力。

（3）综合分析各月的地区电力供需情况和风资源情况，制定各阶段差异化的营销策略，优化全年设备检修计划。

（二）改善目标

（1）通过分析地区电力供需形势，制定全年各阶段差异化营销策略和措施。

（2）合理安排设备定检维护计划，减少设备原因弃风。

（三）实施改善

1. 过程说明

电力平衡分析：

（1）掌握地区 500、220kV 线路建设和改造计划，预测电力输入输出情况。

1）建设 500kV 察右中旗变电站、500kV 武川变电站以及 8 回 500kV 输电线路，形成"东送北通道"，将呼丰断面潮流极限增加 50 万 kW，增加外部输入电力的能力。

2）重新利用废弃闲置的 220kV 凉城—丰镇输电线路，恢复建设 220kV 呼市航天变—丰镇—凉城供电线路，增加了从呼市向乌兰察布市 20 万 kW 的供电能力，2014 年 3 月完成。

3）新建 500kV 集宁东变电站，加强外部送入电力的落地输送，2013 年 7 月投运。

4）扩建 220kV 黄旗海变电站和旗台变电站，解决前旗和商都地区负荷受限和新投产项目无法接入的问题，2014 年 5 月完成。

（2）预测乌兰察布市 2014 年用电负荷增长情况。

1）乌兰察布市 2014 年初已经建成待接入的矿热炉有 9 台，炉变容量 25 万 kV·A，负荷 20 万 kW，2014 年 4～5 月完成。

2）2014 年投产的续建项目 25 个，矿热炉 33 台，炉变容量 102 万 kV·A，可新增用电负荷 82 万 kW。其中上半年投产 30 万 kW，下半年投产 40 万～50 万 kW。

3）黄旗海变电站和商都旗台变电站扩容改造后可接入已建成的 20 万 kW 用电负荷，2014 年 4～5 月完成。

（3）掌握火电装机检修计划，预测地区火电各阶段的最大发电能力。

乌兰察布及以东地区的火电机组 2014 年集中扎堆安排脱硝、脱硫、除尘改造，计划检修项目安排密集。收集各电厂的年度检修计划如下，据此测算地区火电机组分月的最大发电出力，分析各阶段发电供应能力。

1）H 电厂：三台机 A 修及脱硫、脱硝改造，一台机组 C 修。1 号机组 2014 年 3 月 1 日至 4 月 14 日 A 修，工期 45 天。3 号机组 4 月 16 日至 5 月 30 日 A 修，工期 45 天。4 号机组 9 月 15 日至 30 日 C 修及改造，工期 16 天。2 号机组 10 月 16 日至 11 月 28 日 A 修，工期 45 天。

2）F 电厂：一台机组 A 修及脱硝改造，六台次机组 C 修。3、4、6 号机组于 2013 年 12 月至 2014 年 1 月轮替安排脱硫改造的烟道对接，同时穿插 3、4、6 号机组 C 修，单台机工期 20 天，共 60 天。3 号机组 2014 年 3 月 2 日至 4 月 10 日 A 修，工期 40 天。4、5、6 号机组分别于 10、11、12 月 C 修，工期均为 12 天。

3）X 电厂：一台机组 A 修，一台机组 C 修。2014 年 4 月 19 日至 5 月 20 日，1 号机组进行 A 修，工期 32 天。9 月 27 日至 11 月 14 日，1 号机组进行 C 修，工期 18 天。

4）N 电厂：两台机组 A 修。1 号机 2014 年 4 月 15 日至 5 月 10 日 A 修，工期 40 天；2 号机组 6 月 1 日至 7 月 10 日 A 修，工期 40 天。

5）L 电厂：一台机组 A 修，一台机组 C 修。1 号机组 2014 年 5 月 10 日至 6 月 10 日 A 修，工期 32 天。2 号机组 9 月 3 日至 20 日 C 修，工期 18 天。

（4）地区电力供需情况。对以上市场信息进行测算分析，得出乌兰察布地区 2014 年电力供需形势：供需呈现持续紧张、短时供不应求的局面，供电缺口 40 万 kW。2014 年年初，"东送北通道"建成投运后，地区电力供需可基本实现短期平衡。根据上述新增负荷投产情况、电网建设进度以及东部机组检修安排，东部风电出力按照历史同期平均负荷考虑，预测 2014 年一季度及二季度，乌兰察布地区电力供需基本平衡；二季度末，供需形势再次紧张，供电缺口 35 万 kW；三季度，供电缺口 30 万 kW；四季度，供需形势进一步紧张，供电缺口 45 万 kW。详细情况见表 3-1。绘制全年电力平衡曲线，如图 3-1 所示。

表 3-1 　　　　　　　　　　乌兰察布地区 2014 年电力平衡表　　　　　　　　　　万 kW

日期	2013 年	2014 年											
	12 月	1 月	2 月	3 月	4 月	5 月	6 月	7 月	8 月	9 月	10 月	11 月	12 月
电力需求													
最高供电负荷	356	361	350	370	380	390	400	410	420	430	440	450	460
外送输出电力	395	395	395	395	395	395	395	395	395	395	395	395	395
电力需求	751	756	745	765	775	785	795	805	815	825	835	845	855
电力供应													
地区火电装机	250	250	250	250	250	250	250	250	250	250	250	250	250
火电检修容量	20	20	20	40	35	95	45	35	0	20	50	40	40
火电受阻容量	10	10	10	10	10	10	10	10	10	10	10	10	10
机组最大出力	220	220	220	200	205	145	195	205	240	220	190	200	200
机组最大上网	198	198	198	180	184	130	175	184	216	198	171	180	180
风电平均出力	80	41	52	70	134	106	89	56	70	62	97	95	91
送入电力	450	500	500	500	500	500	520	520	520	520	520	520	520
电力供应	750	761	772	770	839	751	804	781	830	802	807	815	811
平衡情况	−1	5	27	5	64	−34	9	−24	15	−23	−28	−30	−44
供需平衡	1	−5	−27	−5	−64	34	−9	24	−15	23	28	30	44

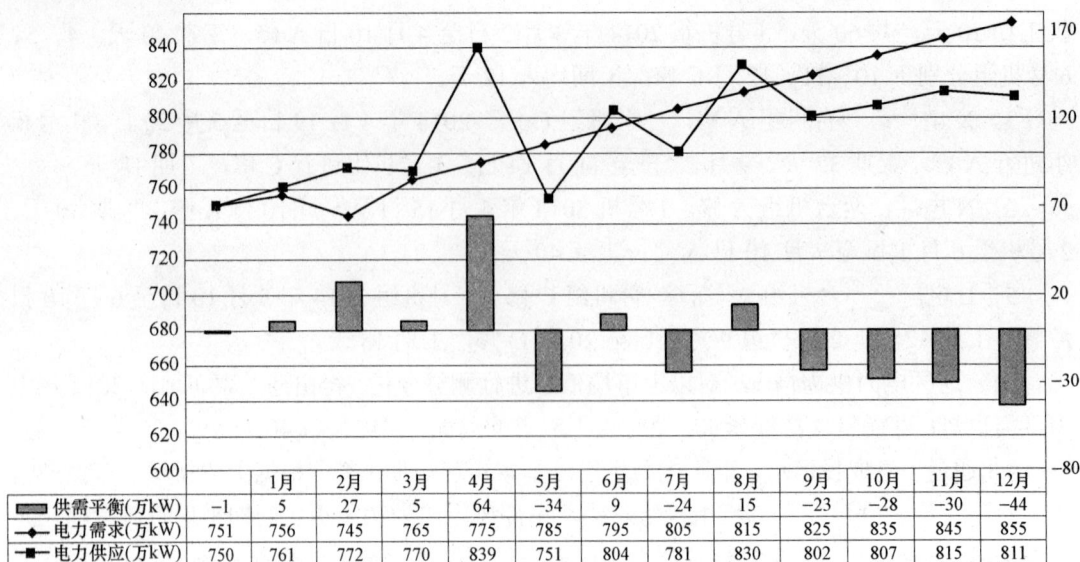

	1月	2月	3月	4月	5月	6月	7月	8月	9月	10月	11月	12月
供需平衡(万kW)	−1	5	27	5	64	−34	9	−24	15	−23	−28	−30	−44
电力需求(万kW)	751	756	745	765	775	785	795	805	815	825	835	845	855
电力供应(万kW)	750	761	772	770	839	751	804	781	830	802	807	815	811

图 3−1　乌兰察布地区 2014 年电力平衡

（5）风资源预测。根据历年风况数据分析和风速预测，绘制风电场全年风速曲线，以 H 风电场为例，如图 3−2 所示。乌兰察布地区风电场风资源的季节特性：

小风季：12～3 月、6～9 月，其中 7、8 月风速最小。

大风季：4、5、10、11 月，其中 4、10 月风速最大。

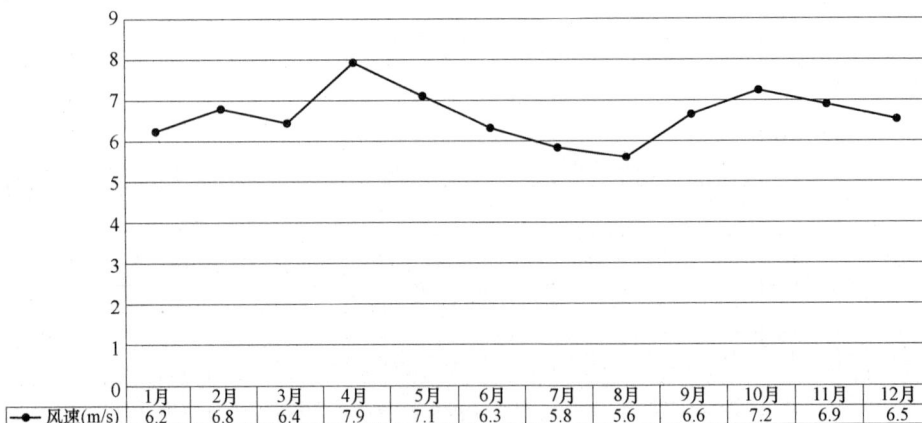

	1月	2月	3月	4月	5月	6月	7月	8月	9月	10月	11月	12月
风速(m/s)	6.2	6.8	6.4	7.9	7.1	6.3	5.8	5.6	6.6	7.2	6.9	6.5

图 3−2　H 风电场 2014 年月均风速

（6）结合 2014 年乌兰察布地区电力平衡预测，得出以下营销计划：

1）1～4 月为地区电力供大于求的时间段，其中 4 月又是全年来风最好的月份，应加大营销力度，尤其是 4 月避免检修停机。

2）6～9 月属于小风季，电力供应基本平衡，火电机组集中检修，营销人员韬光养晦，将营销资源投放到其他方面，此阶段安排设备定检维护工作，尤其是安排在 7 月最佳，是电力供需紧张和小风季结合最明显的时段。

3）10～12 月风力较大，虽然火电及外部输入电力增加，但地区负荷较高，总体呈现供不应求，营销工作以适度关注和负荷监控为主，重点最好大风天的调度公关工作，不安排设备定检维护。

2. 实践效果

根据地区供电负荷以及风况的预测分析，一方面对全年营销工作计划进行合理安排，调整营销介入时机和营销工作节奏，避免频繁进行突击调度公关，另一方面对风场全年检修计划进行优化，灵活安排设备定检维护，提高设备出力效率，避免发生因人为可控因素造成的电量损失。2014 年，公司积极抢抓地区电力平衡波动带来的市场机会，风电小时数 2057.22h，高于全网 18.22h，其中乌兰察布地区风电小时数 2042.05h，高于全网 25.22h，弃风率 7.72%，低于地区平均水平 2.88%。

（四）标准化

公司按照电网输电断面和风资源划分巴彦淖尔、包头、乌兰察布、二连浩特四个区域，每年进行分区电力平衡测算和风资源预测分析，作为制定年度电量计划和营销工作策略的依据，并据此提出对各风场全年的定检维护优化建议。

【案例思考】

市场分析是营销策略制定的基础，是开展营销活动的前置工作，新能源场站所处的微观电力供需环境直接影响调度接纳能力和调度政策。运用微观电力平衡分析与风电场风速预测相结合的手段，可以精准确定全年各阶段的微观市场环境，调节各阶段公关节奏、松紧结合，使营销工作有的放矢。同时为优化机组检修时间，减少设备原因弃风损失提供有力参考。

<本案例由华电内蒙古能源有限公司提供>

第二节 营 销 策 略

科学的营销策略是企业基于充分的电力市场分析调研、政策研究，通过正确决策对选定的目标市场采取的营销方针和工作措施。企业想要成功地占据一个重要的市场地位，无论选择的战略和策略是什么，其必须能够适应行业环境、竞争环境、和企业的内部资源，因为企业内部资源和竞争环境的匹配是选择基本战略的基础和依据。不同的基本竞争战略在企业的不同发展阶段发挥着不同的作用。适当的基本竞争战略对企业在市场竞争中取得的优势地位具有重大的意义。

水电与新能源发电企业的产品是"电"，不同于其他产品生产型企业，水电与新能源发电企业在市场竞争中没有产品质量、性能、外观的差异，竞争差异主要来自发电成本、交易报价、客户服务、差别政策、品牌形象等。在水电与新能源发电企业之间的竞争中，主要手段就是在以上几个要素上采取措施，赢得优势。

经营决策是决定企业兴衰成败的关键。决策管理是企业管理的核心工作之一。在电力营销工作中，市场的固有属性和客户对合作对象的高要求，使得市场营销工作对准确高效决策体系的需求空前提高。完善对决策行为有效监督的同时，建立以市场信息为基础，以价格需求为导向，简明规范、科学有序的决策管理体系，提高决策工作的效率和准确率，是当前建立健全市场营销管理体系过程中亟待解决的关键问题。在激烈的市场竞争中，快速的决策能力决定着公司市场地位和盈利能力。受各区域电力市场规则不健全、机制不完善、信息不透明、产品同质化等因素制约，市场环境瞬息万变、机遇稍纵即逝，这就要求公司能够精准研判政策、精算经营成本、缩短决策流程，在有限的时间内做出相对最优的决策方案，使公司在激烈的市场竞争中立于不败之地。

【案例3-2】 通过SWOT分析，合理定位公司市场营销战略

（一）案例背景简介

1. 实施背景

近几年，蒙西电网新能源装机快速增长，市场化改革进程不断深入，市场竞争日益激烈，市场营销工作面临前所未有的复杂局面。要想适应不断变化的市场形势，必须对市场环境进行充分分析，找到适合的市场机遇，识别环境威胁，结合自身优劣势，匹配企业优势与市场机遇，消除和克服劣势，使威胁最小化。

2. 实施思路

本案例通过内外部竞争环境和竞争条件的 SWOT 分析，将华电内蒙古新能源公司的内部优势、劣势和外部机会、威胁通过调查列举出来，进行分析。用不同的组合来扬长补短，匹配企业资源优势与外在机遇，消除和克服劣势，制定切实可行的市场营销战略，提高企业整体竞争力，确保发电小时数、交易市场占有率在全网领先。具体如图 3-3 所示：

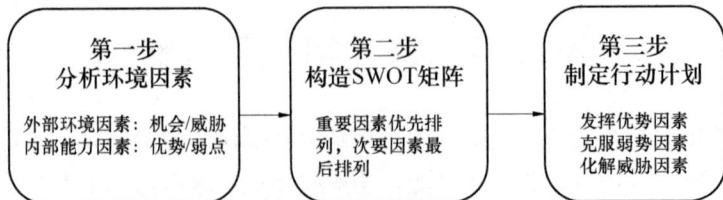

第一步
分析环境因素

外部环境因素：机会/威胁
内部能力因素：优势/弱点

→

第二步
构造SWOT矩阵

重要因素优先排列，次要因素最后排列

→

第三步
制定行动计划

发挥优势因素
克服弱势因素
化解威胁因素

图 3-3　实施思路

（二）实施过程

1. 构成 SWOT 矩阵

全方位分析企业自身的竞争优劣，充分了解市场情况，才能制定合理的竞争性策略，更好的服务市场营销工作。通过调查表列举出华电内蒙古新能源公司的各种主要内部优势、劣势和外部的机会和威胁，见表 3-2。

表 3–2 公司内外部市场竞争形势分析

	市场竞争形势	
	S 优 势	W 劣 势
内部环境	（1）装机容量大，引导政府制定政策时有话语权。 （2）风电、光伏装机搭配合理，风光同场场站多，地域分布广，营销策略更灵活。 （3）准入市场的机组容量大，在交易竞争中具有市场力，易于内部平衡优化。 （4）拥有风电供热和特许权项目，政策优势明显	（1）装机容量大，调度容易在公司内部场站平衡负荷。 （2）退出质保机组较多，设备维护压力大，部分投产早的场站出力不足。 （3）送出受限的场站较多。 （4）新能源公司整合后，集中管理、统一营销，营销工作点多面广，工作量大，营销人员不足
	O 机 遇	T 挑 战
外部因素	（1）国家对新能源施行保证性收购政策。 （2）电力体制改革深入，新能源开始参与市场交易。 （3）由于煤价飙升，新能源的成本优势和竞价优势更加凸显，市场竞争力强。 （4）国家出台绿色证书政策	（1）新能源装机增长快，电网接纳能力下降，弃风率光率上升。 （2）发电装机快速增长，用电需求低迷，供过于求的问题突出。 （3）市场交易电量比例不断扩大，降价幅度不断提高，带来经营压力

2. 制定改善措施

公司内部的优势、劣势、外部的市场机会、威胁四个因素不是固定或者孤立的，而是可以采用不同组合形式，并以此构建企业不同的战略选择，其中有 SO、WO、ST、WT 等战略组合，不同组合又对应着不同的行动方案，如图 3–4 所示。

具体而言，SO 战略要求发挥优势，利用机会实现企业的高效快速发展；WO 战略要求充分利用机会并具体分析造成困难的原因，最终克服困难，实现发展；ST 战略要求企业充分利用优势，并且将优势和劣势进行具体分析，采取有效的方法回避威胁；WT 战略要求企业战胜弱小点，回避威胁。SWOT 分析原理如图 3–5 所示。

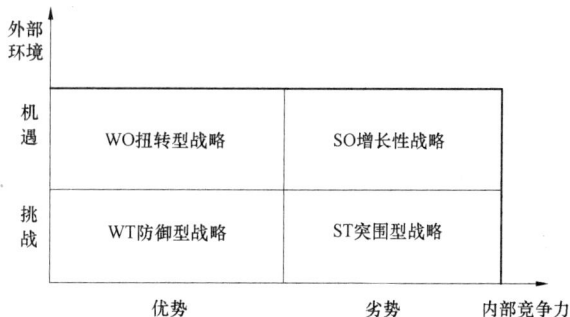

图 3–4 SWOT 战略选择

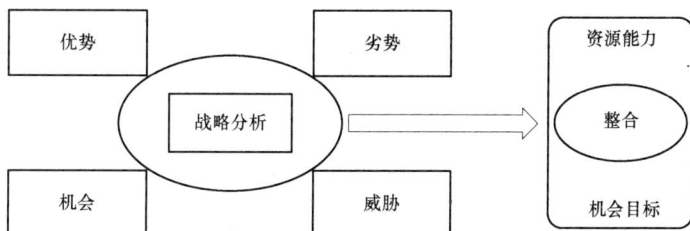

图 3–5 SWOT 分析原理

对公司市场环境、竞争优、劣势进行分析，用不同的组合来扬长补短，匹配企业资源优势与外在机遇、消除和克服劣势，制定切实可行的市场营销战略。公司市场营销战略 SWOT 分析见表 3–3。

表 3-3　　　　　　　　　公司市场营销战略 SWOT 分析

外部因素　　　内部环境	S 优势： （1）装机容量大，引导政府制定政策时有话语权。 （2）风电、光伏装机搭配合理，风光同场场站多，地域分布广，营销策略更灵活。 （3）准入市场的机组容量大，在交易竞争中具有市场力，易于内部平衡优化。 （4）拥有风电供热和特许权项目，政策优势明显	W 劣势： （1）装机容量大，调度容易在公司内部场站平衡负荷。 退出质保机组较多，设备维护压力大，部分投产早的场站出力不足。 （3）送出受限的场站较多。 （4）新能源公司整合后，集中管理、统一营销，营销工作点多面广，工作量大，营销人员不足
机遇： （1）国家对新能源施行保证性收购政策。 （2）电力体制改革深入，新能源开始参与市场交易。 （3）由于煤价飙升，新能源的成本优势和竞价优势更加凸显，市场竞争力强。 （4）国家出台绿色证书政策	SO 增长型战略： （1）利用装机优势，积极参与政府对新能源政策的制定，并督促地方政府有效执行国家政策。 （2）不断开发新的交易模式，努力增加交易电量。 （3）充分发挥风电供热等特殊政策，争取奖励小时数和优先调度政策。 （4）加强经济运营和替代发电，优化电量结构，提升总体发电效益内部电量平衡，保证发电效益最大化	WO 扭转型战略： （1）加强营销队伍建设，强化业务能力培养。 （2）加强营销公关协调能力和营销工作实效。 （3）协调电网加强网架建设，解决送出受限。 （4）积极参与市场交易，增发电量
T 挑战： （1）新能源装机增长快，电网接纳能力下降，弃风率光率上升。 （2）发电装机快速增长，用电需求低迷，供过于求的问题突出。 （3）市场交易电量比例不断扩大，降价幅度不断提高，带来经营压力	ST 突围型战略： （1）合理利用风光电装机搭配和位置特点，优化运行方式。 （2）利用准入机组容量大的优势，争取市场份额。 （3）在市场交易中，进行场站间的交易电量内部平衡、精准投放提升总体电量水平	WT 防御型战略： （1）对送出受限场站和设备原因处理不足的场站，减少交易，有其他场站置换和替代发电。 （2）根据场站情况，采取有取舍的差别营销策略，有的放矢，提高营销资源的使用效率。 （3）发展大营销策略，制定以销定产的计划，指导设备检修，避免限电损失

（1）SO 组合：增长性战略，发挥优势，利用机会。

1）随着蒙西电网电力市场改革的不断深化，公司利用装机优势，积极参与市场改革，并联系五大集团不断与政府、电网进行对话，增强在改革过程中的话语权。

2）利用公司在蒙西电网交易装机容量大的有利形势，保障年度大用户长协交易电量的基础上，不断开发风火置换、替代自备发电以及跨区域送电等新兴交易模式，利用一切资源增加交易电量。

3）K 风电场 2016 年因参与风电供热，享受内蒙古自治区扶持风电供热政策，在保障小时 1680h 基础上又取得 150h 保障小时，因此大力发展风电供热项目，是正确政策性电量的有利条件。

4）根据企业内部风电、光伏装机情况，尽可能执行光伏优先、高电价优先的上网政策，达到公司发电效益最大化。

（2）WO 组合：扭转型战略，利用机会，克服弱点。

1）强化营销人员业务能力，储备业务知识，利用准确网情分析来避免电网调度进行企业所属场站内部平衡。

2）紧跟电力市场改革的步伐，营销队伍需要随时学习新的知识和政策，不断把握政策脉搏和市场走向，是营销工作立于不败之地。

3）加强营销公关协调能力和营销工作实效，协调电网加强网架建设，解决送出受限。

（3）ST 组合：突围型战略，发挥优势，回避威胁。

1）积极参与电力市场改革，充分发挥装机优势，努力提升企业在行业中的主导地位。

2）利用准入机组容量大的优势，争取市场份额，进行场站间的交易电量内部平衡、精准投放提升总体电量水平。

3）在保障大用户交易电量基础上，可以开发其他电量增长模式，丰富交易手段，使企业在多元化电力市场上站稳脚跟。

4）利用风光电装机搭配合理和位置分布广的优势，优化整体运行方式。

（4）WT 组合：防御型战略，回避威胁，克服弱点。

1）要适应市场改革，合理利用政策，规避风险，最大限度降低装机大，容易引起内部不平衡的不利因素。

2）在市场交易初期，利用三级营销网络的搭建，大力储备用户，减小市场交易带来的让价损失。

3）积极推广大营销策略，有效地指导设备检修、停机，减少因设备原因停机带来的经济效益损失。

（三）实践效果

公司通过 SWOT 分析，更精准地认识自身了的条件禀赋、把握市场脉搏，制定科学合理的营销策略，帮助企业在电力市场改革的大潮中立于不败之地。2016 年，公司完成利用小时 1897h，比蒙西电网平均水平高 208h；弃风率为 25.34%，较蒙西网平均弃风率 26.3% 低 0.96 个百分点；市场交易容量占比为 10.1%，交易电量占比为 10.8%，交易电量占比高于容量占比 0.7 个百分点。

【案例思考】

要想在激烈的市场竞争中赢得先机，首先要全方位分析内外部竞争形势，合理定位营销战略，制定切实可行的营销措施，在竞争中保持自身的优势，挖掘有利时机，狠补自身短板，积小胜为大胜。

<本案例由华电内蒙古能源有限公司提供>

【案例3-3】 统筹区域水电厂直购电签约顺序，实现效益最大化

（一）案例背景简介

1. 实施背景

由于四川省只核定了 110kV 及以上电压等级用户的输配电价，因此四川省直购电交易规则明确发电企业与直购电用户签约直购电合同采用输配法和平移法两种方式：即 110kV

及以上电压等级用户实施输配法，110kV 以下及趸售区用户实施平移法。执行输配法的交易价格为 0.288 元/（kW·h）上下浮动 15%，执行平移法的价格在发电企业批复电价的基础上上下浮动 0.05 元/（kW·h）。这一规则决定了批复电价在 0.288 元/（kW·h）左右的发电企业既可以签订输配电价法用户，也可以签订平移法用户，对发电企业让利程度没有影响，而批复电价高于 0.288 元/（kW·h）的发电企业从自身利益出发最好是签订平移法用户，否则批复电价越高其让利程度越大。

中国华电集团公司四川分公司（简称"四川公司"）参加直购电市场的水电厂有 13 家，其中批复电价 0.288 元/（kW·h）的水电厂有 4 家，0.298～0.318 元/（kW·h）的水电厂有 6 家，0.328、0.35、0.39 元/（kW·h）水电厂各 1 家。

2. 实施思路

各厂根据直购电交易规则，分别负责直购电市场开拓、直购电用户的对接、直购电合同的谈判和签订工作。

（二）现状诊断

1. 诊断内容

2016 年直购电工作开展过程中，四川公司各水电厂独自发挥自身的积极性和优势分别与直购电用户签订全年直购电协议，忽视了整个直购电市场中平移法用户和输配电价法用户的比例与发电企业电价结构不匹配的情况，导致 2016 年少数高电价水电厂没有对接足够的平移法用户，无法足量签订全年直购电指标，而部分本可以按照输配电价法签订直购电合同的低电价水电厂，由于对接的是平移法用户，只能签约平移法用户，造成平移法用户的指标浪费。虽然经四川公司层面协调，通过改签合同的方式，基本解决了量的问题，但没有达到区域效益最大化。

2016 年输配法签约现状如图 3-6 所示，2016 年平移法签约现状如图 3-7 所示。

图 3-6　2016 年输配法签约现状图［单位：元/（kW·h）］

图 3-7　2016 年平移法签约现状图［单位：元/（kW·h）］

2. 改善目标

（1）确保四川公司所有水电厂均能足量签订直购电合同，且让利幅度不高于全网平均水平。

（2）高电价水电厂优先签约平移法用户，低电价水电厂优先签约输配法用户，达到区域公司效益最大化。

（三）实施改善

1. 改善思路

由四川公司将各水电厂对接的直购电用户进行集中管理，统筹平衡后，再将用户分配给各水电厂签订直购电合同。

2. 过程说明

（1）将公司水电厂按照批复电价由高至低排序；将直购电用户按照电价执行方式分类。

（2）选取优质平移法直购电用户优先与批复电价 0.39 元/（kW·h）的高电价水电厂签约，其次与 0.35 元/（kW·h）时的水电厂签约，依次类推。

（3）选取优质输配法直购电用户与批复电价 0.288 元/（kW·h）的水电厂签约。

优化直购电签约过程如图 3-8 所示。

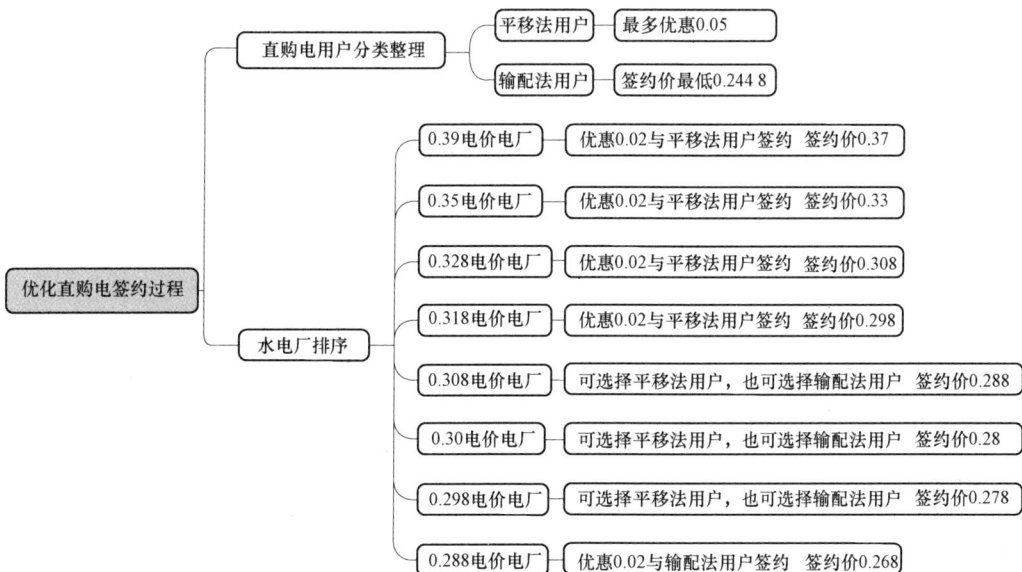

图 3-8　优化直购电签约过程图［单位：元/（kW·h）］

（四）实践效果

2017 年直购电交易过程中，通过四川公司统筹平衡，合理优化水电厂与用户的签约顺序，确保公司高电价水电厂与平移法用户足量签约，使得四川公司 2017 年直购电让利水平远低于全网平均水平，同比减少让利 5313 万元。

【案例思考】

通过本案例分析，认识到在电力市场竞争中，发挥区域公司规模优势，统一组织和协调，统筹平衡和优化，是提升区域总体效益最大化的重要手段。

<本案例由中国华电集团公司四川分公司提供>

第四章

合约电量争取

在当前的电力市场环境下，发电企业的电量结构由基数电量和市场电量构成，从市场营销工作流程上看，获得基数电量和市场电量的工作环节就是争取生产销售"订单"的过程，将基数电量和市场电量统称为合约电量。合约电量的争取是发电企业提升市场份额和经营效益的关键环节。

第一节 基数电量落实

基数电量是针对发电企业而言的，是指区域内发电企业共同承担的全社会基本电力电量。根据国家发展改革委、国家能源局《关于有序放开发用电计划的实施意见》中"优先购电"及其保障措施的相关规定，优先购电电量及其他未进入市场化交易的电力电量均属于基数电量，包括一产用电，三产中的重要公用事业、公益性服务行业用电，以及居民生活用电等涉及社会生活基本需求，或提供公共产品和服务的部门和单位用电量等。该部分电力电量由所有公用发电机组共同承担，相应的上网电价执行政府定价。

一、基数电量争取

基数电量营销主要是指各区域根据基础计划的分配原则，利用自身优势争取高于装机容量平均值的电量计划，区域公司应统筹协调政府及电网公司、调度机构，组织各发电企业开展水、风、光等机组的年度基数电量营销工作，确保基数利用小时高于区域"三同"基数利用小时平均水平，尽可能不发生调度原因造成的弃水、弃风、弃光等情况。同时，认真研究区域政府政策、分析网架网情，挖掘尽可能多的基数电量。

二、优先发电量争取

争取列入优先发电序列，保障基数电量负荷。在确保供电安全的前提下，坚持节能减排和清洁能源优先上网，优先保障水电和规划内的风能、太阳能等清洁能源优先发电上网，促进清洁能源多发满发。同时，各区域公司结合本区域电力能源结构和装机特点，发挥自身优势，充分利用调峰调频、清洁能源供热、流域统一调度和特许权等政策条件，抢发多发市场电量以外的更多基数电量。运用精益理念研究政策、挖掘市场，精准把握政策下发的有利时机，快速反应，寻求新的基数电量增长点，持续增强公司相对竞争力。

【案例4-1】 线路切改，增加受限风场基数电量

（一）案例背景简介

内蒙古包头地区的新能源装机分布集中，主要接入500kV春昆山变电站，受春昆山变电站送出线路约束影响，当地新能源消纳困难。蒙西电网在下达2016年发电量预期调控目标时，安排包头地区风电的年基数电量1550h，低于全网平均130h，并且市场交易受到限制。内蒙古华电新能源分公司在包头地区的新能源装机容量50.25万kW，其中风电49.85万kW，光伏3万kW。

（二）现状诊断

截至2016年初，包头地区新能源装机达到348万kW，其中：风电313万kW，光伏35万kW。这些新能源场站全部汇集至500kV春坤山变电站送出。根据电网公司测算，春坤山变电站最多能接纳新能源负荷64万kW，使该地区的新能源发电受限严重，预计当年包头地区风电弃风率将达到50%以上。

（三）实施过程

内蒙古华电新能源分公司对包头地区各新能源场站逐一考察，了解线路送出、对端接入条件等问题，全面分析网架结构薄弱环节后，向电网公司提出包头地区线路切改解决方案。经多次协调，征得包头供电局同意，于10月18日由内蒙古华电新能源分公司投资，包头供电局负责采购、安装及调试，在万胜变电站并万线间隔内加装一组220kV I 母侧2511隔离刀闸，电网公司运行方式处于11月13日正式下文通知：万胜变电站内220kV并万线负荷全部由 I 母接带，经220kV并万线送至500kV包北变电站。这样就将华电所属的H风场和B风场合计32.85万kW·h的装机绕开春坤山变电站，接入包北变电站，解决了送出受限的问题。通过向政府电力主管部门申请，将H风场和B风场的基数电量小时数由1550h提高到1680h。

（四）实施效果

自切改以后，B风场创投产以来单日发电量新高，两个风场的年发电小时数明显提高。

从表4-1可以看出，2016年1~11月线路切改前，包头地区风电场弃风严重（H风场4月因测试未弃风），弃风率最高近60%，严重影响公司效益。12月线路切改后，弃风情况明显好转。

表4-1　　　　　　　　　　　包头地区风电场2016年弃风率统计表　　　　　　　　　　%

风电场	容量	1月	2月	3月	4月	5月	6月	7月	8月	9月	10月	11月	12月
H风电场	99MW	30.97	55.96	45.56	0.00	35.20	41.91	30.26	39.65	31.58	51.09	41.50	0.32
B风电场	199.5MW	48.17	59.76	52.22	43.23	42.83	40.68	21.73	32.44	47.06	52.96	34.55	0.91
S风电场	201MW	40.59	59.20	52.76	52.07	47.80	42.36	22.65	31.61	37.29	43.76	52.09	36.02

当受到外部市场环境制约时，要善于分析市场形势，寻找突破口，运用自身优势扭转不利局面。本案例中，送出受限的问题看似是电网技术问题，无法突破，但通过深入分析找出症结所在，通过线路切改巧妙地将问题化解，实现了增发电量。

<本案例由内蒙古华电新能源分公司提供>

【案例4-2】 借风电供热政策，争取额外奖励电量

（一）案例背景简介

内蒙古地区风能资源丰富，供热需求大且供热地点相对分散，适宜利用风电等可再生能源进行分布式供暖。内蒙古华电新能源分公司的 H 风电场就是利用风电供热政策核准建设的风电项目。此前，公司借助风电供热的鼓励政策争取增加风电场基数电量，但受电网接纳能力和政策因素影响，一直未落实到位。

（二）实施过程

2016 年之前，清洁能源供热尚处在小范围试点阶段，公司在与政府、电网公司协调争取风电供热的优惠政策时，难度较大。2016 年，自治区响应国家政策，鼓励发展风电等清洁能源供热，作为缓解雾霾天气、促进新能源消纳的手段，综合考虑网架结构、断面限制等实际情况后，对不同区域采取增加 80～150h 基数电量的办法。内蒙古华电新能源分公司及时抓住这一政策机遇，充分利用项目优势，积极协调电网公司，利用 H 风场的供热政策，给 K 风电场增加了 150h 基数电量。

（三）实践效果

乌兰察布地区送出条件相对较好，K 风电场增加的 150h 基数电量计划直接为企业增加了 6053 万 kWh 的发电量，创造了 3000 多万元的直接经济效益。

通过争取落实风电供热的优惠政策，充分利用自身优势开辟新的电量增长点，为公司电量工作添砖增瓦。

<本案例由内蒙古华电新能源分公司提供>

【案例4-3】 活用政策，争取更多市场收益

（一）案例背景简介

H 风电场为特许权项目，中标电价低于正常项目的电价。根据国家对特许权项目的政

策，特许权风场应优先上网、全额接纳。但由于蒙西电网风电装机比例高，电网消纳困难，特许权项目的优先调度政策落实难度较大。H 风场在没有享受特许权政策的情况下，与其他风电场小时数相当，但执行特许权项目的低电价，经营压力巨大。

（二）实施过程

H 风电场的市场营销人员以国家和自治区相关政策为依据，协调政府电力主管部门为 H 风电场专门出具了特许权优先接纳的政策支持文件，并与电网公司反复沟通协调，争取差别调度政策，电网公司在综合考虑政策要求和实际运行条件后，逐步放宽了对 H 风电场的限制，将 H 风场列为优先发电风场，日常调度过程中尽量安排少弃风；在年度发电小时数均衡控制时给予倾斜考虑，允许 H 风场小时数高于区域其他风电场。

（三）实践效果

H 风电场享受特许权优先接纳政策后，受网架约束等原因限制，仍然存在弃风现象，但小时数大幅领先区域内其他风电场，弃风率明显下降，见表 4-2 及图 4-1，图 4-2。

表 4-2　　　　　　　　　H 风电场与区域内风电项目数据

名称	2010 年	2011 年	2012 年	2013 年	2014 年	名称	2010 年	2011 年	2012 年	2013 年	2014 年
H 风电场利用小时数（h）	2664	2199	2169	1964	2138	H 风电场弃风率（%）	10.18	12.18	15.11	16.62	9.05
区域风电平均利用小时数（h）	2458	1980	2035	1811	2002	区域风电平均弃风率（%）	14.67	14.83	16.22	19.35	12.05

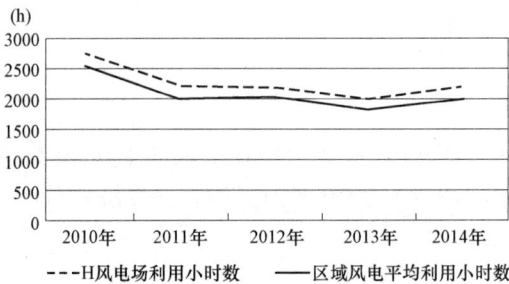

图 4-1　H 风电场利用小时对标

图 4-2　H 风电场充风率对比

608

【案例思考】

通过本案例可以看出，市场营销工作要善于利用自身优势和资源，用好用足支持性政策，提升企业效益。

<本案例由内蒙古华电新能源分公司提供>

第二节　提升市场电量份额

随着电力市场改革的不断深入，水电与新能源发电企业逐步进入市场，电量工作由计划体制调整为"市场为主、计划为辅"的双轨制运行轨道上来。全力参与市场电量交易，提升市场电量份额，确保市场占有率是水电与新能源发电企业增发电量的关键。对内实行精细化管控，深挖潜力，降本增效；对外采取精益化的资源配置管理方式，大力开拓市场，提高市场电量份额和服务水平，提升综合效益水平。

水电与新能源发电企业应当积极参与市场交易，研究市场改革政策、交易规则、分析供需形势。主动争取大用户直接交易电量；适应跨省跨区送电政策和形势的变化，积极参与市场化的跨省跨区域交易；争取发电权；运用创新思维，挖掘其他潜力，开拓多元化电力市场。

一、争取大用户直接交易电量

要争取到足够多的大用户直接交易电量，应充分认识市场占有率和主要用户对价值创造的作用。通过用户拓展提高效益，开展用户评级和分级管理，在巩固存量用户和培育新增用户的基础上，加强中小用户的争取和维护，重点关注流动性用户，降低用户流失比例，确保拥有一批建立长期合作关系的稳定优质用户群体，保证大用户直接交易电量占有率。

二、积极参与跨省跨区交易

在电力市场竞争中，牢牢占据省内市场，积极拓展省外市场不仅是水电与新能源发电企业赢得市场的重要保障，更是树立企业品牌形象的最佳手段。发电企业应充分研究相关政策，与利益相关方的积极沟通，是发电企业实现跨省交易的基础和关键。

三、争取发电权

市场电量争取过程中，要充分发挥区域公司优势，借助地方政府有利政策，依托清洁能源消纳政策、水库调节性能特性，水电与新能源的竞价优势，大力争取发电权，减少弃风、弃光、弃水。

四、开拓多元化电力市场

在当前宏观经济下行，全国电力需求低迷的严峻形势下，水电与新能源发电企业要生存和发展，必须在电力市场中争取市场电量份额。除向政府争取基础电量份额外，还需结合自身实际，借助其他题材，多元化拓展市场电量渠道。根据自身优势和特色开展电能替代等项目，开发节能服务咨询、设备维护等增值服务。

【案例4-4】 争取发电权，增加电厂"口粮"

（一）案例背景简介

2015 年，四川省受用电需求下降、水电装机过快增长、外送受限等因素影响，丰水期水电厂弃水严重。电网公司根据水电厂的发电量指标按照同一完成进度安排发电，电厂要想多发电量必须增加发电权指标。由于四川水电企业众多，难免有个别水电厂因设备、来水等原因不能按发电指标的同一完成进度发电，造成发电指标的作废。

（二）主要做法

一是公司积极与政府相关部门和电网公司沟通汇报，推动政府部门建立丰水期市场电量指标的转让机制。

二是利用公司各水电厂地理位置分布广来水时间差异大的特点，在公司内部实施发电指标统筹平衡和转让工作，实现了公司内部发电指标的充分利用。

三是发挥公司各层面的积极性，加强系统外各水电站发电综合信息的收集和分析工作，充分利用各种资源和渠道争取系统外发电企业的发电指标转让，增加公司水电企业"口粮"。

（三）取得成效

中国华电集团公司四川分公司 2016 年内各水电厂丰水期在系统外共计争取到市场电量 2.3 亿 kW·h，增加收入约 3910 万元。

（四）问题与思考

随着电力市场改革的不断深入，应该开拓营销思路，积极影响政府建立合理的电力市场机制，争取行业利益最大化。

<本案例由中国华电集团公司四川分公司提供>

【案例4-5】 借助电能替代政策，开辟增量市场

（一）案例背景简介

以电能替代一次能源在终端的消费，就是电能替代，包括以电代煤、以电代油等方式。电能替代对于保障能源安全，促进节能减排和保护生态环境，特别是拓展电力市场有重要意义。

2016 年 5 月，国家发改委、国家能源局、财政部、环境保护部等七部委联合发布《关

于推进电能替代的指导意见》（发改能源〔2016〕1054号），从推进电能替代的重要意义、总体要求、重点任务和保障措施四个方面提出了指导性意见，为全面推进电能替代提供了政策依据。2017年3月四川省发展改革委联合省能源局省经信委、财政厅、环保厅等七个厅局印发了《四川省推进电能替代实施意见》，明确提出四川将提高终端电能消费比重，并要求到2020年，电能占终端能源消费比重提高至36%以上，煤炭和燃油消费比例降至50%以内。

四川省是水电资源大省，预计到2017年底，全省水电装机达7600万kW。受水电装机过速增长、外送通道建设滞后、用电低速增长的影响，电力供大于求的矛盾十分突出，预计2017年装机弃水电量将超过300亿kW·h。丰富的水电资源尤其是丰水期大量的富余电量资源，为发展电能替代提供了基础保障。

（二）主要做法及成效

一是积极与电能替代牵头部门省能源局对接，协助制定电能替代相关政策措施，在电能替代输配电价、电能替代设备补助以及电能替代推进计划等方面积极建言献策，全力推动四川省电能替代计划的实施，把电力市场的蛋糕做大。

二是针对部分电能替代企业改造投入资金压力大、积极性不高的情况，中国华电集团四川分公司积极探寻新的电能替代推广模式，与四川省能源投资集团（简称"能投集团"）签订共同推进电能替代合作协议。由能投集团投资电锅炉及附属设备，并对热能使用企业现有燃煤锅炉进行替代，由能投集团负责热能供应并与用户签订热能供应合同，由中国华电集团四川分公司负责电力供应并与能投集团签订供电协议，有效地占领电能替代市场的制高点。

三是针对水电弃水主要集中在丰水期的情况，中国华电集团四川分公司与能投集团率先提出双锅炉替代燃煤锅炉供热的方案，即丰水期用电代煤，使用电锅炉供热，枯水期用气代煤，使用燃气锅炉供热，这样既有效减少了公司水电丰收期弃水电量，又避免了枯水期水电让利的情况。

目前，中国华电集团公司四川分公司会同能投集团已与锦丰纸业、蜀邦实业、蓝天纸业、红光化工、丰谷酒业、华润雪花啤酒等企业签订电能替代战略合作协议，丰收期替代电量将超过10亿kW·h，待国家发改委电能替代输配电价批复后，开始逐步实施。

（三）问题与思考

如何依托国家和地方政府相关政策，因势利导，主动作为，开辟增量售电市场，减少四川区域水电站丰水期弃水问题是下一步营销工作中不断去思考和探索的问题。

<本案例由中国华电集团公司四川分公司提供>

【案例4-6】 通过跨流域引水，增加枯平水期发电量

（一）案例背景简介

四川华电西溪河水电开发有限公司（简称"西溪河公司"）开发方案为：上游布置调节

水库，下游布置引水式梯级电站的"二库五级"的开发方案。自上而下依次为：库依电站（多年调节，33MW）、洛古电站（不完全年调节，2×55MW）、联补电站（日调节，2×65MW）、地洛电站（日调节，2×50MW）、青松电站（日调节，2×50MW）。洛古、联补、地洛电站已经建成投产，库依电站和青松电站正在进行有关前期工作。龙头水库下游存在一跨流域引水的地方电力项目，枯平期严重影响西溪河公司所属电站的发电效率。如何减少其对西溪河公司造成的影响是公司增收节支的重要课题之一。

在西溪河流域开发建设之前，位于库依电站和洛古电站之间的西溪河主要支流昭觉河上，地方"以电代柴"项目建设了跨流域引水的竹核梯级电站，总装机容量 3.59 万 kW。竹核梯级电站从昭觉河上引水发电后，尾水流入到与西溪河一山之隔的美姑河流域。据统计，竹核梯级电站从不同时间昭觉河段引用的流量大约为：枯水期 3500 万 m³，平水期 1800 万 m³。枯水期和平水期跨流域引用水量占西溪河流域同期总水量的 40% 以上。丰水期引用水量 6900 万 m³，由于丰水期西溪河流域来水集中且相对充沛，其跨流域引水对西溪河流域水库蓄水及梯级电站发电影响相对很小。

（二）主要做法和成效

西溪河流域来水量年内分布极不均衡，88% 以上的来水量集中在丰水期，而枯平水期来水量很少。因此，竹核梯级电站跨流域引水在枯平期对西溪河流域梯级电站发电量影响极大。如能将竹核梯级电站在枯水期、平水期引用的水量由西溪河梯级电站利用，每年可增发电量 14 000 万 kW·h 以上，在现行电价政策下可增加售电收入 4300 万元以上。

西溪河流域已运行的三个梯级电站总利用水头达 1031m，比竹核梯级电站总利用水头（575m）高出近一倍，利用两者水能利用率的差异所产生的发电效益，同时考虑支付竹核梯级电站停发所涉及的相关利益补偿成本，达到增加西溪河公司同期净收益的目的。

经过对竹核梯级电站停止跨流域引水方案的研究、设计、分析，并反复与各利益相关方协商达成一致后，决定选择平水期和枯水期流量相对丰沛的重点时段 11 月和 12 月进行试点。为此，西溪河公司与利益相关方签订协议，于 2015 年 10 月 29 日正式实施，竹核梯级电站停止垮流域引水作业于 12 月 29 日结束。其间共减少昭觉河跨流域引水 2141 万 m³，增加发电量 5566 万 kW·h，扣除补偿的全部费用后，增加净收益 782 万元。

今后，西溪河公司将根据最新的电力市场政策，积极研究评估该做法的可能性、经济性，并与利益相关各方充分协商，结合流域水情状况，当其经济性较好时适时启动竹核梯级电站停止跨流域引水作业方案，努力增加公司收益。

（三）问题与思考

减少西溪河流域上游竹核梯级电站跨流域引水影响，不仅能提高流域枯平期水能利用率，增加西溪河公司的发电收益，缓解企业经营亏损的困难局面，更重要的是对解决流域上游重要的龙头水库电站的开发建设有积极的影响作用。

<本案例由四川华电西溪河水电开发有限公司提供>

第五章

客 户 服 务

客户服务是根据客户的不同利益需求，为客户提供相应的增值服务，为客户创造价值，提高客户对企业的忠诚度，巩固、开拓电力市场。通过平衡企业和客户之间的利益诉求，改善企业和客户之间的关系，达到企业和客户之间互惠互利的双赢效果。在这个过程里，电力企业与客户之间需要不断加强交流，对于客户的需求不断了解，从而使得电力企业的产品和服务能够得到及时改善，客户满意度得以整体提升。

任何一项产品能否在市场化中脱颖而出，靠的无非就是质量和服务。当今电能作为一特殊商品进入电力市场，在质量、性能方面没有多大差异，要想在竞争激烈的电力新市场中立于不败之地，必须提升服务水平，向市场要电量，向服务要效益。

第一节 树 立 品 牌 形 象

品牌是企业形象的具体象征，是企业管理的综合体现，是赢得市场的关键要素，是拓展发展空间的重要保证。集团公司把诚信作为企业和员工言行的基本准则，真诚服务利益相关方及社会公众。在国内电力市场竞争愈加激烈的形势下，"诚信"作为电力市场营销的企业品牌形象，有利于提升企业在社会公众当中的知名度和美誉度，提升政府、合作伙伴、市场客户等各利益相关方对企业的认同度和信任度，形成心理契约，从而获得更多更优质的客户资源，保证企业的市场占有量。

第二节 客 户 分 级 管 理

客户分级管理是按照客户给电力企业对企业的不同价值和重要程度，将客户划分为不同的层级，从而为企业营销资源优化配置提供依据。对客户的分级管理必须配合分区管理的原则进行，根据行政区划、地理位置、合作基础、社会资源、政府政策等因素综合考虑，划定各基层企业的责任客户管理范围，且应将区域公司营销部门、售电公司纳入相关责任人范围，原则上以负责优质大客户、跨省跨区客户的管理和维护为重点。客户市场细分是通过对客户规模、行业、地理位置等信息将客户群进行分类，筛选目标客户。

【案例5-1】 多方面维护客户关系，提高电力市场竞争力

（一）案例背景简介

1. 实施背景

2016 年直购电交易中，虽然公司水电企业基本完成直购电签订目标，但战略合作伙伴和老客户流失较为严重。多方面维护客户关系，提高中国华电集团公司四川分公司区域内电力市场竞争力，成了摆在营销人员面前一个重要课题。

2. 实施思路

分析当前四川区域电力市场的特殊性，把握用电企业的真正需求，通过不断改进完善，多方面维护客户关系，提高市场竞争力。

（二）现状诊断

1. 诊断内容

（1）直购电签约率只有 95%。

（2）战略合作伙伴和老客户流失率 15%。

（3）发电企业让利幅度过大。

（4）客户违约率 20%～30%。

2. 改善目标

降低优质客户流失率和违约率，争取直供电签约率 100%，直购电让利幅度低于同区域平均水平，提高电力市场竞争力。

（三）原因分析

客户关系维护不好，主要受供需失衡、各发电企业间恶性竞争、增值服务不到位，相关政策缺乏连续性和严谨性、用电企业对电改政策的片面理解、诚信意识差等多方面的原因。客户关系维护不好的原因如图 5-1 所示。

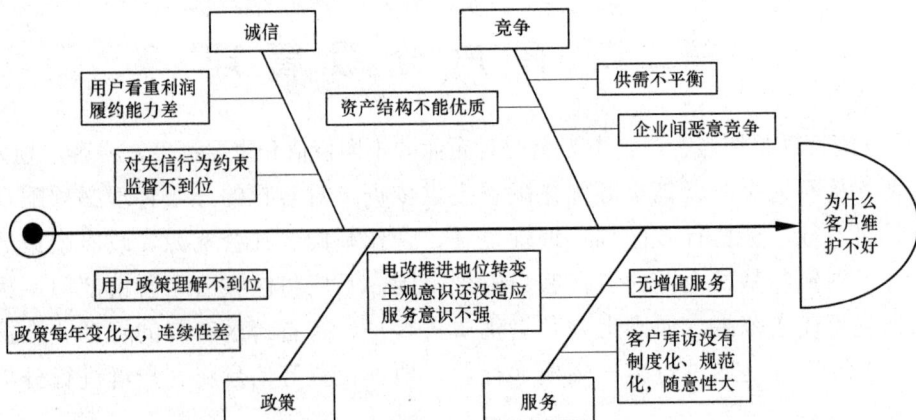

图 5-1　客户关系维护不好原因分析

（四）实施改善

1. 过程说明

（1）呼吁政府建立完善的电力市场运行机制，向用电企业做好电改政策的宣传解释工作，推动用电企业走出电改就是发电企业单方降价的误区。

（2）呼吁电力监管机构建立完善的处罚机制，加大监管力度，对于违规交易、扰乱市场、不守信誉的发用电企业进行处罚。

（3）提供节能服务，帮助用户用足用好直购电、富余电量等市场电量政策。

（4）提供增值服务，为用户提供设备检修维护、专业技术人员培训等服务。

（5）建立用户管理制度，加强用户管理，对用户进行建档分类、定期走访。

（6）做好发电企业之间沟通、协调，避免恶性竞争。

2. 实践效果

通过持续地分析和研究电力用户用电特性，对用户建档分类和定期走访，提供设备维护、政策宣传培训等增值服务，与用户关系更加融洽、沟通更加顺畅。2017年直购电平均让利价格同比降低4分钱，让利幅度得到有效控制。

【案例思考】

通过本案例分析，认识到抢占市场、提高市场竞争力的主要途径就是维护好与客户之间的关系。维护客户关系不能只靠简单的降低电价，而要加强与客户的沟通，争取客户的理解，为客户提供更加全面优质的服务才是关键。

<本案例由中国华电集团公司四川分公司提供>

第三节　服务客户延伸价值

服务属于企业的软实力，看不见摸不着却能真切地感受得到。企业将无形的服务转化为给客户带来可感受到有形的价值。这种价值就需要不断通过服务创新来完成。服务创新不是创造新的服务，而是通过创造性思考整合现有资源、深入探究客户尚未意识到的需求，逐一超出客户预期的满足。

在用户维护和服务过程中，根据用户需求，调动公司内部相关资源为客户提供相应的技术支援、业务咨询、企业管理交流等服务。在用户关系维护方面，以情维系合作关系，给客户提供交易操作代理、电力交易政策解读、将用户准入报批、政府关系理顺、对网协调、处罚电量减免等纳入公司营销服务范畴。

要树立"优质服务是一种长期投资"的思想，围绕客户类型、客户满意度、客户忠诚度、鼓励满足客户需要的行为等，构建一系列统一健全的客户服务关系精益管理方法和系统，建立电力企业客户评价体系，结合自身商业战略，使企业利润与客户满意度整体提高。

第四节　客户关系维护

客户关系维护工作包括客户走访、互动交流、工作对接、服务提供、回访等工作。客户走访是指企业为了收集信息、发现需求、促进参与、改善沟通而采取的活动。实际工作中要积极主动做好与客户的交流沟通、协调处理等事宜，维持双方友好合作关系。做好走访后的信息整理工作，完善客户资料，将走访时获得的客户基础类信息进行汇总分析，以便开展下一步的工作。

客户并不一定会主动地将自己的意见和看法反映给企业，所以客户与企业间信息的交流与交换，是提高客户满意度、维系客户关系，"绑定"客户的重要途径和手段。在实践中，除了向客户提供定制化的产品和服务以外，还可以通过互动、对话等来增进对彼此的了解，让客户与企业形成心灵契约，与企业长久合作。通过与客户的互动，企业可以通过互动把各种资源联系起来，达到快速反应、节约成本等目的。在充分沟通的基础上，相互了解对方的价值追求和利益所在，以寻求双方最佳的契合方式，达到双方共赢的目的。

【案例5-2】　替客户研究和争取有利政策，实现互利共赢

有用户就有电量，有用户才有电量，维护用户利益就是维护电力企业自身利益。在四川凉山州的昆凉公司是四川华电西溪河水电开发有限公司（简称"西溪河公司"）的老客户，多年以来两家企业在直购电合作中一直保持良好关系，随着电力市场交易规则进一步完善，在2017年的直购电合同签订过程中却出现了一些意外和分歧。

（一）案例背景简介

昆凉公司年用电量1.7亿kW·h，属于地方趸售区域供电用户。2016年四川省电力严重供大于求，发电企业竞相让利到政策下限，平均让利在0.07元/（kW·h）左右，导致水电行业大面积亏损。今年西溪河公司根据年度经营目标，测算可让利的承受能力，制定出只让利0.02元/（kW·h）营销策略。用户可获得的优惠同比减少较多，合同签订的局面无法有效打开。经过西溪河公司与昆凉公司多次反复交流沟通，促使昆凉公司对当前水电行业的困难有了清楚的认识。基于和该公司多年合作所取得的信任，在四川省直购电交易细则未正式出台之前，就和西溪河公司全额签订了2017年的直购电量1.7亿kW·h，让利幅度为0.02元/（kW·h），催生四川省2017年直购电交易首单合同落地。

在四川省2017年直购电交易细则出台之后，关于用户侧偏差考核的刚性约束，为本次协议的履行带来了问题。昆凉公司地处电网趸售区，由于实际直购电交易量今年将严格按照趸售电力公司下网量确定，按其实际用电情况，预计可签直购电量只有0.5亿kW·h，比所签协议电量少了1.2亿kW·h。总交易直购电量的减少，导致昆凉公司今年可获得的政策优惠大幅低于同期。昆凉公司认为今年具体考核细则还未正式出台，抱着侥幸心理，坚持已签订的1.7亿kW·h电量额度不变，不愿意调减相应的交易量。为了帮助用户争取政策利益最大化，西溪河公司主动帮助昆凉公司解读、分析交易规则，寻找维护其利益最

大化的途径和办法。

（二）主要做法及成效

即将实施的考核细则发用考核是解耦的，用户侧的考核不影响发电侧，发电侧的考核不涉及用户，因为昆凉公司从国网下网的实际电量远小于所签订的协议电量，受考核的风险非常高，甚至有可能面临远高于所享受的优惠电费的考核。

为了让用户理性参与电力市场享受最大化的政策利益，西溪河公司反复多次主动与其沟通解释，将偏差考核的意义和即将出台的四川省电力交易细则耐心向其说明，并积极协调地方政府和电网公司，在明确计量结算方式的前提下，将昆凉公司今年参与直购电的规模争取到 1.2 亿 kW·h，最大限度地维护其经济利益，帮助昆凉公司享受政策利益的最大化。

通过这次事件，昆凉公司对西溪河公司的政策研究水平，服务用户的意识有了更深层次的肯定，加强了用户与发电企业未来进一步合作的愿望。

（三）问题与思考

随着发用电计划的逐步放开，直接交易电量规模将逐渐扩大，电力市场竞争越加激烈，如何结合政府的相关政策，合理地维护和帮助用户争取正当的利益，是发电企业维系客户关系的重要方面。此外，对电力市场政策深入细致地研究，是提升发电企业的售电公司代理电力用户参与市场竞争，实现发用双方共赢的重要手段。

<本案例由四川华电西溪河水电开发有限公司提供>

【案例5-3】 为客户提供多种贴心服务，提升客户黏合度

随着电力体制改革的稳步推进，直购电市场变得越发重要。如何能够抢占直购电市场，提供优质增值服务，体现自身优势，牢牢锁定优质客户资源，成为当前市场营销工作的核心。

（一）案例背景简介

（1）四川地区 2017 年直购电用户达到 1086 家，用户的电气设备长时间处于高负荷运行状态，绝大多数用户每年需要对电气设备进行专业的检修和调试。但是目前具备电气设备检修、调试资格的专业工程队伍大部分属于电网公司，存在着收费较高、服务态度较差、施工人员技能经验不足的缺点。华电四川发电有限公司宝珠寺水力发电厂（简称"宝珠寺电厂"）长年从事水电站的电气设备检修、调试工作，拥有专业的技术队伍，技术水平高，积累了丰富的经验。

（2）大工业用电企业设有电气设备日常巡视及运行维护的相关人员，这类人员必须具备电工入网许可证才能进入现场作业，因此企业人员需进行电工入网许可证的培训、部分许可证到期的人员需要及时进行续期注册；本地企业不清楚宝珠寺电厂具备相关培训资格，时常需要到较远的省电网公司培训中心进行培训，且电网培训中心一年只举办一次培训，

导致一旦错过培训将导致无法确证的情况，影响企业员工无法进行电气方面工作。同时由于培训地点较远，也增加了企业培训人员的成本费用。

（二）主要做法

（1）通过积极拜访四川各地区直购电用户，在与用户相互合作的基础上，向对方介绍我厂具备高压设备年检预试、绝缘油样检测处理、继电保护校验调试、表计校验的专业资质及能力，并可承担电气设备的检修、调试工作。邀请用户来我厂参观电力试验车，了解队伍相关情况，向用户展现队伍及相关设备的专业程度。

（2）宝珠寺电厂是由国家能监办批复的四川省电工入网作业许可一级考试机构，具备为各用电企业的电气从业人员提供电工入网许可证等各项培训服务的资格，且举办培训班的次数较多，可根据用户的实际情况，安排参加不同时期的培训班，保证用户及时取证，不耽误自身工作。

（三）取得成效

（1）通过与用户探讨增值服务相关项目，扩大和巩固合作内容。2016 年为华油广元公司提供年度 110kV 及 10kV 系统电气设备年检预试服务，并签订长期服务协议；为西北气矿提供 2016 年度江油变电站、柳溪变电站 110kV 设备改造、年检预试、绝缘油化验服务；为川煤水泥、高力水泥提供安全工器具校验服务；为攀成钢焦化公司提供电气设备故障处理等服务。

（2）2017 年，为昭钢碳素公司和攀成钢焦化公司共 8 名员工进行了电工入网许可证（高压类）培训，并圆满完成培训工作，8 名人员均按时取得入网许可证。

（四）问题与思考

随着电力市场化的深入，如何充分发挥四川公司人力资源和技术管理优势，开展高效贴心的服务，提升华电品牌价值，占领售电增值业务市场，是今后工作中需要不断思考的问题。

<本案例由华电四川发电有限公司宝珠寺水力发电厂提供>

第六章
电 量 兑 现

电量兑现是将发电企业争取到的基数电量和市场电量足额落实，也就是将"市场订单"兑现完成的过程。发电企业要保持与电网公司的紧密联系，借助融洽外部环境，争取更多的电量兑现。

第一节 营 造 对 网 关 系

营造良好的对网关系就是要求发电企业与电网调度、交易部门等部门实现无障碍沟通，尽最大努力将一切影响交易成效和电量兑现的矛盾消灭在萌芽状态。在基数电量全额兑现的基础上，通过加强与政府主管部门、电力交易中心及调度机构的有效沟通，争取更多的政策性基数电量、市场电量和最优的调度安排。

【案例6-1】 营销人员借调电网挂职，营造良好的对网关系

（一）案例背景简介

1. 实施背景

近年来，蒙西电网发电装机快速增长，新能源装机比例不断提高，市场竞争日益激烈。内蒙古华电新能源分公司（简称"新能源分公司"）在 2015 年正式成立了市场营销部，市场营销部是企业对外协调工作的窗口部门，其中一项十分重要的工作就是在政府、电网等相关单位和部门塑造良好的企业形象，营造融洽的外部工作环境。

2. 实施思路

将公司市场营销人员以借调、挂职等方式派到电网公司业务部门工作，打造企业窗口效应。通过人员借调，为企业塑造良好的对外形象，拉近了企业与电网公司之间的距离。

（二）实施改善

1. 过程说明

2015 年 3 月，在新能源分公司的力荐下，将市场营销部一名同事借调至内蒙古电网交易中心协助工作，在借调过程中，营销部同事积极参与交易中心开展的月度交易工作、季度信息披露会议工作、业务培训工作等，通过日常工作的逐步积累，为新能源公司在电网

公司树立了良好的企业形象。2015 年 5 月，蒙西区域开展风电市场交易试点工作，市场营销部便争取到首批试点风电场名额，确定将红泥井风电场（99MW）列为交易试点风电场，参与风电交易测试 8 个月；10 月份，市场营销部再次争取到第二批风电交易名额，将长春风电场（49.5MW）、富丽达风电场（49.5MW）作为风电交易测试风电场 3 个月。

2. 实践效果

2015 年，内蒙古华电新能源分公司通过借调，提前掌握了第一批风电交易所有工作流程，让公司在申请过程做到了有的放矢，在第一批风电交易中占据了市场最大份额，详见表 6-1。

表 6-1 第一批交易风电名单

第一批交易风电场名称	参与交易容量（万 kW）	总交易容量占比（%）
华电红泥井风电场	9.9	28.57
中广核繁荣风电场	4.95	14.29
大唐锡勒风电场	4.95	14.29
华能毛都	4.95	14.29
龙源白音	4.95	14.29
贡宝拉贡风电场	4.95	14.29
交易容量合计	34.65 万 kW	

【案例思考】

营造良好的对外关系是精益营销理念的重要体现，通过塑造良好的企业形象，建立融洽的对外沟通平台，不断为企业创造更大的价值。

<本案例由内蒙古华电新能源分公司提供>

【案例6-2】 开展涉网培训讲座，提升业务能力

（一）案例背景简介

内蒙古华电新能源分公司成立时间短，公司人员结构年轻化，年轻员工有干劲、有活力、创新能力强，但在工作中也受到工作经验、业务能力等方面因素的制约。开展电力知识培训成为公司年轻员工的必修课，特别是对运行和营销人员关于网架结构、断面约束等涉网知识的培训更是重中之重。

（二）实施过程

从内部培训、电网工作人员培训、外聘专家培训三种培训方式进行集中培训。
培训对象：以运行及营销人员为主。
培训内容：内蒙古电网网架结构、网内断面、潮流等相关知识。

培训的目的：学习涉网知识，加强沟通与交流。通过进行集中培训，一是能够让年轻员工深入浅出的掌握内蒙古电网网架结构、网内断面、潮流等相关知识；二是通过邀请电网工作人员培训讲座，更有效搭建了与电网工作人员的互动平台，增进了相互了解和沟通，营造宽松融洽的工作氛围。

市场营销部通过与电网工作人员的沟通和协调，于2016年3月16~17日聘请内蒙古电网运行人员3名、交易中心工作人员2名，来公司进行为期两天的集中培训。对平时认为比较神秘的电网调度工作有了清晰的认识，愉悦授课中掌握了电网网架结构、网内断面、潮流等涉网知识。通过业务交流、互动，彼此理解和认识的同时也为今后工作的顺利开展奠定了有力基础，如图6-1所示。

图6-1　涉网知识培训

【案例思考】

以培训为媒介，有效掌握相关涉网知识，拓宽思路，增加与电网工作人员的互动交流，提升公司运行和营销人员的业务能力，促进了公司与电网公司对口部门和人员建立融洽的关系，为今后业务的顺利开展提供了有力保障。

<本案例由内蒙古华电新能源分公司提供>

第二节　电 量 协 调

电量协调就是落实兑现基数电量、市场电量的过程，即加强与政府、电网公司、电力交易中心及调度机构的有效沟通，争取最优的调度计划安排，确保市场营销成果切实转化为发电量收入，尽可能避免电量计划无法落实造成的企业收益损失。

调度在落实发电计划时，由于受各发电企业相互竞争、调度公关、网架结构、潮流送出、线路检修维护、电网负荷波动等因素影响，对各发电企业分解到月的年度发电计划与实际调度安排会不可避免产生偏差。发电企业应根据实际情况及时协调电网调度，加强电网营销公关能力、危机协调能力和电量落实能力。

【案例6-3】 快速响应，减少损失电量

（一）案例背景简介

蒙西网对新能源发电企业的运行要求：在接到调令后 1min 之内将负荷调至调令值，如 5min 内未将负荷调至调令值，给予警告通知；在接到警告通知后 5min 内仍未做出负荷调整的，予以罚停处罚，罚停时间视超发情况而定。

（二）实施过程

2015 年 12 月 14 日凌晨 0:35，H 风电场（总装机 12.15 万 kW）通过蒙西网 AGC 下令平台接到调令："H 风电场因严重超发，现对风场做出罚停 8h 处罚决定"。营销人员询问罚停原因，被告知 H 现场一直下大雪，有 9 台华锐 1500FL 风电机组通信中断，因大雪导致道路中断，无法及时恢复通信。在 12 月 13 日 23:48 接到调令，负荷由 8.7 万 kW 降至 0.8 万 kW，由于 9 台风电机组总容量 1.35 万 kW，即使在将其他风电机组全部停机的情况下，也无法满足调令要求。

营销人员了解情况后，凌晨 0:55 派专人赶到电网公司说明情况，并让现场值班人员将路面积雪、后台监控通信中断等情况进行拍照发给电网工作人员。同时，得知当晚后夜第一波限负荷时，有多家风电场调令执行不到位，电网东送潮流面临越线风险，故对执行不到位风电场进行罚停处理。电网工作人员表示可以理解工作困难，并将处罚决定由罚停 8h 下降至 2h。

【案例思考】

危机公关通常建立在相互信任的基础上，而信任源于日常工作中树立的良好企业形象。当发生突发事件时，实事求是的汇报比谎报和瞒报更能赢得理解、更能有效化解危机。

<本案例由内蒙古华电新能源分公司提供>

【案例6-4】 强化危机公关，提升流程管控，实现提前并网发电

（一）案例背景简介

蒙西电网对新能源场站跳闸后再次并网有以下要求：新能源场站在排除跳闸事故后，向电网报送设备绝缘试验报告和线路耐压试验报告后才可再次投入运行。报告提交流程涉及电网公司多个部门，流转时间较长。

（二）实施过程

2015 年光伏场站发生了跳闸事故，在现场处理事故的过程中，市场营销部启动应急预案，要求现场人员在故障处理后尽快安排专业人员做好设备绝缘试验和线路耐压试验工作，并对试验工作全过程拍照、录像发给营销人员。在现场处理完事故之前，营销人员就赶到电网公司，向当值值班人员做好详细的事情过程汇报，待现场人员将设备绝缘试验和线路耐压试验的照片、录像及实验结果发过来后，提供给当值值班人员，申请先恢复送电，再报送试验报告，并积极协调电网公司各职能部门，加快对实验报告的流转和审批流程。

（三）实施结果

利用平时交往中建立的信任和融洽的工作关系，将需要 1 个工作日完成的审批流程缩短到 2h 完成。因减少了实验报告的审批流程，提前 6~8h 并网，将电量损失降到最低。

【案例思考】

市场营销人员在日常工作中要营造宽松融洽的外部关系，不断积累处理突发事件的能力和人际资源，当发生突发事件时要快速响应，第一时间通过一系列有效的公关工作化解危机，将事件造成的负面影响和损失降到最低。

<本案例由内蒙古华电新能源分公司提供>

第七章

优 化 运 行

第一节 总 体 原 则

根据市场需求、供需形势以及来水来风等资源特点，安排发电运行方式和设备检修计划，在优先满足市场需求的前提下，开展发电时机和电量结构的优化，提高发电效益。

1. 坚持发电效益最大化原则

水电与新能源发电企业以减少弃水、弃风、弃光为目标，尚未达到满负荷而出现弃水、弃风、弃光情况时，要开展替代发电，包括跨省跨区发电权替代。具备条件的，要由高电价替代低电价，努力提高同一断面内高电价项目的利用小时。水电要进一步加强优化调度，增发电量。

2. 坚持度电收益最大化原则

各区域要统一编制发电机组发电优化排序表，作为经济运行的优化依据。水电与新能源发电企业要以电价为依据，由高到低进行排序。水电按调节性能对水电站分别排序，同一水电站内以耗水率由低到高对水电机组进行排序，设备检修和改造后，耗水率发生变化要及时更新排序表。经济运行工作要将电量优化纳入年度、月度电量计划平衡管理。

第二节 工 作 要 求

一、电量结构的优化

电量结构优化方案主要以替代煤机发电权的交易为主，要遵照煤机发电优化排序表由后向前进行替代的原则制定优化方案，同时开展水电与新能源内部的替代发电。

（1）存在弃风弃光情况的区域，优先开展风光电替代煤机发电电量的优化工作。根据风光电年度电量、弃风弃光电量，以及可再生能源市场竞争电量争取情况的预测，编制风光电替代同区域内煤机电量的优化方案。需要跨省跨区替代煤机发电，要分析、测算跨省跨区输电通道情况。新能源还要优化内部运行方式，开展高电价项目替代低电价项目发电，光伏替代风电发电，不限电地区替代限电地区发电。

（2）存在水电弃水情况的区域，要开展水电替代煤机发电的优化工作。根据全年水情和弃水电量的预测，以及市场电量争取情况的预期，编制水电替代同区域内煤机发电的优化预案。

二、发电运行方式的优化

1. 水电运行方式优化

（1）优化水库调度。水电运行方式要按照枯水期控制水位、丰水期控制弃水的原则确定，在枯水期要控制相对高水位，丰水期要根据多年一遇洪水来控制水位，并做好集中来水的应急预案。流域电站要实施联合优化调度，发挥梯级的调蓄能力，保证多年调节水库基本不弃水，季、年调节水库尽量不弃水，日调节水库少弃水，科学安排运行方式，最大限度增发电量。径流式单库电站原则上保持高水位运行，根据上下游来水情况，实施日内运行方式的优化调整，进一步增发电量。对于参与市场竞争的水电，要以市场为主导，依据市场供需形势，枯水期电量要与来水发电能力相匹配，丰水期要争取以不弃水、少弃水为原则多争取市场电量。

（2）按照月计划、周调整、日落实的方式优化水电机组的运行。根据月度水情预测，编制月度电量计划和机组运行方式；根据周水情预测，调整下周运行方式；每日根据水情的滚动预测，确定下一日的机组运行方式。

（3）出现弃水风险时，要争取及时调整水电运行方式，加大开机和负荷率。因电量计划不足出现弃水时，要落实水电替代火电电量的预案，水火替代要优先满足排序靠前的水电站。

2. 新能源发电运行方式的优化

风光电限电的地区，要开展运行方式优化，争取高电价的风光电多发电量。具备条件的争取风光电实现日内优化运行，已建立了风光电集控中心的区域，利用功率预测装置准确预测 1～4h 区间的负荷，探索日以内的短期风光电运行方式优化调度，按照风光场站排序表由后向前的顺序进行限电。

三、发电设备检修和技改时机优化

区域公司根据全年各月市场竞争形势、电力市场供需形势，结合水电水情预测、水位控制和耗水率的季节性特点，新能源的风光资源季节特性，结合设备健康水平，制定发电设备检修和技改计划。

风电要在小风季，光伏发电要在日照时间相对少的季节，水电要在枯水期安排检修和技改，确保水电与新能源在资源条件好的季节多发电量。风光限电严重的区域，要平衡好限电时限与检修工期的关系，风光设备检修可调整到限电高峰时期。执行丰枯电价的区域，要平衡好电量、电价和效益的关系，统筹安排设备检修。

【案例7-1】 优化发电结构，提升总体发电效益

（一）案例背景简介

华电内蒙古公司管理新能源风光场站 16 个，发电装机 225.88 万 kW，地域分布分散，情况复杂，风光同场的场站有 7 个，同场不同价的场站有 2 个，有一半的场站存在不同程

度的送出受限情况，有很大的经济运行优化空间。新能源的发电量计划通常是根据历年运行数据，结合其他影响因素，预测各风、光场站的发电能力和应发小时数。风电、光伏主要参考多年平均水平，结合三种对标情况、设备状况、送出受限等因素编制，其中光伏还要考虑光伏板衰减率。

中国华电集团公司 2016 年 5 月下发《关于进一步加强经济运行工作的通知》（中国华电经函〔2016〕16 号），要求区域公司按照提质增效的总体要求，深入开展电量优化和经济运行，对区域内电量指标进行统一协调、统一平衡分配、加强内部电量替代，千方百计稳发多发，提升总体发电效益。

（二）实施过程

华电内蒙古公司在新能源的计划编制下达、运行方式安排和电量落实过程中，始终按照集团公司提质增效和经济运营的相关工作要求，以总体效益最大化为原则，开展内部电量替代和电量结构优化。

1. 区域统一组织电量结构优化，编制发电优先排序表

（1）根据不同断面，按照电价水平由高到低的原则编制风光场站的发电优先排序表。

（2）在确保风光电年度小时数达到并超过三种水平的基础上，开展高电价替代低电价，光伏替代风电，不限电地区替代限电地区，推动窝电地区场站的电量内部代发工作，将弃风（光）率降到最低，尤其是汗温断面、杜尔伯特断面等局步受限地区率先开展。

（3）对参与风电交易的风场，充分利用交易风场的特殊调度政策，力争小时数大幅领先，原则上不参与以牺牲其他风场为代价的内部替代发电。

（4）推动风光同场电站的风光电就地替代发电。目前蒙西电网对风光电的调度通过两套监控界面分开实现。下一步要积极协调争取二连、库伦、巴音、玫瑰营等风光同场电站执行总负荷调令，当出现弃光现象时，协调调度执行总负荷指令，优先保障高价的光伏发电负荷。

（5）积极呼吁出台新能源替代火电发电的调度政策，由于蒙西电网目前没有风火替代发电的调度先例，下一步要在这方面引导政府和电网的政策走向，呼吁将风火置换作为提高新能源消纳比例的措施，减少弃风。

2. 按照经济运营目标，优化年度发电量计划

公司年度和月度发电量计划编制下达过程中，对各场站发电量计划进行优化再调整，在发电计划中体现经济运行要求。计划编制时，在通过常规手段对发电能力和小时数预测基础上，对风光同场项目，适当调增光伏、调减风电；对特许权风电与普通风电同场的项目，按照电价高低体现出小时数差，分期批复的电价不同的光伏同场项目，按照电价高低体现出小时数差。以 E 光伏电站为例，2017 年发电量计划优化表见表 7-1。公司在下达年度发电量执行计划通知时，明确经济运营要求。

表 7-1　　　　　　　　　　　E 光伏电站 2017 年发电量计划优化表

项目名称	平均容量	计划编制		经济运营效果分析			
		预测应发小时数	调整后执行计划	电价	优化后收入	优化前收入	优化增收
	万 kW	h	h	元/(MW·h)	万元	万元	万元
E 光伏	8	1662	1662	—	14 375.52	14 346.62	28.9
其中：一期	2.2	1600	1700	1160	4173.84	3928.32	245.52
二期	4.8	1675	1655	1010	8738.4	8844	−105.6
三期	1	1730	1608	910	1463.28	1574.3	−111.02

3. 实施效果

公司在 2017 年提质增效方案中，要求新能源在保证风、光电小时数均超三同水平的前提下，开展高电价替代低电价，光伏替代风电，不限电地区替代限电地区。

（1）风光同场电站的光伏弃光率比全网平均低 5%。

（2）同场不同价的场站高价项目优先发电，E 光伏一、二、三期的弃光率要依次递增 3%。

【案例思考】

经济运营工作通过优化运行方式、电量结构和检修安排，利用有限的发电资源创造更大的效益，集中体现了"持续改善、创造价值"的精益理念。水电与新能源在经济运营方面有很大的改善空间，将成为新的效益增长点。区域公司应当充分发挥一体化营销工作平台的整体优势，按照"四统一"的工作原则，加强电量指标的统一协调、统一平衡分配，开展替代发电和优化运行工作。

<本案例由华电内蒙古能源有限公司提供>

【案例7-2】　优化卡基娃水电站水位消落计划，实现增收创益目标

（一）案例背景简介

1. 实施背景

卡基娃水电站是木里河流域梯级开发的"控制性水库"电站，正常蓄水位 2850m，死水位 2800m，调节库容 2.806 亿 m³，具有年调节能力。装机容量 452.4MW，设计年平均发电量 16.51 亿 kW·h。

四川区域 12 月至次年 4 月为枯水期，枯水期上网电价在批复电价的基础上上浮 30%，为实现发电效益最大化，需要优化卡基娃水电站水位消落计划，实现增收创益目标。

2. 实施思路

对比卡基娃水电站水库在 3 月底降至死水位与 5 月底降至死水位两种方案，并结合其

他外界因素，优化卡基娃水电站水位消落计划，实现发电效益最大化。

（二）现状诊断

1. 诊断内容

（1）丰枯电价影响与发电耗水率分析。四川区域基数电价执行标准：12 月至次年 4 月是枯水期，上网电价在批复电价的基础上上浮 30%；5、11 月是平水期，上网电价等于批复电价，6～10 月是丰水期，上网电价在批复电价的基础上下浮 24%。

卡基娃水电站在开机方式相对不变的情况下，发电耗水率随库区水位下降而逐渐增大，详细变化见表 7-2。

表 7-2　　　　　　　　　发电耗水率随库区水位变化表

库区水位（m）	2800	2805	2810	2815	2820	2825	2830	2835	2840	2845	2850
耗水率 [m³/（kW·h）]	1.82	1.81	1.80	1.79	1.78	1.76	1.75	1.72	1.70	1.69	1.68

（2）发电机会分析。卡基娃水电站地处四川电网攀西地区，区域内装机容量大，风光水齐全，水电、风电发电能力强，送出通道不足，线路年度检修工期长，调度主体复杂。攀西断面电力受限基本情况见表 7-3。

表 7-3　　　　　　　　　攀西断面电力受限基本情况表

攀西断面	类型及装机（万 kW）		备 注
电源装机	锦官电源组	1080	国调
	二滩电站	330	西南网调
	省调水电厂	507	省调
	省调火电厂	54	
	省调风电场	68	
	省调光伏电站	43	
	合计	2082	
发电能力	1860		考虑检修、受阻、新能源发电效率、西藏昌都送入
攀西地区用电负荷	120		
送出限额	交流送出	600	省调
	锦苏直流	720	国调
电力受阻	420		

2. 改善目标

优化卡基娃水电站水位消落计划，以提升水电站枯水期发电收益为目标。

（三）原因分析

为降低耗水率，12 月至次年 1 月保持高水位运行；4 月国调、网调机组会加大出力，若 3 月底卡基娃库区水位未消落至死水位，只能在 5 月平水期消落；3 月底水库消落至死水位，可为大坝和防洪设备检修、维护腾出更多的时间；经综合考虑选择 2～3 月消落库区水位。选择 2～3 月消落库区水位的详细原因如图 7-1 所示。

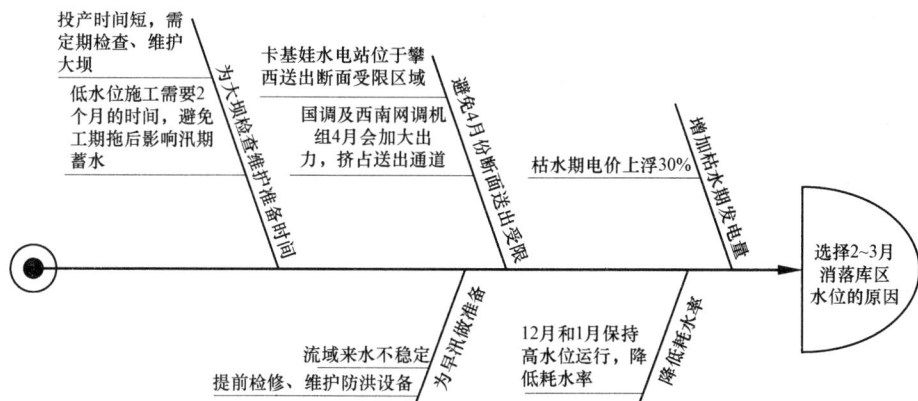

图 7-1　选择 2～3 月消落库区水位原因

（四）实施改善

1. 过程说明

（1）12 月至次年 1 月保持高水位运行。

（2）收入分析测算。测算 3 月底降至死水位、5 月底降至死水位影响收入差异，最终选择 3 月底降至死水位。影响收入对比见表 7-4。

表 7-4　　　　　　　　　　　　　影 响 收 入 对 比 表

消落方式	3 月底降至2810m，5 月底降至2800m			3 月底降至2800m		
月份	3 月	4 月	5 月	3 月	4 月	5 月
计划库存区可调水量（万 m³）	0	0	3533	3533	0	0
来水量（万 m³）	9642	9850	12 053	9642	9850	12 053
发电水量（万 m³）	9642	9850	15 586	13 175	9850	12 053
耗水率 [m³/（kW·h）]	1.80	1.80	1.80	1.80	1.82	1.82
发电量（万 kW·h）	5357	5472	8659	7320	5412	6622
电价 [元/（kW·h）]	0.507	0.507	0.39	0.507	0.507	0.39
收入（万元）	2716	2774	3377	3711	2744	2583
收入合计对比（万元）	8867			9038		
增加单站收入（万元）	170					

（3）向调度中心做好汇报、解释工作，取得对方理解和支持，确保卡基娃库区水位消落按期完成。

（4）按照水位消落计划，制定、调整检修计划，在增加收入的同时做好检修维护工作，为防早汛做好准备。

2. 实践效果

2016 年优化卡基娃水库消落方案，水位在 3 月底降至死水位，4 月和 5 月保持死水位运行，卡基娃单站增加收入 170 万元，下游俄公堡水电站增加收入 71 万元，达到增收创益目标。

【案例思考】

通过本案例分析，应主动消除外界因素，积极优化发电各个环节，寻找增收创效的机会。

<本案例由四川华电木里河水电开发有限公司提供>

第八章

价 费 管 理

第一节 电 价 落 实

水电与新能源发电企业电价主要由批复电价和市场电价构成，其中新能源批复电价由电网结算标杆电价和国家财政补贴电价两部分组成，水电批复电价实行分时电价或者分类标杆电价，市场电价主要根据电力市场供需变化确定。批复电价要及时落实到位，市场电价应不低于市场平均水平。

第二节 精 准 管 理 电 费

电费按时足额回收是电费管理的基本要求。电费作为发电企业主要的经营收入，电费管理与回收情况直接关系着发电企业的经营发展。水电与新能源发电企业电费主要包含电网结算部分和国家财政补贴。电网结算部分是每月按照标杆电价、交易价格进行电量核对和开票结算。国家财政补贴是需要进入国家可再生能源补贴目录，企业方可取得项目补贴电费。

一、精准核对结算电量

核对结算电量工作是电费回收的基础和前置工作，优化核对结算电量工作流程，提高工作效率，及时发现并解决结算电量过程中出现的偏差是此项工作精益管理的重点和难点。

水电与新能源发电企业应设置价费专责岗位，主要负责核对结算电量，审核中长期交易、月度交易、日前竞价交易等的受价格影响的电量方案，对影响销售收入的因素提出建议。

【案例8-1】 优化结算电量的核对流程

（一）案例背景简介

1. 实施背景

蒙西电网与各新能源发电企业每月21日结算上网电量，双方分别抄表确认上网电量，统计基数电量和交易电量并计算场站侧线损，核对无误后作为结算依据，线损偏差要求在一定范围内。

2. 实施思路

通过改善核对结算电量环节，减少核对层级，节省工作时间，提高结算电量的准确性和工作效率。

（二）现状诊断

1. 诊断内容

在结算电量时，上网电量计量数据由各风光场站与电网公司自动化处联系核对，由于生产现场不参与市场交易等工作，对月度电量、电价结构掌握不够精准，在核对结算电量过程中只是进行简单的数据核对。场站侧线损由新能源公司市场营销部测算后与电网自动化处核对，交易电量和基数电量由新能源公司市场营销部与电网交易中心核对。由于沟通层级多，造成工作效率低、常出现信息传递错误等情况，通常结算工作须 7 天以上，如图 8-1 所示。

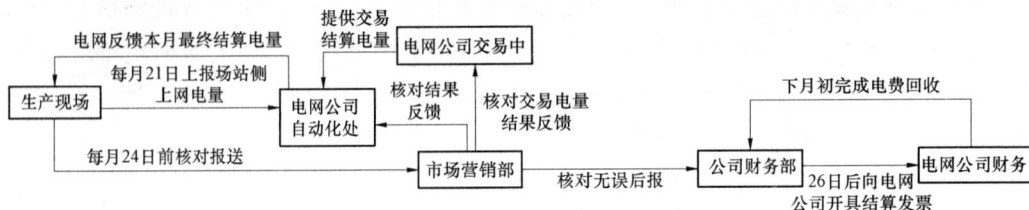

图 8-1　核对结算电量改善前价值流程图

2. 改善目标

（1）设价费专责，简化核对结算电量流程，提高工作效率。

（2）精算、准算结算电量的各结构占比，保证公司效益。

（三）实施过程

针对公司核对结算电量工作存在各部门与电网公司各部门相互交叉沟通，公司内部沟通层级多等问题，造成结算工作效率低、电量核对不准确和问题发现不及时。为此，通过采用精益价值流程图进行分析，如图 8-2 所示。

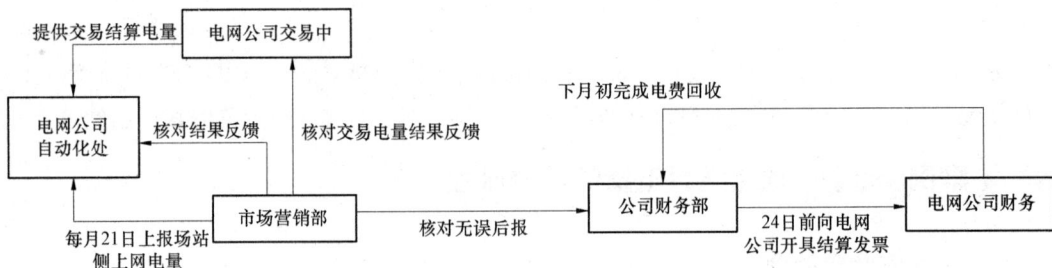

图 8-2　核对结算电量改善后价值流程图

（四）实践效果

2017 年 1 月 21 日结算时，内蒙古华电新能源分公司市场营销部价费专责人员通过对电网公司自动化处反馈的结算电量分析，本月 K 风电场的结算电量线损率达到了 8.45%，而该风场正常的线损率在 2%～3% 之间，明显高于各月平均值。市场营销部发现线损偏差后，及时与现场确认并汇报公司领导。同时市场营销部向电网公司自动化处提交了材料说明，电网公司自动化处接到公司的情况说明后认真核查，发现本月库伦风电场结算数据确实核算错误，经双方确认本月少结算电量 358.45 万 kW·h。但本月已临近开票日期，结算数据已无法更改，经双方协商后，将本月少结算电量在下月补结，为公司直接挽回经济损失 180 多万元。

【案例思考】

通过优化结算电量流程，提高了结算效率，减少了结算错误，降低了人工成本。在流程优化过程中，通过价值流程图发现浪费，通过简化工作环节有效减少浪费，为公司精益改善、提质增效提供案例参考。

<本案例由内蒙古华电新能源分公司提供>

二、电费回收管理

近些年，电费拖欠现象在不同地区都越发常见，特别是新能源企业在受市场交易让价和国家补贴电费拖欠的双重压力下，严重影响了企业的电价水平和现金流。电费回收作为发电企业产销工作的变现环节，关键在于及时和足额。公司要通过持续改善电费回收管理过程，建立"重点预防、过程控制、确保回收"的电费回收管理机制，按时足额回收电费，提高现金回收比率，确保电费回收率达到集团要求。

【案例8-2】 加强申报补贴的流程管控，确保电费及时回收

（一）案例背景简介

新能源项目政府批复电价包含电网结算标杆电价和国家财政补贴电价两部分，其中标杆电价每月与电网公司结算，国家财政补贴部分需要进入国家可再生能源补贴目录，由财政定期拨付，如新投产项目不能及时申报进入补贴目录，将直接影响财政补贴的取得。

H 项目在 2016 年 1 月初申报第六批国家可再生能源补贴时，公司将所有申报材料递交到乌兰察布市四子王旗发改局，通过当地发改局审核后，H 项目缺少综合竣工验收报告，按照正常流程 3～5 个月时间才能办理完成，而第六批补贴要在 4 月底之前截至申报，否则 H 项目只能等到 2017 年才能申报第七批补贴目录，将再推迟一年取得可再生能源补贴电费，影响公司一年的资金运转。

（二）原因分析

H 项目公司主要存在以下两个问题：

（1）缺少综合竣工验收报告，不能列入可再生能源补贴目录。

（2）需在两个月内完成材料申报，时间紧任务重。

（三）实施过程

公司领导根据此问题召开专题会议，成立以市场营销部牵头，工程部、财务部、前期办配合的工作小组，要求在 2 月底之前取得综合竣工验收报告，3 月底之前完成申报所需的材料，并完成申报工作。相关部门在会后积极开展工作，联系当地发改局，认真梳理办理综合竣工验收报告流程，并准备相关材料，积极协调当地政府，加快办理进度，按时间节点取得综合竣工验收报告。

（四）实践效果

通过一系列沟通协调工作，H 项目终于在 2016 年 2 月 4 日取得了综合竣工验收报告，顺利进入第六批国家可再生能源补贴目录，保证了 H 项目电费及时回收。

【案例思考】

电费回收率是体现发电企业经营成果的一项重要指标。确保电费及时足额回收，提升电费管理水平是发电企业巩固经营成果的重要措施。

<本案例由内蒙古华电新能源分公司提供>

第三节　新能源绿色证书

绿色电力证书是国家对非水可再生能源上网电量颁发的具有独特标识代码的电子证书，是非水可再生能源发电量的确认和属性证明，以及消费绿色电力的唯一凭证。通过绿色电力证书交易制度或能部分解决补贴问题，也将有利于企业快速回款。

自 2017 年 7 月 1 日起，绿色电力证书将正式开展认购工作，认购价格按照不高于证书对应电量的可再生能源电价附加资金补贴金额，由买卖双方自行协商或者通过竞价确定。新能源风电、光伏发电企业出售可再生能源绿色电力证书后，相应的电量不再享受国家可再生能源电价附加资金的补贴。绿色电力证书经认购后不得再次出售，国家可再生能源信息管理中心负责对购买绿色电力证书的机构和个人核发凭证。

【案例8-3】　抢先申请，紧盯绿证政策动向

（一）案例背景简介

1. 实施背景

2017 年 2 月 3 日国家发改委联合财政部、国家能源局下发《关于试行可再生能源绿色电力证书核发及自愿认购交易制度的通知》，绿色电力证书自 2017 年 7 月 1 日起自愿认购，2018 年将启动绿色电力配额考核和证书强制约束交易。所谓绿色电力证书（简称"绿证"），是指国家对发电企业每兆瓦时非水可再生能源（即风电和光伏发电）上网电量颁发的具有独特标识代码的电子证书，是风电、光伏发电量的确认和属性证明，以及消费绿色电力的唯一凭证。

绿色电力证书在我国属于新生事物，建立绿证制度的目的有两个，一个是促进中国清洁能源的高效利用，完善可再生能源支持政策的一项措施。另一个是降低国家财政资金直接补贴强度，减轻财政压力。

2. 实施思路

针对国家下发的绿证认购交易制度，内蒙古华电新能源分公司正式成立绿证工作小组，负责研究绿色电力证书的相关政策解读、申领和后续交易等工作，并通过精益理念不断优化证书申领、交易、竞价演示等流程环节，待试行后做到有的放矢。

（二）现状诊断

1. 诊断内容

在国家下发《关于试行可再生能源绿色电力证书核发及自愿认购交易制度的通知》之前，公司未关注过关于绿证的任何信息。

具体情况如图 8-3 所示。

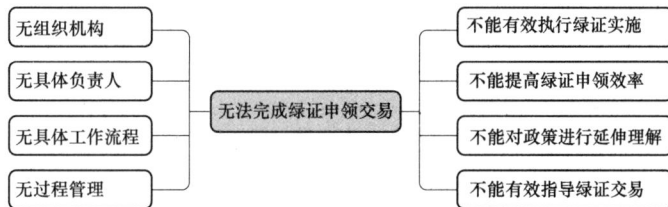

图 8-3　无法完成绿证申请交易原因

2. 改善目标

（1）尽早完成所有项目的绿色电力证书申领工作。

（2）绿色电力证书工作组要精准把握绿证政策，努力实现公司效益更大化、价值最大化。

（三）原因分析

针对绿色电力证书这一新兴事物，通过成立绿色电力证书工作组，将绿色电力证书工作日常化、规范化、专业化，保证政策解读有依据，具体实施无偏差，更好地开展绿证申领和交易工作。

价值流程如图 8-4 所示。

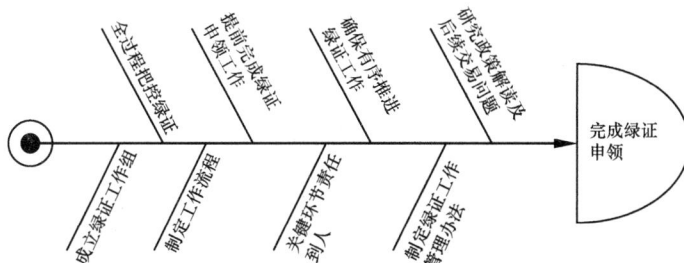

图 8-4　价值流程图

（四）实施改善

1. 过程说明

2017 年 2 月 3 日国家发改委联合财政部、国家能源局下发《关于试行可再生能源绿色电力证书核发及自愿认购交易制度的通知》，内蒙古华电新能源分公司作为蒙西地区装机最大的新能源企业，为积极响应国家新政在 2017 年 3 月 1 日组织人员开展绿色电力证书政策学习，并经公司领导决定成立绿色电力证书工作组。组织学习《关于试行可再生能源绿色电力证书核发及自愿认购交易制度的通知》，对绿色电力证书政策在全公司范围内进行宣贯，做好政策导向工作；定期组织人员参加政府、集团及其他企业组织的会议或培训，提高对绿色电力证书工作的认识；制定绿色电力证书申领工作流程，确立公司各项目负责人，设定申请流程进度完成的各时间节点，保证按时取得绿色电力证书，并定期召开会议解决申请工作中遇到的问题；组织开展政策延伸工作，为今后开展交易打好基础。

绿证申领流程如图 8-5 所示。

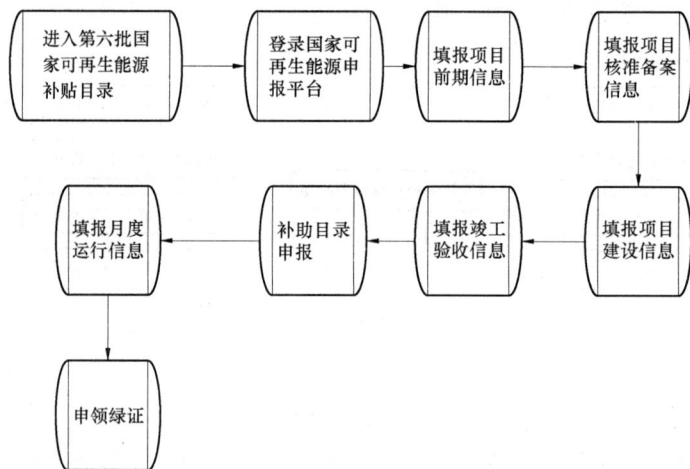

图 8-5 绿证申请流程图

2. 实践效果

通过对绿色电力证书工作组的成立，使得公司的绿证申领工作迅速开展，截至 3 月底，公司所属项目中已有 17 个项目列入第六批国家可再生能源补贴目，其中已完成 11 个项目的绿色电力证书申领工作，其他项目按照申报时间节点进展顺利。

【案例思考】

绿色电力证书作为国家发展清洁能源的新生事物，绿色电力证书申领是开展绿证交易等相关工作的基础和前提。国家推行绿证交易制度根本目的是解决可再生能源补贴来源问题，同时也把新能源企业推向市场，致使新能源企业技术进步和生产、建设成本的下降，最终降低电价。为此新能源企业要在精准解读相关政策的基础上，有预见性的开展相关工作。

<本案例由内蒙古华电新能源分公司提供>

第九章

对标评价与改善

第一节　对标管理概述

一、对标管理的意义

对标管理又称标杆管理，指企业持续不断的将自己的产品、服务、经营指标及管理实践活动与最强对手的竞争或行业领先企业对比分析的过程。对标管理的基本内涵是以领先企业作为标杆和标准，通过资料收集、分析比较、跟踪学习、优化改进等一系列规范化的程序，提升绩效，因此实施对标管理对实现对标企业竞争战略具有重要意义。

对标管理基本构成可以概括为最佳实践和度量标准两部分。最佳实践是指行业中的领先企业在经营管理中所推行的最有效的措施和方法；度量标准指能客观地反映经营管理绩效的一套指标体系及与之相应的作为标杆的一套基准数据。

二、竞争性对标的特点

对标管理作为精益管理工具，在发电企业的生产、营销等工作环节被广泛使用。与其他专业相比，市场营销的对标属于同行业外部竞争性对标，由于市场容量是一定的，在竞争过程中，与对标对象的销售指标总是呈现此消彼长的变化关系，因此发电企业应主要关注竞争对手营销情况。

竞争性对标可以提高发电企业市场竞争力，持续改进和优化营销措施。对标结果可以作为后评估手段用于对销售业绩和工作成效量化评价，依据评价结果查找差距、分析判断落后原因，据此调整和改进后续的工作方法和竞争策略，提升营销资源使用效率，因此在对标过程中要始终贯穿持续改善的精益理念。

第二节　竞争性对标的实施步骤

一、建立竞争对手对标信息数据库

建立同行业竞争性指标的统计表和数据库，包含同行业竞争者的装机容量、发电量、弃风（弃水、弃光）电量、交易电量、竞价报价信息等。

二、建立对标指标体系

根据需要选取可以直接或间接评价工作结果和成效的指标，针对每项指标的改善目标制定对标要求和标准，选择合适的对标对象。可以选择区域全部同行竞争者进行区域对标排名评比；也可选择指标最优的竞争对手或选择与自身条件和市场竞争地位相近的竞争对手单独对标；或按一定标准选择多个竞争对手以平均值作为对标标准。新能源的市场竞争性指标主要有小时数、弃风（光）率、市场占有率、电价、电费回收率。水电的市场竞争性指标主要有小时数、耗水率、电价、电费回收率。

三、对标分析

调用对标信息库中的各项信息、指标数据进行对标指标测算，形成对标指标的数据结果。结合历史数据、生产数据进行综合分析，找出需要改进的地方，不断修正和调整营销策略、工作措施，不断提高市场营销工作效率，使营销资源投放更有实效，指标达到行业先进水平。

【案例9-1】 开展综合对标分析，持续改进营销工作措施和方法

（一）案例背景简介

1. 实施背景

蒙西电网新能源装机自 2010 年开始快速增长，截至 2016 年，风电装机 1600 万 kW、太阳能装机 532 万 kW，新能源装机占全网统调装机容量的 33.5%。近年来，蒙西电网受地区用电需求持续低迷、发电装机大幅提升的影响，电力供过于求的问题十分突出，给新能源消纳带来很大困难。虽然电网接纳新能源的比例逐年提高，但由于用电增长远低于新能源装机的增长，电网接纳能力有限，造成新能源设备小时数持续下降、"弃风"现象严重，并且从 2015 年底开始弃光也成为常态化。2015、2016 年风电小时数分别为 1922、1897h，弃风率分别为 19.71%、26.3%，光伏小时数分别为 1418、1449h，弃光率分别为 3.3%、6.6%。

2. 实施思路

利用访问表和思维导图工具，理清营销各项指标评价作用和对发电量的影响（见表 9-1、图 9-1），以单个风场为单位开展风电场小时数、弃风率、市场电量份额开展外部对标，通过对标分析影响负荷的因素，结合风速、设备远动率等指标，精准诊断影响电量的关键因素，确定优化方向和有针对性调整措施，做到量化精准营销，有的放矢，闭环管理，持续改善。

表 9-1 对标指标的意义和优化方向

指标项目	体 现 意 义	优 化 方 向
小时数	发电量水平	—
弃风率	调度或送出原因弃风	消除送出阻塞、加强电量争取协调力度

续表

指标项目	体 现 意 义	优 化 方 向
市场份额	市场开发（合约电量）	开发市场、多认购交易电量、优化交易量在场站间的分配
风速	风资源条件（发电能力）	—
设备远动率	设备状况	设备检修、消除缺陷，检修计划时间优化调整

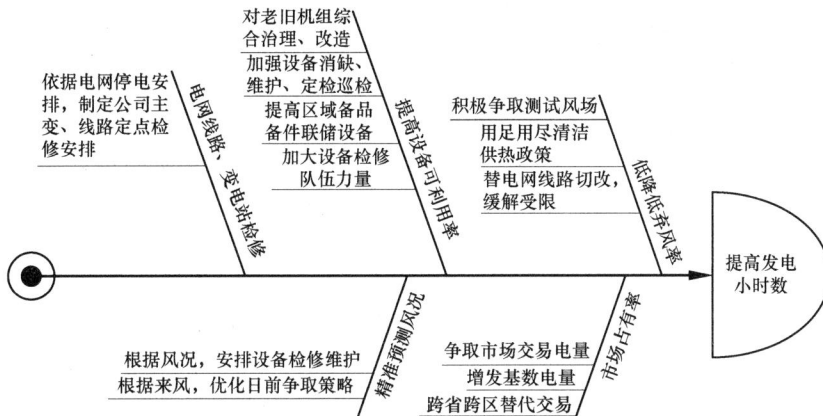

图 9-1 影响发电小时数的原因分析

（二）实施过程

1. 对标评价

对公司各风电场之间月度小时数、弃风率、市场电量份额进行对标，结合风速、设备情况和设备远动率进行综合分析，通过对标分析诊断影响电量的因素，制定针对性的改善措施，提高小时数、减少弃风损失电量将各项指标对标结果汇总，见表 9-2。

表 9-2　　　　　　　　　2016 年 9 月公司部分风电场综合对标汇总表

风电场	小时数对标		弃风率对标		市场电量占比与容量占比差值比率	风速		远动率
	小时数	对标结果	弃风率	对标结果		风速	对标结果	
HN 风场	192	54	0%	−15%	2%	9.8	1.2	98%
FL 风场	191	53	18%	3%	4%	10.6	2	98%
CH 风场	191	53	18%	3%	4%	10.3	1.7	99%
MG 风场	185	47	13%	−2%	1%	8.7	0.1	92%
BY 风场	173	35	24%	21%	−1%	8.6	0	95%
EL 风场	170	32	22%	7%	−1.5%	8.5	−0.1	98%
HT 风场	156	18	15%	0	−2.1%	6.6	−2	99%
KL 风场	116	−22	10%	−5%	−2.5%	6.1	−2.5	92%

2. 原因分析

对每个风场综合对标结果进行分析评价，查找影响发电小时数的原因。以华电辉腾锡勒风场为例，如图 9-2 所示。

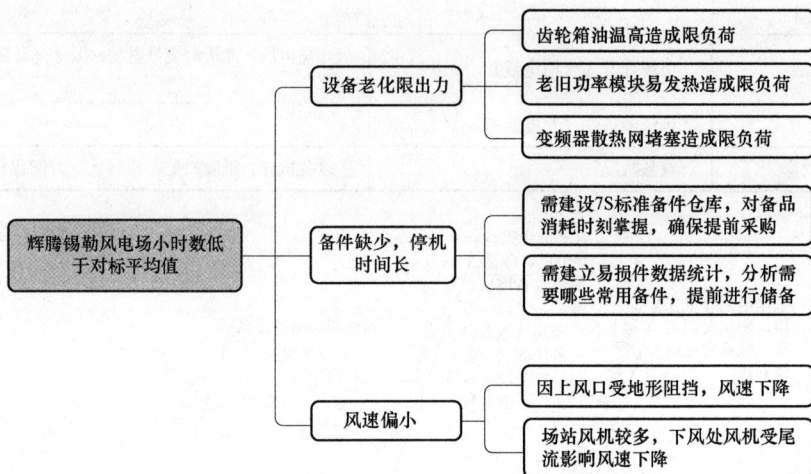

图 9-2　华电辉腾锡勒风场小时数影响因素分析

按照同样的方法分析各风电场小时数对标结果，汇总见表 9-3。

表 9-3　　　　　　　　　　对标评价及影响电量原因分析汇总表

风电场	对 标 评 价					原因分析
	小时数	弃风率	市场电量占比与容量占比的差值比率	风速	远动率	
HN 风场	高	低	高	较好	高	月度测试风场
FL 风场	高	中	高	较强	高	公平调度，做好日常维护工作
CH 风场	高	中	高	较强	高	公平调度，做好日常维护工作
MG 风场	中	低	中	较强	低	设备故障较多
BY 风场	中	高	低	较好	中	调度限电严重
EL 风场	中	高	低	较好	高	断面送出受限
HT 风场	低	中	低	差	高	低风速时设备出能力差
KL 风场	低	低	低	差	差	风况较差，设备故障较多

3. 改善措施

根据对标分析结果，针对各风电场影响电量因素，制定相应的对策措施。在综合考虑总体情况，提出优化方案，制定综合营销策略，见表 9-4。

表 9-4　　　　　　　　　　营销对策措施汇总表

风电场	原 因 分 析	改 善 措 施
HN 风场	月度测试风场	策略性再度争取测试风场
FL 风场	公平调度，做好日常维护工作	争取测试风场等政策支持
CH 风场	公平调度，做好日常维护工作	探索负荷争取抓手，不断加强调度公关力度

风电场	原 因 分 析	改 善 措 施
MG 风场	设备故障较多	加快与设备厂家的谈判工作，落实设备检修、维护模式
BY 风场	调度限电严重	根据来风情况，提前做好调度公关工作和内部各风电场负荷调配工作
EL 风场	断面送出受限	协调调控中心，争取将受限场站的电量由公司其他不受限的场站替发
HT 风场	低风速时设备出能力差	尽快联系区域公司，落实辉腾风场设备综合治理、改造方案，彻底解决老旧机组出能力差等问题
KL 风场	风况较差，设备故障较多	加快设备消缺工作，提高设备远东率

结合各风场改善措施，制定公司整体营销工作措施：

（1）KL 风场、HT 风场和 MG 风场受设备维护、检修、备件等自身原因，影响发电量，各设备责任部门要尽快落实解决方案，每天生产早会做好进度节点汇报工作。

（2）EL 风场和 BY 风场受电网网架结构、断面、潮流等客观因素，影响发电量区域风电场，一是及时与调控中心联系，做好内部各风电场之间负荷调配工作；二是研究受限的客观原因，帮助电网公司优化送出结构，实现利人利己。

（3）FL 风场、CH 风场和 HN 风场受调度因素影响发电量的风电场，提高日前风况预测工作，制定日前目标风场争取策略，实现公司总负荷更大化。

（三）实践效果

通过对标评价、原因分析和措施改善，实现量化精准营销，有的放矢，闭环管理，有效提升了总体发电小时数。小时数、弃风率对标改善情况对比见表 9-5。

表 9-5　　　　　　　　小时数、弃风率对标改善情况对比

风电场	2015 年 10 月				2016 年 10 月			
	小时数		弃风率		小时数		弃风率	
	小时数	对标结果	弃风率	对标结果	小时数	对标结果	弃风率	对标结果
HN 风场	201	71	7%	−6%	211	76	6%	−5%
FL 风场	198	68	8%	−5%	201	71	6%	−4%
CH 风场	221	91	10%	−3%	230	95	8%	−2%
MG 风场	190	60	8%	−2%	198	63	7%	−1%
BY 风场	189	59	9%	−3%	206	66	6%	−2%
EL 风场	187	57	6%	−8%	193	60	5%	−7%
HT 风场	160	30	12%	−2%	178	41	11%	−1%
KL 风场	165	35	10%	−4%	198	80	7%	−9%

（四）标准化

出台了《对标考核管理办法》，建立月度对标分析例会制度。

【案例思考】

营销指标三同对标即可以有效地评价当期电量指标完成情况，对营销工作效果进行后评估，更重要的是在开展多项指标联合对标的基础上，进行综合分析，及时发现问题，调整策略，制定后续针对性的优化方案，实现精准营销和持续改善。

<本案例由华电内蒙古能源有限公司提供>

【案例9-2】 细化日前对标，指导电量落实

（一）案例背景简介

电量落实工作就像涓涓细流汇成大河，是靠日常的实时负荷争取，度电必争、不断积累成果，最终将争取来的基数电量和交易电量足额兑现落实。因此，精确到日的竞争性对标评价十分必要，可以满足短期营销策略的评价和持续改善需求。受来风大小和不同步性影响以及竞争对手日运行数据的收集统计难度影响，此前缺乏有效手段及时对日电量落实效果以外部市场竞争地位进行评价，进而难以及时发现差距和问题、精准调整营销策略和工作方法。

（二）实施过程

1. 确定对标原则

（1）建立小时数、弃风率三同对标体系，以独立的风电场（光伏电站）为指标评价基础单位，对标周期精确到日。

（2）对标标准：小时数确保高于对标场站群的平均水平，争取达到最优水平。弃风率、弃光率确保不高于对标平均水平，争取不弃风、不弃光。

2. 选择对标场站

为了保证对标场站在短周期内的发电能力具有可对比性，对标场站群的选定至关重要。考虑到风电场（光伏电站）选址、断面约束等带来的出力不确定性，按照微观三同原则选取对标场站，主要以三个原则：

（1）就近原则。选择位置相邻或相近的场站，确保实时的或日内风况条件趋同、来风时间同步。

（2）微观市场环境和调度政策相近。选择同一输电断面、接入同一变电站、容量相近的场站，这样就排除了输电阻塞、调度政策差异导致的接纳条件限制等不可比因素对结果的干扰。

（3）尽量不要选单一风场做标杆，要选多个风场组成对标场站群，以平均值作为对标基础，避免不可比的极端特殊情况。

（4）适度趋优原则。所选对标场站群的整体电量水平要优于被对标场站，但又不出现"踮起脚够不着"的极端水平，这需要对拟定对标场站的历史运行数据进行模拟对标测算，搭配组合的场站指标平均水平适度优于被对标场站。每年或每季度，根据对标情况，对标场站进行动态调整，随着指标水平的提高，通过对标场站的重新搭配组合提升对标标准。

3. 数据收集与统计

丰富和完善竞争对手短周期销售相关指标数据的收集渠道，建立测算模型。日对标要体现实效性，涉网涉外数据的获取和指标统计是关键也是难点，外部竞争对手的实时和日运行数据通过常规渠道难获得，电网公司、行业协会等部门的统计报表和信息发布都是以月为最短周期，且多为宏观总体数据。因此，开发数据来源渠道很关键，自身数据可通过场站上报或信息采集系统获得，外部数据有一部分可以通过获取电网内部的调度日志、日运行报表提取和测算，其余无法得到的数据可以与目标场站单独对接联系，建立数据交换使用和相互对标合作机制。

4. 对标结果分析

以华电内蒙古公司新能源小时数周对标通报分析材料为例，如图9-3～图9-6所示。

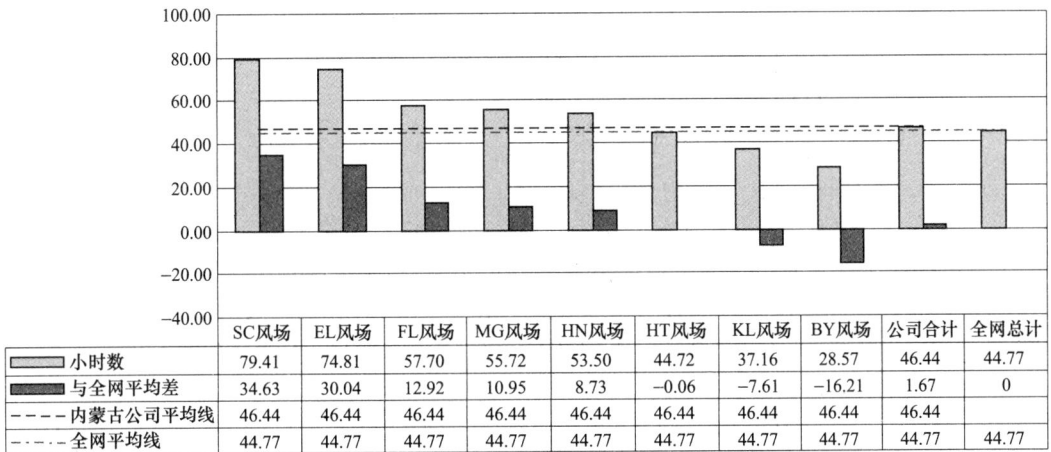

	SC风场	EL风场	FL风场	MG风场	HN风场	HT风场	KL风场	BY风场	公司合计	全网总计
小时数	79.41	74.81	57.70	55.72	53.50	44.72	37.16	28.57	46.44	44.77
与全网平均差	34.63	30.04	12.92	10.95	8.73	−0.06	−7.61	−16.21	1.67	0
内蒙古公司平均线	46.44	46.44	46.44	46.44	46.44	46.44	46.44	46.44	46.44	
全网平均线	44.77	44.77	44.77	44.77	44.77	44.77	44.77	44.77	44.77	44.77

风电场		小时数完成情况			小时数标情况				
名称	期末容量	利用小时	与全网差	内部排名	对标差	对标排名	平均水平	最优水平	对标场数
SC风场	4.95	79.41	34.63	1	32.42	1	46.99	79.41	（3）
EL风场	4.95	74.81	30.04	2	18.14	1	56.67	74.81	（3）
FL风场	4.95	57.70	12.92	3	−6.54	2	64.23	78.65	（3）
MG风场	24.93	55.72	10.95	4	5.77	4	49.96	78.65	（9）
HN风场	9.90	53.50	8.73	5	1.31	1	52.19	53.50	（5）
HT风场	12.15	44.72	−0.06	6	−3.95	6	45.46	57.03	（6）
KL风场	40.35	37.16	−7.61	7	−16.68	5	45.46	55.72	（6）
BY风场	14.85	28.57	−16.21	8	−23.63	5	52.19	53.50	（5）
公司合计	117.03	**46.44**	**1.67**	—	1.67	—	46.44	—	—
全网总计	1044	**44.77**	—	—	—	—	—	—	—

图9-3　内蒙古公司各风电场小时数对标结果（截图）

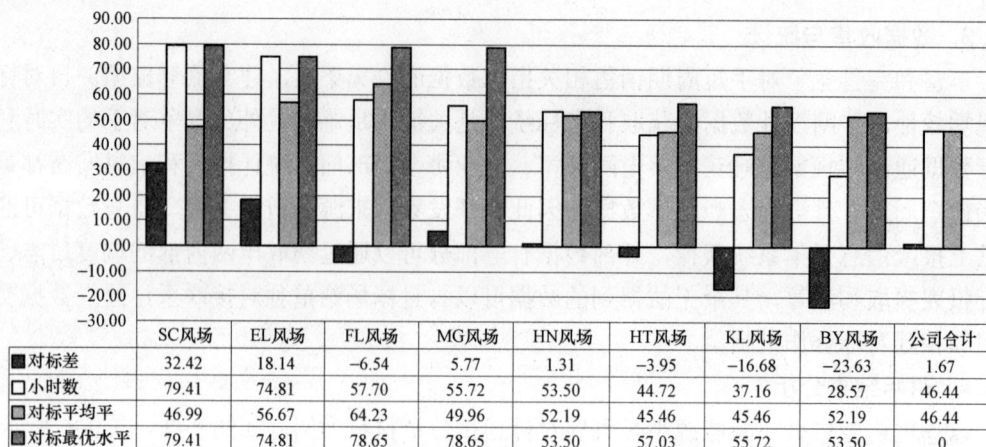

	SC风场	EL风场	FL风场	MG风场	HN风场	HT风场	KL风场	BY风场	公司合计
■ 对标差	32.42	18.14	−6.54	5.77	1.31	−3.95	−16.68	−23.63	1.67
□ 小时数	79.41	74.81	57.70	55.72	53.50	44.72	37.16	28.57	46.44
▨ 对标平均平	46.99	56.67	64.23	49.96	52.19	45.46	45.46	52.19	46.44
▤ 对标最优水平	79.41	74.81	78.65	78.65	53.50	57.03	55.72	53.50	0

图 9-4　内蒙古公司各风电场小时数对标情况

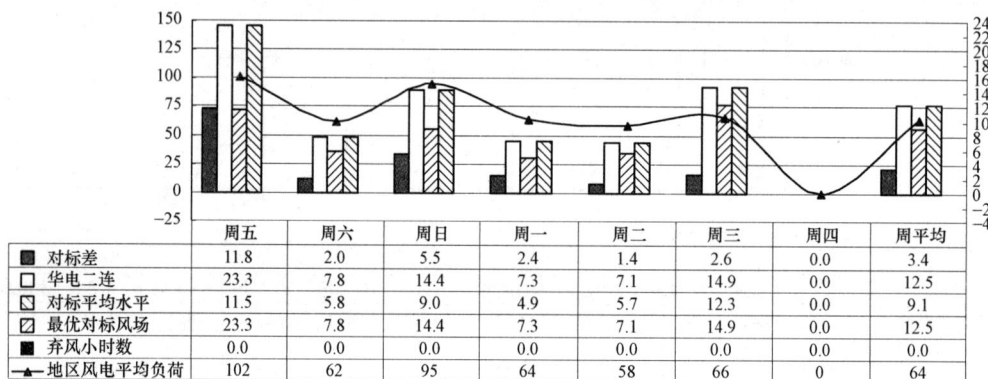

	周五	周六	周日	周一	周二	周三	周四	周平均
■ 对标差	11.8	2.0	5.5	2.4	1.4	2.6	0.0	3.4
□ 华电二连	23.3	7.8	14.4	7.3	7.1	14.9	0.0	12.5
▨ 对标平均水平	11.5	5.8	9.0	4.9	5.7	12.3	0.0	9.1
▧ 最优对标风场	23.3	7.8	14.4	7.3	7.1	14.9	0.0	12.5
■ 弃风小时数	0.0	0.0	0.0	0.0	0.0	0.0	0.0	0.0
▲ 地区风电平均负荷	102	62	95	64	58	66	0	64

风场	周五	周六	周日	周一	周二	周三	周四	周平均	排名
对标平均水平	11.5	5.8	9.0	4.9	5.7	12.3	0.0	9.1	—
对标差场	11.8	2.0	5.5	2.4	1.4	2.6	0.0	3.4	—
最优对标风场	23.3	7.8	14.4	7.3	7.1	14.9	0.0	12.5	—
与最优差	0.0	0.0	0.0	0.0	0.0	0.0	0.0	0.0	—
弃风小时数	0.0	0.0	0.0	0.0	0.0	0.0	0.0	0.0	—
EL风场	23.3	7.8	14.4	7.3	7.1	14.9	0.0	12.5	1
对标风场1	8.7	5.1	8.4	4.7	6.5	14.4	0.0	8.0	2
对标风场2	10.3	7.7	8.4	5.1	5.1	10.8	0.0	7.9	3
对标风场3	0.0	0.0	0.0	0.0	0.0	0.0	0.0	0.0	4

图 9-5　二连风电场日小时数对标结果（截图）

周小时数走势图

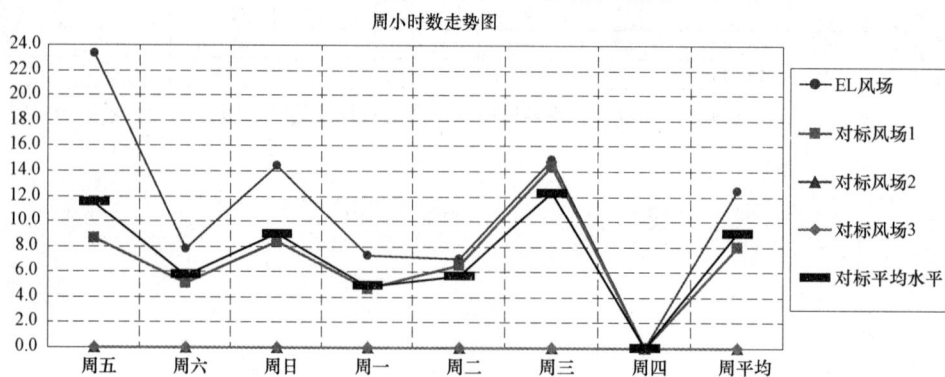

图 9-6　二连风电场日小时数对比

（三）实践效果

通过日对标精准评估、量化日前工作效果，及时发现不足和差距，基于对标结果，结合内外部影响因素分析，调整营销工作策略和措施，有的放矢的抢发电量，提升小时数。

（四）标准化

（1）将对标结果编制成可视化的固定图表模板，每日通报。

（2）建立对标周分析例会制度，每周组织营销人员进行对标指标分析，制定改善措施，滚动调整日、周电量计划。

【案例思考】

将对标管理在周期上细化到日，在范围上具体到一场站一标准，提高了评估与反馈的及时性和可比性，将对标工具融入日常电量的争取和落实工作中，及时采取行之有效的营销措施，充分利用有限的营销资源，创造更大的价值，提高电量争取和落实效果。

<本案例由华电内蒙古能源有限公司提供>

参 考 文 献

［1］中国华电集团公司. 发电企业精益管理手册. 北京：中国电力出版社，2016.

［2］中国华电集团公司. 发电企业精益管理体系与实践. 北京：中国电力出版社，2016.

［3］内蒙古华电辉腾锡勒风力发电有限公司. 风力发电企业精益化管理手册. 北京：中国电力出版社，2012.

［4］GRABAN M. 精益医院：世界最佳医院管理实践. 2 版. 张国萍，等译. 北京：机械工业出版社，2013.

［5］齐忠玉. 精益化误区. 北京：中国电力出版社，2010.

［6］WOMACK J P, JONES D T. 精益思想（白金版）. 沈希瑾，张文杰，李京生，译. 北京：机械工业出版社，2015.

［7］周永兴. 卓越之路：上海电力精益化管理实践. 北京：中国电力出版社，2010.

［8］孙科柳，孙丽. 向日本企业学精益. 北京：中国电力出版社，2015.